术语应用与管理

Handbook of Terminology

主　编　[比] 昂德里克·J.科卡特（Hendrik J. Kockaert）
　　　　[比] 弗里达·斯特尔斯（Frieda Steurs）

译　者　卢华国　江　娜　等
审　译　魏向清

 南京大学出版社

Original edition："*Handbook of Terminology. Volume 1.*" by Kockaert，H. J. and Steurs，F.

© 2015. John Benjamins Publishing Company，Amsterdam/Philadelphia.
Simplified Chinese Edition Copyright © 2023 by NJUP All rights reserved.
江苏省版权局著作权合同登记　图字：10-2017-111 号

图书在版编目（CIP）数据

术语应用与管理 /（比）昂德里克·J. 科卡特，（比）
弗里达·斯特尔斯主编；卢华国等译. —南京：南京
大学出版社，2023.12
　　ISBN 978-7-305-24849-8

　　Ⅰ. ①术…　Ⅱ. ①昂… ②弗… ③卢…　Ⅲ. ①术语—
语言学　Ⅳ. ①H083

　　中国版本图书馆 CIP 数据核字（2021）第 161254 号

出版发行　南京大学出版社
社　　址　南京市汉口路 22 号　　　　邮　编 210093
　　　　　SHUYU YINGYONG YU GUANLI
书　　名　术语应用与管理
主　　编　［比］昂德里克·J. 科卡特　［比］弗里达·斯特尔斯
译　　者　卢华国　江　娜　等
审　　译　魏向清
责任编辑　张淑文

照　　排　南京紫藤制版印务中心
印　　刷　南京人文印务有限公司
开　　本　787 mm×1092 mm　1/16 开　印张 29　字数 742 千
版　　次　2023 年 12 月第 1 版　2023 年 12 月第 1 次印刷
ISBN　978-7-305-24849-8
定　　价　90.00 元

网　　址：http://www.njupco.com
官方微博：http://weibo.com/njupco
官方微信：njupress
销售咨询热线：(025)83594756

译者前言

在为"中国术语学建设书系"(2011)撰写的总序中,路甬祥先生回顾了我国术语学发展历史,总结了我国现当代术语研究取得的成绩,认为"从我国的术语学研究工作来看,与我国术语规范实践工作所取得的成果相比还相对滞后,且落后于国际先进水平",指出"要解决这些问题,应从多方面入手",这其中就包括引进国外成熟的术语学成果。

事实上,我国当代的术语学研究不仅积极挖掘本土已有的术语学成果,从我国的术语规范实践工作历史和实践中总结规律,而且注重向国外同行学习和借鉴,译介了国外术语学研究的一批代表性成果。从读秀数据库检索可知,自20世纪下半叶以来,我国陆续引进翻译了6部术语学专著和2部术语学论文集:1985年,标准化综合研究所情报研究室推出了《术语学译文选》,汇集了奥地利术语学家费尔伯(Felber)教授等著名学者有关术语学问题的论文,这是国内最早出版的一部术语学译著。同一年,科学出版社翻译出版了加拿大术语学家隆多(Rondeau)的术语学专著《术语学概论》。5年之后,科学出版社又翻译出版了加拿大术语学家迪比克(Dubuc)的术语学专著《应用术语学》。2000年,中国标准出版社翻译出版了赖特(Wright)和布丁(Budin)教授主编的论文集《术语管理手册(第一卷)·术语管理的基本方面》。2011年,商务印书馆推出了"中国术语学建设书系",其中包含如下三部重要术语学译作:现代术语学之父——奥地利术语学家维斯特(Wüster)的《普通术语学和术语词典编纂学导论》(第三版),俄罗斯术语学家格里尼奥夫(Grinyov)的《术语学》和费尔伯的《术语学、知识论和知识技术》。三部译著的出版掀起了一个术语学专著译介的小高潮。2018年,天津科学技术出版社翻译出版了西班牙术语学家卡布雷·卡斯特利维(Cabré Castellví)的《术语学——理论、方法与应用》,这是目前市面上最新出版的术语学译著。

前述译著基本涵盖了西方主要术语学流派,原著多为国际知名术语学家的代表作,是学习和研究术语学的必读文献。它们或开阔了我国术语学界的研究视野,或为我国术语规范实践提供了指导,在不同阶段为我国的当代术语学建设做出了各自的贡献。进入21世纪以来,术语学研究出现了两大重要变化:先由规范转向描写,再由描写聚焦认知。人们逐渐认识到完全采取普通术语学倡导的"称名学"(即由概念到指称的)研究路径在实践中是不现实的,术语也并非只是存在于真空中的语言标签,而是出现在具体语境中鲜活的词语,因而开始借鉴词汇语义学相关理论和方法,在文本或语篇中研究术语的特征和表现,注重考察术语变体面向不同类型术语使用者所产生的不同接受效果。然而,目前国内引进的译著原文以普通术语学经典文献为主,大多撰写于20世纪中后期,已然无法反映术语学研究领域进入新世纪以来的新变化和新趋势。

《术语应用与管理》译自约翰·本杰明出版公司2015年出版的论文集 *Handbook of Terminology (Volume 1)*,由比利时鲁汶大学术语学教授昂德里克·J.科卡特(Hendrik J. Kockaert)和弗里达·斯特尔斯(Frieda Steurs)担任主编。原书分为六个部分:(1)术语库研发基本原理;(2)方法与技术;(3)管理与质量保证;(4)个案研究;(5)语言与术语学:规划与政策;(6)术语与文化间性。该书既有对概念的定义、术语学建构、术语学与词典学关系等传统话题的新思考,也有认知语言学视域下对术语概念、概念知识结构和概念联想关系的新探索;不仅探讨了术语自动提取、术语工作的"众源"方式、术语本地化、术语管理流程及工具等当前术语学研究和实践中的热点问题,也考察了术语政策与语言规划、术语工作与社会文化之间的互动关系等一般著述较少涉及的内容。该书较全面地呈现了当代西方术语学研究和实践发展的新图景,相信该书中文版的推出能够对前述已出版译著形成重要补充,为我国的术语学建设带来更多启发。

本书由南京大学外国语学院双语词典研究中心主任魏向清教授统筹和审译,由南京大学及江苏省部分兄弟院校的教师和学生负责具体实施。全程或阶段性参与翻译和审校工作的教师名单如下:戴拥军、冯雪红、耿云冬、龚琪峰、郭启新、黄鑫宇、江娜、刘润泽、卢华国、孙文龙、杨娜、叶莹、殷健、尹婵杰、赵连振。参与部分章节翻译和审校工作的硕博士学生名单如下:董晓娜、方婷、管艺添、蒋思佳、刘凯、刘璐、孙悦、唐文晴、夏雨、张小于。各位译者完成各自负责部分的初稿后,分别使用对齐软件对原文和译文进行句级对齐,基于对齐文本进行交叉校对,尽量减少误译和漏译。为了保证专名和术语译名保持一致,我们借鉴了现代术语项目的管理流程,首先制定了核心专名和术语译名表,然后使用翻译辅助质量检测软件,加载核心译名表,对双语对齐文本进行检测,生成检测报告,重点核查与核心译名表不一致的地方,力求保持译名一致。译稿进行了多轮审校,卢华国和江娜对全书译文进行了逐句校对。

由于各位译者平时教研和学习任务繁重,手头还有其他在研项目,只能利用假期时间抽空完成翻译和审校工作。参与翻译和审校的师生前后达20余人,合作时难免存在顾此失彼的情况。加之术语学理论不仅涉及哲学、逻辑学、计算机等领域知识,文中术语举例又引自医学、环境科学、法律等学科,部分论文还涉及英语以外其他语种,这些都增加了翻译的困难。在此,恳请各位专家读者不吝批评指正。

序　言

德克·希拉茨(Dirk Geeraerts)

鲁汶大学

　　术语是专业语言中的词汇组成部分,源于理论和技术创新。全新的科学发现和新兴的工具丰富了各领域专家的理论和实践环境,并在此过程中拓展了他们的词汇。这些力量也同样影响着作为一门学科的术语学,例如术语的语言学分析和术语在实际应用中的词典式描述,术语学研究的理论与实践变化与术语所在科技领域的发展息息相关。阅读本书对术语学研究现状的总结,并结合术语学理论和实践环境中的关键发展,能非常清晰地认识到本书的重要价值。

　　从理论环境的角度来看,术语学研究和语言学的关系正在经历根本性的变化。20世纪下半叶,两者的联系相当有限,术语学至多算作语言学的边缘领域,甚至还会被认为与语言学毫无理论关联。在某种意义上,这种忽视是相互的。一方面,术语学通常牢牢地自限于术语学标准理论(即缺乏创新和自我批评),例如由欧根·维斯特于20世纪30年代提出、并在20世纪60年代被确立为术语学研究主要框架的方法。另一方面,20世纪下半叶语言学发展的主导趋势也不利于术语学这类研究:它的研究对象是词汇而非句法;研究角度是限于语言的、应用的,而非普适的、理论的。而且术语学的理论框架主要源于结构主义词汇学,因此会不可避免地大大偏离以生成主义为主导的理论语言学。但与此同时,理论语言学本身也发生了巨大的变化,随着后乔姆斯基语言学和语言的认知功能研究方法的出现,术语学研究与语言学先前的疏离已大大改观。

　　重要的是,词汇研究不仅与后乔姆斯基语言学一样焕发出了蓬勃的生机,还在语言学中获得了可谓更为显著的地位。前者的发展形式诞生于认知语言学的各种观点:原型理论、概念隐喻理论、框架语义学,更广泛地说,还有对词汇语义学、一词多义现象和自然语言分类现象重燃的研究兴趣。词汇学和词汇语义学的复兴推动了后者的发展。语言学分类不仅仅发生在词汇层面,因此,词汇学研究中构建的描述性框架可以作为指导,帮助研究其他语言学结构层面的含义和分类。句法学理论的内在发展提高了词汇学的地位,人们意识到,要全面描述句法模式,必须聚焦其适用的词汇类型,句法研究逐渐趋于词汇化。

　　对词汇理论日益增长的兴趣不仅是缩短术语学研究与理论语言学距离的机遇,也同样是一个挑战,因为它使得术语学家的思考纳入新的描述模式,并重新认识专业语言相对于其他类型的语言使用所具有的独特性。例如,在术语学的标准理解中,一词多义和隐喻性并不在其范畴内,但在当代词汇理论中它们又被认为是普遍存在的,那么它们该如何融入术语学框架?相似地,维斯特的研究方法假定专业语言或多或少构成了与日常语言相分离的独立领域,而词汇学的当代认知功能研究方法更强调日常词汇和专业词汇的关联。现代术语学纳入词汇学思想的方式为自身的发展提供了部分动力。

而审视术语学的技术环境,其中的变化和挑战可能远大于理论环境。这些变化和挑战也更加明显,因此无须赘述,数字变革正深刻地改变着术语学的研究基础,这种侵入式的改变有三个层面需要特别指出。第一,卷帙浩繁的数字文本为术语学家提供了前所未有的海量文献,可参考的术语分析和描述文本数远超以往。同词汇学和词典学中的其他分支一样,当代术语学不可避免地与语料库语言学和计算语言学相结合,以探索和利用语言文献的价值。第二,术语编纂的成品如今采取了数字的形式,与广义词典学一样,数据库和数字资源取代了传统纸质词典。第三,数字环境正在改变语言使用者的行为。专业权威的信息在互联网上的普及预示着常规语言使用者更多地接触到了专业语言,数字化资源(不仅包括参考著作,还包括专业的、特定主题的网站)的受众相较于以专家和准专家为主要受众的术语编纂更加广泛。结果由于如今越来越多的人可以轻易获取权威的词汇信息,专业语言从语言使用群体的分布上看,变得不如以往专业。源于这一技术变革的挑战十分艰巨,术语学研究受到鞭策,正重新思考其描述流程、培训方案、传播格式,甚至在某种程度上开始重新思考其受众。

在这一充满变化的时期,本书介绍的术语学规则会受到欢迎和赞许。本书既正面应对挑战,也记录了术语学的发展成就。它可能会成为术语学研究的长期参考标准。这不仅仅因为它系统性地描绘了当今术语学的发展全景,也因为它汇集了国际知名术语学家的研究成果,更因其以术语学领域变化的理论和技术环境作为出发点。这些都是术语学研究中激动人心的时刻,而本书出色地将其尽数收录。

引 论

昂德里克·J.科卡特[1,2]
弗里达·斯特尔斯[1,2,3]

[1]鲁汶大学
[2]南非自由州大学
[3]法国昂热西部天主教大学

自维斯特奠定术语学基础以来,术语学一直在开拓新的研究路径,吸纳了多个语言学流派的研究成果,包括计算机语言学、语料库语言学、变量语言学、社会认知语言学、社会交际语言学和框架语义学等,又得益于工程学和形式语言学的发展,时至今日已成为一门跨多种学科的多元科学。在不断变化的多元环境中,术语学的研究视角众多,包括标准化路径、规定性路径、原型法与基于用户的路径。从这个意义上来说,在研究各种术语学现象时,或是检索、提取及分析在线语料库的相关术语,或是基于特殊用途为促进不同语族间各领域专家有效沟通而建立术语库,又或是在国际标准化组织中基于广泛共识提出新的术语并给出定义时,术语学研究都可采用基于用户和以用户为导向从而方便用户的路径。

由于意义描述关注动态的自然语言现象,而术语管理有助于专家用特定领域内的语言进行交流已达成普遍共识,这两者的结合让术语学得以进一步发展。《术语学手册》共有五卷,本书为第一卷。第一卷将术语学和语言学相结合,能让我们对术语学现象和术语学原则展开多维度的充分思考,未来可将术语学原则运用于自然语言之中。

本书主要就历来的术语学原则展开讨论,并重新思考在当今千变万化的数据处理环境下如何形成最佳的术语管理实践办法。这一卷介绍了新的术语管理应用软件,将术语学原则和实践运用于知识本体构建、本地化、面向翻译的术语学及专业人士所使用的术语等领域。

本书旨在传播有关术语(管理)的相关知识,便于广大受众了解术语(管理)的多个专题、术语(管理)的传统和最优方法,以及术语(管理)的研究方法,目标受众包括学生、研究人员、术语学专家和教师,以及其他学科(包括语言学、生命科学、计量学、化学、法学、机械工程及其他专业领域)的专家学者。此外,本书还面向对(多语种)术语、笔译、口译、本地化、编辑等领域感兴趣的人员,不论其是否从事相关职业,例如传媒专家、译员、科学家、编辑、公务员、产品经理、工程师、(跨文化)组织的专业人士和其他各行业的专家。

围绕术语学和术语管理的讨论一直以来关注话语或是"以语言为目的"的术语学资源,

这些资源旨在为写作、笔译和口译提供支持。"以学科为目的"的术语学向我们提供了主题词表和控制词汇,也就是相关从业人员口中的"术语集"。在互联网环境中,用到术语的实践群体包括对数据成分、概念以及数据管理中的枚举值进行定义的元数据专家。语料库语言学家给用于标记文本语料库的元数据标签下定义,而本体论者给本体论系统中的节点指定词汇和术语,辅之以恰当(有时并不恰当)的定义。索引原先只是理论上的概念,但现在成为提供信息的数据,能够在聚合数据和无关联数据存储器及未标记的连续文本中进行信息检索时提供支持。

对称名学资源仔细分析发现,尽管这些资源密切关注互操作性,但彼此往往并不兼容。在互联网这一庞大机制背后,语言节点和语言标记编织成为词汇和术语网提供支撑的结构,保证其稳定性,但它们自身又反映出动态变化,有时会出现语言不准确的情况。这个巨大的词汇知识资源库一直在极速发展,部分语言面对没有空格键的问题勉力挣扎——这些语言的文字取决于人工和机器能否识别单独的字词——此外还有复杂的词形问题,这给还原词形和消除歧义等基本策略带来了挑战。针对这些问题,万维网的国际标记集正致力于解决非罗马和非拼音文字集问题。

本书所有章节均为不同子领域的专业人员撰写,并经同行专家审阅。本书包含六个部分:

第一部分　术语库研发基本原理;
第二部分　方法与技术;
第三部分　管理与质量保证;
第四部分　个案研究;
第五部分　语言与术语学:规划与政策;
第六部分　术语学与文化间性。

皮乌斯·坦恩·哈肯(Pius ten Hacken)将术语学与原型理论关联起来,这一视角引起的讨论发人深省。在传统术语学观点看来,术语学定义为概念提供了充分必要条件。然而,自然概念源自原型。原型表现出典型性效应,其边界模糊,由近似的标量条件和优先规则决定。

帕梅拉·法贝尔(Pamela Faber)关注"框架术语学",从理论角度提出了另一个问题。术语工作涵盖术语的收集、分析和分配,框架术语学(FBT)研究采用认知路径研究术语,这种路径基于框架状的表征模式,以特定语言所编码的知识为基础搭建概念模版。鲁瓦克·德佩克(Loic Depecker)思考数据库构建、本体论、新词和普通语言学管理这几个层面与术语学相关的若干重要理论问题,带领我们从哲学视角讨论了术语学的根本问题。日本学者影浦峡(Kyo Kageura)在其有关术语学和词典学的论文中谈到了另外一些根本性问题,如围绕词汇和术语展开的讨论,词汇和术语之间的结合以及两者之间的差异性。

就术语学和本体论展开的理论探讨的一个重要部分是关于释义与关系,以及知识表征的类型。围绕这一话题的五篇论文都有亮点:

第一篇论文中,格奥尔格·洛金格(Georg Lockinger)、昂德里克·J. 科卡特和格哈德·布丁(Gerhard Budin)探讨了内涵式定义的多个层面,这是定义类型中广泛使用的定义方式,本篇论文意在向语言行业从业者和相关领域专家简要介绍综合实用的研究方法。随后,亨里克·尼尔松(Henrik Nisson)介绍了另外两种定义方式,即外延式定义和部分式定义。尽管内涵式定义是首选,但往往同时使用外延式定义,为何要有这样的先后次序,在什么情况下要分先后,这样的次序安排又会产生什么结果?

第二篇论文关注因果律中的相关关系和工具性。和概念的层级关系相比,概念的因果关系一直以来在传统(规定性)术语学中分析较少。保罗·桑布尔(Paul Sambre)和科尔内利亚·韦穆特(Cornelia Wermuth)两位作者认为认知语言学的丰富研究成果可为描写术语学研究概念的相关关系提供理论框架。

第三篇论文中,克里斯多夫·罗什(Christophe Roche)解释了本体论定义,这种定义方式承认术语具有概念维度和语言学维度两种维度,因此术语学既是关于客体的科学,也是关于词汇的科学,这样一来本体论就区分了"用术语的语言(其语言学解释)所作的定义"和"对概念的本体论定义",而本体论就是对形式的要求。

第四篇论文中,克洛迪娅·桑托斯(Claudia Santos)和鲁特·科斯塔(Rute Costa)描述了研究术语学知识表征的多种方法,关注语义学和称名学路径及其应用。

第五篇为克洛迪娅·多布里纳(Claudia Dobrina)的论文,探讨术语项目的核心问题,对我们的启发更多是在实践方面。作者提出基于以下核心特征对术语项目进行分类,这些特征包括术语项目想要满足的术语需求、项目目标、目标用户群及所要创建术语资源的特点。

第二部分是关于术语工作中不同研究方法的效果和技术支持。

如何提取或选择备选术语是术语学家首先要解决的问题之一。克里斯·海伦(Kris Heylen)和德克·德赫托格(Dirk De Hertog)带领我们对"自动术语提取"展开讨论。这一方法主要是基于对文本语料库的计算机分析来识别特定领域中的典型词汇,即所谓的备选术语。对于某一领域的专家和(或)研究特定领域但没有现成术语的术语学家来说,自动术语提取可以替代或至少减轻人工术语提取的工作量。此外,自动术语提取还可应用于技术领域等词汇变化迅速的领域,方便扩充及更新现有术语表。

我们很难评估"术语工具"。弗里达·斯特尔斯、肯·德瓦赫特(Ken De Wachter)和艾菲·德马尔施(Evy De Malsche)探讨这个问题:哪些工具能用于术语管理?本文在现有的术语工具中选取五种,基于若干重要明晰的参数进行研究比较。

博迪尔·尼斯特鲁普·马森(Bodil Nistrup Madsen)和汉内·厄尔德曼·汤姆森(Hanne Erdman Thomsen)在"实际应用中的概念建模与数据建模"中将术语概念建模视为数据建模

的第一步,讨论其有效性。

作者首先解释了包含术语学本体的术语概念建模,即以特性说明的形式对其中的概念系统进行充实,随后探讨如何将术语学本体用作开发概念模型和逻辑数据模型的基础。

彼得·雷诺兹(Peter Reynolds)在"机器翻译、翻译记忆及术语管理"一文中深入探讨术语学与机器翻译和翻译记忆技术结合的方式。人们都认为利用这两种技术可实现有效的术语管理,能够提高翻译质量。文章将具体解释如何利用这两种技术来使用术语。

第三部分是围绕方法和工具的讨论,即"管理与质量保证"。

目前出现一种新的现象叫"众源",为了解其如何在术语工作中起作用,芭芭拉·英奇·卡尔施(Barbara Inge Karsch)在术语任务框架内研究众源,目标是使术语学家和术语项目管理者学会使用众源策略。

琳内·鲍克(Lynne Bowker)研究"翻译中的术语资源"。长期以来,译者一直被视为术语库等术语资源的使用者,但实际上在术语资源(如与计算机辅助翻译工具套件相结合的术语库)的开发管理中,译者正担任着越来越重要的角色。本文首先简要论述在翻译语境中有效管理术语的益处和反之带来的风险,研究面向翻译的术语管理在其中充当的角色和意图实现的目标。

西尔维娅·切雷拉·鲍尔(Silvia Cerrella Bauer)为我们介绍"项目管理与有资质的术语管理"方面的顶尖技术。术语管理是横向业务流程,涉及多个组织单元,甚至跨越不同地域、不同语言和不同时区,因此组织引入集中的标准化、系统化术语管理可能会遭到反对。本文从策略与操作维度对项目计划的定义和起草直至项目执行,向对企业术语专业管理感兴趣的人士介绍了组织内有效实施术语管理的工具和实用手段。

近年来,以术语学家的视角发表了很多有关术语管理的观点和论文,但却很少有人从翻译质量保证(QA)过程的真实语境下说明术语管理所起的作用和所采用的方法。莫妮卡·波皮奥韦克(Monika Popiolek)在《翻译质量保证流程中的术语管理》中就此问题展开讨论。在此文中,作者试图定义术语学在翻译质量过程中的地位和角色,从系统和工具两个层面描述术语管理如何适应并影响翻译过程的质量保证。

下一篇文章讨论"商业环境",作者卡拉·沃伯顿(Kara Warburton)从商业角度探索术语管理,即公司如何管理术语,为何要管理术语。作者在论文中提出了构建商业环境中术语管理的理论和方法论架构所需的要素。

艾伦·梅尔比(Alan Melby)将术语库交换格式(TBX)视作可用于翻译和本地化行业的格式,是基于可扩展标记语言(XML)的术语交换格式的集合。交换格式的主要目标是对数据和软件进行分离,能保护数据资产,保证术语的一致性和软件的互操作性。作者提出了所有术语交换格式的设计需求,并在此基础上对术语库交换格式进行评估,最后展望了术语库交换格式未来的发展情况。

第四部分讨论了个案研究,介绍了术语工作实践中好的做法。

雅尼娜·皮芒泰尔(Janine Pimentel)介绍了利用框架语义学建立"法律术语的双语词汇资源库"的方法,设计了免费的在线双语(葡-英)词汇资源库"法律词典"(JuriDiCo),用来描述法律术语。在这一资源库中,对法律术语感兴趣的用户,如译者和技术写作人员,不仅可采用语义检索或称名检索,关键是能得到恰当的对应翻译。

新概念和新产品的出现会产生新术语,克劳斯-德克·施米茨(Klaus-Dirk Schmitz)研究术语和本地化,介绍信息技术行业利用新创术语的方式。术语在软件产品用户界面中尤为重要,因为术语就是产品本身的操作组成部分。因而,频繁有效的术语管理对于软件的开发和使用均十分重要。作者特别关注了创造新术语的机制和选择合适术语的标准。

第五部分讨论了术语学规划和术语政策。除了理论、方法论和个案研究,从社会挑战方面研究术语学同样很有意义,如语言规划和语言政策同样涉及术语管理。

我们先看一个非洲国家的例子。巴锡·E.安蒂亚(Bassey E. Antia)在《南非的语言政策和术语学》中描述了后种族隔离时期南非语言政策项目的发展情况,文中突出强调了这一政策项目中术语的位置以及该项目取得的部分成就。

内利达·陈(Nelida Chan)介绍了加拿大公共服务领域的相关情况。文章关注联邦、一级行政区和地方政府制定的核心政策,研究"加拿大的语言政策对术语政策和原有的术语管理产生的影响",将语言政策视为实施工具。

本书以术语及其跨文化性这一话题收尾。

安雅·德拉姆(Anja Drame)在其论文《术语工作的社会及组织语境:目的、环境与利益相关者》中为我们介绍跨文化交流的情况。"国际术语网"(TermNet)在社会中起到重要作用,为整个国际社会或部分国家做出了很大贡献。这一网络资源的主要目的在于帮助人们提升交流效果。因此,术语工作不仅在企业和专业交流中作用巨大,对于社会问题、文化及民族认同也都有很大影响。

目　录

第四部分　个案研究

第五部分　语言与术语学：规划与政策

第六部分　术语与文化间性

第一部分　术语库研发基本原理

术语和专业词汇：驯服原型

皮乌斯·坦恩·哈肯

因斯布鲁克大学

根据对术语的传统理解，术语定义设定了概念的充分必要条件。然而，自然概念以原型为基础。原型表现出原型效应，其界限模糊，由近似的分级条件和优先规则决定。

对于大部分专业词汇，勉强给出术语定义会产生问题，因为在连续统一体上确定精确的界限是相当武断的。相关概念与自然概念一样，也以原型为基础。只有需要确定精确的界限时，才能给出严格的术语定义。这种需求产生于法律和科学语境。实施法律和评估科学观点都取决于对基本概念的精确定义。

勉强给出术语定义会产生问题，原因有很多。其中一个原因是，这种概念在语言能力中原本就存在，因而就有了原型结构。另一个原因可能是，不同理论用同一名称表示不同概念。还应考虑到，定义可能会因为出现新见解而需要调整。从语言角度看，术语定义创造了一个新的抽象客体，其存在独立于人的语言能力。

关键词：术语定义；词典定义；原型

1. 简介

恰当地定义术语是术语学的研究重点之一。在努力构想这类定义时，经典方法与语言的一些固有特性之间产生了冲突。本章将首先介绍经典的术语学定义方法，再介绍造成一些问题的主要原因。在此前提下，我将提出一种仅在术语定义需要时才适用的术语学分析法，然后阐述这种方法如何解决一些典型问题。

2. 术语定义

2006 年 8 月 24 日，国际天文学联合会(IAU)对"行星"采用了的新定义，发表于 IAU(2006)。该定义如(1)所示：

(1) ［行星是］一种天体：

a. 环绕着太阳运转，

b. 质量足够大，其自身引力能克服固体引力，以达到流体静力平衡的形状（近于球体）；

c. 轨道附近区域畅通无阻。

定义(1)就是一个典型的标准经典术语定义。该定义首先指定"行星"的上位词,然后指明三种条件,把"行星"与其并列下位词(即其他种类"天体")区分开。术语定义可理解为给出必要充分条件(Bessé 1997)。这意味着定义可以把(1)解释为一种用以确定某物(姑且称之为X)是否"行星"的法则。第一步,确定X是否天体。如果不是,那么就能断定X不是行星。如果是,则进入下一步(1a)。该条件排除了一些天体,如恒星以及围绕地球运行的月球。然后进入下一步(1b)。该条件排除体积太小的天体,如大多数小行星和所有的彗星。最后,进入最终步骤(1c)。该条件排除冥王星及其余的小行星。只有满足以上所有条件的天体才是行星。无须凭直觉再做判断,比如说冥王星应该是行星,或说水星因体积太小而不是行星。

近年来,术语学应以类似上文(1)中的术语定义为目标的观点受到"社会认知方法"的抨击,该方法最初由泰默尔曼(Temmerman 2000)提出。这种方法的倡导者声称,语言意义基于原型,所以传统的术语定义方法设置了不切实际的限制。术语及其定义都属于语言,无法摆脱语言强加给定义的限制。

3. 原型

在古典文献(如亚里士多德的著述)中,可以发现(1)所例示的定义方法也同样适用于自然语言概念。举个众所周知的例子,"人"("人类")被定义为一种有两条腿、不长羽毛的动物。在一项古典研究中,拉波夫(Labov 1973)证明这种方法不适用于通用语言的概念,如"杯子"。《简明牛津英语词典》(COED 2011)对"杯子"(cup)的定义如(2)所示:

(2) 供人们饮水用的带把手的小型碗状容器。

原则上,可以用(1)的方法来解释(2)。在(2)中,"容器"(container)充当上位词,而大小、形状、用途和把手是四个附加条件。然而,拉波夫发现,若要区分杯子、碗、花瓶等物体,不同的人会做出不同的判断,同一个人在不同情境下也会做出不同的判断。

我们首先拿出一个标准的杯子,然后展示在杯子形状基础上逐渐加长的物体,可以发现,越来越多的受试者认为该物体是一个花瓶而不是杯子,当到达某个程度时,有50%的人认为所示物品是花瓶。之后这一比例继续升高,直到我们呈上一个标准的花瓶。区分"杯子"和"花瓶"的界线本就是模糊的。这取决于高宽比和大小等分级属性。

(2)的一个有趣特征是杯子一般都有把手这一条件。这就意味着,如果给一个原本可能被归类为花瓶的物体加上把手,该物体就会被重新归类为杯子。有把手既不是必要条件,也不是充分条件,却会影响分级条件的应用。杰肯道夫(Jackendoff 1983,137-138)将这些条件称为"优先规则"。

拉波夫的实验表明,词义(如"杯子")并未作为一组充要条件被编入说话者的心理词库。更可能的一种编码就是原型。杯子的原型有一个把手、特定的尺寸和高宽比。在判断一个物体X是否杯子时,可将X与原型相比较。如果足够接近杯子的原型,则可以说X是杯子;但如果与之相差甚远,却与另一个原型——"花瓶"更接近,那么就可以说X是花瓶。如果没有一个更相近的原型,我们可能会说X不是典型杯子,而不用将其划归到其他范畴。

与术语定义(1)不同,(2)是词典定义。正如坦恩·哈肯(Hacken 2009)所说,不应该把词典看作对语言的描写,而应是一种为用户提供解决问题所需信息的工具。就此而论,我们可以将定义（2）视为一种引出杯子原型的尝试。如果你了解此概念，就很可能认出它。如果不了解此概念，至少可以对其所指何物有个大概的认知。

4. 术语和专业词汇的区别

基于对生命科学术语的研究，泰默尔曼（Temmerman 2000）认为，术语和词语没有本质区别，都以原型为基础。这意味着术语定义应与词典定义一样。

雪利酒生产过程就是个好例子，适合研究术语不同概念之间的竞争。雪利酒是一种特殊的加强型葡萄酒，产于西班牙南部耶雷斯德拉弗朗特拉（Jerez de la Frontera）市附近。雪利酒有许多种类，其中最著名的是淡色干雪利酒和欧罗索雪利酒。这两种酒的不同之处在于，淡色干雪利酒由葡萄酒制成，在酿造葡萄酒的酒桶中，酵母自然形成了一层保护膜，名为"弗洛尔"（浮在葡萄酒表面的一种白色酵母）。欧罗索雪利酒也由葡萄酒制成，但在酿造这种葡萄酒的酒桶中并没有形成"弗洛尔"。雪利酒的标签上并未注有生产年份，因为传统上这种酒根据一种名为"索利拉"的陈酿法，通过精心调配不同年份的葡萄酒混制而成。在"索利拉"陈酿法中，酒桶层层排列，底部酒桶里装着最陈的酒。当底部酒桶中的酒装瓶时，只取出其中一部分，空出的部分由上一排酒桶流出的酒填满，直到到达最顶层。这些酒桶从未被完全装满，所以有空间形成"弗洛尔"。

"弗洛尔"和"索利拉"等通常被认为是术语。它们构成了葡萄酒酿造中应用更广泛的术语，指称生产过程中某些特定的工具、行为和物质。这类表达与一般语言表述的不同之处在于其仅为少数人所知。诸如"葡萄"和"收获"这样的表达非常普通，但是"葡萄浆"和"头道压榨"这类表达只对葡萄酒特别感兴趣的人才会经常使用。

在常规葡萄酒生产中，葡萄被压榨成"葡萄浆"。"葡萄浆"是留有果皮、种子和茎的葡萄汁。正如赞博内利（Zambonelli 2003，93 - 109）所述，"葡萄浆"为葡萄酒酿造中必不可少的各种微生物提供了理想的条件。在某一时刻，固体物质从果汁中分离出来。头道压榨能产出质量最好的果汁。

这些表述与"杯子"之类一般词语的区别在于，它们只存在于少数人的心理词库中。对于酿酒商来说，名词 must（"葡萄浆"）和"杯子"一样是很平常的词语，但是对于其他人来说，must 只是一个助动词，表示"必须"。"弗洛尔"专业性甚至更高。大多数葡萄酒在生产过程中都不涉及"弗洛尔"。在雪利酒的生产过程中，形成"弗洛尔"至关重要，但是即便很多酿酒商也不知道这个词。然而，我们并没有理由认为，对于知道"葡萄浆"和"弗洛尔"的人来说，这些词与"杯子"会有本质上的不同。它们都以原型为基础。只有借助葡萄酒的生产过程才能完全理解这些概念，尽管在其他说话者的心理词库中，对这些概念的理解可能没有那么深刻。这就是坦恩·哈肯（Hacken 2008）所说"特殊词汇"的特点。

对于这些特殊词汇而言，没有必要给出像（1）那样的术语定义。因此，如（2）所示的词典定义是我们能够给出的最好定义。只有需要术语定义时，人们才会接受充要条件，以取代基于原型的概念特性描述。

一种需要术语定义的情况是当概念成为法律纠纷的主题时。以雪利酒为例，有淡色干雪利酒和欧罗索雪利酒标签的酒是昂贵的，带有这种标签的酒比其他不带标签的酒售价更高。因此，对于以最低成本生产满足这些标签最低要求的酒有一定的迫切需要。为了保证质量，这些最低要求必须由法律来界定。安达路西亚政府（Junta de Andalucía 2011）对不同类型的雪利酒设定了条例要求。条例明确了每种雪利酒的成分(酒精和糖分含量)、色泽和口味以及生产过程应该满足的系列基本条件。

所有这些并非都是同等重要的定义特征。然而,当需求出现时,就要根据需要严格定义。例如,淡色干雪利酒的硬性条件是酒精含量必须控制在15%—17%之间,糖分不得超过5g/L(Junta de Andalucía 2011,1)。这对竞争对手来说可能是种挑战。弹性条件是,这种酒的颜色可介于"类似稻草黄与浅金色之间"(Junta de Andalucía 2011,2)。这种条件只有在非常明显地违背常规的情况下才会被质疑。"在整个发酵成熟的过程中,葡萄酒的表面覆有弗洛尔"(Junta de Andalucía 2011,2),这种条件更加明确,但不难想象对整个过程的临界点,或"弗洛尔"层的最小厚度产生的一些争议。只要出现这种分歧,就会采用更严苛的定义。坦恩·哈肯(Hacken 2010a,419-420)以"偷窃"这一法律概念阐述了这一过程。在英格兰和威尔士,盗窃罪法(1968)对"偷窃"的定义有好几页纸,明确指出从别人土地里生长的树上摘取水果是偷窃行为,但摘取蘑菇却不算。如此详细的规定在判例法体系中很典型。

另一种需要术语定义的情况是提出科学主张时。赞博内利(Zambonelli 2003,149-150)概述了有关"弗洛尔"的形成、组成及效果的研究。为了提出科学主张,有必要对"弗洛尔"下定义。同样,只有进行理性讨论,才有必要划清界限。如果一种特殊物质不存在(因为偶然因素或者其具备难以置信的物理特征),就没有必要指定界限。

(狭义的)术语与专业词汇之间有何区别,这取决于需要解决何种分歧。除非有这种需求,否则我们便可以继续使用原型,这符合概念的自然状态。一旦划定精确的界限,就形成了术语。这个过程由法律或科学上的分歧引发。从这层意义来说,定义术语就是为了驯服自然原型。

5. 术语定义的挑战

对术语进行定义时,我们创建了一类新事物。这种新事物是抽象的实体,不仅可以作为标准来评价说话者的用语,还可以用来评估他们的知识水平。坦恩·哈肯(Hacken 2007)将该事物的本质比作一段乐曲。创建这样的新事物改变了世界。因此,这类定义面临着各种挑战是可以理解的。

其中一种挑战可用术语"种类"为基础加以说明。就"种类"而言,其核心问题是确定两个个体是否属于同一种类。正如威尔金斯(Wilkins 2009)所说,关于这个问题的讨论由来已久。花豹(leopard)和捷豹(jaguar)是否属于同一种类就是有关该问题的一个经典例子。迈尔(Mayr 2004,174-190)对三种不同的种类概念加以区分,分别称为"类型学""生物学"和"生态学",每个概念都基于不同的标准。

"种类"的类型学概念是林奈(Linnaeus)生物分类学的基础。这一思想旨在确定某一特定"种类"的一些重要特性。以花豹和捷豹为例,如果知道它们是同一种类,或是不同种类,那么这种方法就很有效,但这种方法不能帮助判定究竟是以上两种情况中的哪一种。由于可以完全自由选择用以定义"花豹"的特征,既可以使"花豹"这一种类概念包含捷豹,也可以不包含后者。

"种类"的生物学概念以拥有能育子代的可能性为基础。该标准只适用于种群,因为随机单对(可能都为雄性)并不能有效测出这种可能性。由于花豹种群存在于非洲,捷豹种群存在于南美,地理距离也会带来问题。然而,最棘手的问题也许要数某些进行无性繁殖的种类。除此之外，灭绝物种也无从鉴定。

"种类"的生态学概念以生态系统选择的生态位为基础。迈尔(Mayr 2004,171-172)借助这个概念介绍了大量技术问题，对该概念此处不加以深究。基因研究兴起是一项有趣的进展，此类研究罗列出了不同个体的DNA。然而，该技术促进种类问题解决的方式与类型学方法没有太大区别。为了应用基因标准，必须知道应该注意DNA的哪些部分。选择这些DNA序列部分与选择林奈使用的特性相同。根据目的，可以将花豹和捷豹归为相同或不同的种类。

定义"种类"困难并不能证明定义不存在，也不能证明任何定义都是武断的。这只是说明，创造出的抽象实体要既满足术语定义，又与出于直觉的先入之见不甚冲突是困难的。人们对类别由什么构成有各种直觉。这表明在心理词库中，"种类"的含义是基于原型的自然概念。将其定义为术语是为了对它展开精确的科学探讨。这就提出了一个问题：谁有资格给出定义？

在某些情况下，与术语定义有关的矛盾呈现出不同的形式。语言学术语"词素"就是个例子。斯顿普(Stump 2011)指出，这个术语有两种矛盾的概念。一种是基于布洛姆菲尔德(Bloomfield 1933,161)的定义，如(3)所示：

(3) 语言形态是一种简单的形式或词素，与其他形式没有音义相似之处。

另一种概念由哈里斯(Harris 1942)提出。与其说哈里斯提出了定义，不如说他概述了词素分析步骤。马修斯(Matthews 1974,84)在(4)中介绍了哈里斯所使用的概念：

(4) [词素是]一类呈互补分布的语素变体。

比如，当我们考虑荷兰语的名词复数时，可以看出(3)和(4)之间区别的重要性。有两个规则的词尾-en 和-s,何时选择这两个词尾取决于各种因素(Booij 2002,21-34)。根据(3)，-en和-s是两个词素。然而，若采用(4)中的理论，它们则是同一词素的语素变体。罗卡斯基(Luschützky 2000)更详细地讨论了"词素"的定义问题。

"词素"这一概念的专业性质使得说话人，甚至语言学家，都不太可能凭直觉赞成(3)或(4)是词素。这种情况下，问题在于(3)或(4)中的概念哪种能更好地为我们所用。因此，关于术语的矛盾并不是指该术语含糊不清，或基于某个原型，而是指有两个术语被赋予相同的名称，却反映不同的理论选择。按照同样的思路，坦恩·哈肯(Hacken 2010b：923-924)对复合词的例子进行了讨论。

然而对于"词素"，定义的选择会对语言学理论产生一定影响，现实世界的发展中也有受到这种选择影响的案例。交通法领域就经常出现这种情况。为了实施法律，很有必要将诸如"汽车"之类的概念定义得非常精确。这和雪利酒生产中的"单色干雪利酒"是同类情况。但对于"汽车"，在任何说(英式)英语的人的心理词库中，都会有一个基于原型的自然概念。如果法律规定，持有特定驾驶执照的人可以驾驶哪种车辆，或者对特定车辆设置什么速度限制，就必须给出"汽车"类概念的术语定义。英国交通管理局(DVLA 2013,8)给"汽车"下了以下定义，如(5)所示：

(5) 汽车:机动车辆

a. 最大允许质量不超过 3500kg,且

b. 除司机外,此车的设计和构造不允许载重量超过 8 个人

c. (i) 所携带拖车的最大重量为 750kg 或

　　(ii) 当所携带拖车的重量大于 750kg 时,汽车的总重量最大允许质量不超过 3500kg。

(5)中,加入 a 部分和 b 部分是为了让术语定义的结构更易懂。(5a)中,"最大"代表"最大允许质量",是另一个需要定义的术语。(5c)是英国交通管理局(DVLA 2013,8)针对两种情况给出的单独定义。

然而在一般情况下,就交通法这一特定领域而言,"汽车"与"厢式货车"和"卡车"之间,"汽车"与"小型公共汽车"和"长途公车"之间形成了一个连续统一体,必须对此划清界限。甚至不知道定义(5)的人通常也会意识到这类定义必不可少,否则交通法就无法实施。然而,定义(5)的另一个性质还会影响一个国家制造和使用的车辆的性质。由于"小型公共汽车"一词意味着更多限制,设计载客量为 9 人(除司机外)的汽车就不太可能有大的销量。事实上,大量各式车辆差一点就超出了(5b)中所定义的"汽车"界限。这表明,术语定义可以通过详细规定各项条件而影响现实世界。

最后举一个例子,让我们回到上文的"行星"。(1)给出了该概念的术语定义。如果认为这种定义代表着"永恒的真理",是亘古不变、完全僵化的概念,可能就错了。泰默尔曼(Temmerman 2000,14－16)也注意到了这一点,她借此对经典术语学提出了批评。然而,即使天文学类的定义没有影响世界,仪器的改良、观察方法的改进,以及理论的进步也改变了我们对相关世界的理解。定义(1)由来已久,值得稍加探讨。更多详细历史请见席林(Schilling 2007)等人的研究。

由于哥白尼、开普勒和伽利略的研究,太阳系的日心说取代了地心说,"行星"也就有了两个等价定义。如(6)和(7)所示:

(6) 行星:运行轨道环绕着太阳的天体。

(7) 行星:水星、金星、地球、火星、木星或土星。

(6)属于内涵式定义,给出一般条件;而(7)属于外延式定义,列举示例。两者均被视为既充分又必要,但是(6)列出了必要条件,而且表明列举是充分的,而(7)则列出了充分条件(如 X 是水星,那么 X 就是行星),也表明列举的是必要的。内涵式定义在术语学中受欢迎,因为其通过列举共性就可以引出某一概念。

17 世纪时,观察更远行星在技术上变得可行,伽利略的天文图绘有我们现在熟知的海王星就是证明(Schilling 2007,33)。人们曾坚信(6)和(7)定义等价,但是 1781 年威廉·赫舍尔(William Herschel)发现了天王星,冲击了这一看法。由于意识到(6)和(7)并非对等,人们开始寻找更遥远的行星。1801 到 1807 年间,人们又发现了四颗行星:谷神星、智神星、婚神星和灶神星。它们都位于火星和木星之间。正如席林(Schilling 2007,22)所描述的,19 世纪上

半叶，天文学书中称太阳系由 11 颗行星组成。定义(7)自此废弃不用。

1845 年发现更多行星后，情况再次发生改变。截至 1849 年，在火星和木星之间发现了五个新天体，另有一颗远在天王星和海王星之外。到 1855 年，已发现三十多颗新行星。1851 年，德国天文学家约翰·弗朗兹·恩克(Johann Franz Encke 1791－1865)提出，要区分位于火星和木星之间的小天体和(7)中所列的传统行星，外加天王星和海王星。他同样用"小行星"来表示前一个概念(Chisholm 1911)。这一提议被普遍采用。然而，没有必要精确定义小行星与行星之间的尺寸界限。最大小行星(谷神星，960km)的直径和最小行星(水星，4875km)的直径相差甚远。人们认为行星需要满足(6)中的条件，并且与小行星不同。(8)中所示为"小行星"的一个定义，出自斯帕罗(Sparrow 2006，200)：

> (8) 小行星：环绕内太阳系轨道运行的小岩石星球。几乎所有小行星的形状都
> 不规则，而且大多数在小行星带内运行，局限于火星和木星的轨道之间。

(8)引自科普作品，是一个很好的例子，体现了科学概念的词典定义，而不是术语定义。第二句给出优先规则，"几乎"和"大多数"体现了这一点。然而，只有当科学发展使优先规则产生的模糊出现问题时，才有必要讨论"行星"新的术语定义。这类发展包括 1930 年发现冥王星以及海王星轨道以外的其他系列天体。因为(1a)将"行星"限制在太阳系，所以需要一种不同的定义来涵盖所谓的"系外行星"，也就是围绕着其他恒星，而不是太阳运行的行星。这段关于"行星"定义简史的讨论体现了科学发现如何推动术语定义的精确化和再定义。

6. 结语

欧根·维斯特于 20 世纪 30 年代开创了传统术语学，目的是对由充要条件构成的术语定义。这类定义之所以有问题，是因为自然概念从思想中产生，以原型(如"杯子")为基础。词典定义让人想起这种原型。在许多情况下，即便是专业词汇，都没有必要额外地下一个术语定义。只有当与某个概念的精准界限抵触时，比如，因为提出科学观点和出现法律纠纷，才有必要制定术语。当术语定义应用于以经验为基础的科学概念时，精确程度取决于我们的知识水平。随着知识的进步，可能有必要定期修正定义(如"行星")。就法律概念而言，定义所限制的边界将影响现实世界中的所作所为(例如汽车)。精准的术语定义也许是一个有争议的问题。正如"词素"所示，争论点并不在于该术语的真正含义，而是在于哪个术语能更好地描述理论中运用的概念。然而，正如"种类"所示，这一问题可能会与人们基于原型而产生的直觉相互影响。

参考文献

Bessé, Bruno de. 1997. "Terminological Definitions", translated by Juan C. Sager. In *Handbook of Terminology Management Volume 1: Basic Aspects of Terminology Management*, edited by Sue Ellen Wright and Gerhard Budin, 63－74. Amsterdam: John Benjamins.

Bloomfield, Leonard. 1933. *Language*. London: Allen & Unwin.

Booij, Geert. 2002. *The Morphology of Dutch*. Oxford: Oxford University Press.

Chisholm，Hugh. 1911. "Encke，Johann Franz." In *Encyclopaedia Britannica*，edited by Hugh Chisholm. Cambridge：Cambridge University Press.

Concise Oxford English Dictionary（COED），rev. 12th ed. 2011. Edited by Angus Stevenson and Maurice Waite. Oxford：Oxford University Press.

DVLA. 2013. *Large Vehicles you can drive using your car or lorrylicence*. INF52，Swansea：Driver and Vehicle Licensing Agency.

Hacken，Pius ten. 2007. "The Term-Word Distinction and the Mental Lexicon." In *Translation and Meaning Part 7*，edited by Marcel Thelen and Barbara Lewandowska-Tomaszczyk，21 – 28. Maastricht：Universitaire Pers Maastricht.

Hacken，Pius ten. 2008. "Prototypes and Discreteness in Terminology." In *Proceedings of the XIII Euralex International Congress*，edited by Elisenda Bernal and Janet DeCesaris，979 – 987. Barcelona：IULA-UPF.

Hacken，Pius ten. 2009. "What is a Dictionary? A View from Chomskyan Linguistics." *International Journal of Lexicography*，22，399 – 421. DOI：10.1093/ijl/ecp026

Hacken，Pius ten. 2010a. "Creating Legal Terms：A Linguistic Perspective." *International Journal for the Semiotics of the Law*，23，407 – 425.

Hacken，Pius ten. 2010b. "The Tension between Definition and Reality in Terminology." In *Proceedings of the XIV Euralex International Congress*，edited by Anne Dykstra and Tanneke Schoonheim，915 – 927. Ljouwert：Fryske Akademy/Afuk.

Harris，Zellig S. 1942. "Morpheme Alternants in Linguistic Analysis." *Language*，18，169 – 180. DOI：10.2307/409550

IAU. 2006. "IAU 2006 General Assembly：Result of the IAU Resolution votes." Retrieved August 18，2010. http://www.iau.org/iau0603/index.html.

Jackendoff，Ray S. 1983. *Semantics and Cognition*. Cambridge（Mass.）：MIT Press.

Junta deAndalucia. 2011. *Pliego de Condiciones de la Denominacion de Origen 'Jerez-Xeres-Sherry'*. Consejeria de Agricultura y Pesca.

Labov，William. 1973. "The Boundaries of Words and Their Meanings." In *New Ways of Analyzing Variation in English*，edited by C.-J. N. Bailey and R. W Shuy，340 – 373. Washington DC：Georgetown University Press.（Reprinted in Aarts，Bas，David Denison，Evelien Keizer，and Gergana Popova（editor）. 2004. *Fuzzy Grammar: A Reader*，67 – 89. Oxford：Oxford University Press）.

Luschutzky，Hans Christian. 2000. "Morphem，Morph und Allomorph." In *Morphology: An International Handbook on Inflexion and Word-Formation*，edited by Geert Booij，Christian Lehmann and Joachim Mugdan，451 – 462. Berlin/New York：Walter de Gruyter（Handbooks of Linguistics and Communication Sciences，17.1）.

Matthews，Peter H. 1974. *Morphology: An Introduction to the Theory of Word Structure*. Cambridge：Cambridge University Press.

Mayr，Ernst. 2004. *What Makes Biology Unique? Considerations on the autonomy of a scientific discipline*. Cambridge：Cambridge University Press. DOI：10.1017/CBO9780511617188

Schilling,Govert. 2007. *De jacht op Planeet X: Sterrenkundigen ontdekken de buitendelen van het zonnestelsel.* 's-Gravenland: Fontaine.

Sparrow, Giles. 2006. *The Planets: A Journey Through the Solar System.* London: Quercus.

Stump, Gregory. 2011."Morpheme." In *The Cambridge Encyclopedia of the Language Sciences*, edited by Patrick C. Hogan, 513 – 514. Cambridge: Cambridge University Press.

Temmerman, Rita. 2000. *Towards New Ways of Terminology Description: The Sociocognitive Approach.* Amsterdam: John Benjamins. DOI: 10.1075/tlrp.3

The National Archives. 1968. *Theft Act 1968, Chapter 60.* Retrieved October 11, 2009. http://www. statutelaw.gov.uk/content.aspx? activeTextDocId＝1204238.

Wilkins, John S. 2009. *Species: A History of the Idea.* Berkeley: University of California Press.

Zambonelli, Carlo. 2003. *Microbiologia e biotecnologia dei vini: I processi biologici e le tecnologie della vinificazione.* Bologna: Edagricole.

以框架为术语学架构

帕梅拉·法贝尔

格拉纳达大学

术语工作涉及术语的收集、分析和分配,这对技术写作和交流、知识获取、专业翻译、知识资源开发和信息检索等领域都是必不可少的。然而,术语工作的开展不能随意,而应基于一套系统的理论原则,这些原则反映了术语的认知性质与语言特征:术语是通达更大规模知识结构的入口。框架术语学(Frame-Based Terminology, FBT)是一种术语的认知研究途径,其基础框架式表征表现为知识模板,支撑着专业文本所编码的知识(Faber 2011,21;2012;Faber et al. 2007,42)。框架可以视为基于情境的知识结构,这一结构在语言层面表现为术语编纂的定义中编码的词汇关系。以这些框架为背景,框架术语学理论详细说明专业语言单元的语义、句法和语用行为。它们建立在一系列微观理论的基础上:(1)语义微观理论;(2)句法微观理论;(3)语用微观理论。每一个微观理论都关系到术语词条中编码的信息、专业知识单元与所指称的概念之间的关系。

关键词:术语学理论;认知语义学;概念建模;框架

1. 引言

框架术语学(FBT)是一种术语的认知研究途径,将专业知识表征与认知语言学与语义学联系起来(Faber 2011,2012)。因此,该理论与卡布雷·卡斯特利维(Cabré Castellví 1993,1999)的"交际术语学理论"和泰默尔曼(Temmerman 2000,2001)的"社会认知术语学理论"共享诸多前提——这些理论同样通过分析文本中的术语行为研究术语。然而,不同于这些理论,框架术语学结合心理学和语言学的模型和理论,例如"词汇语法模型"(Faber and Mairal 1999;Martin Mingorance 1989,227 - 253)、"框架语义学"(Fillmore 1985,222 - 254;Fillmore 2006,373 - 400)、"生成词库理论"(Pustejovsky 1995)和"情境认知理论"(Barsalou 2003,2008,618 - 623)。

具体而言,框架术语学使用"框架"的概念,框架被定义为"一种模式化的经验(知识结构),这种经验在概念层面得到表征并储存在长期记忆中,与人类经验中涉及特定文化的场景、情境或事件相关的元素、实体紧密相关"(Evans 2007,85)。框架的优势在于既关注层级概念关系,也强调非层级概念关系。框架术语学中的"框架式表征"(frame-like representation)发轫于菲尔墨的认知语义学理论(Fillmore 1985,222 - 254;2006,373 - 400;Fillmore et al. 2003,298 - 332),但在框架术语学中这一概念有所调整,以适应专业知识单元的结构及它们在专业领域所充当的角色。

多模态环境知识库 EcoLexicon[①] 即是框架术语学的实际应用。"框架"是一种知识表征方法,它整合了一个范畴或一组范畴的语义泛化的各种方式。与此同时,"模板"是同一范畴成员的表征模式。现在,词汇的文化层面也正逐渐整合到这一专业知识表征结构中。文化层面以"语义模板"(semplate)的形式呈现,它指强加于环境的文化主题或语言模式,用以创造、协调、细分或对比范畴(如地理地貌和景观概念)(Burenhult and Levinson 2008,144)。"框架"从而成为通过语义关系连接范畴的大规模概念表征形式。可以看到,框架可以微观语法的形式表征专业文本中的语义关系。框架还是遴选富知识语言、文化和图形语境的基础。

2. 框架术语学:微观理论

在科技文本中,专业知识单元激活特定领域的语义框架。该框架与领域知识和用户背景知识相一致。这些框架是框架语义学研究专业语言单元的语义、句法和语用行为的基础。它们建立在以下一系列微观理论的基础上:(1)语义微观理论;(2)句法微观理论;(3)语用微观理论。每个微观理论都关系到术语条目中编码的信息、专业知识单元之间的关系以及它们指称的概念之间的关系。

2.1 语义微观理论

在词典学研究中,博厄斯(Boas 2005)和马丁(Martin 2006)提出了基于框架的词典设想。此类词典设计在术语编纂中同样适用,强调专业知识单元的表征应当兼顾内部一致性和外部一致性。内部一致性是指每个条目的数据字段中包含信息的关联,而外部一致性是指条目在整个知识资源的语境中的相互关联(Faber et al. 2007,40)。

2.2 内部表征

在框架术语学中,框架在术语定义中编码的词汇关系和意义成分中得到系统的反映。我们基于从其他专业知识资源以及专业文本语料库中提取的信息形成定义,这一语料库同样是专业知识单元传达的语义、句法和语用信息的主要来源。正如马丁(Martin 1998,191)所强调的,框架可以作为定义模型,以提供更一致和灵活的概念结构表征。在框架术语学中,这些模型或微知识表征基于普斯特若夫斯基(Pustejovsky)提出的物性角色(qualia roles):

    1. 形式角色(formal role):区分词汇意义的基本类型;
    2. 构成角色(constitutive role):一个客体与其组成部分之间的关系;
    3. 功用角色(telic role):客体的目的或功能(如果有的话);
    4. 施事角色(agentive role):影响客体形成或产生的因素(Pustejovsky et al. 2006,3)。

形式角色和构成角色是指相关类型和谓语的个体变量(Pustejovsky 1998,330‑331)。

[①] http://ecolexicon.ugr.es

形式角色指属种关系,词项从属于一个范畴。构成角色指一个客体是由什么构成的(即整体—部分关系)。根据其类型和所属范畴的不同,概念倾向于激活一系列特定的物性角色。这决定了宏观和微观结构层面上概念之间相互关联的方式。在这个意义上,施事角色和功用角色以事件类概念最为典型。施事角色描写与客体相关的一系列个体事件,而功用角色指与客体功能相关的事件描写(Pustejovsky et al. 2006,333)。

例如,一个自然实体既可用属种关系描述,也可用整体—部分关系描述。"冰川"可以描述为一个地理对象,消融区是冰川的一个部分,但它不能从使用目的或功能角度描述,否则将成为一种人造品。相比之下,仪器是一种人造品;作为人类创造的实体,它有特定的用途或功能。广义上说,许多常用的环境仪器是按照功能分类的:(1)记录类(例如风速记录仪、地震仪);(2)测量类(例如风速计、湿度表);(3)采样类(例如沉积物采样器、空气采样器);(4)转换类(如太阳能电池板)。虽然物性角色不能穷尽专业概念的语义内容,但它提供了一种系统化意义的方式。

因此,概念的定义在术语学中非常重要。在微观语义层面上,定义是对一个概念性质的语言描述。安蒂亚(Antia 2000,113-115)指出,定义既固定一个概念,也可以描述一个概念,并将概念与其他概念相连。众所周知,大多数术语定义是由一个通名(generic term)或上位概念(superordinate term)和区别性特征组成的(Eck and Meyer 1995,83-87;Sager 1990,42)。表1即为该类定义的示例。

表1 "风化"被定义为"分解"的下义术语

风化	
分解	上义术语
位于地球表面或表面下的岩石、矿物和土壤的分解	受影响实体和地点的区别性特征
通过大气作用(风、水、太阳辐射、温度变化)、化学反应和生物活动进行	施事的区别性特征

当定义结构合理时,理论上可以推导出某领域的属种层次结构(即普斯特若夫斯基的形式角色),只需在术语定义中提取类术语并形成意义链。表2显示了环境科学领域术语"分解"的一种定义层次结构。在表2的定义中,每个术语被定义为另一个术语的一个类型。由于以下相关属性的增加:(1)受影响的实体(岩石、矿物和土壤);(2)施事(大气作用、机械力等);(3)位置(地球表面或表面下方);(4)涉及的过程(裂隙中的水结冰),术语的定义变得越来越具体。

表2 "风化"作为"分解"下义术语的定义层次结构

分解[环境科学]	
风化	地球表面或表面以下的岩石、矿物和土壤的分解,由大气作用(风、水、太阳辐射、温度变化)、化学反应和生物活动引起。
机械风化	导致岩石和矿物的风化与破坏,风、水、温度变化、冰和太阳辐射等大气作用引起机械力。
寒冻裂楔	机械风化的一种,因水在裂缝中结冰,对岩石施加压力,使岩石进一步破裂而导致。

然而,由于许多原因,定义中关于此类层次结构的说明很少如此直接或简单。首先,相同的词汇形式在不同领域中有不同的含义,使这个过程变得困难。表3显示了"风化"在环境科学、建筑学和建造学科领域的定义。

表3 "风化"在不同专业领域的定义

风化 [环境科学]	地球表面或表面以下的岩石、矿物和土壤的分解,由大气作用(风、水、太阳辐射、温度变化)、化学反应和生物活动造成。
风化 [建筑学]	垂直于水平表面的轻微倾斜,主要用于砖石结构中,以防止水在其上倒伏。
风化 [建筑工程]	用模型模拟磨损的过程。

即使在同一个领域中,一个概念也可以用不同的上义词来定义。如表4所示,"风化"不仅可以定义为分解过程或动作,还可以定义为该过程的结果。

表4 "风化"作为环境科学中"行动"或"分解"的下义词

概念	上级概念	区别性特征
风化	行动作用	大气中(风、水、太阳辐射、温度变化等)物质的作用、化学反应和生物作用,分解地球表面或地表以下的岩石、矿物和土壤。
风化	分解	通过大气的作用(风、水、太阳辐射、温度变化)、化学反应和生物的作用,分解地球表面或以下的岩石、矿物和土壤。

术语多种定义中体现的视角差异被称为术语的"多维性"。如鲍克(Bowker 1997)所证实的,这种现象常见于可用多种方式分类的概念。一种维度代表一种概念的分类方法,有多种维度的概念系统被认为是多维的。

因此,"风化"是一个复杂的事件,和侵蚀、沉积作用、气候变暖、冰川、洪水、建设等一样。这些事件被普斯特若夫斯基(Pustejovsky 2005,4-8)称为"点对象"(dot objects),它们是事件/结果的多义现象词汇化的结果。动转名词的事件/结果的多义现象是一种固有多义现象(合成类或点对象)的特殊情况,此种多义现象的形成基于其基本动词的意义(例如 weather 的基本动词 to weather)。不仅是"事件"和"对象"在本体意义上分属不同的范畴,结果—对象范畴在时间关系上和因果关系上也取决于事件类型,因为事件的执行是结果(变为)存在的先决条件。在这种情况下,框架术语学的概念建模与梅洛尼和杰泽克(Melloni and Jezek 2009)的提议一致,他们认为名词的多义现象,例如"建造"(construction)和"风化"(weathering)应当归类为(结果—对象)事件对象,此处对象类型是结果,被视为一个事件的副产物。

2.3 外部表征

概念定义的其余部分反映了外部语义表征,并编码了与所定义概念相关的其他概念。表征这种关系的一种方法是通过本体。本体可以被视为某个领域中共同认可的模型或概念体系,这些概念体系编码了一组用户公认的观点。特定领域的知识本体由领域内的概念和实例,以及它们的关系和属性组成,本体是专业知识的存储和传播的媒介。在这方面,框架术语学提出了一个基于语言的知识本体,因为其概念设计基于专业文本中提取的信息和术语定义的结构。本体中的信息是从文本中半自动提取的,而不是在焦点小组或密集访谈中获得的。提取到的信息随后交由专家验证。在提取阶段不引入专家的原因是,专家往往不知道如何明确表达他们的知识。这就造成了知识本体中模块化的知识内容与文本中记录的知识内容间的巨大差距(Eriksson 2007,624-625)。

在 EcoLexicon 中生成的概念表征知识本体结构中,顶层概念是"对象""事件""属性"和"关系"。概念可以是具体的、抽象的、简单的或复杂的。在环境科学中,抽象概念包括测量物理实体的理论、方程式和单位。它们通常用来描述、评估和模拟现实。与此相对,物理实体概念是那些占据空间和/或在一段时间内存在的概念。它们包括自然实体、地理地貌、水体、建筑及其可能参与的自然和人工的过程性事件。

这一环境领域知识本体主要围绕物理对象及其形成过程的直接概念表征组织而成(例如"冲积扇""侵蚀""风化"等)。这组基本概念充当了理解概念体系的脚手架,它们的自然语言描述则为数据查询、整合和参照提供了语义基础(Samwald et al. 2010,22-23)。环境概念用自然语言书写的定义进行编码,这些定义表征为层级和非层级关系的可视化语义关系网络,其中语义关系从多语言语料库中半自动提取。例如,在语言学意义上,"风化"一词是一个精简了的命题,它描述了大气中的化学物质、化学反应和生物在地球表面或下面分解岩石、矿物和土壤的过程。因此,"风化"的定义反映了施事、受事和位置三个参数,依次激活了一组语义关系。这个结构是不同类型"风化"的定义模板,见表5。

表5 "风化"的定义模板

"风化"	
属一种	分解
影响	岩石、矿物质和土壤[受事]
位置	在地球的表面或表面之下[位置]
受……影响	大气因素(风、水、太阳辐射、温度变化)、化学反应和生物作用[施事]

更具体的风化类型(即机械风化和寒冻裂楔)仅仅是减少上位概念定义中的信息,或是对信息的具体化。在这个意义上,"机械风化"是指"风化"定义中提到的一种施事(即大气作用),而"寒冻裂楔"进一步缩减了机械风化的定义,仅以水的作用为施事(见表2)。

然而,"风化"与其他概念的相互关系也体现在其定义中,例如与"矿物""太阳辐射""有机体""化学风化"等的关系。这在 EcoLexicon 的"风化"语义网中有所体现,如图1所示。

随着层级关系的推进(例如属种关系和整体—部分关系),这样的网络可以变得非常复杂。除此之外,网络还包含了非层级概念关系,以过程关系(即影响、结果和原因)最为典型(Faber Mairal and Magañ 2011,568)。此外,专业知识单元的定义还可以包括一个百科式描述的部分,用以详细描述初始定义中提到的概念和过程。例如,关于"风化"的百科式信息可能阐述"风化可以是机械的或化学的,并且它的发生时间很长"。出于以上原因,规范专业的内涵定义结构是构建专业概念与专业语言语义网络的关键因素之一。

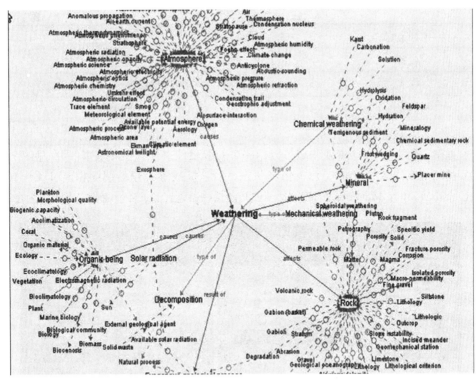

图1 "风化"的结构表征（EcoLexicon）

2.4 句法微观理论

在术语学中对专业语言文本中术语的句法关注较少。然而，术语具有组合价值和独特的句法投射。

框架术语学的句法微观理论是基于事件的。当用语言描述事件时，述谓结构是最常用的形式。虽然由于语言学派的不同，述谓结构的表征可能会有所不同，但在大多数致力于非特定语言研究的语言学理论中都有这一结构。事件的性质取决于激活实体之间关系使用的谓词。以此来看，动词类谓词的类型取决于其发生时间的长短或引起变化的程度。我们的动词类谓词分类大致是基于万德勒（Vendler 1967）的"动作类别理论"（Theory of Aktionsart），该理论由范瓦兰（Van Valin 2005，31 - 50）进一步发展，他在四种基本类别（状态、活动、成就、完成）的基础上增加了两个类别："瞬间性"（semelfactives）和"积极完成"（active accomplishments）。他还将"使役性"作为六个类别交叉的参数。框架术语学采用了这种划分方式，并用过程取代活动。表6列出了动词类别并给出每一类的示例。

表6 动词类谓词类别（León Aráuz，Faber，and Montero Martinez 2012，122）

谓词类别	示例
状态	大气情况良好。
过程	风在吹。
瞬间性	波浪撞击峭壁。

续　表

谓词类别	示例
成就	海浪冲入了冲浪区。
完成	悬崖已被侵蚀。
积极完成	海洋淹没了海岸潟湖。
因果	海啸造成洪水泛滥。

在框架术语学中，各个专业领域可以用一个一般事件表示。在环境事件中（见图2），一般类别的环境实体参与构建事件，并由将状态、过程、完成等编码的谓词相连（León Aráuz，Faber，and Montero Martinez 2012，116‑122）。这些命题表征了环境专业文本中激活的含义。

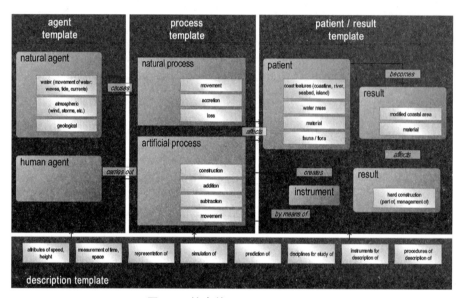

图 2　环境事件（Faber 2012，118）

图2中的事件基于"原因""创建""影响""执行"等一般谓词。据此，环境事件有两种类型的"施事"可以激活过程事件。这些施事可以是无生命的（自然力）"自然施事"或有生命的（人类）"人类施事"，例如水的运动（如波浪、潮汐和海流）和大气现象（例如风和风暴）导致"自然进程"，如海岸等地理区域发生的泥沙流和侵蚀。这些过程影响其他实体或"受事"（例如海滩、海港和海床可能遭受变化，如损失/恶化/造成海滩和海床构造的变化）。"人类施事"还可以施事"人工过程"（例如建造），产生或防止通常由自然过程引起的"结果"。

事件是用语言描述专业文本中概念关系的基础。框架术语学认为，术语及术语之间的关系具有句法结构，这一结构可以通过图像表述为微观语法。这些微观语法不仅展示了层级和非层级关系在不同语言中的表达，而且可以用来标记语料库的文本以供信息检索，甚至衡量因果命题的典型性（León and Faber 2012，14）。

在框架术语学中，基于知识型式的微观语法使用Nooj系统开发，这是一个用于描述自然语言的开发环境，可应用于大型语料库（Silberztein 2003）。我们在一个容量为900,000单词的语料库中识别因果句法结构。语料中的语境被划分为四个领域，每个容量约为300,000个单词，分别为大气科学、海岸工程、海洋学和土壤科学。我们为以下结构开发了五种微观语法:(1) X 导致 Y;(2) X 是由 Y 引起的;(3) X 是 Y 的原因;(4) X 的原因是 Y;(5)X 导致 Y 到 Z。(León and Faber 2012,13)当然,该结构不限于原因,也包括有致使意义的其他术语和短语("生产""生成""归因"等)。例如,在〈X 是由 Y 引起的〉这一结构中,第一步是制定形成因果关系最基本意义的核心微观语法(见图 3)。

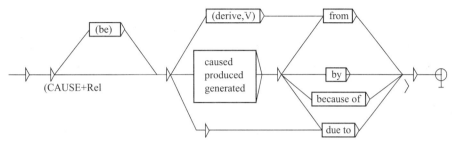

图 3　因果关系的核心语法(León and Faber 2012,12－13)

　　这个语法通过不同的路径提取因果链接。如图 3 所示,英语中的因果关系用"原因"(cause)、"产生"(produce)和"生成"(generate)的过去分词表示(或以 to be 紧跟其任何屈折形式之后),其后紧跟四个结构(from、by、because of、due to)。而因果关系也可以用 derive 的任意屈折形式加上介词 from 或形容词短语 due to 指称。我们找到并用因果关系(CAUSE＋Rel)标记所有匹配此语法的因果事件,共计 960 个候选项(见图 4):

```
            Flash flooding due to extremely heavy rains
   Most storm-related damage was caused by wind, wind-blown rain and tornadoes
Sustained winds of tropical storm force produced by Rita
The most familiar sea level changes are produced by astronomical tides
        Earthquakes are shock waves caused by abrupt movements of the earth's crust
Local wind patterns (sometimes caused by structures and urban development)
            Sediment fluxes generated by incident waves
        Currents are usually due to tides and river flows
        Internal waves are generated by wind energy
        Tsunami can also be caused by landslides
   Vapor transfer in soil due to air movement
```

图 4　因果事件的范例(León and Faber 2012,13)

　　然而,并非所有的候选项都是有效的因果命题,因为因果表达式并不总是把两个专门术语联系起来,例如 X 被表示为"这""那"等。这导致了一个更加复杂的微观语法的设计,它重新使用 CAUSE＋Rel 的标注作为 X(效果)和 Y(原因)之间的链接(见图 5)。

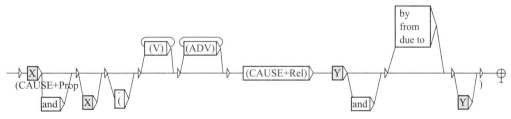

图 5　因果命题的语法结构(León and Faber 2012,13)

　　完成语境分类的语料库可以使用这些因果微观语法进行处理,形成新的语义关系。这是一个循环过程,因为关系微观语法在每个领域中最典型的术语对的应用反过来验证了语料库的语境分类。此外,这一过程可以识别出无关信息或遗漏信息,并最终以统一标准检验语料处理结果的精度与召回率。在未来,在语法结构中加入一个语义成分将会解决多义句结构的消歧工作。识别恰当的语义特征对于约束哪些实体可以通过因果关系有效地连接是必不可少的(关于微观语法更深入的讨论,见 León and Faber 2012,10 - 17)。

2.5　语用微观理论

在框架术语学中,专业语言语用指专业交流发生的情境或语境,以及在文本生产和理解中反映出的文本发送者和文本接收者处理这些语境或情境的方式。专业交流语境中的关键语用维度包括:(1)文本发送者的信念和期望;(2)文本发送者和文本接收者共享的知识;(3)源于参与者互动的口头或书面文本表达出的交际目的;(4)引起接收者用特定方式解读文本的因素(Faber and San Martin 2012,178)。框架术语学的语用微观理论包括一系列关于语境的理论,其中语境可以是语言的、文化的甚至图像的。这些语境系统地包含了应当在术语条目中提供的语用信息。

2.5.1　语言语境

特定领域术语条目中信息量最大的语境,是将术语条目中所有信息链接到域事件的语境。福康涅(Fauconnier 1994,xxxviii)指出,语言信息不能准确说明所指层次的信息。因此,意义建构依赖于一个精心设计的后台认知系统来填充未能指明的细节。同时,概念定义应该描述最广泛的意义,适用于最广泛的交际环境。这个意义应该帮助用户建立一个通用的心理空间,使他们能够将其背景知识与概念定义中的新信息相结合。这个心理空间提供背景知识的输入空间和定义的输入空间中共同的信息(Evans and Green 2006,404)。专业知识资源中的有效语境能帮助用户通过结合这些输入空间来创建心理空间的语境,因此知识库中术语语境的选择必须根据下列前提之一:

1. 语境通过定义中表达的关系与概念相关。关注概念的定义模板中的关系,理解能够激活这些关系的语境,用户可以构建关于概念的更详细的心理空间。

2. 语境侧重于次要关系(在定义模板中没有表达的关系)。这给用户带来增加新信息的可能性,从而扩大心理空间。

3. 语境将概念与同一域中的其他概念或其他域中的概念联系起来。这一联系同样扩大用户的心理空间,并为其提供创造新的相关心理空间的方法(Reimelink、Garcia Quesada, and Montero Martínez 2012,210)。

因此,选择与领域知识相关的语言语境需基于对重要关系、知识丰富度和知识型式的综合分析:

1. 重要关系是匹配不同心理空间中两个元素或属性的链接。它们被细分为外部空间的重要关系(时间、空间、表征、变化等)和内部空间的重要关系(缩放时间、切分时间、缩放空间、切分空间、唯一性等),这些都是外部空间关系的压缩(Evans and Green 2006,420;Fauconnier and Turner 2002,89 - 112);

2. 富知识语境包含至少一项利于对检索词进行概念分析的领域知识。这些上语境应该至少表明一个概念特征，或表征属性，或表征关系（Meyer 2001，279）；

3. 知识型指明确的独立于专业领域的知识型式，以及有关术语及其概念结构的元语言信息。这些语言标记有助于读者充分理解概念的含义以及概念之间的关系，例如以下词组"由……组成/做成"（部分—整体关系），"用来/专为……"（因果关系）和"是一种……"（属种关系）（Barrière 2004，188 - 191；Barrière and Agbago 2006，5）。

2.5.2 文化语境

由于文化信息也影响专业领域的概念组织（例如 Kerremans、Temmerman and Tummers 2003），因此这种类型的语境应在专业知识资源及其背后的本体中体现。例如，在有关环境的概念中，"景观"是人类划分的一个基本范畴（Burenhult and Levinson 2007，136；Majid，Enfield，and Van Staden 2006，138）。它是人类活动的背景和场景，上面布满了用于导向和指路的地标。这一关乎人类生存的基本范畴生发了许多一般和专业概念，这些概念难以按照层级结构划分，也难以建立跨语映射。尽管地球表面被认为是连续的并由此被分割成不同类型的范畴，但是不同文化的划分方式和划分标准差异很大（Smith and Mark 2003）。以地貌概念为例，莱文森（Levinson 2008，257 - 258）建立了三个范畴形成假说：

1. 范畴是由知觉或认知的显著性驱动的。这表明在山脉、河流、湖泊或悬崖之类的范畴中应该存在显著的共性（尽管这并不总是正确的）；

2. 范畴是由它们提供的潜在功用或强加给人类活动的限制所驱动的。这表明根据生存模式、生态环境和运输技术的不同，范畴会有系统的变化。

3. 范畴是由概念模板和文化信念驱动的。这表明伴随着更大的范畴普遍性（如果有的话，比如源于普遍的认知、宇宙观或宗教信仰），也会有更大的范畴差异性。

语际分析表明，范畴的结构往往不是唯一因素作用的结果，而是以上三者的共同作用，取决于文化及其语言。因此，文化情境性也对语义网络的形成产生影响，即使在密切相关的语言文化之间也存在差异。例如，地理地貌的范畴（如"河口""沼泽""河道"等）受到信息的制约，直接与概念的性质有关。正如史密斯和马克（Smith and Mark 1999，247 - 250）指出的，地理对象的特殊性如下：

1. 地理对象本质上与它们在空间的位置相关［地点］；

2. 它们往往基于大小和规模［规模］；

3. 它们通常是一个连续体划分的结果，其他对象（包括人类）在这个连续体中生活和移动［划界］。

这一系列关系源于这样一个事实，即地理对象可能以与"仪器""大气现象""海岸防御结

21

构"和"海洋动物"等概念范畴不同的方式被感知和模拟。在同一范畴中,空间定位的地位更加突出,每种语言都有特定的术语来指称与以下相关的地貌:(1)语言文化中的感知突显,例如"坦拉尔风"(terral),一种从西班牙半岛向外,沿各个方向吹向海洋的炎热干燥陆风;(2)功能性,例如"阿尔武费拉"(albufera),巴伦西亚的淡水沿海潟湖,用于渔业和种植水稻作物;(3)它们在文化社区的宇宙观和信仰系统中占据的地位,例如"天然深井"(cenote),充满水的石灰岩下沉洞对玛雅人具有宗教意义。在构建概念并尝试为给定的一组语言文化建立一个共同的概念核心时,必须考虑这类信息。

2.5.3 图像语境

图像也是描述和表征概念的有效手段。在专业知识领域中纳入不同类型的视觉表征非常有用,因为图像增强了文本理解,补充了其他数据字段中的语言信息,并且常能促进知识获取。鉴于图像在知识表征中的关键作用,应选择与语言描述、文本的专业化水平和接受者先前的学科知识水平相一致的图形材料(Marsh and White 2003,652-654)。框架术语学阐述了如何融合语言和图像信息以使用户更好地理解动态概念系统(Prieto and Faber 2012,229)。

在框架术语学中,图像是描述概念与概念关系的视觉工具。因此,框架术语学提倡对专业概念进行多模态描述,其中术语定义中的信息与图像中的视觉信息相互作用,帮助用户更好地理解复杂和动态的概念系统(Faber et al. 2007,39)。图像信息在专业文本中的作用意味着图像是用于表征和传递专业知识的非语言资源,引导读者注意文本的特定方面。作为一种认知支持,图像应包含其伴随文本中的基本范畴(Tercedor,Lopez,and Robinson 2005)。术语条目中的图像类型应与该概念语言描述中最显著的特征一致(Faber et al. 2007,41-49)。

在框架术语学中,描绘概念的图像根据其功能(Anglin,Vaez and Cunningham 2004,865-879)或与其所代表的现实世界实体的关系进行分类。框架术语学的图像类型划分基于象似性、抽象性和动态性的标准。因此,应选择适当的插图,以集中描绘语言激活的概念语义特征。插图的象似程度、抽象程度和/或动态程度的组合应该是最能描述概念属性和所激活的语义关系的组合(Faber et al. 2007,63;Prieto and Faber 2012,239)。

其中,"象似性图像"类似于插图中通过概念属性抽象化表征的真实世界对象。图像可能与它们所表征的对象具有不同程度的象似性。当口头文本传达与图片相同的信息时,单词和图片之间也会有文本内的象似性。最具象似性的图片是自然图像,即对世界的直接视觉感知,其次是按比例缩放的三维模型,如雕塑或蜡像。象似性图像在表征非层级关系时尤其有用,例如表征"由什么组成"(made of)时,将建筑(如大坝、防波堤等)与它所组成的材料(如混凝土、石头、木材等)连接起来。

"抽象"指的是认识和表达概念所需的认知努力(Levie and Lentz 1982;Rieber 1994,36-57)。抽象程度取决于图像信息表征专业概念本质的准确程度,即其易读度和清晰度。例如,抽象化过程有助于理解诸如地图表征的"位于……"概念关系。

"动态性"指的是对运动过程的表现形式,可用以描述科技领域中许多专业概念的过程性本质。如果这种表现说明了构成该过程的非连续步骤的顺序,则不需要包括明显的移动过程。例如,表现部分和步骤的图像中隐含的动态性信息有助于理解由各个部分或一系列非连续步骤组成的动态整体。动态性也可以通过符号表达,例如使用箭头(表示运动)和文本信息(连接图片和现实世界)。

然而,很少(如果有的话)有图像纯粹是象似的、抽象的或动态的。在框架术语学中,基于以上三个图像性质的存在与否并将特征加以组合可产生八种不同的图像简况。这些简况是判断图像是否适合表征给定语境的一个重要因素(关于图像简况与语境选择关系的讨论,请参阅 Prieto and Faber 2012,242 - 248)。

3. 结论

本章概述了框架术语学,一种术语学研究的认知途径,该理论探索了"框架"怎样成为专业知识单元定义和表征的架构。框架术语学中专业知识框架的具体说明以语义微观理论、句法微观理论和语用微观理论为基础。

其中,框架术语学中专业知识单元的语义反映在内部和外部表征中。从内部角度看,术语语义体现为术语定义中的词汇关系和意义成分,术语定义基于普斯特若夫斯基(Pustejovsky 1995,330 - 331)的物性角色理论构建。从外部角度看,它体现在一组用户共享的知识本体或专业域模型中。框架术语学的知识本体基于从专业文本中提取的信息和术语定义的结构。该知识结构的视觉表征可在 EcoLexicon 中看到,该网站是对框架术语学的实际运用。

框架术语学的句法微观理论是基于事件的,以述谓结构呈现。因此,每个专门领域都可以用一个一般事件或框架来表示,其中,实体概念类别被表达状态、过程、成就等方面的谓词连接,并参与事件过程。术语及其关系的句法在基于图形的微观语法中体现,这些微观语法以图示形式描述了不同语言如何对语义关系(如因果关系)进行编码。

框架术语学中的语用微观理论关注专业交流发生的情境,以及文本发送者和接收者在文本生产和理解中的处理方式。从这个意义上说,专业知识单元语用潜力的分析,以及语用潜力在不同类型的专业文本中的激活及其理解,对理解概念类别结构以及专业交流过程有一定启发。

致谢

本研究在以下研究项目框架内进行:项目名称为"动态网络中的知识表征"(del Cono-cimiento en Redes Dinamicas),FFI 2011 - 22397,由西班牙科学与创新部资助。

参考文献

Anglin, Gary, Hossein Vaez, and Kathryn Cunningham. 2004. "Visual Representations and Learning: The Role of Static and Animated Graphics." In *Handbook of Research on Educational Communications and Technology*, edited by David H. Jonassen, 755 - 794. Hillsdale, NJ: Erlbaum.

Antia, Bassey E. 2000. *Terminology and Language Planning: An Alternative Framework of Practice and Discourse*. Amsterdam: John Benjamins. DOI:10.1075/tlrp.2

Barrière, Caroline. 2004. "Knowledge-rich Contexts Discovery." In *Proceedings of the 17th Conference of the Canadian Society for Computational Studies of Intelligence on Ad-*

vances in Artificial Intelligence, edited by Ahmed H. Tawfik and Scott D. Goodwin, 187 – 201.Berlin/Heidelberg/ New York: Springer.

Barrière, Caroline and Akakpo Agbago.2006. "TerminoWeb: A Software Environment for Term Study in Rich Contexts." *Proceedings of the International Conference on Terminology, Standardisation and Technology Transfer* (*TSTT*), Beijing, August 2 – 26, 2006. Accessed July 14, 2012. http://nparc.cisti-icist.nrc-cnrc.gc.ca/npsi/ctrl? req=%22Barrière%2C＋Caroline%22&index=a w&pgrslts=25&action=dsere.

Barsalou, Lawrence W. 2003. "Situated Simulation in the Human Conceptual System." *Language and Cognitive Processes* 18:513 – 62. DOI:10.1080/01690960344000026

Barsalou, Lawrence W. 2008. "Grounded Cognition." *Annual Review of Psychology* 59:617 – 645. DOI:10.1146/annurev.psych.59.103006.093639

Boas, Hans C. 2005. "Semantic Frames as Interlingual Representations for Multilingual Lexical Databases." *International Journal of Lexicography* 18(4):445 – 478. DOI:10.1093/ijl/eci043

Bowker, Lynn.1997. "Multidimensional Classification of Concepts and Terms."In *Handbook for Terminology Management*, vol. 1, edited by Sue Ellen Wright and Gerhard Budin, 133 – 143. Amsterdam: John Benjamins.

Burenhult, Niclas and Stephen C. Levinson. 2008. "Language and Landscape: A Cross-linguistic Perspective." *Language Sciences* 30:135 – 150.

Cabré Castellví, M. Teresa.1993. *La Terminologia: Teoria, Metodologia y Aplicaciones*. Barcelona: Empuries.

Cabré Castellví, M. Teresa.1999. *Terminology Theory, Methods and Applications*. Amsterdam: John Benjamins. DOI:10.1075/tlrp.1

Eck, Karen and Ingrid Meyer.1995. "Bringing Aristotle into the 20th Century. Computer-aided Definition Construction in a Terminological Knowledge Base." In *Standardizing and Harmonizing Terminology: Theory and Practice*, edited by Sue Ellen Wright and Richard A. Strehlow, 83 – 100. Philadelphia: ASTM.

Eriksson, Henrik. 2007. "The Semantic Document Approach to Combining Documents and Ontologies."*International Journal of Human-Computer Studies* 65:624 – 639. DOI:10.1016/j.ijhcs.2007.03.008

Evans, Vyvyan. 2007. *A Glossary of Cognitive Linguistics*. Salt Lake City: University of Utah Press.

Evans, Vyvyan and Melanie Green. 2006. *Cognitive Linguistics: An Introduction*. Edinburgh: Edinburgh University Press.

Faber, Pamela. 2011. "The Dynamics of Specialized Knowledge Representation: Simulational Reconstruction or the Perception-action Interface." *Terminology* 17(1):9 – 29. DOI:10.1075/ term.17.1.02fab

Faber, Pamela (editor). 2012. *A Cognitive Linguistics View of Terminology and Specialized Language*. Berlin/New York: Mouton de Gruyter. http://taalkunde.ehb.be/

cvc/events/seminar2010. DOI:10.1515/9783110277203

Faber, Pamela and Ricardo Mairal. 1999. *Constructing a Lexicon of English Verbs*. Berlin/New York: Mouton de Gruyter.

Faber, Pamela and Antonio San Martin. 2012. "Specialized Language Pragmatics." In *A Cognitive Linguistics View of Terminology and Specialized Language*, edited by Pamela Faber, 177 – 204. Berlin/New York: Mouton de Gruyter.

Faber, Pamela, Ricardo Mairal, and Pedro Javier Magana. 2011. "Linking a Domain-Specific Ontology to a General Ontology." In *Proceedings of the Twenty-Fourth International Florida Artificial Intelligence Research Society Conference*, edited by R. Charles Murray and Philip M. McCarthy, 564 – 569. Menlo Park, CA: AAAI.

Faber, Pamela, Pilar León Aráuz, Juan Antonio Prieto, and Arianne Reimerink. 2007. "Linking Images and Words: The Description of Specialized Concepts." *International Journal of Lexicography* 20:39 – 65.

Fauconnier, Gilles. 1994. *Mental Spaces: Aspects of Meaning Construction in Natural Language*, *2nd ed*. Cambridge: Cambridge University Press. DOI: 10. 1017/CBO978051 1624582

Fauconnier, Gilles and Mark Turner. 2002. *The Way We Think: Conceptual Blending and the Mind's Hidden Complexities*. New York: Basic Books.

Fillmore, Charles J. 1985. "Frames and the Semantics of Understanding." *Quaderni di Semantica* 6(2):222 – 254.

Fillmore, Charles J. 2006. "Frame Semantics." In *Cognitive Linguistics: Basic Readings*, edited by Dirk Geeraerts, 373 – 400. Berlin/New York: Mouton de Gruyter. DOI: 10. 1515/9783110199901.373

Fillmore, Charles J., Miriam R. L. Petruck, Josef Ruppenhofer, and Abby Wright. 2003. "Framenet in Action: The Case of Attaching." *International Journal of Lexicography* 16(3):298 – 332.

Kerremans, Koen, Rita Temmerman, and Jose Tummers. 2003. "Representing Multilingual and Culture-specific Knowledge in a VAT Regulatory Ontology: Support from the Termontography Approach." In *OTM 2003 Workshops*, edited by Robert Meersman and Zahir Tari, 662 – 674. Tubingen: Springer Verlag.

León Aráuz, Pilar and Pamela Faber. 2012. "Causality in the Specialized Domain of the Environment." In *Proceedings of the Workshop Semantic Relations-II. Enhancing Resources and Applications (LREC '12)*, edited by Verginica Barbu Mititelu, Octavian Popescu and Viktor Pekar, 10 – 17. Istanbul:ELRA.

León Aráuz, Pilar, Pamela Faber, and Silvia Montero. 2012. "Specialized Language Semantics." In *A Cognitive Linguistics View of Terminology and Specialized Language*, edited by Pamela Faber, 95 – 176. Berlin/New York: Mouton de Gruyter.

Levie, W. Howard and Richard Lentz. 1982. "Effects of Text Illustrations: A Review of Research." *Educational Communication and Technology Journal* 30:195 – 232.

Levinson, Stephen C. 2008. "Landscape, Seascape and the Ontology of Places on Rossel Island, Papua New Guinea." *Language Sciences* 30: 256 – 290. DOI: 10. 1016/j. langsci. 2006.12.032

Majid, Asifa, Nick J. Enfield, and Miriam van Staden (editor).2006. "Cross-linguistic Categorization of the Body" *Language Sciences* 28: 137 – 147.

Marsh, Emily E. and Marilyn D. White.2003. "A Taxonomy of Relationships between Images and Text." *Journal of Documentation* 59: 647 – 672.

Martin, Willy. 1998. "Frames as Definition Models for Terms." In *Proceedings of the International Conference on Professional Communication and Knowledge Transfer*, vol. 2, edited by A. Munteanu, 189 – 221. Vienna: Termnet.

Martin, Willy. 2006. "Frame-based Lexicons and the Making of Dictionaries." In *Atti del XII Congresso Internazionale di Lessicografia*, vol. 1, edited by Elisa Corino, Carla Marello and Cristina Onesti, 281 – 293. Alessandria: Edizione dell'Orso.

Martín Mingorance, Leocadio.1989. "Functional Grammar and Lexematics." In *Meaning and Lexicography*, edited by Jerzy Tomaszczyk and Barbara Lewandowska, 227 – 253. Amsterdam: John Benjamins.

Melloni, Chiara and Elisabetta Jezek. 2009. "Inherent Polysemy of Action Nominals." Paper presented at the Journees de Semantique et Modalisation, Paris, Laboratoire de Linguistique, University of Paris 7, April 9 – 10, 2009.

Meyer, Ingrid. 2001. "Extracting Knowledge-rich Contexts for Terminography: A Conceptual and Methodological Framework." In *Recent Advances in Computational Terminology*, edited by Didier Bourigault, Christian Jacquemin and Marie-Claude L'Homme, 279 – 302. Amsterdam: John Benjamins.

Prieto, Juan Antonio and Pamela Faber. 2012. "Graphical Information." In *A Cognitive Linguistics View of Terminology and Specialized Language*, edited by Pamela Faber, 225 – 248. Berlin/New York: Mouton de Gruyter.

Pustejovsky, James. 1995. *The Generative Lexicon*. Cambridge, MA: MIT Press.

Pustejovsky, James. 1998. "The Semantics of Lexical Underspecification." *Folia Linguistica* 32(3 – 4): 323 – 348. DOI: 10.1515/flin.1998.32.3 – 4.323

Pustejovsky, James. 2005. "A Survey of Dot Objects." *Technical report*. Brandeis University, 1 – 9. Accessed April 15, 2014. http://citeseerx. ist. psu. edu/viewdoc/download? rep = rep1&type=pdf&doi=10.1.1.208.7525.

Pustejovsky, James, Catherine Havasi, Jessica Littman, Anna Rumshinsky, and Marc Verhagen. 2006. " Towards a Generative Lexical Resource: The Brandeis Semantic Ontology."In *Proceedings of the Fifth Language Resources and Evaluation Conference*, *LREC 2006*, 1702 – 1705.Genoa: ELRA.

Reimerink, Arianne, Mercedes Garcia Quesada, and Silvia Montero Martínez. 2012."Contextual Selection for Term Entries." In *A Cognitive Linguistics View of Terminology and Specialized Language*, edited by Pamela Faber, 207 – 224.Berlin/New York: Mouton de

Gruyter.

Rieber，Lloyd P. 1994. *Computers，Graphics，and Learning*. Madison，WI：Brown & Benchmark.

Sager，Juan C. 1990. *A Practical Course in Terminology Processing*. Amsterdam：John Benjamins. DOI：10.1075/Z.44

Samwald，Matthias，Huajun Chen，Alan Ruttenberg，Ernest Lim，Luis Marenco，Perry Miller，Gordon Shepherd，and Kei-Hoi Cheung. 2010. "Semantic Sense Lab：Implementing the Vision of the Semantic Web in Neuroscience."*Artificial Intelligence in Medicine* 48：21－28.

Silberztein，Max. 2003. *NooJ Manual*. Accessed July 14，2012. http：//www.nooj4nlp.net/NooJManual.pdf.

Smith，Barry and David Mark. 1999. "Ontology with Human Subjects Testing：An Empirical Investigation of Geographic Categories." *American Journal of Economics and Sociology* 582：245－272.

Smith，Barry and David Mark. 2003. "Do Mountains Exist? Towards an Ontology of Landforms." *Environment & Planning B：Planning & Design* 30(3)：411－427.

Temmerman，Rita. 2000. *Towards New Ways of Terminology Description: The Sociocognitive Approach*. Amsterdam：John Benjamins. DOI：10.1075/tlrp.3

Temmerman，Rita. 2001. "Sociocognitive Terminology Theory." In *Terminologia y Cognicion*，edited by M. Teresa Cabré Castellví and Judit Feliu，75－92. Barcelona：University Pompeu Fabra.

Tercedor，Maribel，Clara Ines Lopez，and Bryan Robinson. 2005. "Textual and Visual Aids for E-learning Translation Courses." *Meta* 50(4)：CD－ROM.

Valin，Robert D. Van. 2005. *Exploring the Syntax-Semantics Interface*. Cambridge：Cambridge University Press. DOI：10.1017/CBO9780511610578

Vendler，Zeno. 1967. *Linguistics in Philosophy*. Ithaca，NY：Cornell University Press.

如何构建术语科学？

鲁瓦克·德佩克

巴黎索邦大学

本文主要探讨构建描述术语工作方法的特定语言的必要性。该语言必须反映术语理论的基本原理。其中,语言层、概念层和客体层三者之间的区别至关重要。近年来,该方法已被国际标准化组织术语与其他语言及内容资源技术委员会(ISO/TC 37)应用于发布其法语版的最新标准。

关键词:术语基本原理;客体;概念

1. 引言

本文旨在说明如何开展术语工作。目前已经开展了诸多工作,特别是通过 ISO 来构建术语理论以及总结各大公司与机构中常用的术语管理方法。在法国以及广义上说法语的国家,我们不得不澄清并确立许多词汇,如今它们已构成一个描述性语言体系,用以阐明术语工作中的事实及遇到的问题。由于有必要解释诸如"概念""术语""同义词"等词的意义,我们必须追溯至西方哲学与逻辑学的主要文本与作者,从中找寻答案。例如,阅读笛卡尔(Descartes 1599—1650)、雷奥米尔(Réaumur 1683—1757)和布丰(Buffon 1707—1788)的作品有助于理解这样一个事实:早在 17 和 18 世纪,当科学家们开始描述自然界的客体时,他们的著作中就已经使用当前描述术语科学的主要词汇与概念了。

2. 语言使用现状

语言也卷入了全球化的浪潮中。各大协会、组织及公司需要处理海量的信息、文件及其他信息资料。信息的数量与种类持续增加,即使以一种语言完成了某项工作,仍然有许多来自其他语言的知识与信息有待处理。大公司常常需要使用十几种以上的语言制定文件,进行交流。对于从事软件工程运营的跨国公司而言,所需处理的语言有时甚至高达几百种。这就迫切需要解决语言问题,尤其是为转写、翻译及术语工作而服务。研究者、工程师、技术员与标准专家一般需要处理成千上万的术语。

因此,关乎语言的一大问题是:科技术语是否仍在增长? 据估算,用以描述交通工具的术语大约有 40 万,描述飞机的术语大约 50 万,描述药物的术语大约 60 万。法语中的专业术语总量大概在 3000 万(包括各种命名)。根据法国科学院的测算,值得描述的客体总数为 10 亿左右。

大型术语库需要处理数以百万计的术语(300 万至 400 万),而且该数量仍在不断上涨。

目前，主要问题在于怎样对如此庞大的术语进行识别、描述与定义。有必要对在不同领域中应用的概念进行识别与解释。根据术语库的需要与目标，以及所采用的术语政策，这项工作通常需要在多语言中进行。由于概念和术语的不断发展演变，维护也是一项重要事务。每隔 5 年或 10 年，必须对所收集的这些术语进行合并。要处理得当，需要克服诸多困难，并支付高额费用。

为实现以上目标，有必要阐明术语科学的研究目的和研究方法。从广义上讲，我们可以将术语科学视为研究科技词汇的一门科学。但该定义只涉及术语的概念，因此相对已经过时。

如今，术语研究正在向科技语篇的研究拓展。这是因为，其一，正如我们所知，大多数术语于语篇中创造。其二，大多数时候，概念也经解释与再造等手段于语篇中创造。在一定程度上，可以通过数据处理完成这项工作。但许多任务，尤其是分析，仍然必须交由人工处理。

3. 方法：符号、概念与客体

我们能够从什么视角研究语言问题？是作为语言构成部分的符号？还是语言所指的概念？或是语言构建的客体？研究者们在用自己的方法寻求这些难题的答案。为了阐明这一问题，我们首先要区分语言学和术语科学。语言学的目标可以概括为："语言学真正的且独有的研究对象即为语言本身，并为之服务。"（de Saussure 1966，232）该定义出自费尔迪南·德·索绪尔的专著《普通语言学教程》，足以概括语言学家所做的工作。总体而言，语言学家主要处理语言内部问题。从这个意义上讲，语言就是不同语言形式的抽象表征。因此，在研究不同语言时，可以用语言进行归纳，并得出形式化的原则（Depecker 2009b）。此时，语言学家处理的是符号。

从另一个视角来看，术语科学的确需要应对抽象的语言和各种具体的语言形式。但术语科学还要解决其他两个维度的问题。首先，清楚地确立"符号""概念"及"客体"三者之间的联系。"符号"，即法语中的 signe，被视为术语科学中的语言范畴；"概念"，即法语中的 concept，通常被看作思想单位，是我们脑海中对石头、人、动物、植物、产品等事物的表征。更确切地说，我们所生活的世界由各种各样的事物所构成。科学家们将这些物品称为"实体"或"客体"。术语科学理论研究中，则将其确定为"客体"，即法语的 objet。

当考虑"概念"与"客体"时，除了语言学中常用的要素以外，术语科学以及术语工作还需要处理另外两个要素。与语言学以研究符号和语言为目标不同，术语工作以"符号""概念"和"客体"为研究对象，以使三者达到协调一致。这是确保符号与其客体准确对应的部分手段。唯有实现这一方案，我们才能比较或翻译其他语言中的术语。

这一方案源于亚里士多德，主要见于《工具论》和《形而上学》。斯多葛学派、中世纪经院哲学以及现代哲学（至少从孔狄亚克到胡塞尔）常常再次使用它。在这一方面，欧根·维斯特（Eugen Wüster）也是一位先驱，因为他早就预见到术语学本身就能够独立成为一门科学（1931）。

术语科学并非一种处理语言的奇特方式。事实上，语言学家倾向于通过语言符号来研究语言，而技术人员、科学家和研究人员更倾向于通过考虑其研究的客体以及能设想到的客体来研究语言。总体来看，语言学家选择了语义学路径，即他们的出发点主要是语言中的符号。

术语学家则选择了从概念到符号的称名学路径。然而,在术语工作中,语义学研究法和称名学研究法均有涉及。值得注意的是,术语学最初正是由科学家和工程师共同创建的。

4. 术语科学的目标

为何要有此区分?第一,广义而言,术语科学以厘清"符号""概念"及"客体"之间的关系为目标。因此,术语工作的目的自然就在于确保每个"符号"指称一个确切的"概念",而这一"概念"则与其描述的"客体"相对应。术语科学也处理语言符号,只是这些符号均处于特定的语境以及科技情境中。第二,术语科学旨在阐明语言学"符号"和"概念"之间的关系。"概念"是思想或知识的单位,是思维的一部分。第三,术语科学必须考虑"概念"和"客体"之间的关系。从术语学视角来看,"客体"是能够被感知或设想的任何事物(ISO 1087 - 1 2000)

我们很容易发现,语言学主要处理"语言"和"符号"问题,而术语科学则关注"符号""概念"和"客体"。术语科学意在将这三个实体——对应。如此,大多数时候术语科学基于翻译这一背景运作。至今,语言学的目标仍是通过研究语言本身来解决语言问题。思维问题并非语言学研究的核心,而语言及其指称的客体之间的关系问题,通常也只是偶尔才会遇到。

因此,基于语言学家探讨"词汇",术语学家探讨"术语"这一认识,我们大体上可以概括语言学和术语学的区别。"词汇"与"术语"的区别是一个合理问题。"词汇"是语言单位,大多数时候很容易在语言中被剥离。它的意义可能是模糊的、多样的或变化的,正如我们试图为 happiness、future 或 spirit 下定义时所面临的情况一样。大多数情况下,"术语"指称技术或科学现实。术语的定义通常很精确,通过描述概念及其指称的客体得以验证。

"词汇"和"术语"有时很难区分。例如,当 strength 表达某个人有力气,与 force 同义时,听上去的确是个普通词汇。但 force 通常用作术语,如在物理学中指行星的引力,重力也是一种 force。在表达这两种意义时,法语使用了同一个词汇,即 force(显然这是同音异义词),英语则将这两个概念分别用不同的术语进行表达。

即便如此,"词汇"依然是一个用以描述术语事实的合理概念。例如,well(法语为 puits)由一个单词,即语言中的一个独立单位构成;但是,shale gas(法语为 gaz de schist)却由两个单词构成,tight gas reservoir(法语 réservoir gazier compact)则由三个单词构成,诸如此类。这说明,界定这些单位的并非单词数量,而是 shale gas 所指称的概念,正是这一想法,或更准确地说,正是这一"概念"才是语言用于表达思想的单位。

术语科学的主要准则之一就是"术语"的定义。"术语"是一个语言单位,由其所传递的概念界定。因此,术语既具有语言面(从广义上讲,即西方传统研究中的符号),又具有概念面(即符号的所指)。我们必须牢记,这种方案并非源于索绪尔的语言学理论,而是更多地受到亚里士多德思想的影响(Depecker 2003b,2009b)。

5. 关于语言的"科技性"

我们在术语工作中观察到,单词或一组单词具有可以构成一个科技术语的能力。在一些特殊语境与情境中,一个单词就能用作科技术语。例如,在数据处理领域,普通词汇 mouse 成了一个科技术语。从一个可爱的小动物的名称转变为一种处理工具的名称,个中联系很容易掌握。

这种工具似乎拥有老鼠的外形和尾巴，甚至毛色。在这种转化过程中，"领域"的概念非常必要。至少从语义学视角来看，正是普通词汇应用于科技语境，才引起了变化。大多数时候，语义会缩小，所指更明确，外延更具体，限于某个特定领域。

广义而言，这一现象可以描述为日常词汇或词组变成了专业术语。由此引发的专业化的过程称作"科技性"（technicite）(Depecker 2003)。"科技性"必须是单词或词组在特殊语境或情境中获得某个技术或科学含义的过程。这个过程可以视为证据，它引发了诸多结果。其中之一就是术语科学的准则，即如果一个术语很难划归到某个专业领域，则不能称其为术语。

这样，我们就必须区分"专业"与"专业化"。"专业"指单词或一组词属于某个技术或科技领域；"专业化"指普通词汇或词组转变为术语的过程。因此，"专业化"必须与"专业性"区分开来。法语中的 langue spécialisée（专业语言）就是指普通词汇成为术语的整个过程。相反，"特殊"则是指单词或一组单词被用于某种特殊用途。

我们的确有三个合理的概念："专业化"（法语 spécialisé）指变化过程；"专业"（法语 special）指单词或一组单词具有被用于技术或科学领域的性质；"专业性"（法语 spécialité）指词汇本身特殊的性质。对单词或一组单词而言，这种在技术情境中变得专业的性质，就是我们所说的"科技性"。我们认为"科技性"是术语科学的核心概念之一。它表明词汇从普通语言单位转变为特殊用途语言(LSP)单位的术语的整个历程。因此，我们在法语中确定了如下称谓："专业语言"（法语 langue spécialisée）描述演变过程；"特殊用途语言"（法语 langue de spécialité）彰显演变结果。"专业语言"包括普通词汇和常用表达集，遵循"科技性"过程中涉及的组合规则，因而变得"专业"。

在我们看来，术语是"专业"的符号。所谓"专业"，即我们所说的"专业领域"或法语中的"专业人士"（法语 gens spéciaux），也就是在自身专业领域内的从业人员。

最后，我们将"特殊用途语言"定义为一批语言单位（包括术语、词汇和常用表达）及其组合规则。它们构成一整套语言体系，用以描述某个知识领域。

"专业"与"专业化"这个简单的区分有多种运作方式。

6. 描写语言的阐释

近年来，术语科学领域中的大事之一是对描写语言的阐释。描写语言是一种能够描写我们在科学、技能、艺术等领域所遇到的语言事实的语言。这是一项合理的议题，因为它表明在描述语言现象和逻辑事实时，如若不同的行为人未能在术语及术语意义方面达成共识，将会给术语项目的实施带来极大的困难。对术语科学而言，这种有时被称为"术语学的术语"的描述语言，是由国际标准化组织术语与其他语言及内容资源在 1990—2000 年间阐明并确立的。相关讨论均以英语为交流工具，这种英语的描述语言融合了不同国家的不同逻辑学和语言学理论，主要涉及奥地利、加拿大（魁北克）、法国、德国、波兰。法国和加拿大对这一描述语言的贡献在于采用了出自法语语言规划的部分案例。

首先，我们必须在有助于术语工作的几项理论原则方面达成一致。我们将"客体"（法语 objet）确定为通常所说的"事物""实体""物体"等。

在 1995—2000 年间，还针对"概念"（concept）(ISO 1087 1969)和"观念"（notion）(ISO 704 1987)进行了多次讨论。国际标准化组织术语与其他语言及内容资源技术委员会的几位成员，尤其是来自法语国家的成员，主张采用"概念"。我们最终选定"概念"，是因为关乎语言学、逻辑学和心理学等学科的文献资料非常丰富，而且英语和法语中的"概念"一词都已衍生出了丰富的派生词，例如，形容词"概念的"（conceptual）（法语 conceptuel）、动词"概念化"（to conceptualize）（法语 conceptualiser）、名词"概念"（conception）（法语 conception）、动词"提出概念"（to conceive）（法语 concevoir）等。此外，"概念"和"知觉"互为反义词，后者为人类社会研究所用，关乎人对所处外部世界的感知、概念化以及命名方式。

从语言方面进行分析实属不易。例如，是否必须像索绪尔理论体系那样，将"符号"细分为不同部分？或者，是否必须保留"符号"在哲学传统中的常用意义，即"符号"作为概念的表征？这个问题并非如此表述，但在讨论时显然是这个意思。而且，很多术语都应用于不同的理论中，例如"符号""所指""指称"等。20 世纪 90 年代，国际标准化组织术语与其他语言及内容资源技术委员会选择了"指称"这个术语，用以表示"任何概念的表征"（ISO 1087 1990）。在此之前，所使用的术语是"形式"（ISO 860 1968），但并不令人满意。也用过"术语"（ISO 1087 1969），不过容易混淆。事实上，"术语"可以表示语言形式，或是"形式"和"概念"的联想。选择"指称"是因为该术语被认定在语言学理论和逻辑学理论中是中性的。因此，术语由与概念相关联的指称构成。

"指称"用以描述术语的语言部分，通常被认为是概念的清楚反映。从某种意义上来说，"指称"就是西方传统研究中所说的"符号"，早在 20 世纪索绪尔理论开始深入人心前的几个世纪就已出现。在术语工作中，"指称"不具备内在性，从而免去了区分"所指"和"概念"的必要（Depecker 2003）。如此一来，"指称"只能被视为概念的简单表征，存在于语言之中。

还有另一方面与阐明描写语言有关。我们必须确定国际标准化组织术语与其他语言及内容资源技术委员会所制定的术语科学概念的法语译文。为了与英语版的标准相一致，有必要寻求准确的法语对译词。讨论的焦点大多集中于术语学的普通理论。讨论的结果是，由于术语科学中存在多个理论，有必要整理有助于术语工作的主要概念。

7. 关于部分认识论的说明

我们坚持使用"客体"而非"实体"，是因为"客体"在科技领域使用广泛；选择"概念"而非"观念"，是因为"概念"隶属逻辑维度，"观念"则鲜少用于科技实践；最终选定"指称"，是为了在语言学理论中保持中性。

事实上，有些语言学术语很容易翻译。例如，英语equivalent和法语 equivalent，英语 definition 和法语 définition，英语 synonym 和法语 synonyme，英语 antonym 和法语 antonym 等。英语和法语在通用语法方面具有近似性，这是一件幸事，有助于两种语言之间的转换。然而，对于某些术语而言，这项翻译任务并不轻松。主要原因在于这些术语并不真正用于语言学理论，如 characteristic、quality、property 等。例如，如何将英语 characteristic 翻译为法语？法语中的确存在 caractéristique 一词，但其意义比较模糊（意为附着于某物的性质）。基于研究者一般会使用术语来描述他们的工作方式这样的假设，我们采用这一方法的主要目的在于找到研究者在法语资料中所使用的特定术语。

正如在术语科学中一般，在英语版翻译标准及其工作草案中，characteristic 的正确意义已固化为概念的一部分。这一区分有助于推进术语工作。例如，假设在术语科学中，一个概念大多数时候可简化为其语言学定义，那么 apple tree（苹果树）所表达的概念就是由"tree ＋

which ＋ gives ＋ apples"（结苹果的树）所构成。在这一定义中，我们可以得到作为概念 apple tree 的四个部分特征。因此，characteristic 既是概念的一部分，其本身亦为概念。例如，//tree//既是一个独立的概念，也是构成//apple tree//的特征之一。从这个意义来说，英语术语 characteristic 导致了法语的意义模糊。这是因为法语词汇 caractéristique 的意义过于含糊，无法暗指这一定义。如果我们采纳 caractéristique 在逻辑学中的常用义，characteristic 更准确的译文应为 caractère，而非 characteristic。因此，我们必须将概念描述为由 caractères 构成。17 与 18 世纪伟大的科学家们经常使用 caractères，尤其是用于观察、分析与归类各种动植物。

18 世纪的主要昆虫学家之一费尔绍·德·雷奥米尔（Ferchault de Réaumur 1734，318）曾写道："有翅膀看起来确实是昆虫区别于其他物种的特征"（法语"D'être ailé, ou de n'avoir point d'ailes, sont assûrement des caractères qui sembleroient les meilleurs pour distinguer des classes"）。如今，在为生物归类时，仍然如费尔绍·德·雷奥米尔所著或其他 17—18 世纪科技文献中所写的那般，将"特征"（caractère）作为该物种概念的一部分。另一沿用至今的是动词"描述特征"（to characterize）。例如，植物学家可以"描述病毒的特征"，即列举出病毒的特征。

该理论的其他方面也有些许争议，正如现在这个用于指代客体特殊性的术语一样。问题是，如果将 caractère 视为概念的一部分，那么如何命名我们所描述客体的一部分？要考虑到我们只能接触到客体的一部分，而不是其特征：事实上，虽然狗会吠叫，但狗这个概念并不会。重要的是，要找到合适的术语来描述客体的一部分，例如颜色、尺寸、材质等。事实证明，quality 这个词很难使用，因为它在法语中的语义很模糊。法语中有一个 quality 的简单对等词，即 qualite，但是这个法语词的哲学意义相当复杂，而且并没有证据说明研究者经常使用它。为了寻求恰当的对应词来描述附着于客体的那种特殊性，我们在研究者和科学家中进行了调查，并查询了专业文献资料，但仍然不得不设法获取用法语撰写的主要科学书籍，其中大多数是来自 18 世纪至今的文献。通过分析发现，法语术语 propriété（英语 property）正是该领域中经常使用的那个术语。葡萄酒的颜色、植物的特征、蘑菇的气味、细胞的大小等，在科学家们看来，都是"特性"。对于英国科学家和工程师而言，亦是如此。由是，"特性"就成为一个很实用的术语，可以用来描述各种客体。

我们注意到区分"特征"和"特性"很重要。虽然客体拥有多个特性，但我们无法总能做到将其所有特性抽象化。相反，我们可以选择客体的不同特性，每种特性可以通过不同的方式概念化。因此，在术语工作中，我们就需要处理三个层面的问题：概念层（即该特征与什么相关联）、客体层（即该特性与什么相关联）和符号层（可由任何语言学理论加以诠释）。

在我们看来，"符号"是概念的语言表征（Depecker 2003）。选用准确的术语来描述术语科学与实践，这一点很容易理解。例如，我们观察到，客体的某个特性能够被概念化为特征，而该特征可以用术语来表达。一方面，我们在客体层信守客观现实；另一方面，我们在思想中使用以抽象为特征的特性表征，即"概念"。最终，我们在语言中使用"符号"这个表征概念的术语。

通过以上步骤，可以看到术语科学是如何贯彻科学方法这一机制的。

8. 结论

为了调整英语和法语中的主要原则及方法论方面的概念，已经开展了大量重要工作。我们将其称为"描述语言"（法语 langage de description）。主要结果可以查询术语工作标准化文件，主要是 ISO 704(2009)、ISO 1087－1(2000)以及 ISO 860(2007)。

在浏览这些标准时，可以看到术语科学的出现与选择描述语言不仅关乎翻译，而且涉及合理的知识论内容。看上去，它就是一系列决定术语科学本身的原则及方法的决策。根据已有的术语工作经验，我们可以证明国际标准化组织术语与其他语言及内容资源技术委员会所确立的原则与方法极为高效，具有重要价值。

参考文献

Arnauld，Antoine and Nicole Pierre．(1662) 1992．*La logique ou l'art de penser*，col．*Tel*．Paris：Editions Gallimard．

Bentham，Jeremy．(1814，1841) 1997．*De l'ontologie*（'*On Ontology*'），col．*Points-Essais*，*Bilingue anglais-français*．Paris：Le Seuil．

Blanché，Robert．1957．*Introduction à la logique contemporaine*．Paris：Librairie Armand Colin．

Blanché，Robert．1970．*La logique et son histoire d'Aristote à Husserl*．Paris：Librairie Armand Colin．

Depecker，Loïc．2003a．*Entre signe et concept：éléments de terminologie générale*．Paris：Presses de la Sorbonne nouvelle．

Depecker，Loïc．2003b．"Saussure et le concept." *Bulletin de la Société de linguistique de Paris*，tome XCVIII，fasc．1．Paris．

Depecker，Loïc．2005．"La terminologie：nature et enjeux." *Langages* n° 157，mars．Paris：Larousse．

Depecker，Loïc．2009a．"Entre mot et terme：de la technicité dans les mots." *Le français moderne* n° 1，132－144．

Depecker，Loïc．2009b．*Comprendre Saussure*．Paris：Librairie Armand Colin．

Depecker，Loïc．2013．"Pour une ethnoterminologie." In *Dans tous les sens du terme*．Colloque "*Terminologie：approches transdisciplinaires*"，Université de Québec，Outaouais，Gatineau-Hull (Ottawa)，May 3，2007．Canada：Presses de l'Université d'Ottawa．

Ferchault de Réaumur，René-Antoine．1734．*Mémoire pour servir à l'histoire des insectes*，*tome I*．Paris：Imprimerie Royale．

Foucault，Michel．1966．*Les mots et les choses*，col．Paris：Bibliothèque des sciences humaines，NRF，Editions Gallimard．

Frege，Gottlob．(1890) 1971．*Ecrits logiques et philosophiques*．Paris：Editions du Seuil．

Granger，Gilles Gaston．1979．*Langages et épistémologie*．Paris：Editions Klincksieck．DOI：10.7202/705863ar

Guilbert，Louis．1975．*La créativité lexicale*．Paris：Larousse．

Guyton de Morveau, Louis-Bernard, Antoine-Laurent de Lavoisier, Claude-Louis Berthollet, and Antoine-François de Fourcroy. (1787) 1994. *Méthode de nomenclature chimique*, col. Sources du savoir. Paris: Editions du Seuil.

Husserl, Edmund. (1913) 1994. *Recherches logiques 1*, *Prolégomènes à la logique pure*, 4th ed., col. Epiméthée. Paris: PUF.

ISO 704. (1987, 2000) 2009. *Terminology work—Principles and methods*. Geneva: International Standards Organization.

ISO 860. 2007. *Terminology work—Harmonization of concepts and terms*. Geneva: International Standards Organization. DOI: 10.3403/30174835

ISO 1087 - 1. (1969, 1990, 1998) 2000. *Terminology work—Vocabulary—Part 1: Theory and application*. Geneva: International Standards Organization.

ISO 15188. 2001. *Project management guidelines for terminology standardisation*. Geneva: International Standards Organization.

ISO 29383. 2010. *Terminology Policies—Development and Implementation*. Geneva: International Standards Organization. DOI: 10.3403/30200343

Kant, Immanuel. (1787) 2006. *Kritik der reinen Vernunft*, col. Reclam. Stuttgart.

Lavoisier, Antoine-Laurent de. (1789) 1968. "Traité élémentaire de chimie", discours préliminaire "Généalogie des sciences", *Cahiers pour l'Analyse* n° 9, 170 - 177.

Linné, Carl von. 1753. *Species Plantarum*. Stockholm: Impensis Laurentii Salvi.

Piaget, Jean. 1967. *Logique et connaissance scientifique*, Encyclopédie de la Pléiade n° 22. Paris: NRF.

Pottier, Bernard. 1974. *Linguistique générale théorie et description*. Paris: Editions Klincksieck.

Pottier, Bernard. 1992a. *Sémantique générale*. Paris: PUF.

Pottier, Bernard. 1992b. *Théorie et analyse en linguistique*, col. Hachette Supérieur. Paris: Hachette.

Rastier, François. 1991. *Sémantique interprétative*, col. Formes sémiotiques. Paris: PUF.

Rastier, François, Marc Cavazza, and Jacques Abeille. 1994. *Sémantique pour l'analyse. De la linguistique à l'informatique*. Paris/Milan/Barcelona: Masson.

Rey, Alain. 1976. *Théories du signe et du sens*, Lectures I. Paris: Editions Klincksieck.

Saussure, Ferdinand de. 1966. *Course in General Linguistics*, translated by Wade Baskin. New York/ Toronto/London: McGraw-Hill Book Company.

Saussure, Ferdinand de. (1972) 1994. *Cours de linguistique générale*, col. Bibliothèque scientifique Payot. Paris: Editions Payot.

Saussure, Ferdinand de. 2002. *Ecrits de linguistique générale*, col. Bibliothèque de philosophie. Paris: Editions Gallimard.

Schleiermacher, Friedrich. (1813, 1838) 1999. *Des différentes méthodes du traduire et autre texte* ('*Ueber die verschiedenen Methoden des Uebersetzens*'), col. Points-Essais, Bilingue allemandfrançais. Paris: Le Seuil.

Sociétéfrançaise de terminologie. 2004. *La terminologie discipline scientifique*, col. Le savoir des mots. Paris.

Sociétéfrançaise de terminologie. 2005. *Les néologies contemporaines*, col. Le savoir des mots. Paris.

Sociétéfrançaise de terminologie. 2007. *Terminologie et ontologie: descriptions du réel*, col. Le savoir des mots. Paris.

Sociétéfrançaise de terminologie. 2009. *L'idée de politique linguistique*, col. Le savoir des mots. Paris.

Sociétéfrançaise de terminologie. 2010. *L'évaluation des politiques linguistiques*, col. Le savoir des mots. Paris.

Wittgenstein, Ludwig. (1918) 1988. *Tractatus logico-philosophicus: suivi de Investigations philosophiques*, col. Tel. Paris: Editions Gallimard.

Wüster, Eugen. (1931, 1966) 1970. *Internationale Sprachnormung in der Technik, besonders in Elek- trotechnik (Die nationale Sprachnormung und ihre Verallgemeinerung)*, rev. ed. Bonn: Bouvier.

术语学与词典学

影浦峡

东京大学教育研究院

terminology 一词有三个层面的含义：(1) 收集、描写和表示术语的实践与方法；(2) 用于解释概念和术语之间关系的假设、论点和结论（换言之，关于术语的理论）；(3) 某个学科领域的词汇。本文由此展开，意在明确术语和术语学的概念及地位。第一节是简介。第二节将术语和普通词汇做对比，列举术语现有的定义和界定方法，阐明术语的概念，并在此过程中介绍术语的核心特征及理论地位。第三节讨论作为术语集的术语，关注其概念与特征，阐释文本中的术语与术语集中术语的关系，表明术语集是动态的系统，而不仅仅是文本中术语的集合。第四节探讨观察分析术语动态性和系统性的方法。第五节将术语学与词典学的理论与实践进行对比，介绍术语编纂。

关键词：术语学；术语；普通词汇；词典学；词汇

1. 引言

在塞杰(Sager 1990,3)的术语学标准教材《术语处理实用教程》(*A Practical Course in Terminology Processing*)中，terminology 这个词（或称术语）有三个层面的含义：

1. 指用作收集、描写和表示术语的实践与方法；
2. 指理论，包含解释概念和术语之间关系需要的假设、论点和结论，对于有条不紊地实现第一层含义包含的活动至关重要；
3. 指某个学科领域的词汇总和。

我们先探讨第二和第三个层面，即阐明术语和作为某个专门学科领域内词汇总体的术语学的本质，同时介绍一些基本的理论观点。随后我们将触及术语学的第一个层面，这一层面被视为实践活动，常称为"术语编纂"(Bergen holtz Kaufman 1997)，越来越受重视。

为阐明术语学及术语的本质和地位，一方面要将术语和词汇进行对比，另一方面要将术语看作词项个体，而将术语集看作词项的集合。下面章节的标题是术语和词汇的对比，正好对应术语学和词典学的区别。

2. 术语和词汇

2.1 定义

需要明确的是，术语的概念和词汇的概念分属不同级别（或同语言学中词汇单元的定义相比)。换句话说,对"术语"这一概念下定义的视角和对"词汇"概念下定义的视角并不相同。

尽管存在歧义,但我们可以说"词汇"是语言概念,属于莱昂斯(Lyons 1981,34 - 36)称为"理论微观语言学"中确立的语言单元,本质上是语言单元层级系统中特定的组合单元,这个层级系统由词素—词汇—词组—子句构成(Lyons 1968,170 - 171)。但"术语"是"功能性的词汇单元"(Sager 1998)。我们可以参照宠物(代表动物中的功能性品种)和猫狗之间的对比来理解术语和词汇之间的对比。这就意味着谈论术语时,用法和特定领域内的社会识别等语言外因素也有关系。塞杰(Sager 1990)从三个维度对术语和术语学展开讨论,分别是认知维度、语言维度和交际维度。语言维度仅是三个维度之一,这表明术语的本质具有语言外特征(虽然我们可以说语言学同样讨论语言现象的认知和交际层面,但和我们在当前语境下讨论的话题并不相同)。

术语的这一本质说明,要充分定义术语的概念,就必须提及语言外因素。牢记这一点,我们再来看"术语"的几个定义:

> 术语……是语言符号,用来指称一个或多个概念,需要根据相邻概念来下定义。术语既可以是词,也可以是词组(Felber 1984,168)。
>
> (术语是)由一个或多个词构成的词汇单元,代表一个领域内的某个概念(Bessé,Nkwenti - Azeh,and Sager 1997,152)。
>
> (术语是)专门社群内特别创造出来的词项,主要在同一行业或同一科目内的人群中使用(Nomoto 1982,562)。
>
> 在一个学科内有专门指称的项目就是该学科的"术语"……(Sager 1990,19)

从上述术语的定义或特征描述中我们可以得出两个结论。第一,在某些定义中,"概念"是术语的识别元素。即使不从理论层面考察"概念"能否成为识别并区分术语的核心元素,我们也还是能说概念在术语的特征描述和术语应用中都起到很大的作用,如知识本体建构和建立分类词表。基于此,本书另一个章节中将讨论术语和概念的关系。

可以得出的另一个结论主要来自贝丝、恩肯蒂-阿泽赫和塞杰(Bessé,Nkwenti - Azeh,and Sager 1997,152)给出的定义,即"术语"和"词汇"被视为处于不同的层次。我们注意到,当说到术语由一个或多个词"构成"时,"构成"这一表述和"词汇由词素构成"这类说法中的用法并不相同。

考虑到这样一个事实,即术语是词项中具有某种功能的一类,那么上述定义中术语的决定性因素——尽管费尔伯(Felber 1984,168)的定义中并未明确说明——实际上就是"领域"、"同一行业或同一科目"或"学科",词汇单元成为术语,是因为它们在特定的领域、学科或行业中使用并得到社会认可。没有这些语言外信息,我们并不能从特定文本中识别出哪些词汇单元是"术语"。我们无法将这个问题与识别词素、词汇、词组或子句等语言单元的过程相比,因为词汇在语言表达内部就可识别出。这种情形有点类似动物和宠物之间的差别:尽管通过观察动物的内部特征就能够识别这是一条狗,但要判断某个动物是否为宠物,需要从社会或功能层面进行考察。

在对术语下定义时,"概念"的地位现在也应当更加明确。"概念"不应描述成和词汇的意义难以区分(Kageura 1995),而应是在某个领域内或某个学科内的"概念",与术语直接关联。当然,这并不是说在术语实践或术语应用时指称概念没有用。

2.2 术语的特征

在上述"术语"的定义中(Felber 1984,168;Bessé, Nkwenti-Azeh, and Sager 1997,152;Nomoto 1982,562),将术语或名称视为语言要素,明确对其形式层面的范围进行限定,称其为"语言符号""词汇单元"或"词项"。对于表征专门领域内的概念或客体的语言外符号,如化学分子式或数学符号,是否将其纳入术语的范围,只是选择问题,并无理由要将其排除在外或是对语言项目的名称范围做出限制。类似真菌的拉丁名这种系统性命名同样可视为一种术语。

不管如何选择,应当记住单个术语的性质由其所属术语集的性质决定。因此,试图囊括语言项目、化学分子式、数学符号和人工命名构建一个宏大的术语理论,凭本能就可判断这样做可能并无用处。接下来我们将讨论单个术语和术语集之间的关系。

我们先关注作为词项的术语或以语言符号表征的术语。这类术语在理论和实践层面都有重要意义,因为这类术语在不断增长,而对这类术语的管理问题在全球化背景下也越来越重要。

如果将术语和普通词汇相比,我们会发现术语具有一些突出的特性或趋势。

"词汇"既包括功能性词,如 of,也包括实义词项,如 dog,而根据定义,"术语"是实义性词,因为术语表征某个领域的概念。按词性来分,术语多数是名词。虽然有时动词、形容词或副词也能被视为术语(如法律领域内动词 pursue 在使用时包含该领域内的特定指称),但和名词相比,所占比例很小。

"术语"的另一个语言特征为复杂术语占多数。在许多语种的多数领域中,复杂术语所占比达到术语总数的 70％到 80％(Cerbah 2000;Nomura and Ishii 1989)。

"术语"和"概念"相关,这意味着术语能系统化表征所指概念的特征。在表现符号和概念的关系方面,复杂术语有组合和透明的趋势。这部分内容将在"术语和概念"章节详细展开。考虑语言表征形式之间的关系,复杂术语的数量优势和索绪尔的相对理据性或相对任意性概念有关。索绪尔声称 dixneuf 的相对理据性来自 dix 和 neuf,而 onze 则是任意的(Saussure 1910/11,300)。

我们很容易就能看出,在多数语言的任何领域都有很多具有相对理据性的术语。下面所举的例子来自自然语言处理领域:

1. 翻译
2. 人工翻译
3. 机器翻译
4. 统计型机器翻译
5. 基于规则的机器翻译
6. 类比原则指导下的机器翻译

术语的这种相对理据性有助于专门领域内的学习和交流。我们将在明确术语和术语学的关系后,将术语集看作术语的集合再来讨论这个话题。

由于"术语"表征某个领域内的概念,"术语"在表征概念时有固化的趋势。普通词汇的意义存在很多歧义,而"术语"倾向于避免歧义。因此总体来说,"多义或同义术语"的数量要少于"多义或同义词汇"。通过人为干预和社会控制将这种趋势极端化,就形成了术语的"规定性"状态(Felber 1984,98)。由于术语本身是词项,也具有语言动力学特点,虽然通过规定来控制所有术语并不现实,但出于保证交际效果的目的而规定术语往往是有效的。通过维护术语来提高交际效率从而提高质量控制,这是企业和行业内的普遍做法。

我们从另一个角度发现了另一个重要特点,在许多语种的许多领域中,术语集中大量使用"借词",多数(尤其近阶段)借自英语术语。例如,有报告指出,1990 年日本计算机科学领域的术语中,不断增长的构词成分有超过半数来自英语(Kageura 2012,22)。借词对于创造术语极为重要,这从术语学标准教材中展开对借词的讨论中可以看出来(Felber 1984:175;Rey 1995,79;Sager 1990,85 - 87),在许多语种的不同领域都对借词展开了研究(Benson 1958;Kageura 2012;Karabacak 2009;Feng 2004)。

借词现象引出一个让人深思的问题,尤其在某些语种里,借词和基于本族语词项产生的具有相对理据性的术语构词并行使用。一方面,这种情形下的借词降低了术语集的系统性,因此在本族语中有损交际效率。另一方面,借词拉近了本族语和英语的距离,不管是否乐见,借词成为许多领域事实上的通用语。这个问题和某些语言社群中的语言控制和语言工程有关(Humbley 1997;Karabacak 2009;Feng 2004)。

3. 术语和术语集

术语和作为经验客体的术语集之间的关系清楚明了。上文塞杰(Sager 1990,19)对"术语"所下定义的后面部分内容是这样的:"[术语]汇集起来形成术语集。"

此外,由于"功能"仅表现在语词层面和/或社会层面,我们很容易就能理解:(1)专业话语先于术语和术语集,并且可以推论(2)术语作为话语中可被观察到的具体项目,先于作为术语集合的术语集。

在我们讨论处理术语数据的经验方法时,如提取或收集术语旨在构建术语词库,这样理解是正确的。从理论上来说,术语的用法也会影响其形式和性质,这种影响会达到不可忽略的程度(Temmerman 2000)。在这个层面上,我们可以用图 1 说明专业话语、术语和术语集之间的关系。

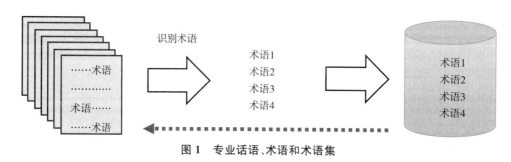

图 1　专业话语、术语和术语集

但是,真实结果与此大不相同。请注意,专业话语由属于该领域术语集的术语构成。因此,我们就有了图1虚线箭头所示的路径。首先,没有术语的概念,我们无法第一时间识别出哪些特定的词汇单元是术语。其次,只有当所有词项合并起来,词项的概念才代表"某领域中的概念"或"在同一行业或同一学科的人群中使用"。这就意味着术语集的概念无疑先于术语的概念,相应地,也先于作为经验客体的术语。图2是对这一情形的说明(原图出自 Kageura 2012,11)。

这表明,术语集作为术语的集合,有其自身地位,不受专业话语及其中的术语制约,在研究术语和术语学时应当对术语集进行理论研究。目前的研究有多个方向,如建构术语学领域的研究(如 Faber 2011;L'Homme 2009)等,这些研究注重术语集的实践问题,较少关注术语集的理论地位。

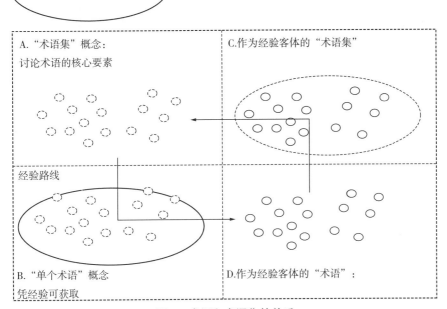

图2　术语和术语集的关系

相较于词汇表或术语集,我们更倾向于认为话语是更为自然的语言,因为前者只在普通词典或术语词典中出现。词典是人们有意识精心编写的结果,因此容易被视为不太自然。虽然这可以理解,但还是要认识到,术语集作为一个集合,不只是人工收集术语的汇集。准确来说,目前有如此之多的术语词典之类的产品并且实际用途很大,表明这些产品反映了我们称为"术语学"的潜在理论建构。

虽然在许多术语实践中,有关这个问题的讨论还只停留在理论层面,但已经有了一定实践意义,因为基于文本或以语料库为导向的术语学中的当前趋势(预示)倾向于将术语视为文本的属性,而不认为术语属于术语集。在某些情况下,或许这就是术语应用不充分的一个主要原因。这在术语自动识别(ATR)中最为典型。尽管术语自动识别的技术取得了巨大进步,从语料库中提取的术语集就其所处位置来看,多数还未投入实际使用。我们可以发现,在某个实验或某些应用中使用的文本语料库中的术语集与构成表征某个领域知识的术语集之间存在差距。我们这样说并不是要否认已经有这样的许多应用,认为术语具有文本属性;这样做既有效也非常重要,例如信息检索(IR)和机器翻译(MT)的领域适应等。

4. 术语集的系统性

4.1 术语集,通用词汇和人工符号系统

既然已经谈到单个术语和术语集之间的关系,我们再回过头来继续讨论在"术语的特征"章节简单提及的系统性问题。我们可以将下面由雷伊(Rey 1995,46)针对术语本质提出的假设看作术语的基本特征:

> 即使术语系统和一个清晰的概念系统完全匹配,只要这个术语系统不能反映其内部关系,从认识论角度来说,这个术语集就是独立的。即使术语系统是由缺乏理据性的普通词汇构成,只要这个术语系统指称某个概念系统[①],并且只指称这一个概念系统,从语言学角度来说,这个术语集就是独立的。

这就把术语集置于认识论系统和语言学系统之间的某个位置,使其具有独立的地位,与此同时维持与认识论和语言学的联系。

为说明术语集的位置,如图 3 所示,我们可以将术语集与通用词汇和人工符号系统进行比较(出自 Kageura 2012,13)。

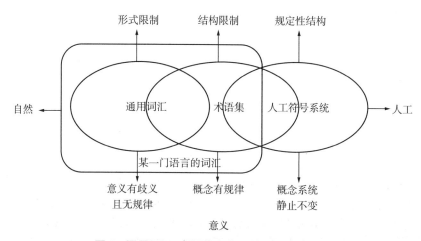

图 3　通用词汇、术语集和人工符号系统的关系

从形式上来看,通用词汇的性质能通过对单个词的词形限制充分描述出来,这也是构词法主要研究的问题,至于词汇实际如何构成则由语言社群的动力性决定。相反,人工符号系

---

① 国际标准化组织 704(2009),国际标准化组织 1087‑1(2000)和国际标准化组织/国际标准最终草案 24156‑1(2013):"概念系统"。

统趋向于遵循创制新符号的一套明确规则,因此符号的生成是自觉的过程。术语集位于两者之间。虽然术语的生成并不像人工符号系统那样遵循明确严格的规定,但其生成规则比普通词汇构词中的词形限制要更为具体。

术语生成的具体性已通过对概念及其特征层面的限制或组合倾向有过一定描述(如 Kageura 2002;Pugh 1984),这是基于观察得到的一个结论,即术语系统所依赖的概念系统具有很大程度的规律性,这种规律性体现在有相对理据性的术语表达中。通用词汇并不符合这一点,因为意义和形式之间即便存在系统性也微乎其微。而在人工符号系统中,至少在其理想状态中形式上的系统性能够直接投射到符号所表征的概念系统中,因此生成符号的规则同样也可用于解释符号。

术语集处在中间位置,在很大程度上反映概念的系统性,但又保留自然语言的灵活性。

4.2　概念系统和术语集系统

基于所考察的术语集地位,有两种路径可研究术语集的系统性。一种是重视概念间的关系和概念系统。这种路径有时称作"称名学路径",识别出概念后先建立概念系统,然后再将符号与概念映射。目前这一研究路径在与知识本体相关的研究中使用频繁(如 Maroto and ALcina 2009)。使用称名学路径的研究有一些极端个案,只关注概念系统,将术语仅仅看作标记概念的标签。当然,如果对研究现象的范围做了明确描述,这种观点无可厚非。维也纳术语学派的保守诠释即可看作此种观点(Felber 1984,32 - 35;Temmerman 2000,4 - 11)。

理论上与称名学路径相对的是"语义学路径",即将词汇与意义相映射。这是普通词典学研究和通用词汇研究(关注词汇意义)的标准流程,很少有术语研究采用单纯的语义学路径。基于概念之于巩固和描述术语特征的重要性,这很好理解,这一点也可从上文引用的定义中看出来。既然术语是具有特定功能的词项,而术语的功能是表征某领域中的概念,从逻辑上来说,术语学研究不可能采用纯粹的语义学路径,因为识别术语的过程涉及概念的识别。

因此,与称名学路径互补的这种路径在另一个略为不同的范围内得以巩固。一些研究者观察到术语在文本或语境中的形式和/或概念表现(如 Pearson 1998;Temmerman 2000),揭示出在实际使用语境中术语有趣又重要的层面。

称名学路径将术语视为附着于概念的固化标签,这种路径和重视术语动力学特征和灵活性特征的路径之间存在互补性,这可从某些实际使用场景看出来。我们可以拿翻译来举例。在一般情况下,技术类术语应该严格按照规定翻译,不受语境影响。这一规则与概念先行的观点相对应,这种观点认为源语(SL)中的术语和目标语(TL)中的术语都只是附着于概念的标签。由于传播的是概念,附着其上的标签应当一并使用。这样做是合理的,因为不遵循这一规则进行翻译有时会造成混乱,但坚持采用固化的标签可能会使翻译非常不自然。在单语话语中,经常能看到同一个术语因语境不同而出现不同变体的情况,有时是省略某些构词成分,有时则是语法结构发生变化。翻译时考虑到这些情况,或许能让译文文本语言更为自然,增强可读性。

这两种互补的研究路径要求我们关注尚未探讨的一个方面,即术语系统本身的特征描述,这个方面介于语言现象和概念系统之间,但又有其自身地位。根据上面引用雷伊(Rey 1995,46)对术语集特征描述的说明,我们可以断言相对于概念系统而言的术语系统独立程度,还有相对于语言学而言的术语系统之独立程度,将术语系统与概念系统或语境中术语的语言-语义表现区别开来进行研究,从理论上来说十分重要。另一方面,我们也可以说,鉴于术语集的系统性体现其所代表概念系统的程度和术语系统中术语具有相对理据性的水平,研究术语系统对于关注概念系统或术语的语言特性等应用很有帮助。

最近已出现了旨在揭示术语系统特征的研究。例如,影浦峡(Kageura 2012,125—148)基于 70%到 80%的术语为复杂术语这一事实,对术语网络进行定义,包括作为顶点的构成要素和作为边线的复杂术语内部的共现。例如,我们假定一个术语集,包含如下 12 个术语:

文本分割	图书分类	医疗救助系统
文本分类	文献信息	疾病诊断
文本自动分类	信息检索系统	医疗诊断
文献分类	医学信息系统	诊断记录

表示这个术语集的术语网络如图 4 所示。虽然我们假设的术语集仅包含少量术语,现实世界中包含几千到几万个术语的术语集同样可以用这种方式来表示。引入一系列参数来表示网络的结构特征,这样就能描述并揭示出术语系统的特征。例如,术语集的系统性越强,术语网就会越密集紧凑。

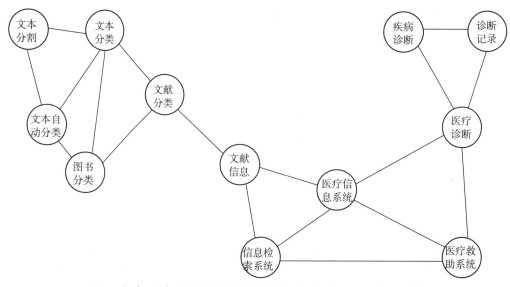

图 4　包含 12 个术语的假定术语集的术语网络(Kageura 2012,129)

对照术语集所表示的概念系统,如果我们另建概念系统,也应当能观察到术语集的系统性,图 5 所示可简略说明。

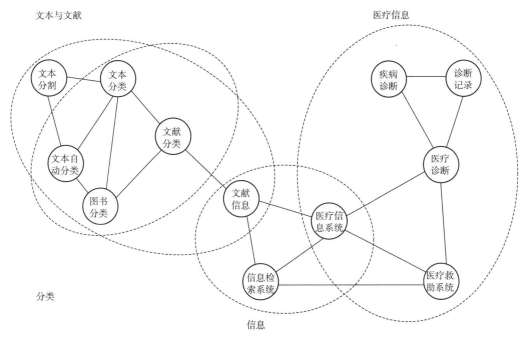

图 5　术语系统及其概念系统（Kagura 2012,129）

5. 术语编纂与词典学

大致来说，"术语编纂"这一术语指向本章开头所列 terminology 的第一层含义，即包括与收集和描述术语相关的实践、活动、方法和技巧，术语词典的编纂，构建概念系统或知识本体，建立词表等，这些是术语学的一个重要方面。

有些重要实践有坚实的理论（有些理论表现为专门的词库）支撑，如在线网络信息技术词典（L'Homme 2009）和环境领域英语语料库（Faber 2011），许多语种的术语编纂项目、电子版和纸质版术语词典、知识本体研究的数量正以前所未有的速度增长。这些实践提供大量信息，可使我们对最先进的术语编纂和术语学理论与实践之间的关系都进行深刻的思考。我们关注与术语编纂（及其与词典编纂）有关的一些基本观点，希望读者能区别看待这些实践及关于这些实践的报告。

首先，能够体现术语和术语集系统性和规定性本质的国际与行业标准描述术语工作的原则和方法。例如国际标准组织 704（2009），为分析和描述概念、概念特征、下定义、确定名称（术语）提供了指导方针。术语编纂过程由国际标准规定，这个事实和词典编纂实践形成鲜明的对比，因为许多优秀的教材与参考书，如阿特金斯和朗德尔（Atkins and Rundell 2008），哈特曼（Hartmann 2003），范斯特肯堡（Van Sterkenberg 2003）和斯文森（Svenson 2009），并不具有可与国际标准组织相提并论的地位（暂不讨论国际标准组织对于术语工作是否真正起作用）。国际标准组织和行业标准在其他章节中另外讨论。

根据国际标准组织 704（2009）的内容显示，普遍认为术语编纂工作重点关注概念、定义和称名（尽管许多术语编纂实践并不一定局限于这些方面）。但"词典编纂"关注的是一般意义上的词或词项,涉及与词相关的包括语法特征在内的所有语言信息,根据不同的词典类型可能会包括词性、意义、用法、话语类型、语域等(Atkins and Rundell 2008;Fontenelle 2008;Van Sterkenberg 2003)。

传统观点关于术语编纂和词典编纂差异的表述如表 1 所示(表 1 内容来自 Felber 1984;Rondeall 1983;Riggs 1989;Humbley 1997;Bergenholtz and Kaufmann 1997;Antia 2005 等人对术语特征的说明)。

表 1　术语编纂与词典编纂的特征对比

	术语编纂	词典编纂
研究对象	术语和术语集	词汇
领域	专门领域语言	普通语言
观点	规定性	描写性
方法	称名学先分析概念,后用术语称名概念	语义学先分析词汇,后确定含义或意义
所提供信息	概念系统和概念间关系、定义、概念指称	词汇、相关语言信息、意义、用法、例证等
组织	按系统或主题	按字母
用户	专家、术语学家和文献学家	非专业人员

术语编纂实践究竟是否区别于词典编纂,一直以来争论不一。我们完全可以避开这一争议,原因在于:(1) 相对于术语编纂和词典编纂的特性而言,虽然一般来说我们能辨别表 1 中所列的不同点,但术语编纂和词典编纂的具体实践并不能通过这些笼统的特性来说明;(2) 相对于实践的社会地位而言,术语编纂和词典编纂之间的差距会因社会学背景的不同而发生巨大变化,这一点亨布雷(Humbley 1997)已经指出过。

6. 结论

在很多情况下,识别出术语并非难事,真正困难的是有人问到这个问题:

那么,称为"术语"(或术语集)的东西究竟是什么?

本章试图解决这一问题,同时也关注术语和术语集以及术语工作的具体特征,毕竟这些方面是相同研究对象的另外一面。

参考文献

Antia,Bassey E. 2005. "Lexicography versus Terminography: Some Practical Reasons for Distinction." *Termnet*, *International Network for Terminology*. http://www.termnet.info/downloads/ english/projects/IFAP/02_termtrain2005_bassey_confab_lex_ter.pdf.

Atkins,B. T. Sue and MichaelRundell (editor). 2008. *The Oxford Guide to Practical Lexicography*. Oxford: Oxford University Press.

Benson, Morton. 1958. "English loan words in Russian sport terminology." *American Speech* 33(4):252 – 259. DOI: 10.2307/453864

Bergenholtz, H. John and Uwe Kaufmann. 1997. "Terminography and Lexicography: A Critical Survey of Dictionaries from a Single Specialised Field." *Hermes, Journal of Linguistics* 18:91 – 125.

Bessé, Bruno de, Blaise Nkwenti-Azeh, and Juan C. Sager. 1997. "Glossary of Terms Used in Terminology." *Terminology* 4(1):117 – 156.

Cerbah, Farid. 2000. "Exogeneous and Endogeneous Approaches to Semantic Categorisation of Unknown Technical Terms." In *Proceedings of the 18th International Conference on Computa-tional Linguistics* (*COLING* 2000), 145 – 151.

Faber, Pamela. 2011. "The Dynamics of Specialised Knowledge Representation: Simulational Reconstruction of the Perception-Action Interface." *Terminology* 17(1):9 – 29. DOI: 10.1075/ term.17.1.02fab

Felber, Helmut. 1984. *Terminology Manual*. Paris: Unesco.

Feng Zhiwei. 2004. "Standardisation of Chinese Scientific Loanwords." *Proceedings of the 11th International Symposium of the National Institute for Japanese Language*, 71 – 77.

Fontenelle, Thierry (editor). 2008. *Practical Lexicography: A Reader*. Oxford: Oxford University Press.

Hartmann, Reinhard R. K. 2003. *Lexicography: Critical Concepts*, 3 vols. London: Routledge.

Humbley, John. 1997. "Is Terminology Specialised Lexicography? The Experience of French-Speaking Countries." *Hermes, Journal of Linguistics* 18:13 – 31.

ISO 704. 2009. *Terminology work—Principles and methods*. Geneva: International Standards Organization.

ISO 1087 – 1. 2000. *Terminology work—Vocabulary—Part 1: Theory and application*. Geneva: International Standards Organization.

ISO/FDIS 24156 – 1. 2013. *Graphic notations for concept modelling in terminology work—Part 1: Guidelines for using UML notation in terminology work*. Geneva: International Standards Organization.

Kageura, Kyo. 1995. "Towards the Theoretical Study of Terms." *Terminology* 2(2):239 – 257. DOI: 10.1075/term.2.2.04kag

Kageura, Kyo. 2002. *The Dynamics of Terminology: A Descriptive Theory of Term Formation and Terminological Growth*. Amsterdam: John Benjamins. DOI: 10.1075/tlrp.5

Kageura, Kyo. 2012. *The Quantitative Analysis of the Dynamics and Structure of Terminologies*. Amsterdam: John Benjamins. DOI: 10.1075/tlrp.15

Karabacak, Erkan. 2009. "Acceptance of Terminology Sanctioned by the Turkish Language Society." *Terminology* 15(2):145 – 178. DOI: 10.1075/term.15.2.01kar

L'Homme, Marie-Claude. 2009. *DiCoInfo: Le Dictionnaire Fondamental de l'Informatique et de l'Internet*. Montreal: University of Montreal.

Lyons, John. 1968. *Introduction to Theoretical Linguistics*. Cambridge: Cambridge University Press. DOI: 10.1017/CBO9781139165570

Lyons, John. 1981. *Language and Linguistics: An Introduction*. Cambridge: Cambridge University Press.

Maroto, Nava and Amparo Alcina. 2009. "Formal Description of Conceptual Relationship with a View to Implementing Them in the Ontology editor Protégé." *Terminology* 15(2): 232–257.

Nomoto, Kikuo. 1982. "Senmongo ('terms')." In *Grand Dictionary of Japanese Linguistics*, edited by The Society for the Study of Japanese Language, 562. Tokyo: Tokyodo.

Nomura, Masaaki. and Masahiko Ishii. 1989. *Gakujutu Yougo Goki Hyou ('A List of Morphemes in Japanese Scientific Terms in Japanese')*. Tokyo: National Language Research Institute.

Pearson, Jennifer. 1998. *Terms in Context*. Amsterdam: John Benjamins. DOI: 10.1075/scl.1

Pugh, Janet. 1984. "A Contrastive Conceptual Analysis and Classification of Complex Noun Terms in English, French and Spanish with Special Reference to the Field of Data Processing." PhD diss., University of Manchester.

Rey, Alain. 1995. *Essays on Terminology*. Amsterdam: John Benjamins. DOI: 10.1075/btl.9

Riggs, Fred W. 1989. "Terminology and lexicography: their complementarity." *International Journal of Lexicography* 2(2):89–110. DOI: 10.1093/ijl/2.2.89

Rondeau, Guy. 1983. *Introduction à la Terminologie*, 2nd ed. Chicoutimi: Gaëtan Morin.

Sager, Juan C. 1990. *A Practical Course in Terminology Processing*. Amsterdam: John Benjamins. DOI: 10.1075/z.44

Sager, Juan C. 1998. "Terminology for Translators, a New and Different Approach?" Unpublished manuscript.

Saussure, Ferdinand. de. 1910–11. *Linguistique Générale* 1910–1911. (Lecture notes taken by Emile Constantin). X vols. Geneva: University of Geneva.

Sterkenburg, Piet van (editor). 2003. *A Practical Guide to Lexicography*. Amsterdam: John Benjamins. DOI: 10.1075/tlrp.6

Svensén, Bo. 2009. *A Handbook of Lexicography: The Theory and Practice of Dictionary Making*. Cambridge: Cambridge University Press.

Temmerman, Rita. 2000. *Towards New Ways of Terminology Description: The Sociocognitive Approach*. Amsterdam: John Benjamins. DOI: 10.1075/tlrp.3

内涵式定义

格奥尔格·洛金格[1]
昂德里克·J. 科卡特[2]
格哈德·布丁[3]

[1]上奥地利应用科学学院
[2]鲁汉大学/南非自由州大学
[3]维也纳大学/奥地利科学院

本章旨在讨论内涵式定义,这是使用最为广泛的定义类型之一。虽然讨论相关的理论背景很有必要,但本章主要是为语言专业人员和领域专家提供一个简明而全面的实用工具,在不同的文本生成和术语管理工作中,他们常常有编写内涵式定义的任务。因此,本章有以下两个目的:(1)从术语科学和术语管理的角度总结有关内涵式定义的最新知识;(2)协助语言专业人员和领域专家在日常工作中撰写和评估内涵式定义。此外,本章还对未来以半自动方式利用内涵式定义的可能选项进行初步探讨。

关键词:概念描述;定义;内涵式定义;术语科学;术语管理

1. 导论

我们在人与人之间的交流中,如通过语言、文字和手语等的交流中,会使用适当的名称来描述对象和概念①。当名称乍看之下不够清楚或人们没有必要的背景知识时,需要对概念进行更为精确的描述。描述概念的方法有多种,如概念描述、百科全书式描述或定义型语境(ISO 704 2009,29ff.),但定义通常是首选语言工具。

定义的类型有多种,根据特定的需要,所有这些类型的定义对于术语管理或多或少都是有用的。内涵式定义有着悠久的历史,是用自然语言以一致的方式描述概念和概念系统的一种合适的工具。本章旨在对内涵式定义进行描述。本章后续部分内容如下。第二节阐述理解内涵式定义的性质和功能所必需的理论背景,亦讨论它们与术语科学和术语管理工作中其他要素的关系。对"内涵式定义"这一概念有各种方式的不同定义,第三节描述了本章中使用的基本概念,并简要介绍了概念的历史。此外还利用一些可能在实际术语管理工作中切实可用的示例来展示"定义"。第四节讨论内涵式定义的优势及其普遍适用性。第五节叙述编写和评估内涵式定义的规则,同时重点揭示编写和评估内涵式定义时遇到的常见错误。出于实际目的的考虑,第五节包含说明各条规则的示例。第六节提出一些新思路,探讨如何以半自动方式基于内涵式定义创建概念模型,或者基于概念模型形成内涵式定义。第七节为结论部分,是一个简短的总结。

---

① 指称,"即用能指符号来表示概念"(ISO 1087‑1 2000,6)。在术语工作中,通常区分三种类型的指称:符号、名称和术语。*doi* 10.1075/hot.1.05int1

值得注意的是,定义,特别是内涵式定义可以有各种各样的视角。虽然也可以从哲学、逻辑学或认识论等其他学科的角度来审视内涵式定义,本章仅从术语科学和术语管理的角度来看待这一问题。

2. 理论背景

我们用概念来描述现实世界和想象世界。概念是"由特征的独特组合而创造出来的知识单元"(ISO 1087-1 2000,2)。换言之,概念是一个或多个真实或想象的客体的心理图像。所讨论客体的属性被转换为特征,这些特征可以定义为"一个客体或一组客体的属性的抽象结果"(ISO 1087-1 2000,3)。相关特征随之组合起来形成概念。这一过程被称为概念化,它构成了认知科学和术语科学的重要组成部分,可视化展示如下图1:

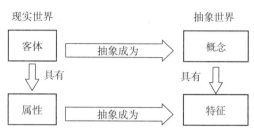

图1　ISO 704(2009,4)所述的概念化过程

我们可用"房子"这个概念来说明这一过程。通常,我们看到的是人们为居住而建造的独立建筑。我们从不同的物体属性(形状、颜色、建筑材料、结构、是否可用等)中,选择所有这些物体(房子)所共有的属性,认为这些属性必然存在于所有这些物体中。然后,这些属性在我们的头脑中被抽象成特征,这些特征结合在一起便构成了"房子"这个概念。要以口头或书面的形式谈论单个物体,即我们周围看到的建筑物实体,或从中抽象出的概念,我们就可以使用"房子"这个名称。

如第一节所述,我们使用名称来指代概念和/或对象。然而,我们要描述的概念要么根本不为人所知,要么必须更详细地描述,以促成沟通。这正是需要定义这种语言工具的缘由所在,正是这种工具可以阐明一种指称所指的是什么概念。定义是"用描述性语句表示一种概念,以使其区别于相关概念"(ISO 1087-1 2000,6)。因此,定义使得确定一个给定概念相对于其他、相似或不同概念的边界成为可能。为此,定义以各种形式存在,并利用概念的不同特征。外延和内涵就是两个基本特征:外延是"概念对应的所有对象",而概念的内涵则被定义为"构成概念的特征集合"(ISO 1087-1 2000,3)。

3. 概念及其历史和实例

国际术语管理基本标准之一的ISO 1087-1(2000,6)将"内涵式定义"定义为"通过表述上位概念和定界特征来描述概念内涵的定义"。内涵式定义建立在种属关系的基础上,其中上位概念称为属概念,下位概念称为种概念。种概念的内涵包括属概念的内涵和至少一个附加的定界特征。

在基于部分关系的定义中,上位概念被称为综合概念;综合概念被认为是整体,包含了要定义为部分的概念。最后,定界特征使得我们有可能将一个给定的概念与其他概念区别开来,特别是将上位概念(更高抽象层次的概念)和同位概念[①](ISO 1087-1 2000,2)区别开来。

———————————

① 同位概念:"与给定概念系统中的其他概念具有同样最近的上位概念和同样的细分标准的下位概念"(ISO 1087-1 2000,2)。

内涵式定义的历史可以追溯至古希腊哲学家亚里士多德(Aristotle)。他曾指出,一个定义是"说明一个东西是什么的论述"(Smith 2012)。为了定义,他建议使用邻近类属(*genus proximum*)和差异特性(*differentia specifica*),这两者分别对应于上位(属)概念和定界特征。另一位希腊哲学家波菲利(Porphyry)在介绍亚里士多德的《范畴篇》时,对他的思想进行了阐发(Ackrill 1994)。波菲利在《绪论》(Warren 1975)这部著名的作品中,将亚里士多德的思想表述为"一种二分结构组成的树状方案,它说明一个物种(*species*)[…]是由属项和差异项(*genus et differentia*)定义的,并且这个定义过程可反复进行,直至最低层次的物种(*species*)[…]"(Bunnin and Yu 2004)。在中世纪的哲学教科书中,这种思想以树状图形式表现出来,被称为"波菲利之树"。至少从那时起,通过内涵式定义来描述概念的做法已经成为西方哲学以及西方教育学、科学、词典学等中必不可少的一部分(Cornea 2009,304;Mihatsch 2006,154)。

尽管亚里士多德制定的定义的规则已经过多年的发展,"这些传统规则到了 20 世纪却还变化不大"(Ndi-Kimbi 1994,327)。然而,在瞬息万变的技术、工业和社会世界中,出现了越来越多的新型概念。为了更充分地定义这些概念,英国标准协会(BSI)和国际标准化组织(ISO)增加了更多的规则(Ndi-Kimbi 1994,327 - 328)。在本文中,我们主要参考 ISO 704(2009)和 ISO 1087 - 1(2000)。

应当指出的是,除了"内涵式定义"一词外,其他术语也可用以描述同一概念,如"术语定义"(Pavel and Nolet 2001,23ff.),"属＋种差式定义","分析型定义"(Copi and Cohen 2009,105ff.)或"依内涵定义"(Felber 1984,160)。

根据 ISO 1087 - 1(2009,35ff.),内涵式定义可用图 2 的公式表示:

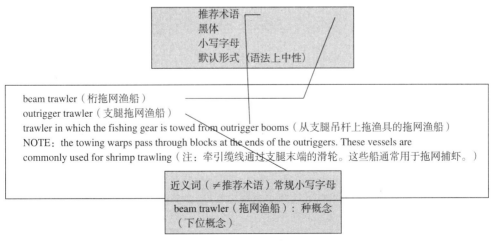

图 2 根据 ISO 704(2009)制定的内涵式定义模型

下面的例子详细说明了内涵式定义通常是如何组成的。例1是一个内涵式定义,引自弗里曼(Freeman 1997,56),并稍加修改:

(1) **convention**(公约)

treaty, usually between more than two States, concerning matters of mutual interest(通常在两个以上国家之间签署的、关涉共同关心的问题的条约)

1. 上位概念(属概念):treaty(条约)
2. 定界特征:
a. signed between more than two States(由两个以上国家签署)
b. concerns matters of mutual interests(关涉共同关心的问题)

例2是一个结合了内涵式定义的部分式定义,引自艾肯(Aiken 2002,421),并稍加修改:

(2) **printhead**(打印头)

part of an impact printer that contains the pins or other components that force ink from a ribbon onto paper(冲击式打印机的一部分,它包含打印针或其他部件,这些部件将墨带上的墨水压在纸上)

1. 上位概念(综合概念):impact printer(冲击式打印机)
2. 定界特征:
a. contains pins or other components(包含打印针或其他部件)
b. forces ink from a ribbon onto paper(把色带上的墨水压在纸上)

例3是一个内涵式定义,引自埃特雷(Ettre 1997,823),并稍加修改:

(3) **chromatography**(色谱法)

physical method of separation in which the components to be separated are distributed between two phases, one of which is stationary (stationary phase) while the other (the mobile phase) moves in a definite direction[物理的分离方法,其中被分离的部件分布在两个相之间,其中一个相是静止的(静止相),而另一个相(流动相)在一定的方向上移动]

1. 上位概念(属概念):physical method of separation(物理的分离法)
2. 定界特征:
a. components are distributed between two phases(部件分布在两相之间)
b. consists of stationary and mobile phase(由静止相和流动相组成)

从这些例子可以看出,内涵式定义通常有以下模式:属概念＋定界特征(Dubuc 2002,98;Felber 1984,161;Pavel and Nolet 2001,24;Wüster 1991,34)。部分式定义从综合概念开始,并可能添加部分概念的定界特征,以便将该综合概念与其他类似的综合概念区分开来(ISO 704 2009,13)。

定界特征必须根据术语管理工作的具体需要和受众打算应用于给定概念的视角来选择（ISO 704 2009,22）。

例 4 和例 5 引自欧洲国家翻译服务会议（COTSOES 2002,29ff.），并稍作修改：

（4）**water**（水）

chemistry（化学）

combination of two hydrogen atoms with one oxygen atom（两个氢原子和一个氧原子的结合物）

（5）**water**（水）

physics（物理）

liquid with a freezing point of 0℃ and a boiling point of 100℃ at a pressure of 1 atm（在一个大气压下冰点为 0℃、沸点为 100℃ 的液体）

虽然内涵式定义宜指向待定义概念的直接属概念（如"水"概念的第二个定义中），但这有时是不可能的。在这种情况下，应引用更抽象的概念，即更泛化的上位概念。

例 6 引自 ISO 25964－1(2011,3)，并稍作修改：

（6）**document**（文件）

resource that can be classified or indexed in order that the data or information in it can be retrieved（为检索其中的数据或信息而经过分类或索引的资源）

1. 上位概念（更抽象的属概念）：resource（资源）

2. 定界特征：

a. can be classified or indexed（可以分类或索引）

b. with the aim of enabling data/information retrieval（旨在实现数据/信息检索）

例 7 引自迪布凯（Dybkær 2009，38）：

（7）**system**（系统）

part or phenomenon of the perceivable or conceivable world consisting of a demarcated arrangement of a set of elements and a set of relationships or processes between these elements（可感知的或可想象的世界的部分或现象，由一组元素的分界排列和这些元素之间的一组关系或过程组成）

1. 上位概念（综合概念/属概念）：system（部分）和 phenomenon（现象）

2. 定界特征：

a. demarcated（分界）

b. consists of a set of elements（由一组元素组成）

c. consists of a set of relationships of processes（由一组关系或过程组成）

4. 普遍适用性

如第三节所述,内涵式定义已经使用了几个世纪。虽然内涵式定义与其他类型的定义相比有一些缺点[①],但已证明其是用自然语言描述概念的一种有用的语言工具。内涵式定义不仅在术语科学和术语管理的出版物中获得了一种规范的概念阐释方式的地位,在人类活动的许多其他领域中,人们也使用或推荐使用内涵式定义,如逻辑学(Copi and Cohen 2009, 105ff.)、商业建模(Witt 2011, 246)、标准化(DIN 2330 2013, 14; ISO 704 2009, 22; ISO 10241 - 1 2011, 26)和化学(Olesen et al. 1997)等领域中。除了更具体的场景之外,内涵式定义几乎可以在任何类型的文本参考著作,如百科全书、通用语言和特殊语言词典、同义词表、术语数据库、分类系统等中找到。

术语科学和术语管理领域的许多出版物将内涵式定义视为最重要的定义类型(Arntz, Picht, and Mayer 2002, 63; DIN 2342 2011, 10; Hohnhold 1990, 49; ISO 704 2009, 22)。这是因为内涵式定义相比其他类型的概念描述手段有一些优势。内涵式定义根据本章第五节所述的规则编写,可以作为描述概念的适当语言工具,原因如下:

1. 它们包含对(直接的)上位概念的引用,这使得将所讨论的概念置于相关领域的概念系统成为可能(Arntz, Picht, and Mayer 2002, 63; ISO 704 2009, 22; Suonuuti 1997, 16)。在此基础上,可以开发概念系统的图形表示(概念图或概念模型),以提供有关术语体系更全面的展示(ISO/FDIS 24156 - 2013);

2. 它们列举了那些使术语使用者能够将所讨论的概念与其他概念区别开来的定界特征,特别是那些在同一抽象层次上密切相关的概念(ISO 704 2009, 22);

3. 它们有助于形成适当的指称(Arntz, Picht, and Mayer 2002, 63);

4. 它们突出了原本可能隐藏的特征(Mihatsch 2006, 154);

5. 它们可以有效地确定概念之间的对应程度,或者换句话说,确定指称之间的对等程度。在单语和多语环境下,如面向翻译的术语管理或术语标准化工作中(仅列举这两种可能的情况),可能需要为此目的进行术语分析。相关文献(Arntz, Picht, and Mayer 2002, 151ff.; Felber 1984, 152ff.; ISO 860 2007; ISO 10241 - 2 2012)对这一术语管理任务提供了方法指导。

内涵式定义也存在一些缺陷。例如,与外延式定义相比,内涵式定义不包含任何用以描述下位概念的指称。换句话说,它们通常比外延式定义更抽象,这使得从定义本身猜测相关概念变得困难(除了显性引用的上位概念)。此外,虽然起草内涵式定义时保持一致对于系统的术语工作是必要的,但是通过参考对其他概念的定义,要认识一个给定的内涵式定义,可能需要阅读一个或多个其他内涵式定义才能充分理解相关概念。

5. 内涵式定义的编写和评定规则

通常,当一个给定的概念没有合适的内涵式定义时,语言专业人员或业内专家必须自己

---

① 外延式、明示型、词汇型、精密型和规定性定义(ISO 704 2009, 22)。

起草定义。这项任务不容轻视,故而随着时间的推移,已经开发出了某些规则,当人们必须编写内涵式定义时,这些规则便能发挥作用。以下是在起草内涵式定义时应遵守的一套规则。这些规则也可用以评估现有的定义,特别是当必须从术语学角度在好几个定义中选择最合适的定义时。

需要注意的是,这些规则反映的不同标准在原则上可能重叠(例如精确性与简明性),或者在特定情况下可能相互矛盾(例如来源的客观性与可靠性)。因此,是否应用以及如何应用各个具体规则,这要取决于术语管理工作的具体需要。下面的具体规则附有说明性的例子。

5.1 精确性

内涵式定义必须包含要明确描述所讨论概念的所有必要的定界特征(Auger et al. 1972,24;Auger and Rousseau 1990,33;Cabré Castellví 1999,106;Copi and Cohen 2009,107;Dubuc 2002,96;Felber 1984,163;Gouadec 1990,163;ÖNORM 2704 1990,10;Pavel and Nolet 2001,23ff.,27;Wüster 1991,34)。换句话说,它既不应该太狭隘,太宽泛,也不应该不必要地用比喻或模糊字眼(Arntz,Picht,and Mayer 2002,70ff.;Copi and Cohen 2009,108;ISO 704 2009,25,31;Machuga 2010,42ff.;Suonuuti 1997,17,21)。

在以下情况下,定义不准确:

> 定义中的非定界或不相关特性可能导致有些对象无意中被包括在外延中,或被排除在外。如果为描述概念而选择的特征使得不应成为外延一部分的对象被包括在内,定义应算是过于宽泛。如果所选特征排除了理应作为外延一部分的对象,定义应算是太窄(ISO 704 2009,32)。

例8a引自马丘加(Machuga 2010,42),已稍加修改:

> (8). a. **automobile**(汽车)
> vehicle with wheels(有轮子的交通工具)

这一定义过于宽泛,"因为也有许多有轮子的交通工具并不是汽车"(Machuga 2010,42)。

例8b引自马丘加(Machuga 2010,42ff.)并已稍加修改:

> (8). b. **automobile**(汽车)
> vehicle designed to transport up to four people with comfort and convenience(旨在为舒适方便地运送最多可达4人而设计的交通工具)

这个定义太狭隘了,因为有许多汽车(例如跑车)只能载两个人,而且大家更关心汽车的速度和操控,而不是乘客是否感到舒适和便利(Machuga 2010,43)。

示例8c引自《剑桥高级英语学习词典》(*Cambridge Advanced Learner's Dictionary and*

Thesaurus 2013)，并稍作修改：

> （8）c. **automobile** 汽车
>
> road vehicle with an engine，four wheels，and seats for a small number of people（有发动机、四个轮子可供少数人乘坐的陆路车辆）

这一定义便避免了先前的示例 8a 和 8b 中两个定义的缺点。

5.2　简明性

内涵式定义必须尽可能简明（Auger et al. 1972，24；Auger and Rousseau 1990，33；COTSOES 2002，28；Dubuc 2002，96ff.；Gouadec 1990，163；ISO 704 2009，25，27；ÖNORM 2704 1990，10；Pavel and Nolet 2001，26；Suonuuti 1997，18），理想情况下应该由一个句子组成，可包括子句（Ndi-Kimbi 1994，333 - 336）。

例 9a 选自 COTSOES（2002，28）：

> （9）a. **ageing**（老化）
>
> gradual rise in strength due to physical change in metals and alloys，in which there is breakdown from supersaturated solid solution and lattice precipitation over a period of days at atmospheric temperature（由金属和合金的物理变化而导致的强度逐渐上升，在这种变化中，在大气温度下，经过几天的时间，超饱和固溶体和晶格沉淀会分解）

这个定义过长，显得啰唆。例 9b 选自 COTSOES（2002，29），已稍加修改：

> b. **ageing**（老化）
>
> rise in strength in metals and alloys in which there is a breakdown from supersaturated solid solution（金属和合金的强度增加，其中有超饱和固溶体的分解）

这一定义虽列举了有关概念的所有相关特征，但比前一个定义更为简洁。

5.3　直接上位概念的引用

内涵式定义必须引用直接上位（属）概念，如果因需定义概念的性质做不到这一点，则可以引用更宽泛的上位概念（ISO 704 2009，25；Suonuuti 1997，17）（示例 5）。

5.4　使用指称已知或已定义概念的术语

内涵式定义中的所有术语必须是众所周知的，在同一语言资源中已经定义的，或者在另一语言资源中易于获取的（Arntz，Picht，and Mayer 2002，68；Auger and Rousseau 1990，34；Cabré Castellví 1999，107；COTSOES 2002，30；Felber 1984，160；Gouadec 1990，164；ISO 704 2009，27；ÖNORM 2704 1990，9；Suonuuti 1997，24；Wüster 1991，33）。

示例 10a 和 10b 引自《美国传统英语词典》（*American Heritage Dictionary of the English Language* 2013），并稍作修改：

（10）a. **kymogram**（记波图）

graph or record made by a kymograph（由记波器制作的图表或记录）

　　b. **kymograph**（记波器）

instrument for recording variations in pressure，as of the blood，or in tension，as of a muscle，by means of a pen or stylus that marks a rotating drum［用在转鼓上作标记的笔记录（如血液的）压力或（如肌肉的）张力变化的仪器］

"记波器"一词出现在"记波图"概念的定义中，因而"记波器"的概念在同一语言资源中也应当单独定义。理想的做法是在术语"记波器"与同一语言资源（术语库和/或概念系统）中的术语"记波图"条目之间设置超链接，这样做符合在同一语言资源中充分利用已定义概念的原理。

5.5　客观性

内涵式定义"不应推行特定的观点或原因"，即不应引发争议（Machuga 2010，43）。

示例 11a 和 11b 引自马丘加（Machuga 2010，43）：

（11）a. **Democrat**（民主党员）

pointy-headed liberal who always has his or her hands in other people's pockets（总是把手放在别人的口袋里的、尖头的自由主义者）

　　b. **Republican**（共和党员）

tight-fisted and mean-spirited miser who is unwilling to help the needy（在骨子里就吝啬、从不愿帮助穷人的吝啬鬼）

显然，这两个定义都呈现出对相关概念的高度偏见，而不是在描述概念本身。

5.6　来源的可靠性

内涵式定义必须有可靠的来源。为了评估信息来源是否可靠，可以参照各种标准，如作者的语言和技术资质、出版商、语言的规范程度、出版日期等［参见第 2 节引自 ISO 1087 - 1（2000，6）的定义］。

5.7　适用于相关目标群体

内涵式定义的措辞必须符合目标群体的要求和期望（Arntz，Picht and Mayer 2002，68；Auger and Rousseau 1990，33；Cabré Castellví 1999，106；ISO 704 2009，27）。

例 12a 和 12b 引自卡布雷·卡斯特利维（Cabré Castellví 1999，106），并稍作修改：

（12）a. **migraine**（偏头痛）

severe continuous pain in the head，often with vomiting and difficulty in seeing（头部的持续性剧痛，常伴有呕吐和视力障碍）

　　　　b. **migraine**（偏头痛）

paroxysmal，extra cranial headache usually confined to one side of the head，in which vascular headache is combined with other bodily disturbances such as changes in autonomic nervous system function（阵发性的颅外头痛，通常局限于头部的一侧，其中血管性头痛伴有其他身体紊乱，如自主神经系统功能的改变）

这两个定义分别可满足不同目标群体（分别是外行和领域专家）的需求。

5.8　适用范围的说明

如有必要，必须规定内涵式定义的适用范围（Arntz，Picht and Mayer 2002，68；COTSOES 2002，30ff；ISO 10241 - 1 2011，37；ÖNORM 2704 1990，9；Wüster 1991，34）。

例13引自 ISO 10241 - 1（2011，6）：

（13）**variant**（变体）

terminology work（术语工作）

one of the alternative forms of a designation（指称的替代形式之一）

从括号内的内容可知，此处定义的概念只适用于术语工作领域。

5.9　参考相关领域

内涵式定义必须包含反映给定领域的特征（Arntz，Picht and Mayer 2002，68；Cabré Castellví 1999，106；COTSOES 2002，29ff；ÖNORM 2704 1990，10）（示例4和5）。

5.10　参考概念系统

内涵式定义必须表达所定义的概念与给定概念系统中其他概念之间的关系（Cabré Castellví 1999，106；COTSOES 2002，29；ÖNORM 2704 1990，9；Pavel and Nolet 2001，26ff；Suonuti 1997，16；Wüster 1991，33）。

例14引自索努蒂（Suonuuti 1997，17）：

（14）**noble gas**（惰性气体）

gas that in the natural state is chemically inactive（天然状态下化学性质不活跃的气体）

该定义通过使用直接属概念（"气体"），明示了相关概念系统的一部分。

5.11　语言正确性

内涵式定义必须语言正确，这表现在相关语言的正字法、语法和定义书写惯例方面

(Cabré Castellví 1999,106;Dubuc 2002,95ff.)。

5.12 没有循环/重言式

内涵式定义的表述方式不应使该定义在其内部、与所参照相关术语或者与同一语言资源内其他内涵式定义间发生循环(Arntz,Picht,and Mayer 2002,69;Cabré Castellví 1999,107;Copi and Cohen 2009,107;COTSOES 2002,31;Dubuc 2002,97;Gouadec 1990,163;ISO 704 2009,31;Machuga 2010,43;ÖNORM 2704 1990,10;Pavel and Nolet 2001,26;Suonuuti 1997,19)。

例 15a 和 15b 引自卡布雷·卡斯特利维(Cabré Castellví 1999,107),并稍作修改:

> (15) a. **dense**(致密的)
> having relatively high density(密度较高的)
> > b. **density**(密度)
> the quality or condition of being dense(致密的性质或状态)

结合起来看,这两个定义以彼此为参见,从而产生无限循环。

例 16 引自 ISO 704(2009,31):

> (16) a. **tree height**(树高)
> tree height measured from the ground surface to the top of a tree(从地面到树顶测量的树高)
> > b. **evergreen tree**(常绿乔木)
> a tree with evergreen foliage(有常绿叶子的树)

例子 16a 和 16b 显示了定义内的循环现象:当被定义词(*definiendum*)(例 16a)用以引导定义,或当把部分被定义词用作定义特征(例子 16b)时,定义就是循环的,这是要力求避免的(ISO 704 2009,30)。

当被定义词为复合词时,该复合词的核心词可以而且通常会引导定义(图 2),尤其是当其核心词描述的是属概念时。该核心词应当由另一个词条来定义。

此外,不应当在定义中重复词头的任何形态变体。例如,"to read"(阅读)不应当定义为"the action of reading"(阅读的行为)。

5.13 肯定性(避免否定形式的定义)

内涵式的定义必须陈述概念"是什么",而不要说它"不是什么"(Suonuuti 1997,21),除非它描述了一个某种特征必须缺失的概念(Arntz,Picht,and Mayer 2002,71;Cabré Castellví 1999,107;Copi and Cohen 2009,109;Cotsoes 2002,31;Dubuc 2002,97;ISO 704 2009,33;Machuga 2010,43;Pavel and Nolet 2001,26;Suonuuti 1997,21)。

示例 17a、17b 和 17c 引自索努蒂(Suonuuti 1997,21),并稍作修改:

（17）a. **deciduous tree**（落叶树）

tree other than an evergreen tree（常青树以外的树）

17a 是一个不恰当的否定式定义。

  b. **deciduous tree**（落叶树）

tree losing its foliage annually（每年落叶的树）

17b 是一个适当的、替代式定义。

  c. **non-food product**（非食品）

product that is not intended to be used as nourishment（非营养产品）

17c 是一个适当的否定式定义，它所描述的缺乏特征为所涉概念的一个基本特征。

5.14 避免翻译内涵式定义

涉及多种语言的术语工作通常是以对比的方式完成的，即要比较两种或两种以上独立创建的语言中的定义。这种方法的目的是确保分析在相关语言和文化中形成的真实概念。因此，通常不应翻译定义或使用定义的翻译。然而，在特定的术语管理环境中，例如在欧盟的立法过程中，又必须打破这一规则。

5.15 避免其他概念的隐含定义

内涵式定义不应包含其他概念的定义。换句话说，如有必要，其他概念必须单独定义（Arntz，Picht and Mayer 2002，71；ISO 704 2009，28；Suonuuti 1997，24）。

例 18 选自索努蒂（Suonuuti 1997，24）：

（18）**tree**（树）

tall plant with hard self-supporting trunk and branches，arm like stems growing from the trunk，that lives for many years（一种高大的植物，有坚硬的自立的树干和树枝，即从树干上长出手臂状的分支，能活很多年）

"从树干上长出手臂状的分支"是对"树枝"这一概念的隐含定义，而这个应该在同一语言资源中对其单独定义。

5.16 没有上下位概念的特征

内涵式定义应"不包含逻辑上属于上位或下位概念的特征"（ISO 704 2009，28）。

例 19 源于 ISO 704（2009，24，28）：

（19）**mechanical mouse**（机械鼠标）

computer mouse，hand-manoeuvred along a firm，flat surface，in which move-ments are detected by a ball on its underside that activates rollers in physical contact with the ball（计算机鼠标，沿坚硬、平坦的表面用手操纵，其下侧有一个球体可检测到运动，该球激活与其物理接触的滚柱）

"沿坚硬、平坦的表面用手操纵"的表达描述了一种特性，是属概念"计算机鼠标"的一部分，因此不应包含在"机械鼠标"概念的定义中。提及这个属概念就意味着已经包含了"沿坚硬、平坦的表面用手操纵"的特征。

6. 内涵式定义与概念模型

除了目前讨论的内容之外，本节拟概述一些新的观点，探讨以自然语言编写的内涵式定义与这些定义的统一建模语言（UML）可视化展示之间的接口。UML 虽然主要是一种用于软件开发的建模语言，但可以不同方式进行扩展和定制，以便用于非软件开发环境。

这是由 ISO/TC37"术语和其他语言和内容资源"（Terminology and other language and content resources）为术语管理而编制。该技术委员会编制了一份 ISO 技术报告，描述了如何使用 UML 标记系统创建概念模型（ISO/TR 24156 2008），以替代绘制概念图的传统 ISO 符号（Kockaert，Steurs and Antia 2010）。目前，该技术报告正发展成为一个成熟的国际标准（ISO/FDIS 24156－2013）。

6.1 从 UML 到内涵式定义

目前，上述国际标准的开发已经确立了一个用户定义的 UML 概要文件，以对概念和概念关系进行建模。所谓概念关系包括种属关系，即通常通过内涵式定义来描述的概念之间的关系。

根据未来的国际标准，概念用 UML 标记系统以图 3 所示方式建模：

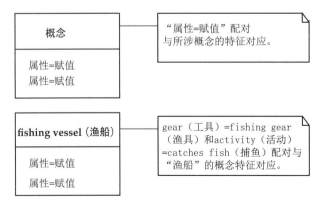

图 3　用 UML 标记系统对概念建模（ISO/FDIS 24156－1 2013）

UML 类别符号的第一个部分包含以粗体格式表示的相关指称。第二部分列举了所讨论概念的一个或多个特征（省略号表示根据所涉及的概念，可能还有更多的特征）。

两个概念之间的种属关系建模如图 4：

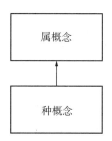

图 4　使用 UML 通用符号在 UML 标记系统中对种属关系进行建模
（实线加上三角形箭头指向属概念）(ISO/FDIS 24156‑1 2013,12)

为了更好地从视觉上展示概念的特性，并促进 UML 概念模型的机器处理，使用一个或多个"属性-赋值"对，以更为形式化的方式来确定特性，见图 5：

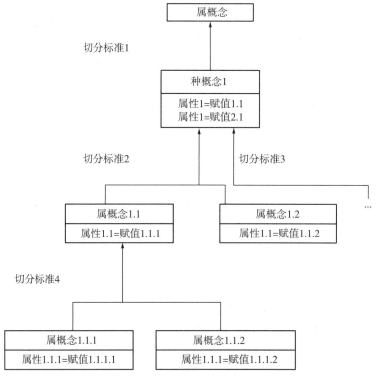

图 5　使用用户定义的 UML 概要中所述特征的概念建模(ISO/FDIS 24156‑1 2013)

让我们以"渔船"的概念为例说明这一点。

图 6 显示，"渔船"这一指称，其概念包含两个特征：(1) 渔船的工具是渔具，(2) 渔船用于捕鱼。

现在让我们假设，我们想根据图 6 中的模板，在概念"钓鱼船"（种概念）和概念"船"（属概念）之间建立一个种属关系模型。这将产生以下结果：

在图 7 中，UML 通用符号与"船只"的 UML 类别符号组合，向我们展示了 ISO/FDIS 24156‑1(2013)如何采用用户定义的 UML 概要文件中的符号：它告诉我们，"船"是"渔船"

的属概念,而"渔船"又是这一概念系统中的种概念。假如有了使用 UML 进行概念建模的必要背景知识,语言专业人员或领域专家就可以轻松地将图 7 中的 UML 类图转换为自然语言定义:

fishing vessel(渔船)

vessel which has a fishing gear and is used for catching fish(配备渔具、用来捕鱼的船)

使用 UML 的概念模型可以在专用建模软件工具中绘制。这些工具可以解释概念模型中各种元素背后的语义。因此,应该可以半自动地将 UML 概念模型转换为自然语言定义。这一原则也适用于由属种关系组成的概念模型,这些模型可以或至少部分转化为内涵式定义。无论是对语言专业人员(术语学家、科技作家等)还是人类活动各个领域的专家来说,仔细研究 UML 概念模型到内涵式定义的半自动转换都是当前的研究课题。

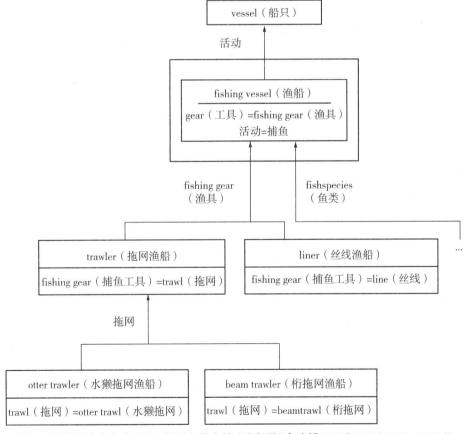

图 6　使用用户定义的 UML 概要文件中的"渔船"概念建模(ISO/FDIS 24156 - 1 2013)

图7 "水獭拖网渔船""拖网渔船""渔船"等概念的种属关系建模"①

6.2 从内涵式定义到 UML 概念模型

科普(Kop 2008,157)认为,在受控英语中,因为有一些特定的语言模式和"关键词"(keywords),句子的表达就像一个有槽的模板。众所周知,语言模式,特别是定义模式,也存在于受控语言之外,即存在于一般的自然语言中。

利用上述"渔船"概念的定义,我们可以说明这一点:

fishing vessel(渔船)

vessel which has a fishing gear and is used for catching fish(配备渔具、用来捕鱼的船)

这个定义可以分为不同的槽:[vessel(船)]〈which〉/has a fishing gear(配备渔具)/and(且)/ is used for catching fish(用于捕鱼)。这种划分还可以抽象为以下模式:[属概念指称]〈关系代词〉/特征 1/(且)/特征 2/。

那么,一旦这种模式信息被嵌入电子文档中,且有了合适的软件工具,我们就可以根据正在制定的国际标准化计划,半自动地将"渔船"的内涵式定义转换为 UML 概念模型。据我们所知,黑本施特赖特(Hebenstreit 2013)对语料库语言学和术语管理之间的接口提出了一些有前景的想法。他建议注释文本以明确识别具有术语学意义的元素,例如"术语""候选术语""概念特征信息""概念内部关系信息""概念之间关系信息"以及术语成分和搭配。

为了识别特征,黑本施特赖特(Hebenstreit 2013)提出了以下基于 XML 的 标注模式:〈char concept="concept of interest"〉chunk of 〈text/char〉(〈概念特征="相关概念"〉文本组合〈/特征〉)。

基于这种模式,"渔船"这一概念的内涵式定义可以注释为:vessel which 〈char concept="fishing vessel"〉has a fishing gear/〈char〉 and 〈char concept="fishing vessel"〉is used for catching 〈fish/char〉(船只〈概念特征="渔船"〉有渔具〈/特征〉且〈概念特征="渔船"〉用于捕鱼/特征〉)。

为将来系统地探究这些可能的做法,至少需要进行以下三方面的研究:

---

① 为简洁起见,"船只"的 UML 类符号在此没有展示概念的特性。

1. 为语料文本中的术语元素创建标记语言,并开发适当的标注工具;

2. 创建经过深思熟虑的转换规则,以实现带注释的运行文本到 UML 概念模型的转换;

3. 开发/扩展 UML 建模工具,以正确解释这些转换规则,实现半自动转换。

7. 结论

几个世纪以来,内涵式定义一直被用作描述概念的语言工具。随着时间的推移,已经建立了一套规则,可以帮助语言专业人员和领域专家编写或评估内涵式定义。这些规则表明,处理内涵式定义殊为不易。为此,本章通过例证对其进行了系统的梳理和充实,旨在为语言专业人员和领域专家提供一个实用的参考工具。鉴于内涵式定义的普遍适用性,本文还提出了一些新的思路,这些新的思路将有助于今后研究内涵式定义和 UML 概念模型之间的半自动转换。

参考文献

Ackrill, John L. 1994. *Aristotle—Categories and De Interpretatione*. Reprint. from corr. sheets of the 1th ed., 12th print. ed. Oxford: Clarendon Press.

Aiken, Peter. 2002. *Microsoft Computer Dictionary*, 5th ed. Redmond: Microsoft Press.

Arntz, Reiner, Heribert Picht, and Felix Mayer. 2002. *Einfuhrung in die Terminologiearbeit*. Hildesheim: Olms.

Auger, Pierre, Anne-MarieBaudoin, Bruno de Besse, Jean-Marie Fortin, and Bernard Salvail. 1972. *Guide de travail en terminologie*. Quebec: Gouvernement du Quebec.

Auger, Pierre and Louis-Jean Rousseau. 1990. *Methodologie de la recherche terminologique*, 3rd ed. Quebec: l'Editeur officiel du Quebec.

Bunnin, Nicholas and Jiyuan Yu (editor). 2004. *The Blackwell Dictionary of Western Philosophy*. Accessed July 29, 2013. http://www.blackwellreference.com/public/book.html? id=g9781405106795_9781405106795.

Cabré Castellví, M. Teresa. 1999. *Terminology: Theory, Methods and Applications*. Amsterdam: Benjamins. DOI: 10.1075/tlrp.1

Cambridge University Press. 2013. *Cambridge Advanced Learner's Dictionary & Thesaurus*. Accessed August 2, 2013. http://dictionary.cambridge.org/.

Conference of Translation Services of European States (COTSOES). 2002. *Recommendations for Terminology Work*. Berne: Federal Chancellery. Accessed July 18, 2014. http://www.bk.admm.ch/dokumentation/sprachen/05078/index.html? lang=en.

Copi, Irving M. and Carl Cohen. 2009. *Introduction to Logic*, 13th ed. Harlow: Prentice Hall.

Cornea, Andrei. 2009. "Umberto Eco's Encyclopedia vs. Porphyry's Tree." *Lavaltheologique etphilos-ophique* 65(2):301–320. DOI: 10.7202/038404ar

DIN 2330. 2013.*Begriffe und Benennungen-Allgemeine Grundsatze*. Berlin: Deutsches Institut fur Normung.

DIN 2342. 2011.*Begriffe der Terminologielehre*. Berlin: Deutsches Institut fur Normung.

Dubuc，Robert. 2002. *Manuel pratique determinologie*，4th ed. Montreal: Linguatech editeur.

Dybksr，Rene. 2009. *An Ontology on Property for Physical，Chemical，and Biological Systems*. Copenhagen: Copenhagen University Hospital. DOI: 10.1351/978 – 87 – 990010 – 1 – 9

Ettre，Leslie S. 1997. "Nomenclature for Chromatography (IUPAC Recommendations 1993)." *Pure and Applied Chemistry* 65(4):819 – 872. DOI: 10.1351/pac199365040819

Felber，Helmut. 1984. *Terminology Manual*. Paris: UNESCO.

Freeman，Chas W. 1997. *The Diplomat's Dictionary*，rev. ed. Washington，D.C.: United States Institute of Peace Press.

Gouadec，Daniel. 1990. *Terminologie. Constitution des donnees*. Paris: AFNOR.

Hebenstreit，Gernot. 2013. "Terminological annotation. New perspectives for corpus-based endeavours?" Paper read at the 19th European Symposium on Languages for Special Purposes，Vienna，July 8 – 10，2013.

Hohnhold，Ingo. 1990. *Ubersetzungsorientierte Terminologiearbeit*. Eine Grundlegung fur Praktiker. Stuttgart: InTra.

Houghton Mifflin Harcourt Publishing Company. 2013. *American Heritage Dictionary of the English Language*. Accessed August 2，2013. http://dictionary.cambridge.org/.

ISO 704. 2009. *Terminology work—Principles and methods*. Geneva: International Standards Organization.

ISO 860. 2007. *Terminology work—Harmonization of concepts and terms*. Geneva: International Standards Organization.

ISO 1087 – 1. 2000. *Terminology work—Vocabulary—Part 1: Theory and application*. Geneva: International Standards Organization.

ISO 10241 – 1. 2011. *Terminological entries in standards—Part 1: General requirements and examples of presentation*. Geneva: International Standards Organization.

ISO 10241 – 2. 2012. *Terminological entries in standards—Part 2: Adoption of standardized terminological entries*. Geneva: International Standards Organization.

ISO 25964 – 1. 2011. *Information and documentation—Thesauri and interoperability with other vocabularies—Part 1*. Geneva: International Standards Organization.

ISO/FDIS 24156 – 1. 2013. *Graphic notations for concept modelling in terminology work—Part 1: Guidelines for using UML notation in terminology work*. Geneva: International StandardsOrganization.

ISO/TR 24156. 2008. *Guidelines for using UML notation in terminology work*. Geneva: International Standards Organization.

Kockaert，Hendrik J.，Frieda Steurs，and Bassey E. Antia. 2010. "Filling the Gaps Between the Object-Oriented UML Modeling and Concept-Oriented Terminological Modeling in ISO Standards. Application of ISO/DIS 704 and ISO 1087 – 1 in ISO/TR 24156 on the basis of UML in terminological concept modeling." In *TKE 2010: Presenting Terminology and Knowledge Engineering Resources Online: Models and Challenges*, edited by Una Bhreathnach and Fionnuala de Barra Cusack, 435 – 456. Fiontar: Dublin City University.

Kop, Christian. 2008. "Conceptual modelling tool for novice designers." *International Journal of Metadata, Semantics and Ontologies* 3 (2): 151 – 165. DOI: 10. 1504/IJMSO. 2008.021893

Machuga, Ric S. 2010. *Common Sense Logic*. Oroville: Butte College.

Mihatsch, Wiltrud. 2006. *Kognitive Grundlagen lexikalischer Hierarchien. Untersucht am Beispiel des Franzosischen und Spanischen*. Tubingen: Niemeyer. DOI: 10. 1515/9783110916508

Ndi-Kimbi, Augustin. 1994. "Guidelines for terminological definitions: The adherence to and deviation from existing rules in BS/ISO 2382: Data Processing and Information Technology Vocabulary". *Terminology. International Journal of Theoretical and Applied Issues in Specialized Com-munication* 1(2):327 – 350.

Olesen, Henrik, Kenny Desmond, Rene Dykbsr, Inge Ibsen, Ivan Bruunshuus, Xavier Fuentes-Arderiu, Gilbert Hill, Pedro Soares de Araujo, and Clem McDonald. 1997. "Properties and Units in the Clinical Laboratory Sciences. Part XI. Coding systems—structure and guidelines." *Pure and Applied Chemistry* 69(12):2607 – 2620. Accessed August 2, 2013. http://www.iupac.org/ publications/pac/69/12/2607/.

ONORM 2704. 1990. *Terminologie. Allgemeine Grundsatze fur Begriffe und Bezeichnungen*. Vienna: Austrian Standards Institute.

Pavel, Silvia and Diane Nolet. 2001. *Handbook of Terminology*. Ottawa: Public Works and Government Services Canada.

Smith, Robin. 2012. "Aristotle's Logic." In *The Stanford Encyclopedia of Philosophy*, Spring 2012 ed., edited by Edward N. Zalta. Stanford: Stanford University. Accessed August 2, 2013. http://plato. stanford.edu/entries/aristotle-logic/index.html.

Suonuuti, Heidi. 1997. *Guide to terminology*, *Nordterm* 8. Helsinki: Tekniikan Sanastokeskus.

Warren, Edward W. 1975. *Isagoge*. Toronto: Pontifical Institute of Mediaeval Studies.

Witt, Graham C. 2011. *Writing Effective Business Rules. A Practical Method*. Amsterdam: Morgan Kaufmann.

Wüster, Eugen. 1991. *Einfuhrung in die allgemeine Terminologielehre und terminologische Lexikographie*, 3rd ed. Bonn: Romanistischer Verlag.

列举值得思考：外延式和部分式定义

亨里克·尼尔松

瑞典术语中心

2005 年，乌普萨拉大学（Uppsala University）物理和天文学系教授、国际天文学联盟（IAU）前秘书长汉斯·里克曼（Hans Rickman）称："我们的太阳系中的行星没有现成的定义。我现在知道的唯一方法是列举从水星到冥王星的所有行星。"他在此想到的是术语科学中所谓的"外延式定义"。

外延式定义是基于所定义概念的扩展（外延），在 2006 年之前，冥王星一直属于"行星"概念的外延。2006 年，当国际天文学联盟基于"行星"的内涵提出内涵定义时，引用了该概念的三个显著特征：我们不再认为冥王星是行星之一了；我们对宇宙的看法已经改变；"水星、金星、地球、火星、木星、土星、天王星、海王星和冥王星"这一外延式定义随之不得不让位于内涵式定义。定义的变化改变了我们对宇宙的认识，这本没有什么新意，不过这一事例是个定义类型的改变，即从外延式定义到内涵式定义的改变。这表明一个事实，即内涵式定义是首选的。不过，外延式定义通常还在与内涵式定义一起使用。那么这是为什么，又是在什么情况下使用，它们的列举元素排序会产生什么影响呢？

关键词：定义；列举；外延；外延式定义；范围式定义；部分式定义

1. 列举

在术语学理论中，包含列举的概念描述并没有被真正深入地考虑。这类描述虽非公认的恰当的术语学定义，但是也不应被视为一种边缘现象[1]。本章旨在讨论和扩展"列举式定义"[2]的概念。根据外延式定义中列举的内容（"下位概念""对象""部分概念"和其他内容）、列举的方式及其原因，可能需要使用外延式定义的某些新子类型来扩展定义类型。

首先，要找到一个恰当的"列举"的定义，而不是用一个非常笼统的描述，如"按（某种）顺序来叙述"来敷衍，这可不是很容易的事情。然而，这样的描述并非枯燥乏味，特别是因为使用了"某种"一词。本章末尾将讨论列举元素的顺序问题。另一种描述或许更接近术语学中的含义：集合中所有项目的完整、有序列表。同样，顺序似乎很重要，完整与否也是的，这也是我们批评外延式定义的原因之一。

---

[1] 多年来，瑞典国家术语库（Rikstermbanken）从许多不同来源引进术语的工作表明，外延式定义的数量不容忽视。这不仅表明这种定义还在使用，而且还表明可能很有必要，至少在某些场合和领域中是这样。

[2] 本章基于尼尔松之前的（瑞典语）文章：Nilsson 2008，Nilsson 2009a 和 Nilsson 2009b。

1.1　定义中的列举

概念描述中的列举和作为概念描述的列举之间可能有一个重要的区别。列举在内涵式定义中并不少见，它能提供各种功能，例如举例说明。这种列举通常以（非详尽）清单的形式出现在定义的末尾，如：

（1）**biomass**（生物量）

material of biological origin [...]，for example energy crop，energy forest，straw，wood，reed（生物来源的材料[……]，例如能源作物、能源林、稻草、木材、芦苇）

赖特和施特雷洛（Wright and Strehlow 1995,58）指出这种方法有助于进一步探究这个概念。"外延[……]包括进一步阐明或扩展定义的例子，例如添加信息的化学公式。"不过他们没有就应该在何处这样做提出任何建议。在瑞典术语中心（TNC）关于定义编写的手册（1955,7-8）中，对定义中示例的使用和位置描述如下：

[例子]即使不能被视为实际定义的一部分，它们也可以添加到定义之后，或嵌入定义中。[……]这些例子可以说明这个术语的用法；有时这些例子还表明了其他一些说明性的内容；在其他情况下，举例说明与定义中的某些内容有关。

在某些情况下，上位概念是通过列举来表示的。这种做法可能并不常见，因为这可能表明基础概念系统的多层次性特征，通常应该避免或不建议这么做，因为会给定义编写带来问题，如：

（2）**cooling medium**（冷却介质）

gas or liquid which transports heat away，for example from a reactor core（把热量带走的气体或液体，例如从反应堆堆芯）

根据替代原则，当一个术语换成其定义或者定义换成术语时，这种可能的多层次性特征有时可以避免，尽管这可能意味着对定义的目标群体来说定义不够明确。在例2中，由于"气体或液体"可以由"流体"代替（"流体"本身可以通过列举定义为"气体或液体"），因此介绍性列举可以避免。

除了在定义中直接列举，还有"混合定义"的情况，例如，在内涵式定义中包含列举，而列举本身可以用作定义：

（3）**intermediate goods**（中间货物）

feedstock，semi-finished goods and various components，i.e. normally goods that constitute subproducts in the final product（原料、半成品和各种部件，即通常构成最终产品的子产品的货物）

在例3中,定义从外延的下位概念开始:"原料、半成品和各种部件",然后提供了解释(用i.e.表示),一个上位概念术语加以对其内涵的描述:"构成最终产品的子产品的货物"。

当然,列举也可以作为内涵式定义的补充——在注释、解释等中。在一些术语库中,例证与定义分开,在单独的领域中呈现,这就进一步完善了定义,如:

(4) **ductwork element**(管道系统元件)

detail in a duct network intended for change of direction or change of dimension or both(用以改变方向或尺寸或这两者的管网细部)

NOTE:Ductwork elements can be bends, flexible duct sections, branches, connection pieces or transformation pieces.(注意:管道元件可以是弯曲的、柔性的管道部分、分岔管、连接件或转换件。)

在"行星"例子中,以前的定义变成了一个注释,"八大行星是:水星、金星、地球、火星、木星、土星、天王星和海王星"。

1.1.1 指称式定义

"指称式定义"可以看作在定义中列举的特例,实质上是一种外延式定义。它在一个相当笼统的上位概念之后,配以一个指称列表(或附件等),这实际上就是列举。这样的定义很少陈述什么特征,但看起来又像是个内涵式定义,可以视为在某些类型的文件(通常是法律相关的文件)中具有占位功能,例如在关于定义的一节中占位。就是说该术语必须出现在该章节中,但是关于内容的信息太庞杂,因此必须在其他地方呈现,比如在另一个章节或附件中,通常有更多的空间来进行全面的列举,如:

(5) **disposal**(处置)

any of the operations provided for in annex II, A(附件二 A 规定的任何行动)

ANNEX II, A Disposal operations [...](附件二 A 处置行动[…….])

D 1 Deposit into or onto land (for example landfill, etc.)

D 2 Land treatment (for example biodegradation of liquid or sludgy discards in soils, etc.)

[...]

D 15 Storage pending any of the operations numbered D 1 to D 14 (excluding temporary storage, pending collection, on the site where it is produced)

D 1 沉入或抛洒于土地(例如填埋场等)

D 2 土地处理(例如土壤中液体或淤泥弃渣的生物降解等)

[...]

D 15 在进行编号为 D 1 至 D 14 的任何操作之前的储存(不包括生产现场的临时储存、待收集时的储存等)

在某个废物处置标准①的定义部分，"处置"的定义取自另一份文件，一份欧盟指令②。这一定义可能看起来是一个较为适当的内涵式定义，至少形式上如此。但就其内容而言，它只是引导用户进入一个列表，什么算是"处置"的相关信息在此列表中给出。大致说来，"处置"完全可以直接定义为"沉积在土地上（如填埋场等），在土地上处理（如土壤中液体或淤泥弃渣的生物降解），或在编号为 D 1 至 D 14 的任何操作之前进行储存（不包括临时储存、待收集、刚刚生产出来"，即包括了"D1、D2……到D15"），只是可能出于实际原因，并没有如此定义。因此，"参照定义"可视作某些类型的文件中出现的混合定义的一种特殊情况。混合定义包含内涵式定义，由替代式措辞构成，其作用是占据列举项的位置。

1.2 列举作为定义

列举可以在内涵式定义中找到，在内涵式定义中它们扮演着不同的角色（如作为一个上位概念，作为补充定义的例子等），不过这里重点讨论列举作为概念描述，即"外延式定义"。

1.2.1 外延式定义

"外延式定义"在 ISO 1087 - 1(2000)中的定义是："通过在一个划分标准下列举其所有下位概念的方法来描述一个概念。"我们应该注意到，这里的上位概念不是"定义"，而是"概念的描述"。这反映出它虽然以某种方式描述了概念，却不是一个严格的术语定义，不过在比较外延式定义和内涵式定义后，可以看出这样描述有其道理。

"外延式定义"也被称为"依外延定义"，就是"通过确定概念的外延来定义"③。内涵式定义（即分析定义）通常是术语理论中的首选定义，它通过呈现一个上位概念、加以必要的限定特征并结合属和种差，来描述概念的内涵；相比之下，外延式定义则是以概念的外延为基础的。

在术语工作标准词汇（ISO 1087 - 1 2000）中，"处延"的定义是："概念对应的对象的整体"。然而，外延式定义所涉及的并非以（特定的）对象为主，而是与这些对象对应的概念。因此，必须强调外延和外延式定义之间的区别，ISO 704(2009,43)便是如此处理的：

> 重要的是要记住，外延与外延式定义不同。列出的术语不是表示对象本身，而是表示描述或对应组成外延的对象的概念。列出描述或对应于给定外延对象的概念，只暗示概念的内涵，而不是像内涵式定义中那样确定概念的内涵。

此外，外延不能是不完整的，即必须列举出属于外延的所有内容（不能仅用"等等"和类似的表达式表示），如：

（6） **multi-dwelling block**（多层住宅）

slab block, balcony access block or low-rise building（板楼、阳台通道楼或低层建筑）

---

① prEN 13965 - 2：2001.

② 91/156/EEC.

③ IATE：联合国术语文件（未注明日期）。

（7）**clause**（条款）

supplementary provision or reservation（补充规定或保留内容）

传统的外延式定义也被称为"依外延定义""指示型定义"和"范围式定义"，因为它要演示该术语的含义（Sager 1990,43）。

1.2.2　列举的内容是什么？

在外延式定义的描述中，构成该定义所含的各项列举元素的特征是不同的，但最常见的是列举下位概念，它们在概念系统的同一层次上，是相互并列的概念。在大多数情况下，列举的概念之间为"要么是……要么是"的关系，即逻辑或关系（Nuopponen 1994,116）。这意味着列举的各元素是互斥的，当使用表示上位概念的术语时，只表示其中一个元素，如：

（8）**crown princess**（王储妃）

female heir to the throne or crown prince consort（王位或王储配偶的女性继承人）

术语工作方法标准（ISO 704 2009）中说明，下位概念列表可以由单个概念（如上文"行星"示例所示）或类别概念组成。列举的元素甚至可以是（单独的）对象。在更广泛的逻辑学定义观中，"外延式定义"的描述略有不同，与特定的对象相联系。帕里和哈克（Parry and Hacker 1991,113）将这类定义（他们也称之为"示例定义"）定义为"主要或完全通过在被定义术语的外延中通过语言、手势（如指向或呈现对象）或图形来指示单个对象的定义方法［…］"。语言和图形表示则被包括在"引例式定义"的范畴中（"这是一种外延式定义，其中由被定义词命名的部分或全部对象通过口头语言说明，或由图片、图画等表示，但是，这些对象并不呈现在定义听众的知觉中"），而其他的方式则纳入"明示型定义"，"这是一种外延式定义，其中由被定义术语表示的部分或全部对象是实际显现、呈现或展示给观众的"（Parry and Hacker 1991,114）。他们对"外延式定义"的定义在范围上显得过于狭窄（仅提及单个对象），不过这应该与他们所称的"物种定义"进行比较："这是一个内涵式定义［……］，它通过列举该属各个物种的方法来定义一个给定的属"（Parry and Hacker 1991,105）①。他们接着指出："物种定义和实例定义（外延式定义［……］）之间有一种平行关系，但它们是相当不同的。物种定义不能沦为实例定义，因为物种不是其属的具体例子。比如说，布塞弗勒斯马是马的一个例子，但不是马的一个种类。"（Parry and Hacker 1991,105）如上所述，这两种定义在术语上归在一起，属于外延式定义的范畴，重点是要注意各列举元素之间的不同关系，而不在于相应的对象是否在场②。

在 ISO 1087-1（2000）关于"外延式定义"的定义中，没有具体提到上下位概念之间的关系类型，但是，由于"下位概念"被定义为"要么是一个特定的概念，要么是一个部分概念"，这种定义方式传统上被分为两种类型，这取决于所列举的属于这种"特定的概念"（或对象）和

---

①　有趣的是，他们声称这是内涵式定义的下位概念，因为列表很难成为"定义是一组属性的定义"，而这正是他们定义内涵式定义的方式（至少是间接上如此）（Parry and Hacker 1991,102）。

②　明示定义也可用于术语工作，但此处不展开深入讨论。

"部分概念"扩展的具体内容。第一个类型是基于类属关系（它没有特定术语）的外延式定义，第二个是基于部分关系的外延定义（通常称为"部分-整体式定义"或"部分式定义"）。这在定义的措辞中有所反映——在列举的最后一个元素之前有"或"（or）或"和"（and）字眼。ISO 704（2009）明确规定，"定义中的操作指示词'或'应用于指示定义中的下位概念与正在定义的上位概念之间的类属关系；操作提示词'和'则应用于指示部分关系"。

> （9）**week-day**（周内日，工作日）
>
> Monday，Tuesday，Wednesday，Thursday，Friday，Saturday or Sunday（周一、周二、周三、周四、周五、周六或周日）
>
> （10）**week**（一周）
>
> Monday，Tuesday，Wednesday，Thursday，Friday，Saturday and Sunday（周一、周二、周三、周四、周五、周六和周日）

费尔伯对"外延式定义"的描述（Felber 1984，75）进一步拓展了各列举元素之间的关系："它是一连串概念的一种全面的语言表达，这一连串概念是整合并列、取舍的结果。"他给出了以下表示并列的例子：

> （11）**amphibian**（两栖式飞机）
>
> landplane and at the same time seaplane（陆上和海上两用飞机）

他列举的元素之间的集成示例（示例12）可以看作另一种外延式定义，即"部分式定义"：

> （12）**water**（水）
>
> (compound of) two hydrogen atoms and one oxygen atom［两个氢原子和一个氧原子（组成的化合物）］

1.2.3 部分式定义（部分-整体式定义）

"部分-整体式定义是利用部分来指定整体的定义方法。"（Dubuc 1997，112）其结果是列举了与部分相关的所有概念，这些部分包含在综合概念所指的整体中（Nistrup Madsen 1999）。因此，列举出的元素（主要是分区概念）和正在定义的概念之间存在部分—整体关系，如例13所示，这是通过在列举结束前使用"和"（and）而非"或"（or）来表示的。

> （13）**bicycle**（自行车）
>
> frame，handlebars，pedals，wheels，tyres，chain，gears，breaks，and saddle（车架、车把、踏板、车轮、轮胎、链条、齿轮、制动器和鞍座）

在这种定义中，短语 consists of（包括）通常可以添加在综合概念和列举语句（"自行车由车架……组成"）之间。在例12中，元素数量不大，列举已经穷尽；但在例13中，列举语句中呈现的元素仅构成部分最重要的部件，而不是自行车的所有部件。由于"自行车"是一个相当常见的概念,这个定义无论如何都是可以理解的。因此,这种定义仅适用于性质不太复杂的概念,并且最好是出于补充目的使用关于组件的信息,例如在注释中。

1.2.4 外延式定义中的其他关系类型

如上例所述,外延式定义中的列举元素主要是"具体概念"(是类属关系中的属或个体,在定义中是逻辑"或"的关系)、"部分概念"(是部分关系中的属或个体,在定义中是逻辑"与"的关系)或"可能的对象"。

当实例列表作为定义提供时,通常有理由相信处理的是一个企业出于某种原因组合在一起的概念集合,除了企业的意图之外,这些概念之间没有任何共同的客观特性(Chisholm 2010)。不过,假如只看关系类型,可以发现可能还有其他情况:

　　(14) **calendering**(压延)

　　sheeting, laminating, doubling, frictioning, or coating in a calender(压延机中的压延、层压、加倍、摩擦或涂层)

例 14 中的定义列举了与"压延"有类属关系的五个概念。根据 ISO 704(2009)的描述,"所有列出的下位概念都应在该术语资源中的其他部分给予定义"。此处就是这种情况,但是细究这些定义①可以发现,这些都是内涵式定义,它们在任何情况下都不是以压延(calendaring)开始的,这就很难把这个列举看作特定的概念:

　　sheeting：processing and forming [...]②(制板:加工和成型[…])
　　laminating：joining [...](层压:接合[…])
　　doubling：laminating [...](加倍:层压[…])
　　frictioning：impregnation [...](摩擦:浸渍[…])
　　coating(1)：application [...] through for example calendering or spreading(涂层
1:通过压延或摊铺等应用[…])

这里所列举的各元素似乎既不是对象也不是部分概念(这意味着它们一起形成一个整体,称为"压延"),而是有一些共同点(即压延机参与所有过程)。此外,这些概念在概念体系中并非都处于同一层次(例如,"加倍"是"层压"的下位概念),且"涂层"的定义似有循环的缺陷("通过压延")。不过撇开这些定义中可能存在的缺陷不谈,例 14 中的定义其有趣之处在于,此处列举的各元素可能与外延式定义中的概念相关,即它们具有那种"凭借经验可以认知的非层级性主题连接关系"(ISO 1087 - 1 2000)。其他例子还表明,"压延"的概念完全可以通过其他方式来定义③,如通过内涵式定义:

---

① 这里所有的定义都经过简化。
② 没有翻译全部定义;省略的部分用[…]代替。
③ 虽然这些例子取自其他领域,但其中似有一个共同的语义核心"压延"。

（15）**calendering**（压延）

treatment in a calender of for example a paper or board web（在压延机中对纸张或纸板网的处理）

（16）**calendering**（压延）

surface-changing mechanical treatment in roll mill（calender）［轧机（压延机）进行的改进表面的机械处理］

这可能意味着使用列举的方式来定义"压延"有一个特定的目的,故而我们有必要探讨"标题式定义"。

1.2.5　标题式定义

为这类定义选择"标题式定义"的名称的一个原因在于,其所涉概念的术语通常涵盖所有列举的要素,因此这些要素不必全部在文本中重复。

（17）**nuclear material**（核材料）

uranium, plutonium, thorium and spent fuel not placed in ultimate waste disposal. The term "nuclear material" is most common in legal texts.
（未经最终废物处置的铀、钚、钍和乏燃料。"核材料"一词在法律文本中极为常见。）

（18）**nuclear material**（核材料）

a. uranium, plutonium or other material which is used，or can be used for recovery of nuclear energy（nuclear fuel）or compound of which such a material is a part.［用于或可用于回收核能（核燃料）的铀、钚或其他材料,或含有这类材料的化合物。］

b. thorium or other material which is meant to be transformed into nuclear fuel or compound of which such a material is a part，and（钍或其他拟转化为核燃料的材料,或含有这类材料的化合物,以及）

c. used nuclear fuel which has not been placed in ultimate waste disposal（未经最终废物处置的旧核燃料）

上述两个例子表明,"核材料"一词（据例 17 中的说明,其使用范围有限）是为了取代所列举的"例子"而设立的。换言之,当使用"核材料"一词时,如果我们认为定义是正确的,那么所有列举的物质都应包括在内（或者至少可以包括在内）。

包含列举句式的定义,其中最后一个元素前面有一个"和"（and）可以指示一种部分关系,但在某些情况下,列举的各元素似乎不是种类或部分概念。出现这种形式的定义的原因可能存在于构建和使用与术语密切相关概念的层次结构的工作方法中,比如在分类方法中：

概念层结构意味着概念是按层次排列的。［…］一个层次对应于建立概念层级结构的分析过程中导致概念层次结构的一个步骤。这个过程可以在两个方向上进行。[…]"自上而下"的方式对应于[…]到"具体化"。"自下而上"的方式对应于"类型化"。(Österberg 1979)

虽然很难从一个固定的定义中看出它是如何产生的,但在例 19 中,我们可以认为,有必要把员工的所有不同空间放在一起讨论,或者说,需要一个"标题"(列举语句结尾处的"逻辑和"也指向了这一点;相对于列举语句中的单个元素来说,整体性是重要的)。

（19）**personnel facilities**（员工设施）

wardrobe space, changing room, drying facility, washing facility, shower facility, toilet, canteen, social area, rest area, room for duty staff, waiting room and sleeping accommodation（衣柜空间、更衣室、烘干设施、洗涤设施、淋浴设施、卫生间、食堂、社交区、休息区、值班人员室、候车室和寝室）

有时,在概念系统的建模中,我们认为必要的类别会作为创建的人工节点包含在概念系统中。相应地,可以通过列举节点所包含的元素来以外延方式定义这些元素(而列举的各元素则完全可以内涵方式来定义)。

（20）**traffic mode**（交通方式）

road traffic, railway traffic, air traffic and navigation（道路交通、铁路交通、航空交通和水路交通）

（21）**transport mode**（运输方式）

passenger transport, goods transport and information transport（客运、货物运输和信息运输）

这些列举中的下位概念可能(最好是?)分别定义为"…交通"和"…运输",而不是使用人工节点概念作为上位概念。

这种定义似乎是以所定义的概念与列举的各元素之间的关联为基础,因此可以与词汇表中的检索词汇进行比较,这里的一个"标题式"词汇可用以囊括词汇表中与该词相关的所有其他词汇。

（22）**glass technique**（玻璃技术）

free-blown, blow moulded, sand casted, centrifuged, pressed glass, automatically blown (e.g. bottle-making), studio glass, fusing, slumping, bending, pâte de verre, glued（自由吹制、吹塑、砂铸、离心玻璃、压制玻璃、自动吹制（如制瓶）、工作室玻璃、熔合、坍落玻璃、弯曲、垂直、黏合）

1.2.6 综合定义

在瑞典术语中心举办的定义编写课程（Sundström 1975）中,有人说,"如果定义是由作为定义概念的列举例子构成的，则称之为范围式定义"。以"对……的总称"开头的定义属于这一类。该类别还应包括一些类似的表达和措辞，如：

1. ……的综合概念
2. ……的总称
3. ……的总术语
4. ……的综合指称
5. 该概念包括……
6. 该概念涵盖……

　　然后进行列举，结束前使用"和"（and）。由于缺乏更好的名称，这种定义可以称为"综合定义"，初看之下，类似于内涵式定义，因为它们从一个可以被视为非常笼统的上位概念开始，而这实为一项元信息，例如"……的综合术语"（这是人们在定义术语而不是概念时更愿意使用的措辞）。因此，这类定义可以被视为过于明确，因为定义中已经可见的内容通过介绍性短语也有明确的字面表述。

　　下文有关"细土"的定义在后来的术语集中转化成为一个内涵式定义"由黏土和粉土组成的矿物土"。这样的转化将减少一种可能的内在不确定性，即是否两种成分都需要存在，才能使其成为"细土"。

　　（23）**fine soil**（细土）

comprehensive name for the fractions clay and silt（黏土、粉土混合物的总称）

　　尽管使用"总"这样的字眼表示一种部分和整体的关系，但类似的措辞也可用以表示类属关系（在介绍性短语之后列举具体的概念）：

　　（24）**sorption**（吸附）

superordinate term for absorption and adsorption（吸收和附着的上位术语）

The term is used when one cannot decide if there is absorption or adsorption.（当无法确定是吸收还是附着时就用这个术语。）

　　在下面的例子中，就有不确定因素（即术语"跑道灯"是否可以在没有"入口灯"的情况下使用？）。

　　（25）**runway lights**（跑道灯）

aggregate denomination for runway edge lights，threshold lights，runway end lights，centre line lights，and touchdown zone lights（跑道边缘灯、入口灯、跑道末端灯、中线灯和着陆区灯的总称）

同样的介绍性短语当然也可用于内涵式定义，这通常与复数意义的上位概念一起使用（注意例26注释中的列举）：

(26) **restorative dentistry**（口腔修复学）

comprehensive term covering dental procedures in the dentulous or partially edentulous mouth（涵盖假牙或部分无牙口腔的牙科手术的综合术语）

These may include operative, endodontic, periodontic, orthodontic and prosthetic procedures.（这些可能包括牙外科、牙髓、牙周、正畸和修复手术。）

2. 列举是如何完成的

如上文所示，列举可以在定义内部或术语记录的其他部分进行，也可以作为定义。因此，最好按以下方式直接列举（根据ISO 704 2009）：

1. 按照一定的细分标准
2. 在同一级别
3. 详尽列举/非详尽列举（即举例说明）

列举的顺序如何？如果有顺序的话，比如下位概念的特定顺序，它会以何种方式影响以外延式定义的形式通过列举定义的概念呢？

"行星"的另一种外延式定义可能是：

(27) **planet**（行星）

Earth, Jupiter, Mars, Mercury, Neptune, Saturn, Uranus or Venus（地球、木星、火星、水星、海王星、土星、天王星或金星）

这种列举方式是否会使金星显得相比传统的外延式定义不那么像行星了？

(28) **planet**（行星）

Mercury, Venus, Earth, Mars, Jupiter, Saturn, Uranus, or Neptune（水星、金星、地球、火星、木星、土星、天王星或海王星）

例28中的定义不仅是深深扎根于许多人头脑中的定义，而且是在学校学到的定义，因此具有裨益记忆的功能。按照任何其他的顺序定义，不管怎么有逻辑性（即便是字母顺序的）都会更难记住，而且，由于在定义中除了外延的对象之外几乎没有其他信息可以帮助我们识别"行星"，这种顺序就变得至关重要。但实际上，最好的情况下，顺序是一种说明潜在特征（在这种情况下，是离太阳的距离）的方法，这个特征对于那些了解相关领域知识和/或定义中针对的目标群体而言显而易见，但是却因为按字母排列而丧失了。然而，这种特征很少

（像一个内涵式定义中的特征一样）明确化,因此完全依赖于定义使用者的已有知识。换上一个不那么为人熟知的概念,这种隐形特征导致不透明的排序会让定义用户担心排序中可能隐藏着某种东西,而最坏的情况下则只会令人困惑而已。

（29）**noble gas**（惰性气体）

helium，neon，argon，crypton，xenon or radon（氦、氖、氩、氪、氙或氡）

在这个外延式定义中,隐含的特征是"周期表中的位置"。对于许多非化学家来说,这可能不如"与太阳的距离"这一特征明显。

按字母顺序排列至少对不太熟悉化学的用户来说是清晰的,且很可能不至于那么令人不安。相反,像下文的内涵式定义：

（30）**noble gas**（惰性气体）

element with its outer electron shell completely filled①（电子外壳完全充满的元素）

则需要一定的知识才能正确理解。不同的是,它具有明确的特征,可用于对概念的进一步研究。

在此总结一下,以某种方式排序的原因大致是：

1. 出于逻辑的考虑(适用于有相关知识的用户——也许还有其他人?)；
2. 根据隐含的特征；
3. 按照传统惯例；
4. 出于教学或记忆的需要。

但是,关于为什么首选使用外延式定义而不是内涵式定义的问题仍然存在。

3. 为什么要使用列举方式来定义——应该如此吗?

奇泽姆(Chisholm 2010)声称"定义不应是列举实例",其理由是,"一个概念所涵盖的所有或多个已知实例的列表不是定义。这种列表永远不会告诉我们为什么这些实例被认为是这一概念所涵盖的,或者这些实例有什么共同之处"。针对外延式定义提出的批评不限于此例。首先,它们不符合公认的好的术语定义的一些要求,如,"通过描述性陈述来表示概念,从而将其与相关概念区分开来"(ISO 1087‑1 2000)。虽然列举可以看作一个陈述语句,在某种程度上是描述性的,但区别的可能性是有限的。根据卡布雷·卡斯特利维(Cabré Castellví 1999,107)的研究,术语定义必须遵循一些一般原则。例如,定义必须

1. 描述概念；
2. 允许将所定义的概念与相同或不同特殊领域的类似概念区分开来；

---

① http://www.newton.dep.anl.gov/askasci/chem99/chem99005.htm

3. 汇集与每个特殊领域相关的维度[…];

4. 适合呈现这些术语项目的目的[……];

5. 依据相关领域的既定结构,收集每个概念的所有基本特征[……];

6. 涵盖对完整描述该概念很重要的所有特征,即使它们不是必要的[……];

7. 反映一个概念与同一领域的其他概念建立的系统关系。

外延式定义只能满足其中一些要求。它们并没有给出任何关于这个概念的具体信息,也就是说,没有,或者至少没有展现明确的特征。我们并不总是清楚列举的是什么(特定概念、部分概念、对象还是其他什么?),而且没有一个基本概念系统的明确表示。它们所要求的穷尽性(即应该列出所有下位概念)是一个主要问题;如果列举不能完全体现外延范围并包含所有示例(这在很大程度上是不可能的),则定义将是不足的。再说,其存在时间可能很短。

外延范围可能会改变,这就需要改变定义,而这是不现实的。

外延式定义在某些情况下被认为具有教学意义,因为这些定义都给出了概念的(所有)明确例子。同时,这又看似奇怪,因为它们通常需要事先了解给定的列举元素才能理解,因为除了列举元素之外,没有显性地展现其他信息。再次引用 ISO 704(2009)来看,外延式定义的使用范围是有限的:"在针对熟悉主题领域的专家的高度专业化的术语工作中,定义可以下位概念列表的方式呈现,仅在一个细分标准下,这与构成该概念的外延范围的对象相对应。"

外延式定义几乎不能代替上位概念的术语;试着问某人看——你出生在哪个 1 月、2 月、3 月、4 月、5 月、6 月、7 月、8 月、9 月、10 月、11 月或 12 月?

当然这并不是说外延式定义在某些情况下没有用处(见下文)。在许多组织中,由于对概念建模的高度关注,通常将议事的范围限制在"内部概念",因此使用对象列举(甚至是具体的示例)的情况并不少见。在最近的一个项目中,涉及对与就业有关的统计类别的概念分析,有人提出了以下定义:

（31）**not working**(不工作)

absent employed, unemployed, students and latent work applicants(缺勤、失业的学生和潜在的工作申请人)

人为创造的这个"范畴"很难用任何其他方式来定义,只好用外延式定义通过列举它所涵盖的子范畴(这些以内涵式定义则更容易说明)来加以说明。

尽管外延式定义受到批评,但它们仍在某些情况下使用,可以想象使用这种定义可能有多种原因:

1. 出于实用原因,即当很难撰写(能涵盖外延范围本身的)内涵式定义时;

2. 由于文本类型/体裁的原因;

3. 由于文本风格的原因(避免重复);

4. 出于教学需要;

5. 由于专业原因;

6. 出于协调的原因。

出于实用原因的情况似乎是最常见的，但也可以加上坚持传统和有利于记忆的原因，如在特定的文化或环境中已经教过学过了看起来自然的某种顺序（比如，"一周"的外延式定义应该从星期日还是从星期一开始？）。在接近分类工作的术语工作中，有了（从下到上的）导向，加上对完整性的渴望，可能会需要人工的"仅适用于系统内的概念"，这些概念只能通过列举来定义，从而催生上面介绍的"标题式定义"。

皮希特和德拉斯考（Picht and Draskau 1985, 53）强调，"这类定义确实有其存在的理由；它通常更为简洁且更具解释力[……]"，而赖特和施特雷洛则更倾向于指出这种定义易于协调。阿尔贝里（Åhlberg 1986, 199）指出，"对美学概念使用外延定义更容易，因为人们往往对一个术语的指称意义比对其内涵意义有更多的一致意见，所以列举最不具挑衅性"。通常人们也认为外延式定义是具有教学性质的，但这仅在预期用户拥有正确解释它们所必需的知识的情况下才如此。因为这样的定义并不真正提供关于上位概念或特征的具体信息，而只是列举假定已知的对象或下位概念，并不解释把它们结合在一起的是什么，也并不说明为什么它们是被定义的概念的例子。

如本章开头所示，直到 2006 年我们才对"行星"做出内涵式定义，换言之，一个外延式定义应用了很长一段时间。也许难以用内涵来定义一个概念、难以在不包括或排除太多的外延范围对象的情况下发现并商定必要的特征等，正是使用外延式定义的原因之一。

3.1　法律背景下的一个例子

外延式定义出现在了法律文本中，在瑞典政府调查委员会的一份报告（SOU 2008, 225ff.）中，有整整一章是在讨论"麻醉品"的定义。其中有一个包含 9 种法律层面定义的分类系统，其中（除了 1 之外）第 7 至 9 项与本议题相关。

1. 列举式定义（指明"属于"某一概念的内容有什么）；

2. 类属定义；

3. 模拟定义；

4. 亚里士多德式定义；

5. 操作性定义；

6. 规定性定义；

7. 集群定义（基于一个概念在列表中具有最少数量特征的事实，例如，8 个概念中至少有 5 个）；

8. 封闭定义域（这意味着外延在某个时间点是固定的或已知的。因此，可以列举外延范围中的所有元素，但在不更改定义的情况下，不能添加新的元素）；

9. 开放定义域（这意味着可以在不改变定义的情况下向外延中添加新元素）。

报告描述了"毒品"概念定义的复杂性，但最终认定这是一个封闭的定义域（8）：

瑞典对麻醉品的定义包含多种定义类型中的要素：亚里士多德式定义中的上位概念（在本例中为"毒品或有害物质"），操作性定义（通过"上瘾的特性或欣快的效果"这一描述），规定性定义中所示的应有一方（国际协定或政府方面）称该物质应被视为麻醉品。在实践中，瑞典对麻醉品的定义成为一个列举式的定义，因为所有麻醉品都列在医疗产品局的麻醉品清单上。综合上文所述,[……]瑞典对麻醉品的定义构成一个封闭的定义领域(SOU 2008,232FF.)。

这种做法很有好处,某一物质是否麻醉药品这一问题很容易回答,因为这个定义用起来清楚明白。同时,人们也意识到,随着社会的迅速变化,"[……]很难说传统上通过列入特别名单对'麻醉品'进行分类能够适合于社会",而且也有人说,确实需要对"麻醉品"设计一个通用的定义。不过,这似乎说起来容易做起来难,因为要为"麻醉品"撰写内涵式定义并不是那么容易,如果措辞失当,可能会连累咖啡等其他物质。也可能有人会反对引入这种定义:

> 有一个问题[…]是,是否有可能[…]使用麻醉品的类属定义。通过一个类属定义可以把一系列毒品归类为麻醉品,所有这些毒品都有一个共同的特点,即它们含有定义中所描述的某种化学活性物质。本定义所涵盖的具体毒品并不明确列出。类属定义的目的是涵盖尚未引入的物质,以便在出现新的麻醉药品时不需要再采取其他立法措施。这样,立法部门就可以领先于非法市场一步。[…]总的来说,[…]瑞典政府发现,目前有许多理由反对在瑞典法律中采用类属定义。然而,不能排除的是,在未来,当对药物有更多的了解时,就有可能创造出更细化、更准确的类属定义,从法律角度来看,这些定义就可以接受了。在这样的情况下,可能会再次提出这个问题。(SOU 2008,230ff.)

4. 结论

本章试图为一个定义范畴提供一些新的线索,这个范畴毕竟并不少见,而且可能会进一步细分和讨论。然而,如何创建一个外延式定义的概念系统并不了然。图1是一个尝试,也希望可以作为更多研究和讨论的起点:

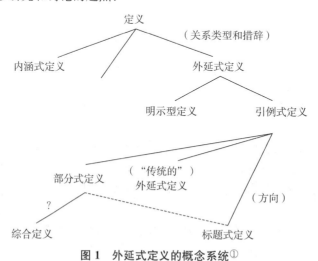

图1 外延式定义的概念系统①

---

① "标题式定义"的地位并不明显,在某种程度上,它可以视为引例式定义的一个次下位概念,但也可以视为部分式定义的一个下位概念(尽管可能也存在关涉其他关系类型的情况)。

4.1 最后的话

—列举可以表现各种功能，且作为定义的一种方式值得肯定——如果有正当理由的话；

—应该清楚地知道列举的原因和方式；

—列举的顺序应该明确，至少当列举本身用作定义时！

参考文献

Åhlberg，Lars-Olof. 1986. *Konst，språk och värde. Om begrepp och definitioner i de estetiska veten-skaperna*. Uppsala：Uppsala universitet，Inst. f. estetik.

Cabré Castellví，M. Teresa. 1999. *Terminology: theory，methods and applications*. Amsterdam：John Benjamin. DOI：10.1075/tlrp.1

Chisholm，Malcolm. 2010. *Definitions in Information Management: A Guide to the Fundamental Semantic Metadata*. Ontario：ByDesign Media.

Dubuc，Robert. 1997. *Terminology：a practical approach*. Brossard，Québec：Linguatech.

Felber，Helmut. 1984. *Terminology Manual*. Paris：Unesco and Infoterm.

ISO 704. 2009. *Terminology work—Principles and methods*. Geneva：International Organization for Standardization.

ISO 1087‑1. 2000. *Terminology work—Vocabulary—Part 1: Theory and application*. Geneva：International Organization for Standardization.

Nilsson，Henrik. 2008. "Ordning i redan-om extensionella definitioner." In *Med tydlig intension，edited by Henrik Nilsson*，111‑128. Solna：Terminologicentrum TNC.

Nilsson，Henrik. 2009a. "Uppräkningar att räkna med." In *Terminfo* 3：15‑17. Helsinki：Terminologi-centralen TSK.

Nilsson，Henrik. 2009b. "Ordningen i redan：om uppräkningar i begreppsbeskrivningar." In *Ontologier og taksonomier：Nordterm 16，København 9.‑12. juni 2009*，edited by Bodil Nistrup Madsen and Hanne Erdman Thomsen，168‑178. København：Copenhagen Business School.

Nistrup Madsen，Bodil. 1999. *Terminologi 1: principper & metoder*. København：Gad.

Nuopponen，Anita. 1994. *Begreppssystem för terminologisk analys*（Acta Wasaensia 38）：（Språkveten-skap 5）. Vasa：Vasa universitet.

Österberg，Hans. 1979. *Hierarkisk begreppsanalys：ett hjälpmedel vid undersökning av komplexa for-skningsproblem*. Stockholm：EFI Norstedt.

Parry，William T. and Edward A. Hacker. 1999. *Aristotelian Logic*. New York：State University of New York Press.

Picht，Heribert and Jennifer Draskau. 1985. *Terminology: an introduction*. Guildford：University of Surrey，Department of linguistic and international studies.

Sager，Juan C. 1990. *A practical course in terminology processing*. Amsterdam：John Benjamin. DOI：10.1075/z.44

Socialdepartementet Narkotikautredningen Stockholm. 2008. *Bättre kontroll av missbruks-*

medel. En effektivare narkotikaoch dopningslagstiftning m.m., SOU 2008:120. Stockholm: Fritzes. ISBN 978 - 91 - 38 - 23114 - 2. Accessed July 21, 2014. http://www.regeringen.se/sb/d/10057/a/117523.

Sundström, Erik. 1975. *Material från en internutbildning i definitionsskrivning på TNC.*

TNC. 1955. *Hur man bör skriva definitioner och ordförklaringar i allmänhet jämte andra råd för uppställning av ordlistor.* Särtryck ur TNC 25.

Wright, Sue-Ellen, and Richard A.Strehlow (editor). 1995. *Standardising and harmonising terminology: theory and practice.* Amsterdam: ASTM.

概念联想关系以及因果关系中的工具性

保罗·桑布尔 科尔内利·韦穆特

鲁汶大学

概念联想关系是逐渐明晰起来的。传统的规定主义术语学研究更关注概念层级关系，而对概念联想关系的探讨较少。本文认为，在术语学研究中，认知语言学可以用作联想关系描写术语学的有效架构。本章就一本医学研究英文期刊中的文章标题，从概念层面解读工具、原因和时间这些要素之间的关联。这些真实的例子中，工具格会同时存在或按照因果序列先后出现，这种复杂结构进一步解析为使因事件和使果事件，其中又包含多种工具格子类以及受事、影响和目标等不同角色。

关键词：联想关系；认知语言学；框架语义学；构式语法；描写术语学

1. 联想关系——缺失的联系和出发点

概念关系指两个或两个以上概念、实体或实体集之间有意义的联系(Khoo and Na 2006，158)。术语学研究一般将概念关系分为对等关系、层级关系以及联想关系三类。这一分类以逻辑标准为基础，同维斯特时代的前建构主义与现实主义知识本体论相一致(Budin 2003，75 - 76)。术语变体之间是概念对等关系(常常有一个首选术语，以及一系列伪同义词与准同义词)；层级关系(又称为静态关系、纵向关系或吸附关系)则与上义词和下义词有关(在静态术语关系中，前者在逻辑上包含后者，这种层级关系通常是所属关系，如类型—例证关系或上下位关系，也可以是转喻关系、部分关系，或者部分与整体关系)。层级关系源自亚里士多德学说中有关内涵与构成的定义形式。对此，很多研究概念系统的文献，还有探讨诸如主题词表和医学知识本体中类属或部分—整体关系的研究，都详细地描写过(Dahlberg 1978；Felber 2001，61 - 65)。按照维斯特(Wüster 1974)的观点，联想关系(又称为横向关系、动态关系或跨度关系)是一种次要的本体范畴，汇聚了来自不同时空域的概念，还有在逻辑上没有交集的术语。实际上，和对等关系与层级关系相比，联想关系长期以来并未得到重视(Milstead 2001，61)。它就像一个杂物筐，里面堆砌着各种邻近关系(Brdar-Szabó and Brdar 2004，327；Maroto and Alcina 2009，240)。目前，从理论语言学(Hebenstreit 2009，15 - 16)、描写主义范式和术语编纂学(Rogers 2005，1852；Sager 1990，53)角度探讨这些联想关系的研究较少，科技和医学等具体应用领域中也是如此(Bodenreider，Aubry，and Burgun 2005，91)。这种情况同词典学和术语学研究中推崇的分类法有关。其中，词汇子类都有标准化的划分方法，而将联想关系束之于有限的语义原则是不切实际的。与静态关系相反，联想关系实际上包含一系列潜在的语义关系，概念之间联系的动态性和序列性会牵涉到不同的时间、空间、原因和其他维度(Wright 1997，90)，这一点在句法层面的术语组合关系中也有体现。

在术语学、普通知识本体论以及具体知识表征领域（Green, Bean, and Myang 2002，ix - x），联想关系的情况还未得以彻底厘定，因此我们尚未有一个确定的、完整而统一的联想关系清单。有关专业语言用法的研究表明，在专业语料中，除了纵向关系，横向关系也普遍存在（Faber 2005；Faber et al. 2006）。关键是，在专家用语的真实语境中，不仅只是有单一性的概念或是具有固定范围或状态的客体，概念的多维性本质也有所体现，比如，概念的诸多功能、概念使用的方式、概念使用的效应，还包括概念转换的途径等（Grenon and Smith 2004；Smith 2012；Smith and Grenon 2004）。以下例子里可见横向关系与纵向关系同时出现的情况：

> 最著名的芳族乙酸酯之一是乙酰水杨酸，也叫阿司匹林，通过水杨酸中酚羟基的酯化制备。阿司匹林的许多特性使其成为备受推崇的药物。它是一种止痛药，能有效缓解疼痛。它也是一种抗炎剂，可以减轻关节炎和轻微磨损引起的肿胀。阿司匹林也是一种解热化合物，可以退烧。（May 1996）

在这个例子中，药物 *Aspirin*（阿司匹林）（及其变体）不仅作为由某些化学成分构成的具有一定所属关系的静态物质，而且也是实验室中某些动态化学反应的产物。不仅如此，阿司匹林还有许多功能特征，因此也可以在抵抗疾病和缓解症状等不同治疗阶段使用，有相应的疗效与副作用。我们可以看到，所有这些语义成分和特征都有相应的语言标记（比如"抗炎药和退烧"意味着服用阿司匹林会有预期效用）。同时还能发现，包括物质、工具、原因以及效应在内的这些因素都围绕相关术语凝聚在语言形式中。进一步讲，医学概念的定义不仅仅需要考虑到（内涵式）种属概念系统的形式（Pozzi 2001，276 - 277），而且要考虑到功能性和过程性（Smith, Ceusters and Temmerman 2005，652）的概念结构。术语意义的概念表征和这些概念的定义形式，换言之，都应当进行调整以统筹额外的动态性、因果性、工具性和时间性参数。这是术语学和术语编纂研究应有的题中之义。

在这一章，我们将从非规定性的角度聚焦其中一部分动态概念关系。我们将会描述这些过程和事件中包含的非静态概念成分及其在真实专业话语中的多种共现情况。本文计划从"概念—语言"角度分析专业话语，揭示静态意义关系与动态意义关系的结合情况。研究的具体对象是工具性因果关系。

2. 动态关系系统研究概述

我们对语义关系分类做出了不同于以往研究的构想。其中的一些灵感来自普斯特若夫斯基（Pusterjovsky 1995）提出的生成词库理论中感质角色的说法。其中，除了形式性（类属）和构成性（部分）感质，还有基于概念使用的动态感质以及与概念的起源与历史相关联的施事感质，正如在 SIMPLE（《多功能多语种词汇的语义信息》）模板中呈现的那样（Lenci et al. 2000）。或者说，普斯特若夫斯基的后生成主义词典学研究路径带来了一种更具体的概念模型，这一模型将静态关系和动态关系相结合，并且为术语描述（Nuopponen 2005）提供了一种更具系统性的四维模型（见 Madsen, Pedersen, and Thomsen 2001 中有关不同关系之间的有趣对比）。

术语学研究已经提出一种更为具体的语义关系框架。联想关系包括地点、时间、起源、因果、目的、工具、传播和活动等类型，其中还包括很多次类。按照后维斯特学派传统（Laurén，Myking，and Picht 1998，174 - 175），学界对不同的联想关系进行了探讨，并将其以层级树形结构（Madsen，Pedersen，and Thomsen 2001，17；Nuopponen 1994)或是用"多维度卫星模型"中具有不同信息维度的思维导图进行了分类（Nuopponen 2007）。在对联想关系的不同模式进行解析的过程中，这些范畴内部或其之间的内在逻辑及语义组织却仍然难以被发现。想不到的是，因果关系（包括状态、事件以及结果的使动因素、影响种类）在概念上是自成一体的，工具关系则是活动模型中的一部分，时间关系等包含于其他子模型中（Nuopponen 2010）。

受诺波宁（Nuopponen）这一体系的启发，本章试图反思作为时间动态（Arntz，Picht，and Mayer 2004，95 - 98）一部分的因果关系，并将之与其他联想关系如工具关系联系起来。我们也试图通过该研究克服描写术语学的主要缺陷：（1）在理论层面上，常置身于语言学理论和一般用途语言之外，鲜少涉及实证性研究方法；（2）经常讨论脱离语境的实例；以及（3）相对于基于模式的语法分析，更多的是关注词库和主题词表。我们以一种富有建设性而又不激进的方式来弥补以上不足。相较于维斯特术语学派，我们希望加强描写术语学与语言学理论之间的跨学科联系，转向认知语义学的理念（Budin and Bühler 1999；Cabré Castellví 2003，169，171；Oeser and Budin 1999，2179），旨在提供一种更精密的、真实的（因此也更复杂的）实证型数据，关注真实的语言应用模式，其中会对专业语言的使用进行词汇-句法层面的分析以及多维话语分析（Bowker 1996，786 - 787；Faber，León，and Prieto 2009）。

3. 理论框架：框架语义学和构式语法

在辨析与描述语义关系中，学界提出过多种不同的理论框架。术语学中，查尔斯·菲尔墨（Charles Fillmore）在这方面的影响极其深远，欲了解其他相关研究成果，如 Verbnet、PropBank and Semlink 等人的研究，可参阅 Levin（1993）；Palmer，Gildea，and Xue（2010）；Palmer and Xue（2010）。菲尔墨的格语法试图将谓语动词的句法分析与同谓语参数联系紧密的抽象语义角色相结合。例如，切割这一动作暗示着施事者（屠夫）使用一种工具（刀）来切割一块材料（牛排，肉类）。进一步讲，框架语义学的观点认为，除了表面上的句法关系与言语输入，单词的意义既属于关联概念系统化网络中的一部分，又能激活这一网络。这个网络和现实生活经验及情景相关联，并将其编入语言中（Fillmore 1982，2006，373）。它的关注点在于概念，而不只是句法层面。框架为句法和词库提供概念支撑，因为框架能够激发、整合并构建重复发生的情形（Fillmore 1982，2006）与经验实体的认知，而语言的结构与元素是与其对应的话语成分。从词汇角度来说，框架将词汇个体集合到更大的概念网络中，在这一网络中所有概念之间都有特定的关系。尽管还没有一个公认的概念关系清单，但关于一些最常见和普遍接受的语义角色，框架语义学中已有定论，比如施事者（动作的发起者，具有决断力）、感受者（能够感知，但不是主导角色）、受事者（或承受者，受动作的影响，状态会发生变化）、与事者（所有处于某一状态或状态发生变化的参与者）、受益者（动作的受益方）、工具（用于执行动作的媒介）、位置（主体或动作发起的位置）、原因（起点）、目标（终点）或功能（预期目标）（Saeed 2003）。关于这方面的初步探讨，可参阅文献 Palmer，Gildea，and Xue（2010），要了解菲尔墨之后的相关理论发展，可参阅 Dirven（2003，xv）。

以上观点使框架语义网（FrameNet）得以细化。框架语义网是一种精细的、以语义框为基础的词库。通过词素情景角色的拓展,词汇的配价信息得以丰富,呈现出多元组合属性,而不仅限于早期格语法提出的动词配价的语义角色(Fillmore, Johnson, and Petruck 2003,240)。框架语义网(Fillmore, Johnson, and Petruck 2003;Ruppenhofer et al. 2005)的构建,依托于大量的带有语义和句法标注的句子。一开始是英语语言的词库,之后产生了针对其他语言的项目,如西班牙语、日语和意大利语等。显然,FrameNet 体现出的研究路径与信息提取、自动推理(近期相关综述见 Petruck 2011,2-3)、专业词汇资源建设(近期此类代表性术语工作,见 Faber 2012)以及话语分析(Busse 2012,515)等领域密不可分。这种自下而上的专业词库研究,已经将框架模型确立为一种在专业术语领域进行概念组织的合法参照。

构式语法是对框架语义学外延发展的结果。它基于真实的语言应用情况,将术语工作和概念建模结合起来,可以作为有效的理论架构。自从古德伯格(Goldberg)开创性地提出了构式语法(1995)以来,这一理论构架就变得非常重要,成为许多语言的语法建设中重要的概念基础,发挥着启发性的作用。尽管构式语法同许多其他认知研究一样,不能在语言的词库与语法之间做出明确划分,但它可以通过一种形式-句法模型将术语和术语之间的概念联系结合到一起。有趣的是,构式语法认为,语法结构和(我们所掌握的)文本类型及体裁是相辅相成的(Fried and Östman 2004,130)。换言之,就类似的主要语法功能,不同的体裁可能会产生不同的(个性化的)构式。稍后会看到,经详细观察发现,在医学学术论文的标题等特定的文本中,在概念关系方面会表现出特定的"话语模式"(Östman 2004)。

具体来讲,从构式语法的角度描写谓语,包含两个层面的信息,即整体上的框架以及词汇语法关系的具体配价:

> 框架包含相关谓语含义的所有具体信息,而配价则是句法层面的最小集,有更加抽象的语义角色(如施事者、受事者、主体、途径等),用来捕捉由谓语表征的事件类型。

接下来,我们将基于对因果关系的最新研究,来审视因果关系框架中的工具结构。我们尝试聚焦专业术语本身,同时分析这些术语概念在不同的话语结构中是如何相互关联的。

4. 工具与因果关系:理论阐释

本节中,我们将从更笼统的理论角度讨论(Carstensen 2011;Temmerman 2000;Zawada and Swanepoel 1994)一般语言(LGP,一般用途语言)中的认知语言学成果对于术语研究、知识组织本体和翻译研究的意义。我们在此不就第二代认知语言学的广博领域做详细阐释。兰盖克(Langacker)提出的认知语法,其主要宗旨如下:

> 语言单位在结构的逐步巩固过程中显现出来,而这些结构在事件中重复出现,达到足够的数量后形成认知常规。由于只有重复出现的特征得到加强,所以显现出的单位远不如具体用例中的实际情况那么全面和详细。一个单位仅仅与源事件部分对应,并且它所反映的共性特征只显现在某一抽象性层面。(Langacker 2008,220)

也就是说,在这种基于用法的语言模型中,话语结构部分地揭示了用于表示复杂事件的概念活动,对于图示网络(如框架)中节点的语言(词汇或语法)性质并未进行先验假设,也没有考虑图示内部的复杂程度(Halverson 2003,205)。虽然动词结构在定义型谓项(Sierra et al. 2008,82-83)中普遍存在,但并不是说,功能性关系(如工具格)仅仅由动词或其他词性的词构成。我们所使用的概念视角以及语义事件的理念已经在塔尔米(Talmy)关于概念图示常规化的观点中得到了很好的阐释:认知活动受到潜在的不同视角的影响,对于相似的感知形象,也会有不同的语言形态或句法表示(Tabakowska 1993,29)。说到底,这种概念视角"关注概念内容在语言中的组织模式和过程"(Talmy 2011,623),即现实世界(专业领域)事件将反映在语言事件图示中,其中涉及不同的情形,参与者角色是动态且多变的(Radden and Dirven 2007,339)。

更具体地说,我们将关注以因果关系为基础的工具:在认识世界和与之互动时,我们会不断用到不同类型的工具。工具格的使用,能够从另一方面阐明概念的存在状态,与传统认为的垂直分类体系(Sambre and Wermuth 2010a)有所不同。为达到预期影响(同真实结果可能会有出入),人类施事者会使用工具格概念,从而触发产生概念关联过程。静态的(即正在进行的)工具事态与过去(即原因)或未来(即影响)的事态同事件相关联,因果关系在其中起着关键作用(Jansen 2008,185;Smith, Ceusters, and Temmerman 2005)。我们认为,不同类型的关联,以及如工具、原因和影响等动态关系,可以整合到一个概念模板中。我们从自下而上的术语使用视角出发(Galinski and Budin 1998,2200),强调工具性和因果关系之间错综复杂的关系。前者是指施事者(意向性)使用的工具,而后者提供了初始事态与这些工具所产生影响之间的序列性联系。借助因果关系,可以透视特定事件结构中术语的动态性(Picht 1998,127),这同时也反映出整个事件背后的连续性时间关系。因此,概念结构特征应当是动态的,应该从优先性、同时性以及连续性(Antia 2000,101)的实践与结果这些角度去分析。塔尔米(Talmy 2000,428)认为,因果关系比物理概念和动力学更为抽象。从这一认识经验出发,我们需要将因果关系视为事件结构来处理:因和果都被视为总体因果过程中的子事件。在起因事件中,施事者通过工具向受事者发起一个动作;受事者会承受不同种类的改变,经过多个阶段的发展最终实现某种影响或结果。这种观点与费伯(Faber)的因果事件表征理论相似,他将菲尔墨的框架语义学应用于词汇成分关系、术语关系与动态概念结构或事件内部关系的建模。费伯的这种语料库依托型研究法能够对海岸工程领域的事件和状态进行分类,这些事件和状态以谓语动词和名词结构(Buendía Castro 2012)的形式进行编码。这一领域中借助工具形成意愿性因果关系,和医学领域中的情况还不一样。

我们的研究将这一创造性的观点与构式语法进一步结合,后者更关注专业术语的表达及其之间的关联模式。接下来,我们从认知语义学、框架语义学,特别是构式语法的视角,进一步将这种语言学理论传统(Langacker 2008;Talmy 2000)应用于专业语言(LSP,特殊用途语言)话语中概念关系的分析。我们认为,这些语法模式可以揭示专业术语之间的语义依赖性,它们不仅有助于定义词汇关系,还有助于识别术语。我们认为普通语言和专业语言的模式之间存在连续性(Sambre 2013)。

有趣的是,术语领域已有的(加拿大)研究已经试图将专业语言和塔尔米(Talmy 2000)的概念动力学联系起来。较早尝试对因果关系进行分类的是加西亚(Garcia 1997),这也给之后巴里尔(Barrière)更为关键的因果关系分类成果带来了灵感。基于塔尔米的重要研究成果,巴里尔区分了实体以及事件中的存在依赖性与影响依赖性,这一成果至为关键;存在依赖性标志着实体或是事件的因果关系。这项开创性的研究提出了因果关系中的重要概念和典型的因果动词,如因果关系中的创造(起因)、破坏(消除)、维持(保持)和阻止(禁止)。影响依赖性是结果实体或事件的某一特征:这一特征会被修改(影响),会增加(激励,扩大),会减少(抑制,缩小)或保持原样(维持)。这些不同的依赖性和子类型实现了半自动提取句法形态各异(且不仅是字面上)的因果标记(关于法语和英语模式的详细说明,参见 Marshman 2002,2006)。这项基于塔尔米动力学的有关法语和英语因果关系的术语研究工作是本文工具研究的一个有效且具体的依据。

5. 语料构建

我们的研究范围是论证和描述原因、工具和影响之间的关系。为此,我们遵从认知语言学提倡的语料库依托型研究法,对英语医学期刊中的论文标题进行分析。在本文中,我们聚焦 PUBMED 文献数据库中发表于 2008 年至 2012 年期间的《胸外心血管外科》(*General Thoracic and Cardiovascular Surgery*,简称 *Gen Thorac Cardiovasc Surg*)这本期刊中约 200 个标题,并重点关注最新的标题信息。我们认为这些标题真实反映了手术事件(术语用法,Galinski and Budin 1998,2200)中语义关系的专业用法,这些语料由临床实践及(或)研究领域的医学专家们提供。我们同时注意到语料、关系和所有语料库隐含的模式之间存在着具体的相互依托关系(Condamines 2002,141,引自 Auger and Barrière 2008,5)。近期的研究已经表明,定义(因果)标记的种类和频率的变化,与它们出现的(信息性或教学性)文本类型、某些专门科学领域的特殊性质,甚至我们所关注的语义关系的种类都相关(Ravichandran and Hovy 2002)。因此,不同的语料可能会展现不同类型的因果标记(Aussenac-Gilles and Jacques 2008,48-49;Condamines 2000;Marshman 2007;Marshman and L'Homme 2006a;Marshman and L'Homme 2006b;Marshman,L'Homme,and Surtees 2008)。我们意识到这种小规模专业术语(医学)语料库研究(Tognini-Bonelli 2001)的局限性,这与普通语言学面向的一般用途语言(LGP)的情况正好相反。此外,之前的研究表明,期刊标题并不仅仅关注因果-工具模式:它们可能仅提及研究的主题或疾病,或试图以有趣的标题吸引读者(Langdon-Neuner 2007,159)。由于本章关注关联与因果关系,我们会将这些非因果性功能抽象化。也就是说,我们自下而上的研究路径只是一种示范;我们尝试对工具的因果标记进行分类,避免使用非常死板的语义编码,因为本章从说教的视角出发,不对上述结构做强化巩固(更详细的说明,见 Sambre and Wermuth 2010b)。我们与马什曼(Marshman 2006,94-95)不同,他关注多个对象之间的因果关系,而我们认为,因果关系并不总是明确地体现在术语或词汇的语言层面上。相反,我们的研究将侧重于因果互动的不同层次,更加详细地描述医学话语中复杂的(有时是隐含的)因果关系链。

6. 因果子事件的构成与整体情况分析

在本文的第 4 部分,我们提及了工具关系,也就是施事者为了达到预期结果而使用的(意愿性)工具。潜在的因果关系更为复杂:它们提供了初始状态与通过这些工具产生的相关影响和结果之间的顺序联系。因此,因果关系的事件结构要比简单的工具关系更复杂(Picht

1998，127）。这并不意味着复杂事件一定是存在因果关系的。因果关系中需要有具体化的行为结果或用于实现结果的工具（Goldberg 2010，53）。本章首先通过两个步骤来分析我们的语料，在6.1部分我们将描述使因事件，6.2部分关注使果事件。然后，我们聚焦于由多个同时或依次激活的工具构成的复杂序列（6.3部分）。6.4部分关注复杂事件（例如手术事件）中整个因果事件背后的时间连续性。我们看到，不同时间点上的概念可以用先在性、同时性或后续性来表征（Antia 2000，101）。

6.1　使因事件及其分类

使因事件可以分解为不同部分。这些部分是：初始状态（6.1.1），施事（6.1.2），受事（6.1.3）和因果过程涉及的相关工具（6.1.4）。

6.1.1　初始状态

事件以一些初始状态（InSt）为开端。其中，工具性通过不同方式发挥作用。语料中的标题信息描述了以下类型初始状态的事件。如果标题仅特别提到了一种疾病，谓项的语义场域中会涉及相应的工具格。例（1）中，初始状态（InSt）与身体部位相关联（粗体部分），而没有明确提到某种形式的工具性：

> （1） A case of intravenousleiomyomatosis（InSt）of **uterine origin** extending through the inferior vena cava to right atrium ［**子宫源性**静脉平滑肌瘤病（初始状态）经下腔静脉至右心房的一个病例］（*Gen Thorac Cardiovasc Surg* May 25，2012）

此外，在一些病例中，标题仅涉及诊断，没有可复制的因果关系，留下了工具格阐释空间，如例（2）所示。在这里，诊断的初始状态（即标题本身）不包括作为先前治疗结果的医学并发症：

> （2） Pleomorphic adenoma of the trachea（InSt）［气管多形性腺瘤（初始状态）］（*Gen Thorac Cardiovasc Surg* June 23，2012）

例（3）给出了这种因果关系的补充说明（粗体部分），其中明确提到，对于心内膜炎这样的特定疾病，事先并没有体现因果关系（粗体）的工具性（INS，工具）解释：

> （3） Aspergillus endocarditis in a native valve **without prior cardiac surgery** （INS）［**未做过心脏手术**（工具）的原生瓣膜中的曲霉菌心内膜炎］（*Gen Thorac Cardiovasc Surg* May 29，2012）

也就是说，因果关系的起点是诊断出的初始状态。这种诊断出的状态可能是指患者身体某部位的医学并发症，会有更具体的因果链。例（4）中，该诊断（InST，初始状态）成为一系列"工具策略和工具行动"（粗体部分）的出发点：

> （4） Surgical reoxygenation injury of the myocardium in cyanotic patients

(InSt)：clinical relevance and **therapeutic strategies** by normoxic management during **cardiopulmonary bypass**（INS）［紫绀患者心肌的外科复氧损伤（InST，初始状态）：**心肺分流术**（工具）中，**常氧管理**的临床意义和**治疗策略**］（*Gen Thorac Cardiovasc Surg* July 11，2012）

诊断活动和工具格之间的关系直接而紧凑。一种特定的模式是［初态疾病需要工具］这样一种序列，如例（5）所示，这一模式中的形容词之后，是两种必需的工具性（粗体部分）：

（5）Large pulmonary inflammatorymyofibroblastic tumour requiring **extrapleural pneumonectomy** and **diaphragm resection**（肺巨大炎性肌纤维母细胞瘤需要**胸膜外全肺切除术**和**膈肌切除术**）（*Gen Thorac Cardiovasc Surg* June 20，2012）

6.1.2　施事

使用医疗器械的施事显然是决定特定治疗方案和进行外科手术干预的医生。按照常理，医生的名字会出现在文章作者一栏，文章标题里则不提。这也符合医学期刊通常的固定模式。这样一来，标题短语中不会含有施事信息（Abbamonte and Cavaliere 2012）。

6.1.3　受事

受事角色可以细分为以下三类：（1）人类；（2）非人类；（3）人类和非人类的结合。人类受事包括不同的受事子类。这些子类处于一个纵向的分类体系中，均有其各自的特点。以下示例中涉及其中的一些子类，由标签 SubType（子类）标注，是各类上下义关系中的下义词。例（6）中，由治疗成功率引出了受事，例（7）详列了移植种类，例（8）详列了受事性别。我们观察到不同词类有助于受事子类的划分：例（6）和例（8）中是名词，例（7）中是形容词。

（6）Salvage surgery for **a super-responder**（SubType $_{noun}$）by gefitinib therapy for advanced lung cancer［通过吉非替尼疗法获救的晚期肺癌**超级应答者**（子类名词）］（*Gen Thorac Cardiovasc Surg* June 12，2012）

（7）Late，giant brachial artery aneurysm following hemodialysis fistula ligationin **a renal** transplant **patient**（SubType $_{adj}$）：case report and literature review［**肾移植患者**（子类形容词）血液透析瘘管结扎后的晚期巨大肱动脉瘤——病例报告和文献综述］（*Gen Thorac Cardiovasc Surg May* 25，2012）

（8）Manouguian double-valve replacement in **a 6-year-old girl**（SubType $_{noun}$）［**一个 6 岁女孩**（子类名词）的儿童双瓣膜置换术］（*Gen Thorac Cardiovasc Surg* May 19，2012）

例（9）和例（10）中，以综合征或人造身体部位为标准对患者（粗体）进行分类。这种分类在语言上是通过"patient with （…）"（……的患者）这一介词短语来实现的。

（9）Spontaneoushemo-pneumothorax in **a patient with Ehlers-Danlos syndrome**

(SubType with)［**埃莱尔-当洛综合征患者**(子类 with)］的自发性血气胸)(*Gen Thorac Cardiovasc Surg* May 19，2012)

(10) Long-term results of the maze procedure in **patients with mechanical valve** (SubType with)［**机械瓣膜患者**(子类 with)迷宫手术的长期影响］(*Gen Thorac Cardiovasc Surg* May 11，2012)

"非人类"也包括非人类的承受者或实体，如人体组织。例(11)中，承受者是"病原组织"［标记为 nonhumUndGo(非人受事)］；例(12)中，自体材料［nonhumUndGo(非人受事)］通过属性词 fresh(新的)［与 old(旧的)相反］进行修饰并据此纵向分类。

(11) Case report and literature review：surgical treatment of a **right atrial metastatic melanoma** (nonhumUndGo adj) from a previously resected "advanced" primary site with regional lymph nodes involvement［病例报告和文献综述：通过手术治疗来自先前切除的"晚期"原发病灶的黑色素瘤且与区域淋巴结相关的**右心房转移瘤**(非人受事，形容词)］(*Gen Thorac Cardiovasc Surg* May 29，2012)

(12) Time-dependent change in **fresh autologous pericardium** (nonhumUndGo adj) applied for posterior mitral annuloplasty：degree of calcification and its influence on the repaired mitral valve［二尖瓣瓣环成形术中**新鲜自体心包**(非人受事，形容词)历时变化：钙化程度及后续影响］(*Gen Thorac Cardiovasc Surg* May 8，2012)

6.1.4 相关工具

手术事件通常包括工具性元素，工具(人工制品)是手术事件中的重要组成部分。这些工具以不同的形式出现，可以分为多种类型，我们在本文中只列出相关的大致情况。宏观层面上，工具涵盖类型统称(如用药、手术等)和更具体的事件标志(如装置，物质/药物和材料)。正如我们之前(第5部分)提到的，标题会描述非工具事件或外科手术中常见的工具性。事件描述中通常会展示作为工具的新技术。接下来会有一些例子。相当多的标题描述了诊断结果，但根本没有提供或充分提供关于工具治疗的线索。例(13)就是如此，标题只给出病理诊断结果：

(13) Large-cell neuroendocrine carcinoma in the thymus (premod Path prepN)［胸腺大细胞神经内分泌癌(前置修饰，介词，名词)］(*Gen Thorac Cardiovasc Surg* November 12，2012)

由于本研究期刊语料的特点，工具性显现时，大多数工具子类都与外科手术相关。工具概念以同义词的形式实现，如例(14)所示：

(14) Case report and literature review：**surgical treatment** (INS adjN) of a right atrial metastatic melanoma from a previously resected "advanced" primary site with regional lymph nodes involvement［案例报告及文献综述：右心房转移性黑色素瘤**手**

术治疗(工具,形容词,名词):来自先前切除的"晚期"原发部位并与区域淋巴结有关](*Gen Thorac Cardiovasc Surg* May 29,2012)

在整个语料中,手术的工具角色是通过不同的手术子类实现的,例如 *dissection*(解剖),*replacement*(置换),*repair*(修复),*resection*(切除),*removal*(移除),*reconstruction*(重建),*reoperation*(再次手术),*implantation*(植入)和 *grafting*(移植)等。在更广泛的工具层面,一系列隐含手术行为的术语,例如 *intervention*(介入)也会出现:

（15）**Successful percutaneous coronary intervention**（INS$_{adjN}$）in a case of acute aortic dissection complicated with malperfusion of the left main coronary artery after replacement of the ascending aorta[**经皮冠状动脉介入治疗**(工具,形容词,名词)**成功案例**:升主动脉置换术后的急性主动脉夹层并发左冠状主动脉严重缺血]（*Gen Thorac Cardiovasc Surg* May 8,2012）

其中的一些形容词将这种介入治疗定位在特定的子领域中或锁定某个身体部位,可以此进一步解释相应的名词术语。使因事件及其子部分相关的工具性还包括由名词表示的类符关系,如 *device*(设备),*substance*(物质),*material*(材料)和 *research activity*(研究活动)。例(16)说明了如何在上下文中使用这样的符号:这里的技术 *closure*(闭合)是通过咬合 *device*(设备)来确定的:

（16）Vascular **occlusion device**（Means$_{NN}$）**closure**（INSsubtype$_N$）of bronchial stump fistulae:a straightforward approach to manage bronchial stump breakdown[借助**血管闭塞器**(方式,名词,名词)的支气管残端瘘**闭合**(工具子类 名词):治疗支气管残端故障的直接方法]（*Gen Thorac Cardiovasc Surg* May 26,2012）

我们观察到一个很重要的现象,即新的工具性并不总是外显的;可以通过说明一些更常见的普通工具的缺失来描述外科事件,如例(17):

（17）Less invasive radial artery harvesting **without endoscopy**（$_{without}$ INS$_N$）[**无内镜检查**(无,工具,名词)的微创桡动脉采集]（*Gen Thorac Cardiovasc Surg* June 15,2012）

期刊标题中显示的研究项目或临床创新实践,通常会设计新的治疗过程类型,也因此会提到新的工具性。例(18)中,工具格的创新性通过一些形容词得以具体呈现:

（18）**An innovative exclusion technique**（INS$_{NN}$）for ductus arteriosus with a novel stent graft[**一项使用覆膜支架的新型动脉导管隔绝技术**(工具,名词,名词)]（*Gen Thorac Cardiovasc Surg* May 12,2012）

6.2 使果事件及其分类

可以将使果事件解析为事件的特定顺序和总体因果关系的表达,其中包括状态、影响和目标。与相关研究侧重描述因果链这种情况不同,我们收集的标题语料里,并未明确呈现受事在手术介入治疗或新的流程中牵涉到的所有相关阶段。因此,我们将主要关注影响(6.2.1)和目标(6.2.2)。

6.2.1 影响

关于使果事件的影响,有以下相关发现。第一,效果的呈现可以 *without*(没有)为时间线索。第二,影响要么分为不同类型,例如 *correction*(矫正)、*repair*(修复)、*result*(结果)、*complication*(复用)等,要么始终不露痕迹(即使果事件没有影响)。第三,使果事件的影响可以正面或负面评价的形式出现。第四,影响的呈现,可能同显性表达的目标区别开来。至于结果事件的目标,在某些情况下,相关目标决定了对所起影响的看法。我们接下来将逐个呈现这些出现在语料中的子类。例(19)说明的一种影响子类,包含了对某种病理的手术矫正:

（19）**Surgical correction**（EFF$_{subtype}$）of giant extracardiac unruptured aneurysm of the right coronary sinus of Valsalva：case report and review of the literature[右侧冠状静脉窦的巨大未破裂心脏动脉瘤**外科手术矫正**(效果,子类):病例报告及文献综述]（*Gen Thorac Cardiovasc Surg* May 25，2012）

例(20)中,通过"未检测到"(undetected)说明了使果事件的影响。由 *heparin-induced*(肝素引起的)这一修饰成分可知,使用到的医学物质存在一些(隐性的,因此也是非意向性的)负面影响:

（20）Death due to **undetected heparin-induced thrombocytopenia**（EFF$_{impl}$）after cardiac surgery[心脏手术未检测到肝素引起的血小板减少症(效果,隐性)而导致的死亡]（*Gen Thorac Cardiovasc Surg* May 25，2012）

当预期影响不存在时,会出现另外一种特定的效果,如例(21)所示。实体,如 *bacterium*(细菌)对工具,如 *vancomycin*(万古霉素)等物质有抗药性,并且这种效果有非工具性原因[一些细菌,比如 *Erysipelothrix rhusiopathiae*(红斑丹毒丝菌)]:

（21）Active infective endocarditis **due to Erysipelothrix rhusiopathiae**（Cause$_{non-ins}$）：zoonosis caused by vancomycin（INS$_N$）-resistant gram-positive rod.[**红斑丹毒丝菌**(原因,非工具性)**引起的**活动性感染性心内膜炎:对万古霉素(工具,名词)有抗药性的革兰氏阳性杆菌引起的动物传染病]（*Gen Thorac Cardiovasc Surg* June 5，2012）

影响也会引起积极或消极的评价,类似于巴里耶(Barrière 2002)提出的影响依赖这一说法。在语言上,通过使用"成功""改进"和"优化"等词来实现积极评价,如下面的例子所示。

例(22)中,治疗效果得到了积极评价:

(22) **Successful** (EFF$_{adj}$) treatment of a patient with severe pulmonary hypertension due to perivalvular leakage at aortic and mitral positions after aortic and mitral valve replacement in a child: report of a case[主动脉和二尖瓣置换术后由主动脉和二尖瓣位置瓣周渗漏引起的重度肺动脉高压儿童患者取得**成功**(效果,形容词)救治:病例报告](*Gen Thorac Cardiovasc Surg* October 15, 2008)

除形容词外,通过名词也可以说明改善或优化等积极影响,如例(23)所示:

(23) **Optimisation** (EFF$_N$) of thromboelastography-guided platelet transfusion in cardiovascular surgery[血栓弹性图引导下血小板输注在心血管手术中的**优化**(效果,名词)](*Gen Thorac Cardiovasc Surg* May 8, 2012)

至于负面评价,所得(不需要的)影响通常是无意的。以下示例说明了标题中负面影响是如何呈现的。例(24)中,(无意识的)损伤或影响(缺氧)是由隐性工具引起的(下划线):

(24) Surgical reoxygenation (INS$_N$) **injury** (EFFneg) of the myocardium in cyanotic patients: clinical relevance and therapeutic strategies by normoxic management during cardiopulmonary bypass[紫绀患者心肌的手术复氧(工具,名词)**损伤**(效果,负面):心肺分流术期间常氧管理的临床意义和治疗策略](*Gen Thorac Cardiovasc Surg July* 11, 2012)

在某些情况下,使用第二种工具(标记为"工具2")之后,"工具1"的负面影响会加重,如例(25)所示。这里,介词表达 *due to*(由于)作为"显性标记工具2":

(25) **Brain swelling** (INS1$_{neg}$) in acute superior vena cava syndrome due to aortic dissection (INS1): unusual and lethal manifestation aggravated by induction of general anesthesia (INS2)[主动脉夹层(工具1)引起的急性上腔静脉综合征中的**脑肿胀(工具1负面影响)**:全身麻醉(工具2)致使加重的异常和致死表现](*Gen Thorac Cardiovasc Surg* May 26, 2012)

6.2.2 目标

更具体来说,结果事件不仅指状态或事件,也指目标。目标提前确定了一个特定实体 X 要达到的目的,为观察效果提供了另一种视角。在这方面,目标从概念视角出发观察效果(可能只与这一效果部分相关)。例(26)说明了这一观点:

(26) One-stage repair with separated cardiopulmonary bypass **for coarctation** (GOAL$_{prep}$) of the aorta with left aortic arch and right thoracic descending aorta[**针对主动脉缩窄**(目标,介词),用分离式心肺分流术通过左主动脉弓和右胸降主动脉

进行一阶段修复](*Gen Thorac Cardiovasc Surg* May 22，2012)

对于被视为目标的使果事件，应谨慎对待，因为它们可能只是工具的（非预期的）结果，而不一定是人类施事（医生）想要的结果。在这些情况下，触发因素是某种抽象的因果关系。原型目标标记词介词 *for* 也有可能是多义的。介词 *for* 在例（27）中是工具指向的非人类受事，而非目标：

（27）Resection of the entire first rib（PAT$_{non-human}$）**for fibrous dysplasia** (PAT$_{non-human}$) using a combined posterior-transmanubrial approach（INS$_N$）[**为治疗骨纤维异常增殖症**（非人受事），使用整合的后方跨胸骨法（工具，名词）将第一肋骨（非人受事）全部切除（受事非人）]（*Gen Thorac Cardiovasc Surg* May 22，2012)

6.3 序列性与整体因果关系

除了使果事件的类型之外，序列性和整体因果关系在分析因果子事件时也起着重要作用。因果关系展开的总体逻辑顺序是使因事件→使果事件。但在实际的语言应用中，人们并非总是遵循这样的逻辑顺序，因此有时也会出现如下情况：使果事件→使因事件。例（28）就是这种顺序的佐证。其中，*lung*（肺部）是这一因果关系（使用了隐性工具）中的（非人）受事：

（28）A case of basaloid carcinoma of theoesophagus with a solitary lung（PAT$_{non-human}$）metastasis for which **thoracoscopic partial lung resection**（CAUSING$_{impINS}$）was performed[对由食道基底细胞癌发生的孤立性肺转移（非人受事）进行**胸腔镜肺部切除术**（使因事件，隐性工具）]（*Gen Thorac Cardiovasc Surg* June 12，2012)

提到 *treatment*（治疗手段）时若涉及使用的工具，整体上的因果关系就会显现出来。换句话说，医疗过程是体现整体因果关系的大语境，医务人员正是在这样的背景下实施工具性。例（29）中，*treatment*（治疗手段）即整体因果关系的框架，而 *stents*（支架）则仅是承载语义工具的实体：

（29）Self-expanding stents（INS）in **treatment**（INS$_{global}$）of oesophageal leaks post bariatric surgery[治疗（工具，整体的）减肥手术后食管漏的自膨式支架（工具）]（*Gen Thorac Cardiovasc Surg* June 13，2012)

从例（30）可以清晰地看到事件发生的顺序：*closure*（闭合）是通过作用于非人受事的工具（粗体显示）实现的；这种方法具体说来就是通过总体性的工具手段来支配因果效应，而不是通过其他或传统的工具：

（30）Vascular occlusion device closure（INS）of <u>bronchial stump fistulae</u> (PAT$_{nonhuman}$)：a straightforward **approach** to manage bronchial stump breakdown

(EFF)［借助血管闭塞装置器的支气管残端瘘（非人受事）闭合（工具）：治疗支气管残端故障的直接方法］(*Gen Thorac Cardiovasc Surg* May 26，2012)

"治疗""策略"或"管理"等术语是指在复杂的医疗过程中一个或多个工具的整合。在某些情况下，人们不会明确区分使果事件和整体因果关系，反而将它们视为同义词，如例（31）中的 *resected*（切除）（使果事件；粗体显示）和 *reconstruction*（重建）（整体因果关系；下画线显示）。通过外科手术的介入，可以重组之前被移除的身体器官或组织。重建指的就是这样一个过程：

（31）**Completely resected**（Causality$_{caused}$）superior sulcus tumour and vascular reconstruction（Causality$_{global}$）of vertebral and subclavian arteries［肺上沟瘤完全切除（因果关系中的致果事件）与脊椎及锁骨下动脉的血管重建（整体因果关系）］(*Gen Thorac Cardiovasc Surg* May 25，2012)

通过描述真实的专业语言，我们想要传达的是：工具性行为不是孤立出现的，与之相关联的还有联想信息、成因信息以及因果逻辑中不同的事件类型。接下来，我们将时间维度考虑进来，进一步研究互联互动的概念联想关系。

6.4 因果关系——时间向度上的联想关系

因果关系是在时间轴上展开的，具有内在的时间性。在期刊标题呈现的手术事件中，可以从工具回推至使因，然后是关于疾病本身的信息，再之后便是工具行为的意向性影响，其中还有一些意料之外的非工具性事件的介入。在这些从原因到影响或从影响到原因的转变中，有时伴随着明确的时间指示。这就是为何必须将因果关系定义为时间性的联想关系。简单或复杂的工具链在时间轴上会显性标记着时间线索，从而帮助理解因果关系。在下文中，我们将简要说明因果关系和时间之间的联系，为进一步研究动态语义关系提供生动的素材。

6.4.1 以时间轴为基准

在例（32）中，因果关系与明确提到的 *early*（早期）时间段相关联：

（32）Gender influence in isolated coronary artery bypass graft surgery：a propensity match score analysis of **early** outcomes（TIME$_{adj}$）［孤立性冠状动脉旁路移植手术中的性别影响：早期（时间，形容词）结果的倾向匹配度分析］(*Gen Thorac Cardiovasc Surg* May 12，2012)

在例（33）和（34）中，通过预治疗体现原因-时间关系：

（33）Is the **mid-term**（TIME$_{adjN}$）outcome of free right internal thoracic artery with a proximal anastomosis modification inferior to in situ right internal thoracic artery?［通过近端吻合预治疗的右胸廓内动脉是否比原位右胸廓内动脉的中期（时

间 形容词＋名词)结果差?](*Gen Thoracic Cardiovasc Surg* May 12，2012)

  (34) **Long-term** (TIME$_{adjN}$) results of the maze procedure in patients with mechanical valve[带有机械瓣膜的患者接受迷宫手术后的**长期**(时间 形容词＋名词)影响](*Gen Thoracic Cardiovasc Surg* May 11，2012)

可见,我们可以参照时间轴来划分治疗效果。例(35)运用了关系从句来描述 previous (之前)的子主题,以此来呈现事件发生的时间顺序:

  (35) Outcomes and long-term quality of life of patients with severe left ventricular dysfunction **who underwent coronary artery bypass surgery** (SUBTOPIC)(**接受冠状动脉搭桥手术**(子主题)的严重左心室功能障碍患者的手术结果和长期生活质量](*Gen Thoracic Cardiovasc Surg* March 28，2012)

语料中不乏一些提及整体因果关系链中间状态的例子,如例(36)中的 intraoperative(术中)和例(37)中的 preoperative(术前)状态,还有一些综合运用这些时间性表达的情况:

  (36) The utility of BiClamp© for **intraoperative** air leakage control in video-assisted thoracic surgery for pulmonary lobectomy[在肺叶切除术中,应用百克钳 (BiClamp)进行视频辅助胸腔**手术中**的漏气控制](*Gen Thoracic Cardiovasc Surg* July 13，2012).

  (37) A case of successful **preoperative** chemotherapy with cisplatin and irinotecan followed by curative-intent surgery for locally advanced thymic carcinoma [顺铂联合伊立替康的**术前化疗成功案例**以及之后的局部晚期胸腺癌治疗手术] (*Gen Thoracic Cardiovasc Surg* July 4，2012).

6.4.2　多个工具的同时使用

例(38)体现了更加复杂的工具链时间分割:视频辅助的胸外科手术同时使用了两类工具。纵向的概念关系将这两种工具联系起来:工具 B 是上位词,工具 A 是下位词。从例(38)中可以看出这种纵向关联:

  (38) **Video-assisted** (INS$_B$) **thoracic surgery** (INS$_A$) lobectomy for lung cancer in a patient with complete situs inversus[对全内脏反位的肺癌患者进行**视频辅助的**(工具 B)**胸外科**(工具 A)肺叶切除术](*Gen Thoracic Cardiovasc Surg* May 29，2012).

要表达因果事件中的时间序列,最基本的方法是使用连词 *and*(和),如例(39)中提到的使用药物辅助手术治疗:

（39）**Tricuspid valve replacement**（INS1）and **levosimendan**（INS2）［三尖瓣置换术（工具 1）和**左西孟旦**（工具 2）］（*Gen Thorac Cardiovasc Surg* November 12，2008）.

嵌入式工具性（INS with INS）（工具 with 工具）指的是不同工具的组合，可以通过例（40）中的介词 *with* 来体现：

（40）**Modified reductionaortoplasty with external reinforcement of the ascending aortic aneurysm**（INS$_A$ with INS$_B$）caused by giant cell arteritis treated as polymyalgia rheumatic［风湿性多肌痛治疗中，由巨细胞动脉炎引起升主动脉瘤，**使用带有外部强化的改良后的主动脉缩窄成形术**（工具$_A$＋工具$_B$）］（*Gen Thorac Cardiovasc Surg* August 15，2012）

工具的同时使用还常常通过介词 *during* 来体现，它能够在工具性（粗体部分）与特定状态（下划线部分）之间建立明确的联系，如例（41）所示：

（41）**Surgical treatment**（INS）for acute type A aortic dissection during <u>pregnancy（InSt）</u>（16 weeks）with Loeys-Dietz syndrome［在患有洛伊-迪茨综合征的<u>妊娠期（状态）</u>（16 周），对急性 A 型主动脉夹层分离进行**外科治疗**（工具）］（*Gen Thorac Cardiovasc Surg* May 25，2012）

介词 *during* 还能够体现嵌入式工具性，如例（42）中，工具 B（麻醉）正是嵌于工具 A（手术）中：

（42）Surgical reoxygenation injury of the myocardium in cyanotic patients：clinical relevance and therapeutic strategies **bynormoxic management**（INS$_B$）**during cardiopulmonary bypass**（INS$_A$）［紫绀患者心肌的手术复氧损伤：**心肺分流术**（工具 A）期间**常氧管理**（工具 B）的临床意义和治疗策略］（*Gen Thorac Cardiovasc Surg* July 11，2012）

在一些案例中，标题暗示了特定工具的多种应用可能性。如例（43）就描述了一种工具的新型应用：

（43）A new application of a **wound retractor**（INS）for chest wall surgery［胸壁手术的**伤口牵开器**（工具）的新应用］（*Gen Thorac Cardiovasc Surg* July 6，2012）

例（44）给出了一种工具的两种应用情况，一种是宽泛的，一种是具体的：

（44）Mediastinal lymph nodes：Ignore？ Sample？ Dissect？ The role of mediastinal node dissection (INS$_{specific}$) in the surgical management (INS$_{generic}$) of primary lung cancer[纵隔淋巴结:忽略? 取样? 解剖? 纵隔淋巴结清扫术(工具$_{具体}$)在**原发性肺癌手术治疗**(工具$_{宽泛}$)中的作用](*Gen Thorac Cardiovasc Surg* August 9，2012)

例(45)很好地呈现了如何在不具体指定工具的情况下说明影响。用于 *lobectomy*(肺叶切除术)(工具1)的基础手术工具显然是切割器械(例如手术刀),而用于支撑肺叶切除术的辅助工具(工具2)则得益于 *visualization*(可视化技术):

(45) The utility of BiClamp© for intraoperative air leakage control in video-assisted(INS2) thoracic surgery for pulmonary lobectomy (INS1)[在肺叶切除术(工具1)中,应用百克钳(BiClamp)进行视频辅助(工具2)胸腔手术中的漏气控制](*Gen Thorac Cardiovasc Surg* July 13，2012)

在例(46)中手术工具和非手术工具共同出现:先使用术前非手术工具(用于观察),再使用手术工具切除病灶(*pseudotumour* 假性肿瘤):

(46) Pulmonary inflammatory pseudotumour (PATH) observed by **bronchoscopy**(INS$_{non-surgical}$) and resected (INS$_{surgical}$) using video-assisted thoracic surgery[通过**支气管镜检查**(非手术工具)观察到并通过视频辅助胸外科手术**切除掉**(手术工具)的肺炎性假瘤(PATH)](*Gen Thorac Cardiovasc Surg* July 5，2012)

6.4.3 多个工具的相继使用

在嵌入式工具性中,多个工具同时得以激活。除此之外,还有一种重要的时间关系,即时间上的相继性。我们的语料中有很多重复性工具使用案例,如例(47)所示。该标题同样间接地交代了工具:在带有两种病症:*Tetralogy of Fallot*(法洛四联症)和 *absence of inferior caval vein*(下腔静脉缺失)的患者身上重复使用工具2:*conduit replacement*(导管置换),该患者此前已经接受了工具1:*repair*(修复)的治疗处理:

(47) **Repeat conduit replacement** (INS2) in the pulmonary position without sternal resplitting for the patient with repaired (INS1) *Tetralogy of Fallot* (PATH1) and the *absent inferior caval vein* (PATH2)[对于患者的法洛四联症(路径1)和下腔静脉缺失(路径2)已予以**治疗**(工具1),需在肺部位置重复进行导管置换(**工具2**)而非重新在胸部开口](*Gen Thorac Cardiovasc Surg* May 29，2012)

最后,例(48)描述了工具 *mechanical heart valve prostheses*(械假体瓣膜)的使用,牵涉到一个研究项目中患者群体以及一系列隐性的、无内在关联的工具:

(48) **Twelve years of experience** with the ATS *mechanical heart valve prostheses*

(INS)（ATS 机械假体瓣膜（工具）**十二年使用经验**）（*Gen Thorac Cardiovasc Surg July 6，2012*）

时间性是因果工具性中的核心问题。参照时间,术语学家能够定位复杂医疗过程中同时或相继使用的多种工具,并将不同类型的工具联系起来。在有关概念联想关系的探讨中,就复杂工具性问题提出的有益思考仍十分缺乏。

7. 多维度术语概念联想模型创新

语料显示,医疗活动触发了底层的事件结构,其中,治疗、监测或科研中,都牵涉复杂的因果形成过程和运用其中的研究工具。现有相关文献中,关于工具性、因果性和时间性的概念关系都有相关剖析,主要是借助一些从文本中找出来的"语境外"的实例。与此不同的是,我们希望通过本研究说明,在真实的专业话语中,存在更多复杂的、动态的语言表征模式与整合的概念关系。这些概念结构将一个或多个工具汇集在一起,同时或相继使用这些工具能够产生不同的因果效应(见本文第 6 部分)。换句话说,汇集了不同工具格的术语群对应的是不同的概念域,具有自身特定的时空背景(Bittner and Smith 2003)。因此,关于医学概念的定义,必须指出的是,医学领域中的概念不能仅通过分层概念系统来表征。我们认为,这种立足于真实"语境内"考察联想关系的术语研究能够有效地为临床实践和研究发展中出现的工具提供真实而丰富的描写模式。

在理论层面上,我们认为(第 3 部分),后结构主义语言学家提出的语义学见解对面向特殊用途语言的描写主义术语学研究大有裨益。更具体地说,我们通过实证型研究表明,认知语言学有助于充分认识静态的概念域及其动态的形成过程,后者是通过工具逐渐展开的。因此,认知语言学作为一门研究语言的理论,为充分说明因果关系提供的理论模型,对普通语言和专业语言场景同样适用(Temmerman 2000)。

从更宽泛的角度来看,我们此项研究符合描写术语学中使用的实证方法(Cabré Castellví 2003,132),描写主义术语学研究正是强调专业话语中术语的实际使用情况(Kageura 2002,33)。这些术语属于不同的概念域,术语之间的关系也被置于更大的交际语境中去考量(Arntz，Picht，and Mayer 2004,5)。通过期刊论文的标题(见本文第 5 部分),就能窥见复杂的概念和话语交流网络,其中涉及研究人员、医生及患者等多方主体。我们未来的研究将涉及其他文本类型,探究语法层面之外的多模态因果关系发生渠道,并关注这种因果关系涉及的时空场景。

一方面,我们关注真实话语中概念动态体系的存在状态,另一方面,我们还结合框架语义学和构式语法进行语言分析(第 3 部分)。之所以这么做,是因为构式研究能够避免传统研究中语法和词汇之间的分野,帮助术语学家们思考:工具链中哪些部分在语言层面有所呈现,其中又采用了什么样的语言机制,用到了什么实体(Fellbaum 2005,1754；Geeraerts 2010,271)。从这个角度来看,语法和词汇形成了一个连续统一体,借此可以探究专业术语原本是如何同其他术语在多维的因果联想关系中关联的。这种复杂的语言-话语界面(Oeser and Budin 1999,2181)牵涉不同的语法特性,可以借助认知构式语法予以充分说明,这也拓宽了术语编纂的范围,使其摆脱了传统的原子主义和去语境化的语言形态学和词汇-语义学意义上的研究(Rogers 2005,1851),转向组合专名学的术语反思。这样一来,术语在使用场景中同其他实体、地点、过程、活动以及在其他实体、地点、过程、活动等之间的时空性和功能性联系都在考察范围之内（Geeraerts and Grondelaers 2002，311）。

根据构式语法网络的观点，工具格是因果链上的一部分（Sambre 2013；Sambre and Wermuth 2010b；Talmy 2000）。这种因果框架显示，术语知识表面上属于静态的分类体系，但更重要的是，术语在变化的语法结构中会通过再概念化进行不断更新，这一动态性在形态和句法层面也会有相应表征。显然，用于分析概念动力学的构式语法模型不仅适用于英语，我们希望在将来也可以看到针对其他语系的专业语言中的术语（对比）分析。最后，还有一点很重要，我们希望这项受语言学理论启发开展的研究不仅能对未来探讨概念联想关系的术语学研究产生影响，而且能对术语实践和术语标准化工作产生影响。在这方面，国际标准化组织最近形成的用于概念建模的统一建模语言（UML）标准 ISO 24156－1 是一次有益的尝试，其中在图表附录部分专门增加了有关概念联想关系的说明。

参考文献

Abbamonte，Lucia and Flavia Cavaliere. 2012. "Book Chapters in Academia：Authorship in Methods（Re-）Presentation and Conditional Reasoning." In *Genre Variation in Academic Communication. Emerging Disciplinary Trends*，edited by Stefania M. Maci and Michele Sala，199－229. Bergamo：CELSB.

Antia，Bassey E. 2000. *Terminology and language planning：an alternative framework of practice and discourse*. Amsterdam：John Benjamins. DOI：10.1075/tlrp.2

Arntz，Reiner，Heribert Picht，and Felix Mayer. 2004. *Einführung in die Terminologiearbeit*. Hildesheim：Olms.

Auger，Alainn and Caroline Barrière. 2008. "Pattern-based approaches to semantic relation extraction." *Terminology* 14（1）：1－19. DOI：10.1075/term.14.1.02aug

Aussenac-Gilles，Nathalie and Marie-Paule Jacques. 2008. "Designing and evaluating patterns for relation acquisition from texts with Caméléon." *Terminology* 14（1）：45－73. DOI：10.1075/term.14.1.04aus

Barrière，Caroline. 2001. "Investigating the causal relation in informative texts." *Terminology* 7（2）：135－154. DOI：10.1075/term.7.2.02bar

Barrière，Caroline. 2002. "Hierarchical refinement and representation of the causal relation." *Terminology* 8（1）：91－111. DOI：10.1075/term.8.1.05bar

Bittner，Thomas and Barry Smith. 2003. "Granular Spatio-Temporal Ontologies." *AAAI Symposium*，12－17.

Bodenreider，Olivier，Marc Aubry，and Anita Burgun. 2005. "Non-lexical approaches to identifying associative relations in the gene ontology." In *Pacific Symposium on Biocomputing* 2005，edited by Russ B. Altman A. Keith Dunker，Lawrence Hunter，Tiffany A. Jung and Teri E. Klein，91－102. Singapore：World Scientific Publishing. DOI：10.1142/9789812702456_0010

Bowker，Lynne. 1996. "Learning from cognitive science：developing a new approach to classification in terminology." *Euralex proceedings* 1996（2）：781－787.

Brdar-Szabó, Rita and Mario Brdar. 2004. "Predicative adjectives and grammatical-relational polysemy: the role of metonymic processes in motivating cross-linguistic differences." In *Studies in Linguistic Motivation*, edited by Günter Radden and Klaus-Uwe Panther, 321 – 356. Berlin/New York: Mouton de Gruyter.

Budin, Gerhard. 2003. "Prospects of a philosophy of terminology." *Terminology Science & Research* 14:71 – 80.

Budin, Gerhard and Hildegrund Bühler. 1999. "Grundsätze und Methoden der neueren Terminographie." In *Fachsprachen: ein internationales Handbuch zur Fachspracheforschung*, edited by Lothar Hoffman, Hartwig Kalverkämper and Herbert Ernst Wiegand, 2096 – 2108. Berlin/New York: de Gruyter.

Buendía Castro, Miriam. 2012. "Verb dynamics." *Terminology* 18(2):149 – 166. DOI: 10.1075/ term.18.2.01bue

Buitelaar, Paul, Philipp Cimiano, Peter Haase, and Michael Sintek. 2009. "Towards Linguistically Grounded Ontologies." In *The Semantic Web: Research and Applications. Lecture Notes in Computer Science*, vol. 5554/2009, 111 – 125. DOI: 10.1007/978-3-642-02121-3_12

Busse, Dietrich. 2012. *Frame-Semantik. Ein Kompendium*. Berlin/Boston: Walter de Gruyter. DOI: 10.1515/9783110269451

Cabré Castellví, M. Teresa. 2003. "Theories of terminology: their description, prescription and explanation." *Terminology* 9(2):163 – 199. DOI: 10.1075/term.9.2.03cab

Carstensen, Kai-Uwe. 2011. "Toward cognitivist ontologies. On the role of selective attention for upper ontologies." *Cogn Process* 12, 379 – 393. DOI: 10.1007/s10339-011-0405-0

Condamines, Anne. 2000. "*Chez* dans un corpus de sciences naturelles: un marqueur de relation méronymique." *Cahiers de Lexicologie* 77:165 – 187.

Dahlberg, Ingetraut. 1978. The referent-oriented analytical concept theory for interconcept. *International classicifation* 5: 142 – 151.

Dirven, René. 2003. "Radden's search for conceptual structure." In *Motivation in language: stud-ies in honor of Günter Radden*, edited by Hubert Cuyckens, Thomas Berg, René Dirven and Klaus-Uwe Panther, xiii-xxvi. Amsterdam: John Benjamins. DOI: 10.1075/ cilt.243.03dir

Faber, Pamela. 2005. "Framing Terminology: A Process-Oriented Approach." *Meta* 50(4). Retrieved November 15, 2011. http://id.erudit.org/iderudit/019916ar.

Faber, Pamela. 2011. "The dynamics of specialised knowledge representation. Simulational reconstruction or the perception-action interface." *Terminology* 17(1):9 – 29. DOI: 10.1075/ term.17.1.02fab

Faber, Pamela (editor). 2012. *A Cognitive Linguistics View of Terminology and Specialised Language*. Berlin:Walter de Gruyter. DOI: 10.1515/9783110277203

Faber, Pamela, Pilar León Aráuz, and Juan Antonio Prieto Velasco. 2009. "Semantic relations, dynamicity and terminological knowledge base." *Current Issues in Language Stud-*

ies 1:1 – 23.

Faber, Pamela, Silvia Montero Martínez, María Rosa Castro Prieto, José Senso Ruiz, Juan Antonio Prieto Velasco, Pilar León Araúz, Carlos Márquez Linares, and Miguel Vega Expósito. 2006. "Process-oriented terminology management in the domain of Coastal Engineering." *Terminology* 12(2):189 – 213. DOI: 10.1075/term.12.2.03fab

Felber, Helmut. 2001. *Allgemeine Terinologielehre, Wissenslehre und Wissenstechnik.* Vienna: TermNet.

Fellbaum, Christiane. 2005. "Theories of semantic representation of the mental lexicon." In *Lexikolo-gie: ein internationales Handbuch zur Natur und Struktur von Wörten und Wortschätzen*, edited by Alan D. Cruse, Franz Hundsnurscher, Michael Job and Peter Rolf Lutzeier, 1749 – 1757. Ber-lin/New York: Walter de Gruyter.

Fillmore, Charles J. (1982) 2006. "Frame semantics." In *Cognitive Linguistics: Basic Readings*, edited by Dirk Geeraerts, 373 – 400. Berlin/New York: Mouton de Gruyter. DOI: 10.1515/9783110199901.373

Fillmore, Charles, J. 1985. "Frames and the semantics of understanding." *Quaderni di Semantica*, 6(2):222 – 254.

Fillmore, Charles J., Christopher R. Johnson, and Miriam R. L. Petruck. 2003. "Background to FrameNet." *International Journal of Lexicography* 16(3):235 – 250. DOI: 10.1093/ijl/16.3.235

Fried, Mirjam. To appear. "Construction Grammar." In *Handbook of syntax*, 2nd ed., edited by Artemis Alexiadou and Tibor Kiss, Berlin: Walter de Gruyter.

Fried, Mirjam and Jan-Ola Östman. 2004. "Construction Grammar: A thumbnail sketch." In *Construction Grammar in a Cross-Language Perspective*, edited by Mirjam Fried and Jan-Ola Östman, 11 – 86. Amsterdam: John Benjamins. DOI: 10.1075/cal.2.02fri

Galinski, Christian and Gerhard Budin. 1998. "Deskriptive und präskriptive Terminologieerarbeitung." In *Fachsprachen/Languages for Special Purposes. Ein internationales Handbuch zur Fachsprachenforschung und Terminologiewissenschaft*, edited by Lothar Hoffmann, Hartwig Kalverkämper and Herbert Ernst Wiegand, 2183 – 2207. Berlin/New York: de Gruyter. DOI: 10.1515/9783110158847.2

Garcia, Daniela. 1997. "Structuration du lexique de la causalité et réalisation d'un outil d'aide au reprérage de l'action dans les textes." *Actes des deuxièmes rencontres-Terminologie et Intelligence Artificielle*, TIA' 97:7 – 26.

Geeraerts, Dirk. 2010. *Theories of lexical semantics*. Oxford: Oxford University Press.

Geeraerts, Dirk and Stefan Grondelaers. 2002. "Structuring of word meaning I: An overview." In *Lexikologie: ein internationales Handbuch zur Natur und Struktur von Wörten und Wortschätzen*, edited by D. Alan Cruse, Franz Hundsnurscher, Michael Job and Peter Rolf Lutzeier, 304 – 318. Berlin/New York: de Gruyter.

Goldberg, Adele. 1995. *Constructions: A Construction Grammar approach to argument structure*. Chicago: University of Chicago Press.

Goldberg, Adele. 2010. "Verbs, constructions and semantic frames." In *Lexical semantics, syntax and event structure*, edited by Malka Rappaport Hovav, Edit Doron and Ivy Sichel, 39 – 59. Oxford: Oxford University Press. DOI: 10.1093/acprof:oso/9780199544325. 003.0003

Green, Rebecca, Carol A. Bean and Sung Hyon Myaeng. 2002. *The Semantics of Relationships. An Interdisciplinary Perspective*. Dordrecht: Kluwer. DOI: 10.1007/978-94-017-0073-3

Grenon, Pierre, and Barry Smith. 2004. "SNAP and SPAN: Towards Dynamic Spatial Ontology." *Spatial Cognition and Computation* 4 (1): 69 – 103. DOI: 10. 1207/ s15427633scc0401_5

Halverson, Sandra. 2003. The cognitive basis of translation universals. *Target* 16(2): 197 – 241. DOI:10.1075/target.15.2.02hal

Hebenstreit, Gernot. 2009. "Defining patterns in Translation Studies: Revisiting two classics of German *Translationwissenschaft*." In *The metalanguage of translation*, edited by Yves Gambier and Luc Van Doorslaer, 9 – 26. Amsterdam: John Benjamins.

Jansen, Ludger. 2008. "Categories: the top-Level Ontology." In *Applied Ontology. An Introduction*, edited by Katherine Munn and Barry Smith, 173 – 196. Frankfurt: Ontos.

Kageura, Kyo. 2002. *The Dynamics of Terminology: A Descriptive Theory of Term Formation and Terminological Growth*. Amsterdam: John Benjamins. DOI: 10.1075/tlrp.5

Khoo, Christopher, and Jin-Cheon Na. 2006. "Semantic Relations in Information Science." *Annual Review of Information Science and Technology* 40:157 – 228. DOI: 10.1002/ aris.1440400112

Langacker, Ronald W. 2008. *Cognitive Grammar. A Basic Introduction*. Oxford: Oxford University Press. DOI: 10.1093/acprof:oso/9780195331967.001.0001

Langdon-Neuner, Elise. 2007. "Titles in medical articles: What do we know about them?" *The Journal of the European Medical Writers Association* 16(4):158 – 160.

Laurén, Christer, Johan Myking, and Heribert Picht. 1998. *Terminologie unter die Lupe*. Vienna: TermNet.

Lenci, Alessandro, Nuria Bel, Federica Busa, Nicoletta Calzolari, Elisabeth Gola, Monica Mona- chini, Antoine Ogonowski, et al. 2000. "SIMPLE: A general framework for the development of multilingual lexicons." *International Journal of Lexicography* 13(4): 249 – 263. DOI: 10.1093/ijl/13.4.249

Levin, Beth. 1993. *English Verb Classes and Alternations: A Preliminary Investigation*. Chicago: University of Chicago Press.

Madsen, Bodil Nistrup, Bolette Sandford Pedersen, and Hanne Erdman Thomsen. 2001. "Defining semantic relations for OntoQuery." In *Proceedings of the First International OntoQuery Work-shop, Ontology-based interpretation of NP's*, edited by P. Anker Jensen and Peter Skadhauge. Kolding: Department of Business Communication and Information Science, University of Southern Denmark. Retrieved January 10, 2012. http://www.ontoquery.dk/publications/docs/ Defining.doc.

Maroto, Nava and Amparo Alcina. 2009. "Formal description of conceptual relationships with a view to implementing them in the ontology editor *Protégé*." *Terminology* 15(2):232 – 257. DOI: 10.1075/term.15.2.04mar

Marshman, Elizabeth. 2002. "The cause relation in biopharmaceutical corpora: English and French patterns for knowledge extraction." Unpublished MA thesis, Ottawa.

Marshman, Elizabeth. 2006. "Lexical Knowledge Patterns for Semi-automatic Extraction of Cause-effect and Association Relations from Medical Texts: A Comparative Study of English and French." PhD diss., Université de Montréal.

Marshman, Elizabeth. 2007. Towards strategies for processing relationships between multiple relation participants in knowledge patterns: An analysis in English and French. Terminology 13(1):1 – 34. DOI: 10.1075/term.13.1.02mar

Marshman, Elizabeth and Marie-Claude L'Homme. 2006a. "Disambiguating lexical markers of cause and effect using actantial structures and actant classes." *Proceedings of the 15th European Symposium on Language for Special Purposes*, LSP 2005, Bergamo, Italy: 261 – 285.

Marshman, Elizabeth and Marie-Claude L'Homme. 2006b. "Portabilité des marqueurs de la relation causale: étude sur deux corpus spécialisés." *Actes Corpus et dictionnaires de langues de spécialité*, Lyon 2, September 28 – 29, 2006. 16 p.

Marshman, Elisabeth, Marie-Claude L'Homme, and Victoria Surtees. 2008. "Portability of cause-effect relation markers across specialised domains and text genres: a comparative evaluation." *Corpora* 3(2):141 – 172. DOI: 10.3366/E1749503208000130

May, Paul. 1996. *Aspirin*. Bristol: School of Chemistry, University of Bristol. Retrieved January 12, 2013. http://www.chm.bris.ac.uk/motm/aspirin/aspirin.htm.

Milstead, Jessica. 2001. "Standards for the Relationships between Subject Indexing Terms." In *Relationships in the Organisation of Knowledge*, edited by Carol A. Bean, 53 – 66. Dordrecht: Kluwer. DOI: 10.1007/978-94-015-9696-1_4

Nuopponen, Anita. 1994. "On Causality and Concept Relationships." *Terminology Science and Terminology Planning. IITF Workshop on Theoretical Issues of Terminology Science*, Vienna, TermNet: 217 – 230.

Nuopponen, Anita. 2005. "Concept Relations v2. An update of a concept relation classification." In *Terminology and Content Development*, edited by Bodil Nistrup Madsen and Hanne Erdman Thomsen, 127 – 138. Copenhagen: Litera.

Nuopponen, Anita. 2007. "Terminological modelling of processes: an experiment." In *Indeterminacy in Terminology and LSP*, edited by Bassey E. Antia, 199 – 213. Amsterdam: John Benjamins. DOI: 10.1075/tlrp.8.18nuo

Nuopponen, Anita. 2010. "Methods of concept analysis-tools for systematic concept analysis. Part 3." *LSP Journal: Professional Communication*, *Knowledge*, *Cognition* 2(1). Retrieved June 5, 2013. http://lsp.cbs.dk.

Oeser, Erhard and Gerhard Budin. 1999. "Grundlagen der Terminologiewissenschaft." In *Fachsprachen/Languages for Special Purposes. Ein internationales Handbuch zur*

Fach-sprachenforschung und Terminologiewissenschaft, vol. 2, edited by Lothar Hoffmann, Hartwig Kalverkämper and Herbert Ernst Wiegand, 2171 – 2183. Berlin/New York: de Gruyter.

Östman, Jan-Ola. 2004. "Construction Discourse." In *Construction Grammar in a Cross-Language Perspective*, edited by Mirjam Fried and Jan-Ola Östman, 121 – 144. Amsterdam: John Benjamins. DOI: 10.1075/cal.2

Palmer, Martha, Daniel Fildea, and Nianwen Xue. 2010. *Semantic Role Labeling*. S.l.: Morgan and Claypool.

Palmer, Martha and Nianwen Xue. 2010. "Linguistic Annotation." In *The Handbook of Computational Linguistics and Natural Language Processing*, edited by Alexander Clark, Chris Fox and Lappin Shalom, 238 – 270. Chichester: Wiley-Blackwell. DOI: 10.1002/9781444324044.ch10

Petruck, Mirjam R. L. 2011. "Advances in frame semantics." *Constructions and Frames* (3) 1:1 – 8. DOI: 10.1075/cf.3.1.00pet

Picht, Heribert. 1998. *Eugen Wüster (1898 – 1977). Leben und Werk. Ein österreichischer Pioneer der Informationsgesellschaft*. Vienna: TermNet.

Pozzi, Maria. 2001. "The Terminological Definition: Conflicts Between Theory and Practice." In *Language for special purposes: perspectives for the new millennium. Vol.: Linguistics and Cognitive Aspects*, *Knowledge Representation and Computational Linguistics*, *Terminology*, *Lexicography and Didactics*, edited by Felix Mayer, 272 – 281. Tübingen: Narr.

Pustejovsky, James. 1995. *The Generative Lexicon*. Cambridge (Ma.): MIT Press.

Radden, Günther and René Dirven. 2007. *Cognitive English Grammar*. Amsterdam: John Benjamins. DOI: 10.1075/clip.2

Ravichandran, C. and Eduard H. Hovy. 2002. "Learning surface text patterns for a question answering system." *Proceedings of ACL* 2002. Philadelphia, Pennsylvania: 41 – 47.

Rogers, Margaret Ann. 2005. "Lexicology and the study of terminology." In *Lexikologie: ein internationales Handbuch zur Natur und Struktur von Wörten und Wortschätzen*, edited by D. Alan

Cruse, Franz Hundsnurscher, Michael Job and Peter Rolf Lutzeier, 1847 – 1854. Berlin/New York: de Gruyter.

Ruppenhofer, Josef, Michael J. Ellsworth, Mirjam R. L. Petruck, and Christopher Johnson. 2005. *FrameNet Ⅱ: Extended Theory and Practice*. Berkeley: ICSI Technical Report. Retrieved October 15, 2009. http://framenet.icsi.berkeley.edu/book/book.html.

Saeed, John. 2003. *Semantics*. Oxford: Wiley.

Sager, Juan C. 1990. *Practical course in terminology processing*. Amsterdam: John Benjamins. DOI: 10.1075/z.44

Sambre, Paul. 2013. "'Usare strumenti': la cause constructionnelle de l'instrumentalité en italien." In *Konstruktionsgrammatik in den romanischen Sprachen*, edited by Sabine De Knop, Fabio Mollica and Julia Kuhn. Bern: Peter Lang.

Sambre, Paul and Cornelia Wermuth. 2010a. "Instrumentality in cognitive concept modelling." In *Terminology in Everyday Life*, edited by Marcel Thelen and Frieda Steurs, 231–52. Amsterdam: John Benjamins.

Sambre, Paul and Cornelia Wermuth. 2010b. "Causal framing for medical instrumentality: applied ontology and frame-based construction grammar." *Belgian Journal of Linguistics* 24:163–191.

Sierra, Gerard, Rodrigo Alarcón, César Aguilar, and Carme Bach. 2008. "Definitional verbal patterns for semantic relation extraction." *Terminology* 14(1):74–98. DOI: 10.1075/term.14.1.05sie

Smith, Barry. 2012. "Classifying processes: an essay in applied ontology." *Ratio (new series)* XXV : 463–488.

Smith, Barry, Werner Ceusters, Bert Klagges, Jacob Köhler, Anand Kumar, Jane Lomax, Chris Mungall, Fabian Neuhaus, Alan L. Rector, and Cornelius Rosse. 2005. "Relations in biomedical ontologies." *Genome Biology* 6(5), Pubmed e-version. DOI: 10.1186/gb-2005-6-9-119

Smith, Barry, Werner Ceusters, and Rita Temmerman. 2005a. "Wüsteria." *Stu Health Technol Inform* 116:647–652.

Smith, Barry and Pierre Grenon. 2004. "The Cornucopia of Formal-Ontological Relations." *Dialec-tica* 58(3):279–296. DOI: 10.1111/j.1746−8361.2004.tb00305.x

Tabakowska, Elzbieta. 1993. *Cognitive Linguistics and Poetics of Translation*. Tübingen: Gunter Narr. Talmy, Leonard. 2000. *Toward a Cognitive Semantics. Volume I: Concept Structuring Systems*. Cambridge (Mass.): MIT.

Talmy, Leonard. 2011. "Cognitive Semantics: An Overview." In *Semantics. An International Handbook of Natural Language Meaning*, edited by Claudia Maienborn, Klaus von Heusinger and Paul Portner, 622–642. Berlin/Boston: Walter de Gruyter.

Temmerman, Rita. 2000. *Towards New Ways of Terminology Description. The sociocognitive approach*. Amsterdam: John Benjamins. DOI: 10.1075/tlrp.3

Tognini-Bonelli, Elena. 2001. *Corpus Linguistics at Work*. Amsterdam: John Benjamins. DOI: 10.1075/scl.6

Wright, Sue Ellen. 1997. "Representation of Concept Systems." In *Handbook of Terminology Management. Volume 1: Basic Aspects of Terminology Management*, edited by Sue Ellen Wright and Gerhard Budin, 89–97. Amsterdam: Benjamins. DOI: 10.1075/z.html

Wüster, Eugen. 1974. "Die Allgemeine Terminologielehre. Ein Grenzgebiet zwischen Sprach-wissen-schaft, Logik, Ontologie, Informatik und den Sachwissenschaften." *Linguistics* 119, 61–105.

Zawada, Britta E. and Piet Swanepoel. 1994. "On the Empirical Inadequacy of Terminological Concept Theories: A case for prototype theory." *Terminology* 1(2):253–275. DOI: 10.1075/term.1.2.03zaw

知识本体定义

克里斯多夫·罗什

萨瓦大学

文字是我们思想的标志,自然语言固有的系统必须建立在我们知识所固有的系统基础之上。——孔狄亚克(Etienne Bonnot de Condillac)《语法》第二章

数据处理场景下的术语操作再次凸显了概念的重要性和首要地位,同时也提出了如何界定和计算表征概念的问题。在此范围内,知识工程意义上的知识本体(即对某一学科领域概念的形式具体化)为意念系统模型的建立铺平了道路。但是,同样的道理,将知识本体放在术语工作的核心位置上,并将其作为相关起点,也意味着需要对术语学原则和方法进行重新思考,并且需要考虑到学科领域知识。术语学的研究范畴要大于专科词典学。同样,概念本身从所具有的超属性来看,不能归结为证明概念的术语。从术语学研究中的概念和语言双重维度来看,术语学是关于客体与词的科学研究。在知识本体层面上,术语与概念可以被区分为:用自然语言表达的术语的定义(即对某一术语所做的语言解释)和用形式语言表达的概念的定义(即对某一概念所做的形式具体化,概念的知识本体定义)。相对于学科领域的知识,这种区分是唯一可被标准化的,同时也维护了语言的多样性。

关键词:术语;术语操作;知识本体,单词定义;事物定义;知识本体定义;概念;形式语言

1. 信息社会:为什么术语必须实现操作

今天的数字社会已经深深地改变了我们的工作方式,为与术语相关的新数据处理实践铺平了道路。翻译工具、语义和多语种搜索引擎、知识管理、数字图书馆、专业百科全书等数据处理实践,都要依靠术语操作,即对它们的概念系统进行计算表征。事实上,无论多么复杂,我们都不应该局限于术语的词汇维度这一单一程序,而忽视术语的意义。因此,数据查找不仅仅是查找关键词,即使是语言学和统计学上相关的词。这些信息必须在与学科领域的知识直接相关的外部结构建立联系的基础上被组织起来,这种情况现在越发如此[①]。这既适用于"语义网络"(Berners-Lee et al. 2001),也适用于"语义搜索引擎"(Kiryakov et al. 2005)。

---

① 这一观点并不新鲜。考虑到索引和研究,还有要通过术语网络建立反映文档内容的主题词表,以及 2011 年最新版的 ISO 25964 - 1 主题词表规范坚持对概念和术语的区分(AFNOR 2013),事实上,"描述词"既不属于真正的术语,也不属于概念。

　　与计算表征相关的概念系统形式化为术语学的发展开辟了新前景:不仅包括翻译工具(如检索语言对等词)、查找信息(利用意念系统的逻辑属性,更具体而言是意念系统的演绎属性),还包括诸如数据库内的交互式导航等新的数据处理范式的涌现(Tricot et al. 2006)。在这方面,从知识工程的角度来看,知识本体方法是实现术语操作最为理想的途径之一。

　　在一个具体目标下,知识工程的本体是指某一学科领域内用以描述实践共同体中现实的、有关概念的形式具体化①。本体不是一个术语②,它没有将后者的语言层面整合进来,而是概念术语系统的一种可能模型。termontography(Temmerman 2000)和 ontoterminology(Roche et al. 2009)等新词的出现③,透露出超越本体方法的兴趣。正如我们所看到的,效仿"本体术语学"的做法,把本体作为术语研究工作的核心和根本,会对术语学自身的理论和方法产生影响。通过确保语言的多样性(语言无法实现标准化),本体把概念置于中心位置,同时引入了概念的知识本体定义和用自然语言编写的术语定义。前者具有形式和构式特征④,后者是一种语言解释⑤。

2. 术语:语言和概念双重维度

　　在术语所具有的语言和概念的双重维度上,我们已经达成了一致的意见。没有概念就没有术语⑥,同时概念还具有特别的语言属性,即概念可以离开术语而单独存在。然而,术语与概念之间的关系却不适用于语言和概念两个维度之间的联系,因为并非人人都承认概念具有特别的语言属性⑦。自 20 世纪 90 年代末以来,描写术语学取得的巨大成绩助推了术语学研究发生语言学转向⑧。也许对强化概念依赖语言的观点并没有多大作用,但它确实增强了通过科技话语定义概念的能力,这些话语旨在传达学科领域知识。突然间,指定对象的语言话语变得比知道这些对象可能是什么更有趣:"存在"代表"被说出"而不是"被认为",这将术语学简化为专科词典学。

---

　　① 即概念的定义和用计算机理解的形式化(或半形式化)语言描述的不同概念之间的关系,例如逻辑或人工智能基于图式的语言。

　　② 正如我们有时看到的那样,本体也不等于"一个其术语在形式上被定义的词汇"(Gruber 1992)。事实上,知识本体的主要目标在于理解世界,走出现实,从知识工程的意义上来讲,它还提供形式化和可计算的模型。

　　③ 其他新词,如 socioterminology、termontography、ontoterminology 等(都稍稍依赖于这种情况),认识到术语的语言和概念的双重维度,对意识形态层面的选择进行说明,而这种选择的变化取决于哪个维度处于优先地位。术语是否有不同于某一典型群体用法以外的社会学意义;或者在理解世界时的本体论意义是什么? 但是,正如我们将在第 2 节中看到的那样,这一选择的结果是微不足道的。

　　④ 概念的本体论定义与自然语言中术语的定义相反,在概念上自然语言仍然属于话语范畴。从构建实体的意义上讲,一个概念的本体论定义是一个建构性定义。通过形式化和/或可计算的系统,概念可以被操控。

　　⑤ 由术语所指定的客体的内容(事物定义)或其语言学用法(单词定义)。

　　⑥ 根据 ISO 1087—1(2000)标准,术语是"概念的口头指定",是"由某一个实践共同体用一种语言为实体概念提供的名称"(Lerat 2009)。术语的功能是"在既定的学科领域内清楚地指认概念"(Sager 2000)。

　　⑦ "概念是标准化的所指。"(Rastier 1995)

　　⑧ 语言学转向产生了一个有时可作为文本的术语。

这个想法很有吸引力，其方法也很科学。词汇是客观数据，无论是统计学[①]还是语言学[②]的科学方法都可以应用于提取词汇网络。因此，假定术语指示概念（实体 vs 物质）和语言关系将概念关系转换成语言（将包含关系转换为上下义关系，将组织关系转换为整体部分关系），概念网络就可以从词汇网络演绎推断而来。经过本领域专家验证之后，概念网络偶尔会被构建为一个本体。有关从文本中提取本体的各种著作都提到了这种方法（Aussenac-Gilles and Soergel 2005；Buitelaar et al. 2005；Daille et al. 2004）。

然而，从文本中提取的概念系统与由专家用形式语言直接定义的概念网络并不匹配[③]（见图1），"语言的词库并不反映世界的科学方法"（Rastier 2004）。"讲话"和"思考"是不同的活动，二者调动了不同的知识和符号系统、受到不同规则的约束，"说话不等于建模"（Roche 2007）。

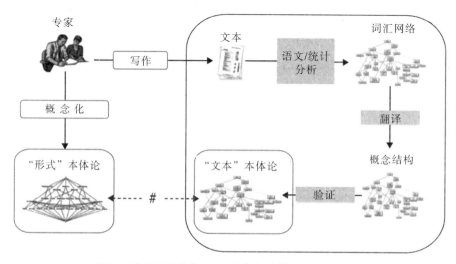

图 1　形式知识本体 vs. 文本知识本体（Roche 2007）

术语的确可以像话语中的任何其他词汇一样使用，同时构建相应的所指[④]。然而，作为在所有话语之外的符号，术语的一个特殊之处在于它引入（表示[⑤]）、赋予了研究者一种对学科领域洞察的能力。换句话说，索绪尔的符号模型（Saussure 1966）并不能确保能够领会所有由术语所调动的概念。与语言学转向带来的启发往往相反，术语学不仅仅是专科词典学。

---

①　例如，哈里斯（Harris 1968）的分布分析。

②　词形还原，根据词汇/句法模式提取准术语词：[名称]、[名称]＋[形容词]等。

③　这并不奇怪，不是吗？如果我们确实可以从文本中提取信息（毕竟，语言的确可以讲述世界），那么，理解文本所需的知识原本就是超出语言的。因此，只有通过与知识的这种关系才能理解诸如省略、转喻和部分-整体关系等修辞手法。我们又该凭借什么来判定特定话语背后的概念与现实稳定或偶然的划分是否一致，甚至与外部知识对立？正是对现实的稳定划分的标准才使得在术语层次上建立专业词汇单位成为可能。换句话说，我们不能把有关知识的话语与知识本身混为一谈。在所有的术语学研究中，术语专家的存在仍然是不可或缺的。

④　从索绪尔的角度来看，它具有话语价值（词汇依靠话语获取意义）（Sausure 1966）。

⑤　在奥康看来，符号与另一个实在形成相互参照，"一旦获得对符号的理解，就能进一步了解其他的一切"（Ockham 1993，6-7）。

它本身就是一门专业学科,其主要目标仍然是理解世界和组织现实,然后找到讨论它的"正确的"语词。

与语言学中固有的能指和所指关系类似,概念和客体之间的关系也是术语学和认识论中一对固有的关系。换句话说,绝对不能将所指与概念等同起来。同样,一个术语(一个专业词汇单位)也不应与一个概念名称,即某一形式系统的标识符①相混淆。概念可以用自然语言说出来,但要用形式语言来完成表达。双重符号三角有助于阐明不同概念之间的关系,其中一些可以追溯到术语(知识本体)的概念维度,其他可以追溯到语言维度(特殊用途语言,LSP)。现实这一概念包含一切,有助于构造一个诸如说话者(包括作者和读者双方)意图的所指②(见图2)。

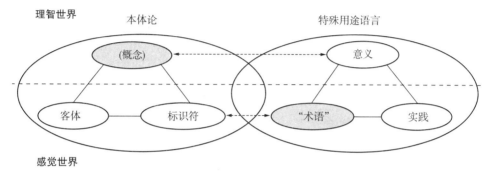

图 2　双重符号三角(Roche 2012)

如果没有能指(此处指术语),只有所指,那么概念的存在就不需要术语。事实上,存在一些没有术语指称的概念③(语言经济性原则)。这样的概念对于定义概念系统是必要的,但是对其概念化过程中所生成的不同话语而言却是不必要的,因为纯粹从称名学的角度来看,此种概念还会进一步提出概念识别的问题。鉴于这种语言空白,结果可能不完整而且偶然,更不用说错误的概念所带来的结果。

一方面,通过分离术语和所指(一个自然语言的问题),另一方面,通过分离概念名称和它的形式定义(形式系统的问题④),双重符号三角摆脱了一一对应的约束(双向单义性):一个术语对应一个概念,一个概念对应一个术语。概念化不是一个语言学问题而是一个科学问题,因为它尝试通过语言对现实进行塑造⑤。因此,只有概念化是可以被标准化的。自然语言本身不能被标准化,术语也可能是多义的。正如所有学科中的情况,必须达成共识的一

①　尽管从理论上讲,确实会发生这种情况,但作为形式系统的识别者,不应被简化为在某种术语环境里的一个任意的符号(例如一个数字)。在形式系统中,概念命名需要术语学家和(其他相关)专家全神贯注去解决。概念命名的构建方式是,只需通过阅读,就能理解某概念在概念系统内部的地位。

②　符号的意义(一般而言)需要根据使用者表达(或可能表达)的意思来解释(Grice 1957)。

③　从某种意义上讲,在话语之中术语"指定"概念[在 ISO 标准中,"指定"被定义为"对普通概念的口头指定"(ISO 1087－1 2000)],而在话语之外则是"指示"概念,因此,不能将"指定"与"指示"混为一谈。

④　我们也不应该混淆以下两种定义:用形式语言表达的概念的定义与用自然语言表达的术语的定义,术语的定义仍然是对概念内容的一种语言解释。

⑤　即用形式语言而非自然语言表示的建模(没有语言,就无法表征知识)。

个要素是概念的形式定义及其标识符。语言多样性得以保留,同时,假如人们享有共同的认知(概念化),那么创建多语术语和寻找语言对等词会变得更加容易。

3. 定义:名称,词语和事物

术语学在术语与概念之间建立了一种联系。其中,术语是专门用途语言的单位,概念是语言学之外的学科领域中的理解单位(见图3)。

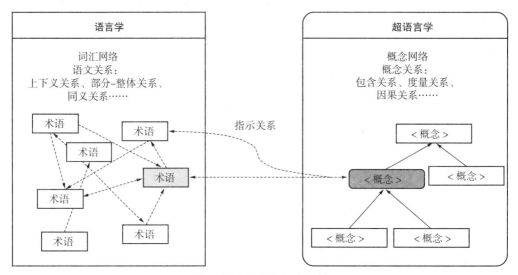

图 3　语言网络与概念网络

在术语学中,定义理论主要集中于三方面内容的探讨:术语、概念以及二者之间的关系①。具体探讨内容如下:

　　1. 作为词语,术语定义(词语定义)给出了话语中词语的含义:"根据日常语言实践对词语意义做出的解释"(Arnauld and Nicole 1996)②,"用法赋予它的指示含义"(《法国学术辞典》2009,词汇学)。按照描写术语学理论,术语定义允许人们顾及词语使用中产生的隐含信息,"头脑中附带的观念与事物的主要观念相联系"(Arnauld and Nicole 1996),这是规定术语学中术语标准化路径所忽视的地方。

　　2. 名称定义将术语与概念任意地联系起来。并不是因为名称定义可以视为一个原则或假设(尤其是在规定术语学中),所指概念的定义(事物定义)才可以作为

---

　　① 为了区分概念符号系统和语言符号系统,概念首字母大写,置于单尖括号中,如〈Voltage threshold relay〉;术语首字母小写,置于双引号中如"voltage threshold relay"。术语"voltage threshold relay"指称概念 Voltage threshold relay。

　　② 提及"波尔罗亚尔逻辑"(Port-Royal Logic)(Arnauld and Nicole,1996))的原因有两个:一是它研究定义,特别是事物的定义(真实定义)仍然具有片面性的方法;二是其强调逻辑在术语研究中的地位(或应该具有的地位)。在莱布尼茨提出"真实方法"(语言特征)之前,两位来自波尔罗亚尔的绅士(Arnauld 和 Nicole)就坚持认为:"避免日常语言中词语混淆的最好方法就是创建一种新语言和新词语,并仅让它们与我们想要表征的新观念连接起来。"

假设而被提出。尽管从符号的任意性来看,名称定义预设了语言系统中概念系统的某种独立性,但我们必须考虑到通过用法附加在术语上的现有意义:"当没有什么需要重新表述时,我们不应该改变已经接受的定义。"(Arnauld and Nicole 1996, 64)名称定义可以让我们选择一个可以通达学科领域知识的术语作为标识,这是名称定义的优点。它有助于区分使用中指称的术语和话语的术语①。其中,后者与概念直接相关,通常与它们表面上标注的概念名称相同。名称是否合适,不能仅仅因为我们同意接受这样的名称②(语言符号的任意性或按照规约的名称的适当性);名称还必须具有天然的贴切性[天然意义上的名称的适当性(事物是什么)],并尊重现有的语言用法。

3. 事物定义是关于术语所指示的客体,其目的在于知悉某一特定知识理论中的客体是什么(它的性质),"定义揭示事物的本质"(Aristote, *Les Seconds Analytiques*,Ⅱ,3,91a)。因此《法国学术辞典》(2009)在逻辑意义上将其定义为:"人们通过思维活动来决定一组字符所构成的本质含义;此种活动的结果;这些字符在某句话中的具体陈述。"

尽管"词语定义注定也必须表现用法的真实,而不是事物的真实"(Arnauld and Nicole 1996,66),术语定义和事物定义仍然紧密相关。如果约翰·斯图尔特·密尔(John Stuart Mill)③(1988)在《逻辑体系》中将定义视为"仅仅介绍语言用法"的某种语言形式,那么他也应将下定义视为"在一个客体的所有特征之中,选择那些与名称指向和解释有关的特征"的一个过程。术语定义和事物定义的区别在于:前者是一种语言解释,是词语在话语中的意义;后者本质上是一种知识本体的定义,即它预设了其所指对象的存在。在这里,定义的内容是对客体的解释(它的性质),而不是对相关的术语用法的说明。从科学方法上看,定义旨在构建一个概念模型:一个与我们对它的想法相对应的表征。

"本体术语"这个概念将术语和概念联系起来,它可以将相关定义分成以下三类(见图4)。

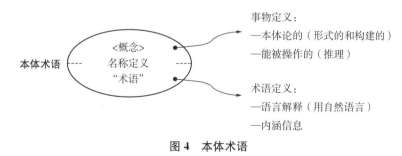

图 4　本体术语

---

①　用术语验证和标准化阶段专家建议的优选术语重新表述自动提取产生的术语备选,前述区别在该过程中也有体现。

②　事实上,这当中的每一个客体都由可能对之进行定义的名称和函数表达式标示,换言之,每一个名称和函数表达式都可能会捕捉到客体的本质。(Porphyre, Commentaire aux Catégories d'Aristote, 2008, p. 107)。

③　约翰·斯图尔特·密尔(Mill 1988)也批评这种定义分类很大程度上导致难以理解人类大脑寻求真相的一些最重要的过程。

在本文的框架内,我们仅重点探讨知识本体定义层面上的事物定义这个话题。

4. 知识本体定义:认识论和形式化

众所周知,术语学既是有关客体的科学,也是关于术语的科学。对学科领域的先验概念化这一话题始终是无法绕过的:"创制术语需要理解学科领域中支撑人类知识的概念。"(ISO 704 2009)对学科领域进行概念化是一项科学活动,即将现实有序化,这依赖于概念系统,因为有了概念系统,就很有可能理解到存在于现实中的事物的多元性。在这方面,知识工程意义上的本体是构建和表征概念系统最有希望的途径之一。

在概念维度上,术语学研究提出两个方面的问题:(1) 术语学背后的概念理论;(2) 定义概念的表达语言。

这两个问题相互依存,因为离开语言,知识就无法表达,同时,被使用的语言必须使认识论原则的表达成为可能,因为这些原则构成了概念理论的基础。我们将会看到,并非所有的形式语言都具有相同的优点。

以维斯特著名的《机床工具:基础概念语际词典》(1968)为例(见图 5)来说明我们的观点。显然,学科领域知识与该图是相对应的。技术(或工业)图形是对其所在领域概念的表征,等同于这些概念。这些图表通过形象化的语言而被定义。这种语言是一种由标准化规约支配的形式化语言。用自然语言、英语和法语写成的定义仅仅是对形式定义(图形)进行的语言上的解释和释义。在定义上,它们仍然是关于概念的话语。与形式定义相反,它们既不定义概念,也不表征概念。

236   UDC 621.822.5,1 f1

guide bush(ing); guiding bush: A bushing (234) serving as guide (547, 528) for a cylindrical rotary element (209) which is subjected to very small radial stresses.

douille de guidage; manchon pilote; bague de guidage: Coussinet en une pièce (234) servant de guide (547, 528) à un élément (209) cylindrique en rotation et soumis à des efforts radiaux très faibles.

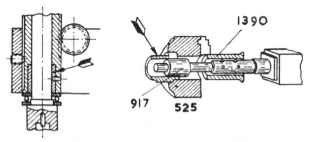

Vide spec. fig. 915

图 5 《机床工具:基础概念语际词典》(Wüster 1968)

4.1 概念理论——认识论原则

没有概念理论的支撑,或者再引申一下,如果没有知识理论做支撑,就不会有术语学。要构建一个术语的概念系统,首先必须了解学科领域,然后建构和划分现实中的客体,进而提出(概念)表征(见图 6)。

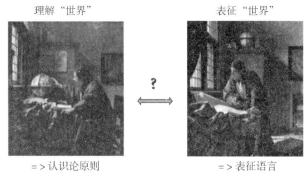

图6　理解世界和表征世界:术语学的两个关键活动

对一个学科领域的理解和概念化(用图标理论表达[①])要依赖于思维范畴(某一共同体、文化中共享的认识论原则)。

因此,我们将单一事物知识[②]与多元事物知识区分开来。在不同事物中,单一事物知识彼此不同,它对个体和客体[③]的典型特征(属性)进行描述。这些属性被赋值(赋值有程度大小之分),例如,客体的颜色、水轮机的功率。同一个客体属性的不同赋值使它与其他客体从本质上区分开来,这些赋值仅将另外一种特性与客体相结合,从而对同一客体的不同状态进行描述。我们所谈论的是描述,而不是定义:客体需要描述,而概念才需定义。

另一方面,多元事物知识(通常称为概念),旨在构造和组织存在于现实中的客体。概念与"抽象的和一般的想法"(《法国学术辞典》2009)相对应,是"对某个客体的一般与抽象心理表征"(Le Petit Robert 1994)和"头脑中形成的东西、思想或一般的想法"(《柯林斯词典》1987)。根据 ISO 704(2009),概念是"知识单位","应被视为某一专业语境或领域内有关客体的心理表征"。概念不仅仅是一个思维单位,它还应是一个"理解单位",即一个有可能理解现实多样性的单位,字面意思是"整体的理解"(Depecker and Roche 2007)。

简而言之,通过共有属性对相似客体进行分组,概念在对现实的组织过程中发挥了重要作用[④]。其结果是"根据抽象和一般的决定,而不是根据其具体的独特性来描绘真实"(Baraquin et al. 1995)。概念是遵守同一法则的多元事物知识。

根据此法则的本质,可能有各种不同的概念方法,以及理解学科领域的方法。

换句话说,我们可以对有着类似描述(类似结构)的客体感兴趣,并把概念视为一系列共享属性(描述性特征):"思维解构阐明由字面符号传达的常用字符的稳定整体"(《法国学术

---

① 　与理论相关的语言。

② 　认知:根据不同的精确程度,从思维上对事物进行把握。人类思维的表征与理解功能。(Baraquin et al,1995)。

③ 　客体(事物或个体)的概念在术语学中是至关重要的,但它在 ISO 1087-1(2000)标准中却被错误地称为"个体概念"。

④ 　然而,即使在现实中找不出概念所指的实例(如独角兽,在火星上散步的人),我们仍然可以定义概念。

辞典》2009），"由特征的独特组合形成的知识单元"①（ISO 1087 - 1 2000）。通过对潜在的多层次关系里的属性分解②，概念组织在一起形成系统③，从而把概念纳入具有相同结构（描述）的多元事物知识。

并不是所有的特征组合都定义有意义的概念。因此，概念不仅仅是特征的因子分解，它还必须对其包含的客体的本质进行说明。这会使我们对描述内容与定义内容做出区分：前者是指描述客体各种可能状态的属性（颜色、速度等），后者是指阐释客体本质的基本特征④（例如，"凡人"〈人类〉）。这些基本特征以定义和区分的方式，将概念组织成简单的层级结构⑤，该层级结构定义了一个描述客体的属性以经验方式依附其上的架构。亚里士多德的定义是典型的属加种差模式，从而使概念变成了同一性质的多元事物知识。

但这并不是组织世界对象的唯一方式。我们也可能会对客体进行分组，这些客体的性质和结构可能不同，它们对相同的（逻辑）属性进行验证（例如，红色客体群组，颜色属性的红色值可能将我叔叔的法拉利和我在午餐上吃的苹果归入一类）。在这种情况下，根据其逻辑属性的定义（与"多"层次结构相对应的属性合取，与概念重组对应的属性析取），或根据对概念外延的系列操作⑥（例如，对应于一个属性合取的交叉）组织概念，从而使概念转变为验证同一属性的多元事物知识。

同样，我们也许希望依据它们彼此之间的关系（如联想关系⑦）来组织客体，更加重视其外部关系而不是内部关系。构成关系、功能或因果关系都是这方面的例子，这样就使一个概念变成了多个联接客体的知识（就像在前一种情况下，该属性被扩展到关系中一样）。

正如我们所知，有不同类型的多元事物知识。用"概念"这个词来指称那些不同的情况是令人沮丧的事情。它造成了许多误解（有些人甚至认为概念的界限是模糊的）、混淆了集合和概念⑧，以及分类和概念化，这些都是两个完全不同的操作。这种情况令人感到非常遗憾，因为我们的词汇足够丰富，能够说明各种概念，如"范畴""家族""概念""等级""集合""群组"等。

对某一学科领域的理解有赖于各种思维范畴，即（1）单一事物知识（事物、客体、个人）和

---

① 对某一客体或某一组客体属性的抽象化（ISO 1087 - 12000）。

② 一个具象的概念继承了其更通用概念的属性。

③ "如果概念领域是结构化的，那么学科领域（或学科领域的子部分）只能在精神上是可及的"（Felber 1984），"概念不是以孤立的知识单元而存在的，而是相互联系在一起的整体"（ISO 704 2009）。

④ 本质特征就是那个与客体分离后客体便不能存在的特征，是对于在特定时刻达成共识的知识来说必不可少的特征。与属性相反，它是不能被赋值的。

⑤ "相互矛盾的特征：也不会同时存在于同一事物中"（Porphyry, Isagoge 1975 11.5）。种概念如此定义，其属概念又是什么？同一个对象可以从不同的角度加以分析（以不同方式进行概念化）固然是个事实，这不能与多层级结构混为一谈，否则后者将把本应分开的混为一谈。

⑥ 概念包含的一组客体。

⑦ 凭经验以非层级关系联系在一起的关系（ISO 1087 - 12000）。

⑧ 一个概念可能具有一组集合语义（概念的外延），但这并不一定意味着所有语义集合都对应于一个承载学科领域意义的概念。同一个个体可以属于不同的集合，与以属加种差方式定义的概念外延不同，集合之间不存在交集。

多元事物知识(集合、概念、阶层等);(2)本质特征(特定差异)和描述性特征(属性、偶然属性);(3)内部关系(构成)和外部关系(功能、因果、联想等)。因此,可以区分不同类型的定义,取决于我们是否关注:

1. 客体的性质,即定义本身。"更加确切的定义通过它的本质属性去解释事物的本质。"(Arnauld and Nicole 1996,126)

2. 对客体的描述,在这种情况下,要讨论的是描述而不再是定义。"不太确切的定义,可称为描述,根据偶有属性,提供对某事物的知识。"(Arnauld and Nicole 1996,126)

3. 客体的构成,"我们有时也会根据整体的组成部分进行定义,例如,我们说人类由心灵和身体构成时"(Arnauld and Nicole 1996,126)。

4. 客体之间的关系,"根据原因、事项、形式、目的等进行定义或描述"(Arnauld and Nicole 1996,126)。

5. 客体属性更加广泛,包括定义、描述、构成以及与其他客体的关系。

4.2 用于表达(表征)的语言

概念具有超语言的本质特征。概念的定义离不开特定的语言[1],术语学中使用图形标记概念系统就是一个例子[2](Kockaert et al. 2010)。用于定义概念的语言必须满足三个标准:

1. 支持所选知识理论的认识论原则;

2. 对概念的定义要一致[3],同时对概念的阐释也必须客观[4];

3. 能够表征概念和概念系统,后两者与对它们的认识对应,可以进行操作(重写系统、计算模型)。

形式语言(即句法和语义都有清楚说明的语言)通过使用得到强化。有关定义的形式、阐释和处理并不取决于个人的解释,而是由理论支配的[5],从这个意义上来讲,定义具有客观性。从本质上讲,定义具有一致性(特别是对于依赖逻辑的语言)。除此以外,还有假设-演绎

---

① 它们是关于自然语言的,不能发挥这种作用。用自然语言所下的定义是概念的语言表征。它们是关于难以自我实现的概念的话语。

② 为此目的,国际标准 ISO / DIS 24156-1 应运而生。用于术语工作中概念建模的图形标记系统及其与统一建模语言的关系——第1部分:在术语工作中统一建模语言和思维导图标记系统的使用指南。

③ 从逻辑意义上说,概念的定义确定了一个具有一致性的系统。

④ "独立于思维主题而单独存在"(TLFi 2009),即解释由该理论确定。

⑤ 只要某理论为某共同体接受,该理论就具有客观性,即使对理论的选择未必客观。这种选择可能会满足各种标准,包括诸多意识形态方面的标准,如实用主义、现象学、逻辑实证主义、形而上学等。

方法,即根据事实本身接受假设和规则就意味着接受它们的构造[①]和解释:"科学是一种完美的人工语言。"(Condillac 1780)特别是对于计算机可以理解的语言(计算建模)而言,形式化定义生成了可能会被操控的概念表征,从这个意义上来说,形式化定义具有建构性。

然而,并非所有用于定义概念的形式化语言都具有相同的优点。它们在以下方面也并不都具有相同的功能或保障:(1)表达力(深层的认识论原则);(2)达成共识的能力;(3)逻辑属性的校验(例如一致性);(4)形成可能由计算机计算的表征的可能性。简而言之,上述几个方面限制了实际的操作,并因此影响到了各种术语的使用。

4.2.1 逻辑

基于逻辑的语言具有其特殊性。清晰、精确的句法和语义保证它们满足一定数量的令人期盼的特征(如定义客观和连贯性好)。通用的形式使得该种类型的语言成为理想的交流格式。更重要的是,正是概念和关系的理念使逻辑成为一种重要的语言。作为一个完整的函数表达式(wff),概念是一个具有真值的一元函数,即一元谓词,如 Man(x)。关系又是围绕几个变元的真值函数。例如 Child(x,y) 表示 y 是 x 的孩子,Color(x,y) 表示 y 是 x 的颜色(Frege 1971,99)。正是因为逻辑的表达功能,概念才变得易于定义。因此,可以基于合取、析取,甚至通过否定以前的定义模式来定义概念。概念是根据一种包含关系来构造的,这种包含关系基于其概念外延加以定义[②]。图 8 展示了如何通过合取现有概念去定义新概念。在该网络图中,概念 Form(x) 被定义为概念 Independent(x) 和 Abstract(x) 的合取:

$$Form(x) \equiv Independent(x) \wedge Abstract(X)$$

逻辑还具有可自行支配的推理机制和计算模型。基于逻辑的语言使术语变得可操作化,并为它们提供验证工具和开发程序。

基于个体观念、概念(一组个体)和角色(个体之间的二元关系)的"描述逻辑"[③](Baader et al. 2003)是这些语言中的一个例子。对概念的定义是在概念合取、概念否定和角色限制(主要是哪些个体应该处于一定的关系及其数量)等构造函数的帮助下完成的。"描述逻辑"提出了两个基本操作:分类有助于对层次结构中的概念进行定位,此操作专用于构造和更新概念的层次结构;而实例化则可以确定其能够成为实例的概念。

一方面,将概念视为一个真值函数——一个概念就是验证相同逻辑属性的多元事物知识;另一方面,在以关系的形式对客体的特征进行建模时,逻辑展现出强大的表达力[①],这实质上不可或缺。

4.2.2 源自人工智能的语言

现代逻辑(数学)已经跳出了认识论和语言学研究视角的窠臼,成为一个由无意义的抽

[①] 它还意味着接受这样的观点:对所知领域的表达受限于理论方面的良构函数表达式,"我的语言的界限意味着我的世界的极限"(Wittgenstein,1922,5.6)。

[②] 如果 C1 的客体集合(及其外延)包含 C2 客体集合的外延,那么,概念 C1 包含概念 C2。

[③] 各种描述逻辑为编写函数表达式提供了不同的构造函数。

[④] 红色客体集合中的例子可以形式化如下:红色(x)∷=颜色(x,红色);红色客体集合(x)∷=客体(x)Ù红色(x)。

象符号构成的形式运算系统,这也是现代逻辑获得成功发展的主要原因。问题不在于函数表达式的易读性(顺便提一下,其表达式不是太复杂),而是它的现实方法。不能再通过对客体性质的描述来对其定义,而是通过客体之间的关系来对相应的客体进行定义。客体不再作为特征的本源或者支持而存在,而是分裂成多重关系,不再区分是本质还是非本质[①]。

从认识论和计算的角度来看,源于人工智能的知识表征语言具有更好的可读性格式,其特征也更加吸引人。在这种情况下,概念或类别[②]是有关具有相同结构(描述)的多元事物知识。客体(在范例意义上也称为实例),是在某一类别的基础上创造出来的。该类别根据属性(例如,搅拌器的搅拌力和发动机功率)和组成[③](搅拌器由发动机和搅拌轴组成)对客体做出描述(见图7)。换句话说,同一类别的所有客体具有相同的结构,但它们的属性值(它们的状态)不同。

```
(类别 <机械的-搅拌器>
    (属性: <上空的-搅拌器>)
    (组成: <引擎> <搅拌器> <搅拌轴>)
    (槽 ( (搅拌-数量-最大值: 值)
         (马达-额定功率-输入: 值)
         ... )))
```

图7　功能语言中〈机械搅拌器〉概念的定义

类别通过泛化/专业化关系组织成层级网络[④],其中最具体的类别继承了更一般类别的属性。

最后,这些实例是可以由计算机程序操纵的计算实体。

源于人工智能的表征语言历史悠久(Brachman and Levesque 1985;Karp 1993),从1974年出现第一个计算机实现的"框架概念"(或图式)(Minsky 1974),比如"框架表征语言"(FRL)(Roberts and Goldstein 1977),到源自万维网联盟(W3C)的语系,比如"资源描述架构(RDF)模式"(2004)。另外值得一提的语言还有促进关系研究的"图式表征语言"(LLP)(Wright et al. 1984),与表达能力相关的"知识交换格式"(KIF)语言(Genesereth and Fikes 1992),以及与分类机制相关的 LOOM(ISX 1991)语言。它们当中的一些语言(KIF 和 LOOM)也是建立在逻辑形式化基础之上的。

4.2.3　选择表达语言

为概念的定义选择一种形式化的语言并不简单。通过它所使用的认识论原则,形式化语言的选择决定了我们的世界观的形成。萨丕尔-沃尔夫假说(Sapir 1968)认为语言作用是划分现实,这一观点同样适用于人工语言。定义的连贯性和客观性[⑤]也许能够得以保证,但是使用句法和语义特征都有着明确界定的同一种语言,不仅共识不会达成,而且也无法分享

---

① 仅为知识表征提出一种范式(谓词)的一阶逻辑不能区分不同类型的知识。例如,从逻辑上讲,我们无法对 Human Being (x)、Mortal (x) 和 Sick (x) 这三个一元谓词进行区别,尽管它们代表了不同性质的知识。无论可能的世界是什么(尽管代表不同类型的知识,第一个是物质类型,第二个是本质特征),前两者总是正确的,后者则是偶然的。与此类似,被定义为否定函数表达的概念所包含的对象的本质是什么? 要考虑不同种类的谓词,就需要进一步引入高阶逻辑。

② 不要将之与逻辑中类别的概念相混淆。逻辑中的类别指定了集合外延,其意向性定义被称为概念。

③ (部分)组成关系在知识建模中起着重要作用。然而,它并不像包含关系那样是严格意义上的层级关系:因为与种概念从属于属概念不同,部分并不从属于整体。

④ 属性的分解与对客体描述的泛化/专业化关系相对应,而不是与它们本质的包含关系相对应。

⑤ 是就对它们的阐释由该理论决定而言的。

和重复使用相同的定义。形式语言首先是逻辑或计算表征的形式，其认识论原则不需要我们去考虑某一学科领域概念化所需的不同类型的知识。

4.3 知识本体

4.3.1 计算建模

在能被计算机理解的形式语言的基础之上构建一个概念系统，产生了知识工程意义上的本体概念：“知识本体是概念的一种具体化”，更具体地说，就是“在知识共享的背景下……本体是对概念和关系的描述（与程序的形式具体化相类似），这些概念和关系可以存在于一个施事或一个施事群体中”(Gruber 1992)。20 世纪 90 年代早期，本体的概念首次出现在协同工程项目(Cutkosky et al. 1993；McGuire et al. 1993)的子项目中，如今已经变得越来越流行(Staab and Studer 2004)。这可以从找出一致、连贯、可共享和可重复使用的概念化特征的渴望中得到部分解释(Gruber 1992；Guarino et al. 1994)。今天，知识本体已成为实现概念系统建模和术语操作的最有前景的路径之一(Roche 2005)。

在其自身追求特定目标，并对社区实践共享的现实进行描述的同时，知识本体也取决于使用方法和表征语言。

图 8 显示了“KR 知识本体”(Sowa 2000,498)的顶层概念(范畴)。该顶层概念主要基于皮尔斯(Charles Sanders Peirce)的符号学和怀特海德(Alfred North Whitehead)的存在类别。通过对现有概念的合取，如形式(x)≡独立(x)∧抽象(x)(尽管专业概念越多，逻辑表达就越复杂)，概念可以按逻辑来定义。

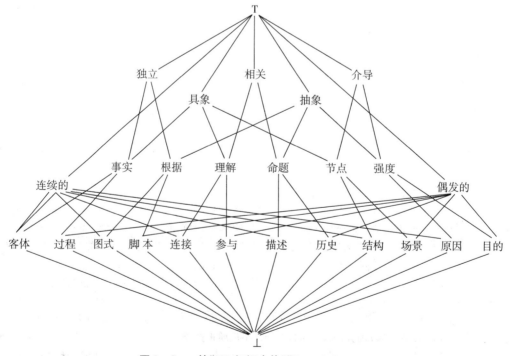

图 8　Sowa 的“KR 知识本体”(Sowa 2000,498)

另一方面,图9说明了如何通过框架语言对本体进行定义(框架由一组属性来进行定义,这些属性对由概念归类的客体进行了描述)。框架语言是一种半形式化的知识表征语言。微观世界(Mikrokosmos)是一个顶层本体,它在分层图中通过 is-a 关系组织概念。

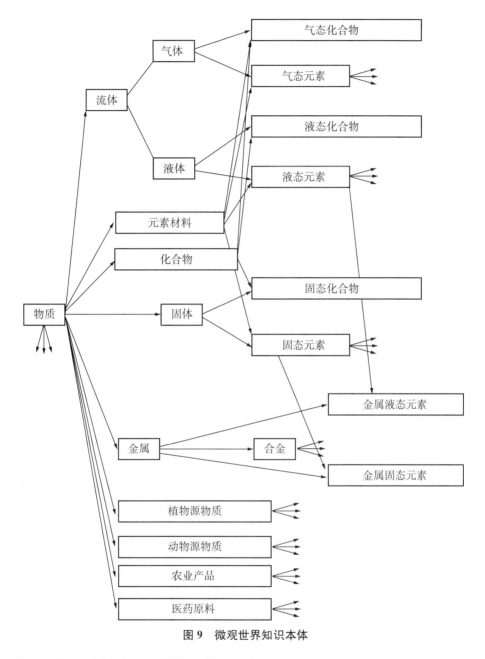

图 9　微观世界知识本体

知识本体定义语言中有一种是"本体 Web 语言"(OWL)(Dean and Schreiber 2004)。它来源于万维网联盟(W3C),是建立在描述逻辑以及可扩展标记语言(XML)语法类型基础之上的一种语言。OWL 已成为一种标准,主要用作交换格式。它实施于保护本体开发环境中,并提供了大量的可视化工具(见图10)。

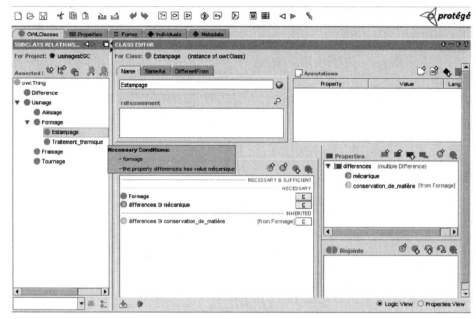

图 10　保护环境

4.3.2　一种方法论

从知识工程意义上来讲,尽管知识本体以实现连贯、共识和可共享的概念化为目标,但这个目标并不总是能实现。KR 知识本体和微观世界知识本体均声称是顶层知识本体,那么这二者之间的关系是什么? 我们怎么会接受微观世界知识本体中创造出诸如〈Metallic-Liquid-Element〉(被归入〈金属〉和〈液体〉两个概念中)这样的概念呢? 它明显会导致一些事物性质(定义)和状态(描述)的混乱①。

从词源上讲,知识本体也是关于存在之所以是存在的一门科学,与个体的特殊限定无关。换句话说,就是要在其特定表现形式(状态)中,寻求对现实的稳定描述:描述不等于定义。无论观察者怎么看(这在今天毫无意义),我们不再寻找客体的内在特征,而是寻找关于客体特征的一致性。这些特征对处于特定时空的某一共同体来讲都是必要和有意义的:知识本体是主体间性的建模。

从词源上讲,知识本体是一种方法论指导。我们现在需要做的就是去实施它,甚至是使用一种专门的形式化语言去实施,至少也要在用于概念系统构建的软件环境中去实施。例如,基于"本体知识"(OK)模型(Roche 2001)的"本体工艺工作台"(OCW)环境,其目的是通过对种概念的区分(亚里士多德定义中的属和种差)来构建本体。图 10 显示了来自学科领域本体的抽取片段,并给出了用本体知识语言编写的〈Stamping〉这一概念的定义(见图 11)。

---

①　汞不是液态金属,而是一种在一定温度和压力条件下处于液态的金属。

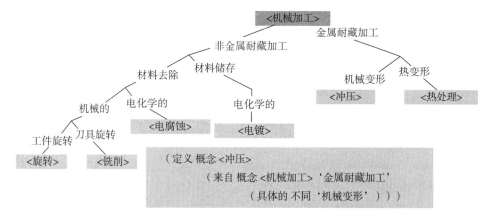

图 11　OCW 环境下使用本体知识语言进行定义的机械加工本体

5. 结论：一种新的术语学方法

通过语言和概念双重维度，术语区别了术语定义和概念定义。用自然语言表达的术语定义是一种语言解释，它要么是对通过用法获取的意义的指示，要么是关于其指定概念的话语。然而，为了界定这个概念语言以外的特性，我们需要一种特定的语言，从某一假定的知识理论来看，这种语言可以生成连贯和客观的定义。概念定义是一个形式化和建构性的具体化过程，该过程生成了计算表征。

在上述范围内，知识本体是指知识过程，被定义为针对概念化的形式说明，是实现概念术语系统建模及其操作化最有前景的方法之一。然而，将知识本体作为术语工作的核心，对术语工作的方法和原则均会产生影响，并由此引出本体术语这一概念。

第一阶段是在学科领域专家的帮助下，用形式语言构建概念系统。但是，概念系统的构建不应该与自然语言相隔离。言语表达是概念化的前提。参考文本也有助于概念系统的构建，但前提是要考虑到文本并不包含概念，而只包含指称概念的术语的语言用法（还需要考虑到的是，概念名称不一定等同于术语）。

定义概念（它们的知识本体定义）要依赖于概念理论，其认识论原则指导着概念系统的构建。从本体这个词的原始意义来看，作为关于存在的科学，这是知识本体的方法论贡献。这要求找到一种符合条件的语言，因为并不是所有的形式语言都具有相同的功能，或提供相同的保证（表达的力量、逻辑属性、可计算表征）。

知识本体为主体间性（在特定时间由某一共同体共享的概念性知识）提供描述模型。该主体间性已通过形式化提升到了标准化水平。它支持语言多样性[1]（语言不能被标准化），因为只有形式化的概念定义才需要保持一致性和被标准化。最后，在实际运用中，知识本体还是识别专门语言单位的准则，这些语言单位最终会以术语的形式而得以保留[2]。

总之，如果概念化能够用自然语言进行表达，那么就应该用认识论原则指导下的形式化语言定义它。

---

① 在概念能被多个共同体所共享的情况下，再考虑多语制就会容易许多。

② 专门语言单位也是一个术语，这并不是因为它指定了学科领域的知识，它还必须指称现实中某个稳定的部分。

参考文献

Aristote. 1991. *La Métaphysique. Tome I*. Paris：Librairie Philosophique J. Vrin.

Aristote. 2000. *Les Seconds Analytiques*. Paris：Librairie Philosophique J. Vrin.

Arnauld，Antoine and Pierre Nicole. 1993. *La logique ou l'art de penser*. Paris：Librairie Philosophique J. Vrin.

Arnauld，Antoine and Pierre Nicole. 1996. *Logic of the Art of Thinking*. Cambridge：Cambridge University Press. DOI：10.1017/CBO9781139166768

Aussenac-Gilles，Nathalie and Dagobert Soergel. 2005. "Text analysis for ontology and terminology engineering." *Applied Ontology* 1：35 - 46.

Baader Franz，Diego Calvanese，Deborah L. McGuinness，Daniele Nardi，and Peter Patel-Schneider. 2003. *The Description Logic Handbook*. Cambridge：Cambridge University Press.

Baraquin，Noëlla，Anne Baudart，Jean Dugué，Jacqueline Lafitte，François Ribes，and Joël Wilfert (editor). 1995. *Dictionnaire de Philosophie*. Paris：Armand Colin.

Berners-Lee，Tim，James Hendler，and Ora Lassila. 2001. "The Semantic Web. A new form of Web content that is meaningful to computers will unleash a revolution of new possibilities." *Scientific American Magazine*. http：//www.scientificamerican.com/

Brachman，Ronald J. and Hector J. Levesque. 1985. *Readings in Knowledge Representation*. Los Altos，CA：Morgan Kaufmann Publishers，Inc.

Buitelaar，Paul，Philipp Cimiano，and Bernardo Magnini. 2005. "Ontology Learning from Text：Methods，Evaluation and Applications." In *Ontology Learning from Text：Methods，Evaluation and Applications. Frontiers in Artificial Intelligence and Applications*，book 123，3 - 12. Amsterdam：Ios Press Publication.

Condillac，Etienne B. 1780. *La Logique ou les premiers développements de l'art de penser*. Paris.

Cutkosky，Marc R.，Robert S. Engelmore，Richard E. Fikes，Michael R. Genesereth，Thomas R. Gruber，and William S. Mark. 1993. "PACT：An Experiment in Integrating Concurrent Engineering Systems." *IEEE Computer* 26(1)：28 - 37. DOI：10.1109/2.179153

Daille，Béatrice，Kyo Kageura，Hiroshi Nakagawa，and Lee-Feng Chien. 2004. *Recent Trends in Computational Terminology. Special issue of Terminology* 10(1).

Dean，Mike and Guus Schreiber. 2004. "OWL Web Ontology Language Reference." *W3C Recommendation*. http：//www.w3.org/TR/owl-ref/.

Depecker，Loïc and Christophe Roche. 2007. "Entre idée et concept：vers l'ontologie." *Revue Langages* 168：106 - 114. DOI：10.3917/lang.168.0106

Dictionnaire de l'Académie française. 2009. (9th edition). http：//atilf.atilf.fr/academie9.htm

Felber，Helmut. 1984. *Manuel de terminologie*. Paris：Unesco.

Frege，Gottlob. 1971. *Écrits logiques et philosophiques*. Paris：Éditions du Seuil.

Genesereth，Michael R. and Richard E. Fikes. 1992. "Knowledge Interchange Format Version

3.0，Reference Manual." *Report Logic* 92 - 1，Computer Science Department，Stanford University，June 1992.

Grice，Herbert Paul. 1957. "Meaning." *Philosophical Review* 66，377 - 388. DOI：10. 2307/2182440

Gruber，Thomas R. 1992. "A Translation Approach to Portable Ontology Specifications." *Knowledge Acquisition* 5(2)：199 - 220. DOI：10.1006/knac.1993.1008

Guarino，Nicola，Massimiliano Carrara，and Pierdaniele Giaretta. 1994. "An Ontology of Meta-Level Categories of Knowledge Representation and Reasoning." *Proceedings of the Fourth International Conference on Principles of Knowledge Representation and Reasoning* (*KR*94). Morgan Kaufmann.

Harris，Zellig S. 1968，*Mathematical Structures of Language*. R.E. Krieger Publishing Company，Inc.

ISO 704. 2009. *Terminology work—Principles and methods*. Geneva：International Standards Organization.

ISO 1087 - 1. 2000. *Terminology work—Vocabulary-Part 1: Theory and application*. Geneva：International Standards Organization.

ISO 25964 - 1. 2011. *Information and documentation—Thesauri and interoperability with other vocabularies—Part 1*. Geneva：International Standards Organization.

ISX Corporation. 1991. *LOOM Users Guide version* 1.4. August 1991.

Karp，Peter D. 1993. "The design space of frame knowledge representation systems." *Technical Note* #520，May 1993. SRI AI Center.

Kiryakov，Atanas，Borislav Popov，Ivan Terziev，Dimitar Manov，and Damyan Ognyanoff. 2005. "Semantic Annotation，Indexing，and Retrieval." *Elsevier's Journal of Web Sematics* 2(1).

Kockaert，Hendrik J.，Frieda Steurs，and Bassey E. Antia. 2010. "Filling the Gaps Between the Object-Oriented UML Modeling and Concept-Oriented Terminological Modeling in ISO Standards. Application of ISO/DIS 704 and ISO 1087 - 1 in ISO/TR 24156 on the basis of UML in terminological concept modeling." In *TKE* 2010：*Presenting Terminology and Knowledge Engineering Resources Online*：*Models and Challenges*，edited by Úna Bhreathnach and Fionnuala de Barra Cusack，435 - 456. Fiontar：Dublin City University.

Le Trésor de la Langue Française informatisé (*TLFi*). 2009. http：//atilf.atilf.fr/tlf.htm.

Lerat，Pierre. 2009. "La combinatoire des termes. Exemple：Nectar de fruits." *Hermes Journal of Langage and Communication Studies* 42，211 - 232.

McGuire，James G.，Daniel R. Kuokka，Jay C. Weber，Jay M. Tenenbaum，Thomas R. Gruber，and Gregory R. Olsen. 1993. "SHADE：Technology for Knowledge-Based Collaborative Engineering." *Journal of Concurrent Engineering*：*Applications and Research* 1 (3)，September 1993.

Mill，John Stuart. 1988. *Système de logique*. Pierre Mardaga éditeur.

Minsky, Marvin. 1974. *A Framework for Representing Knowledge*. Memo 306, Massachusetts Institute of Technology, AI Laboratory, June 1974. Porphyre, Isagoge.

Ockham, Guillaume d'. 1993. *Somme de logique*, *Première partie*. Trans-Europe-Repress, Mauvezin.

Porphyry the Phoenician. 1975. *Isagoge*. Translated by E.W. Warren. Canada: The Pontifical Institute of Mediaeval Studies.

Porphyre. 1947. *Isagoge*. Traduction et notes par J. Tricot. Vrin.

Porphyre. 2008. *Commentaire aux catégories d'Aristote*. Librairie Philosophique J. Vrin.

Protégé. *A free*, *open-source ontology editor and framework for building intelligent systems*. http://protege.stanford.edu/.

Rastier, François. 1995. "Le terme: entre ontologie et linguistique." *La banque des mots*, 7, 35 – 65.

Rastier, François. 2004. "Ontologie (s)." *Revue d'Intelligence Artificielle* 18(1): 15 – 40. DOI: 10.3166/ria.18.15 – 40

RDF Schema 2004. *Resource Description Framework*. W3C Recommendation, http://www.W3.org/ TR/rdf-schema/ February 2004.

Roberts, R. B. and I. P. Goldstein. 1977. *The FRL Manual*. Memo 409, Massachusetts Institute of Technology, AI Laboratory, September 1977. Porphyre, Isagoge.

Roche, Christophe. 2001. "The 'specific -difference' principle: a methodology for building consensual and coherent ontologies." *IC – AI* 2001, Las Vegas, USA, June 25 – 28, 2001.

Roche, Christophe. 2005. "Terminologie et ontologie." *Revue Langages*, 157, March 2005, 48 – 62. Paris: Éditions Larousse. DOI: 10.3917/lang.157.0048

Roche, Christophe. 2007. "Saying is not Modelling." *Natural Language Processing and Cognitive Science* (*NLPCS*) 2007, 47 – 56. ICEIS 2007, Funchal, Portugal, June 2007.

Roche, Christophe. 2012. "Ontoterminology: How to unify terminology and ontology into a single paradigm." *Eighth International Conference on Language Resources and Evaluation* (*LREC* 2012). Istanbul, Turkey, May 21 – 27, 2012.

Roche, Christophe, Marie Calberg-Challot, Luc Damas, and Philippe Rouard. 2009. "Ontoterminology: A new paradigm for terminology." *International Conference on Knowledge Engineering and Ontology Development* (*KEOD*), Madeira, Portugal, October 5 – 8, 2009.

Sager, Juan C. 2000. "Pourune approche fonctionnelle de la terminologie." *Le sens en terminologie*, 40 – 60. Presses universitaires de Lyon.

Sapir, Edward. 1968. *Linguistique*. Paris: Les Editions de Minuit.

Saussure, Ferdinand de. 1966. *Course in General Linguistics*. McGraw-Hill Book Company.

Sowa, John F. 2000. *Knowledge Representation*. Pacific Grove: Brooks/Cole.

Staab, Steffen and Rudi Studer (editor). 2004. *Handbook on Ontologies*. Heidelberg: Springer. DOI: 10.1007/978 – 3 – 540 – 24750 – 0

Temmerman，Rita. 2000.*Towards New Ways of Terminology Description. The sociocognitive approach.* Amsterdam/Philadelphia：John Benjamins. DOI：10.1075/tlrp.3

Tricot，Christophe，Christophe Roche，Charles-Emmanuel Foveau，and Samah Reguigui. 2006. "Cartographie sémantique de fonds numériques scientifiques et techniques." *Document Numérique：Visualisation pour les bibliothèques numériques*，9(2)，2006；13 – 36.

Wittgenstein，Ludwig. 1922.*Tractatus Logico-Philosophicus.* London：Kegan Paul.

Wright，J. Mark，Mark S. Fox，and David Adam. 1984. "SRL/1.5 Users Manual." *Technical report.* Robotics Institute，Carnegie-Mellon University.

Wüster，Eugen. 1968. *The Machine Tool. An Interlingual Dictionary of Basic Concepts.* London：Technical Press.

域特殊性:语义学与称名学知识表征

克洛迪娅·桑托斯　鲁特·科斯塔

阿韦罗大学/
新里斯本大学社会科学与人文学院语言学中心

本章描述和提出一种术语知识表征的混合方法论,聚焦语义学和称名学研究法的界定与应用,也将评述概念化过程的特殊性以及术语学实践中文本与专家的作用。

关键词:术语学;语义学和称名学;文本;知识表征

1 引言

在信息社会,知识共享与再利用是一个重要研究领域,与术语学之间有直接和双重联系。究其本质而言,术语学必然存在于各科学领域。虽然有可能区分出知识的分类、组织和表征的若干方法,但它们之间的天然交叉使我们无法描绘出一个确切的使用语境。鉴于这些方法可被应用于若干概念化和规范化需求,或许最明智的做法是考虑其目的。然而,不论选择何种工具,这项任务的多学科性质显而易见,至关重要的是,既可以把知识概念视为认知元素,也可以将其视为储存在计算工具中且可为人机共同理解的一组表征概念之间的关系。世界本身、对世界的理解与对世界的表征三者有别。术语学能在建模阶段准确勾连后两者,在此阶段,将专家、术语学家和知识工程师的工作进行组合,但对概念化的明确描述仍是非正式的。

本章试图展示,语义学研究法和称名学研究法是用于知识表征工具构建的两种互补的术语学方法论。

人们已普遍接受这样一个事实:我们对世界的阐释主要通过言语来传递与传达。术语学理论和实践已经证实,我们可以从概念到术语,或者从术语到概念,亦即采取称名学或语义学的语言学视角。

采用维斯特术语学方法(Wüster 1985,1)所倡导的称名学方法论或许暗示了一种明显相悖的趋势。不同于直接利用可为自动化自然语言处理工具易获取的海量电子文本,大多数知识工程师似乎对这类资源深表怀疑,转而信赖其他符号系统,这些系统包括非言语表征和直接源自专家群体话语之外的概念化。自然语言具有歧义,这一状况使得与自动化推理过程的结合异常困难。不脱离文本的方法论运用或许在某种程度上假定计算操作切实有效。

假定术语学方法论对知识表征有所助益,知识不可被抽取、且文本包含指称但不包含概念,从这些前提和观点出发,我们立足具体领域提出了一种混合方法论,表明语义学和称名学可以互补。

术语学家通常受过语言学和翻译培训，他们知道如何处理知识表征的语言维度。然而，他们不是域专家。知识工程师能获得突出的研究成果，但他们也不是域专家。实际上，决定语义学和称名学实践应用的时机及其作用的正是域的特殊性及其任务目标。一旦方法论选用得当，语料库和域专家可作为平行要素出现，且不必要出现在知识表征的开始或结束阶段。

2　术语学：双维科学

术语学研究中存在多种理论视角，彼此甚至可能截然不同，不同视角并存且代表着不同的知识论和语言学假设（Antia 2007；Budin 2001；Cabré Castellví 1993，2003；Felber 1984；Laurén，Myking，and Picht 1998；L'Homme 2004；Sager 1990；Temmerman 2000；Wüster 1985）。这些视角有交际性质的、社会-认知性质的以及认知性质的。然而，在我们看来，它们不少都未能关注术语学作为独立学科的特征以及它与邻近领域的区别。

术语学与语言学、信息科学、知识工程学和计算机工程学之间互为依存。鉴于这种相互依存关系，我们应保留那些侧重关注术语学两种维度之一的学科，不管是语言的还是概念的，而将另外一种维度置于背景之中。一方面，有些学术共同体拥有术语，比如，将指称视为关键研究对象；另一方面，也有些学术共同体优先考虑概念。正是出于这种双重维度以及彼此之间关系的研究，术语学才获得了独立学科的地位。如果仅仅依附于其中一种维度，术语学将丧失它的特殊性、自主性，从而失去其研究对象。

由维斯特所提出的特殊性有待讨论，这些特殊性也是导致学术共同体中观点有别的部分原因。维斯特（Wüster 1985，1-2）从三个突出角度提出了术语学问题，其中两个尤为值得关注：(1)概念是所有术语学工作的出发点（从术语出发）；(2)所有术语学工作都将其方法限定在词汇层面（词汇限制）。

从概念出发这一事实使得非语言学家的术语学家未能将指称纳入考虑范围，因为指称是概念的切入口，这也就使得术语学家误以为术语只是一种标签或者描写词就是术语。

维斯特所陈述的观点(2)就是这样一种假设，它引导语言学或者更大范围内的语言实践者认为，术语学就是一个语言学问题，就是一个语言问题。这样一来，概念必然被降解于背景，因为对他们来说，很明显，若非借助指称，概念是不可理解的，因而指称才是出发点。在这一点上，我们可在不同著作里找到一种视角，如下所示（Cabré Castellví 2009，9）：

> 先前面向标准化问题的普通术语学理论被更为开放的方法所取代，这一方法被置于语言学更加突出的核心位置，更能解释科学与技术交流场景的多样性。术语学的交际论是这样一种方法：它将术语视为兼具语言、认知和社交功能的单位。

在术语学中，对**概念**的重视使我们能够区分术语学方法与语言学方法。将概念置于它所属的概念系统的核心位置并加以研究，这一系统方法正是术语学方法的特殊性所在。

对维斯特（Wüster 1985）而言，概念维度至关重要。然而，作为其构成基础，语言指称发挥着相关作用，不仅因为指称对命名概念不可或缺，也因为它们是无歧义交际的必要成分。

对于这一与规定主义语言观相关联的无歧义交际观点，可能大多数语言学家会不以为然。语言学家既清楚语言无歧义是一项乌托邦式的工作，也明白除非用工业标准化模式，规定主义在多数语境下并不奏效。

语言必须拥有规范性手段，但这些手段并非一定是标准化的。相较于语言或话语，标准化则更多与知识相关联，而且在语言与话语二者之间，标准化也更多与语言相关，因为我们谈论概念的方式各不相同，且取决于专家说话者所处的交际环境。这一交际环境会影响术语作为话语单位的选择，但不会影响我们所谈及的概念的稳定性。

作为工程师，维斯特认为有必要把概念标准化、概念系统转换为术语和语言，这是可以理解的。然而，这些应用于话语的标准化强求并不是所有人都接受。

让我们再回到"概念"的内涵：如果概念是出发点，正如维斯特（Wüster 1985,7）将其理解为"思维元素"（德语 Denkelement）那样，标准化文件 ISO 1087-1(2000,2)将其界定为"由不同特征构成的独特组合所创制的知识单元"，甚或如罗什（Roche）所界定的那样，"不管语言如何，[概念]是一种能稳妥建构现实的逻辑规范"（Roche 2008,1-2），那么在话语中，指称是获取概念的切入口便是正确的。

对我们而言，概念是核心元素这一点并非问题所在。问题是，需要知道在术语学工作中，概念是否如维斯特所主张的那样总为起点，或者说，根据不同的情况，它是否可以成为终点。正是这一问题使我们意识到，语义学和称名学采用何种视角讨论很重要。从理论上讲，这两种研究法之间的差异显而易见，但考虑到各自的实践及其方法论，差异就不那么明显了。

除了关于术语学的语言学、知识论或者逻辑学视角的理论争论外，它的双重维度也引发了关于必须遵循的方法论的讨论。在众多信息技术应用背景下，无论是自动语言处理方面，还是知识组织和本体论方面，方法论的选择对目前正在进行的工作都有着巨大影响。

3 语义学（semasiology）与称名学（onomasiology）

学界对于术语工作从术语出发还是概念出发这一点存在分歧，尤其受到维斯特（Wüster 1985,1）"每一项术语工作都始于概念"这一论断的影响。由此，我们可以推测出指称是术语学感兴趣的研究对象，因为它指向概念。正是在此意义上，术语工作关注指称。

互联网上的文本产出量大幅增加，这一事实导致语义学和称名学这两种方法论的角色某一特定时刻发生互换，而且，相应地，指称也比概念更受青睐。这一事实通常可以理解，因为与咨询专家相比，文本更易获取，成本也更低，而且，语言自动化处理工具更大众化，更普通。但是，语言自动化处理的运用并不总是充分的。

区分语言与概念的各自所属内容面临困难，这并非新鲜事。我们的问题是，要如何确定从哪些数据中获得什么内容？大多数术语学家都将承认概念是其工作的核心。

鉴于曹纳（Adolf Zauner）是使用"称名学"这一术语来替代"比较词汇学"（comparative lexicology，德语 vergleichenden Lexikologie）的第一人，我们想借用他的话来支持我们的论述。曹纳（Zauner 1902,4）曾言：

> 我们在语言学中有两个互补的分支：其一从外在的词语出发，寻求与之相对应的概念和意义，我们称之为语义学/意义学；其二以概念作为出发点，确定语言中表达此概念的词语和名称，我们称之为称名学。我认为，人们在命名时或许同时使用了两种方法。

可以明确的是,为了使用该名称,称名学的内涵不能仅局限于收集和解释用于表达概念的词语。如果想成为一门科学,它的任务应当在于探究语言中为何使用这个或那个词语来表达这个或那个概念。

上述较长的论述主要为了区分对于不同分析对象所运用的方法论:指称识别和词汇系统细化并不对应于概念识别和概念系统细化,亦不与其重叠。面向不同社会用途和不同社会群体,会出现两种不同的结果。

4　文本的作用

什么是文本?专业文本或许可同时理解为受控交际群体的产生过程和产出结果。在文本内,我们可以找到因语言与社会互动所产生的全部语言要素,这使得文本可同时作为过程和结果被加以分析。作为观察和分析对象,文本可用来识别术语(指向存在于语言之外的概念的话语结构要素)和提取专业信息,鉴于此,我们将更加注重专业文本作为结果的描述及其特征。

但是,在专业文本中,我们要找的是什么?我们期待找到什么?有人说是术语,也有人说找的是概念甚至知识本身,还有人说是知识表征。

术语和概念之间的区别与联系已在语言学、逻辑学、认知学、工程学或人工智能领域有了广泛讨论。这些讨论既有理论视角也有方法论视角。然而,上述两种事实都无法取代知识这一概念。术语命名概念,概念在某一行业或领域构成一个系统或者概念网络,进而构成个体必须掌握的知识的一部分,以便其在具体知识领域内理解和产出专业文本。

文本是专家与业界成员之间沟通的最有效手段,他们借此讨论并组织观念,借此建构与解构,发现未定,展开激辩。他们借助文本探索、冒险与判断,所以同样借助文本提议与抗议、挑衅、回应、辩护、劝阻。换言之,通过使用词汇、术语和语法,专家们有序展示与其构成学术共同体的一群人在文化层面共享的卓识和世界观。此类文本的目标读者与作者的知识水平非常接近,因为从理论上说他们能够掌握知识和所传达信息的意图。这种知识对等对作者的文本创作方式施以影响。作者与读者进行某种合作,突出了隐含信息,其往往在文本中起着关键作用,而且,在我们看来,这就是专业文本最有特色的属性之一。在所言与未言之间、显性与隐性之间建立关联,是专家型读者的任务之一。

对象内涵、概念化与其所指之间不可避免地存在交叉。为了传达信念、科学思想与世界观三者之间的关系,作者们努力建构在特定语境下对其而言具有单一指涉的话语。此外,在专业交流框架下,作者们觉得有必要尽可能地控制意义建构的多样化,以便更完美地创建单义话语。单义话语永不可得,因为其存在无法证实。专业文本无疑是知识的载体,而且,在术语学中,术语在文本中起着核心作用,因为术语是我们在文本中可识别的语义节点的核心元素。这些语义节点通常对应于核心点,这些核心点处于词汇和语义网络建构的底层,且反映着出现在单个文本或文本集中的知识。

尽管如此,如下问题仍悬而未决。语义网络对应于概念系统吗?一些人重视但另一些人轻视的语言实体如何表征?面对这些问题,我们重新思考了目前尚未得到充分关注的术语的地位。术语学家越发关注建立关系与关联,关注位于单一概念系统核心的两个及以上概念之间的关系的建立,甚至它们彼此之间的关系。正是在所指与能指之间的关系中,我们能够发现术语工作的本质,能够确立当前正在进行的工作核心。至此,我们认为言外因素和言内因素的关系显而易见。

在术语工作范围内,文本作为间接的知识来源尤为重要,术语学家可以通过处理文本来获取概念信息。术语科学与应用研究领域尤其受到 20 世纪 80 年代末计算领域重大发展的影响,由此产生了处理海量文本的方法和技术,以达到术语提取等多种目的。这种趋势延续至今,它改变了术语学家对文本的看法,即不仅把文本当作人类智慧的产物,而且把它当作可以半自动方式处理的对象。

专业文本具有异质性,可依据不同维度分类。卡布雷·卡斯特利维(Cabré Castellví 2007,90)依据决定专业文本性质的条件(即语言)以及认知和话语探讨了专业文本的概念。

从这一角度看,文本具有异质性,我们有理由认为,语料库构建和文本分类会因术语学家所选择关注的文本某一或一组特征而有所不同。科斯塔(Costa 2001)在做遥感语料库研究时就注意到了这一特点以及其他特点。

另一则有关附加于文本的特征多样性的例子来自孔达米纳(Condamines 2003,77),他强调了阐释这一概念作为文本分类的标准:"于我而言,对一个文本或语料库的任何语义解释都可能是双重的,这受文本或语料库文本的生产情况和阐释情况的影响。"

在他看来,文本分类不仅仅是出于它们的文本和社会话语特点,更重要的是它们所负载的阐释。在语言学分支学科应用语言学的范围内,孔达米纳(Condamines 2003,77)提出了解释性体裁的初步分类。解释性体裁的界定不仅依据域而且也依据域内可构想的各种应用。因此,在应用语言学中,体裁要么与关系数据库的创制有关,要么与信息提取有关。就关系数据库而言,孔达米纳将索引、叙词表和本体视为解释性体裁。

根据孔达米纳(Condamines 2003,78)的观点,解释性体裁的概念使我们能够明确文本体裁的定义:"我建议把解释性体裁纳入考虑范围,通过将阐释情况纳入定性标准,有助于完善对文本体裁的定义。"

文本是社会和话语活动的语言结果。从这一视角来看,文本不仅是语言产物,也是社会、文化和意识形态诸因素的产物。

从科技领域搜集文本后,术语学家通常确立分类结构,用于架构语料库。

话语似乎为文本分类提供了一种相当合乎逻辑的方法,因为它在文本中无处不在。这种观点的佐证可以在学术界找到:所谓的科学话语是研究人员、教授和学生的社会与专业活动的产物,包括(1)博士论文;(2)硕士论文;(3)期刊和会议论文。这些全部构成了科学的产物。然而,这种分类法面临的主要挑战在于,同一文本往往受到若干类型话语的影响,因此,在同一文本内可发现不同话语相互交织,比如,一个法律文本可能同时涉及法律话语与技术话语。

5　术语学和知识表征

术语学吸引了许多不同领域研究者的兴趣,其动机各不相同,为了满足研究需求,人们开发了大量术语研究工具。近年来,人类和信息系统对知识的表征、共享和再利用构成了技术社会的一个重要研究领域,深刻影响着术语学理论和实践。计算机的发展使得大规模电子文本分析成为可能,但也使得术语研究所使用的传统文本资源具有一定的独立性。这种基于越来越多自动推理过程的方法论表现出一种渐进的多样性,也提出了一些重要问题。

在过去的几十年里，为术语学铺平道路的语言学导向研究聚焦于文本和术语抽取，而它们在具体交际语境下又反过来被描写和定义。随着以逻辑学和数学命题为基础的表征语言的演变，术语实践开始面临新的挑战。如果当时术语工作的结果似乎足以满足翻译或技术交流目的，那么自那时起，表征知识则能创造新的研究趋势，且不仅引发语义学和称名学方法论，还能凸显文本本身的作用。

目前所开发的许多计算工具都旨在表征知识。谈论这一领域的知识意味着理解知识向形式化数据的转换。鉴于知识也是通过话语来传达，且指称不同领域专业概念的词汇单元是术语，人工智能将有必要处理自然语言的特殊性。为了形式化地界定"概念化"，我们需要一种特定语言，以可被分享和重复使用的方式表征知识。然而，正式与非正式的推理不应视为互不兼容。

术语在这些知识表征实践中的适用性何在？术语应该出现在每一个阶段，但主要是在开始阶段，在这里，概念系统正在形成，专家、语料库分析员、术语学家和知识工程师并肩工作，形式化语言尚未充分使用，尚处于概念化的非形式规范阶段。

人工智能领域对知识的理解不同于语言学家通常所熟悉的概念。"知识"这一术语是指满足一定需求所要的信息(Cornejo 2003，2)。存在的东西就是可被形式化语言加以表征的东西。当这个东西使一个系统能够以系统的、合理的方式行事时，它就被认为是知识[1](Newell 1982,7 - 8)。施事依据真值——符合逻辑、关于世界的命题总是为真——选择行动，而且重要的知识只需要以智能的方式生成与任务相关的内容。评价的主要标准不是真值，而是功能效用。

20 世纪 90 年代，作为人工制品出现的计算本体可以真正助力知识表征、分享与再利用。可以用陈述性形式主义结构表征的对象或实体集被命名为论域，而且这一对象或实体集以及它们之间所建立起的关系反映在表征性词汇上，以知识为基础的软件便以这词汇表征知识。概念化是我们想要表征一种抽象和简化的世界观的方式，每一个知识库、以知识为基础的系统或者知识施事都或显或隐地致力于某种概念化(Gruber 1993b,1)。

这里便出现了一种理论空缺。知识表征转变后，会与其所立足的世界完全分离吗？乍一看，似乎可以认为，知识是一种可从一方复制、转移到另一方的商品，是一种可由人类专家获取并在计算系统之间转换的物质(Musen 1992,4)。但知识永远是抽象的。我们所努力表征的是概念化。此外，表征的真实本质是其高度不完美性。完全的忠实在实践和理论层面都几乎不可能存在。实际上，选择一个好的表征的技巧主要在于找到一个表征，能够尽可能减少错误，或理想情况下消除错误。选择一个表征意味着选择一组本体约束。问题不在于知晓世界上有什么，而在于我们如何认知世界。在知识表征的计算工具中，它们的基本信息突出的不是表征语言，而是作为一种思考世界的方式所提供的一套概念。

那么，我们如何将功能性、逻辑性和计算性知识与世界知识以及人类概念化过程相融合呢？

首先，需要注意的是，人工智能工具不是从专家头脑中抽取出的知识库，而是建模活动

---

① 内维尔(Newell 1982)思考了这一推理过程的三个层次：i)知识或知识论层次，包括我们希望建模的领域或问题的抽象知识规范；ii)逻辑层次，将知识规范化转化为形式逻辑语句或陈述；以及 iii)实现层次，将这些语句编码为计算语言。

的结果。我们可以表征知识,但是表征本身并不是知识,它们更像描绘疆域的地图(Clancey 2007,2)。借助描述原因、时间和空间关系的网络,知识工程可以建模相关过程,包括域模型和推理模型。人类专家扮演着信息员角色,揭示系统如何运作,如何设计或控制,以便促成特定的行动。从这个意义上看,知识表征不应混同于神经表征。

其次,要准确记住,世界不可能以客观和详尽的方式来描述,社会或文化环境不能简化为一系列的事实和程序。恰恰是这种非规范性赋予人类行为强大而适应性强的特性。这也是当前用于知识表征的计算工具其目标产生新变化的原因。

在过去的 20 多年里,知识工程师们致力于非常具体的、严格的、公理性的和共识化的产品,这些产品能够满足紧迫的时间需求,完成预定的任务。尽管这些目标在今天是完全合理的,但是应该意识到基于刻板公理和逻辑命题的工具应该向认知方向倾斜,应强化学界共享的立场,以让知识表征任务再次变得不那么静止和僵化(Soares 2008,2)。我们认为,对人类因素而言,真正重要的并不是自动推理的结果(结果可靠,但迄今为止极为有限),而是作为一种思考世界的方式,特别是概念建模和连接方式而选定的概念集。

6 域特殊性知识表征

为了分析术语在知识表征中所起的作用,有必要评估不同于语料库和直接来自专家的方法论能提供什么样的数据。研究对象的出发点,即概念化,就成为至关重要的问题。文本和专家在知识组织和表征中扮演什么角色?

这里似乎应该先从专家开始。他们是掌握域知识的实体。第一步是使用文本分析来建构域概念地图。第二步是选择同一领域的语料库,将其提交给自然语言处理工具,目的是建立一个由从文本中抽取的术语和术语关系组成的词汇网络。基于这一词汇网络,我们用同一软件工具绘制概念地图。这样一来,有可能通过文本分析从语料库抽取出的知识的语言证据,用一种类似于由专家建立的地图来表征。除却其他事项,此举目的是观察表征格式是否会在专家中起关键作用,或者相反,关键不在于表征,而在于被表征的数据。

鉴于我们并没有采用语言科学的系列方法,我们的目标是就如下问题得出结论,虽然不是绝对的:

> 1 我们是否应该在非正式的知识表征中选择使用单一的术语学方法(语义学或称名学的)呢?
> 2 作为词汇单位的术语表征概念吗?
> 3 术语存在于概念层面还是话语层面?
> 4 基于语料库分析建立的词汇网络表征概念系统吗?
> 5 我们能仅依赖文本来表征术语学知识吗?

6.1 语言外研究法

概念方法的指导原则基于这样的假设:概念系统只有在达成共识并尽可能消除歧义的情况下才能共享和重复使用。这些特征基本上是在语言以外的数据中发现的。此举可在一定程度上确保研究所需的连贯性和一致性。在第一阶段,建构概念系统最常用的方法是使用图形或地图。从理论上说,此阶段我们处理的是概念而非术语。

构建一个知识领域的概念地图需要做出以下假设:

1　验证并限定我们希望加以分析的知识领域;
2　寻找可能有助于这一过程的信息源;
3　选择一个或若干领域专家;
4　选择一个或若干软件工具。

我们选定的知识领域是"废水生物处理"。该研究是在与阿韦罗大学环境与规划系的专家团队密切合作下进行的,该团队也是国际标准化组织/环境管理技术委员会(ISO/TC 207)处理这些问题的成员,非常熟悉专家群体的术语研究情况。研究也得到了米尼奥大学、科英布拉大学、莱里亚大学三所大学的帮助。关于细菌部分的合作研究得到里约热内卢联邦大学的特别支持。这些概念地图历时一年半完成。

概念地图的图像呈现使用了绘图工具 CMapTools,这是一款由人类与机器认知研究所研发的协同软件工具。

概念地图并不是要做成一个形式化的表征产品。分析在这些产品中建立起的概念之间的关系需要形式化语言知识,而这些形式化语言知识超出了本项目研究范围。因此,最初的概念地图并不包括概念之间关系的具体说明,尽管在视觉上可以察觉这些概念之间的层级和联想关系。

最常用的概念关系是 is_a 和 part_of,分别对应于类属关系和部分层级关系。part_of 关系也叫部分-整体关系,是一种基于公理的整分论关系。参与本项目的专家认为,有必要在这两种关系之外增补其他关系,以便更准确表现这一领域概念的丰富性。考虑到概念地图并不遵循形式化规则,我们决定选择由"统一医学语言系统"(UMLS)所提及的并且由布丁(Budin 2004)[①]为研究环境领域所建议的关系。因此,能在概念地图中被可视化的概念集和概念关系是对领域知识的非正式表征,其特殊性在于它是在不使用文本分析的情况下建立的。

首先是确立与域相关的大型概念集。概念识别经由人工筛选,然后被归入大的分组。为了将信息传递至概念地图,遵循了如下的域概念化过程。由于水生物处理是在水处理站内进行的,我们决定将其设置在一个名为 ETAR(葡萄牙语"废水处理站"的首字母缩写词)的单元内。我们以一定时间和地点内的技术及废水处理工序的逻辑顺序为概念基础,把概念地图分为三个主要区域:(1) ETAR 入口处;(2) ETAR 内部;(3) ETAR 出口处。

"ETAR 内部"被进一步细分为"设备类型"和"处理工序"。

图1中间的树形代表更笼统的概念,位于顶部。尽管废水的生物处理在概念上与物理及化学处理有关联,我们并未给予后两者特殊关注,因为我们的目标是详细分析生物部分。

在"ETAR 入口处"部分,废水的特征被细化为物理的、化学的和生物的。"ETAR 出口处"部分与入口处差别不大,因为一般情况下,基于水质来分析的参数是相似的。

"ETAR 内部"划分为:"设备类型"和"处理工序"。"处理工序"继续分为"化学的""物理

[①]　www.eea.eionet.europa.eu/Public/irc/envirowindows

的"和"生物的"。在"生物的"部分有"微生物"。在"设备类型"中,有与一些物理成分相关的概念,这些物理成分是生物系统发挥作用前进行前期处理的重要阶段。"处理工序"分别按复杂性和顺序来表示概念及其关系。这一子域在专家中引起了有趣的争论,因为它是一个相当复杂和易变的知识领域,需要不断升级和更新。技术的发展消除了过去存在的概念固化。如今,依据水处理目的,我们可以按不同顺序组合几种处理工序。因此,诸如"初级处理""二次处理""三次处理"之类在专家眼中非常普遍的概念在概念地图中被剔除了。

概念地图旨在呈现废水生物处理中所用到的技术和工序。有些概念的位置显然可加以改进,见图 2。尽管如此,概念地图的构建始终关注其作为废水处理站技术人员未来工作工具的可行性。最高级别的上位概念是"废水",这就允许必要时能够纳入物理和化学相关的概念。

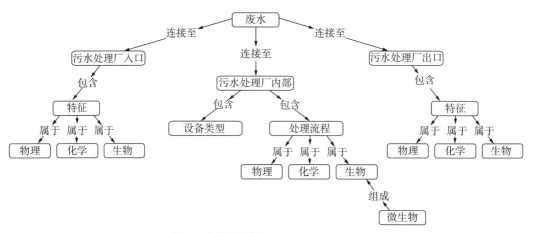

图 1   顶部树形图(Santos 2010,154)

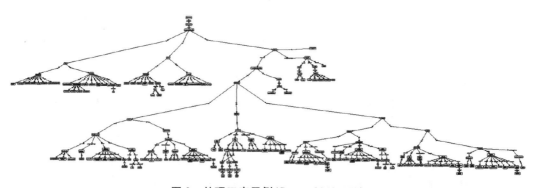

图 2   处理工序示例(Santos 2010,157)

箭头的方向由专家拟定,没有形式化表征上的特殊含义。为了确定概念的分类、组织和位置,常有必要查询参考书。

关于概念地图的建构,专家做了一些规定,比如:

1   概念对(1)〈技术〉和〈设备〉以及(2)〈处理系统〉和〈处理工序〉分别视为同义词;
2   概念地图旨在分析"水线",因此,排除了"固体线"。

　　　　这是一个重要决定，因为一些密切相关的概念不必再详细表征，比如作为废水处理工序结果的〈泥浆〉。

　　　　3　有很多概念表示隐性知识。因此，经过慎重考虑，决定剔除某些可能重复的概念。

最终，概念地图共由 226 个概念组成。我们本来还应该考虑若干例子作为非概念，比如"特征"或"ETAR 内部"，因为它们不是域概念化的一部分，而是概念地图建构策略的一部分，允许不同部分的连接。在今后的形式化项目中，必须进行必要的替换。

类属关系 is_a 出现 234 次，稳居首位，印证了自然科学的传统分类。consists_of，contains，part_of，connected_to 和 ingredient_of 这五组关系非常接近，出现次数分别为 73，20，8，6 和 3。计算它们的总和，可以发现，部分层级关系总计出现 110 次，位居第二位。表示因果关系的 brings_about，occurs_in，carries_out，result_of，affects，process_of，uses，exhibits 共出现 65 次。

这项工作与专家密切合作进行，使我们能够建构一个"废水生物处理"域概念地图，同时它也被视为域概念组织的提案，或许在未来可以作为其他项目的起点，比如由国际标准化组织/环境管理技术委员会(ISO/TC 207)进行的那些项目。

6.2　语言学研究法

语言学视角将文本视为使用中的知识。在文本中，我们可以找到需要分析的指称。一方面，我们需要知道知识是如何通过话语中存在的语言元素加以表示的；另一方面，词汇网络反映了可能的域概念组织，需要知道这些表征是否以有效的方式促进了词汇网络的构建。

与第一部分的数据观察一样，概念地图是利用从语料库中选取的文本序列所提取的元素，以类似于专家构建的图形方式创制的，这些元素与之前关于废水的概念地图中存在的概念化直接相关。

这一起点提供了分析优势：尽管我们不是专家，但我们已经从前期工作中掌握了一些关于该领域的知识，因而对语料库的选择与正确使用及语言分析中可能出现的词汇组织更加敏感。

词汇网络建构在没有专家合作的情况下被建构起来，虽然之后还要提请他们审定。

如前所述，自然语言是有歧义的。然而，它仍是知识传播最有效的交流工具。文本中不存在概念，而是存在着各种术语及其之间的关系。这样一来，我们可以在语言数据基础上开展工作。

克鲁斯(Cruse 1986，1)提出，词汇成分的语义特征反映在它们与现有或潜在语境所建立起的关系之中，这些语境包括语言外的位置语境：

　　　　第一，词汇项与言外语境之间的关系经常由纯语言语境加以关键性调节；第二，言外语境的任何方面原则上都由语言反映出来；第三，语言语境更易控制和操纵。

孤立术语无对错之分。它必须与其他词汇单元共存，以构成一个简单或者复杂的命题。要考虑话语情境来分析术语。

据孔塞桑(Conceição 2005，69-70)的观点，正是通过语言陈述，我们见证了重新表述过程，这对域概念系统的建构非常重要。作为表示知识的认知单位，概念是通过语义网络在话语中被创造出来的，这些语义网络通过重新表述以及它们所指称与关联的语言单位相互联系。通过激发推理和演绎这两大认知过程，实现了重新表述，例如，通过解读隐含内容，解读文本中未言说的内容，这在话语建构和知识转移中起到重要的作用。

自动提取术语备选及其之间的词汇语义关系是一项易于实现的自动化任务。语义预置可以成为构建本体的重要数据。因此，我们将把语料分析的重点放在语义关系和/或语言标记上，这些标记有助于构建与专家构建的概念地图相似的图形。我们的理论假设是，通过文本分析得出的概念地图将包含知识的各种语言表征，这些语言表征可能接近于之前建立的概念地图中所反映的概念化。

我们的策略立基于发现语义关系、语言标记和重新表述。关于术语工作、原则和方法的标准 ISO 704(2009，6)确立了以下关系来建立概念系统模型：(1)层级关系(类属和部分)，(2)联想关系。

重新表述是通过识别标记引入的，如动词、副词或差异表达式等。词汇标记指示着语义关系。重新表述标记的地位取决于在具体情境下的具体用法，其类型分析会考虑其要素的句法性质。标点符号也应视作一种重要的语言标记。这种方法认为，术语分析不仅依赖于术语，而且还依赖于构建话语的其他词汇单位。考虑到前面的理论出发点，我们进而使用关系类型和语言标记来分析从领域语料库中提取的序列。

此举的目的是对"废水的生物处理"同一领域进行分析，以便从文本中提取数据，从而建立一个由术语和术语之间关系组成的词汇网络。专家们先前绘制的概念地图为信息源的研究提供了便利。我们已经拥有了足够的数据，可以在各大学的在线资源库提供的领域中搜索电子语料库。在现有的几篇论文中，我们选择了四篇关于葡萄酒废水处理的电子论文。以论文的公开答辩日期为标准，我们选择分析 4 号论文[①]的文本序列，目的是对文本序列进行词法和语义分析。

我们使用了如下软件工具来选择序列：Wordsmith[②]、Concapp[③] 和 ExtracTerm[④]。使用了索引、词汇列表和基于形态-句法规则(按字母顺序和频率)的备选术语提取。提取后的数据可用于人工构建从文本中提取的术语备选、单字词和多字词列表。

使用 Wordsmith 工具，对索引提取做了几次测试，不仅用到了术语备选，而且还用到语义关系(类属、部分和联结)和其他可以表示重构语境的语言标记。选定了与前面概念地图主要准则直接相关的术语备选集。最终选择了术语备选 processo("过程")，我们从选定的文档中提取出语境。然后，为了避免与前面的概念地图偏离太远，还选择了一些与"好氧生物处理"直接相关的文本序列。

---

① Elsa Raquel Lages Almeida，Elsa Raquel. 2008. "Avaliação da Biodegrabilidade Aeróbia de Efluentes Vinícolas." Dissertação de Mestrado，Universidade de Aveiro.

② http://www.lexically.net/wordsmith/

③ http://concapp1.software.informer.com/

④ 科斯塔(Costa 2001)为葡语开发的一款术语提取器。

基于在所引作者与其著作并结合他们在语义关系和语言标记方面的建议，我们人工标注了序列。LM 小标题对应于语言标记，TR 小标题对应于关系类型：

序列 1 样例：

Nos processos de tratamento aeróbios，a matéria orgânica，que [LM corresponde à] [TR generic] carga poluente，[LM é] [TR cause/effect] oxidada [LM levando à] [TR cause/effect] formação de dióxido de carbono [LM e à] [TR cause/effect] libertação de hidrogénio. Este，por sua vez，[LM reage com] [TR reacts with] o oxigénio [LM levando à] [TR cause/effect] produção de moléculas de água. Todo este processo [LM é caracterizado por] [TR process/product] produzir uma elevada quantidade de energia bioquímica，armazenada [LM na forma] [TR generic] molecular，que [LM é utilizada pela] [TR is a material for] biomassa [LM para] [TR cause/effect] se reproduzir ([LM com a consequente] [TR cause/effect]] produção de lamas) [LM e] [TR cause/effect] pelo próprio metabolismo do processo (produção de CO2).

为了与前面概念地图中的方法保持一致，我们还使用了软件工具 CMapTools 来进行词汇网络的图形构建。我们根据已有的语言标记和重新表述的信息构建了几个概念地图，它们由与序列或部分序列相对应的词汇网络构成。

词汇网络是语言数据和概念数据之间认知转移的结果，如图 3 所示。为了给这一认知过程提供一个示例，我们将描述应用于序列 1 的推理过程。

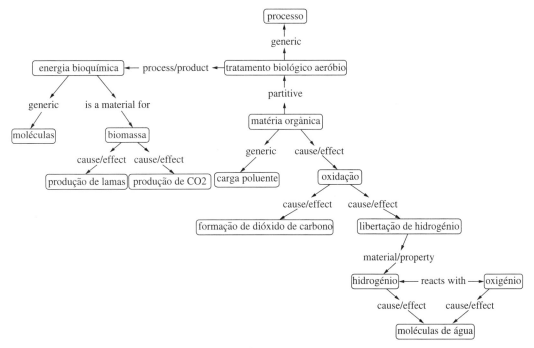

图 3 过程示例（Santos 2010，181）

　　选定的核心术语①是"好氧生物处理"。如同在将会分析的其他序列中那样，该术语被视为一个"过程"，而"过程"这一术语被认为是与整个文本序列有关的上位词。应当指出的是，在这个序列中，"好氧生物处理"这一术语并不位于文本层面。我们先前掌握的语言学信息使我们能够将其作为生物处理加以评估。同样的情况也适用于"过程"这一术语，它是从全部选定的文本序列中推断出来的术语。出于风格和语域的考虑，这被认为是特殊用途文本中的正常情况。

　　通过对文本序列的分析，以"过程"和"好氧生物处理"两个术语为基础，可以将其分为两个子序列：

　　　　子序列1：(...) *a matéria orgânica，que corresponde à carga poluente，é oxidada levando à formação de dióxido de carbono e à libertação de hidrogénio. Este，por sua vez，reage com o oxigénio levando à produção de moléculas de água* [(……)与污染物负荷相对应的有机物被氧化，从而形成二氧化碳并氧化，生成二氧化碳并释放出氢气。这反过来又与氧气反应生成水分子]；

　　　　子序列2：*Todo este processo é caracterizado por produzir uma elevada quantidade de energia bioquímica，armazenada na forma molecular，que é utilizada pela biomassa para se reproduzir（com a consequente produção de lamas）e pelo próprio metabolismo do processo（produção de CO₂）* [整个过程的特点是产生大量以分子形式储存的生化能，由生物质利用这些能量进行繁殖（从而产生污泥），生物质也用于该过程本身的新陈代谢（二氧化碳）。新陈代谢本身（产生二氧化碳）].

在子序列1中，matéria orgânica(有机物)与carga poluente(污染物负荷)之间的类属关系通过嵌入定语从句的语言标记[LM corresponde à]建立起来。类似地，通过[LM é (oxidada)][LM levando à (formação de)]以及[LM e levando à (libertação de)]三个语言标记可以为术语matéria orgânica(有机物)建立因果关系。为进行更合理的语法分类并实现相关术语间的协调一致，我们用名词oxidação替代动词时态é oxidada。按照同样的标准，我们将术语hidrogénio(氢气)作为一个独立词汇成分纳入，以使其与术语libertação de hidrogénio(氢气释放)建立起物质-属性关系，并得以与使用类似语法形式的术语oxigénio(氧气)建立更令人满意的关系。代词Este指称前一句中的最后一个所指，方便在术语间建立关联。当涉及术语moléculas de água(水分子)时，尽管因果关系使专家有机会清楚地推断生产过程，动词语言标记[LM levando à (produção de)]在某种程度上被压制了。

　　通过明确提到todo este processo(这整个过程)，子序列2表明它与子序列1有直接关系，对此前面已有所描述，根据我们在词汇网络建构中的选择，这所指的就是"好氧生物处理"。语言标记[LM é caracterizado por (produzir)]的使用表达了一种过程-结果联想关系。我们决定用moléculas(分子)改变forma molecular(分子形状)的语法形式，使其与处在同一

---

　　① 从分析和建立语义关系的那一刻起，我们就停止使用备选术语，开始处理术语。

层级的术语 biomassa(生物质)协调一致,进而避免概念误解。同理,[LM é utilizado pela] [LM para] 和[LM com a consequente（produção de）]这三个语言标记表明因果关系。

我们可以观察到,从序列中提取的术语和术语之间的关系可以构建一个小型的词汇网络,它代表了一种话语组织,同时也是一种概念组织。在语言层面,一旦由两个完整的句子组成,这个序列就是正确的。在概念层面,就领域认知内容而言,虽然它是不完整的,但它传达的是在文本层面与后面的序列建立的联系。

在词汇网络构建之后,就可以根据频率来计算关系类型和语言标记。正如在概念地图中所观察到的那样,类属关系是词汇网络中所证实的一种关系（26 次）。因果联想关系排在第二位（15 次）。这是可以理解的,因为文本语境描述了废水处理。根据概念地图可见,部分关系（11 次）也同样被高度利用。这样一来,词汇网络就反映了之前建立的概念系统。

选定的序列展现了几种情况,在这些情况下,有必要增加和/或删除术语和术语之间的关系,这不仅是为了让地图更加明晰,也是为了纠正和丰富一些序列。类似地,如前所述,文本的一些语法形式也发生了改变。这种现象之所以会发生,是因为我们面对的是两个独立的实体。一方面,我们有存在于序列中的文本,另一方面,我们有经常需要抑制话语标记的语言。要在更高级的数据应用中使用这种词汇网络,就需要对这个问题进行更深入的分析。此外,还可以对隐含的言外知识的检测进行评估,这不仅是由于文本参考文献的遗漏,而且还可以通过专家对词汇网络的评论进行评估。序列 1 可以再次用作示例：

    1. 我们在术语备选 matéria orgânica 和 tratamento biológico aeróbio 之间增加部分关系,因为我们已经有关于它们的充分知识。文本序列并不明确把 matéria orgânica 视为"好氧生物处理"的一部分；

    2. 我们在术语备选 hidrogénio 和 oxigénio 之间的双重指向上增加"互动关系"。

虽然在文本内没有明确提到,我们知道这些材料会互相作用。如同每一个科学领域的每一个特殊用途文本一样,可以观察到一些文本上的不准确之处,如使用错误的标点符号,或在某些上下文中加入不适当的语句。不论作者是否意识到,缺乏准确性或精确性都是科学和技术文本的一个自然而然的常见特点。倘若考虑到作者往往试图以令人满意的文体来写作,或者受严格的期限所逼迫,有这种现象也是在情理之中。这种情况虽然可以通过更深层次的篇章分析检测出来,却很少对文本质量和效度构成障碍。

通过对所选序列的语言分析,可以构建若干由层级关系（类属和部分关系）和非层级关系（联想关系）连接的词汇网络。各序列对应的地图和总图提交专家评议和审定。最终的地图在图形方面与直接同专家一起绘制的概念图有相似之处。将所有的文本序列组合成一个单一的词汇网络是可能的。

有关词汇网络的决定表明,术语学家的积极合作得到了先前获得的领域概念知识的极大支持。这种态度不仅应该包括对不准确性的证明,而且还应该包括对不准确性的纠正,如通过建议列入或排除某些术语、术语之间的关系或改变语法形式、指称甚至术语之间的语义关系。在这个过程中,专家的进一步验证是至关重要的。

7 结论

7.1 概论

通过分析和描述序列中存在的语言环境,构建了若干表格,表明从词汇网络中提取的术语与专家为概念地图选择的概念之间可能存在交集。

概念化领域在两款产品中也有明显的交集。词汇网络包含了概念地图中所有概念化领域所共有的术语和术语之间的关系,其中包括:(1)水参数;(2)水成分;(3)设备;(4)处理过程;(5)产品和副产品;(6)物质和微生物;(7)处理地点。在有些情况下(如使用反应器的处理过程),词汇网络与概念地图几乎重合。

要使术语学家的工作达到这种程度的一致性,与专家的合作是必要的,即在概念地图的构建上,与专家使用的话语和术语之间建立起密切的关系。当拥有领域知识时,术语学家可以在概念化过程中区分术语,感知其在语言环境中影响范围的高低,从而对领域进行有效的概念组织。这种能力对区分语义学研究法可能导致的好坏概念表征至关重要。

7.2 关于术语知识表征方法的说明

在称名学和语义学两种研究法中可以观察、选择和提取的术语数据,可以极大地促进概念体系的建立,即在概念化的非正式说明的第一阶段。

虽然没有专家参与的方法无意将文本分析应用于语料库研究,但在概念化的非正式说明中仍对自然语言介入有基本需求。研究中经常查阅两部作为实践样本的教科书以及各类可靠文件,这些教科书和文件反映了该领域关于概念及其分类的公认的结构知识。因此,即使我们把注意力集中在概念数据上,无论是在教学语境下还是在其他语境下,也不可避免地要利用话语。

对语料库和文本序列的细致分析可能会得到一些数据,用以澄清和加强概念化的分类和组织。由此也可以看出,术语的重新表述过程不仅对揭示文本结构具有重要意义,同时也对验证特定领域中语域知识的建构过程具有重要意义。在这个意义上,重新表述构成了理解言外数据的基本符号学要素,因为它们使非正式化推理过程成为可能。

基于文本序列的词汇网络所得到的结果显示,其清晰度接近于之前构建的概念地图,同时也表明特殊用途文本可能部分反映出概念组织。在所选序列数量减少的情况下,我们可以找到访问大量与概念地图中的概念相对应的术语。因此,自然语言处理表明术语的语言维度和概念维度同时被激活。

我们对关系类型没有任何限制,这就导致复杂的词汇和概念网络的产生。塞杰(Sager 1990,29)认为,出于实用目的,建立任何类型的适应特定需求的关系都是可能的,也是可取的,这就把概念系统的维度和关系的复杂性变成了一个直接依赖于领域分析的语用议题。对于知识表征形式化语言的限制严重阻碍了这种可能性。在这种情况下,我们有一个相当大的选项范围,允许轻松地为每个术语连接选择一个有效的关系。

虽然我们认为对该领域的前期了解为构建词汇网络起到了决定作用,但分析后的文本序列却包含了概念交叉链接的明确知识证据。这可能构成计算知识表征步骤的一个重要条件。基于词汇分析的概念表征是可能的。

此外，我们学习了有关该领域的课程，并与专家们建立了密切的联系，从而有助于语义学方法研究的成功。在文本序列中可以推断出大量的隐性概念化。因此，无论数据的最终用途如何，专家都应该从一开始就在场。事实上，术语学家和专家之间的合作非常有助于构建概念地图和验证词汇网络。

这些方法在某一领域的应用表明，使用混合方法，即必要时同时使用术语的称名学和语义学作为出发点是可能的，也是可取的。然而，方法论的顺序并不是随意的。在本项目中与术语学专家建立了较密切合作关系的专家们一致认为，尽管同意方法论方面的一般结论，但在对语言外和语言学方法所产生的结果进行深入分析后，应用语言外的、概念的和称名学的步骤更有利于知识表征。即使伴随着批判性的分析，文本中依然可能存在不准确的地方，从而影响到领域概念化。

尽管如此，我们总是可以自然语言为中介来构建概念地图。仅仅制订方案是不够的，还需要使用文本，当然，还要有严格的选择标准。为了进行知识表征，便捷的方法是先使用称名学方法，然后用语义学研究法来确认概念化表征。领域概念地图有助于特殊用途文本作者的话语更加精确。

从特殊用途文本中提取的文本序列所建立的词汇网络反映了一种概念组织，这一点可从其与概念地图的近似性得以证实。词汇网络的图形表征、术语及其关系得到了专家的认可，因此可以说，语言表征是有效的。我们注意到，利用文本有可能实现复杂关系集的表征，这些关系可能丰富最初的概念地图。在许多情况下，使用的语言标记使概念化得到澄清。这一事实证明，文本在知识表征中可能起着决定性的作用。但是，如前所述，特殊用途文本可能不包含原型结构。现在还不能将词汇数据集自动转移到计算知识库。对地图的分析结果表明，这不仅关系到数据表征，也关系到数据本身。因此，文本可能会是一个极其有用的操作和合作元素，它能促进概念化的表征。但是……唉！它也可能导致一个令人极度不安工具的出现。

有人对语料库使用提出批评意见，这可能是因为研究者应用的方法论不恰当。我们可以采用混合方法来利用语料库实现知识表征，通过专家获取言内和言外知识，因为我们知道，专家的概念和认知组织通常是程式化的。词汇单位数据不应该替代概念数据，因为通过后者我们可以实现对概念化的组织。

参考文献

Antia, Bassey E. 2007. *Indeterminacy in Terminology and LSP*. Amsterdam：John Benjamins Publishing Company. DOI：10.1075/tlrp.8

Budin, Gerhard. 2001. "A critical evaluation of the state-of-the-art of Terminology Theory." *ITTF Journal* 12，7 – 23. Vienna：TermNet.

Cabré Castellví, M. Teresa. 1993. *La terminología：Teoría metodología，aplicaciones*. Barcelona：Editorial Antártida / Empúries.

Cabré Castellví, M. Teresa. 2003. "Theories of Terminology：their description, prescription and explanation." *Terminology* 9(2)：163 – 199. Amsterdam：John Benjamins. DOI：10.1075/term.9.2.03cab

Cabré Castellví, M. Teresa. 2007. Cabré, M. T. (2007). "Constituir un corpus de textos de especialidad: condiciones y posibilidades". En Ballard, M.; Pineira-Tresmontant, C. (ed.). *Les corpus en linguistique et en traductologie* 89 – 106. Arras: Artois Presses Université.

Cabré Castellví, M. Teresa. 2009. "La Teoría communicativa de la Terminología, una aproximación lingüística a los términos." *Terminologie: orientations actuelles*, vol. XIV – 2, Décember 2009, 9 – 15. Paris: Revue Française de Linguistique Appliquée.

Clancey, William J. 2007. "The knowledge level reinterpreted: Modelling socio-technical systems." *International Journal of Intelligent Systems* 8(1): 33 – 49. DOI: 10.1002/int.4550080104

Conceição, Manuel Célio. 2005. *Concepts, termes et reformulations*. Lyon: Presses Universitaires de Lyon.

Condamines, Anne. 2003. "Vers la définition de genres interprétatifs." *Actes de TIA* 2003, 69 – 79.

Cornejo, Miguel. 2003. *Unity, Value and Knowledge Communities*. Macuarium Network, Spain.

Costa, Rute. 2001. "Pressupostos teóricos e metodológicos para a extracção automática de unidades terminológicas multilexémicas." PhD diss., Universidade Nova de Lisboa.

Cruse, D. A. 1986. *Lexical Semantics*. Cambridge: Cambridge University Press.

Felber, Helmut. 1987. *Manuel de Terminologie*. Paris. Unesco.

Gruber, Thomas R. 1993b. "A translation approach to portable ontology specifications." *Knowledge Acquisition* 5(2): 199 – 220. DOI: 10.1006/knac.1993.1008

ISO 704. 2009. *Terminology work—Principles and methods*. Geneva: International Standards Organization.

ISO 1087 – 1. 2000. *Terminology work—Vocabulary—Part 1: Theory and application*. Geneva: International Standards Organization.

L'Homme, Marie-Claude. 2004. *La terminologie: principes et technique*. Québec: Les Presses Universitaires de Montréal.

Musen, Mark A. 1992. "Dimensions of knowledge sharing and re-use." In *Computers and Biomedical Research*, vol. 25, 435 – 467. San Diego, CA, USA: Academic Press Professional, Inc.

Myking, Johan, and Heribert Picht. 1998. *Terminologie unter der Lupe: vom Grenzgebiet bis zum Wissenschaftszweig*, vol. 9. Vienna: TermNet.

Newell, Allen. 1982. "The Knowledge Level." *Artificial Intelligence*, 87 – 127. DOI: 10.1016/0004 – 3702(82)90012 – 1

Roche, Christophe. 2008: "Faut-ilrevisiter les Principes terminologiques?". In Toth 2008. *Terminology & Ontology: Theories and Applications*, 53 – 72. Annecy: Institut Porphyre.

Sager, Juan C. 1990. *A Practical Course in Terminology Processing*. Amsterdam: John Benjamins. DOI: 10.1075/z.44

Santos，Claudia. 2010. Terminologia e ontologias：metodologias para representação do conheci-mento. PhD Thesis. University of Aveiro.

Soares，António Lucas and Carla Sofia Pereira. 2008. "Ontology development in collaborative networks as a process of social construction of meaning." *Lecture Notes in Computer Science — Proceedings of the OTM Confederated International Workshops and Posters on On the Move to Meaningful Internet Systems*.

Temmerman，Rita. 2000. *Towards New Ways of Terminological Description. The Socio-cognitive approach*. Amsterdam/Philadelphia：John Benjamins. DOI：10.1075/tlrp.3

Wüster，Eugen. 1985. *Einführung in die Allegemeine Terminologielehre und Terminolo-gische Lexicographie*. Copenhagen：Infoterm.

Zauner，Adolf. 1902. *Die romanischen Namen der Körperteile. Eine onomasiologische Studie*. Erlangen：K. b. Hof-und Universitäts-Buchdrückerei von Fr. Junge（Junge and Sohn）.

深入术语项目的核心

克洛迪娅·多布里纳

瑞典术语中心

系统的术语工作通常以项目的形式进行,即术语项目。在本章中,根据以下关键特征对术语项目进行了初步分类:术语项目旨在满足的术语需求、术语项目的目标、目标用户群体以及要创建的术语资源的属性。本章确定了七种项目类型,并对其中的两种类型进行了更详细的研究:单语领域资源的创建以及术语查询服务的维护。本章以瑞典术语中心(TNC)开展的两个典型的术语项目作为这两种类型的实例,重点研究了术语项目实施的阶段和步骤。

关键词:术语项目;术语资源;术语概念分析;术语查询服务。

1. 介绍

术语工作是一项涉及多方面、多应用的活动,在生活中的各个领域和许多职业中都有开展。每项术语工作背后的驱动力通常是某种交流需求:研究人员为了向同事解释一个新概念,工程师为了寻找一个合适的术语来命名一个新设备,翻译人员为了在目的语中寻找正确的对等词等。领域内部以及领域之间进行清晰有效的专业交流则为更广泛的需求,这就需要更全面的术语学研究。正是这种需求使得术语工作成为一个专业活动领域。术语学家是该领域的专业人士,他们创建可靠的术语资源,向所有需要术语服务的人提供服务,为所有领域的更有效的专业交流做出了贡献。

系统性的术语工作往往以项目的形式进行。术语项目(TP)与其他类型的项目(如法律、行政、财务)有许多共同之处。就术语项目的目标、结果和方法而言,它与语言处理、知识架构和信息检索领域的项目有更多共同之处。

本章实质上是对术语项目的不同类型以及术语项目实施所涉及的内容相关阶段的检查。在第 2 节中确定了术语项目的一些关键特征,以作为术语项目分类的基础。在第 3 节中,通过讨论两个典型的术语项目来检验两种已确定的术语项目类型,重点讨论它们的实施阶段和构成这些阶段的步骤。

2. 术语项目——特征和类型

将 100% 的工作时间用于术语工作的组织并不多,于 1941 年成立的瑞典术语中心(TNC)是其中之一。中心内的大部分工作是以项目的形式进行的,此次主要是以我本人和我的同事们对各种术语项目的经验为基础研究术语项目的性质及其特点。

首先介绍一些和内容相关的共同特征,这些特征为大多数术语项目所共有,或者说是为那些可以作为最佳实践案例①的术语项目共有：

    1. 术语项目的主要目标是使一个、几个或许多领域中的术语变得有序；

    2. 术语项目的设计是为了满足一个确定的用户群体的需求；

    3. 它包括以下(与内容有关的)实施阶段：(1) 收集有关的术语材料(准备阶段)；(2) 术语概念分析(主要阶段)；(3) 以术语资源②的形式呈现术语信息(呈现阶段)；

    4. 结果是产生新的术语信息，或是提高现有术语信息的质量；

    5. 为了成功实施，项目团队必须拥有或能够获得(例如通过人际关系)各领域的专业知识、术语专业知识和语言专业知识；

    6. 术语项目基于既定术语原则和方法得以实施。

术语项目之间也有许多差异，例如，术语项目所涵盖的领域数量、所包含的语言数量以及构成三个实施阶段的步骤。这些差异可用作术语项目分类的起点。

皮希特和德拉斯科(Picht and Draskall 1985,175ff.)试图根据已确定的这些差异对术语项目进行分类，由此他们提出了以下类型的术语项目：

    1. 首次详细收录某学科领域的术语；

    2. 在现有术语中增加一种或多种语言，但不改变其结构或条目数量；

    3. 在现有术语中增加新的部分；

    4. 对现有术语进行修订。

这种分类是基于术语项目之间的两个主要区别：首次详细收录术语 VS 通过增加新术语以及新语种进行修订和扩展。

鉴于信息和语言技术的快速发展以及网络时代的到来，我们有理由认为，当今的术语项目呈现出更大的差异性，这也就意味着我们需要考虑更多的术语项目特征。以下是对术语项目进行分类的最基本特征：

    1. 术语项目要满足的术语需求；

    2. 目标；

    3. 目标使用群体；

    4. 要创建的术语资源的属性中，最重要的包括：(1) 范围；(2) 呈现的术语信息类型；(3) 方向性，例如资源的主要(源)语言和项目团队的母语(多语言资源)之间的相关性；(4) 规定级别：规范性(标准化)、规定性和描述性③。

---

① 这里不考虑术语项目法律、财务和行政方面的问题。

② 术语资源在这里可以理解为术语信息的结构化集合。术语资源可以是对某一领域中单一概念的描述，也可以是包含几百个术语条目的纸质词典，还可以是包含几十万个术语条目，涉及多领域、多语种的网络资源等。

③ 规范性资源(例如术语标准)包含标准化术语。规定性资源包含符合某些特定条件的术语，例如，该术语不应包含专业术语或应限制在某些地理区域内。

根据每个关键特征的具体表现,我们可以区分出七种类型的术语项目,下面分别进行简要说明。

类型 1——创建单语资源

需要满足的要求	一个全新的或快速发展的领域,缺乏可靠的术语资源;在一个领域内,现有的术语资源已不能反映当前的最新进展;一个公司拥有的产品种类繁多,需要在产品规格、操作指南和内部交流中使用一致、清晰的术语;几个组织或公司参与一个联合项目,需要就项目中使用的核心概念达成一致等
目标	创建一个新的或更新现有的单语资源,以提高某领域、某组织或某项目内沟通的有效性
目标用户	某领域专家(研究人员、组织中的员工、项目的参与者);某领域利益相关者(对该领域感兴趣或与该领域相关的人)
资源属性	(1) 范围:领域术语或某个组织或项目中使用的术语 (2) 所呈现术语信息的类型 —术语信息:术语、术语地位的具体说明(首选、认可、废弃)＊; —术语用法说明、语法和位置地域信息等; —概念信息:定义、解释、补充信息、分类代码、相关概念的参考文献等＊＊ (3) 规定级别:规定性

＊ 根据术语可接受性评级,"根据预先确定的尺度建立评级,并用于评价术语"(ISO 1087 - 1 2000,8)。
＊＊ 这里的"资源"不包括概念信息,例如双语术语表不包括在内。

类型 2——创建多语域资源

需要满足的要求	同类型 1 中的要求,加上用多种语言进行交流的要求
目标	在一个或多个相关领域创建一个新的,或更新现有的多语言资源
目标用户	同类型 1
资源属性	(1) 范围:同类型 1 (2) 所呈现术语信息的类型 —术语和概念信息(同类型 1); —其他语言中的等价术语信息以及等价程度信息(不同语言的概念之间) (3) 方向性:源语言(条目术语所用语言)是项目组的母语,目标语言通常是目标用户最经常交流的国家/地区的语言 (4) 规定级别:规定性

类型 3——本地化单语言单领域资源

需要满足的要求	(1) 在一个国际项目中,以项目参与者的通用语言汇编成的术语资源必须本地化,以便在所有参与国中使用; (2) 某个国家计划采纳国际术语标准作为国家标准,需要将该国际标准翻译成该国语言
目标	本地化单语言单领域资源
目标用户	领域专家
资源属性	(1) 范围:属于该领域项目范围内的术语 (2) 呈现的术语信息类型:目的语中的术语和概念信息 (3) 方向性:目标语言是项目团队的母语 (4) 规定级别:规定性

类型 4——在现有的面向翻译的术语资源中增加新的语言	
需要满足的要求	现有资源中没有体现该语言的领域术语
目标	用新的目标语言中的等价术语来补充现有的术语资源
目标用户	特殊语言文本的翻译人员
资源属性	(1)范围:现有资源中的术语 (2)所呈现术语信息的类型:同类型 2 和 3 (3)方向性:目标语言是项目组的母语 (4)规定级别:规定性

类型 4 术语项目的其中一个例子是用欧盟新成员国的语言补充进欧洲多语种词汇库①（创建于 1975 年,为欧洲共同体翻译人员使用而开发的术语库）。

类型 5——提高资源的术语质量	
需要满足的要求	由于术语信息质量低下,术语资源不能满足目标群体的需求(例如,其原因可能是参与原始资源创建的项目团队缺乏术语专业知识)
目标	提高现有术语资源中术语信息的质量(例如,提供更好和更一致的概念描述,或改进术语条目的结构和呈现方式)
目标用户	领域专家
资源属性	取决于产生原始资源的术语项目的类型

类型 6——将现有资源合并为多领域和(或)多语言资源	
需要满足的要求	容易获得多领域和/或多语言的高质量术语
目标	从大量的现有资源中创建一个多领域和/或多语言术语库,方便广大用户使用大量统一架构的术语信息
目标用户	几乎包括需要任何类型的术语信息的每一个人
资源属性	范围:多领域的术语 所呈现术语信息的类型:同类型 2 规定级别:规定性

类型 6 术语项目的一个例子是创建国家以及地区术语库,例如(瑞典国家术语库)(the Swedish National Term Bank)(Bucher,Dobrina,and Nilsson 2010,169 - 180)和欧洲术语库(Towards 2006,1 - 125)。

类型 7——按需编制术语(维持术语查询服务)*	
需要满足的要求	急需相对少量的术语信息
目标	为用户提供任何领域和/或语言的即时术语信息
目标用户	单个用户——个人或组织
资源属性 * *	

* 这种类型卡布雷·卡斯特利维(Cabré Castellví 1999,152)称为"临时查询"("有关一个单独的术语或是单个特殊主题中的一组有限术语"工作)。

* * 这类术语项目的重点不是创建资源(虽然也可能产生新的术语信息,见第 3.2 节),所以无须讨论这些问题。

———————————

① 欧洲术语数据库,是欧洲交互式术语库的前身。

上述所建议的全部分类只涵盖那些可被视为纯粹术语的项目,即涉及收集、处理和呈现术语信息的术语项目,并没有穷尽所有可能的术语项目类型。术语工作也以与知识架构有关的其他项目为框架展开,例如知识本体和分类法的开发、概念和信息建模以及业务结构。还应注意的是,不同类型的术语项目之间并没有严格的界限,有些术语项目可能兼具几种类型特点。

3. 一个术语项目:阶段和步骤

现在我们将对已经确立的两种术语项目类型进行更详细的研究:第一类术语项目(编制单语术语词汇表)和第七类术语项目(按需生成术语)。考察的重点将放在构成每个术语项目的三个实施阶段的步骤上。

3.1　编制单语术语词汇表

这里讨论的术语项目很大程度上指的是传统的第一类术语项目。这类术语项目之所以变得不那么传统,是因为所涵盖的术语具有跨领域特性(类型1术语项目通常处理一个或两个领域中的术语)。

3.1.1　基本术语项目:概述

专业交流中所使用的术语类别多样,既包括特定领域的术语,例如"护目镜"(领域:工作环境);也涉及多个领域中使用的术语,指称的概念内容与在许多领域和通用语言中使用的术语,如"系统""物体""过程"和"现象";或相似领域,例如"岩石"(领域:地质学或建筑业),或不同领域,例如"水"(领域:物理或化学)。对最后提到的这类术语(基本术语)所涵盖的概念进行适当的描述并非易事。

瑞典的专业人士在20世纪40年代就已经意识到需要对基本概念进行适当的定义。此后,"材料""活动""设备"等概念的定义成为瑞典术语中心在《技术期刊》(*Teknisk tid-skrift*[①])专栏中讨论的主题。多年后的1995年,瑞典术语中心发布了《基本技术术语》(*Tekniska basord*),该术语词汇涵盖了自然科学、技术和工程领域中使用最广泛的概念。此次(以瑞典语)发布的术语集含有约1400个条目,包括术语和概念说明(定义和补充信息)。

此后,不仅是工程领域的专业人员,法律、经济、管理等领域的专业人员对基本术语的兴趣也持续增长。显而易见,需要对1995年发布的术语集进行修订,以涵盖瑞典特殊用途语言所涉的大多数领域,满足更广泛用户群体的需求。2006年,瑞典术语中心启动了一个新的术语项目,目的是编纂一本大型的、经过彻底修订的瑞典语基本术语词汇集。

在瑞典术语中心,术语项目通常由(术语中心以外的)领域专家和一到两名术语中心的术语专家组成的项目组执行。负责新术语项目(以下称为BTP-基本术语项目)的项目团队仅包括瑞典术语中心的术语学家,其背景涵盖数学、化学、文献、医学等领域。其成果——瑞典术语中心104号术语集《瑞典语特殊用途语言基本术语》(*Basord i vara facksprak*),于2012年发行了纸质版和网络版,网络版成为瑞典国家术语库的组成部分,由瑞典术语中心研发和维护。

---

①　该期刊面向瑞典所有技术和工程部门专业人员(现称《新技术》)。

瑞典术语中心 104 号术语集收录 1612 个术语条目。大多数条目包括：术语信息（条目术语、同义词、语法信息和用法信息）和概念信息（定义、补充信息和相关概念的参考资料）。

3.1.2　各阶段介绍

类型 1 术语项目及其实施步骤受到术语学文献和国际术语标准的特别关注。[①] 在不同的出版物中，步骤和内容有所不同，但差异不是很大，并且基本术语项目中执行的步骤与上述出版物中概述的步骤完全一致。

基本术语项目的筹备阶段包括：（1）划定领域；（2）确定目标群体；（3）收集资料；（4）提取术语和概念信息。

主要阶段（术语概念分析）包括：（1）选择要列入的概念；（2）确定概念的内涵和外延；（3）识别概念关系，详述概念体系；（4）详述定义。

呈现阶段包括与术语资源中呈现术语和概念信息相关的各种问题。[②]

筹备阶段：划定领域。在术语实践中，领域的划定往往涉及选择一个领域或一个子领域，并为选择要包括的概念制定标准。在基本术语项目中，选择概念的主要标准为基础性和需求性。

1. 基础性——要包括的概念必须属于：（1）顶级知识本体层次（从一般知识本体的角度来看）[③]，例如描述过程、操作的概念，如 berakning（计算）、cirkulation（循环）和描述属性的概念，如 adequat（充足的）、empirisk（经验）；（2）几个领域，如 verktyg（工具），membran（膜）；（3）更大的领域或"宏域"，如建筑领域的 anlaggning（设施），工程领域的 bindemedel（结合剂），生命科学领域的 biomassa（生物质），劳动和就业领域的 arbetsgivare（雇主）；或（4）前述领域之一，以及通用语言词汇，如 kran（水龙头）和 farg（颜色）。

2. 需求性——之所以包含其中一些概念，是因为它们在提交给瑞典术语中心术语的查询服务中一直是被频繁查询的主题（3.2 按需创建术语集）。可以肯定地说，这表明用户对这些概念感兴趣。例如，具体技术领域的概念，如 armatur（电气装置）和 bult（螺栓）。

筹备阶段：确定目标群体。如上所述，类型 1 术语项目的目标群体通常以领域专家和领域利益相关者为代表。考虑到基本术语项目所涵盖概念的基本特征，我们设想了一个更广泛的术语用户群体：领域专家、技术作者、媒体、教师和学生、翻译人员以及普通大众。

筹备阶段：收集文件。术语项目的资料必须满足一些要求：资料应该是全面的，能够反映该领域的最新情况。对于基本术语项目，我们选择了以下资料：

---

① 见费尔伯（Felber 1984，313—332）、马森（Madsen 1999，124 - 130）、迈尔（Mayer 2010，114 - 120）、诺波宁和皮尔克（Nuopponen and Pilke 2010，80 - 94）、皮希特和德拉斯科（Picht and Draskall 1985，164 - 174）、索努蒂（Suonuuti 2001，Annex）和国际标准化组织 ISO 10241 - 1（2011，10 - 16）。

② 实施过程中的每一个步骤都由若干"子步骤"组成。

③ 参照"大多数领域将涉及对象、过程、属性、关系、空间、时间、角色、功能、类别、个人或类似的内容。上层知识本体是一种界定这些最一般类别并使之公理化的知识本体"（Hoehndorf 2010）。

1. 瑞典术语中心发布的词汇和其他术语词汇的前一版本（其中很多都包含了一些基本概念的条目）；

2. 百科全书［如《瑞典国家百科全书》(*Nationalencyklopedin*)］；

3. 特殊语言词典；

4. 国家和国际标准；

5. 通用语言词典；

6. 参考文献、手册等。

选定的文件语种有瑞典语和英语，包括纸质出版物和网络资源，例如国际标准化组织概念数据库(ISO Concept Data base)[①]、蒙特利尔大学术语库(Termium)、欧洲交互式术语库(IATE)和欧洲术语库(EuroTerm Bank)。

筹备阶段：提取术语和概念信息。 当今的术语项目普遍使用人工和自动提取技术。在基本术语项目中，通常使用人工提取，主要是因为要处理的概念数量相对较少，而且需要对提取的信息进行严格的审查。提取的信息类型包括：

1. 源于全文和术语资源的术语及其上下文；

2. 语法、语音和词源信息；

3. 概念说明（定义、解释和补充资料，如百科信息）；

例如，有关 agglomerat(集聚体)概念的信息源自瑞典术语中心的两个词汇表：TNC 69 号《空气处理词汇表》(*Luftbehandlingsordlista*)和 TNC 88 号瑞典国家标准(Farg-och lackteknisk ordlista)(SS 01 66 80,1983,2)和作为瑞典国家标准的国际标准(SS - ISO 8573 - 1,1995,8)。

主要阶段：选择待收入的概念。 术语概念分析首先要确定需要放在一起研究的概念组，将其编排成概念场(与主题相关的概念组)或概念簇(由某种概念关系聚合在一起的小型概念组)。

在基本术语项目中，选取的概念可以被归纳为 14 个概念领域，如"属性""过程""产品""物质"等。有的还要进一步分成更小的主题单位，如把"过程"分为"变形""集聚""维持"等。

主要阶段：确立概念的内涵和外延意义。 在术语理论中，概念的内涵被定义为构成该概念的所有特征的集合。在术语实践中，概念的内涵通常被视为一组基本的界定特征，例如，参见 ISO 704(2009，Clause 5.4) 对于特定概念来说，哪些特征应是必不可少的，这往往取决于这个概念的内容。例如，形式、功能和大小这些特征对描述人工制品的概念很重要，而功能、目的、手段、原因和效果这些特征则与描述过程的概念有关。形式、功能、目的、色彩等特征都是参数，其值因概念不同而不同。例如，特征颜色可以有以下几种值：红色、蓝色、绿色等[②]。定界特征指的是本质特征，其作用是将概念与其相关概念区分开来，从而确定概念的

---

① 现在称为 ISO 在线浏览平台。

② 在 1087 - 1(2000,3)中，使用了"特征类型"一词来指称这些特征。

外延。特定概念簇有哪些界定特征,最终决定还与确定概念关系和详述概念体系有关。

让我们来看看接下来这个来自基本术语项目的例子。ask(小盒子)、bassäng(盆)、cistern(缸)等概念的内涵包括形式、大小、功能、材料等特征。如果这些特征的值因概念而不同,那么这些特征就是界定特征。形式具有不同的值:ask(小盒子)是低矮的,bassäng(盆)是敞开的,且往往是凹陷的,cistern(缸)通常呈闭合的圆柱形。因此,形式和大小可以用来界定这个概念簇,因为它们所属的概念中具有不同的价值。

主要阶段:确定概念关系和详述概念体系。任何术语学家在其职业生涯早期学到的重要见解之一是,绝不应单独研究一个概念,即不考虑与其他概念的关系。术语学理论中确立的三种关系,即种属关系、部分整体关系和联想关系,在术语实践中被广泛使用。同样,在基本术语项目中,所有这三种类型都用于详细描写的概念系统中。许多经过详细描写的概念体系都包含多个维度,这些维度是反映所要描述的概念关系复杂性的手段。图1中的概念图是多维概念系统的一个例子。

下位概念"仪器""测量仪器""指示器"等与同一个上位概念"设备"相连,但是按照几个维度进行了分类。例如,"仪器""测量仪器"和"探测设备"这个维度,"天线"和"雷达"适用"辐射"这个维度。

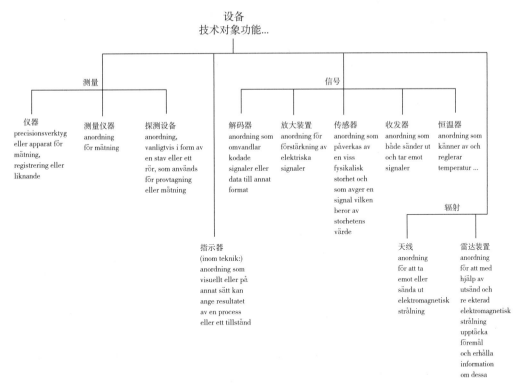

图1　多维通用概念系统的概念图(TNC 104,working materials)

图2呈现的是一个混合概念系统,包括了:(1) 种属关系,例如生物体和微生物之间的关系;(2) 部分-整体关系,如生物质与生物体之间的关系;(3) 联想关系,如"核糖核酸"与"病毒"之间的关系。

主要阶段:详述定义。正确和一致的术语定义应基于被定义概念适当的基本特征和界定特征。撰写术语学意义上的正确定义仅靠严格的逻辑通常是不够的,还需辅以不一般的创造力。术语定义还必须满足由术语工作的国际标准,如 ISO 704(2009,22-34)和 ISO 10241-1(2011,20-29)确立的一些与内容有关的形式要求。事实证明,其中一些要求在处理基本概念时特别难以满足,例如,定义不应过于宽泛或过于狭窄。基本概念的定义必须足够笼统,以适合多个领域,同时又要足够具体,以免漏掉某些基本的界定特征。

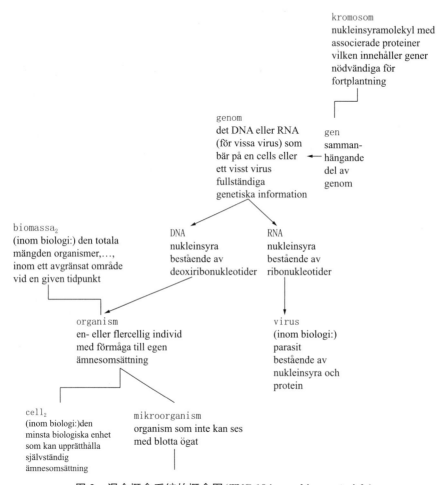

图 2　混合概念系统的概念图(TNC 104,working materials)

另一个挑战是要确定在多个领域中使用的术语是否指称相同或者非常相似的概念,这样是使用一个定义就足够,还是涉及不同领域中的不同概念。(1)为术语 inspektion(检查)指称的概念提供了一个适合于多个领域的单一定义。在(2)中,术语 ankare(锚铁)指称了两个概念,配备的两个定义适用两个领域(如定义前的括号内所示)。

　　(1)术语:inspektion(检查①)
　　定义:在现场对某些活动或其结果的正式控制

――――――――――

　① 例1—4和正文中的定义和注释均译自瑞典文。

（2）术语：ankare（加强材料）

定义：（建筑）用来固定建筑物各部分的装置。

（3）术语：ankare（衔铁）

定义：（电气工程）磁路的非静止部分。

如前所述，恰当的术语定义应该包含概念的基本特征和界定特征。如果其他信息有助于理解概念，那么术语资源可以在该术语条目的另一部分呈现所有这些信息。

在 104 号术语库项目中，定义的补充信息在注释中给出。注释中可能会包含关于概念、该概念与某些相关概念之间的差异等方面的百科信息。

（4）术语：RNA（核糖核酸）

定义：由核糖核苷酸组成的核酸

注释：核糖核酸是某些病毒的遗传物质。在生物体中，核糖核酸含有关于蛋白质结构和特征的信息。

重要的是，概念在定义中的描述与在相应概念系统中的呈现保持一致。例如，在（4）"核糖核酸"的定义中，"核酸"是"核糖核酸"的上位概念。图 2 中，"核酸"是"核糖核酸"和"脱氧核糖核酸"的上位概念。

主要阶段：选择和评价术语。理论上，术语学家应先研究概念、阐释定义，然后才着手为这些概念选择术语。在实践中，大多数术语已经存在，同一概念往往有多个术语在该领域内流通。在这一步骤中，通常会应用术语可接受性评级，包括确定首选术语（接受已久的）、可接受术语（接受度不如首选术语的）和弃用术语（不建议使用的）。

在 104 号术语库项目中，首选术语呈现为条目术语，可接受术语呈现为同义词。包含首选术语和可接受术语的条目通常会提供有关同义词概念差异或用法差异的信息。例如，词条 egg（剪力）也包含同义词 skär（剪刀）。在相关条目的注释中明确指出，egg（剪刀）使用场合与刀具等有关，而 skär（剪刀）则专指剪子。104 号术语库项目中没有标明废弃的术语。

主要阶段：术语资源中术语和概念信息的呈现。该问题涉及方方面面，包括许多有趣的方面，术语学文献对此已有充分讨论。此处只讨论几个例子，来看看在基本术语项目中如何处理这些问题。

104 号术语库项目中的定义指定了所描述概念的上位概念、界定特征和某些基本特征，而注释则可能包括以下信息：

1. 物理量的计量单位；

2. 基本概念在通用语言使用中的内容说明；

3. 概念外延涵盖的实例；

4. 关于基本概念在不同领域中特定用途的说明，例如，konservering（保存）的定义是"旨在保存的处理"，注释表明该术语"用于保存食物（领域：烹饪），建筑物（领域：建筑）和艺术品（领域：艺术）"；

5. 关于术语用法、术语形式等的注释，例如，在 urlakning（浸出）条目中，给出了相应的动词形式 laka ur 和 urlaka。

基本术语项目的成果计划以纸质形式发布,同时作为基于网络的术语库的一部分。(因为纸质版的检索方式有限,)纸质版使用的一个解决方案是列入参考条目,方便用户查得相关信息。例如,fosforescens(磷光)附有参考条目,指示用户查阅 luminescens(发光)条目。

　　(5) 术语:fosforescens(磷光)
　　　　注释:请参见 luminescens(发光)条目中的注释。

104 号术语项目的网络版具有某些特定特征,纸质版则不需要,例如,网络版本中的所有条目都包含了对术语表纸质版的参见。

3.2　按需生成术语

按需提供术语信息往往是在术语查询服务的架构内实现的。国家术语中心(如瑞典的 TNC 和芬兰的 TSK)和区域术语机构(如加泰罗尼亚的 Termcat 和魁北克的 OQLF)都提供这项服务。同样,在许多国家/地区进行生产和拥有客户的大型公司也可以维护查询服务以帮助其员工(例如瑞典的 Scania)。

3.2.1　瑞典术语中心术语查询服务——概述

瑞典术语中心在 20 世纪 40 年代成立后不久,就开始提供术语查询服务。尽管今天有大量的免费电子资源,但它仍继续为用户提供术语问题的解决方案。下面简单介绍瑞典术语中心的术语查询服务(TQS)是如何工作的。接到一个电话、一封电子邮件或一个网络请求,就意味着需要处理迫切的术语需求。搜索所需信息,准备好答复,并发送给信息寻求者。答复报告经处理后储存在瑞典术语中心内部术语数据库中,供今后查询或在其他术语工作中使用。

术语查询服务的用户生活在瑞典和国外,他们有各种术语需求,从事着各种职业。

过去,大多数用户都是理工科背景。现在有所不同,人文社会科学、经济学和管理学背景的用户也很多。

根据需求的信息类型,主要有三种查询方式。第一种是与概念相关的查询,需要在撰写定义或辨析相关概念方面提供帮助。第二种与术语相关的查询则是关于寻找一个合适的术语来命名一个新概念,区分同义词或寻找术语的其他语言对译词。第三种是语言/文体查询,所要求的信息涉及语法形式或术语、缩略语、特殊语言文本中的标点符号等。

查询者情况各异,查询类型也不一而足,但仍可发现一些查询偏好:翻译人员需要术语对译词的帮助,领域专家通常对定义感兴趣,记者可能会寻找新概念的瑞典语术语。

瑞典术语中心档案中收集了大量的过往查询记录,这可以证明用户的术语需求多年来没有发生太大变化。1952 年,一位用户要求瑞典术语中心否决在瑞典开始传播的英文缩写 TV。瑞典术语中心并没有这么做,TV(瑞典语中发音为[teve])仍然在瑞典语中予以保留。发生的变化是,虽然只需单击一下鼠标即可获得大量信息,但是查询者使用术语查询服务(一项收费服务)通常是为了解决非常复杂的问题,寻找可靠的术语信息,而在网络中寻找这些信息则犹如大海捞针。

查询处理的各个阶段中,一旦收到查询要求,值班的术语专家将:(1) 检查要求;(2) 搜索信息,满足查询者的需求;(3) 分析收集到的信息,编写答复报告;(4) 回复查询者;并且(5) 将回复报告存储在查询数据库中。与三个术语项目阶段相对应,前两个步骤对应的是准备阶段,第三个步骤对应的是主要阶段,第四和第五个步骤对应的是呈现阶段。

对查询的检查包括核实是否有足够的信息进行必要的处理,比如是否已经指明了领域,或所请求信息的预期用途是否明确,或请求是否超出瑞典术语中心的专业范围。有关通用语言的查询通常会转到瑞典语言委员会,该委员会有自己的查询服务。如果是非常具体的问题,可能会建议询问者联系相关的当局或机构。

由于需要咨询的资源很多,而且时间有限(最长不超过 24 小时内做出答复),因此必须确定搜索的优先次序。首先查询瑞典术语中心建立的资源集合,该集合包括 TNC-bas(瑞典术语中心数据库,即瑞典术语中心的内部术语数据库,查询数据库是该数据库的一部分)、藏书约 7000 卷的资料库和可靠的网络资源(术语库、百科全书库、语料库、搜索引擎等)。同事以及中心以外的领域专家的专业知识对值班的术语专家也有很大帮助。使用可靠的术语资源很重要。在查询处理中,如果一个资源满足如下两个主要要求,则认为该术语资源是可靠的:

    1. 术语内容准确且连贯,基于领域和术语专门知识而创建;
    2. 资源是最新的(在较旧的资源中,特别是涉及迅速发展的领域,最新术语没有被收录,定义可能已经过时)[①]。

遗憾的是,能够满足这两项明确要求的可用资源并不多。瑞典术语中心精心编制了各种术语表,可以通过国家术语库使用。该资源当然符合第一项要求,但其中许多术语表已经存在了相当长的时间,因此所包含的信息必须与新近的资源进行比对。

尽管有大量的可用资源,但也有可能出现查而不得的情况。查询可能的某个狭小领域中的一个非常具体的概念,且没有专家可以提供帮助,查询的也可能是某个概念的定义,而对这个概念领域专家还没有达成共识。

在处理收集到的信息时,重要的是要看回复是否符合查询者的需求和专业水平。

如果外行用户想得到某个领域概念的解释,"简化版"的定义可能是最合适的。如果领域专家要求某个定义,将会推荐给他一个内涵解释足够详细(比如基于更多的特征)的定义。要传达的术语或概念信息也必须满足相应类型的要求。

如果在搜索中获得的信息不充分,可能需要创造新术语或新概念信息(例如,可能需要创造一个术语来命名一个新的或借用的概念)或者编写一个定义。就使用的原则和方法而言,本步骤与其他术语项目类型中的相应步骤相同。这是为了强调这种术语项目类型与其他术语项目类型之间的共性比最初看上去要多。

提交给查询者的答复报告通常包括:

---

   ①   见多布里纳(Dobrina 2010,89)和 ISO 23185(2009,4—16),其中提供了一些评估术语资源的准则。

1. 根据查询的类型,所要求的信息可以文本或术语条目的形式呈现;

2. 支持术语学家建议的论据;

3. 使用实例、建议等。

在查询处理过程中获取和创建的信息对于以后的历时术语学研究查询和其他术语任务查询而言都是一项宝贵的财富。自 20 世纪 70 年代以来,查询记录(即附有答复报告的查询)一直储存在瑞典术语中心的查询数据库中,目前该数据库有大约 6300 条记录(旧的查询记录储存在术语查询服务档案中)。在瑞典术语中心的电子通信中和网站上会定期挑选公布一些最有趣的查询记录,其中一些记录也将在不久的将来被列入瑞典国家术语库。

以下是向术语查询服务提出的查询实例。一种名为 energy bar(能量吧)的新产品出现在瑞典食品市场上。有查询者问,是否有瑞典语术语与之匹配? 搜索显示,有几个表达已经在使用,但没有一个符合新的瑞典术语的术语要求。瑞典术语中心的一次头脑风暴会议中,术语专家们巧妙地创造出来一个术语 energikka,在提交查询数年之后,该术语如今仍然广泛使用。

一位用户请求帮助定义建筑领域使用的 rabitzvägg(拉比兹墙)。没有搜索得到可接受的结果,通过分析现有的 rabitz(灰泥墙面)以及 rabitzputs(金属板上的灰泥层)的定义,术语学家对 rabitzvägg 做了合理的解释(但不是定义)。一位查询者想知道是否可以使用新造术语 prolongivitet 作为英语术语 prolongivity(寿命)(领域:医学)在瑞典语中的对译词。一位术语专家建议使用现有的瑞典语术语 livsförlängning(寿命),指出 livsförlängning 是一个既定的术语,也比 prolongivitet 更明确。

4. 结论

本章的标题隐藏了一个问题:"正确实施术语项目的核心究竟是什么?"本章所有内容都是为了回答这个问题。以下几句话可以作为简短的答案:

1. 充分认识术语项目需要满足的术语需求,这使项目团队能够就将要创建的术语内容制定适当的解决方案;

2. 完美结合领域、语言和术语方面的专业知识(包括熟知术语学理论和方法以及将其付诸实践的经验),外加项目管理技能;

3. 在术语项目实施的所有阶段使用既定程序;

4. 坚信通过术语工作实现更好的专业交流。

参考文献

Bucher, Anna-Lena, Claudia Dobrina, and Henrik Nilsson. 2010. "All terms in one place." *Терминология и знание* ('*Terminology and knowledge*'), 169 – 180.

Cabré Castellví, M. Teresa. 1999. *Terminology: Theory, methods and applications*. Amsterdam/Philadelphia: John Benjamins.

Dobrina, Claudia. 2010. "Terminology on demand. Maintaining a terminological query service." *Terminology in Everyday Life*, 81 – 95. Amsterdam/Philadelphia: John Benjamins.

Felber, Helmut. 1984. *Terminology Manual*. Paris: Unesco and Infoterm.

Hoehndorf, Robert. 2010. "What is an upper level ontology?" *Ontogenesis Blog*, April 13. http://ontogenesis.knowledgeblog.org/740.

Madsen, Bodil Nistrup. 1999. Terminologi 1: principper & metoder. København: Gads Forlag.

Mayer, Felix. 2010. "Rechte Wege zum Term." *Best Practices in der Terminologiearbeit: Akten des Symposions Heidelberg*, 15.-17. April 2010, 113 – 121. Cologne: Dt. Terminologie-Tag.

Nuopponen, Anita and Nina Pilke. 2010. *Ordning och reda*. Stockholm: Norstedts.

Picht, Heribert and Jennifer Draskau. 1985. *Terminology: An Introduction*. Guildford/ Surrey: The University of Surrey.

Suonuuti, Heidi. 2001. *Guide to terminology*. Helsinki: Tekniikan Sanastokeskus.

TNC 104. 2012. *Basord i våra fackspråk*. Sweden: Terminologicentrum TNC.

Towards Consolidation of European Terminology resources. 2006. http://www.eurotermbank.com/download/EuroTermBank_Towards_Consolida-tion_of_European_Terminology_Resources.pdf.

国家标准

ISO 704. 2009. *Terminology work—Principles and methods*. Geneva: International Standards Organization.

ISO 1087 – 1. 2000. *Terminology work—Vocabulary—Part 1*: Theory and application. Geneva: International Standards Organization.

ISO 10241 – 1. 2011.*Terminological entries in standards—Part 1: General requirements and examples of presentation*. Geneva: International Standards Organization.

ISO 15188. 2001. *Project management guidelines for terminology standardization*. Geneva: International Standards Organization.

ISO 23185. 2009. *Assessment and benchmarking of terminological resources—General concepts, principles and requirements*. Geneva: International Standards Organization.

SS‑ISO 01 66 80. 1983. *Pullvermetallurgi—Terminologi*. SIS-Standardiseringskommissionen iSverige.

SS‑ISO 8573 – 1. 1995. *Compressed air for general use—Part 1: Contaminants and quality classes*. SIS Swedish Standards Institution.

网络术语资源

EuroTermBank: www.eurotermbank.com.

InterActive Terminology for Europe (IATE)—The European Union's multilingual term base: http://iate.europa.eu.

Online Browsing Platform (ISO): https://www.iso.org/obp/ui/.

Rikstermbanken: www.rikstermbanken.se.

TERMIUM Plus: http://www.btb.termiumplus.gc.ca/.

第二部分　方法与技术

自动术语提取

克里斯·海伦　德克·德赫托格
鲁汶大学

本章聚焦从专业领域语料库中采用计算方法自动提取术语。我们详细介绍了自动术语提取的各个子任务,包括语料库编纂、单位度、术语度、术语变体的识别以及系统评价。

关键词:自动术语提取;术语度;单位度

1. 引言

术语提取的总体目标是识别某专业领域的核心词汇。传统的人工术语提取工作由术语学家来做,他们列出潜在的备选术语,之后需要咨询领域专家,最后形成经过确认的最终术语表。但是,世界日新月异,技术词汇与日俱增,人工维护术语,对某个领域核心词汇进行人工查找、标注和描述费时费力。自动术语提取首先意味着主要以计算机辅助来减轻这种费时费力的工作负担。现在,自动术语提取致力于将候选术语的初步识别自动化。从长远来看,自动术语提取或将完全取代人工术语提取。

自动术语提取又称为术语抽取、术语挖掘、术语识别、专业词表提取、术语确认和术语获取。它以文本语料库的计算机分析为基础。相比于人工术语提取,自动术语提取具有如下优势:首先,自动术语提取采用计算机辅助,对于语料的处理非常客观。由于某个表达形式的术语地位常常有程度之分,个人判断会有差异,自动术语提取可以避免专家进行术语提取时的主观性。其次,自动术语提取省去了专家人工查找整个文本的辛劳,可以作为预选候选术语的首个过滤器。这样的工作任务特别适合自动化处理。虽然自动术语提取有以上几个优势,需要指出的是,术语本质上是根据语义来界定的,因此,用于表征特定专业领域的某个概念,完全的语义建模对计算机来说还做不到,最后还需要由领域专家对所提取语词的术语地位加以确认。

自20世纪90年代初以来,自动术语提取已成为自然语言处理和信息检索中公认的研究领域(早期系统综述见 Cabré Castellví, Estopa, and Vivaldi 2001)。它由一系列通常连续执行的模块化子任务组成,需要区分以下各个子任务:

1. 语料收集:编辑一个有代表性的专业领域语料库。如果在术语提取中使用对比方法,则需要一个通用语料库。根据自动术语提取过程中后续使用的各个方法的要求,语料库要经过预处理,例如词形还原、词性标注、组块或完全句法分析。
2. 单位度检测:识别构成多词单位和表征某个概念单位的语言要素。
3. 术语度检测:按照构成特定领域有效术语可能性的大小对提取单位进行排

列和分类。

    4. 术语变体识别:识别表征相同领域特定概念的不同语言实现形式。

    5. 评估和确认:在该过程中结合领域专家人工提取的术语,评估自动术语提取的质量。

术语识别本身不是目的。术语识别的输出结果,即备选术语,是术语管理中其他任务的输入材料。以上模块的确切解释以及所赋予的重要程度主要取决于意向中备选术语表的进一步运用。总体而言,有三个实际运用的领域已被确定(Thurmair 2003):

    1. 术语编纂:候选术语表用于编纂特定专业领域的术语词典或者电子术语数据库的输入材料。此类术语工作是本章的焦点,它依靠有学术支撑、基于概念的术语度标准。因此,确认和识别表征相同概念的术语变体是重要的子任务。

    2. 翻译支持:备选术语表可以作为专门的(人工或机器)翻译项目词汇表,用于识别需要查询其翻译的未知词汇,或者帮助维持项目进行过程中的翻译一致性。什么样的词汇可以作为术语是非常灵活的,对此做出的决定常常具有随机性。然而,多词术语的识别是重要的应用内容,它们的翻译需要保持一致性,而术语度识别和确认仅仅发挥次要作用。

    3. 信息检索:备选术语表是标注文档集的基础,这样用户可以询问或浏览特定领域主题的文档集。术语备选的关联度根据用户的搜索需求来界定,其确认通常是外部的和基于应用的。编制文档集是信息检索的重要方面。如果信息检索是基于概念的,变体识别也是一个重要的子任务。

从以上这些潜在的应用领域可以看出,自动术语提取与一些相邻学科有着密切的关联:在翻译场景下,它和术语对齐或双语术语提取联系紧密。一般而言,对齐是在平行语料库中将对等的句子、词语或者短语配对的一项任务。术语对齐聚焦两到三门语言特定领域术语的配对。在术语编纂或者信息检索场景下,自动术语提取一般是知识本体构建的第一步。知识本体构建是识别特定领域术语之间关系的学科。这些关系,例如近义、类属、部分-整体等,可用于建构一个关系网络,从而为用户提供一个可理解的领域术语全貌。

在本章的其余部分,我们将聚焦自动术语提取本身,不讨论双语术语提取和知识本体构建。更具体地说,我们聚焦上述五个子任务的理论和方法论基础。

2. 语料库收集

任何自动术语提取方法都必须建立在一个文本语料库的基础上,该语料库作为专业领域的代表,其中的术语需要从文本中查找。在某些自动术语提取应用中,专业领域非常有限,需要分析的相关文本有限。例如,某个公司或机构需要一份内部术语清单,文本语料库自然和该公司或机构提供给术语学家的文档集相对应。但是,如果某项目旨在分析整个领域的术语,如海洋生物学或航空学,那么语料库编纂必然涉及对整个领域中文本的抽样,设计和使用因素都需要考虑。如果采取对比方法(3.5 部分),获取通用语言的代表性语料库同样重要。对于通用和专业语料库编辑中代表性语料库获取的详细讨论,参见前一章以及比韦尔（Biber 1993）、麦克内里、肖和托诺（McEnery，Xiao and Tono 2006，13 - 21）的综述。里佐（Rizzo 2010）提供了专业语料库编纂的实用指南。

本节接下来简要讨论近期的在线语料库编辑方法。这些方法明确用于自动术语提取，收集大型专业语料库时遵循增长式程序，相对容易，速度较快，而代价是需要严格的设计和文本质量控制。

巴罗尼和贝尔纳迪尼（Baroni and Bernardini 2004）的 BootCat 系统[①]首先从小范围的人工筛选种子术语开始，这些种子术语对拟处理的专业领域具有高度的代表性。这些种子术语同样可以来自小规模专业语料库的自动术语提取初始分析。在第一阶段，种子术语进行随机组合，然后提交给通用搜索引擎如谷歌用于查询，以便检索特定领域统一资源定位符（URL）。将这些 URL 网页下载后，参照种子术语表再次对其内容进行检查以确保它们属于该特定领域。如果确实如此，将它们加入增加的编纂语料中。提交新增加的文本进行自动术语提取，增加的术语加入初始术语中，术语表得到扩充。以上增加的术语表作为输入材料进入第二轮的 URL 检索。该程序重复进行，直到语料库库规模足够大，或者检索不到新的 URL 和/或术语为止。在狄格罗格（de Groc 2011）的研究中，有一个网络爬取阶段对以上方法加以扩展，检索到的 URL 用作种子，对链接网页进行循环式搜索，用于检查领域专业性，并加入语料库中。这些在线收集的语料库作为输入材料，用于自动术语提取后续步骤中，下文将要介绍后续步骤。

3. 单位度

3.1 引言

单位度（unithood）被界定为"组合结构或搭配的强度或稳定程度"（Kageura and Umino 1996）。从历史上看，自动术语提取在 20 世纪 80 和 90 年代被确立为一个学科领域之后，对单位度的识别是其第一个子任务。如此明确聚焦该任务有如下几个原因。

第一，大部分名词短语形式的多词单位在技术领域极为常见。因此它们被视为自动术语提取领域最重要的目标。纳卡加瓦和莫里（Nakagawa and Mori 1998，2002）认为 85%的备选术语是技术性名词短语，通常由两个或三个单词构成。

第二，理论术语学的理想设想是术语与其所表征的概念为一一对应关系，这可以作为实践中聚焦多词术语的直接手段之一。多词术语在语义上明显比单词术语更加明确。术语主词的语义范围被修饰语加以限定。布里戈和雅克曼（Bourigault and Jacquemin 1999）认为"单词术语过于多义，意义也过于通用"，而多词术语"代表了某个领域中更加精确的概念"。

第三，更加实际性的考虑在一开始就起着作用。在 20 世纪 90 年代初期缺少容易获取的、广泛的通用语料库意味着基于概率和频率的技术不能很快得到应用，以便通过领域内外语料库的对比来决定单词结构的单位度。而另一方面，多词术语的识别则单纯依赖于相关方提供的技术文档。在此类研究中，人们认为单位度暗含了术语度（termhood）（如 Kit

---

[①] 可在 http://bootcat.sslmit.unibo.it/下载，或作为 Sketch Engine 的组件，见 hppt://www.sketchengine.co.uk/.

2002）。但是，近期术语提取的各类方法将单位度检测视为术语度评估的一个单独步骤，而大多数术语提取工具也可以提取单词备选术语。

在大多数术语学工作方法中，当且仅当多词术语组合表征某个组概念单位时，它们才构成一个术语表达。因此，单位度由语言学及统计学上可以观察到的单位度证据所决定。所谓的语言学方法使用形态–句法模式作为单位度的证据，而统计学方法则依赖语料库关于词语组合的频率信息。现有的术语识别工具将以上两类方法加以结合，称为混合方法（如Vivaldi and Rodriguez 2001；Pazienza，Pennacchiotti and Zanzotto 2005）。接下来，我们将对以上两种方法分别进行讨论。

3.2　语言学方法

自动术语提取的语言学方法基于这样一个特性，即多词术语常常遵循特定的形态–句法结构。这些方法依赖模板化行为来决定作为语言单位的词语组合的有效性，如果有效，则可以视为候选术语。随着更强大的语料库预处理方法的使用，有可能在半自动检测过程中将语言学信息纳入其中。词性标注器自动处理大规模的文本，为词语提供了词性标注。这种自动术语提取程序包含了基于表面形式信息的模板化提取过程被称为句法模板，由一组词性模式组成。

领域专家根据语言学标准（法语组词单位和英语不同）和领域相关度界定相关的句法模板。对于某个对汽车部件名称感兴趣的汽车生产商而言，很明显应该主要关注物件名称，因此以名词短语为主。而对法律主体牵涉到诉讼行为以及这些主体之间如何互动等问题感兴趣的律师而言，将动词短语包括进去对其帮助更大。表1展示了杰斯特森和卡茨（Justeson and Katz 1995）提供的英语词性过滤器模式[①]，例子来自数学领域。但是，选择有效的模板时同样存在一些实际的考虑。模板的数量以及它们的适用程度直接影响到术语自动提取的准确率。更明确地说，准确率的差异引发了对于开放类别和封闭类别过滤器的不同选择。开放类别过滤器允许很多选择性词性要素，带来更多的表层形式。它的优势是可以让术语提取包含较多的候选术语，但缺点是产生了大量无效术语，对此进行人工纠正费时费力。不过，如果领域专家主要关心的是覆盖范围，这仍然不失为一种首选方法。封闭类别过滤器所允许的模型限制更多一点。准确率高是其最显著的优点，但是代价是降低候选术语的覆盖率。

表1　杰斯特森和卡茨（**Justeson and Katz 1995**）的词性模板样例

形容词＋名词	Linear function（线性函数）
名词＋名词	Regression coefficients（回归系数）
形容词＋形容词＋名词	Gaussian random variable（高斯随机变量）
形容词＋名词＋名词	Cumulative distribution function（累积分布函数）
名词＋形容词＋名词	Mean squared error（均方误差）
名词＋名词＋名词	Class probability function（类概率函数）
名词＋介词＋名词	Degrees of freedom（自由度）

① 来自Schütze（1999，154）

词性标注语料库中的候选术语直接和句法模板的最终选项进行对比和匹配。例如，将"形容词＋名词"确定为有效的表层形式，该过滤器应用于时尚主题的语料库，则会产生如"高跟鞋""高期望值"和"高层建筑"这样的条目。

由于使用模板并不能区分通用词汇、日常词汇和技术词汇，需要使用一个词表作为第二轮过滤，以便筛出非技术词汇。这个词汇表常常以通用语料库中的高频词为基础，常被称为停用词表。例如，如果将"高"加入停用词表中，来自时尚杂志中的候选术语就可以筛除。该程序可以提高准确度，但是也容易错误地将正确的候选术语筛除，比如上文中"高跟鞋"这一情况。

3.3 统计学方法

统计学方法利用多词术语的两个典型特征，而且原则上不需要语言学信息。其一，多词术语是相对固定的词汇组合；其二，它们出现的频率相对较高。因为大多数的多词术语表现出高度的句法稳定性，在词序上没有变异，统计学方法原则上能将其限制在对 N 元组的分析之内，即连续的词语序列，而不需要考虑内在的语言结构。N 元组的单位度以它们在语料库中的出现频率加以测量。同样，这个过程中不需要语言学分析，只要有足够规模的语料即可。此外，N 元组提取和量化分析对于电脑处理具有高度相容性，这使得该方法能够处理大规模文本。但是，需要注意的是，很少有纯粹的统计学方法（Pantel and Lin 2001）。大部分最先进的术语提取方法是将语言学方法和统计学方法加以结合。

3.3.1 搭配测量

基本的频率信息是通过计算语料库中词语的共现来获得的。两个或者更多词语在一个序列中的共现频率表明这几个单词共同使用，构成一个多词术语。但是，单纯的频率计算必须和语言学过滤方法共同使用，如上文提到的杰斯特森和卡茨（Justeson and Katz 1995）的词性过滤。在纯粹的统计学方法中，单纯的共现频率通常基于对信息度的重新测量。这些搭配测量将一个单词组合的频率和构成该组合的单词的频率进行对比。虽然两个高频词的常规共现（如"新"和"事物"）不足为奇，两个本来共现频率不高的词语的搭配（如"柴油"和"发动机"）则确实意味着这个词语组合是固定搭配，有可能是一个术语。更正式地讲，这种搭配测量方法将观察到的两个词语的共现对于它们的随机使用情况的偏离加以量化。表 2 中的例子显示了观察到的"柴油"和"发动机"的共现如何明显高于随机的预期频率（24.76）。后者的计算是将"柴油"（258）的频率乘以"发动机"（96）的频率，然后将结果除以语料库规模（1000）。

表 2　词语搭配"柴油发动机"的可观察频率（左）及预期频率（右）

	diesel（柴油）　→ diesel（柴油）	diesel（柴油）	→diesel（柴油）
engine（发动机） → engine（发动机）	60 36	24.76 71.23	engine（发动机） 904　→ engine（发动机）
			$E_{ij} = (R_i * C_j)/N$

有很多方法可以对可观察的频率与预期频率之间的偏差进行量化，也有很多搭配测量

方法。一个著名的例子是 X^2 统计,德鲁安(Drouin 2006)、松尾和石冢(Matsuo and Ishizuka 2004)以及其他研究者将其用于术语提取试验。可以根据下列公式测量一个列联表横排和纵排中可观察的频率(O_{ij})和预期频率(E_{ij})的差异。

$$X^2 = \sum_{i=1}^{f} \sum_{j=1}^{c} \frac{(O_{ij} - E_{ij})^2}{E_{ij}}$$

对于上述"柴油发动机"的例子,这里给出的 X^2 值是 74.7156。对语料库中的每个词语组合进行此类计算,可以按照单位度对所有的词语组合进行排列,然后仅选择那些超过一定临界值的组合。其他的单位度测量方法包括 t 分值、对数似然比(Dunnming 1993)、互信息(Church and Hanks 1990)和 Phi 相互系数。曼宁和舒策(Manning and Schutze 1999)介绍了搭配测量方法,并做了更加全面的综述。在艾弗特(Evert 2004)和温切曼(Wiechmann 2008)的研究中可以看到相关数学背景。佩齐纳和施莱辛格(Pecina and Schlesinger 2006)讨论了如何将不同的共现测量方法加以结合。需要注意的是,这些共现测量方法常常和语言学方法结合使用,首先要通过语言过滤器,之后才对词语组合进行测量。

3.3.2　聚合可变性

由于多词术语的相对固定性,其组成部分不能轻易地被其他词语替换。在非术语组合"新事物"中,可以很容易地用"新奇"来代替"新",但是对于术语"柴油发动机"中的"柴油"就不适用了。华莫特和阿恩(Wermter and Hahn 2005)利用简化的聚合可变性特征来决定某个词语组合的单位度。对于每一个通过了初始的语言过滤器的候选多词组合,他们收集具有相同长度且包含至少一个相同词语但是其他部分被别的词语代替的所有词语组合的频率。接着,将这些可变版本的累计频率和实际的候选多词术语频率进行比较,从而形成单位度的聚合可变性 P-Mod 测量值。华莫特和阿恩(Wermter and Hahn 2005)的研究显示,他们的 P-Mod 测量方法在生物医学文本的候选术语提取中优于 C 值和 t 分值。

3.3.3　词束

有很多方法聚焦于识别较长的词语序列,没有对长度的预先限定或对预先定义的名词短语之类的词性模式的限制。这对于存在有较多短语表述的领域如法学等尤其重要,例如"你发誓讲出真相吗？讲出所有的真相,仅仅需要真相"这样的程式语。比韦尔和康拉德(Biber and Conrad 1999)在分析特定语域的表达时,将此类长词语序列称为词束,用每百万词的相对频率作为选择标准。辛普森-瓦拉克和埃利斯(Simpson-Vlach and Ellis 2010)以比韦尔的辞书为基础来提取程式性表达,但是为了减少候选术语,他们将每一百万词中出现 10 次的频率截止点和搭配测量结合起来,即互信息值(MI),以单位度的心理语言学判断为基础,用回归分析来确定相对频率的分布以及最终单元度测量的互信息。达席尔瓦等(Da Silva et al 1999)提出了一个更加复杂的算法来识别词束,即在相对频率和信息测量之外加上嵌套方法。

4. 术语度

4.1　引言

20世纪90年代末,术语度(termhood)的概念被引入自动术语提取研究领域,用来指"一个稳定的词汇单位和某个特定领域概念的关联程度"(Kageura and Umino 1996)。单位度和术语度被认为是一个候选术语的独立属性,但单位度并不必然意味着术语度。一个如most of the time(大多数时间)这样的多词表达式有很高的单位度,但是在专业领域中术语度很低。而另一个方面,一个单词表达如hypoglicamia(低血糖症)缺少和多词单位相关的单位度,但是在医学领域的术语度很高。

测量术语度第一个方法,是最早、也最简单的方法,即使用领域内部频率作为某候选术语在某个特定领域的重要性表征,继而判断其作为有效术语的可能性(如Daille 1994;Daille,Gaussier,and Lange 1994)。虽然领域内部频率在某种程度上和术语度是相关联的,可一旦碰到较长的多词单位,判断单词或者高频词语组合是否为术语就会缺乏足够的信息。在任何语料库中,不管是否专业语料库,通用词汇和词语组合频率是最高的。然而,从术语学的角度看,这些词语并非我们所感兴趣的。第二个方法是观察领域内候选术语的分布特征,确切地讲,是在不同文本中的分布情况。第三个方法考察术语备选的语境用法,超出了单纯的频率统计。第四个方法主要用于单词型术语的备选,分析某术语备选的内部形态结构。最后,第五种方法将领域内部信息和领域外部信息进行对比。下面我们具体讨论超出单纯频率统计的第三种方法。

4.2　分布方法:TF-IDF

分布方法考察候选术语在构成特定领域语料库的不同文档中的分布情况。几乎在每一个文本中都出现的词语或词语组合被认为不具有特殊性,可能是在专业语料库中碰巧频繁出现的普通词。另一方面,该术语度特性的测量方法是用术语频率乘以逆文档频率计算出来的(TF-IDF:Salton,Wong,and Yang 1975;Evans,Milic-Frayling,and Lefferts 1995;Medelyan and Witten 2006):如果候选术语频繁出现在很多文档中,TF-IDF就很低;而如果候选术语仅仅在有限数量的文档中高频出现,则TF-IDF就很高。

4.3　术语度的语境方法:C/NC值

梅纳德和亚纳尼亚多(Maynard and Ananiadou 1999)以及弗朗茨、亚纳尼亚多和米玛(Frantzi,Ananiadou and Mima 2000)提出的语境方法被学界广为采用。第一步,用语言过滤器获取候选术语,之后分析这些候选术语如何与附加的语境词语共现。C/NC方法分为两步。首先,C值分析候选术语在多大范围出现在其他候选术语的语境中。更确切地讲,C值对多词候选术语的嵌套情况进行量化。嵌套术语是更长术语的子串(即它们是否作为术语单独出现)。仅以嵌套形式出现的术语,也就是说,作为同样采用语言过滤器提取出来的术语,被认为是不完整的术语片段,不能独立出现,其C值很低。例如,在眼科学语料库中,在

"软性隐形眼镜"之外,"隐形眼镜"单独出现,被认为是术语,但是"软性隐形"则不作为术语。另外,一些嵌套术语出现在很多不同的长序列中,这也表明了它们的术语性。例如,"浮点"嵌套出现在"浮点运算""浮点常数""浮点运行""浮点程序""浮点数"等术语中,虽然它本身不能单独使用,但还是被作为术语。而另一方面,"点运算"只能嵌套出现在一个更长的序列中,是一个不完整的术语片段。在形式上,C值[①]按照如下方法计算:

$$C-value(a)=\begin{cases}\log_2|a| & if\ a\ is\ not\ nested \\ \log_2|a|\left(f(a)-\dfrac{1}{P(T_a)}\sum_{h\in T_a}f(b)\right) & if\ a\ is\ nested\end{cases}$$

   a 为候选字符串

   f 是语料库频度

   T_a 是包含 a 的提取术语备选

   $P(Ta)$ 是术语备选的数量

第二步,弗朗茨、亚纳尼亚多和米玛(Frantzi,Ananiadou and Mima 2001)利用了术语通常情况下和语境词汇共现的特征。NC值测量某些语境词语作为术语度指标的重要程度。更具体而言,NC值基于以下事实:

> 扩展的术语单位不能被自由修饰,因而与扩展的词语单位类别不同。只有有限范围的限定语可以和术语"热传导"(heat transfer)共同使用,词语"热波"(heat wave)不能被诸如"令人窒息的"(suffocating)、"永不停歇的"(never ending)等词汇以及其他限定语修饰。拓展术语是具有本质属性的语言表征,而在词语中,这种搭配是非本质的,因为即使是被省略掉也不会影响作为词汇单位的名词词组中的意义(Sager 1978)。

他们判断词语是否属术语指示语境的标准是:与该词语搭配的术语的数量除以识别的术语总数。

弗朗茨、亚纳尼亚多和米玛(Frantzi,Ananiadou and Mima 2001)使用NC值作为C值的补充,以共同决定某特定词串的术语度。他们采用不同的权重,即0.8的C值和0.2的NC值把上述两个测量方法结合起来,最终形成一个有关术语度测量的方法,该方法同样使语境在自动术语提取中能够发挥一定的作用。

4.4 形态方法

分析候选术语的形态结构(Aubin and Hamon 2006)是一个更趋向语言学路径的测量术语度的方法。第一个形态方法是在某些领域,例如在医学领域,大量采用新古典主义术语,这些术语来自拉丁语或希腊语。这种特征能够作为术语度的指标。亚纳尼亚多(Ananiadou

---

[①]　需要注意,C值本身常常被作为术语度测量,因为其仅仅测量候选术语的独立性。

1994)聚焦于标明术语度的拉丁语和希腊语词缀,进行了医学术语的形态分析。第二个形态方法特别用于德语、荷兰语、瑞典语和日语等语言,这些语言创造新术语的典型方法是将现有的词汇与正字法单位结合起来。而第三个形态方法是分解法,采用与术语度相反的方法,尝试将复合术语分成它们的构成部分(Nakagawa 2000)。虽然仅仅是复合词这一点即可以增加某候选术语的术语度(Foo and Merkel 2010),但是这些方法试图从组成复合词的各个部分的术语度属性来测量该复合词的术语度,这些属性可能是任何类型的术语度信息,比如复合词中心语的能产性(Kageura 2009;Assadi and Bourigault 1996;Nakagawa and Mori 2002)。

4.5 术语度对比方法

所谓的对比术语提取方法形式多样,但所有的方法都是基于这样的事实:术语具有领域特殊性,因此在某些领域比在其他领域或者通用领域出现的频率更高。因此,这些方法将某候选术语的频率与参考语料库(平衡通用语料库或另一个领域的语料库)中的频率进行对比。很多方法采用与本章2.2部分类似的搭配测量方法。在这种情况下,如果某候选术语在某特定领域语料库中和在参考语料库中具有相同的共现率,就将可观察的领域内部频率和期望频率进行对比。表4显示了荷兰语中的单词候选术语以及它们和某法律语料库的关联,该方法使用 X^2 统计作为对比术语度测量方法,用某通用新闻语料库作为对比语料库。这种方法和语料库语言学中的关键词提取(Scott 1997)有很多相似性。

表 4 比利时荷兰语法律语料库中的术语备选排序

荷兰语	英语	X^2
uitstellen(推迟)	to delay(推迟)	166,75
ontvangstbericht(确认)	acknowledgement(确认)	114,83
hoofdfunctie(主要功能)	principle function(主要功能)	94,75
Staatsblad(政府公报)	Official Gazette(政府公报)	34,92
inrichtingskosten(设置成本)	costs of setting up(设置成本)	16,62
validiteitsperiode(有效期)	period of validity(有效期)	8,56

自动术语提取领域(Drouin 2003;Drouin and Doll 2008)的很多其他方法运用相同的特定领域关联理念,但是具有不同的操作方式。巴西利等(Basili et al. 2001)的对比权重(contrastive weight)方法是对 TF-IDF 的调整,其中用不同领域的散布代替不同文档的散布(作为非术语度指标)。阿赫默德、吉勒姆和托斯特文(Ahmad, Gillam and Tostevin 1999)使用他们称为词语"奇异度"(weirdness)的概念,即某个词语在专业语料库和通用语言语料库中的正常化频率。他们采用这种方法"识别专业性的标记"。这些兼具高频率和高奇异度的词语涉及术语度识别,非常有意义。基特和刘(Kit and Liu 2008)以在领域语料库和参照语料库中的排序差异对某个候选术语的术语度进行量化。这个排序的基础是词语在两类语料库中的频率,然后用语料库词汇中的总形符数进行规范化。钟(Chung 2003)以规范化的频率比率来决定术语度。黄、刘和本纳莫(Huang, Liu and Bennamoun 2007)建议采用类似的技术,

使用某对比语料库中的词语分布行为来测量他所称的领域内分布和跨领域分布行为。第一种分布接着被用于计算领域普遍性数值,该数值测量术语在目标领域的使用程度。第二种分布是领域倾向数值,测量目标领域术语使用的程度。德劳因(Drouin 2006)对比了不同的假设测试方法排序的准确率和召回率,旨在确定哪一种是最佳方法。

5 术语变异

表5 术语变体识别的变形规则

识别	基础术语	变体
NAInsAv	Noun 1 Adj 2 (名词1 形容词2)	Noun 1 [(Adv? Adj) 0—3 Adv] Adj 2 名词1[(副词? 形容词)0—3 副词]形容词2
NAInsAj	Noun 1 Adj 2 (名词1 形容词2)	Noun 1 [(Adv? Adj) 1—3 Adv?] Adj 2 名词1[(副词? 形容词)1—3 副词?]形容词2
NAInsN	Noun 1 Adj 2 (名词1 形容词2)	Noun 1 [(Adv? Adj)? (Prep? Det? (Adv? Adj)? Noun) (Adv? Adj)? Adv?] Adj 2 名词1[(副词? 形容词)? (介词? 限定词? (副词? 形容词)? 名词?)(副词? 形容词)副词?]形容词2
ANInsAv	Adj 1 Adj 2 (形容词1 名词2)	(Adv) Adj 1 Noun 2 (副词)形容词1 名词2
NPNSynt	Noun 1 Prep 2 Noun 3 (名词1 介词2 名词3)	Noun 1 [(Prep Det?)?] Noun 3 名词1[(介词限定词)??]名词3
NPDNSynt	Noun 1 Prep 2 Det 4 Noun 3 (名词1 介词2 限定词4 名词3)	Noun [(Prep Det?)?] Noun 3 名词[(介词限定词?)?]名词3

经典术语学研究方法将术语界定为某领域特有的概念,在理想状态下,这个概念和它的语言表征形式具有一一对应关系。但是,这种理想的单义性情况在实际使用中由于术语的变异而呈现出复杂性,即某个概念由几个语符表层形式所表征。达耶(Daille 1996)指出,"术语变体是与原初术语具有语义和概念关联的语言单位",大约15%到35%的候选术语彼此之间是变体的关系(Daille 1996)。为了满足经典术语学的理论假设,术语提取的一个子任务就是在提取程序之后进行术语变体的识别和分类。达耶(Daille 2005)提出了一个术语变体的分类方法,聚焦删除、插入或形容词修饰语变换的典型类型。与此类似,布里戈和雅克曼(Bourigault and Jacquemin 1999)在其法语 FASTR 系统中应用变形规则探索浅层的句法信息以确定术语变异。表5中列举的变形规则可以分为两大类:修饰语和/或介词成分的内部插入以及限定词插入。内纳迪克、亚纳尼亚多和麦克瑙特(Nenadic, Ananiadou and McNaught 2004)没有进行术语变体的分组比较,而是在提取步骤中融入了基于模型的术语变体识别方法以提高提取效果。

6. 评估及检验

自动术语提取的最后一个子任务是评估,它以人工方法作为比较对象,对自动术语提取方法的有效性进行检验。由领域专家或某具体项目中的术语专家根据确定的专业领域术语标准,对候选术语表进行评估或对比。基于标准或者专家的判断,采用几种方法对自动术语提取过程进行评估。候选术语表的准确率是正确识别术语与所有候选术语的百分比。通常选择每一千个术语中的前 *n* 个来检验提取的效果。需要注意的是,术语表的标准很少在覆盖率上是穷尽性的,这种评估方法常常会低估真实准确率,因为某些正确识别的术语会被错误地判断为非正确识别。如果人工编纂的术语表或者有某个标准能涵盖所有标准,那么还有可能计算召回率,即所识别的术语和出现在专业语料库中所有术语的比率。请注意,候选术语表的人工检验显然是不能计算召回率的。总体而言,准确率高则召回率低,召回率高则准确率低。在实际工作中,必须在召回率和准确率两种倾向中做出选择,通常情况下会倾向于后者。张等(Zhang et al. 2008)评估了多个从大型语料库中提取术语的准确率(而非召回率)。使用等级或 *n*-最佳列表来测量准确率,即前 100、1000 或 5000 的准确率。考肯茨勒斯、卡拉帕提斯和马南达尔(Korkontzelos,Klapaftis and Manandhar 2008)对比了单位度和术语度测量方法的效果,得出的结论是,术语度测量方法能够取得更好的效果。维瓦尔第和罗德里格斯(Vivaldi and Rodriguez 2007)指出,尽管进行了多年的研究,还没有普遍为人所接受的标准和评估方法,这使得对不同自动术语提取系统的效果进行客观和定性的对比更加复杂。

7. 结论

自动术语提取是自然语言处理领域中一个成熟的研究领域,目前已形成了众多不同的路径和系统。然而,需要对以下诸多重复性的子任务加以区分:语料库编纂、单位度、术语度、变体识别以及评估。最早的系统仅仅使用语言信息来确定术语,而更加精细的统计学方法逐渐加以应用,以便从大型术语库提取术语。大多数一流的术语提取系统都是混合型的,将各类信息加以结合(如 Sclano and Velardi 2007)。尽管已经有了大量的研究,对于何为好的自动术语提取工具尚无公认的标准。这取决于术语提取的具体应用情况,如术语编纂、翻译支持、情报检索,或者是不同的语言、领域和语料库。

参考文献

Ahmad,Khurshid,Lee Gillam,and Lena Tostevin. 1999. "Weirdness Indexing for Logical Document Extrapolation and Retrieval(WILDER)." In *The 8th Text Retrieval Conference*,edited by Ellen Voorhees and Donna Harman,717 - 724. Washington:National Institute of Standards and Technology.

Ananiadou,Sophia. 1994. "A methodology for automatic term recognition." In *Proceedings of the 15th conference on Computational linguistics*(COLING'94),1034 - 1038. Kyoto,Japan.

Assadi,Houssem and Didier Bourigault. 1996. "Acquisition et modelisation des connaissances a partir de textes:outils informatiques et elements methodologiques." In *Actes du 10eme congres Reconnaissance des Formes et Intelligence Artificielle*,505 - 514. Rennes:Association Franqaise pour la Cybernetique Economique et Technique.

Aubin,Sophie and Thierry Hamon. 2006. "Improving term extraction with terminological resources." In *Proceedings of the 5th international conference on Advances in Natural Language Processing*,edited by Tapio Salakoski,Filip Ginter,Sampo Pyysalo and Tapio

Pahikkala, 380 – 387. Berlin/ Heidelberg: Springer-Verlag.

Baroni, Marco and Silvia Bernardini. 2004. "BootCaT: Bootstrapping Corpora and Terms from the Web." In *Proceedings of the Fourth International Conference On Language Resources And Evaluation*, edited by Maria Teresa Lino et al., 1313 – 1316. Lisbon, Portugal: European Language Resources Association.

Basili, Roberto, Alessandro Moschitti, Maria Teresa Pazienza, and Fabio Massimo Zanzotto. 2001. "Modelling Syntactic Context in Automatic Term Extraction." In *Proceedings of Recent Advances in Natural Language Processing*, edited by Nicolas Nicolov and Ruslan Mitkov, 28 – 34. Amsterdam: John Benjamins.

Biber, Douglas. 1993. "Representativeness in Corpus Design." *Literary and Linguistic Computing* 8(4):243 – 257. DOI: 10.1093/llc/8.4.243

Biber, Douglas and Susan Conrad. 1999. "Lexical bundles in conversation and academic prose." *Language and Computers* 26:181 – 190.

Bourigault, Didier. 1992. "Surface grammatical analysis for the extraction of terminological noun phrases." In *Proceedings of 14th International Conference on Computational Linguistics*, edited by Christian Boitet, 977 – 981. Stroudsburg, PA, USA: Association for Computational Linguistics. DOI: 10.3115/992383.992415

Bourigault, Didier and Christian Jacquemin. 1999. "Term extraction + term clustering: An integrated platform for computer-aided terminology." In *Proceedings of the ninth conference on European Chapter of the Association for Computational Linguistics* (EACL), Bergen, 15 – 22. Stroudsburg, PA, USA: Association for Computational Linguistics.

Cabré Castellví, M. Teresa, Rosa Estopa, and Jordi Vivaldi. 2001. "Automatic term detection: a review of current systems." In *Recent Advances in Computational Terminology*, edited by Didier Bourigault, Christian Jacquemin and Marie-Claude L'Homme, 53 – 88. Natural Language Processing, vol. 2. Amsterdam: John Benjamins Publishing Company. DOI: 10.1075/nlp.2.04cab

Chung, Teresa Mihwa. 2003. "A corpus comparison approach for terminology extraction." *Terminology* 9(26):221 – 246. DOI: 10.1075/term.9.2.05chu

Church, Kenneth and Patrick Hanks. 1990. "Word association norms, mutual information, and lexicography." *Computational Linguistics* 16(1):22 – 29.

Da Silva, Joaquim, Gael Dias, Sylvie Guillore, and Jose Pereira Lopes. 1999. "Using Local Maxs Algorithm for the Extraction of Contiguous and Non-contiguous Multiword Lexical Units." In *Proceedings of the 9th Portuguese Conference on Artificial Intelligence: Progress in Artificial Intelligence*, edited by Pedro Barahona and Jose Julio Alferes, 113 – 132. London, UK: Springer-Verlag.

Daille, Beatrice. 1994. "Study and Implementation of Combined Techniques for Automatic Extraction of Terminology." In *The Balancing Act: Combining Symbolic and Statistical Approaches to Language. Workshop at the 32nd Annual Meeting of the Association for Computational Linguistics*, 29 – 36. Stroudsburg, PA, USA: Association for Computational Linguistics.

Daille, Beatrice. 1996. "Study and Implementation of Combined Techniques for Automatic Extraction of Terminology." In *The Balancing Act: Combining Symbolic and Statistical Approaches to Language*, edited by Philip Resnik and Judith L. Klavans, 49 – 66. Cambridge, MA, USA: MIT Press.

Daille, Beatrice. 2005. "Variations and application-oriented terminology engineering." *Terminology* 11(1):181 – 197. DOI: 10.1075/term.11.1.08dai

Daille, Beatrice, Eric Gaussier, and Jean-Marc Lange. 1994. "Towards automatic extraction of monolingual and bilingual terminology." In *Proceedings of the 15th International Conference on Computational Linguistics*, 515 – 521. Stroudsburg, PA, USA: Association for Computational Linguistics.

Drouin, Patrick. 2003. "Term extraction using non-technical corpora as a point of leverage." *Terminology* 9(1):99 – 115. DOI: 10.1075/term.9.1.06dro

Drouin, Patrick. 2006. "Termhood: Quantifying the Relevance of a Candidate Term." *Linguistic Insights. Studies in Language and Communication* 36:375 – 391.

Drouin, Patrick and Frederic Doll. 2008. "Quantifying Termhood Through Corpus Comparison", In *Terminology and Knowledge Engineering* (TKE – 2008), 191 – 206. Copenhagen, Denmark: Copenhagen Business School.

Dunning, Ted. 1993. "Accurate methods for the statistics of surprise and coincidence." *Computational Linguistics* 19(1):61 – 74.

Evans, David, Natasa Milic-Frayling, and Robert Lefferts. 1995. "Clarit TREC – 4 Experiments." In *NIST Special Publication 500 – 236*, edited by Donna Harman, 305 – 322.

Evert, Stefan. 2004. "The Statistics of Word Cooccurrences: Word Pairs and Collocations." PhD diss., University of Stuttgart.

Foo, Jody. 2012. "Computational Terminology: Exploring Bilingual and Monolingual Term Extraction." PhD diss., Linkoping University.

Foo, Jody and Magnus Merkel. (2010). "Computer aided term bank creation and standardization: Building standardized term banks through automated term extraction and advanced editing tools." In *Terminology in Everyday Life*, edited by Marcel Thelen and Frieda Steurs, 163 – 180. New York: John Benjamins. DOI: 10.1075/tlrp.13.12foo

Frantzi, Katerina, Sophia Ananiadou, and Hideki Mima. 2000. "Automatic recognition of multi-word terms: The C-value/NC-value method." *International Journal on Digital Libraries* 3(2):115 – 130. DOI: 10.1007/s007999900023

Groc, Clement de. 2011. "Babouk: Focused Web Crawling for Corpus Compilation and Automatic Terminology Extraction." In *Proceedings of the International Conference on Web Intelligence and Intelligent Agent Technology*, edited by Olivier Boissier, Boualem Benatallah, Mike P. Papazoglou, Zbigniew W. Ras and Mohand-Said Hacid, 497 – 498. IEEE Computer Society.

Justeson, John S. and Slava M. Katz. 1995. "Technical terminology: some linguistic properties and an algorithm for identification in text." *Natural Language Engineering* 1(1):9 – 27. http://dx.doi. org/10.1017/S1351324900000048

Kageura, Kyo. 2009. "Computing the potential lexical productivity of head elements in nominal compounds using the textual corpus". *Progress in Informatics*, (6):49 – 56. DOI: 10.2201/ NiiPi.2009.6.6

Kageura, Kyo and Umino, Bin. 1996. "Methods of automatic term recognition: a review". *Terminology* 3(2):259 – 289. DOI: 10.1075/term.3.2.03kag

Kit, Chunyu. 2002. "Corpus tools for retrieving and deriving termhood evidence." In *5th East Asia Forum of Terminology*, 69 – 80. Haikou, China.

Kit, Chunyu and Xiauyue Lui. 2008. "Measuring mono-word termhood by rank difference via corpus comparison." *Terminology* 14(2):204 – 229. DOI: 10.1075/term.14.2.05kit

Korkontzelos, Ioannis, Ioannis Klapaftis, and Suresh Manandhar. 2008. "Reviewing and Evaluating Automatic Term Recognition Techniques." In *Proceedings of the 6th International Conference on Natural Language Processing*, edited by Bengt Nordstrom and Aarne Ranta, 248 – 259. Berlin/ Heidelberg, Germany: Springer.

Liu,Xiaoyue and Chunyu Kit. 2009. "Statistical termhood measurement for mono-word terms via corpus comparison." In *Proceedings of the Eighth International Conference on Machine Learning and Cybernetics*, 3499 – 3504. IEEE Computer Society.

Manning, Christopher and Hinrich Schutze. 1999. *Foundations of Statistical Natural Language Processing*. Cambridge, MA., USA: MIT Press.

Matsuo, Yutaka and Mitsuru Ishizuka. 2004. "Keyword extraction from a single document using word co-occurrence statistical information." *International Journal on Artificial Intelligence Tools* 13(1):157 – 169. DOI: 10.1142/S0218213004001466

Maynard, Diana and SophiaAnaniadou. 1999. "Identifying Contextual Information for Multi-Word Term Extraction." In *Proceedings of the TKE '99 International Congress on Terminology and Knowledge Engineering*, edited by Peter Sandrini, 212 – 221. Vienna, Austria: TermNet.

McEnery, Tony, Richard Xiao, and Yukio Tono, editors. 2006. *Corpus-based Language Studies: An Advanced Resource Book*. London, UK: Routledge.

Medelyan, Olena and Ian H. Witten. 2006. "Thesaurus based automatic keyphrase indexing." In *Proceedings of the 6th ACM/IEEE-CS joint conference on Digital libraries*, edited by Gary Marchio-nini, Michael L. Nelson and Catherine C. Marshall, 296 – 297. New York, USA: Association for Computer Machinery.

Nakagawa, Hiroshi. 2000. "Automatic Term Recognition based on Statistics of Compound Nouns." *Terminology* 6(2):195 – 210. DOI: 10.1075/term.6.2.05nak

Nakagawa, Hiroshi and Tatsunori Mori. 1998. "Nested collocation and compound noun for term recognition." In *Proceedings of the First Workshop on Computational Terminology*, edited by Didier Bourigault, Christian Jacquemin, and Marie-Claude L'Homme, 64 – 70. Montreal, Canada: Universite de Montreal.

Nakagawa，Hiroshi and Tatsunori Mori. 2002. "A simple but powerful automatic term extraction method" In *Proceedings of the Second International Workshop on Computational Terminology*，1 – 7. Stroudsburg，PA，USA：Association for Computational Linguistics.

Nenadic，Goran，Sophia Ananiadou，and John McNaught. 2004. "Enhancing automatic term recognition through recognition of variation." In *Proceedings of the 20th international Conference on Computational Linguistics*. Stroudsburg，PA，USA：Association for Computational Linguistics.

Pantel，Patrick and Lin，Dekang. 2001. "A Statistical Corpus-Based Term Extractor" In *Proceedings of the 14th Biennial Conference of the Canadian Society on Computational Studies of intelligence: Advances in Artificial intelligence*，edited by Eleni Stroulia and Stan Matwin，36 – 46. Lecture Notes In Computer Science，vol. 2056. London：Springer-Verlag.

Pazienza，Maria Teresa，Marco Pennacchiotti，and Fabio Massimo Zanzotto. 2005. "Terminology extraction：an analysis of linguistic and statistical approaches." In *Knowledge Mining*，edited by Spiros Sirmakessis. Series：Studies in Fuzziness and Soft Computing，Vol.185. Springer-Verlag. DOI：10.1007/3 – 540 – 32394 – 5_20

Pecina，Pavel and Pavel Schlesinger. 2006. "Combining association measures for collocation extraction." In *Proceedings of the COLING/ACL on Main Conference Poster Sessions Annual Meeting of the ACL*，651 – 658. Morristown，NJ：Association for Computational Linguistics.

Rizzo，Camino R. 2010. "Getting on with corpus compilation：from theory to practice." *English for Specific Purposes World*，Issue 1(27)，vol. 9. http：//www.esp-world.info.

Sager，Juan C. 1978. Commentary by Prof. Juan Carlos Sager. In *Actes Table Ronde sur les Problemes du Decoupage du Terme*，edited by G. Rondeau，39 – 74. Montreal：Commission de Terminologie de l'AILA.

Salton，Gerard，Andrew Wong，and Chung-Su Yang. 1975. "A vector space model for automatic indexing." *Communications of the ACM* 18：613 – 620. DOI：10. 1145/361219.361220

Sclano，Francesco，Paola Velardi. 2007. "Termextractor：a web application to learn the common terminology of interest groups and research communities." In *Proceedings of the 7th Conference on Terminology and Artificial Intelligence* (TIA – 2007)，Sophia Antipolis.

Scott，Mike. 1997. "The Right Word in the Right Place：Key Word Associates in Two Languages." *AAA-Arbeiten aus Anglistik und Amerikanistik*，22 (2)：239 – 252.

Simpson-Vlach，Rita and Nick Ellis. 2010. "An Academic Formulas List：New Methods in Phraseology Research." *Applied Linguistics* 31：487 – 512. DOI：10. 1093/applin/amp058

Thurmair，Gregor. 2003. "Making Term Extraction Tools Usable." In *Proceedings of the Joint Conference of the 8th Workshop of the European Association for Machine Translation and the 4th Controlled Language Applications Workshop*. Dublin：European Association for Machine Translation.

Vivaldi, Jordi and Horacio Rodriguez. 2007. "Evaluation of terms and term extraction systems-A practical approach." *Terminology* 13(2):225 – 248. DOI: 10.1075/term.13. 2.06viv

Vivaldi, Jordi, Lluis Marquez, and Horacio Rodriguez. 2001. "Improving Term Extraction by System Combination Using Boosting." In *Machine Learning ECML 2001*, edited by Luc de Raedt and Peter Flach, 515 – 526. Series: Lecture Notes in Computer Science, vol. 2167. Springer. DOI: 10.1007/3 – 540 – 44795 – 4_44 Automatic Term Extraction 221

Wermter, Joachim and Udo Hahn. 2005. "Paradigmatic Modifiability Statistics for the Extraction of Complex Multi-Word Terms." In *Proceedings of the Human Language Technology Conference and the Conference on Empirical Methods in Natural Language Processing*, 843 – 850. Association for Computational Linguistics.

Wiechmann, Daniel. 2008. "On the Computation of Collostruction Strength: Testing Measures of Association as Expressions of Lexical Bias." *Corpus Linguistics and Linguistic Theory* 4 (2):253 – 290. DOI: 10.1515/CLLT.2008.011

Wong, Wilson, Wei Liu, and Mohammed Bennamoun. 2007. "Determining termhood for learning domain ontologies using domain prevalence and tendency." In *Proceedings of the Sixth Australasian Conference on Data Mining and Analytics*, edited by Peter Christen, Paul Kennedy, Jiuyong Li, Inna Kolyshkina and Graham Williams, 47 – 54. Australian Computer Society.

Zhang, Ziqi, Jose Iria, Christopher Brewster, and Fabio Ciravegna. 2008. "A Comparative Evaluation of Term Recognition Algorithms." In *Proceedings of the Sixth Language Resources and Evaluation Conference* (*LREC 2008*), Marrakech, Morocco.

术语工具

弗里达·斯特尔斯[1,2]

肯·德瓦赫特[1]

艾菲·德马尔施[1]

[1]鲁汶大学，[2]南非自由州大学及昂热西部天主教大学

术语工作在单语知识管理过程以及多语文档管理和翻译工作中均发挥着关键作用。本章我们将重点介绍在专业文本中挑选、处理和管理术语单位的可行方法及技巧。专家文档提供的信息在不断完善。专业知识概念是知识动态过程的一部分，无法单独进行描述。语境信息和情景信息在知识表征中不可或缺。当讨论和分析专业领域中的概念时，人们很自然地会联想到基于语料库的研究。术语的管理（作为知识管理的组成要素）是术语工作的一部分，与术语数据的采集、加工、更新和准备相关。我们希望在本文中解决的问题是：哪些工具能够支持这种类型的术语管理？

如果软件解决方案着眼于有限数据库结构中的数据输入，那么它的影响将非常有限；而如果它在术语管理过程中有许多配套工具，它将发挥巨大的作用，这个过程包括输入/处理/收集/储存/检索。

本章选取了现阶段可用工具中颇具代表性的五种术语工具，并加以探讨和对比。选择是基于工具多样性而做出的：SDLMultiTerm 是市场引领者；memoQ 被评为最好的术语管理系统工具；Wordbee 代表了云端工具的新潮流；i-Term 是国际标准化组织标准；TermTreffer 是款与众不同、量身定做的工具。我们将利用大量参数对其进行详细分析。

关键词：单语及多语术语管理；软件工具；基于语料库的分析；知识管理

1. 引言

"术语工作：指以系统方式对概念及其指称进行整理、描写、处理及其呈现的工作。"（ISO 1087 - 1 2000，18）术语工作在单语知识管理过程以及多语文档管理和翻译工作中均发挥着关键作用。

无须多言，理解源语中语言符号所表征的概念对于正确理解专业文本至关重要，这也是选择目标语言中对译词的必要先决条件。然而，无论是在多语环境的源语和目标语言之间建立匹配，还是在专业文本的单语环境中，识别正确的概念结构及与正确的语言符号建立联系都是关键因素。术语工作在信息管理和知识工程学中扮演的角色至关重要。信息量和知识量在不断增长。知识管理意味着许多行为，比如创造信息、利用及再利用知识和传播信息（Van Heghe 2011）。对于大多数公司来说，知识管理涉及很多风险，其中之一是关键信息的

储存和检索以及模糊概念和多个术语带来的混乱。出色的术语工作对大多数公司和机构来说都有很多显而易见的好处。在一项致力于成功术语管理的研究中,斯特劳布和舒策(Straub and Schmitz 2010)阐述了术语工作的三个主要目标:(1) 提高成本和效率;(2) 质量控制;(3) 公司内部的协同效应。

我们将在本书其他章节阅读到更多有关投资回报率和成本效益的内容。在本章中,我们将重点介绍在专业文本中挑选、处理和管理术语单位的可行方法及技巧。专家文档编制提供的信息在不断完善。大多数专业知识领域是变化的、活跃的和发展的。费伯(Faber 2011,9-29)指出,专业语言是动态的,其表征亦应如此。我们所获得的专业知识在不断发展,用来描述这些概念的术语也在发生变化。所以,概念化过程或概念形成本身就是动态的。专业知识概念作为动态过程的一部分无法被单独描述。语境信息和情景信息在知识表征中不可或缺。当讨论和分析专业域中的概念时,人们很自然地会联想到基于语料库的研究。只有使用最新的语料库才能充分监测和描述专业领域内的术语变体及发展(Fernandez-Silva,Freixa,and Cabré Castellví 2011,49-74)。

贝特尔斯(Bertels 2011,94-112)指出,尽管长期以来单义性被视为传统术语的理想化特征,然而,在过去十年中这一观点一直饱受质疑。在明确界定的专业领域内,概念和术语一一对应的关系是可行的,但在意-形关系中常常存在多义现象和动态变化。为更好地了解专家交流所遵守的原则,应采取一种建立在对专业文本和语料库分析基础之上,包含描写性、语言学、语义学要素的方法。语言学符号经常从一般语言转移到专业文本,单词和术语也从一般语境转移到专业语境、从某一领域转移到其他领域。即使在专业语料库中,也存在多义现象。利用语料库数据和语料库分析工具是跟踪术语实际应用及其语境表现的唯一可行方法。术语的管理(作为知识管理的组成要素)是术语工作的一部分,与术语数据的采集、加工、更新和准备相关。

适当的术语管理对每个具有专业知识的专业人员来说都是至关重要的。它增加了正在生成的文本的连贯性,这不仅能够提高文本的可用性和可读性,还能改善面向其他语言的可转移性。术语管理涉及不同的步骤:从识别术语单位开始,然后提取它们,并对手头的术语进行分类和验证,最后储存和处理这些术语。哪些工具能够支持这种类型的术语管理呢?

高质量的术语工作离不开术语库的支撑。术语库可视为一个包含领域特有概念和指称其术语信息的计算机数据库 (Melby 2012,8)。它可以是单语的,也可以是面向翻译建成的双语或多语计算机数据库。

许多用于处理文本材料、提取术语及语法单元、建设术语数据库的软件解决方案都是可用的,它们特点各异,有着不同的流程级别和目标。如果软件解决方案仅着眼于有限数据库结构中的数据输入,那么它的影响将会非常有限;而如果在术语管理过程中(包括输入、处理、收集、储存、检索)有许多配套工具,则能发挥巨大的作用。

即使某个术语数据库的容量非常有限,它也与普通字典截然不同。术语库必须从特定的具体知识域开始,并使用一组表示领域内相关知识单元的概念。

梅尔比(Melby 2012,7-28)论述了大型平行双语语料库的用途。尽管有些人认为在线语料库的大规模使用会使术语库变得无关紧要和多余,但事实并非如此。尽管双语文本语料库和其他大型数据集可能会有很大用处,能够为用户提供大量语境信息,术语库仍非常受欢迎。术语库提供了一个结构化的语言数据存储库,由元数据进行丰富完善并根据特定的分类方案，基于分析的概念进行构建。由于处理专业学科领域的文本日益复杂，目前对熟练的术语工作和先进术语库的需求依然很旺盛。对专业术语库的潜在用户来说，很难选择合适的工具来筛选和处理专业交流。

2. 工具

在这个日新月异的技术时代，每天都有新的工具和程序面世。自第一代翻译环境工具和术语工具问世以来，情况已经发生了很多变化。目前，多种多功能工具已被用于各行各业。从翻译领域最常用的论坛平台可以看出，用户发觉很难跟上最新的发展，从而迷失了方向。正如引言所说，选择正确的工具对用户来说并不容易。多年来，有关术语（管理）的论文不计其数，它们对术语工具做了对比概述。由于环境的变化，这些论文介绍的许多工具已经过时或不复存在了。因此对术语工具的介绍也需要持续跟进。

基于工具的多样性，本章选取了现阶段可用工具中颇具代表性的五种术语工具，并在下一节中分别加以探讨和对比。

2.1 SDL MultiTerm：市场引领者

根据帝国理工大学 2006 年对译者、项目经理、术语学家及其他翻译专业人员的调查，75％ 的受访者在使用 SDL Trados 技术，而当时市场上最受欢迎的五种术语管理工具中，有三种目前均为 SDL Trados 旗下产品（分别为 Trados，51％；SDL Trados 2006，24％；SDLX，19％）。现阶段，SDL Trados 是术语管理技术的全球市场引领者，所占市场份额超过80％，这也使其成为"翻译行业实际的标准"。培训中心一般都要讲授这个软件的操作，大多数专业译者也熟知其用法。出于以上原因，本章显然要选择 SDL MultiTerm 进行探讨。作为术语管理软件的先驱之一，SDL MultiTerm 于 1990 年推出，当前版本在译者和公司中仍然是广受赞誉的术语工具。

2.2 MemoQ 被评为最好的术语管理工具

2011 年，由英国翻译协会（Institute of Translation and Interpreting，或 ITI）成员投票表决，基尔格雷（Kilgray）的翻译工具 memoQ 获得该组织颁发的最佳翻译工具奖。此前，memoQ 曾在计算机辅助翻译（CAT）中夺得头魁：Common Sense Advisory 公司将其评为以翻译为中心的术语管理系统领跑者。开发 memoQ 的出发点是用户需求。基尔格雷采用自下而上的典型方法，使该工具从其他翻译环境中脱颖而出。译者、服务提供商及企业是其主要用户群体。显然，这种工具颇具前景[1]，值得研究。

2.3 Wordbee 云计算技术

最近一段时间云计算备受关注。观察翻译行业的数字通信可以发现，云计算将大大简化译者、项目经理和客户之间的交流。包括软件巨头微软和谷歌在内的许多传统计算机程序都在步入云端。在翻译行业，尽管许多工具新增了云方案，但多数仍需要桌面应用程序。

---

① http://kilgray.com/products/memoq

在这种情况下，Wordbee 显然得到了部分关注。Wordbee 于 2008 年发行，旨在提供一个将所有人聚集在同一个工作区间的"云翻译平台"，使其成为真正意义上"端到端管理系统"的象征。

2.4 i-Term：国际标准化组织的标准

i-Term 是一种先进的术语及知识管理工具，它使用户能够通过网页浏览器储存、构建并搜索有关概念的知识。这款工具由 DANTERM 中心研发，已被包括国际标准化组织（ISO）在内的诸多公共和私营机构采用。除了具备术语工具的传统特性外，i-Term 还提供用于组织其中概念的"图形化概念建模工具"。该模块允许用户在 i-Term 中构建概念间关系的复杂图形表征，即所谓的概念系统或本体。

2.5 TermTreffer：术语提取器

上述四种工具均用于术语管理，其中多数具有术语提取功能。在这个列表中，TermTreffer 不同于其他工具，因为它仅仅是一个术语提取器。但如果与其他术语工具结合使用，它就能发挥附加价值，这是由于多数工具的术语提取功能是相当基础和有限的。

TermTreffer 由一家名为 Gridline 的荷兰公司研发，并由一个研究荷兰语的荷兰语-佛兰德语机构 Nederlandse Taalunie 设计。它只能用于提取荷兰语术语，因此只支持荷兰语字母。输出结果也永远是单语的。不同于大多数单语提取工具，TermTreffer 是一种"混合工具"，也就是说，它将统计研究法和语言学研究法结合起来。这对于拥有丰富语言信息的术语工具来说是一个典范。

3. 参数

上面提到的术语工具在最近的研究中得到了广泛关注。以往研究重点关注的是术语提取工具（Zielinski and Ramirez Safar 2005），针对术语管理工具的研究非常少。

我们将从几个参数入手，对本文选取的五种术语工具进行分析。具体分析结果将在下一节中介绍，内容涉及五个主要类别：呈现、界面、录入结构、输入与输出、整合。EAGLE 七步方案（1999）是我们这次全面分析和选取参数的大纲。

不同的用户群体都对术语有着浓厚的兴趣，并纷纷利用这些术语，他们中有译员、术语学家、技术写作者、领域专家等。某些工具在研发前就锁定了目标用户群体。这影响了工具的构思、可用的功能等，也与工具背后的理念有关。这些是在分析过程中需要考虑的重要因素。因此，"呈现"是分析的主要标准之一。

下一个标准是与搜索功能、应用过滤器相交互的界面及工具的特性。戈麦斯（Gómez 2012）区分了三种术语管理系统：独立型、集成型、组合型。工具的特性与某些基本特征直接相连，如数据库是个人的还是可以共享的，是桌面应用还是在线应用。另外，电子表格意味着存在"搜索装置"以简化和加速获取信息的途径（Gómez 2012，16 - 17）。因此在分析过程中也将搜索功能和过滤器纳入考虑范围。

术语库的一个非常重要的部分是记录/条目及其结构。有三种术语记录/条目结构：它们可以是"预定义的、固定的、可修改的或完全可定制的"（Bowker 2002，78；Gómez 2012，15；L'Homme 2008，134）。术语工具有多种用途，可供不同需求的多个用户群体使用。杜兰-米诺(Durán-Muñoz 2012，87)指出了条目结构及可用字段的重要性，因为即使在同一个用户群体之间，用户们希望添加的信息类型也不尽相同。

谈及术语，不可不提国际标准化组织(ISO)的标准。在本章中，针对这类最有趣的分析是国际标准化组织的 ISO 30042 2008，这是一个用于管理术语、知识和内容的系统——术语库交换格式(TBX)。它"为支持术语数据的不同过程而设计，这些过程包括在不同的电脑环境中进行分析、描写性表征、传播和交换"(ISO 30042 2008，1)。它可以用于工具分析，因此这些工具对国际标准化组织的符合程度也成为分析的一部分。

当然，输入和输出对于术语库(及其使用)是至关重要的。如萨缪艾尔松-布朗(Samuelsson-Brown 2004，84‐85)所言，用户能够通过两种方式将术语输入术语库中：他们可以手动输入，也可以利用提取或转换的方法。杰林斯基和拉米雷斯·萨法尔(Zielinski and Ramirez Safar 2005，5)也将输入、文件格式和导出格式视为其术语工具比较表中的元素。

最吸引译者的大概是最后一种参数，即翻译环境中的工具整合。杰林斯基和拉米雷斯·萨法尔(Zielinski and Ramirez Safar 2005)调查的主要目标群体之一就是广大译者。因此，术语识别是杰林斯基比较的因素也在意料之中。戈麦斯(Gómez 2012)从译者的角度重点研究翻译环境下工具的术语管理，那么讨论对译者有帮助的翻译环境工具特点也在情理之中。戈麦斯(Gómez 2012)、鲍克(Bowker 2002)和洛姆(L'Homme 2008)都认为"术语主动识别"就属于这样一个特点。和策切(Zetzsche 2006)一样，戈麦斯(Gómez 2012)也提到了"翻译流程内部的术语条目创建"。临时编辑功能对翻译人员非常有用，因为这些功能将使他们能够在翻译时创建或更新术语库，从而节省时间和精力。

4. 分析

4.1 SDL MultiTerm

4.1.1 呈现

20 世纪 90 年代以来，MultiTerm 一直因其术语应用程序享誉翻译行业。它由 TRADOS 公司于 1990 年推出，短短两年后发行的首版 Translator's Workbench 使该公司进一步蓬勃发展。2005 年 TRADOS 被 SDL 收购后，MultiTerm 工具更名为 SDL MultiTerm。SDL MultiTerm 程序包含多种工具，每种工具都关注术语管理的特定方向。

1. SDL MultiTerm Desktop 不仅可单独作为管理术语的桌面工具，也可以融入 SDL Trados Studio 的翻译环境中；

2. SDL MultiTerm Gonvert 从预处理的术语表中提取术语；

3. SDL MultiTerm Extract 是用于从对齐语料库中提取术语的独立工具。

4.1.2 界面

表 1　SDL MultiTerm 界面

桌面应用或在线工具	兼有
支持通过服务器还是仅本地可用？	通过服务器或在线
搜索功能和过滤器	非常先进

SDL MultiTerm 界面见表 1。可通过网络浏览器在线访问 SDL MultiTerm，见表 1。这种情况下，用户无须在桌面安装 SDL MultiTerm，只须在类似于 SDL MultiTerm 桌面程序的视图中打开术语库。注意，只有服务器术语库能由 SDL MultiTerm Online 提供，也就是说，SDL MultiTerm Online 不提供在本地计算机上创建和管理的基于文件的术语库。

桌面应用和在线界面都提供相当具体的搜索查询，这样用户就可以轻松地设置源语言和目标语言，使用通配符找到模糊匹配，对术语记录的所有字段进行搜索。此外，可以通过定义过滤器来设置搜索结果的部分先决条件。

4.1.3 录入结构

表 2 SDL MultiTerm 条目结构

是否符合 ISO 30042 标准	符合
以术语/概念为导向	以概念为导向，通过数值
可用字段	文本、数字、布尔值、日期、选择列表和多媒体文件

SDL MultiTerm 条目结构见表 2。术语录入（term record）是概念导向型，显示所有语言中与某一特定概念相关的全部术语。

用户可以通过修改术语定义来添加和删除字段。这些字段可以与概念、术语联系起来，进而按层级进行组织（例如，字段"语境资源"可放在"语境"字段下）。

4.1.4 输入/输出

在 SDL MultiTerm 中输入新术语有多种途径。首先，可以手动添加条目。此外，在 SDL Trados Studio 2011 中翻译时还可以动态地创建条目。

其次，还可从现有单词表（如微软的 Excel 表）中提取术语，借助辅助工具 SDL MultiTerm 转换工具，或从 SDL MultiTerm 提取工具的现有源文件和/或目标文件提取，该提取工具是一个独立产品。

4.1.5 手动输入

表 3 手动输入 SDL MultiTerm

录入模板：自动还是重新开始？	均可
质量保证检查？重复条目？	当手动创建术语时提供自动消息导出以拼写检查

SDL MultiTerm 的手动输入见表 3。当重新创建一个术语记录时，既可以使用标准输入格式，也可以采用预定义的模板立即显示出某些描述性字段。基于概念的方法使用户得以在同一项记录中存储近义词，并选择性地附加标签（比如，"缩略语""准用术语""禁用术语"）。这种做法提高了术语环境里术语识别及整合的效率。

唯一自动执行的质量保证检查是重复条目检查。当用户添加一个术语库中已有的术语时，该工具会提示用户合并记录。

4.1.6 术语提取/转换

SDL MultiTerm 转换工具是一种允许用户将术语数据转换为 MultiTerm 可扩展标示语

言格式的工具①。它支持多种文件类型,但对于译者来说,微软的 Excel 格式可能是最实用的。通过向导,预编辑的 Excel 文件被转换为术语库定义文件和包含实际内容的 XML 文件。

SDL MultiTerm 提取工具允许用户提取单语和双语术语表。该工具可以挖掘 TMX、TMW 或 TXT 格式的语料库,结果将显示在允许直接编辑的表视图中。最终结果可以导出为 CSV 文件或 SDL MultiTerm 术语库。尽管有可适应的停用词表,该工具仍存在一个主要缺点,即使用纯粹的统计方法会带来大量的噪声和误译。

4.1.7 可交换性

作为输入和输出格式,SDL MultiTerm 支持各种可扩展标示语言类型,包括 TBX 和 MultiTerm 特定的可扩展标示语言类型。

4.1.8 翻译环境中的整合

表 4　SDL MultiTerm 翻译环境中的整合

翻译环境中的整合	是
可同时被访问的术语库数量?	无限
术语识别	是
术语标示(批准/未批准)	是
自动化程度	以红线标出识别出的术语,但不自动替换
自动术语质量保证(核实)	是,术语核实
临时编辑	
(动态)添加	是
编辑(术语字段)	是
清除	是

SDL MultiTerm 翻译环境中的整合见表 4。对于译者来说,术语管理的主要优点之一是将翻译环境与主动术语识别相结合。为满足这一需求,SDL MultiTerm 术语库可以在 SDL Trados Studio 2011(或旧版本)中进行整合。本地术语库和服务器术语库都可以链接到 SDL Trados Studio 2011。

如果 SDL Trados Studio 在源句段中检测到术语,该术语将被红色括号标出以示强调,相关术语及其翻译将在紧邻翻译结果窗口的专用窗口中展示。

SDL Trados Studio 2011 的质量保证检查包括术语核实检查,它能自动检测是否使用了合适的翻译,以及是否使用了被"禁止"的术语。

memoQ 是由基尔格雷公司(Kilgray)开发的集成翻译环境。基尔格雷是一家匈牙利公司,成立于 2004 年,为翻译行业提供计算机辅助技术。2005 年,该公司推出了 memoQ 的第一个版本,自 2009 年以来该工具一直被大量使用②。

---

① http://producthelp. sdl. com/SDL％ 20MultiTerm％ 202009/client ＿ en/SDL ＿ MultiTerm ＿ Convert/About_MultiTerm_Convert.htm

② http：kilgray.com/company

在详细说明该工具的特性之前,有必要说明 memoQ 的独立版本和基于服务器的版本都是可用的。前者是为(自由工作者)译者设计的,后者则面向语言服务提供商和翻译部门。

作为独立版本的用户界面,memoQ Translator Pro 融合了多种功能,例如可以创建/导入项目(所需的一组文件)、翻译/导出文件的翻译界面;术语管理功能;管理和创建(对齐)语料库的选项和术语库功能。此版本可以连接到 memoQ 服务器。

memoQ 提供两种基于服务器的版本:memoQ serverFive 和 memoQ enterprise,后者是前者的扩展版本。基于服务器的版本提供与独立版本基本相同的功能,但它可以同时被多个用户访问,并提供了使用插件的可能性。与独立版本一样,服务器版本提供了内置的术语工作环境。然而,它也有其局限性。因此,基尔格雷公司创建了 qTerm,一种用来补充完善 memoQ 服务器的基于浏览器的服务。

4.2.2　界面

表 5　memoQ 界面

	memoQ Translator Pro	qTerm
桌面程序 vs.在线应用	桌面	在线
支持通过服务器还是仅本地可用?	支持本地,但是通过服务器也可能实现	通过服务器(可与 memoQ 结合使用)
搜索功能和过滤器	是	是(同时针对多个术语库,但 Pro 版无此功能)

表 5 为 memoQ 界面。memoQ 可以处理三种类型的术语库,即本地术语库、远程术语库和同步远程术语库,后者为前两个选项的组合。本地术语库实际上仅存储在一台计算机上,因此只有用户自己可以访问。远程术语库可由多个用户同时访问:术语库本身存储在远程计算机上,可以通过本地网络或互联网访问。同步远程术语库在远程计算机上有一个主副本,可以通过互联网进行访问。此外,术语库的副本还会存储在用户的计算机上,使得离线状态下也可以进行咨询和调整。每次计算机连接到互联网时,术语库都会自动更新。

在 memoQ Translator Pro 中创建的术语库可以转换为 qTerm 术语库。但是完成转换后,在 memoQ Translator Pro 中将无法进行再编辑。把 qTerm 术语库转换成 memoQ Translator Pro 是不可能的。

4.2.3　录入结构

表 6　memoQ 录入结构

	memoQ Translator Pro	qTerm
是否符合 ISO 30042 标准	不符合	部分符合
以术语/概念为导向	以概念为导向,数值、每个术语只有一个定义,在术语层级上可以增添第二个术语	以概念为导向数据,可以通过界面定多个定义字段来增添多个定义。只能手动参考 URL 来连接术语
可用字段	三级结构、文本、数字、日期、选择列表和图像	三级结构、文本、数字、布尔值、日期、媒体、选择列表(单一值和多重值)

表6为memoQ录入结构。每个术语记录都有一个三级结构:条目、语言/语言版本和术语。每个级别都有若干属性。对于条目级别,属性可以包括注释、项目、领域、由谁创建或图像等。对于术语级别,有两种类型的属性:在查找并匹配术语时设置工具条件的特性和提供语言特征信息的属性。唯一可以在语言一级的属性是术语的定义。每个术语只能添加一个定义,这是因为memoQ"遵循每个条目表征一个客体或概念的原则"[①]。

memoQ部分符合国际标准化组织标准;并非具备所有默认的TBX数据类型都存在,也无法创建真正的层级结构。Translator Pro版不支持TBX文件格式,而qTerm支持。然而,术语标示框架元模型建议的术语条目结构是适用的:所有信息都可以与三个层级(术语条目级、语言级、术语级)之一相关联。这三个层级与memoQ使用的三级结构相对应。

4.2.4 输入/输出

术语库可以手动创建,也可以通过提取(半)自动建立。memoQ Translator Pro提供有两种途径。

4.2.5 手动输入

表7 手动输入memoQ

	memoQ Translator Pro	qTerm
录入模板:自动还是重新开始?	模板,不可定制,但并非所有字段都是强制的,所以只输入术语及其定义,或者增添更多信息(说明字段中的语境)是可能的	条目结构可由用户定制,术语库定义也可定制
质量保证检查? 重复条目?	否	是

手动输入memoQ见表7。对于手动输入,条目的结构是预先设定的,并且仅限于固定的描述字段。无法定制结构,因此无法添加字段。由于并非所有字段都是强制性的,因此条目的全面性完全由用户决定。

该工具无法检测重复条目。尽管源术语的拼写方式与术语库中已经存在的源术语完全相同,但memoQ仍然会将这个术语作为一个新术语进行添加。

基于服务器版本的外接程序qTerm弥补了部分缺陷。例如,有可能定制术语库的结构,也可用于检测重复条目的质量保证检查。

4.2.6 提取/转换

表8 memoQ提取/转换

	memoQ Translator Pro	qTerm
术语提取/转换	是	否
单语-多语	多语	

memoQ的提取/转换见表8。一旦创建了一个项目并导入了要提取的文本,就可以使用memoQ提取术语。至于术语提取,memoQ为其用户提供了一个标准的英语停用词表。其

[①] http://kilgray.com/memoq/60/help-en/index.html? extract_terms_from_documemts_a.html

他语言没有可用的列表，这意味着用户必须浏览所有输出结果并手动删除所有停用词（如冠词）。用户可以通过在"提取候选词"窗口中输入所有要添加的停用词来创建停用词表。创建的列表可以保存并回收用于将来的项目。在术语管理的后期还可以扩展停用词表。

4.2.7 可交换性

该工具支持几种导入和导出格式，如 CSV 和 TMX。出乎意料的是，memoQ Translator Pro 不支持 TBX 文件，即术语库交换文件格式，而 qTerm 却支持 TBX 文件。

4.2.8 翻译环境中的整合

表 9 memoQ 翻译环境整合

	memoQ Translator Pro	qTerm
翻译环境中的整合		
可同时被访问的术语数量？允许同时访问同一个术语库的人数？	多个/1 个	多个/多个
术语识别	是	是
术语标示（批准/未批准）	是，术语状态可设为"禁止"	是，选择列表（单个）。可以从定义值的列表中选择一个值（如草拟，已批准，已公布）
自动化程度	翻译时弹出	翻译时弹出（在浏览器窗口而非用于 memoQ Translator Pro 的对话框）
自动术语质量保证（核实）	是，有多种选择，包括"检查源文本中的术语翻译与可用术语库中的一致性"①	如果 memoQ 的质量保证功能与 qTerm 相结合，且将 memoQ 当作翻译系统来使用，答案是肯定
临时编辑		如果和 memoQ 服务器共同使用
（动态）添加	是（弹出菜单）	是
编辑（术语字段）	是	是
清除	是	是

memoQ 的翻译环境整合见表 9。可以同时访问和使用多个术语库。默认情况下，新术语将添加到主术语库中，尽管将术语保存到其他术语库中也是可行的。

术语管理复合程序是翻译环境工具的一部分，有两种使用方法：通过主屏幕或在翻译过程中进行访问。

在编辑视图中（翻译期间），术语库显示在右下角。此外，术语库本身与"翻译结果"窗口

---

①　MemoQ 用户手册

相关联。这意味着,如果在源句段的翻译过程中,句段含有术语库中的一个术语,那么术语及其翻译将出现在"翻译结果"窗口中。该术语还将被标蓝以示强调,并且即使用户进入下一句段仍将保持高亮。当用户开始翻译时,memoQ 也会在选择列表中推荐目标术语。可以通过点击或按 Enter 键从列表中插入该术语。如果在术语库中没有提供源术语的翻译,那么该术语仍将出现在"翻译结果"窗口中,缺少的翻译可以轻松地添加进来。

在 memoQ Pro 中,源术语和目标项术语的状态都可以设置为"禁止"。禁止的目标术语将显示在"翻译结果"窗口中,而黑色表示此翻译不得用于该术语。qTerm 提供若干选项,如"草拟""已批准"和"已公布"。

使用质量保证模块,可以检查术语使用的一致性。如果用户未使用推荐术语,就会有警告窗口弹出。双击警告打开对话框,用户也可以选择忽略警告。

从编辑视图中可以轻松地将一个术语添加到术语库中。

4.3 Wordbee

4.3.1 呈现

Wordbee 是 Luxemburg 翻译软件公司开发的一个基于网络的翻译平台,自 2009 年推出以来,在欧洲已享有很高的知名度[①]。该公司主要面向公共部门、语言服务提供商、企业、大学和自由翻译者[②]。

Wordbee 试图提供一种基于网络的方法,旨在方便协作项目用户使用。用户无须购买传统的许可证,而是通过 SaaS 订阅该工具。SaaS 代表"软件即服务"(Software as a Service),是指用户不必安装、管理或维护任何软件或服务器,因为这就是"服务"的一部分。通过任何广泛使用的网络浏览器都可以对该软件进行访问,这也意味着初始安装成本比常规购买永久许可的工具要低得多。

与一些传统工具相比,Wordbee 术语库的框架实际上与术语管理技术是完全相同的。Wordbee 支持多语翻译记忆,并将该技术应用于术语。术语管理和术语库(两者都是数据库)之间没有技术上的区别,二者的差别仅在于翻译编辑的查找级别上。Wordbee 可以搜索翻译记忆库查找翻译单元,而搜索术语库只能查找句级以下的内容,或者说这里指的就是术语。

4.3.2 界面

表 10　Wordbee 界面

桌面应用程序或在线工具	在线
支持通过服务器还是仅本地可用?	互联网
搜索功能和过滤器	是,但不能重新排序(例如按字母顺序)

Wordbee 界面见表 10。Wordbee 只使用基于网络的界面,无须进行桌面安装、更新,也无与操作系统(例如 Mac)是否兼容或同步的问题。

至于用户数据的实际安全性,所有数据都存储于架构在卢森堡一个数据中心服务器上

---

① http://www.wordbee.com/about-us/

② http://www.wordbee.com/customer-types/

的专用数据库中,该数据中心有定制的高架地板,有独立冷却区和地震支撑架的暖通空调温度控制系统。它们提供全方位的物理安全功能,包括最先进的烟雾探测和灭火系统、运动传感器、不间断安全访问、电子摄像机监控和安全入侵警报[①]。

不仅如此,它们每天都会对所有数据进行备份,并存储在不同的位置,因此 Wordbee 的用户不必担心系统的安全性。

在线界面不包括特定的术语编辑。用户可以在一个双语编辑中查看并编辑术语,就好像它是一个翻译项目一样。该编辑器的一个主要缺点是无法直接编辑源文本,也无法按字母或字段对术语进行排序。

4.3.3　条目结构

表 11　Wordbee 条目结构

符合 ISO 30042 标准	部分符合,TBX 可以导入但无法导出
以术语/概念为导向	以概念为导向,但没有同义词
可用字段	选择列表,开放,无图像或多媒体

Wordbee 的条目结构见表 11。术语记录是基于概念的数字标识符,但无法在术语记录中添加近义词。整个术语记录无法直接可见,需要通过高级设置进行访问。

通过深入了解设置,实际上可以创建一个国际标准化组织认可的术语记录。但是,包含内容和字段的 XML 并不符合 TBX 标准。

4.3.4　输入/输出

表 12　Wordbee 输入/输出

手动术语输入	
录入模板:自动还是重新开始	由用户确定一个模板
质量保证检查? 重复条目?	均无,只有拼写检查

Wordbee 输入/输出特点见表 12。尽管有双语编辑,弹出窗口允许用户输入所有语言并填写语言属性。该工具不对重复条目执行自动匹配的质量保证检查,也不允许给定概念有多个近义词。用户只能通过下载列表和使用单独的应用程序(例如微软的 Excel)手动检查副本中的重复条目。编辑是基于网络的,所以它会自动启用浏览器的拼写检查功能。

4.3.5　术语提取/转换

术语提取或转换无法实现。

4.3.6　可交换性

该工具使用的是和术语管理及术语库同样的技术,所以可通过 TMX 和传统的文件类型(如 Excel 或 TBX)实现导入和导出。

---

① 　http://www.wordbee.com/resources/frequently-asked-questions/

4.3.7　翻译环境中的整合

表 13　Wordbee 翻译环境中的整合

翻译环境中的整合	
可同时被访问的术语库数量？ 允许同时访问同一个术语库的人数？	无限
术语识别	是
术语标示（批准/未批准）	可行，但有时不可见
自动化程度	半自动
自动术语质量保证（核实）	无
临时编辑	
（动态）添加	是
编辑（术语字段）	是
清除	是

Wordbee 翻译环境中的整合见表 13。翻译编辑可以轻松访问一个或多个术语库。如果一个术语出现在原文句中，译者将能够在"术语"这一条目下用"翻译发现器"检查该术语。术语管理技术的使用也对整合产生了影响，其优点是模糊匹配成为可能，缺点是附加在术语上的标签（如"禁止使用"）并非一目了然。此外，在确认翻译后，术语备选的标签由于被保存在一个不同的翻译单元中而不再可见。因为这个原因，任何自动术语检查都是不可能执行的。

4.4　i-Term

4.4.1　呈现

i-Term 是 DANTERM 在一个为期三年的项目结束后推出的，目的是设计面向公司特定术语库的方法和应用。在该项目中，DANTERM 与丹麦六家大公司和三所研究机构进行了合作。项目的结论之一是，当时的术语库系统没有提供足够的功能来满足公司的愿望和要求（Wenzel，Wiberg Danielsen，and Madsen n.d.，1），包括网络访问和改进版多媒体管理。

i-Term 是于 2002 年研发的一种新型的术语管理系统，旨在将当时最新的 IT 技术与术语及概念建模领域内的最新研究成果结合起来。基于互联网的术语和知识库可以安装在内联网或互联网上，是为大公司和机构开发的，他们的目的是构建自己的术语并使得所有员工都可以访问。i-Term 按主题/学科分类的定制技术字典与许多功能结合在一起，这些功能把 i-Term 中有关特定概念和表达的信息联结起来。

2004 年新增了 i-Model，即知识本体模块。这个交互模块允许用户在 i-Term 中构建概念关系的复杂图形表示，即所谓的"概念系统"或"知识本体"。i-Model 支持用于概念建模的传统术语工作方法。用户可以通过向概念中添加典型特征和次分标准来获得对主题字段的概述，从而获得创建一致定义的帮助。这样就能有更好的主题字段概述，并帮助用户创建一致定义。

4.4.2　界面

表 14　i-Term 界面

桌面应用程序或在线工具	只能在线应用
支持服务器还是仅本地可用	均可行
搜索功能和过滤器	是,非常高级的搜索功能

i-Term 的界面见表 14。i-Term 只能通过网页浏览器进行访问。这消除了对桌面应用程序、更新、操作系统兼容性和同步的问题。该工具专门面向术语管理,大大简化了界面。用户可以通过主页对术语、参考文献、图表以及用户进行直接管理。开发人员特别关注高级用户管理系统,以简化对其他用户某些任务的授权。在 i-Term 诞生之前的项目显示,用户要求在所有数据字段中具有更多的搜索功能。因此,用户可以使用"和/或运算符"来根据语言、主题和适用于一个或多个字段内容的标准搜索记录。这些搜索设置可供存储,以便在执行类似的搜索查询时节省时间。

4.4.3　条目结构

表 15　i-Term 条目结构

是否符合 ISO 30042 标准	是
以术语/概念为导向	概念
可用字段	预设文本字段,最多 10 个可选自定义 字段和一个多媒体字段

i-Term 的条目结构见表 15。将基于概念的术语记录分为几部分,可以有序地呈现有关术语、概念和概念系统的信息。i-Term 提供了一组基本的字段,这些字段可以通过选项来激活。用户最多可以命名和定义 10 个额外的自定义字段,来对术语记录进行优化调整,使之满足一个术语库所应达到的确切要求。

部分术语记录是基于图表 i-Model 模块自动填写的。在 i-Term 开发人员看来,"在允许等价概念间建立关系的概念建模工具中运用概念,能够更好地理解这些概念,而这恰恰是编写一致定义的基础"[①]。

用户可以将概念添加到 i-Model 图表中,并以交互方式构建概念系统的复杂表征。每个概念都用一个包含此术语的方框来表示。这些方框可以根据它们的关系(关系类型:"部分-整体关系""时间关系"和"联想关系")联系起来;每个符号都由国际标准化组织认定的符号表示。此外,还可以添加典型特征。所有这些信息都自动包含在术语记录中,并附有联结概念术语记录的超链接。

---

① http://www.danterm.dk

4.4.4　输入/输出

表 16　i-Term 输入/输出

手动术语输入	
录入模板:自动还是重新开始?	自动但可定制
质量保证检查? 重复条目?	当手动创建一个术语时会自动显示消息 导出拼写检查

i-Term 的输入/输出见表 16。手动向术语库中添加术语是基于术语的,而非基于概念,这意味着用户将首先完成给定语言的术语记录,进行保存,然后才能转向其他语言以输入特定语言的字段(例如,"词类""状态")。该工具自动检查术语是否已经出现在术语库中,并提供合并记录。

4.4.5　术语提取/转换

该工具不包括术语提取模块。

4.4.6　可交换性

该工具最初使用可扩展标示语言格式的导入和导出文件,但自 2012 年以来仅与 TBX 兼容。概念条目包含语言条目,而语言条目又包含单个术语条目。这样的结构还提供了一组为条目附加描述性和管理性信息的类属要素。

4.4.7　翻译环境中的整合

i-Term 只是一个术语管理系统,没有翻译环境。

4.5　TermTreffer

4.5.1　呈现

作为术语提取器,TermTreffer 不具备众多术语管理的功能。该工具主要用于从单语语料库中提取荷兰语术语。因此,尽管提取功能更为先进,它的功能非常有限。我们将会在本次报告中对这些功能进行更深入的讨论。

该工具通常使用复杂的在线界面,但也可以安装简化的桌面客户端。由于在线版本除了桌面应用程序的功能外,还具备一些额外的功能,成为最完整的一组功能,因此它被用作这一分析的起点。

该工具支持用于导入和导出的所有文件类型,以确保与其他各种工具的互操作性(如 CSV、HTML、PDF、XML、TBX 等)。

4.5.2　提取过程

在提取过程中,存在两种可能:一种是标准提取,另一种是高级提取。

对于标准提取,用户只需上传语料库即可开始工作。提取将按照标准程序自动完成。提取的术语备选项显示在可编辑表格中:术语可编辑、添加和删除。还可以按纵列对列表进行分类和搜索。

高级提取功能为用户提供了影响和微调提取过程的其他可能性。在标准配置下,该工具使用预先设置的标准管道,即"依次应用于源文本的算法序列"①。通过定制和个性化管道,可以提高输出的准确性和可用性。结果将因所选算法而异,能从一个语料库中创建多个术语库。此功能提供了众多可能性,例如"词形归并"选项可以把条目归为候选术语。如果一个候选术语多次出现在语料库中,但发生了屈折变化,那么该术语出现的所有场合将被归于库条目下。另一个有趣的选项是,即使工具附带了一个预设的停用词表,用户也可以创建自己的个人停用词表(算法为 negeerwoorden,意思是"选择忽略的词")。

4.5.3　术语库

该工具提供了编辑提取输出结果的几种可能性。用户可以添加、编辑、删除和合并候选术语。此外,可以将新的和已有的条目归为选定的候选术语。当然,对于标准提取过程的输出,候选术语会自动聚集在其条目周围。如果需要进行更改,则可借助这些编辑选项轻松完成。上文所述("词形归并"选项)显然适用于高级提取过程。用户完全可以自主决定是否要使用这些选项。

提取的输出显示在具有多个可用列的交互表上。用户可以决定展示哪些列以及隐藏那些不重要的列。所有列都可以用来对表进行排序。搜索功能也可以应用于输出提取结果。标准基本上是表包含的字段。若干标准可以在一次搜索中组合起来。另外,术语出现的部分文本在"事件"选项下可用,这些术语的索引也可供查阅。

没有可用的真正意义上的任务质量检查。但由于列出了每个术语的频率,因此不会出现重复条目。工具不会接受手动添加提取后已经存在于列表中的术语。这些术语可以按字母顺序排序,以便识别重复条目。

此外,TermTreffer 允许用户将术语库与语料库及其他术语库进行比较。第一种可能性是,这将有助于检查其他语料库中所选术语的索引行和频率。第二种可能是,方便用户将提取输出和手动设置列表进行比较。如果想要从一个术语库中复制术语并黏贴到另一术语库中,那么将这两个术语库做对比也是有用的。

4.5.4　语料库

TermTreffer 不仅包括导入(个人)语料库的选项,该工具还附带许多通用的语料库。除其他用途外,这些还可用于与术语库对比。

这两种语料库均可供查阅并用于执行搜索。正则表达式可用来执行搜索;术语的频率也是可测的。正如术语库一样,"索引行"和"频次"的选项也可应用于术语库。

语料库的另一有趣功能是词类标注。标注将自动被添加到没有标注的导入语料库中。这些信息也将被导出。

---

① www.termtreffer.org 求助文档

5. 结论

表 17　界面对比

界面					
	Wordbee	SDL MultiTerm	memoQ		i-Term
			Translator Pro	qTerm	
桌面应用程序或在线	在线	兼有	桌面	在线	在线
支持通过服务器还是仅本地可用	互联网	通过服务器或互联网	本地可用,但通过服务器进行访问	通过服务器(可和 memoQ 结合使用)	通过服务器或互联网
搜索功能和过滤器	是,但无法进行重新排序(比如按字母顺序)	非常先进	是	是,可同时在多个术语库中,而这在 Pro 版本中无法实现	非常先进

本文介绍的四个术语工具的界面对比见表 17。云计算和互联网的普及显然对这些工具的界面产生了一定的影响。除了 memoQ Translator Pro,其他几个工具都无一例外地支持基于网络的界面。对于 Wordbee 和 i-Term,网络界面甚至成为唯一的接入点。所有工具都支持基于服务器的解决方案来提供协作工作环境,考虑到多学科和在整个工作流程中术语整合的重要性,这一点无疑是令人欣慰的。

对用户来说,另一个重要方面是搜索功能。正如在开发 i-Term 之前的研究项目中指明的那样,应能使用户轻松访问到存储在术语库中的知识,否则就没有起到应有的作用。从这个角度看,并不存在 SDL MultiTerm、memoQ、qTerm 、i-Term 等"纯粹"术语管理工具与在翻译环境中包含术语模块的工具之间的明确界限。每种术语管理工具都有先进的搜索功能,可以同时访问多个术语库。翻译环境对管理方面有一种更为基本的处理方法,侧重于术语在翻译过程中的使用和翻译。因此,后者的搜索和管理功能相对有限。各术语工具的条目结构对比见表 18。

表 18　条目结构对比

条目结构					
	Wordbee	SDL MultiTerm	memoQ		i-Term
			Translator Pro	qTerm	
符合 ISO 30042 标准	部分符合	符合	不符合	部分符合	符合
以术语/概念为导向	是,但没有可用的近义词	是,通过数值	概念导向型,数值,每个术语只有一个定义,可以在术语层面添加第二个术语	概念导向型,数值,通过界定多个定义字段可以添加多个定义。只能手动参考 URLs 来连接术语	是

可用字段	选择列表,开放,无图像或多媒体	文本、数字、布尔值、日期、选择列表、多媒体文件	文本、数字、日期、选择列表、图像	文本、数字、布尔值、日期、媒体、选择列表(单一价值和多重价值)	预设文本字段,最多10个可选自定义字段和一个多媒体字段

　　SDL MultiTerm 和 i-Term 都符合国际标准化组织标准。这并不奇怪,因为这两个工具都是核心术语工具。只有 memoQ Translator Pro 不符合国际标准化组织标准。然而,这可能与译者导向的理念有关,memoQ 在术语方面的目的是在翻译项目中为译者提供一个简单的工具。

　　这些工具的多语化似乎使开发人员意识到,他们的术语记录需要一种基于概念的方法。作为最新出现的工具,Wordbee 并不提供在给定语言中包含的近义词,这对管理和翻译都产生了一定的不利影响。

　　可用字段因工具而异。i-Term 和 memoQ 使用预先定义的模板,而大多数工具都具有灵活的结构,允许用户为不同类型的内容添加字段。各术语工具的输入/输出和可交换性的对比见表 19。

表 19　输入/输出和可交换性的对比

输入/输出

			memoQ		i-Term
		Wordbee	SDL Trados	Translator Pro	qTerm	i-Term
手动输入	输入模型	由所有者定义一个模板	均可行	模板不可定制,但不是所有字段都是强制的,所以只需输入术语及其定义,或者添加更多信息(如注释字段中的语境)是可行的	用户可自定义条目结构以及术语库定义	自动的,但不可定制
	质量保证检查	无,仅有拼写检查	当手动创建一个术语时有自动消息,输出拼写	无	当手动创建一个术语时有自动消息,输出拼写检查	当手动创建一个术语时有自动消息,输出拼写检查
术语提取/转换	单语/多语	无	借助其他工具	多语	无	无

续 表

可交换性	输入	TMX,XLS,XLSX,ODS,CSV,FTM,TBX	多种 XML 格式,包括 SDL-MultiTerm 独有格式和 TBX	CSV,TSV,TMX	XML,TBX,XCS 或 ZIP 文件	XML,但 TBX 文件同样兼容
	输出	TMX,XLS,XLSX,ODS,CSV	附加输出格式为 HTML,RTF,分隔格式及 TXT	CSV 或标签分隔的文本文件	CSV, PDF,ZIP(TBX 文件)	XML,但 TBX 文件同样兼容

术语工具最重要的功能之一是输入功能,最基本的方法是手动添加术语,上述四种工具均可实现。它们都带有预定义的模板,但这些模板只能通过"纯粹"术语工具 SDL MultiTerm、memoQ、qTerm 和 i-Term 进行定制。质量保证检查也有同样的趋势。更通用的工具(Wordbee 和 memoQ Translator Pro)只提供拼写检查,不提供质量保证。偏重术语方面的工具(SDL MultiTerm、qTerm 和 i-Term)为重复条目提供了质量保证检查功能。奇怪的是,只有当用户提取术语库时才可能进行拼写检查。

虽然大多数工具支持 TBX 格式,但 memoQ Translator Pro 是唯一不能导入 TBX 文件的工具,这可能是因为该工具背后的设计理念首先关注的是译者和翻译。各术语工具在翻译环境中整合的对比见表 20。

表 20　翻译环境中整合的对比

整合

		Wordbee	SDL MultiTerm	memoQ		i-Term
				Translator Pro	qTerm	
翻译环境中的整合	可同时访问的术语库数量/可访问同一个术语库的人数	无限	无限	无限/1 个	无限	n/1 个
	术语识别	是	是	是	是	无限/1 个
	术语标示(批准/未批准)	可能,但不总是可见	是	是	是	无限/1 个
	自动化程度	半自动	带有红线的识别,不自动替换	半自动	半自动	无限/1 个
自动术语质量保证		无	有,术语鉴定	有,术语鉴定	如果用户使用 memoQ 作为翻译管理系统,则该功能可用	无限/1 个

续 表

	添加	是	是	是	是	无限/1 个
临时编辑	编辑	是	是	是	是	无限/1 个
	清除	是	是	是	是	无限/1 个

在翻译环境中工具的整合方面,"纯粹"的术语管理工具与较一般的工具之间没有实际差异。i-Term 是唯一仅提供术语管理的工具,它不能融入翻译环境中,也不能与翻译环境相结合。

当术语(管理)融入翻译环境时,由工具提供自动化术语质量保证是顺理成章的。然而,Wordbee 没有提供自动化的质量保证,而这可能与 Wordbee 背后的框架和理念紧密相连(术语管理和术语库表面相似,两者都使用相同的技术)。

正如在引言中提到的,不同的工具有不同的功能,这使得用户很难决定哪一种工具才最适合其术语工作。本文讨论的工具可以分为两大类:"纯粹"的术语管理工具和翻译环境中带有术语模块的工具。每个工具都利弊并存,但它们都有特定的目标用户群。

参考文献

Bertels, Ann. 2011. "The dynamics of terms and meaning in the domain of machining terminology." *Terminology* 17(1):94 - 112. DOI:10.1075/term.17.1.06ber

Bowker, Lynne. 2002. *Computer-Aided Translation Technology: A Practical Introduction*. Ottawa: University of Ottawa Press. DOI:10.7202/007488ar

Durán-Muñoz, Isabel. 2012. "Meeting translators' needs: translation-oriented terminological management and applications." *The Journal of Specialised Translation* 18, 77 - 92.

EAGLES Evaluation Working Group. 1999. *The EAGLES 7-step recipe*. http://www.issco.unige.ch/en/research/projects/eagles/ewg99/7steps.html.

Faber, Pamela. 2011. "The dynamics of specialised knowledge representation. Simulational reconstruction or the perception-action interface." *Terminology* 17(1):9 - 29. DOI:10.1075/ term.17.1.02fab

Fernandez-Silva, Sabela, Judit Freixa, and M. Teresa Cabré Castellví. 2011. "A proposed method for analysing the dynamics of cognitions through term variation." *Terminology*, 17, 49 - 74. DOI:10.1075/term.17.1.04fer

Gómez Palou Allard, Marta. 2012. "Managing Terminology for Translation Using Translation Environment Tools: Towards a Definition of Best Practices." PhD diss., University of Ottawa, Canada. http://www.ruor.uottawa.ca/fr/bitstream/handle/10393/22837/ Gomez_Palou_Allard_Marta_2012_thesis.pdf.

Heghe, Hans Van. 2011. *Knowledge Centric Management*. St. Albans, England: Academy Press (1 - 264).

ISO 1087 - 1. 2000. *Terminology work—Vocabulary—Part 1: Theory and application*. Geneva: International Standards Organization.

ISO 30042 2008. *Systems to manage terminology, knowledge and content—Term base eXchange (TBX)*. Geneva: International Standards Organization. DOI: 10.3403/30191100

L'Homme, Marie-Claude. 2008. *Initiation à la traductique*, 2nd ed. Montréal, Canada: Linguatech. Melby, Alan K. 2012. "Terminology in the age of multilingual corpora." *The Journal of Specialised Translation* 18, 7 - 28.

Melby, Alan K. 2012. "Terminology in the age of multilingual corpora." *The Journal of Specialised Translation*, 18, 7 - 28.

Samuelsson-Brown, Geoffrey. 2004. *A Practical Guide for Translators*, 4th ed. Frankfurt/ Tonawanda/ North York: Multilingual Matters Ltd.

Straub, Daniella and Klaus-Dirk Schmitz. 2010. *Successful Terminology Management in Companies*. Stuttgart, Germany: TC and More.

Translation Memories Survey. 2006. "Users' perceptions around TM use." *Translating and the Computer* 28. London, England: Aslib.

Wenzel, Annemette, Camilla Wiberg Danielsen, and Bodil Nistrup Madsen. s. d. *I-Term-a Concept Based Terminology Management Tool*. http://i-term. dk/material/ DANTERM%20paper.pdf.

Zetzsche, Jost. 2006. "Translation tools come full circle." *Multilingual*, 77, 41 - 44.

Zielinski, Daniel and Yamile Ramirez Safar. 2005. *Research meets practice: t-survey 2005. An online survey on terminology extraction and terminology management*. http://ecolotrain. uni-saarland. de/download/publs/sdv/t-survey_aslib2005_zielinski.htm.

实际应用中的概念建模与数据建模

博迪尔·尼斯特鲁普·马森

汉内·厄尔德曼·汤姆森

哥本哈根商学院

本章介绍了数据建模时首先进行术语概念建模的作用。首先,我们将介绍利用术语知识本体的术语概念建模,也就是把具有丰富特征的概念系统建模为特征具体分类。这能够从形式上解释特征的继承性,并让我们引入一系列规则和限制,进而实施与早期方法相比更为连贯的概念建模。其次,我们解释了如何以术语知识本体为基础开发概念与逻辑数据模型。我们还展示了如何匹配术语知识本体中的多个要素与数据模型中的要素,并解释了模型之间的差别。最后,我们使用丹麦公共部门的例子(药物处方的用户界面与食品控制的数据模型)阐释了将术语知识本体作为 IT 开发与数据建模先决条件的作用。

关键词:概念建模;数据建模;术语知识本体

1. 引言

术语工作主要与交际中概念的澄清以及表征概念的语言指称有关。根据术语学理论(ISO 704,2009),一个学科领域中的概念互相关联并且形成概念系统。这些概念系统描述了该学科领域专家群体(理想状态下)共享的学科概念及概念关系。概念澄清对于开发成功的IT系统至关重要,但这一步经常被忽视。术语知识本体开发作为数据模型开发的基础,能够为数据建模阶段奠定坚实的基础。

在第 2 节"使用术语知识本体的概念建模"中,我们将介绍术语知识本体的原则以及实例,术语知识本体就是概念系统,其中术语学理论的特定方面被形式化了。在术语知识本体中,特征被表征为规范的特征具体分类,也就是属性-值对。概念系统与术语知识本体可以用多种不同的方式进行表征。在第 2 节中,我们采用了一套标记系统,并在一个特定术语与知识管理系统的知识本体建模模块中实施。在第 3 节"表征概念系统"中,我们介绍了如何使用 ISO/FDIS 24156 2013 规定的统一建模语言制图技术。

在第 4 节"概念建模与数据建模"中,我们展示了理想的数据建模过程,包括四个阶段:术语知识本体建模、概念、逻辑以及实体数据建模。我们描述了这些阶段之间的区别以及术语知识本体建模如何为其他三个阶段奠定基础。最后,在第 5 节"术语知识本体的作用"中,我们用医学领域和食品控制领域的两个案例展示了术语知识本体的作用。

2. 使用术语知识本体的概念建模

2.1 基本原则

本节中我们采用了丹麦卫生保健以及生物医学领域的例子来说明如何使用术语知识本体进行概念建模。概念系统展示了用英语注释表征的原丹麦语概念,也就是说,展示英语语境的现实或术语。知识本体以术语管理系统 i-Term(Madsen、Thomsen 以及 Wenzel 发表于 2006 年的文章中有更详细的描述)提供的格式进行表征。

基于卡彭特的类型特征理论(Carpenter 1992;Madsen 1998,339 - 348;Thomsen 1997,21 - 36;Thomsen 1998,349 - 359),基本上术语概念本体是富有以属性-值对为形式的典型特征的概念系统。图 1 对此进行了说明。此处每个填充框对应首选术语表征的概念,它(已知)的特征在框的下方列出,同义词与其他信息(如定义)可以通过双击获取(图 1)。概念之间的线条对应类型关系(也称为种属关系),其他关系可以用不同类线条表征。

卡彭特的类型特征理论(Carpenter 1992)适用于进一步完善和丰富概念系统,也就是说,概念的特征由该概念的下位概念继承,例如,图 1 中的特征[分发:重复]就通过"重复处方"被它的两个下位概念所继承。特征继承意味着,为了避免冲突,一个概念对某一给定属性仅能有一个值。特征继承是术语知识本体工作的基本原则。

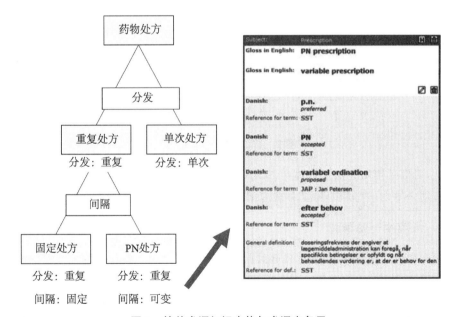

图 1　简单术语知识本体与术语库条目

通过特征继承,某一给定特征会在多个概念中出现。当特征未被继承时,我们称之为初级特征,因此在图 1 中,特征[分发:重复]在概念"重复处方"中是初级特征,在其下位概念中则并非如此。并列概念(具有相同母概念或上位概念的概念)含有属性相同、但值不同的特征。这样的属性被称为维度。维度同时也是细分标准(见图 1)。

术语知识本体受到一系列其他原则及限制条件的约束(Madsen, Thomsen & Vikner

2004，15-19）。下面各节中将解释最重要的原则。

2.2 初级特征的唯一性原则

初级特征的唯一性原则意味着在术语知识本体中某个特征仅有一次能作为初级特征，所有其他具有这一特征的概念都必须位于具有初级特征概念的下位。以插入图 2 中的概念"单次饱和处方"为例进行说明，它具有［分发：单次］以及［目的：使病人达到特定药物量水平］这样的特征。这一概念必须是"单次处方"的下位或上位概念才符合这一原则。既然"单次处方"不具有［目的：使病人达到特定药物量水平］这一特征，那么"单次饱和处方"必须是下位概念，以避免让"单次处方"继承这一特征。

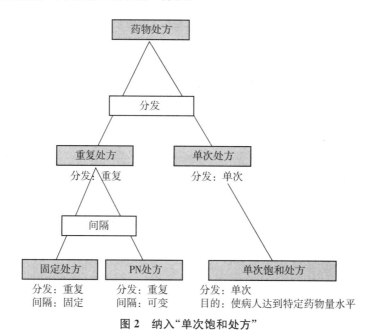

图 2　纳入"单次饱和处方"

因此，可以采用术语知识本体中初级特征的唯一性原则自动将概念插入合适的位置。如果没有这一原则，将难以确定"单次饱和处方"这一概念的位置。

2.3 维度唯一性原则

在给定术语知识本体中，维度也必须是唯一的。这是为了确保具有共享某个属性的特征的概念拥有共同的上位概念。图 3 中"单次饱和处方"与"可变增量处方"这两个概念违背了这一原则，因为尽管属性值不同，但它们同时拥有具备［目的］属性的特征。

违背维度唯一性表明，这两个概念从本应放入系统中其他位置上的两个姐妹概念中继承了它们的［目的］特征，如图 4 中完整的药物处方知识本体所示，事实也的确如此。为了提高可读性，图 4 省略了继承的特征，还需要注意"固定处方"与"间隔"之间的联想关系。

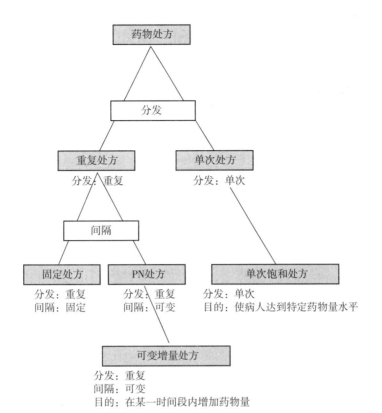

图 3 违背维度唯一性

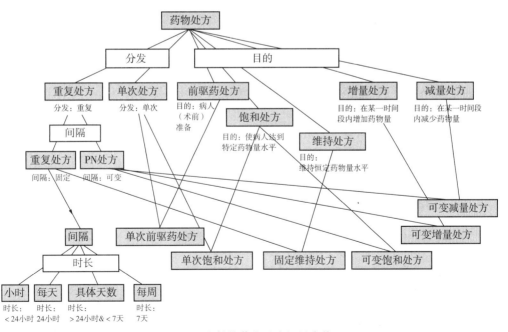

图 4 完整的药物处方知识本体

图 5 展示了某些细胞类型的术语知识本体。显然,这一术语知识本体也违背了维度唯一性原则,因为[分泌物]出现在了三处不同的位置上。另外,有几处还违背了继承性原则,例如,概念"α细胞"具有[分泌物:胰高血糖素]特征,但同时从其上位概念中继承了[分泌物:荷尔蒙]特征,也就是说对于属性[分泌物]而言,"α细胞"具有两个不同值。

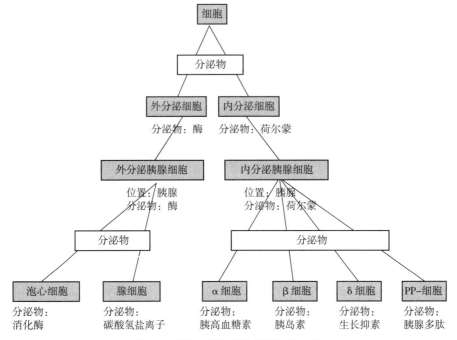

图 5　某些人类细胞的术语知识本体

然而在现实中,维度唯一性原则并未被违背,因为"胰高血糖素"是一种荷尔蒙,也就是说,存在如图 6 中所描述的属性值的深层概念系统。这说明,在术语知识本体中,与其上位概念的特征值相比,更专业概念的特征值可以更具体。

这符合卡彭特的类型特征理论(Carpenter 1992)中的值分级架构。

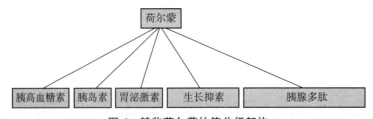

图 6　某些荷尔蒙的值分级架构

2.4　依据细分标准分组的原则

在术语知识本体的建设中,一组并列概念中的多个特征可能包含均为潜在细分标准的不同属性。依据细分标准分组的原则说明细分标准应以如下方式从不同维度中选择:(1)涵盖所有下位概念,(2)没有概念位于多个细分标准之下。

有两种方式可能违背第二点制约。首先,特征常常成群出现,如图 7 所示,概念"选择性阻断"具有针对高危群体、在危险环境中由卫生保健专业人员实施的特征,而"普遍阻断"具有针对所有人群、(通常)在学校由公共专家实施的特征。这产生了[目标群体][场所][实施者]三个维度,这三个维度均是潜在的细分标准,但为了符合该原则必须选择其中之一。

在这一案例中,可以认为[场所]与[实施者],也即谁在何处能与目标群体接触是由[目标群体]这一选择而来,因此[目标群体]必须作为细分标准。

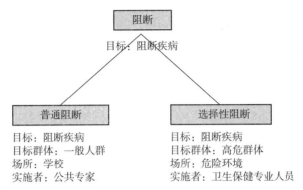

图 7　多个潜在细分标准

如图 8 所示,当针对姐妹概念的维度产生交叉时,可能会发生第二种违背这一原则的情况。图 8 展示了图 4 中的药物处方领域建模的早期阶段,此处概念"前驱药处方"被描述为:为某些治疗(一般是外科术前)作准备、病人取药一次的处方。

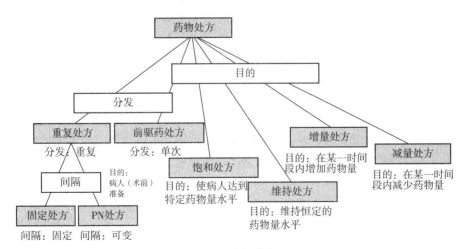

图 8　细分标准交叉

违背原则说明混用了不同视角,为了让概念明晰,有必要纠正这种情况。这个案例中引入了另外两个概念:"单次处方"与"单次前驱药处方",如图 9 所示,把两个特征置于独立的概念上,并把具有两个特征的概念作为两者的多层级架构下位概念,通过这样的操作分开两个维度。

事实上,在稍后阶段出现了"单次处方"的另一下位概念,因为"饱和处方"既可以是重复的,也可以是单次的。这一点让此处描述的改动更加有理有据(图 4)。

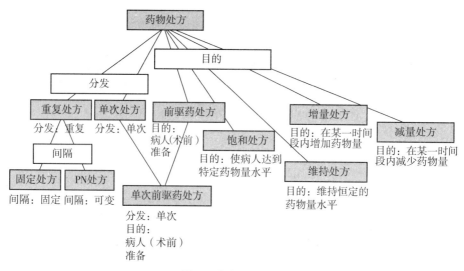

图9　消除交叉标准

3. 表征概念系统

在第2节中,我们阐释了一种概念系统表征方法,不仅包括概念、关系以及细分标准,还包括以属性-值对的形式出现的概念特征。本节我们将介绍如何使用统一建模语言(UML),这是一种用于目标导向软件工程学的标准化一般用途建模语言。统一建模语言由对象管理组织(OMG)管理并被国际标准化组织(ISO)认定为行业标准。它包括一套图形标记系统,这类视觉模型与概念系统有许多相似之处,因此在许多术语学家与IT开发者合作的项目中,会采用绘制统一建模语言图形的工具进行概念建模。有鉴于此,ISO术语与其他语言及内容资源技术委员会(ISO/TC37)制定了关于如何将统一建模语言用于术语概念建模的ISO/FDIS 24156-1(2013)标准。

图10使用统一建模语言表征了图4的术语知识本体,去除了关于增量和减量处方以及不同间隔的概念。该图表由微软办公制图软件Visio绘制。

根据ISO/FDIS 24156-1(2013),概念用统一建模语言类别符号来表征,每个框中包含三个分层。顶层为类别名称,用于表征(首选)术语,统一建模语言不能表示同义词,因为同义词在数据模型中不相关。中间部分用于表示属性、它们的数据类型以及可能的初始值。后面关于数据建模的讨论中将会对此进行解释。ISO/FDIS 24156-1(2013)规定,术语概念的特征用属性与初始值进行表征,如图10所示。术语概念建模中不使用数据类型。然而,微软办公制图软件Visio(以及其他统一建模语言工具)在数据类型栏中插入〈未指定〉且不允许删除此信息。下层部分空置,在统一建模语言中被用于操作指令。

统一建模语言提供多种不同的类别关系(称为关联)。在术语概念建模中它们用于表征概念之间的关系。统一建模语言概括与术语类型关系语义上对应,因此在ISO/FDIS 24156-1(2013)中用于表征术语类型关系。类似地,统一建模语言构成与聚合符号用于表征部分-整体关系(图22与23)。关联符号用于联想关系,如图10中概念"固定处方"与"间隔"之间的**"具有"**关系。

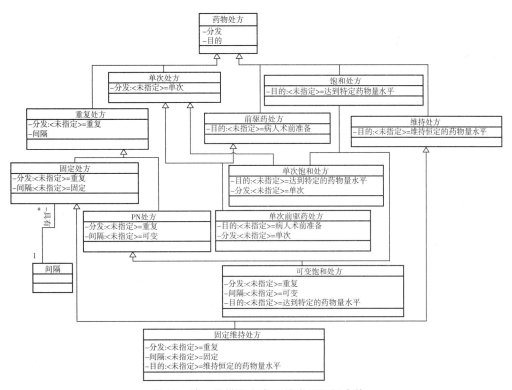

图 10　统一建模语言表示的术语知识本体

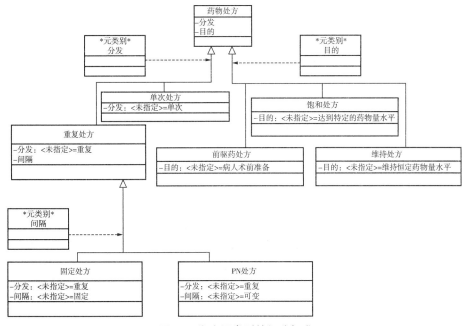

图 11　作为元类别的细分标准

最后,细分标准由上位概念中不具备初始值的属性表示。这一点可以在图 10 的概念"药物处方"与"重复处方"上看到。ISO/FDIS 24156-1(2013)提出了一种表征分级标准的替代或补充方法,即如图 11 所示的插入控制类型或元类别。如图 11 所示,通过元类别与不具有值的属性的组合,有可能区分:(1)不同维度,也就是在上位概念上出现的属性,表征为不具有值的属性;以及(2)细分标准,也就是被用于概念定义中的显著维度,由元类别符号表征。

在许多公司与组织中已经可以使用统一建模语言的建模工具,至少部分潜在用户群体,也就是 IT 开发者与 IT 架构工程师了解标记系统。这对使用统一建模语言标记系统有利,但如果使用该标记系统,应当非常清楚术语概念建模与数据建模之间的区别。下一节将讨论这些区别。

4. 概念建模与数据建模

4.1 弥合认识差异

在本节中我们展示了如何借由术语知识本体澄清概念来为数据建模过程奠定坚实的基础。图 12 说明了众所周知的情况:客户与 IT 系统的开发者难以沟通,并且很可能他们对与所开发的 IT 系统有关的概念也存在不同理解,甚至同一机构中的行业专家也有可能对概念有不同的理解。为了避免矛盾与错误,数据建模过程的第一步应当通过术语知识本体来澄清概念。通过把概念意义形式化来澄清概念,这既促进双方达成共识,也有利于开发任务的成功实施(图 13)。

图 12　客户与开发者之间的认识差异

图 13　通过知识形式化弥合差异

4.2 知识本体与分类系统及数据模型对比

在详细讨论数据建模过程之前,我们将介绍与知识架构相关的一些核心概念。根据图14中的知识本体,模型与分类系统可以区分如下。模型的目的是提供关于现象的知识的简化表征,而分类系统的目的是把现象细分为不同类别,成为存储和获取诸如书或产品这类对象的基础。知识本体是一种模型,而分类法是一种分类系统。

这一点也可以参见 CEN CWA 15045(2004)。

"知识本体"这一术语经常用于表示数据模型。然而,知识本体与数据模型目的的不同:知识本体目的在于概念澄清、概念的相互理解以及术语的连贯运用,而数据模型目的在于具体说明 IT 系统信息的类型及其相互关系(Madsen and Thomsen 2009,239 - 249;Madsen, Thomsen and Vikner 2002,83 - 88)。

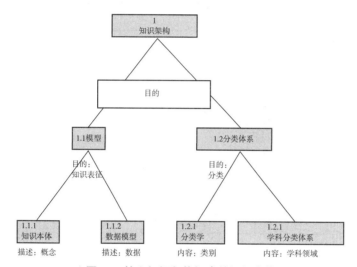

图 14　核心知识架构概念的知识本体

4.3 理想的数据建模过程

下面我们介绍用于数据库应用的数据模型开发过程。以往文献中可以找到这些阶段的不同名称与定义。通常会描述以下三个阶段:概念数据建模、逻辑数据建模与实体数据建模(Hoffer,Prescott and McFadden 2005;1keydata.com 2013)。但我们将术语知识本体建模作为先于概念数据建模的新阶段来介绍。因此开发包含数据库的 IT 系统的理想化建模过程应当含有四个阶段,如图15 所示(Madsen and Odgaard 2010)。

图16 展示了小型资源参考术语知识本体。图17 和18 展示了基于图16 的例子可以开发出来的概念与逻辑数据模型。

概念数据模型由统一建模语言图形表征(第3 节)。图17 展示了基于图16 的术语知识本体创建的概念数据模型。本节的统一建模语言图形由 ArgoUML 创建。一个类别表征一系列相似对象或数据库中的**例子**,属性是表示每个对象登记的信息标签。关联把不同类别联系起来,类似于术语库中的概念关系。我们称为**具体化**或**一般化**(取决于阅读方向)的关联类似于术语的类别关系。多重性表明参与关联的对象数量,比如一个参考文献可能有一个或多个题目,一个题目可能有一个或多个参考文献(多对多的关系)。

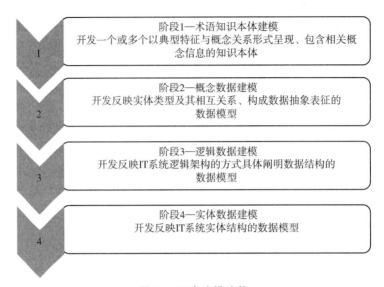

图 15　四个建模阶段

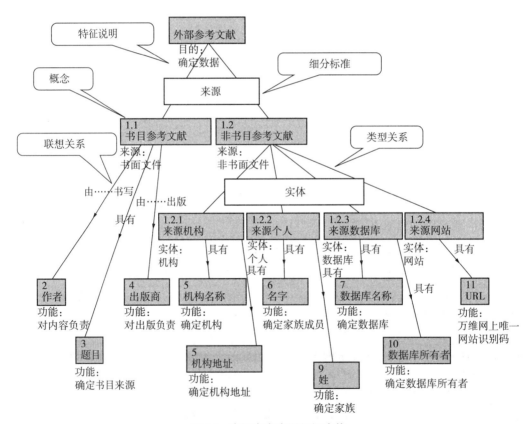

图 16　资源参考术语知识本体

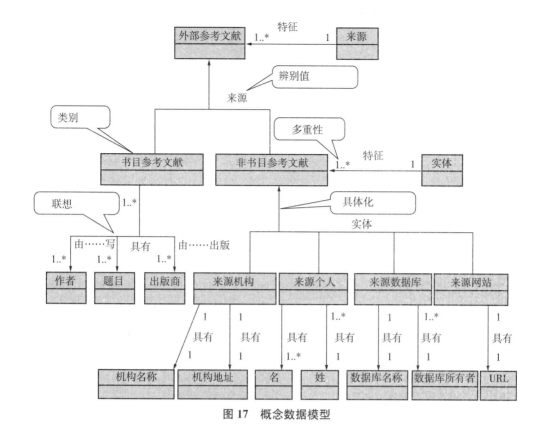

图17 概念数据模型

从术语知识本体转到概念数据模型时,概念一般会被映射至不同类别。因此,图16中的概念"外部参考文献""书目参考文献"以及"非书目参考文献"被映射至图17中的不同类别中。细分标准[来源]可以映射至概念数据模型的辨别值中。

应当注意,术语知识本体中不仅概念,而且细分标准也可以映射至概念数据模型中的**类别**上,并且相关细分标准下的下位概念会被映射至**属性值**,属性值最终会变成数据库用户界面上选择列表的选项。因此,在概念数据模型中,细分标准[来源]也可以映射至一个独立类别,它可以包括在数据库中,作为包含选择列表(**书目参考文献**与**非书目参考文献**)值的表格。5.2节说明了将细分标准映射至类别的作用。

通常认为,概念数据模型是一种语义模型,目标在于IT系统领域的概念澄清。然而,概念数据模型一般不提供类别背后有关概念的语义信息,也就是说,它不包含特征。确实,有时候定义会与概念数据模型一起给出,但这些通常并不是真正的定义,而是登记关于某些信息的目的的记录。

尽管关于数据模型的文献也提供了带有属性的概念数据模型的例子,原则上概念数据模型并不包括**属性**。在下一个数据建模阶段,也就是逻辑数据模型(图18)中将引入属性。但是数据模型中的属性并不界定类别,而是指明哪种信息将与类别的例子有关,举例而言,根据图18,标题与数据库中的每个书目参考文献有关,它是这个属性(串)的数据类型。其他的数据类型包括"数量""真/假"(布尔)或"日期"等,而且有可能提供初始值,比如,除非用户修改,日期属性的初始值可能是将要录入的当前日期。

概念数据模型很少非常具体,也就是说,它们很少包括表征信息类型的类别,此后这些信息类型将作为类别属性引入逻辑数据模型中。但是术语知识本体通常包括这样一些概念,它们对应数据库表格中的属性或属性值。例如,图 16 中的术语知识本体包含"作者""题目"与"出版商"的概念。根据我们与权威机构和公司在概念澄清及数据建模上的合作经验,通常开始**似乎没有问题**的一般概念,很难就它们的意义达成共识。因此我们认为应该在术语知识本体中包括这些概念并将其映射至概念数据模型的类别中。

开发逻辑数据模型时,与概念数据模型相比,可以选择进行一定的简化。例如,图 18 中类别"作者""题目"与"出版商"作为属性被引入,尽管这些类别与类别"书目参考文献"之间存在多对多的关系。这意味着,例如,数据库中多条书目参考文献为同一作者,那么某条书目参考文献的作者将会重复。

术语知识本体可能包括一些概念,它们对概念澄清而言很有必要,但并不会被映射至概念或逻辑数据模型中的类别或属性上去。例如,图 16 中的术语知识本体原本可能包括"外部参考文献"和"内部参考文献"的上位概念"参考文献"。图 17 中的概念数据模型中并未将这一概念作为一个类别包括在内,因为数据库不会包含对应该概念的类别或属性。当然,设置概念数据模型有多种方法,有时概念数据模型可能会与术语知识本体非常类似,也就是说,概念与类别之间存在高度的一一映射。

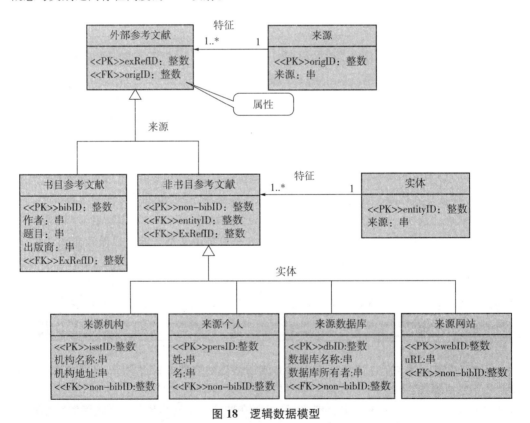

图 18　逻辑数据模型

基于图 18 的逻辑数据模型可以开发出以关系数据库图式为形式的实体数据模型,展示关系数据库的图表或者用于 XML 实施的 XML 图式。

尽管知识本体中概念与典型特征和数据模型中的类别与属性之间并不存在一一对应的关系,术语概念建模与概念数据建模之间还是有许多类似之处。仔细观察两个模型之间的关系,可以设定基于术语知识本体创建数据模型的指导原则。马德森与奥德高(Modsen and Odgaard 2010)在此基础上更进一步,首次尝试构建基于术语知识本体自动生成概念数据模型的算法。

5. 术语知识本体的作用

5.1 作为数字化先决条件的概念澄清与标准化

大部分中型与大型企业和组织均有快速获取多种语言的概念结构化知识的需求,许多权威机构也在概念标准化上花费大量资源,原因主要在于公共信息数字化程度不断提高。通过网络门户清楚连贯地与民众进行交流,这就要求在多种语言中,信息结构清楚而且概念定义清楚。基于术语知识本体原则的概念澄清已经在多种术语工作和多个领域中获得成功。基于以特征具体分类为形式的特征识别与形式化创建知识本体能为达成概念定义的共识(例如在标准化过程中)奠定坚实的基础,并且能在无论是单语还是多语的描写性术语工作中取得良好的效果。我们与多个丹麦权威机构合作的经验表明,术语知识本体为新 IT 系统或数据交换格式的开发奠定了坚实的基础。下面两节展示了来自两个领域的例子。

5.2 案例 1:药物处方用户界面

图 19 展示了一个由 IT 开发者提供的医院药物处方系统的用户界面的一部分。如果该用户界面的数据模型是基于图 20 中的术语知识本体的,那么细分标准[分发]与[目的]就可以被用于以更好的方式来架构这些选项。开发者可以清楚地表示出选项 1—3 与[分发]相关,选项 4—6 与[目的]相关。这个例子说明了将细分标准映射至概念数据模型中的**类别**上的作用。这样会有两个选择列表,每个列表拥有一组值,对应相关细分标准(4.3 节)下的下位概念,也可以清楚地表示出"固定处方"与"PN 处方"属于"重复处方"而非"单次处方"。然而,这可能并不重要,因为你只能选择其一。

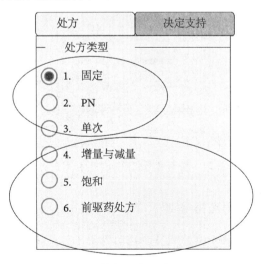

图 19 药物处方用户界面

负责处方的人面临六个不同的选项。但如果我们比较用户界面与图20中的简化术语知识本体，可以清楚地发现，选项四包含两种处方类型："增量处方"与"减量处方"，这两者意思相反，在用户界面中应当作为两种选项出现。另一个严重的问题在于与"饱和处方"同级的"维持处方"，它在用户界面中消失了(图20)。

图4中更为全面的药物处方知识本体展示了多层级体系信息，可用于开发新的用户界面，允许[分发]与[目的]两组处方类型进行组合，见图21。若用户选择"PN处方"，将会显示拥有三个可能组合的新窗口，对应图4中"PN处方"的三个下位概念，用户可以选择其一。

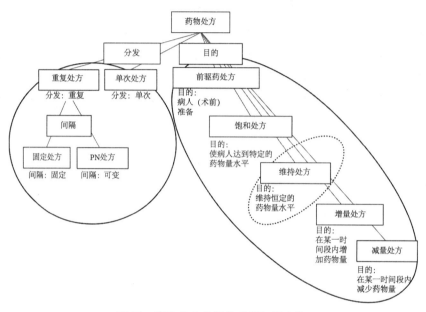

图 20　药物处方的简化术语知识本体

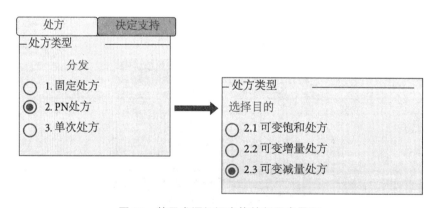

图 21　基于术语知识本体的新用户界面

5.3　案例2：食品控制数据模型

图22是从丹麦食品、农业与渔业部下属的丹麦兽医与食品管理局网站(丹麦兽医与食品管理局2008)上抽取的模型。模型展示了由英语注释表征的原丹麦语类别。网站介绍其为

概念模型,但根据第 4 节中所展示的分类,它是一个逻辑数据模型。在以下段落中我们将通过实例展示,如果基于术语知识本体,该模型将产生何种变化。

图 22 中,类别"现场控制"与"行政控制"是"控制类型"的具体分类,但它们应该是类别"控制"的具体分类,尚不清楚为什么存在这两个类别。类别"取样及分析"是类别"现场控制"的一个元素,但被标示为"现场控制"的具体分类,也就是说,这两者应该是聚合而不是具体分类的关系。

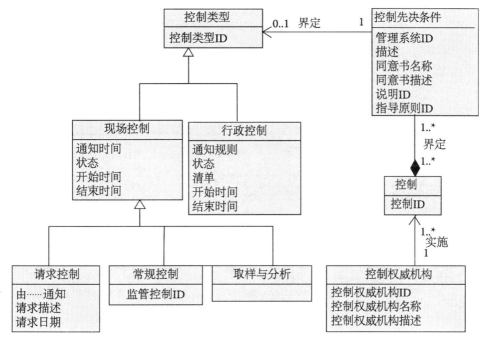

图22　食品控制数据模型

当观察图 22 原始数据模型中"现场控制"与"行政控制"两个类别的描述时,可以发现以下简要描述(定义):

　　1."现场控制"—客户或客户的供应商或客户在场时实施的控制;

　　2."行政控制"—我们理解的行政控制是指通过比较有关客户、产品或活动的信息与数据以及规则与其他相关信息实施的控制。

以上两个简要描述并未清楚地区分这两个类别,因为"现场控制"的描述包含特征[控制地点],而"行政控制"的描述包含特征[控制方法]或者[控制基础]。然而,在图 22 原始数据模型中亦有类别"行政控制"的长篇描述(111 个单词),它包含以下信息:"行政控制……仅在权威机构现场实施。"基于这一信息可以对"行政控制"下定义:"在权威机构场所实施的控制"。这样两个简要描述清楚地区分了两个类别表示的概念。

通过开发术语知识本体,见图 23,可以澄清类别所表示的概念,并开发出比图 22 更合适的数据模型。

图 23 将"取样"与"分析"作为两个概念引入,而不是对应图 22 的类别"取样与分析"这样的概念,因此两个新类别被引入图 24 中新的概念数据模型。

图 22 原始数据模型中关于类别"控制权威机构"的描述中提到角色分工十分重要,它与基于控制先决条件给出的信息相关。因此我们在图 23 的术语知识本体中引入了"责任权威机构"与"实施权威机构"这两个概念,在图 24 的新概念模型中引入了两个对应类别。

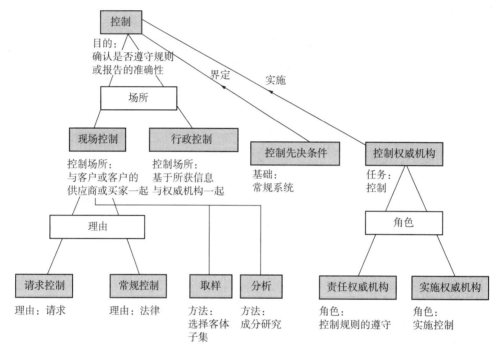

图 23 食品控制术语知识本体

图 24 中的新概念数据模型对图 22 的原始模型进行了改动,这一改动基于上述批评进行。

概念关系、概念特征与定义为概念数据模型与逻辑数据模型的开发奠定了良好的基础,开发者以及开发的 IT 系统用户应当一直可以使用知识本体。

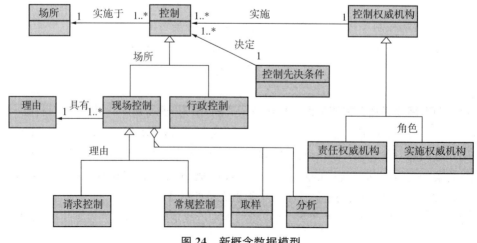

图 24 新概念数据模型

6 结论

通过术语工作方法进行概念澄清并非微不足道的工作。将概念系统表征为具有特征具体分类及细分标准的术语知识本体，遵循本章所描述的原则，这一工作的结构化和规范化程度将得以改进。如案例所证，通过术语知识本体进行概念澄清，为开发数据模型与用户界面奠定了良好的基础。

参考文献

Carpenter，Bob. 1992. *The Logic of Typed Feature Structures*. Cambridge：Cambridge University Press. DOI：10.1017/CBO9780511530098

CEN CWA 15045. 2004. CEN *Workshop Agreement: Multilingual Catalogue Strategies for eCommerce and eBusiness*. Brussels：European Committee for Standardization (CEN).

"Data Modeling-Conceptual，Logical，And Physical Data Models."*Data Modeling*. Accessed January 13，2013. http://www.1keydata.com/datawarehousing/concepts.html.

Hoffer，Jeffrey A.，Mary B. Prescott，and Fred R. Mcfadden. 2005. *Modern Database Management*. Upper Saddle River，New Jersey：Pearson Education.

ISO 704. 2009. *Terminology work—Principles and methods*. Geneva：International Standards Organi-zation. DOI：10.3403/02211674

ISO/FDIS 24156－1. 2013. *Graphic notations for concept modeling in terminology work—Part 1: Guidelines for using UML notation in terminology work*. Geneva：International Standards Organization.

Madsen，Bodil Nistrup. 1998. "Typed Feature Structures for Terminology Work—Part I." In *LSP—Identity and Interface—Research，Knowledge and Society. Proceedings of the 11th European Symposium on Language for Special Purposes*，edited by Lita Lundquist，Heribert Picht and Jacques Quistgaard，339－348. Copenhagen Business School.

Madsen，Bodil Nistrup and Anna Elisabeth Odgaard. 2010. "From Concept Models to Conceptual Data Models." In *Terminology and Knowledge Engineering Conference 2010—Proceedings*，edited by Una Bhreathnack and Fionnuala De Barra-Cusack，537－544. Dublin：Fiontar.

Madsen，Bodil Nistrup and Hanne Erdman Thomsen. 2009. "Terminological Concept Modeling and Conceptual Data Modeling." *International Journal of Metadata，Semantics and Ontologies (IJMSO)* 4(4)：239－249. DOI：10.1504/IJMSO.2009.029228

Madsen，Bodil Nistrup，Hanne Erdman Thomsen，and Carl Vikner. 2002. "Computer Assisted Ontology Structuring." In *Terminology and Knowledge Engineering Conference 2002-Proceedings*，edited by Alan Melby，77－82. Nancy：INRIA.

Madsen，Bodil Nistrup，Hanne Erdman Thomsen，and Carl Vikner. 2004. "Principles of a System for Terminological Concept Modeling." In *Proceedings of the Fourth International Conference on Language Resources and Evaluation*，edited by Maria Teresa Lino，

Maria Fransisca Xavier, Fátima Ferreira, Rute Costa and Raquel Silva, 15 – 19. European Language Resources Association (ELRA).

Madsen, Bodil Nistrup, Hanne Erdman Thomsen, and Annemette Wenzel. 2006. "I-Term for NORDTERM." In *Terminology Design. Quality Criteria and Evaluation Methods (TermEval)*, edited by Rute Costa, Fidélia Ibekwe-SanJuan, Susanne Lervad, Marie-Claude L'Homme, Adeline Nazarenko and Henrik Nilsson. European Language Resources Association (ELRA). Accesed April 25, 2014. http://www.lrec-conf.org/proceedings/lrec2006/.

The Danisch Veterinary and Food Administration. 2008. "ClassDiagram Begrebsmodel Kontrol." Accessed January 31, 2013. http://www.fvm.dk/Files/Filer/Ministeriet/Udvalg%20og%20partnere/Standarder/kontrol/begrebsmodel_kontrol.htm.

Thomsen, Hanne Erdman. 1997. "Feature Specifications Applied to the Field of Life Insurance." *Terminology Science and Research—Journal of the International Institute for Terminology Research* 8(1/2):21 – 36.

Thomsen, Hanne Erdman. 1998. "Typed Feature Structures for Terminology Work—Part II." In *LSP—Identity and Interface—Research, Knowledge and Society. Proceedings of the 11th European Symposium on Language for Special Purposes*, edited by Lita Lundquist, Heribert Picht and Jacques Quistgaard, 349 – 359. Copenhagen Business School.

机器翻译、翻译记忆与术语管理

彼得·雷诺兹

全球翻译管理

本文讨论机器翻译与翻译记忆技术中的术语使用问题。对这两项技术的一个共识是，良好的术语管理将能提高目标译文的质量。本文将详细描述在这些技术中使用术语库的最优实践方式。通过采访与调查，本文也阐明了术语的真实使用情况，它与被认可的最优实践方式之间的区别以及这些区别的原因，并对如何在机器翻译与翻译记忆技术中优化术语使用以提高翻译质量提出了建议。

关键词：术语管理；机器翻译；翻译记忆

1. 引言

机器翻译（MT）是使用计算机软件将一种自然语言译为另一种自然语言。翻译记忆（TM）则根据既有的翻译材料为译者提供建议。术语库可以整合至这两种技术中，整合得越好，目标译文的质量就越高。机器翻译与翻译记忆这两种技术对待术语管理的视角类似。它们的目的在于让译者即刻获取准确的译语术语，并让译者有足够的信心。通常译者与术语学家都可能会关注相同的问题，但译者的主要目标常常是尽量减少额外的资料查找工作，以快速获取准确术语。

在这篇文章中，我将结合术语管理审视机器翻译与翻译记忆技术以及这一领域目前的做法。

2. 翻译循环利用技术

图1是现有的翻译循环利用技术的简化示意图。翻译循环利用技术是一种重复使用既有翻译内容的技术。术语管理系统提供术语的重复使用。本节将描述机器翻译与翻译记忆技术。

机器翻译的概念于1950年代提出，目前对该领域已经做了大量的研究工作。机器翻译技术有许多不同类型。为简便起见，我将它分为三种不同类别，绝大部分机器翻译可以归于其中一类。它们是：

1. 规则型机器翻译——使用源语与译语的语言信息，比如针对机器翻译的语法和词典；

2. 统计型机器翻译——基于信息理论、使用数据模型确定翻译输出；

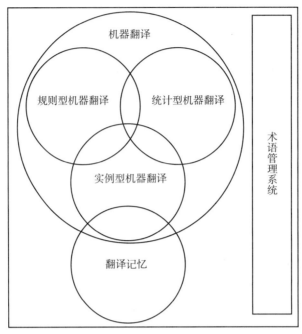

图1　翻译循环利用技术

3. 实例型机器翻译—基于使用双语语料库匹配,通过软件识别出一种语言的某句话在另一种语言中对应的话。

通常认为翻译记忆与机器翻译是两种完全不同的技术。然而,翻译记忆实际上源于基于实例的翻译方法论。如果是基于语料库,那么这两种技术均基于相同的核心概念,即对齐片段或对齐文本。它们也使用某些相同的方法对齐和检索文本。不同之处在于基于实例的机器翻译获取文本并自动翻译,而翻译记忆技术支持由译者决定哪些内容可以进入译文。另一个区别在于,使用翻译记忆时译者更可能自己创建翻译记忆,并且因为了解译文来源,译者对翻译记忆的质量也更有信心。

翻译记忆技术经历了重大变革,现在可以允许使用外部资源提供翻译建议、合作翻译并在待翻译文本中进行权衡选择。

3. 术语库与循环利用技术

3.1　规则型机器翻译

规则型机器翻译使用三种类型的词典:

1. 源语词典—用于源语文本的形态分析;
2. 双语词典—用于源语至译语的翻译;
3. 译语词典—供译语形态生成器使用。

对于这些词典来说,术语是数据来源。然而,在源语与译语词典中仅需各个术语的分类,在双语词典中需要对应的源语与译语术语列表。另外,还需要大量的术语以及词典之间的同步。一旦更新术语,则所有的词典均需要同步更新。

3.2 统计型机器翻译

统计型机器翻译产出译语串,并且译语串很可能是源语串的译文。为了做到这一点,需要提前对翻译记忆引擎进行训练。这可以通过大规模的对齐语料库数据进行。语料库的质量与规模对译文质量具有积极作用。术语管理用来提供这一训练的对齐术语列表。

如今,统计型机器翻译在翻译产业中使用越来越广泛,因此我们获得了更多的有关实际商业情境中应用的反馈。供应商"亚洲在线"提供了实例证据,证明与单独使用翻译记忆相比,使用包含双语术语的平行数据可以获得更好的结果。在利用来自客户的翻译记忆训练机器翻译引擎时,他们采用了清洁数据方法,发现与拥有大规模翻译记忆数据的公司相比,拥有大规模双语术语库但翻译记忆数据很少或没有的公司可以获得更好的结果。

双语评估替换(BLEU)是一种算法,它评估机器将一种自然语言翻译为另一种自然语言译文的质量。译文越接近人工翻译,得分越高。美洲机器翻译协会(AMTA)总裁麦克·迪林杰(Mike Dillinger)曾表示:"10000 条术语会将译文质量的双语评估替换得分提高 1 分。"他还补充说:"20000 条例句可以获得相同效果,但例句的价格贵了 3 倍。"(Mike Dillinger, pers. comm.)

应当注意,术语学家与机器翻译用户对于什么是术语有不同的见解。机器翻译用户需要的是一组匹配的源语与译语表达或术语。术语学家则更可能对此列表中包含哪些和不包含哪些更严格。

3.3 实例型机器翻译

实例型机器翻译使用基于片段或文本的对齐语料库。统计型机器翻译基于准确的可能性来选择译文,而实例型机器翻译选择那些与既有翻译片段相同或类似的译文。当审查及更新数据库时,术语库可以用来提高数据质量。委托翻译任务的客户可以使用自有的可靠术语库来检查数据库中某个源语术语的翻译是否准确。

3.4 翻译记忆

实例型机器翻译可以使用术语库来审查及修改翻译记忆。通常,翻译记忆工具呈现给译者一个包含原文、译文以及翻译结果的窗口。翻译结果显示翻译记忆发现的匹配,通常也显示源语文本中使用的术语在术语数据库中可能的术语匹配。

4 工作流程

图 2 描述了使用翻译记忆的译者利用术语库的典型工作流程。这一流程图并非模板,而是作为例证来说明运用翻译循环利用技术时使用术语库的方法。流程图被分为三个部分:

    1. 项目设置;
    2. 翻译;
    3. 质量保证(QA)与交付。

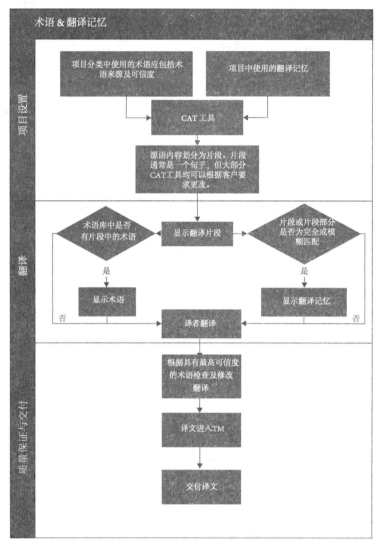

图 2　翻译与术语库工作流程图

4.1　项目设置

在项目设置阶段,译者或者项目经理决定对于给定的项目使用哪个或哪几个翻译记忆以及哪个术语库。大部分翻译记忆工具有如下功能:允许译者查看对应源语文本片段以及被翻译术语在翻译记忆与术语库中的结果(点击量)。文本被加载至翻译记忆工具中时会被分解为更小的、被称为片段的部分,待译者翻译。

4.2　翻译

接下来翻译记忆会为待翻译文本呈现一系列的连续片段。工具检查当前凸显的片段,并在翻译结果窗口中给出翻译记忆与术语数据库的结果建议。当翻译记忆与术语库中给出的结果有冲突时,译者应具有足够的经验与能力选择合适的翻译片段或术语。在这个示意图中并未包括修改步骤,但依照 EN 15038(2006)以及未来的 ISO 17100 翻译标准,建议拥有与译者类似资格的另一人修改文本,并将此作为翻译过程的一部分。

4.3 质量保证与交付

完成翻译之后,译者接着应对术语翻译质量进行检查。项目结束后应以校对过的译文为基础更新翻译记忆。

能够产出高质量译文的翻译过程有多种不同的可能。

重要的是应该区别对待不同的术语库。由客户提供的术语库应被视为比翻译记忆中存储的术语库更为可靠。但如果翻译记忆来源非常可信且公认可靠,那么译者应当采用,而不是选择来源可信度较低的术语库。图 3 展示了如何基于可信度对术语库进行分类。

当翻译记忆与术语库提供不同的建议时,译者必须决定采用哪种建议。译者应一直使用具有高可信度(最高级别)的术语库,在其他所有情况下需要决定术语库还是翻译记忆哪个更可信。

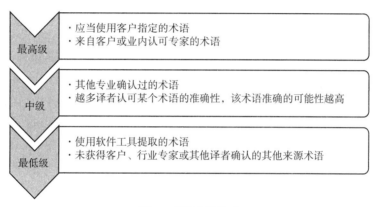

图 3　术语库可信度

分析翻译过程时应考虑一些重要因素,尤其是:

1. 译者应了解提供的术语库的可信度;
2. 应该有可能确认翻译记忆是否与术语库一致;
3. 译者应当能够在翻译结果窗口中获取对应被翻译片段的翻译记忆和术语库;
4. 译者应当能够根据术语数据库检查最终的译文与翻译记忆。

4.4 涉及机器翻译的过程

如今有两种使用机器翻译的方式。第一种是翻译记忆工具可以整合至机器翻译引擎中,推荐凸显片段翻译能够出现在翻译结果窗口中。译者以与使用翻译记忆输入相同的方式使用机器翻译输入并决定每次使用什么。另一种可能是采用机器翻译文本,然后进行编辑与校对。第二种方法通常是出于降低成本、提高产出比的需求。确保使用正确的术语是额外的步骤,它会增加成本并延长完成翻译项目的时间。在这一机器翻译过程中,术语工作先于翻译完成。如果输入端有任何术语错误,它们在翻译过程中都会被复制。

麦克·迪林杰将机器翻译视为译者的辅助手段。他建议译者首先以自动或半自动的方式翻译文本中的已知术语。然后使用机器翻译处理文本,再进行后期校对。图4说明了这一过程。

图4　机器翻译中使用术语库

机器翻译引擎中生成的错误是连贯的,译者会发现他在每个机器翻译周期中均会遇到同样的错误。大部分机器翻译引擎具有基于后续校对结果更新或重新训练机器翻译引擎的功能。这一阶段包括对术语库的任何修正。

5　在循环利用技术中使用术语库

作为本研究的一部分,我们对译者以及其他翻译行业专家进行了中等规模的问卷调查。我们询问了关于机器翻译与翻译记忆过程的问题,但获得的反馈主要与翻译记忆相关。在问卷调查中,我们询问了以下问题:

1. 请描述你所采用的翻译工具使用术语库的过程;
2. 你采用的翻译工具可以获取以下哪项内容;
3. 描述你所采用的翻译工具具有能让用户获悉术语来源以及是否应当使用该术语的功能;
4. 如果翻译记忆与术语数据库对某一术语的译法不一致,如何凸显和解决这种不一致;
5. 是否可以审查翻译记忆以检查术语翻译正确与否,请描述这一过程如何发生;
6. 欢迎对该工具中如何使用术语库进一步评论。

5.1　请描述你所采用的翻译工具使用术语库的过程

受访者给出了以下回答:
1. 术语库通常独立于编辑工具,但整合于其中;
2. 大部分译者在项目开始前设置使用的术语库;
3. 在翻译项目中以及完成后使用术语库进行质量保证以及其他检查;
4. 术语库会持续更新。

5.2　你采用的翻译工具可获取以下哪项内容

应注意所有的工具供应商均会提供应用程序接口(API)来获取术语库,但工具用户并未使用该功能。

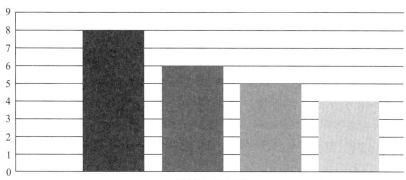

图5　翻译工具中可用的功能

5.3　描述你所采用的翻译工具具备的任何能让用户获悉术语来源以及是否应当使用该术语的功能

反馈该问题的译者与其他从业人员指出,某个重要的功能可以让译者获得大量术语的重要信息。最凸显的信息是禁用某个给定术语。译者认为这非常重要。然而,大部分情况下需对术语库添加额外信息,以便译者了解该术语是否由客户提供,并且提供任何与其来源有关的其他信息。

5.4　如果翻译记忆与术语数据库对某一术语的译法不一致,如何凸显和解决这种不一致

存在多种不同方法来凸显可信度最高的术语。某些工具可以将术语凸显为关键术语,使用时具有优先性,也可以在翻译项目中添加多个不同术语库,并根据重要性和可信度排序。

某个反馈强调了其非常重要的功能的几个方面:

在翻译/修改过程中,质量保证工具将这种冲突标记为错误(在含有错误的片段旁边出现雷电符号)。除非用户将来自 TD 的术语插入该片段校正错误,否则雷电符号不会消失。同时,当实施质量保证时,一旦片段中某术语的翻译与 TD 中所存储的不同,用户均会被警告。

1.术语数据库—(1)查询术语数据库时(在查询窗口中),显示选中领域中含有的所有术语翻译。(2)预翻译后,符号"＋"出现在译语术语旁,表示术语数据库中含有不止一个给定术语的翻译。

2.翻译记忆—(1)查询翻译记忆时(在查询窗口中),显示选中的翻译记忆中包含该术语的所有句子,用户自由选择。不存在此类"冲突"。(2)预翻译时,若选中的翻译记忆中含有不止一个该片段的翻译,对齐窗口中会显示可能的翻译数目,可以滚动查看每个可用的翻

译。预翻译时,工具可以允许凸显选定参考文本(最多 50 条)中包括的待翻译文本中的术语,但在预翻译阶段,仅在翻译记忆中查找片段,不查找术语。

5.5　是否可以审查翻译记忆以检查术语翻译正确与否,请描述这一过程如何发生

这一问题的回答基本上都是"是-但是"的形式。大部分工具会提供某种审查功能,但很多情况下这是个额外的步骤,需要将翻译记忆输出为 TMX 文件,再执行审查功能。对屈折语言的质量保证检查也存在一些问题。"部分可以。对于大部分俄语与乌克兰语词汇,可以提取并检查它们的根(或不可变部分),但这一过程非常耗时。"

5.6　欢迎对该工具中如何使用术语库进一步评论

该问题的回答中提到了一些问题。有人指出术语管理通常是翻译过程中不付费的额外任务。尽管这可以提高客户的品牌形象,降低其翻译成本,但大部分译者和翻译公司都很难向其客户证明术语工作的价值。

1. 多种形式的问题—这一软件巧妙地解决了术语的多种形式(复数、单数、大小写……)的问题。用户无须为每个术语创建条目(对于用户来说太耗时),它整合了词典,给术语数据库编排索引并自动创建源语与译语术语的不同形式用于预翻译。

2. 屈折语言的问题—俄语和乌克兰语(并且我认为在所有的屈折语言中)—我们需要的主要功能是能够用术语表翻译检查源语术语对应词所有可能的词汇形式。据我所知,现有质量保证工具均无法提供这样的功能。

3. 另一个提到的问题是某些工具把术语输入数据库容易,但后续管理很难。

6　结论

使用翻译循环利用技术的用户对待术语管理的视角不同于公司或理论术语学家。机器翻译系统可以从包括术语与某些短语的大型双语词库中获益。术语学家则反对将该类词库中的许多短语看作术语。通常情况下,术语学家会建议将对于机器翻译引擎来说并不重要的术语数据包含进去。有理由怀疑术语含义对统计型机器翻译系统具有任何意义。基于现有研究和市场证据,我必须得出这样的结论:当谈到术语管理时,术语学家与机器翻译用户通常都不在同一频道上。使用翻译记忆系统的译者常常理论上理解并且同意术语学家的观点,但允许自己的系统以与机器翻译系统相同的方式从术语库获益。除了这一不同视角,本文的主要结论是,翻译循环利用技术可以从术语管理中获益极大,而得益于翻译记忆与机器翻译技术,术语数据库得以更快速的增长。

参考文献

EN 15038. 2006. *Translation Services—Service Requirements*. Brussels：European Committee for Standardization (CEN). DOI：10.3403/30122045

Hutchins，W. John and Harold L. Somers. 1992. *An Introduction to Machine Translation*. London：Academic Press. http://www.hutchinsweb.me.uk/IntroMT-TOC.htm.

ISO 17100. year. *Translation Services—Requirements for translation services*. Geneva：International Standards Organization.

Koehn，Philipp. 2010. *Statistical Machine Translation*. Cambridge：Cambridge University Press.

Nirenburg，Sergei. 1989. "Knowledge-Based Machine Translation." *Machine Translation* 4：5 - 24. Accessed June 20，2012. http：//www.jstor.org/stable/10.2307/40008396. DOI：10.1007/BF00367750

Shannon，Claude E. and Warren Weaver. 2013. *The Mathematical Theory of Communication*. Urbana，Illinois：The University of Illinois Press.

Weaver，Warren (1949). 1955. "Translation." In *Machine Translation of Languages: Fourteen Essays*，edited by William N. Locke and A. Donald Booth，15 - 23. New York：Technology Press of the Massachussetts Institute of Technology-John Wiley/London：Clapham & Hall.

第三部分 管理与质量保证

术语工作与众源：与群体达成协议

芭芭拉·英奇·卡尔施

鲁汶大学,纽约大学,BIK 术语中心

传统的工作方法下,术语学家研究和定义概念、确定术语和名称,然后将结果输入术语管理系统(TMS)。众源模式下,并非专门从事特定工作的一群人,承担了通常由特定专业人员从事的工作。众源方法恰当应用于术语任务时,会带来引人注目的机遇,对许多术语场景,贡献条目、反馈和表决机制都可以产生有价值的建议。当术语专家与恰当的群体协作时,诸如编制术语或名称,或选择概念的指称词的工作就会大大改进。本文研究术语任务架构下的众源,目标是使术语专家和术语项目管理者运用众源方法。当然,这些方法可以应用于任何领域,但本文将以 IT 行业为例。计算机公司更有可能运用众源技术,因为他们经常拥有必要的基础设施,比如投票平台或用户论坛。

然而,术语众源平台目前仍然缺乏。本文的分析因此有可能使这些创造性的工具提高实用性。当今的大众习惯于投票、分享知识,或提供反馈,术语专家经常需要这些,而且他们需要机器可读的格式,并附上适当的术语信息。技术方面并不难识别,在有经验术语专家的指导下,能够带来术语的完善。

关键词：术语工作；众源；共同体；主题专家

1 引言

术语工作从来不是单独的任务。术语终究是一个跨学科的领域：术语学家-通才需要主题专家的建议,而主题专家-术语学家通常需要语言专家的建议。在过去的二十年,对术语的数量和产生速度的预期都发生了变化,技术领域也是如此；电子邮件和互联网缩短了资源和术语学家之间的距离。在过去的十年中,协作环境将研究人员、专家和消费者联系得更加紧密,我们将该策略称之为众源。

传统的工作方法下,术语学家研究和定义概念,确定术语和名称,然后将结果输入术语管理系统(TMS)。在众源环境下,一群人各自承担该工作中的一部分。众源方法恰当应用于术语管理时,会带来引人注目的机遇。对许多术语场景,贡献条目、反馈和表决机制都可以产生有价值的建议。当术语专家与恰当的群体协作时,编制术语或名称,或选择概念的指称等的工作效率会大大提高。

关于激励或寻找参与者的讨论有很多。本地化行业标准协会(LISA)开展了众源研究,该研究的参与者首要关注的是如何长期激励和管理群体(Ray 2009,15)。这绝不是简单或免费地建立一个众源项目,特别是在必须满足预定的目标时。如果我们想想领英(LinkedIn)

激励译者免费为他们提供服务的失败经历(Newman 2009),就会知道,失败甚至可能有损公司的声誉和地位。同样明显的是,众源需要优秀的营销方法,以及项目管理和恰当的工具集。布鲁斯·利文斯通(Bruce Livingstone)创立并拥有 iStockphoto,然后将其卖给了盖蒂图片社(Getty Images);在 iStockphoto 上可以共享照片。在豪(Howe)看来,群体不是为他工作,而是他在为群体工作(Howe 2008)。

众源也需要考虑应用特定领域或任务的特殊性,准备适当的任务并指导群体。本章将研究术语任务架构下的众源。它有两个目标:(1)促使项目负责人管理众源术语任务;(2)引导术语专家或术语工作者运用众源方法。为实现这个目标,我们将探讨术语的基础和群体的概念。并不是所有的术语任务都可以通过群体来完成,有些是不错的选择,但必须正确设置。我们将用实例展示那些已经成功地根据既定目标与恰当的群体建立联系的项目或公司。

2 解释和定义

2.1 术语工作

按照 ISO 1087-1(2000,10),术语工作是"系统地收集、描述、处理和表征概念及其指称的工作"。以下任务通常由从事术语工作的人去执行:

1. 研究概念及相关概念性区域;
2. 识别分配给这些概念的指称或建立新的指称;
3. 在术语条目内记录研究的结果;
4. 研究和确定目标语言的等价术语;
5. 参与或促使术语一致性的工作;
6. 协助对新概念的命名和术语或名称的构建。

2.2 术语方法

就我们的讨论而言,术语工作方法的区分也很重要。我们将考虑搜索概念和指称的方法,可以是系统性的或者临时的。而且,我们也将讨论术语产品及其使用的目标,可能是描述性的,也可能是规定性的或规范性的。

2.2.1 系统性的 VS.临时的

卡布雷·卡斯特利维(Cabré Castellví 1999,152)给出了两个界定不同方法的特征:(1)涉及术语的数量;(2)术语工作的目的。少于 60 个术语的方法被认为是临时的,针对特定任务的术语工作也是临时性的,例如某个译者的一次术语查询。她将系统性的方法定义为涉及超过 60 个同一主题领域的术语,且以记录该主题领域内的概念系统为目标。

在当今许多环境下,无论是在公共还是私营部门,很多术语任务或项目都可能只是临时的术语工作。从事这种方法的术语专家,当他们理解系统性方法的目标,并将其尽可能地应用时,最终的产品也可以取得采用上述系统性方法的项目所能取得的成就。

2.2.2 描述性的,规定性的或规范性的

在术语项目或编制术语产品的开始,团队必须决定目标是描述性的,还是规定性的或

规范性的。根据 ISO 26162(2012,7)，适用以下定义：

1. 描述性术语——提供术语在语境内的使用方法，而没有注明首选方法；
2. 规定性术语——注明首选管理术语方法；
3. 规范性术语——用于标准工作或政府管理中的术语管理方法。

从描述性过渡到规范性的术语工作，其严密性和系统性会有所增强。为发现并描述用于特定概念的所有指称词，需要建立广泛的网络并审查很多网络资源。没有术语会无故上升或降低到另一个不同的地位(如首选、不合格)，且任何人都可以自由使用他们想要的术语，所以要花时间研究和记录可用来表达某个概念的所有不同的同义词或变体。

相反，使用规定性和规范性的方法，可能不会有大量同义词的记录。事实上，这些方法的目标是一个指称表征一个概念。然而，在这两种情况下，指称研究非常彻底，所以在给定的上下文中，可以确定某个概念最佳可能的指称。对目标受众来说，目的就是采取首选术语，避免不合格术语。此外，这个术语应该能持续很长时间，换句话说，术语的更改应该最小化。对于我们来说，规定性和规范性方法可视为同一种方法。主要的区别在于，规范性术语工作在于制定符合标准的术语，更改最小化的目标甚至可能比在规定性的环境中更重要。

2.3　从事术语工作的人和角色

许多人在做着术语学家的工作。比如，翻译者研究目标语言的等价术语，并在大型论坛分享专业术语；主题专家撰写定义；内容发布者记录风格指南的常用术语。通常，这个特定工作所产生和创建的术语只是为了在有限的时间内发挥作用，服务有限的用户对象或目的，不会轻易或根本就不会用于驱动大型企业或标准设置的进程(如机器翻译、受控编写)。然而它们可以充分满足当前的特定需要。

规定性的术语工作，本质上往往也是系统性的，如此产生的术语，可以在很长一段时间内，供很多用户对象出于不同目的的使用，而且无须太多的维护。卡布雷·卡斯特利维(Cabré Castellví 1999,222)认为，术语专家应该是唯一从事这类工作的人。此外，他们制定的术语必须能反映主题专家的理解和知识。迪比克(Dubuc 2002，15)警告说，术语专家不是"他们工作中的术语的主人"。事实上，赛门铁克公司(Symantec)证实了这种说法。在谈到翻译者时，他们说："我们没有意识到，但实际上很有道理的是，我们的共同体比我们的专业翻译人员有更好的语境感。因为他们是常规用户，不需要指导他们专业术语意味着什么。"(Ray，2009)

对第二种类型的工作，文献中有两个描述：术语学家和主题专家(SME)。前者有很强的术语能力，具备运用不局限于某个主题领域的研究技能，而后者在某个主题领域能力很强，此外还具有对制定术语极为重要的术语编纂及其他技能(Engel and Picht 1999，2237－2244)。如今大多数活跃在企业、公共部门或自由职业背景中的全职术语专家都属于这一范畴，他们专攻某个主题领域，又至少具备快速且可靠地创建术语的基本技能。通常，他们必须依赖与主题专家合作。

2.4 专家的概念

但是,他们必须合作的主题专家是谁? 专家与术语的关系是什么? 我们还是从后者开始。

卡布雷·卡斯特利维(Cabré Castellví 1999,11)指出,对"主题专家而言,术语是某个专门主题在概念组织上的形式反映,也是表达和专业沟通的必要媒介"。简而言之,我们认为主题专家熟知他们领域的术语。那么,难道我们只认为那些知道他们所在领域术语的人就是真正的专家吗? "专家"这个术语的定义告诉我们,这是"具有专门技能或知识的人,表示他们精通某一特定主题"[①]或"在一个特定领域有专门知识或高超的技能的人"[②]。虽然没有明确说明,精通知识和高超的技能暗示着他们认识和理解主题领域的术语。

如果我们被迫与不符合这些标准的人一起工作,我们就得格外小心。这并不是说不精通权衡领域术语和名称的人就不会有所帮助。通常,他们可以分享其他概念信息或回答我们在别处得不到答案的问题。然而,术语专家必须能够迅速评估特定的主题专家的水平,以及他们答案的可信程度。

在许多主题领域,确定适当的主题专家类型简单而直接。例如,你会就医学问题咨询专业医师或就法律问题咨询法律专家。不过,今天的很多产品在本质上是跨学科的。用在企业资源计划(ERP)软件产品的术语也可能源于金融、制造业、IT 或许多其他领域。用于微软办公系统的某个产品的术语和名称甚至更少源于各自软件程序之外的一个职业或一个行业。

也就是说,大多数术语和名称,比如说,在 PowerPoint 中,不是常设主题专家组的产物,而是由一群具有各种专业知识的人员创建的,这些人目标一致,即支持用户无障碍地使用软件。

如果我们再进一步,那么给它们命名的专家是谁呢? 对 PowerPoint 来说,是开发人员、项目经理、产品规划师,还是消费者自己? 如果产品是在线儿童游戏呢? 命名规范肯定影响对术语的决策,儿童可能不完全符合专家的定义。但如果主要目标是使产品具有吸引力并易于理解,产品团队最好以某种形式咨询消费者。

2.5 众源

2.5.1 外包给群体

特别是在后来的情形下,术语任务可能受益于与众源相关的工艺和技术。"众源"这个术语由杰夫·豪(Jeff Howe)(2006)在《连线》杂志的《众源的崛起》这篇文章中首次提及。在《众源:大众力量缘何推动商业未来》(2008)中,豪提供了以下定义:"众源是把传统上由指定的代理(通常是某个员工)的工作,以开放的形式外包给一个不明确的、通常是一大群人的行为。"(Hopkins 2011,15)在我们的例子中,这意味着让一群人做传统上由一个术语学家所从

---

① http://www.merriam-webster.com/dictionary/expert
② http://research.lawyers.com/glossary/expert.html

事的工作。但怎么能让一个不明确的人群，比如说，找到现有概念的正确指称，为新概念创制一个新术语，并且尤其是以有用的方法将所有术语存档？

2.5.2　群体类型和共同体

有必要进一步细化这个概念。雷（Ray 2009，59 - 60）在本地化行业标准协会（LISA）的研究中确定了四种类型的群体：

1. 封闭型群体——公司将群体成员限制为经过审核的成员；
2. 开放型群体——公司将群体成员开放到每个人；
3. 混合型群体——公司将上述类型与内部语言学家或语言服务提供商结合起来；
4. 适中型群体——公司将群体成员开放到每个人，但执行某种类型的审核功能。

还有个常常被与众源当作同义词的概念是"共同体参与"。从普通词典中我们了解到共同体是"一群有共同利益的人"[①]。从社会学视角看，"共同体"概念是指至少因一个共同的特点而联合起来的群体（CDC/ATSDR Committee on Community Engagement 2012）。当我们参与一个共同体时，我们让他们对我们的任务发生兴趣，希望他们能参与这项任务。虽然定义并不表明这些术语指称的是同一概念，但"共同体参与"可能经常被当作群体和外包这一组合的同义词使用，以避免两者可能带来的负面含义。

3　术语任务和角色

3.1　术语任务分解

有种假设，即众源可保证"多数人"比"少数人"更聪明，能做出更好的选择（European Commission 2012，5）。如果这个假设是正确的，必须做出决策的术语任务就可以对群体开放。有多种方法来分解术语加工过程。负责《德国术语协会最佳实践指南》的专家团队——德国术语协会（2010，M5 - 7/8）列出了以下四个阶段：

1. 术语生产；
2. 术语数据的准备和发放；
3. 术语数据的使用；
4. 质量保证和维护。

一个简单的流程图显示出术语生产开始于以下三者之一：

1. 尚未命名的概念；

---

① 　http://education.yahoo.com/reference/dictionary/entry/community

2. 需要研究、概念化和命名的客体；

3. 其概念必须被研究的一个术语。

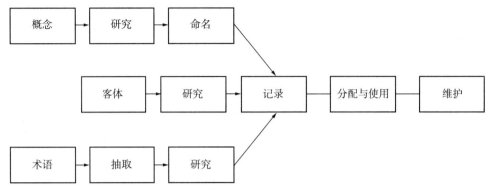

图 1 术语加工的阶段（Karsch and Wright 2011）

阶段(2)和(3)可能不会对除术语专家以外的任何人构成许多任务。然而，阶段(1)和(4)可以分解为可能适合群体参与的任务。表 1 部分来源于《德国术语协会最佳实践指南》(2010)，但任务被分解成更为独立的部分，以备众源审查。

表 1 术语任务及其众源潜力

	术语专家	主题专家	开放型群体	封闭型群体
术语生产				
建议候选术语		×	×	×
收集候选术语	×			
审阅候选术语		×	×	×
研究潜在概念		×	×	×
选择最佳候选术语 记录标准化术语	×	×	×	×
检查条目		×	×	×
发布条目	×			
质量保证				
检查数据库内容			×	×
检查数据库的重复条目	×		×	×
提供条目质量反馈		×	×	×
处理条目反馈	×			
报告	×			

术语专家栏目标题下单元格中的×表明这项任务最好由各自语言的术语专家来执行。主题专家下面单元格中的×暗示主题专家的参与是必要的。开放型群体和封闭型群体下面单元格中的×表明可能有一个众源的方法。

3.2 众源还是非众源？

下面将根据是否有群体介入对上述任务进行分类。在将注意力转向术语条目的质量保证之前，将从术语生产和那些并非众源的理想候选对象的任务开始。

3.2.1 术语生产：收集和记录信息，发布条目

在收集信息，将信息记录在术语条目中和发布条目时，不介入群体的原因是，在这种情况下收集更像是一项管理任务。从技术的角度来看，群体可以完成任务，但是需要太多的准备工作，还要备好工具。个人完成更有效率。

正如德罗什和科贝尔（Desrochers and Corbell 2012,28）对术语维基（TermWiki）的评论，将收集的信息以人和机器可读的格式（即满足严格的术语编纂标准）来记录，不是可以发送给群体的任务。TermWiki 是一个网站，开放型群体可以自由共享术语数据。因为该网站的目标是描述性的专门术语工作，撰写者缺乏术语编纂技能是可以接受的。德罗什和科贝尔（Desrochers and Corbell 2012,28）指出，"如果国际共同体决定为其制定规则，TermWiki 是有潜力的"。如果项目的目标是规定性的，而不是临时的，记录的任务不应该只留给群体。

发布条目需要高水平的人按照工作流程标准执行。强调一下，这不是可以很容易交给群体的任务，因为需要非常专门的知识。

3.2.2 术语生产：建议、审阅或者选择候选术语

如前所述，术语专家通常必须与主题专家合作，以便为某个概念找到正确的术语。术语专家自己也可能发现好的候选术语。但如果术语专家能得到来自群体或主题专家共同体的建议，关于这个术语的最终决策可能更合适，从而更稳定。根据项目不同，群体可能是开放型群体或封闭型群体，他们建议审阅或就候选术语投票，来定义一个特定的概念。这里有两个付诸实践的案例。

2006 年，在研发 Windows Vista 的过程中，微软的术语学家邀请专业人员（MVPs）编写德语新术语和名称。德语专业人员因此可以访问 SharePoint 站点，参与新特性、技术概念和游戏的命名，还为英语术语和名称提供了定义和截图，但没有德语的提示。九个参与者结束了他们的在线头脑风暴集体讨论后，内部利益相关者，如销售人员、子项目经理、本地化人员和术语学家讨论了他们的建议。最后确定的术语和名称（85％来自客户的想法）被录入术语数据库，供内部本地化人员和外部翻译者使用（Karsch 2006，8－11）。鉴于目标是拥有规定性术语，因此选择了一个封闭型专家群体。有经验的术语学家准备了材料并评估了建议，他们放弃了那些不符合术语构成规则的建议。

另一个例子是微软术语社区论坛（MTCF）（ Microsoft Corporation 2013）。这个在线平台对群体开放的项目目标是，对新的或现有的概念制定规定性目标语言术语。论坛的最后项目之一是 Windows 8 的术语。一般来说，平台上的条目包含英语源术语、定义或描述，有时有一个屏幕截图。这个过程是否可以确定一个好的目标术语，取决于参与者的知识，但也取决于术语数据的准备。对"移动方向锁定"（panning direction lock）这个概念的描述并不能解释它是什么，很难想象参与者可以建议一个好的目标语言对译词。

图 2 微软术语社区论坛的屏幕截图（微软公司 2013）

英文术语	定义
程序包标识（package identity）	.appx 程序包的元素，用以识别程序包名称。该名称为 .appx 程序包的一个内部数据元素，不为终端用户所见。
移动方向锁定（panning direction lock）	用户移动到目标位置后，研发人员可以指定移动应该锁定到一个轴。

尽管描述欠佳，但这个平台是非常有用的。它包含评论和投票功能，参与者可以快速高效地分享他们的知识，术语专家可以得到群体的建议，并用其来编写术语条目，这些条目不仅符合术语编纂的标准，也包含反映未来产品用户需求的术语。微软术语社区论坛（MTCF）也可以仅仅应邀运行，即与一个封闭型群体协作。当主题高度专业化时，此功能最为有用。例如群体公司编码法定（Dynamics AX）这样的产品，这是一个微软生产的企业资源规划软件。对财务软件的目标术语提供建议，就不能交给那些偶然发现的微软术语社区论坛普通互联网用户。相反，参与者应获得一个访问代码来分享他们的知识。

3.2.3 质量保证：检查双峰，处理反馈和报告

同样，这三个任务是非常具体的。虽然群体可以做到，用户使用它时实际上也可能在数据库中找到双峰，但很难激发公众专注于这样一个枯燥的任务。处理反馈需要术语专业知识，而且是对群体建议的评估，因此，至少从规定性和规范性的情形看，最好由个人完成，他/她需要知道术语或条目所必须满足的全部要求。而报告更像是一项管理任务，不适合共同体一起工作。

3.2.4 质量保证：检查数据库内容，提供质量反馈

在某种程度上，这些任务是相辅相成的：如果内容经检查发现有欠缺，就会要求做出反馈。在许多方面，这对于广大用户是非常适合的任务。在使用数据库时，他们会认识到提供给他们的数据是否可行。那么，让提供反馈变得简单就只是一个功能问题了。在微软术语工作室，我们提供了一个反馈栏，三周内，收到了企业法律部门就一个法律条目的反馈。除了简单的反馈机制，术语学家必须能相应地解决反馈的问题。事实上，如果有很多检索数据库的用户和一个指定的监控反馈的团队，企业术语库可以很轻松地做到和维基百科一样成功，因为在那里我们有大量的群体建议，由一些负责的人监控并处理。

4. 结论

在本地化行业标准协会的报告中，雷（Ray 2009,15）表示，"通常，群体很容易地达到/超过质量要求"。对于术语任务来说，确实是这样。术语工作是一个跨学科的工作，术语学家的技能必须与主题专门知识相结合。术语专家经常不太容易接触到主题专家，或者在某些情况下就是主题专家的用户。从与群体的合作中受益，规定性术语项目需要具备哪些条件呢？简而言之，适当的工具和技能以及适当的加工方法过程。

如果结果是使用系统性方法创制规定性或规范性术语，术语专家的技能是从选择群体开始。首先，他们必须能决定是否开放型群体，或特定的专业知识是否必要。如果某个主题需要专业知识，他们必须评估确定概念和指定术语实际上需要哪些专业知识。例如，有个项

目是为某个标准定义翻译术语，它就可能会受益于某个论坛，在那里翻译专业人员讨论术语和定义，提供书面反馈或通过投票按钮投票。

此外，他们必须准备术语信息，其方式不仅从术语编纂的角度看是正确的，而且提供能够让群体理解的最少的信息。

术语专家也要协调群体的工作，评价群体的建议。群体的主要财富是其所代表的广博知识，这些知识往往是术语专家在办公室无法获取的。然而，并不是所有的建议都同样有价值，术语专家必须能够识别高质量的建议。术语编写任务的例子之一是检查那些建议是否不仅满足了创造性目标，而且新创造的术语是否也符合正式的术语构成规则，因此可以持续使用。

"支持群体的技术挑战来源于它是一个联网的、多用户平台。这意味着安全性和可扩展性方面的挑战。"(Ray，2009)除了应对上述安全性和可扩展性方面的挑战，群体性术语工作平台还应提供所需的数据类目，如定义、学科领域和词性，特别是对于英语而言。如果主要关注的是目标对译词，那么必须以正确的拼写和大小写形式给出源术语。

根据任务的不同，投票按钮可能是必要的。如果术语专家所需要的是对什么是更好的同义词的建议，甚至简单的功能，如 Outlook 里的轮询功能，就能提供一个适当的论坛征求建议。如果需要更详尽的建议，则需要建议目标术语字段或评论字段。理想的情况下，从术语库到众源平台的数据交换是可能的。如前所述，甚至可以直接在术语管理系统中征求群体的某些建议。术语学家有很多和群体达成一致意见的机会。

参考文献

Cabré Castellví，M. Teresa. 1999. *Terminology: theory，methods and applications*，vol. 1，translated by Janet Ann DeCesaris，edited by Juan C. Sager. Amsterdam/Philadelphia：John Benjamins Publishing Company. Original edition：La Terminologia. La teoria，les metodes，les aplicacions.

CDC/ATSDR Committee on Community Engagement. 2012. "Community Engagement：Definitions and Organizing Concepts from the Literature." Accessed December 20，2012. http：//www. cdc.gov/phppo/pce/part1.htm.

Deutscher Terminologie-Tag e. V. (editor). 2010. *Terminologiearbeit—Best Practices*，edited by Detlef Reineke. Cologne：Deutscher Terminologie-Tag e.V.

Dubuc，Robert. 2002. *Manuel pratique determinologie*，4th ed. Brossard：Linguatech editeur inc.

Engel，Gert and Heribert Picht. 1999. "Der Terminologe—Beruf oder Funktion?" In *Fachsprachen-Languages for Special Purposes*，edited by Lothar Hoffmann，Hartwig Kalverkamper and Herbert Ernst Wiegand，2237 – 2244. Berlin/New York：Walter de Gruyter.

European Commission. 2012. "Studies on translation and multilingualism：Crowdsourcing translation 2012." Accessed December 20，2012. http：//ec. europa. eu/dgs/translation/publications/ studies/crowdsourcing_translation_en.pdf.

Hopkins，Renee. 2011. "What is Crowdsourcing?" In *A Guide to Open Innovation and*

Crowdsourcing: Expert tips and advice, edited by Paul Sloane, 15 – 21. Philadelphia: Kogan Page Limited.

Howe, Jeff. 2006. "The Rise of Crowdsourcing." *Wired Magazine*, issue 14.06. Accessed December 20, 2012. http://www.wired.com/wired/archive/14.06/crowds.html? pg = 1&topic=crowds&topic_set.

Howe, Jeff. 2008. *Crowdsourcing: why the power of the crowd is driving the future of business*. New York: Crown Business.

ISO 1087 – 1. 2000. *Terminology work—Vocabulary—Part 1: Theory and application*. Geneva: International Standards Organization.

ISO 26162. 2012. *Systems to manage terminology, knowledge and content—Design, implementation and maintenance of terminology management systems*. Geneva: International Standards Organization. DOI: 10.3403/30190528

Karsch, Barbara Inge. 2006. Engaging Customers in Terminology Creation For Windows Vista. In *5th International Conference on Language Resources and Evaluation* (LREC 2006). Genoa: TermEval.

Karsch, Barbara Inge and Sue Ellen Wright. 2011. *Terminology Management for Translators. Conference of the American Translators Association*. Boston.

Microsoft Corporation. 2013. Microsoft Terminology Community Forum, Web forum. Accessed January 14, 2013. http://www.microsoft.com/language/mtcf/mtcf_default.aspx.

Newman, Andrew Adam. 2009. "Translators Wanted at LinkedIn. The Pay? $0 an Hour." *New York Times*, June 28, 2009. Http://www.nytimes.com/2009/06/29/technology/start-ups/29link-din.html? _r=1&.

Ray, Rebecca. 2009. *LISA Industry Insights: Crowdsourcing*. Localisation Industry Standards Association.

Rochers, Arianne Des, and Sonia Corbell. 2012. "TermWiki: survol d'un outil terminologique pas comme les autres." *Circuit 117*, Automne 2012, 28.

术语和翻译

琳内·鲍克

渥太华大学

长期以来,译者一直使用术语库,但是他们正越来越多地参与研发和管理术语资源,例如与计算机辅助翻译(CAT)工具整合在一起的术语库。本文研究翻译导向术语管理所扮演的角色及其目标,首先讨论在翻译语境中有效管理术语的好处,以及不这样做的风险。

然后对关键概念进行解释,相关解释将以探讨术语学家和译者开展术语工作的方式和结果之间的差异为背景。讨论将确认翻译语境中与术语管理有关的一些挑战,比如决定记录哪些信息,如何记录,可以使用哪些资源和工具等。需要特别注意的是,在计算机辅助翻译时代,翻译导向术语管理正在不断改进,尤其是在有效使用工具需要改变甚至颠覆传统术语管理方法时。本文总结了如何改进翻译导向术语训练,以便更好地培养将来的译者。

关键词:投资回报率;术语数据库;术语库;译者术语培训;翻译环境工具;翻译导向术语学

1. 术语管理在翻译语境中的重要性

术语是属于专业领域(如医学、法律、工程、图书馆科学或艺术史)的词项,术语学是涉及采集、处理、描述和呈现术语的学科。作为任何翻译项目的一部分,译者必须为在原语文本中遇到的专业术语确定适当的对译词。在某些情况下,他们还必须考虑到客户偏好的特定术语。为了完成任何给定翻译任务而研究特定术语可能是一项费时费力的工作,而且长期以来人们意识到,需要翻译新文本时重复这项研究是没有意义的。术语表和专科词典已经存在了数百年。个体译者过去常使用一盒盒纸条或索引卡来详细记录他们的研究成果,直到术语研究的电子储存库以术语数据库的形式出现,成为最早的计算机应用程序之一。当今时代信息过载,上市压力巨大,为了避免重复耗时的研究,译者比以往任何时代都更加重视保持跟踪相关术语信息的重要性。阿拉德①(Allard 2012,122)近期进行了一项调查,试图对译者如何使用术语库做简要描述,这是用数据库记录信息的最频繁提及的原因(48%)。

然而,在翻译语境中,要为术语管理设定精准的投资回报率(ROI)并不容易。这并不简

---

① 作为其博士论文研究的一部分,阿拉德(Allard 2012)调查了 104 名使用过翻译环境工具(TEnTs)整合式术语库的用户,旨在简要了解术语库的当前使用情况,描绘出译员对这些术语库的使用体验。在 104 名受访者中,77 名(74%)术语库使用者是译者,其余受访者是术语专家、校对员和项目经理。

单的一个原因是,译者所做的术语学研究通常不会单独计费,而是作为整个翻译过程的一部分(Champagne 2004,9)。因此,术语工作往往是隐性的,客户或雇主可能没有完全意识到采取某个术语管理策略获得的好处,或不这样做而招致的潜在经济损失(如商业损失、时间浪费、沟通失败)(Wright and Budin 2001,873)。越来越多的人努力去证明管理术语的商业价值,用各种技术去预估术语管理的投资回报率。例如,人们开始利用研究报道、访谈和分组座谈会(Champagne 2004,15;Herwartz 2011),通过计算创建术语记录和翻译过程中搜索术语花费的时间,查找单一术语记录的次数(Champagne 2004,30),并对比创建术语记录的成本和不这样做的潜在后果(Childress 2007,44)来对此进行调查。从研究中也可以获得间接证据,证明在翻译源文本发出前严格控制术语可以减少修订成本。在某些案例中确实如此,如文本被指定译成多种目标语言,如果在源文本中修订一次错误,就不得不在十个不同目标文本中修订十次(Brown 2003,4;Herwartz 2011)。根据所有这些研究,研究人员得出结论:术语管理值得投资,而且会带来许多好处。此外,在确保对公司品牌推销以及避免因不准确或错误翻译公司文件而导致的潜在法律责任等方面,越来越多的人认识到术语在其中发挥的重要作用。

反之,未能有效管理术语可能会产生负面影响(Dunne 2007,33-36)。例如,术语不一致可能会阻碍交流、制造混乱、损害公司形象,甚至引起法律问题。另外,重复术语研究不仅没有意义,而且可能会降低译员的工作效率。基于这些理由,创建术语资源、储存研究成果供将来参考或再利用,已经成了翻译领域约定俗成的做法。

2. 翻译环境中术语管理的一般方法

一般来说,大致形成了两种管理翻译导向术语的方法:一种是创建大规模且控制严格的多语言资源(即术语数据库);另一种是创建规模较小、个性化更强的术语资源(即术语库)。通常,这两种大致的方法位于两端,其他方法则介于二者之间。然而,为了明确起见,我们将对与这两端有关的典型特征进行描述。表1概括了能大致体现术语数据库和术语库特征的一些因素;但是鉴于这些资源之间具有连续性,它们虽然展示出这些特点,但是程度不一。

在详细探讨这两种主要方法之前,值得注意的是,就开展术语工作的方式而言,术语学家与译者之间出现了越来越大的分歧(Bowker 2011,226-229)。这种分歧在很大程度上受科技推动。许多研究者(例如 Bowker and Pearson 2002,20;L'Homme 2004,119;Pavel and Nolet 2001,xx)发现,在不使用计算机的情况下,进行任何术语研究几乎都变得不可想象。使用工具可能会对术语研究的过程和结果都产生影响。虽然使用计算机工具毫无疑问会在一定程度上对术语学家的工作产生影响,但是由于现在术语工具可以与更大的工具套件整合使用,这种影响对译员的术语工作来说更为显著。例如,翻译环境工具(TEnTs)可能会包含一些选项,使得术语管理系统直接与其他工具,如术语提取器、翻译记忆库(TM)系统和文字处理器相互作用。整合程度高,经常与翻译环境工具结合,可与术语提取器、翻译记忆系统和文字处理器结合共同运行。随着翻译行业对综合工具包的使用变得更为稳固,译者术语工作的性质发生了明显的变化。

表 1　术语数据库和术语库的典型特征

	术语数据库	术语库
术语库创建者	术语学家	译者
创建方法	由多位预先核准的术语学家根据确定的指南和方法独立完成的术语记录集	由个体译者完成术语记录集(个人术语库,但之后如有需要可以分享使用)
主要目标用户	内部翻译团队(尽管也经常提供给更多用户)	个体译者
目标	通常具有规定性,旨在辅助理解和产出;也可能以标准化为目的	一般具备描写性,以产出为导向
调查方法	主要按主题展开	主要为某任务临时而建
覆盖范围	领域范围通常较为广泛	常局限于某一领域
首选来源	源语材料;严格受控资源	源语言材料和日益增加的双语资源(如翻译记忆数据库和双语文本);严格和适度受控资源
记录内容	详细、完整、多领域	细节层次分明,但通常对对译词要求低
单位记录	术语(标准形式)	术语(不必保持标准形式),需要调查的经常出现的字符串或单元(甚至一般语言单位)
方法	名称学(基于概念)	融合名称学(基于概念)和语义学(基于术语和表达,甚至基于字符串)
与其他工具的整合度	受到限制,常常单机独立运行	整合程度高,经常与翻译环境工具结合,可与术语提取器、翻译记忆系统和文字处理器结合共同运行。

接下来首先将详细介绍表 1 中列出的基本元素,因为它们与术语数据库和术语学家的工作有关,代表了翻译中更传统的术语管理方式。之后将更详细地讨论目前翻译人员参与术语管理的方法,重点关注科技正如何影响译者管理术语的方法以及所创建和查询的术语资源内容。

3　术语数据库

术语数据库本质上是大规模的电子术语记录集,是包含术语和术语所表示概念有关信息的条目。术语数据库一般用于满足各种用户的需求,比如塞杰(Sager 1990,197–200)区分了许多不同的用户群体,包括:(1) 学科专家,他们经常查询这些资源以免出错,但有时需要弄清楚未知术语的含义;(2) 信息科学家,其工作包括索引专业文件;(3) 语言规划师,负责更新和维护某种语言,对标准化特别感兴趣;(4) 学习语言或某一学科的教师和学生;(5) 职业交流媒体人,如记者、技术作家或专业译员。尽管如此,虽然潜在用户的范围可能很广,但普遍公认的事实是(例如 Cabré Castellví 1999,13;Pavel and Nolet 2001 xvii;Rondeau 1984,148;Sager 1990,197),译员长期以来一直是多语言术语数据库的主要目标用户,知名的术语数据库有特尔敏机器翻译系统增强版(TERMIUM plus)、欧洲交互式术语库(IATE)、联合国多语言术语数据库(UNTERM)和《术语大词典》(GDT)。这些术语数据库和类似的大型多语言术语数据库通常由大型机构开发和维护,为内部译员或语言服务部门提供资源。然而,在互联网时代,现在许多术语数据库也供更广泛的客户使用,包括自由译者、翻译机构,甚至是普通大众。德西雷斯(Désilets et al 2009a,3)最近开展的一项研究证实,译员遇到翻译问题时,依然把术语数据库视为重要资源之一。

此外,值得注意的是,许多维护术语数据库的机构都有授权,包括标准化机构在内的术语使用,也就是说这些资源本质上意在规范(Delisle 2008,229,248)。因此,他们可能会推荐使用首选的术语,并且会提醒不要使用在特定语境中被认为接受度较低的术语。

很多术语数据库维护机构还会雇用专业术语学家团队,他们的工作是开展术语研究,编写术语记录,以及维护术语数据库。用户(如译者)可能会受邀上传有望被收入术语数据库的数据,但这些数据提交后会由术语专家审查,他们负责术语数据库的质量控制。

就程度而言,最好把术语数据库创建过程中的协作称为合作。正如加里皮(Gariépy 2013,27-28)总结的,合作从协调开始,然后是协作,再到实现真正的合作。就合作而言,工作由具有不同级别的团队成员完成,每个成员要完成一组预定的任务。当然,团队成员可以相互交流,或者共享信息、资源或工具来完成个人的目标。最终产品是个体贡献的汇总,但每个人贡献了什么都可轻易识别。

至于用作术语研究基础的原始资料,传统术语和翻译教材(如 Cabré Castellví 1999,134;Delisle 2013,113;Dubuc 2002,51,164;Pavel and Nolet 2001,8)一直强调,用于术语研究的文献应尽可能为原语文献。这是因为相比原文,译文更可能包含不地道的表达、蹩脚的句法结构,甚至概念或术语完全错误。事实上,对评估文献来源的重视不仅仅是确定文本的源语言。迪比克(Dubuc 2002,51)、帕维尔和诺莱(Pavel and Nolet 2001:34)等作者强调源文件的质量直接关系到术语研究的质量,还提出了评估文件可能来源(如出版日期、作者名气)的标准。

术语学家通常采用主题式、以称名学为导向的调研形式进行研究。在研究中,他们打算全面涵盖某一领域或子领域中的概念(例如 Dubuc 2002,49-53)。此外,由于术语数据库通常力图为各类译员(以及其他用户)服务,几乎总是涵盖了各个专业领域。通常,他们的研究最终为每个概念形成了术语记录,这些记录比较详尽,适合辅助完成理解和生成类任务。例如,术语数据库中的术语记录通常不仅包括首选术语及其对等外语,还包括语法信息、相关术语(如同义词、上义术语或下义术语)、定义、语境、用法和出处等①。然而,考虑到术语数据库以称名学(而非语义学)为导向,尽管术语的实际形式(及其译名)在文本中可能变化很大(比如在数、时态和性方面),术语本身通常以标准形式记录(Sager 1990,145)。

为识别潜在术语并收入术语数据库,术语学家可以利用计算机化的工具,如术语提取器。这种工具能够自动识别文档或语料库中所有的潜在术语,生成备选术语列表,供用户核实。

术语提取器可以使用几种不同的基本方法,包括基于频率和递归的技术、基于词性和型

---

① 关于术语数据库中术语记录经常包含的各种信息,详细讨论请参阅迪比克(Dubuc 2002,81-93)

式的技术、语料库比较技术以及这些技术的各种组合①。术语提取器生成的备选列表并不完美，几乎肯定会出现噪声（被识别出的无关词项）和静默（被遗漏的相关术语），传统术语教科书强调自动生成的列表必须经过人工核实，建议"必须从结果文件中删除伪术语单位"（Pavel and Nolet 2001,73）。

至于与翻译工具整合方面，术语数据库主要是一种独立工具。整合形式可能有限，例如在线门户网站中同时收入术语数据库和其他机辅翻译工具，但是二者并没有真正实现整合。另一种有限的整合可能是在文字处理器中设有一个按钮或链接，允许用户在独立窗口中访问在线术语数据库界面，但不允许自动将术语记录的内容插入文档中。

4 术语库

毫无疑问，术语数据库是译员经常查阅的宝贵翻译资源（例如 Désilets et al. 2009a,3），然而由于专业领域和用于描述这些领域的语言不断扩展，任何术语数据库都不可能完全涵盖最新变化。此外，译员客户可能有自己偏好的术语，在由其他机构维护的术语数据库中并没有反映出来。因此，大多数译员发现至少有必要开展一些独立的术语研究，汇编自己的术语记录，以确保充分描述特定领域，充分反映客户或雇主的偏好（Désilets et al. 2009a,4；Fulford 2001,260；Hofmann and Mehnert 2000,74；Jaekel 2000,163；Joscelyne 2000,91）。正如洛姆（L'Homme 2012,3 - 6）所述，编纂和管理个人术语集有许多不同的选项，比如使用文字处理器、电子表格或通用数据库，但译员正越来越多地使用专门设计的术语管理系统（TMSs）②，从而能够以术语库的形式创建和管理个人术语集。这些个人术语库也可与其他译员共享，合并成更大的术语集，与翻译记忆（TM）系统和术语提取器等其他类型的计算机辅助翻译工具进行整合。

与术语学家典型的主题式研究不同，译者的术语研究本质上可能体现出局部性和临时性（Cabré Castellví 1999,152；Dubuc 2002,41 - 45）。换句话说，译者在研究中往往关注单个术语或概念，这些术语或概念给译者当前翻译的文本造成了具体、直接的翻译问题（Estopà 2001,230）。尚帕涅（Champagne 2004,30）进行的一项研究显示，经验丰富的译者会在术语研究中投入 20% 到 25% 的时间，而缺乏经验的译员则要投入 40% 到 60% 的时间。参与阿拉德（Allard 2012，124）近期调查的译者报告说，他们平均在术语工作上花费近 25% 的时间。与此同时，德西雷斯等（Désilets et al 2009a,4）在办公场所对八名专业译者进行民族志实景调查，发现在译者遇到的问题中，近 40% 都是专业术语带来的挑战。

越来越多译员把已翻译的材料作为术语研究的原始材料，这集中体现了译者与术语学家在研究方式上的又一关键区别。举例来说，德西雷斯等（Désilets 2009a,6）在调查中发现，受访者"对双语资源的使用远远多于单语资源"，这其中包括语料库依托型资源，如翻译记忆

---

① 有关自动术语提取的不同方法的，更多详情请参见卡布雷·卡斯特利维（Cabré Castellví）、埃斯特巴·巴格特（Estopà Bagot）和维瓦尔第·巴拉特斯（Vivaldi Palatresi）（2001）；勒迈、洛姆和德鲁安（Lemay，L'Homme，Drouin 2005）。

② 例如，专业术语管理系统包含的工具有 AnyLexic、Fusion Terminology、LogiTerm Web、Multi-Trans Prism 和 SDL MultiTerm Desktop 2011 等。注意，术语管理系统通常是构成更大工具包的一部分——有时也称翻译环境工具（TEnT）——旨在协助翻译过程的各个方面。

数据库和其他类型的双语文本(如在线双语语料库或双语网站)①。尽管以上列出的源语资料的种种使用动机可能合理,但译者日益承受着高压,不是时间紧迫,就是任务繁重。翻译记忆库(TM)是如今翻译行业使用最广的工具之一,其本质上就是一个存储先前译本的数据库,通常在句级上与对应的源文本对齐②。可从这些翻译记忆数据库中挖掘出对等术语对,添加到术语库中,或直接插入新的目标文本中。在某些情况下,译者可能会选择在翻译记忆库中搜索术语。如果这个翻译记忆库中的译名由该译者本人提出,那么他会相信当初为提出译名所做的术语研究很充分,因而可以放心地再次使用这些术语。事实上,阿拉德(Allard 2012,141)的调查表明,85%的受访者承认利用翻译记忆数据库作为术语资源,而40%的受访者把自己创建的翻译记忆库视为获取术语的首选资源之一。同时,只有15%的人表示宁愿尽可能避免从翻译记忆库中获取术语。尽管译者对再次利用自己先前的术语研究成果可能会感到很踏实,但是越来越常见的是,客户坚持让译者使用自己提供的记忆库来完成手头的工作,尽管该翻译记忆数据库可能由能力参差不齐的译者共同创建而成,译者也不知其源自何处。在这种情况下,译者可能别无选择,不得不把别人的译本作为术语研究资源,而记忆库中的任何术语错误都有可能被以后的翻译所沿用。

译者不仅反对传统教义,查阅译文资料,而且他们越来越多地使用较少受到传统质量保证机制"控制"的资料。德西雷斯等(Désilets et al 2009a,5)把"严控资源"描述成经过细心设计和专业编辑的资源;而"适控资源"虽然没有经过细心设计或修改,却由知名机构的工作人员创造。与此同时,"开放资源"则是指那些几乎谁都能够提供的资源(例如博客、网站)。在研究中报告参与者的行为时,德西雷斯等(Désilets et al 2009a,6)指出,尽管译者仍会查阅大量的"严控资源",但他们也不回避查询"适控资源"或"开放资源"。

因为译者正在寻找自己在翻译源文本中遇到的具体问题的解决方法,他们编写的术语记录往往不如术语数据库中术语学家编写的记录完整和详细。例如,译者通常主要对目的语对译词及其出现的语境感兴趣(Durán Muñoz 2010,10;Sager 1990,1976)。若译者理解源语术语不需要帮助,可能就不会费心去收入有助于理解源语文本的定义或其他信息。对于为何译者编写的术语记录没有术语学家详细,奥布里恩(O'Brien 1998,117-118)提出了其他几个可能原因。她指出,首先,译员面临的工作期限短得多,因此可用来创建大量记录的时间较少。其次,在一些发展迅速的领域(如技术),概念和术语很快过时,因而可能不值得创建一个虽然详细却因为过时而无人问津的术语记录。阿拉德(Allard 2012,144)调查发现,译者编写术语记录使用的信息组比术语学家少,有超过96%的受访者认为,只有源语术语和目标语术语是必不可少的,而其他潜在领域大多是可选择的。

此外,译者面临的问题可能并不涉及严格意义上的术语;他们遇到的挑战有可能与专业用语的通用语言特点有关。事实上,德西雷斯等(Désilets et al 2009a,4)报告说,参加研究的译者在通用语言和专业语言方面遇到的困难几乎相同。在这种情况下,译者仍然希望保留他们的研究结果,因此,即使内容不符合专业概念或达不到术语性标准,他们可能还是会将

---

① 这类资源包括一些双语文本和双语网站,可借助 Linguee(提供在线字典的网站)(http://www.linguee.com/)或 WeBiText(http://www.webitext.com/bin/webitext.cgi)等工具进行访问。

② 事实上,对齐可以表现为不同的形式(例如短语对齐、段落对齐、文本对齐),但最典型的是句级对齐。

该记录记入术语库中。尽管违反了术语学文献(如 Dubuc 2002,33)中提出的严格的术语学原则,但是对于把术语管理系统与其他工具(如文字处理器和翻译记忆系统)整合使用的译者来说,该策略尤为有用[1]。在这种情况下,即使字符串不构成语义单位,只要频繁出现,记录下这些字符串对译者来说,可能也是值得的。例如,"满足他们所要服务的选民的需要"这一句段不符合术语学意义上的专业概念,但是,如果该片段在某一文档或一系列文档中经常重复,那么就值得译者花费精力将其作为术语库中的条目记录下来,以便重复使用。阿拉德(Allard 2012,138)最近对综合术语库用户的调查显示,接近57%的受访者会记录他们认为频繁出现的任何条目,包括语言表达、句段甚至是地址[2]。对于译者来说,记录难以键入的语言表达(如 TermBase,eXchange 等大小写经常混用的表达)或那些容易拼写错误的语言表达(如带有经常换位的字母)也是有用的,以便可以把这些表达一键插入目标文本,而无须重复输入。

如上所述,术语学家一直以来都使用术语提取器进行主题研究,旨在帮他们尽量识别某一领域中所有的相关术语(Pavel and Nolet 2001,71 - 73)。然而,由于译者通常从事临时研究而非主题研究,他们最初对这些工具并不感兴趣。过去十年间,这种情况已经开始转变,因为术语提取器和翻译记忆系统通常整合在一起。因为这类整合,译者可以使用术语提取器,提取出在翻译记忆数据库中出现特定次数的所有词项序列,生成一个列表。有趣的是,鲍克(Bowker 2011,222 - 223)在报告中指出,这些译者不会根据传统术语书中的建议,将"伪术语单位"从列表中删除(Pavel and Nolet 2001:73)。相反,他们会考虑所有的词汇单元,可能将专业和非专业词汇单元都录入术语库中。在随后一步中(一般被称为预翻译)[3],若需要,译者可以将术语库中所有通过审核的术语对译词自动直接插入目标文本。

类似地,虽然术语学家在术语库中添加术语记录时,严格遵循规则,譬如按标准形式(如address)录入术语,但是译者可能对录入术语最常见的形式(如 addressing)或多种形式(如address、addressed、addressing)更感兴趣,通过这种方法,他们能够更好地利用一些术语管理软件提供的其他功能,比如直接将术语一键插入译文(Bowker 2011,220;Kenny 1999,74)。阿拉德(Allard 2012,152)的调查显示,35%的受访者录入最常出现的形式,而不是标准形式,4%的受访者同时录入多种形式,证实了前述做法。这表明,译者在术语库中创建的许多术语记录很可能都是描述性而非规范性的。

最后,值得注意的是,直到最近,术语库往往汇集了个性化的术语记录,由个体译者编写,供他们查阅。然而,两种不同趋势正促使这方面发生改变。首先,译者的工作压力持续增加,既要提高工作速度,降低工作成本,又不能牺牲质量。其次,从技术上讲,译者通过交换各自创建的术语库,或者协作创建共享资源,可以更便捷地分享其术语研究成果。

译者利用翻译环境工具(Cohen 2002,16 - 17;Marshman 2012,2)辅助翻译所得报酬较

---

① 欲了解组件工具功能整体概述,请参见鲍克和费舍尔(Bowker and Fisher 2010,60 - 62);有关术语管理系统与其他工具之间的整合是如何影响术语相关操作的更详细的描述,请参见鲍克(Bowker 2011,219 - 220)和阿拉德(Allard 2012,218 - 238)。

② 在加拿大,网站或电子邮件地址在英语和法语中有不同的格式并不少见,例如,渥太华大学翻译学院的英语版网站为 www.translation.uottawa.Ca,而法语版为 www.traduction.uottawa.ca。

③ 关于预翻译,详情请见沃利斯(Wallis 2008:625 - 626)

低。这类情况促使他们提高效率来维持收入。此外,有些客户希望以多种语言同步推出自己的产品(这种商业惯例被称为同时出货或同步上市),因而迫切需要在尽可能短的时间内完成对相关材料的翻译。为了保持竞争力,与他人合作,共享或共建资源,很可能最符合译者的利益。事实上,阿拉德(Allard 2012,133)的调查发现,三分之一的受访者表示会分享术语库。虽然很多翻译环境工具使用专有格式存储信息,但是因为用户群体成功施压,很多供应商现以确保他们销售的工具能够兼容标准交换格式,包括基于 XML 的标准术语库交换格式(TBX),由本地化行业标准协会开发①。这意味着,使用工具 A 的译者创建术语库后,可以将其以 TBX 格式导出,与使用工具 B 的译者共享,后者使用的工具能成功打开术语库。另一种途径是译者直接参与创建共享资源,可以通过基于网络或服务器的翻译环境工具平台来完成,或者通过在线方案,如维基术语库——一种大型、开源、可免费使用的术语集合(Gariépy 2013,64 - 78;Muegge 2011)。

当然,这类共享或合作既有优点也有缺点。一方面,译者可以使用的术语资源数量比自己能够创建的术语库多。但另一方面,这些资源的质量可能极好也可能极差,译者对此几乎无法控制。这取决于译者能否准确判断这种共享资源是否以及在什么情况下使用有利。当然,如上所述,有时译者在查阅或创建共享资源时别无选择;客户不仅可能会坚持让译者使用自己提供的术语库或翻译记忆数据库,而且还会把译者的翻译加入这些资源中,再分发给其他译者使用。由于缺乏有效的质量控制措施,或者没有权力对资源质量做准确判断,译者发现自己虽然不情愿,却推波助澜,使术语问题变得更加难以解决。

5 调整译员相关术语训练

引入一系列机辅翻译工具似乎明显改变了译员研究术语和记录研究结果的方式。考虑到这一点,值得思考如何更新和调整译员术语培训的方式,以反映该行业中正在发生的变化。

从历史上看,许多译员训练项目都从术语学家的视角选择教授术语的方式,使用的许多教科书也都是从术语学家而非译者的视角进行编写(例如 Cabré Castellví 1999;Dubuc 2002;L'Homme 2004;Pavel and Nolet 2001)。虽说在术语理论和方法上都有坚实的基础可以巩固译员训练,但培训师肯定需要满足学生以翻译为导向的具体术语需求。在这个日益电脑化的时代,这些需求在许多方面似乎都与术语学家采用的传统方法不同。本节将讨论三大领域:评估、整合和分享,在这些领域中,译员培训师应该考虑调整教授术语的方法。

5.1 提高评估技能和判断力

就译员在术语研究中查阅的资源类型而言,我们发现,译员越来越多查阅译文资源和质量把控不严格的资源。术语学教材和培训师长期以来一直强调评估资源的重要性。如今通过万维网等资源可以轻松访问数量和类型更多的文档,评估因而就变得更加重要。然而,关键不在于培训师(跟过去一样)单纯地阻止使用译文资源或经过非专业审查的资源,而是应

---

① 如今,该标准越来越受欢迎,现由国际标准化组织发布,编号为 ISO 30042 (2008),用作"管理术语、知识和内容的系统——术语库交换格式标准 (TBX)"标准。

该承认,在客户的坚持下,译员将会查阅这类资源,因此需要教会译员提高评估技能。如果译员要在译本中寻找对策,那么培训师需要教会学生如何发现糟糕的对策,而使他们远离译本。如果译员要查阅"适控资源"和"开放资源"来获得灵感,那么译员培训师需要给学生机会浏览可能对策的清单,学习如何快速区分好坏。资源虽然不可靠,只要能给译员带来灵感,培训师就不应禁止学生使用这些资源,而是应该强调与从其他地方获取的结果进行交叉检查的益处。术语学教科书提出了一系列传统的严格标准,用以确定资源价值,虽然译者不再局限于这些标准,但是评估至关重要这一普遍原则依然适用,正确判断的技能必须得到锻炼和提高。正如皮尔逊(Pearson 2000:237)所述,对学生译员来说,从万维网明智地挑选文本并非易事。通常,学生译员只会在搜索引擎中输入关键词,然后简单地查阅前十条匹配记录,认为包含关键词的任何文本都是符合他们目标的有用信息来源。由于这种方法不专业,检索到的文本在语域、专业性和类型等方面都不一定适合。因此,增加练习环节,帮助学生译员学会仔细评估做出的选择,增强面向翻译的术语课程的效果。

在翻译实践中,译员面临的许多术语问题不能通过一套普遍适用的技巧来解决。适合某种情况的解决方案也许并不适用于另一种情况,这需要判断力。翻译培训师一直清楚这一点,鼓励培养学生的判断力。但是,学生译员走上工作岗位时,不能奢望完全避免不甚理想的资源。考虑到这种情况,培训师需要在面向翻译的术语课程中加倍努力,为学生提供的练习不限定唯一的答案或不使用权威的资源,逐渐提高学生基于可靠的判断做出决定和解决问题的能力。

5.2 使用整合式系统

从历史上看,在译者使用各种计算机工具之前,特别是这些工具逐渐与更大的套件整合之前,术语课程教师往往只关注术语工具。这些工具大多可以独立运行,不过现在职业译员将其纳入更大综合工具包(如翻译环境工具)来使用的情况已越来越普遍。为了提高使用整合式翻译套件的整体效果,译者需要就如何在术语库中识别或记录词项做出相应的调整。然而,如果一个人每次只用一种工具独立工作,就很容易忽略这些潜在效益,或无法辨别出有用的调整。例如,只有可以在文字处理器中使用一键插入的选项,直接将术语插入目标文本时,才会发现记录一个术语常用形式(而不是标准形式)的好处(Kenny 1999:74)

同样,只有能在翻译环境工具中应用预翻译选项时,记录简单却常用的通用语言表达这一优势才会变得明显。因此,学生译员如果有机会采用职业译员的方法来使用这些工具,将能从中受益。

为了理解这些工具真实的运行方式以及对术语学和翻译实践产生的影响,学生必须使用整合式翻译系统工作。这意味着让学生进行实战操练,以观察该系统各部分是如何协同工作的。学生一般会在不同的课上分别进行翻译练习,学习术语和翻译技术,他们可能没有机会把这些技能整合在一起,因此,最终走上工作岗位时,他们将不得不学习一种新的工作方式,而不是把各种技能简单相加。为了给学生提供这种整合式的体验,培训师要付出额外的努力。他们可能需要与同事配合,以确保将所有元素以合理、连贯的方式整合起来,对于学生来说,获得这种体验将受益良多(Bowker and Marshman 2009:67 - 68)。

通过让学生使用综合工具包来练习术语管理,而非集中使用独立软件,翻译培训师还可以给学生提供另一种途径,来帮助他们提高上文提到的判断技巧。学生需要对引入其他形式具有何种价值做出评估,并判断哪种形式有用,而非仅仅默认标准形式。同样地,对于译者来说,任何构成挑战性的词项,即使本身不是术语,也必须加以研究,所以这种区分对面向译者开设的课程而言并不总是有用。相对于区分术语和非术语、系统地挑选术语提取器生成的结果从而排除伪术语,翻译实习生更需要学会将问题从"这是一个术语吗?"转变成"这对手头工作有用吗?"此外,他们需要知道,这个问题可能没有一个明确的答案!

过去,术语学往往专注于生成精心挑选而非详尽无遗的记录,只收录术语,确定唯一的首选术语,以标准形式记录术语,选择具有代表性的语境等等[①]。这曾经非常有意义,因为当时术语记录是实物,需要人工查阅。在使用电脑记录的早期,存储空间和带宽有限,搜索工具和显示格式还处于初级阶段时,这很有意义。现在既然查阅记录已经不再费时费力,整合式工具包给译者提供了前所未有的选择,该考虑给译者更多选择了。德西雷斯等(Désilets et al. 2009a,7)和洛里斯东(Lauriston 1997,180)指出,经验丰富的译者似乎既担心"精确性"(就信息检索而言),也不认为仔细检查多项选择是一种压力(例如,术语提取系统生成的未编辑候选列表)。事实上,他们认为收词量更大增加了找到建议的机会,他们有能力辨别好坏。出于这种考虑,译员培训师可能会让学生多练习评估多个选项和未加提炼的信息。

5.3 术语资源创建中的共享与合作

个人术语管理系统当初被引入时,还是独立的工具,旨在让个体译者创建供自己使用的术语库。这些早期系统采用专有格式,不以服务器为基础,甚至无法联网。然而,这些选项现在不仅可用,而且如上所述,越来越多的译者发现,在术语资源创建中共享和协作是有益的。

鉴于此,译员培训师可以考虑为学生提供机会了解交换格式,如 TBX-Basic,这是一种兼容 TBX 术语标记语言,可容纳有限的数据种类(Melby 2008)。TBX-Basic 旨在支持翻译过程的术语资源,其用途是规范翻译产业对 XML 标准下术语标注的需求,以提升在用户间交换术语资源的能力,并在不同计算机环境下使用这些资源。

在译者培训的环境中,选择 TBX-basic 可能比选择相对复杂的 TBX 更可取。如前文指出,译者创建的术语记录往往没有术语学家详细。因此,翻译导向的术语课程对术语记录选项设计的涵盖不必与针对术语学家的课程一样全面彻底。

除了分享现有的个人资源外,越来越多的译者开始以合作的方式共建公共资源(Désilets et al. 2009b,10;Gariépy 2013,3-4)。翻译导向术语课程可以引进维基工具和资源(比如 TermWiki),让学生体验合作创建术语库。这也再次给他们提供锻炼判断能力的机会,因为他们会遇到一些在个体译者创建和查阅个人术语库时一般不会出现的问题。

在创建术语库时共享和合作优势明显,就特别重要的共享资源设计问题提供指导可让学生受益。比如说,为了尽可能减少潜在的术语冲突,那些计划共享资源的人可能会发现,在共享资源中录入比个人术语库更多的细节信息很有帮助。例如,如果译者只有一个或两个主要客户,可能不会在个人术语库中详细记录客户的偏好。然而,一旦个人术语库变成共享资源,这种信息对其他用户来说就至关重要。同样地,需要让学生译员了解,把多个术语

---

① 事实上,这种方法在某些情况下仍有一定意义,但是目前的讨论仅限于机辅翻译整合式工具包辅助下开展的翻译导向术语学研究。

库或者个人术语贡献合并成单个更大的术语集相比,管理一系列较小的术语库有优点也有缺点,这些需要向学生译员做说明。学生有时会认为术语库越大越好,因为这样可能会增加返回的匹配数量。然而,合并的术语集可能缺乏整体连贯性,因为其内容可能源于各种各样的文件,这些文件语域、风格、文本类型各不同,甚至不同客户的首选术语也不同。在某些情况下,最好为不同的文本类型或客户保留独立数据库,并根据优先级别依次查阅多个术语库。需给翻译实习生机会去反思和体验这些不同的选择,让他们在共享或者协作环境中学会评估术语库设计的不同方法的优缺点。

6 总结

总而言之,很明显,使用计算机辅助翻译工具,特别是提高工具的整合度、对资源的共享等趋势已经影响了面向翻译的术语学研究的过程和结果。本文尝试思考一些上文已介绍变化的本质,探究译员开展的术语研究方式在哪些方面开始背离术语学家使用的传统方法。只有对这种变化有了更深入的认识,我们才能开始制定出一个合理的发展计划。本文为重新定位译者术语教学课程重心提出了尝试性的建议。然而,考虑到翻译环境工具和合作实践在翻译行业中已经深入人心,我们必须尽快想出最好的方法,让翻译实习生做好准备,在新情况下开展术语相关工作。因此,不仅要专注构建和查询作为独立资源的术语库,更需要关注这种资源在翻译环境工具中的设计与利用方式,以优化对翻译工作有用的信息自动检索。这意味着要考虑有待记录的单位的性质、记录形式和应该被记录的补充信息。还包括一些注意事项,如有多少术语库需要维护,如何组织其内容以最大化资源的共享程度。首先,学会使用良好的判断力,这在面向翻译的术语学语境中始终是一项重要技能,而且仍然是关键所在。我们希望读者能意识到,本文提出的意见和建议并非为了破坏或贬低由来已久的术语学原则,相反,是为了探索在 21 世纪的新现实中如何应用这些原则,因为使用计算机辅助翻译工具和共享资源已成为译者工作中不容置疑的部分。

参考文献

Allard,Marta Gomez Palou. 2012. "Managing Terminology for Translation Using Translation Environment Tools: Towards a Definition of Best Practices." PhD diss., University of Ottawa.

Bowker,Lynne. 2011. "Off the record and on the fly: Examining the impact of corpora on termino-graphic practice in the context of translation." In *Corpus-based Translation Studies: Research and Applications*, edited by Alet Kruger, Kim Wallmach and Jeremy Munday, 211 - 236. London/ New York: Continuum.

Bowker,Lynne and Des Fisher. 2010. "Computer-aided translation." In *Handbook of Translation Studies*, edited by Yves Gambier and Luc Van Doorslaer, 60 - 65. Amsterdam: John Benjamins. DOI: 10.1075/hts.1.comm6

Bowker,Lynne and Elizabeth Marshman. 2009. "Better Integration for Better Preparation: Bringing Terminology and Technology more Fully into Translator Training Using the CERTT Approach." *Terminology* 15(1):60 - 87. DOI: 10.1075/term.15.1.04bow

Bowker,Lynne and Jennifer Pearson. 2002. *Working with Specialized Language: A*

Practical Guide to Using Corpora. London/New York: Routledge. DOI: 10. 4324/9780203469255

Brown, M. Katherine. 2003. "Trends in Writing for Translation." *Multilingual Computing and Technology* 14(7), Special Supplement ♯59 on Writing for Translation: 4 – 8.

Cabré Castellví, M. Teresa. 1999. *Terminology: Theory, methods and applications*. Amsterdam: John Benjamins. DOI: 10.1075/tlrp.1

Cabré Castellví, M. Teresa, Rosa Estopa Bagot, and Jordi Vivaldi Palatresi. 2001. "Automatic term detection: A review of current systems." In *Recent advances in computational terminology*, edited by Didier Bourigault, Christian Jacquemin and Marie-Claude L'Homme, 53 – 87. Amsterdam: John Benjamins. DOI: 10.1075/nlp.2.04cab

Champagne, Guy. 2004. "The Economic Value of Terminology: An Exploratory Study." Report submitted to the Translation Bureau of Canada, Public Works and Government Services Canada, 36 pp.

Childress, Mark D. 2007. "Terminology work saves more than it costs." *Multilingual*, April/ May, 43 – 46.

Cohen, Betty. 2002. "Memoires et tarification, un debat a finir." *Circuit* 76:16 – 17.

Delisle, Jean. 2008. *La terminologie au Canada*. Montreal: Linguatech. DOI: 10. 7202/003306ar

Delisle, Jean. 2013. *La traduction raisonnee*, 3rd ed. Ottawa: University of Ottawa Press.

Désilets, Alain, Christiane Melanqon, Genevieve Patenaude, and Louise Brunette. 2009a. "How translators use tools and resources to resolve translation problems: an ethnographic study." *Proceedings of the Workshop Beyond Translation Memories: New Tools for Translators*, *Machine Translation Summit XII*, Ottawa, August 26 – 30, 2009.

Desilets, Alain, Louis-Philippe Huberdeau, Marc Laporte, and Jean Quirion. 2009b. "Building a Collaborative Multilingual Terminology System." *Proceedings of the Aslib Translating and the Computer Conference*, London, November 20, 2009.

Dubuc, Robert. 2002. *Manuel pratique determinologie*, 4th ed. Montreal: Linguatech.

Dunne, Keiran J. 2007. "Terminology: ignore it at your peril." *Multilingual*, April/May, 32 – 38.

Duran Munoz, Isabel. 2010. "Specialised lexicographical resources: a survey of translators' needs." In *eLexicography in the 21st century: New Challenges*, *new applications*, edited by Sylviane Granger and Magali Paquot, 55 – 65. Louvain-la-Neuve: Presses Universitaires de Louvain.

Estopa, Rosa. 2001. "Les unites de signification specialisees: elargissant lobjet du travail en terminologie." *Terminology* 7(2):127 – 237.

Fulford, Heather. 2001. "Exploring terms and their linguistic environment in text: A domain-independent approach to automated term extraction." *Terminology* 7(2):259 – 279. DOI: 10.1075/term.7.2.08ful

Gariepy, Julie. 2013. "La collaboration en terminographie: Etude de cas comparee de la terminog-raphie collaborative et de la terminographie classique." Master's Thesis, University of Ottawa.

Herwartz, Rachel. 2011. "When does terminology really pay?" *tcworld*, October, np.

Hofmann, Cornelia and Thorsten Mehnert. 2000. "Multilingual Information Management at Schneider Automation." In *Translating into Success: Cutting-Edge Strategies for Going Multilingual in a Global Age*, edited by Robert C. Sprung, 59 – 79. Amsterdam: John Benjamins. DOI: 10.1075/ata.xi.09hof

ISO 30042. 2008. Systems to manage terminology, knowledge and content—TermBase eXchange (TBX). Geneva: International Standards Organization. DOI: 10.3403/30191100

Jaekel, Gary. 2000. "Terminology Management at Ericsson." In *Translating into Success: Cutting-Edge Strategies for Going Multilingual in a Global Age*, edited by Robert C. Sprung, 159 – 171. Amsterdam: John Benjamins. DOI: 10.1075/ata.xi.17jae

Joscelyne, Andrew. 2000. "The Role of Translation in an International Organisation." In *Translating into Success: Cutting-Edge Strategies for Going Multilingual in a Global Age*, edited by Robert C. Sprung, 81 – 95. Amsterdam: John Benjamins. DOI: 10.1075/ata.xi.10jos

Kenny, Dorothy. 1999. "CAT Tools in an Academic Environment: What are They Good for?" *Target* 11(1):65 – 82. DOI: 10.1075/target.11.1.04ken

Lauriston, Andy. 1997. "Terminology and the Computer." In *Terminology: A Practical Approach*, edited by Robert Dubuc, 179 – 192. Montreal: Linguatech.

Lemay, Chantal, Marie-Claude L'Homme, and Patrick Drouin. 2005. "Two methods for extracting 'specific' single-word terms from specialised corpora: Experimentation and evaluation." *International Journal of Corpus Linguistics* 10(2):227 – 255. DOI: 10.1075/ijcl.10.2.05lem

L'Homme, Marie-Claude. 2004. *La terminologie: principes et techniques*. Montreal: Linguatech. DOI: 10.7202/013563ar

L'Homme, Marie-Claude. 2012. "Terminology and Data Encoding." *The Encyclopedia of Applied Linguistics*, edited by Carol A. Chapelle. Blackwell Publishing Ltd., November 5, 2012. DOI:10.1002/9781405198431.wbeal1321

Marshman, Elizabeth. 2012. "In the driver's seat: The perception of control as an indicator of language professionals' satisfaction with technologies in the workplace." *Proceedings of the Aslib Translating and the Computer Conference*, London, November 29 – 30, 2012.

Melby, Alan K. 2008. "TBX-Basic: Translation-Oriented Terminology Made Simple." *Revista Tradumatica* 6: 1 – 14.

Muegge, Uwe. 2011. "TermWiki: Terminology Management Just Got Easier" *tcworld*, March, np.

O'Brien, Sharon. 1998. "Practical Experience of Computer-Aided Translation Tools." In *Unity in Diversity? Current Trends in Translation Studies*, edited by Lynne Bowker, Michael Cronin, Dorothy Kenny and Jennifer Pearson, 115 – 122. Manchester: St.

Jerome Publishing.

Pavel，Silvia and Diane Nolet. 2001. *Handbook of Terminology*. Ottawa：Public Works and Government Services Canada. DOI：10.1075/z.htm2

Pearson，Jennifer. 2000. "Surfing the Internet：Teaching Students to Choose their Texts Wisely." In *Rethinking Language Pedagogy from a Corpus Perspective*，edited by Lou Burnard and Tony McEnery，235 - 239. Frankfurt am Main：Peter Lang.

Rondeau，Guy. 1984. *Introduction a la terminologie*，2nd ed. Boucherville，QC：Gaetan Morin.

Sager，Juan C. 1990. *A Practical Course in Terminology Processing*. Amsterdam：John Benjamins. DOI：10.1075/Z.44

Wallis，Julian M. S. 2008. "Interactive Translation vs. Pre-Translation in TMs：A Pilot Study" *Meta* 53(3)：623 - 629. DOI：10.7202/019243ar

Wright，Sue Ellen and Gerhard Budin. 2001. "The Economics of Terminology Management." In *Handbook of Terminology Management*，vol. 2，edited by Sue Ellen Wright and Gerhard Budin，873 - 6. Amsterdam：John Benjamins. DOI：10.1075/z.htm2

术语库

InterActive Terminology for Europe (IATE)—The European Union's multilingual term base：http:// iate.europa.eu.

Le Granddictionnaire terminologique（GDT）de l'Office quebecois de la langue franqaise：http://gdt. oqlf.gouv.qc.ca/.

TERMIUM Plus—The Government of Canada's terminology and linguistic data bank：http:// www. termiumplus.gc.ca/.

TermWiki—The Global Social Learning Network：http://www.termwiki.com/.

UNTERM—The United Nations Multilingual Terminology Database：http://unterm.un.org/.

术语管理工具

AnyLexic—Terminology Management Software：http://www.anylexic.com/en/.

Fusion Terminology：http://jivefusiontech.com/product_fusion_terminology.php.

LogiTerm Web：http://terminotix.com/.

MultiTrans Prism Terminology Management System：http://www. multicorpora. com/en/ multitrans-prism/terminology-management/.

SDLMultiTerm Desktop 2011：http://www.sdl.com/products/sdl-multiterm/desktop.html.

Bitext tools and resources

Linguee：http://www.linguee.com/.

WeBiText：http://www.webitext.com/bin/webitext.cgi.

术语项目管理：概念、工具、方法

西尔维娅·切雷拉·鲍尔

注册会议口译和术语学家，CB Multilingual[①] 拥有人及项目经理

术语管理是个横向业务流程，通常会跨越不同组织部门，甚至跨越不同地点、语言和时区。在一个组织内引进集中化、标准化和系统化的术语管理，可能会招致一些反对意见。经验表明，研究项目管理方法以阐明相关项目规划，是个明智之举。如果术语管理项目能够纳入组织的流程规划，作为一个支持过程，或者对整体业务或多或少起到关键作用，这个项目就能达到预期的结果。术语管理者负责监督业务流程，包括制定规则和指导方针，建立必要的管控机制。此外，在项目实施阶段采取一些具体措施，帮助人们改变思维方式，从而促进术语管理过程中可持续的过渡。

本文面向对专业管理企业术语感兴趣的读者，就单个组织中成功实施术语管理，提供工具和实用导航，涉及项目规划在策略和操作维度上的定义和起草，到项目执行的整个过程。任何活跃在国际舞台上的组织都需要提供各种语言、可交付使用的术语，大多数情况下，专业术语都需要得到解释、描述、更新，并提供给不同目标群体。专业管理的术语可以提升企业语言，并且有助于在组织及其工作人员、合作伙伴和利益相关者之间进行明确的沟通。术语管理支撑组织内部的信息管理流程，因而具有战略上的重要性。

关键词：术语项目；项目规划

1 术语项目：定义和维度

1.1 术语项目：企业环境中的定义、角色及定位

任何术语项目基本上都具有与企业环境中其他项目类似的功能特征。在项目管理上的最佳做法，正如国际和/或行业标准规定或推荐的，都需要遵守。

一个项目可以被理解为一次性任务，具有可确定的结果或产品（明确的目标、资源、流程、时间框架和预算），因此它的周期有限。罗伯茨和华莱士（Roberts and Wallace 2002,1 - 7)认为，项目包括"计划和执行，从开始到完成，在既定的成本内，安全准时地实现目标，并达到规定的质量标准"。事实上，期限、预算和性能，这些项目成功的关键变量是受跟踪检查的，以便在整个项目执行过程中核查变化，如果有必要，对其进行纠正，并在项目完成时得到评估。这三个变量中任一变量可允许的变化最终都意味着其他两个变量的变化（权衡），

---

① 一家笔译及口译服务提供商（译者注）。

一般在项目开始时就会设置可容忍的阈值。

为达标起见,任何项目都需要:(1) 存在一定程度的复杂性,(2) 配备一个多学科的小组人员(永久性或暂时性的,及时或定期分配给项目),(3) 具备一定条件的变化(和风险)(Raabe 2010)。项目对任何组织的发展和维持竞争优势都不可或缺。许多组织,特别是大型、多产品或多服务组织,如今都是经典功能结构和纯粹的项目组织结构之间的混合体。换句话说,他们采用矩阵结构,以适应项目规划和项目执行。在典型的矩阵组织结构内部,仍然存在功能划分,但项目团队由各个职能部门人员组成。该模式适合各种规格和性质的项目。内部员工按全职或兼职被分配到各个项目,同时,保留他们各自的功能职责。因此,他们通常需要对流水主管和项目经理双重汇报。

矩阵组织结构很受欢迎,因其较大的灵活性,因而具有创新性,能够根据工作量变化来调整运营成本,只需要较短的、正规的沟通线路和支持系统,但它们也有许多缺点。就功能性而言,它们是非永久性的,只是一段时间而已。项目组织及其目标因此被视为次要的,有时甚至与组织的主要目标相互冲突。对于许多项目团队成员而言,对两个主管汇报导致了一些不确定性,因而产生另一个压力来源。

在一个组织内部引进术语管理可能会招致一些异议(Cerrella Bauer 2009)。在许多情况下,相关从业者没有获得管理部门的授权来实施这样的倡议。部分原因是:术语管理是一个横向活动,跨越许多流程和职能。在许多情况下,它不需要遵循一定的流水化作业过程,因而有点"隐形"。员工和管理者可能不会马上了解术语管理的内容,因此忽视了作出变革来消除效率低下造成的重复劳动和隐性开销的需求。鉴于此,在某个组织内部引进系统化和专业化的术语管理工作,从一开始就需要作为一个项目有效地得到阐明。最好的情况就是项目发起人得到项目赞助人的支持,赞助人一般是高级管理层中的一员或高级主管。但现实并非总是如此。

在项目组织中,术语项目经理的角色一般是由某个员工(如项目发起人)或聘请的外部顾问来充当。值得注意的是,在许多情况下,并没有术语项目经理这样正式的头衔。他的项目团队很可能包括:(1) 一个核心团队(他自己,其他来自组织内部或外部的技术专家,如术语学家、语言学家、协调人、语言工具专家,等等);(2) 一个扩大的团队,通常是包括拥有相关技术专长和语言技能的人,如负责特定市场具体产品的产品经理在内的综合性专家团队。

内部资源要么是专门分配给该项目的,要么定期从相关生产线管理人员处借来。在大型组织中,这些资源通常分散在不同地域和时区,也可能是在项目周期内的不同时间点购买的外部技术。

1.2　术语项目周期:从项目规划到项目执行

1.2.1　术语项目规划

术语项目的定义和组织都包含在项目规划阶段。为精心设计一个成功的项目规划,可以应用经典的企业沟通的模式(Cerrella Bauer 2009)。

基于沟通规划的关键组成部分,希兰(Hieran 2013)认为术语项目规划是一个书面文件,它概述了:

1. 想用术语达到的成就（目标）；
2. 可以达到这些目标的途径（工作方案）；
3. 术语（项目）使用的对象（目标群体）；
4. 如何实现目标（工具、资源和时间表）；
5. 如何衡量项目的结果（评价）。

因此项目规划包含所有与术语项目定义和组织相关的信息。制定一个周密的项目规划有助于与利益相关者达成共识，这是获得决策者批准的关键（Cerrella Bauer 2009）。

图1说明了依据该模式的一个术语项目规划的主要部分：

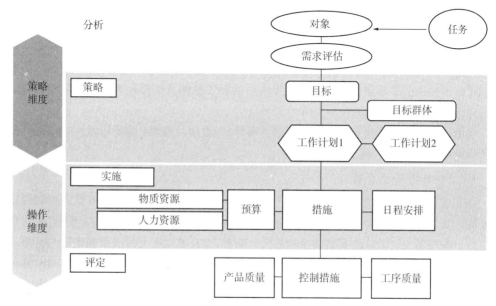

图1 术语项目规划模型及其策略与操作维度（Zeiter 2010）

术语项目规划的两个主要部分如下：

第一部分——策略层面：（1）情景分析；（2）策略制定（目标、工作计划、目标群体）；

第二部分——操作层面：（1）实施（采取相应的预算、资源和时间安排措施）；（2）评估（控制目标实现的措施）。

策略层面服务于项目定义，这是项目规划的核心，因为它概述了术语项目的范围以及目标和计划受益者（目标群体）。它还定义了项目的工作计划，即实现项目目标的可能途径和手段。最好，它能制定两份实现项目目标的工作计划，每个有不同的变量权重。相比之下，操作层面与项目组织最密切，比如与实现项目结果的行动或一系列行动相关的实际问题，以及项目评估措施等。

所有利益相关者和未来的项目团队成员都应该认可该项目规划。这样做时，重要的是尽早介入所有相关的内部和外部组织，如不同部门的代表、业务合作伙伴和/或外部供应商，然后获得所需的共识和项目后续步骤的支持。

下面列出了促进与利益相关者达成共识的一些基本技巧（Cerrella Bauer 2012）：

1. 确保所有利益相关者群体（如组织总部和分支机构的人）早期介入；
2. 询问他们对术语管理需求的认知，了解他们如何设置优先等级；
3. 解释发现的问题，了解他们对问题的关心程度；
4. 用他们能够理解的"语言"（尤其是在与不同的专家小组打交道时），确定和商讨对每个利益相关者群体的质与量的益处；
5. 强调和承认他们所做贡献的重要性。

开始引入术语管理之前，要有一个项目规划，能够明确其范围和目的，为达成共识的基础上涉及的各方确定任务和角色，还能传送有价值的事实（可能的最后期限和投资情况），如此可以创建一个相关的业务案例。对专业管理术语的必要性的认识差距越大，越需要明确的项目规划来支持管理提案（Cerrella Bauer 2009）。

术语项目规划的策略和操作层面在第 2 部分（术语项目规划：战略层面）和第 3 部分（术语项目规划：操作层面）有详细解释。

1.2.2 术语项目实施

在完成所有与术语项目规划相关的任务时，项目发起人和项目团队还要调查和确定基本步骤，以保证项目获得批准后成功实施。这意味着由指定管理术语的人定期和/或出色地来完成分配任务，包括角色概要、时间表、岗位职责，以及术语可交付成果和生产目标等。最后但并非最不重要的是，这个阶段也需要预见管控措施，以确保未来的过程监测和评价得以顺利进行。

最初术语项目的最终效果是，如果成功，能为建立系统的、专业性和集中性的术语管理过程铺平道路。这是一个持续的过程，强调正常的流动资源、技术和知识，可长期产生最大效益。最优方案要求在现有的关键业务流程中嵌入术语管理流程，确保披露、效率和资源的可持续性。

2 术语项目规划：策略层面

策略层面包含分析阶段，项目发起人（或项目团队）必须对项目对象明确说明。制定术语管理的需求，确定将从中受益的问题区域。还需要定义目标和目标群体，以及项目的工作计划（如达到上述两个目标的时间表）。每个工作计划都有不同的时间表和资源的投入。此外，还要规定该项目的可交付成果（如多语言词汇表，从现有语言资产提取的术语列表，术语数据库等）。

2.1 情景分析

这一分析包括调查采取行动的必要性，以便引入术语管理。仔细检查问题症状，如（同义词）不同用法不一致、翻译错误、质量和/或实用性问题，与文档不一致及意义含糊相关的重复性问题、重复搜索、重复改变、耗时的审查次数等。调查和采访主题专家、相关部门的代表、同事和服务提供者,这些都有助于收集信息(Cerrella Bauer 2009)。

此外,术语项目的实际目的是由分析阶段详情决定的,以下这些问题需要找到答案:

1. 术语是什么形式(基本术语、知识库);
2. 哪种方法为首选(协调、标准化、描述);
3. 哪些语言和组织单位受影响;
4. 所有相关语言是否享有同等优先级比;
5. 哪些已经存在(术语库存/格式、软件、基础设施);
6. 要考虑哪些限制(预算、期限、现有协议)(Cerrella Bauer 2012)。

态势(SWOT)分析技术是一个有用的多功能分析工具。它包括识别和评估对实现目标有利和不利的内部因素:优势(S)和劣势(W),外部因素:机会(O)和挑战(T)。

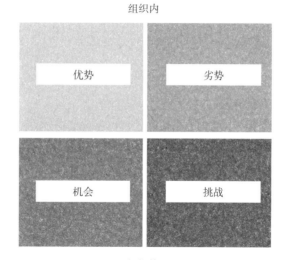

图 2 态势分析技术

优势的例子之一是:项目团队拥有术语领域所需的专业知识,可以专业地执行项目。能够有一定数量准备为项目做出贡献的主题专家的支持,这就是优势。相反,缺乏术语技术可能就是劣势,比如,需要聘请外部顾问来处理。在环境分析中,需要考虑项目团队成员的声誉,以及他们与不同利益相关者在其他职能领域多年服务的基础上建立起来的关系,并需要将两者归为劣势或是优势。

如果需要语言学和本地化专门知识来保证事业的成功,纳入新的地区的另一个产品市场可能就是机遇。新的语言可能会达到公司官方语言的地位,使用这种语言管理词汇和流程,总的说来会强化术语管理。几个关键项目都在争夺稀缺资源预算时,向管理层披露项目的想法可能就是劣势。根据常识,应该等待下一个更好的时机(比如把项目推迟到下一个预算分配周期)。

在此阶段的最后,必须弄清产生术语错误的程度和可能传播的范围,受影响信息与下列因素之间的关联度,如:问题的频率和传播(不同的语言、不同的媒体、不同的重复);对成本、时间和质量的确定性影响;声誉受损;顾客忠诚度的丧失;咨询电话的数目等。可确定的问题越重要,项目就越有可能获得批准。

2.2 项目目标、工作计划和目标群体

2.2.1 目标

设定目标至关重要。应该在这个阶段提出术语管理的中长期目标。任何术语管理项目通常都会追求量与质的目标。典型的质量改进目标包括:

1. 确保在源语言和目标语言的记录中准确和标准化地使用语言;
2. 为已有及新出现概念使用"正确"的术语而提高翻译质量;
3. 改善可用性;
4. 改善内容可检索性(Cerrella Bauer 2012)。

与成本规避相关的目标包括:

1. 加快文档创建和翻译的速度;
2. 加快文档和翻译审核流程;
3. 减少编写、翻译和本地化成本;
4. 缩短发布期限(软件和出版物的升级);
5. 减少咨询电话和客户投诉;
6. 缩短新员工熟悉期;
7. 提高员工生产力;
8. 减少产品责任相关风险;
9. 减少违背版权的风险(Cerrella Bauer 2012)。

从整体业务来看,达到上述目标就能生成用户友好型记录,增强一致和清晰的组织形象,促进知识的有效分享和传送。可以认为,术语管理能为组织维持竞争优势、巩固商品定位、提供附加支持。

在制定目标时,质的方面(软事实)也关乎量的方面(硬事实)。SMART 原则有助于撰写清晰的目标(2012 年度最高成就)。SMART 所指目标是:

1. 具体的(S);
2. 可衡量的(M);
3. 可达到的(A);
4. 现实的(R);
5. 及时的(T)。

具体目标最好能让参与术语项目的各方理解和吃透。目标设定中的具体内容是指,表明时间范围、地点、人员,以及限制条件和/或要求等。如果可以客观地衡量项目进展(例如具体生产目标的实现、会议日程的安排、成本范围内的表现等),就更容易保持正常运转。如果目标与可利用的(或预定的)资源和能力一致,而且目标是团队能够和想要实现的,那么驱动力就是可以保证的。最后,目标不会没有期限:在某时间点必须实现一个改变(目标)。

为术语项目而特别制定的任务型目标如下:

1. 已经定义了涵盖产品 x、y 和 z 的名称列表,被翻译成语言 X、F 和 G,经修订和验证,截至 xx.xx.20xx,对于相应的用户手册,其一致性的使用是强制性的;

2. EN-F 和 EN-G 的翻译记忆,为用于翻译产品 x、y、z 的用户手册而维护翻译用户手册中产品 x,y,z 用于语言对 EN-X,截至 xx.xx.20xx,已经使用指称产品 x,y,z 确认术语进行了更新。

这些目标是任务型的,因为它们牵涉了在相应的时间精力(和/或成本投资)内开展相应的活动。它们促使项目团队完成结果导向型目标,比如下列大类:

1. 在以语言 X、F 和 G 为翻译与产品 x、y 和 z 的用户手册新版本的架构下,在语言对 EN-X、EN-F 和 EN-G 的相关翻译记忆中的完全匹配数量,因为使用之前标准化的术语,增加了 x%;

2. 在以语言 X、F 和 G 为翻译与产品 x、y 和 z 的用户手册新版本的架构下,翻译成本减少了 x%,修正时间减少了 x%;

3. 产品 x、y 和 z 的用户手册使用 X、F 和 G 语言编写,截至 xx.xx.20xx(对应的用户手册新版本的发布日期),在 x 月的时间内,因用户手册可用性差而收到的投诉电话的数量减少了 x%。

理想的情况下,实现这些目标所需的最初投资会立即得到回报。不过,对于任务型目标(1)和(2)的正向回报有可能在相关的标准化术语重复利用时实现(比如在其他文档或可交付使用产品中)。总之,回报不是一次性的,而是在反复的使用中实现。项目团队在制定任务型目标时,一方面,需要说明预算的时间和投资成本;另一方面,需要说明因为制定结果导向型目标而产生的回报。当把投资与结果相匹配时,在给定的时间内的净收益必须是正的。

2.2.2　工作程序

工作程序描述项目每个阶段性目标实现的方式。如之前所推荐,并基于实践经验,项目发起人应提出至少两个不同的工作程序(如上所定义)来实现已规划的项目目标,例如,一个在短期内具有相对较高的投资和时间承诺,另一个在更长的时间内有着实现预计目标的适度初始投资。

项目规划能预见包括一系列范围密集和资源密集、任务型目标的工作程序,而其他可选的工作程序则包括在更长的一段时间内完成的相同任务型目标等。图 3 显示了在术语项目规划中,设置两个可选工作程序时成本影响和时间影响的抽象表征(Cerrella Bauer 2012)。

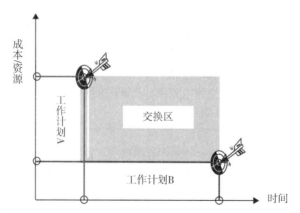

图3 两个工作计划的成本影响和时间影响的抽象表征

这种方法提供了与管理层及决策者进行协商的空间,从而帮助项目发起者在不影响质量要求的情况下,表明他们愿意做出某些让步。

2.2.3 目标群体

术语管理项目的目标群体(如利益相关者和潜在的项目受益人)通常包括:

1. 技术性写作;
2. 内容和文档编制管理;
3. 语言服务(口笔译工作者、翻译管理者和术语学家);
4. 产品管理;
5. 软件开发;
6. 客户和员工培训;
7. 采购;
8. 销售;
9. 法律和合规;
10. 市场营销和公关(Cerrella Bauer 2012)。

如前所述,没有关起门进行的术语项目,必须公开讨论。从利益相关者和潜在的项目受益人获得资金投入,对项目规划意义重大。在合适的时间内通知并授权给合适的人,对项目的成功至关重要。

2.2.4 项目可交付成果

在术语项目规划时,必须使各方人员理解项目可交付成果的目的(如术语集合)。有必要澄清(Cerrella Bauer 2009)由此产生的产品是旨在成为现有业务流程的支持工具,用于在组织范围内促进知识转移的绑定存储库;还是通过其语言将组织与其竞争对手区分开来的区分者,由此说明该可交付成果对于成功的本地化和国际化项目必不可少。

术语管理项目中典型的可交付成果就是术语集合,即以组织的语言、系统的存储和更新的、指称明确界定的概念的专业术语及与术语相关的数据。项目团队应当确立适用于目标群体的术语集合的结构和格式,术语集合中术语数据的范围,以及数据将要满足的质量要求

（Cerrella Bauer 2009）。图 4 展示了描述术语集合中两个重要参数的不同方面，该术语集合可理解为术语项目中的产品：术语数据模型和术语数据质量（Cerrella Bauer 2009）。

图 4　术语项目可交付成果的一些重要特点：数据模型和数据质量

2.2.5　术语数据模型

术语数据模型显示了术语数据在所选择的术语管理系统内呈现和组织的方式。术语管理系统的最小单位是术语条目。每个完整的条目包含所有与特定术语相关的术语数据（Cerrella Bauer 2009）。

术语条目具有的综合性如何取决于每个项目架构（如语言、学科领域、项目团队的角色和任务，术语管理目标和目标群体等）。米格（Muegge 2007）认为，ISO 12620－1999（计算机术语应用－数据类目）为术语条目列出了一个系列的可能数据类目，而 ISO 12616 只认为其中三个是强制性的：术语、术语源和条目日期。数据类目可以根据 ISO 12620 或用户的特定需求而制定。

根据实际管理以及定期处理的情况，项目团队决定术语条目的范围（强制性的和非强制性的数据类目）和每个条目内的术语数据的粒度（如给定数据类目具有的详细级别或属性）。例如，如果术语集合旨在覆盖几个学科领域，团队可以宣布主题领域为强制性的数据类目。许多专家认为术语源是必须的，因为该数据类目即使在最初输入很久以后，也可以就术语的年代和质量得出结论。这个过程既花时间又费钱，但能提供界定术语的有用信息，对选择合适的翻译对等词至关重要（Cerrella Bauer 2009）。

假设术语管理的目标之一是促进组织的企业语言，有必要确保与术语使用相关的属性能及时分配给术语。目标群体将因此可以确定，给定术语是否为组织首选，是否仅为首选术语的同义词，或是否不被使用的弃用术语（例如，要避免的术语）。对于确保一致和正确的编写输出，后者的属性特别重要（Cerrella Bauer 2009）。

变量值的列表（所谓的"选择列表"）应限制到最低，因为消除多余的或过时的值（和"选择列表"）在许多标准术语管理系统的环境下都非常耗时。简而言之，必须选择一个灵活的数据模型来满足特定的术语需求。

2.2.6　术语数据质量

项目团队还必须考虑选择术语进入术语集合的标准。这些标准可能包括：

1. 在外部资源中的使用频率；

2. 内部领域专家的意见；

3. 在已确立的内部和/或外部资源中的出现；

4. 内部语言的指导方针；

5. 遵守已建立的标准，或；

6. 两个或更多标准的加权组合（Cerrella Bauer 2009）。

在某些情况下，必须考虑术语的生命周期（即最大周期，在此之后术语可能会显得过时）及归档。

在专业文档编制过程中，很有必要使用源语言和目标语言创造新的术语。因此，必须特别注意建立术语构成的规则。这些规则可以处理，拼写（大小写、断词）、复合术语构成、缩略/使用术语缩写等问题。有关术语工作原则和方法的 ISO 704（2000）为此提供了一套标准规则。还应该在条目层和术语集合层规定用于术语验证和确保一致性的程序。

项目团队成员和/或外部各方可能被分配角色、任务以及工作流程，以检查术语的正确性、一致性和状态（如更新、修订、过时）。由于产品的好坏只能体现在它的实际使用上，确保用户反馈能定期进入数据更新过程至关重要。术语管理系统在每个条目的接口处自动生成电子邮件的链接，允许用户联系术语项目管理团队，提供对个别术语数据的反馈。统计函数是一个实用的特性，可在给定时间段内监测执行成功和不成功的术语搜索次数，并对如何完成或改编术语集合提供提示。另外，用户满意度调查是另一个收集用户反馈的方法（Cerrella Bauer 2009）。

最后，必须考虑版权问题。

3 术语项目规划：操作层面

操作层面包括确保根据给定的时间表完成项目有针对性的措施。这需要分配必要的材料（工具、技术）和人力资源（内部和/或外部人员），以便在给定的时间跨度内实施项目。就人力资源而言，项目团队需在以下各方面精心设计和做出决定：

1. 项目团队规模（如单人团队或包括术语项目经理和术语学家在内的多人团队等）；

2. 项目团队组成（如项目赞助人、程序编制员、外部顾问、主题专家）；

3. （如果可用）使用机构内部的技能或部分外包；

4. 角色配置（例如专业技能、经验、动机的要求等）和岗位职责；

5. 任务分配和优先级（如进度、预算分配）；

6. 沟通和报告程序（如频率、渠道、格式等）。

显然，上述各方面的决策由项目定义中设置的三个项目变量所驱动。经验表明，通常项目团队是在日常业务工作以外进行专业术语管理任务。一般来说，这种志愿性工作是由专业文档编制或语言服务部门（如果内部存在这些服务）的员工承担，因为这些领域专家直接涉及文档编制和本地化流程，要求专业化的术语管理（Cerrella Bauer 2009）。

　　项目团队也测试支持这个项目的技术解决方案。选择定制的或现成的——外源的或商业术语管理系统时，有几个因素应当考虑。这些因素包括与现有的软件应用(例如翻译记忆系统、内容管理系统、企业内容管理系统、信息管理系统)的兼容性和互操作性，数据安全和系统稳定性的需求，以及支持功能(语言、客户端和网络环境，数据模型和界面定制、统计功能)。从标准的解决方案开始，然后改用专有解决方案也是一种选择。在任何情况下，所选择的解决方案在术语数据交换上应符合已建立的行业标准(Cerrella Bauer 2009)。

　　预算规格或限制会影响到资源分配、项目进度和相关规划措施范围的选择。实施术语管理项目的重要阶段可以概括如下：

1. 从潜在用户和受益者开始；
2. 达成项目共识；
3. 详细说明项目概念；
4. 概念获批；
5. 项目执行计划；
6. 执行初步任务；
7. 开始术语生产(Cerrella Bauer 2009)。

最后，评估阶段也是术语项目操作层面的一部分，目的是根据项目规划中制定的关键数据来评估取得的成就，并在必要时采取相应的纠正措施。

4　术语项目执行

　　术语并不是最终产品，因为它不断地变化和发展。安排合适的术语管理过程是确保成功制定术语集合的前提。为满足术语集合的质量要求，需要分配任务和角色，并设计抓取、更新、验证术语条目的工作流程。

　　下面的列表包含了一些初步的任务，在引入术语管理流程时一般都需要执行。

1. 建立文档资料库(代表性文献、杂志、专业出版物、翻译、词典和/或词汇表等)；
2. 咨询组织内部专家来确定术语集合中要覆盖的主题；
3. 测试、选择、安装术语管理系统；
4. 术语管理系统用户培训；
5. 数据建模(数据库配置——相关的任务和为术语数据输入模型的确定)；
6. 配置未来术语管理实践的通用指南(如以说明书或手册的形式)；
7. 收集、整合、提取现有术语(内部或外部各方提供的)；
8. 修改、整理、转换预先选定的现有术语；
9. 将术语导入术语管理系统(Cerrella Bauer 2009)。

这些初步任务完成的速度取决于在这个阶段可用资源和选择的目标及策略(根据所选择的工作计划)。任务顺序也有相应变化。推荐进行术语集合的验收测试，针对包括潜在使用者和受益者的代表，以确保达到质量预期。一旦具有代表性且已经过验证的术语达到了关键数量,术语集合就能在组织范围内传播。选择适当的传播策略来吸引潜在使用者和受益者,以便于他们承认集合的存在也非常重要。根据组织和语料库的规模,从术语数据的传播直到术语用户率的评估变得可行,尽可能在一年左右的时间内完成(Cerrella Bauer 2009)。

一旦完成这些一次性的任务,项目团队应提交项目最终报告以备审查和批准。此时,项目是基于先前确定的目标进行评估的。术语项目评估包含:

    1. 控制目标实现和项目执行;

    2. 硬事实评级、评估,也许还有硬事实的基本标准调查(满足成功标准);

    3. 软事实评级、评估(避免可能的成本主观的产品和过程质量改进,如根据从客户或专家那里收集的声明改进的文档可用性);

    4. 建议更多措施和/或项目(Cerrella Bauer et al. 2010)。

5　结语

成功实现术语项目规划和执行只是第一步。彼时开始,术语管理必须成为一个或多个业务流程中的重要组成部分。术语管理的好处只有在研发术语集合上投入了大量的精力后才能显现。幸运的是,从长远来看,这些好处是逐步增加的。

参考文献

Cerrella Bauer, Silvia. 2009. "Professional Corporate Terminology Management: Tips and Tricks for a Successful Introduction." *GALAxy*, *Newsletter of the Globalisation and Localisation Association* (*GALA*), *Q1* 2009. http://www.gala-global.org/articles/professional-corporate-terminology-management-tips-and-tricks-successful-introduction-0.

Cerrella Bauer, Silvia. 2012. "The three Ps in Enterprise Terminology Management: Project, Product and Process." *Paper presented at the* 2012 *International Terminology Summer School*, Vienna, July 13, 2012.

Cerrella Bauer, Silvia, Mark Childress, Beate Fruh, Regina Hellerich, Maryline Hernandez, Rachel Herwartz, Francois Massion, Peter Oehmig, Uta Schmitt, Ulrich Wachowius, and Cecil A. Woas. 2010. "Project-und Prozessmanagement." In *Terminologiearbeit Best Practices*, edited by DTT Deutscher Terminologie-Tag, Cologne.

Hieran Publishing. 2013. "How to develop a Communications Plan." http://www.hieran.com/co-met/howto.html.

Muegge, Uwe. 2007. "Disciplining Words: What You Always Wanted to Know about Terminology Management." *tcworld* 2(3):17 – 19.

O'Keefe, Sarah and Alan S. Pringle. 2012. "Transforming technical content into a business asset." *tcworld* (e-magazine). http://www.tcworld.info/e-magazine/content-strategies/article/trans-forming-technical-content-into-a-business-asset/.

Raabe, Ralf. 2010. "Projektmanagement-von der Idee zum Konzept." Accessed April 28, 2014. http://www.akademie.de/wissen/projektmanagement/grundlagen.

Roberts, Alexander and William Wallace. 2002. *Project Management*. Edinburgh: CAPDM

Limited.

Accessed April 28，2014. https：//www.ebsglobal.net/documents/course-tasters/english/pdf/ h17pr-bk-taster.pdf.

Top achievement. 2012. "Creating S.M.A.R.T. Goals." Accessed December 12，2013. http：// topachievement.com/smart.html.

Zieter，Nicole. 2010. "Das Kommunikationskonzept in 10 Schritten." Accessed April 28， 2014. http：//www. lukath. ch/dl. php/de/4f50ceecdeb41/kommunikationskonzept_10_ schritte.pdf.

翻译质量保证流程中的术语管理

莫妮卡·波皮奥韦克

MAart 翻译有限公司

近年来有许多从术语学角度分析术语管理的讨论和著作,但鲜有基于实际翻译质量保证(QA)流程对术语管理作用和方法所做的阐述。本文将尝试定义术语在质量保证流程中的位置和作用,并描述术语管理如何从系统和工具层面适应和影响翻译流程的质量保证。本文还将基于业内的最佳实践,介绍一种在翻译质量保证流程中管理术语的标准方法。该方法能用于所有关键阶段,包括翻译服务供应商(TSPs)面临的一些常见挑战。

关键词:术语管理;翻译;本地化;质量保证(QA);标准;最优化;最佳实践

1 引言

近年来有许多从术语学角度分析术语管理的讨论和著作,但鲜有基于实际翻译质量保证(QA)流程对术语管理作用和方法所做的阐述。

根据国际标准化组织 ISO 704 2009,"术语工作——原则和方法",术语工作的目标主要涉及交际中概念和术语的阐明和标准化,这是理论语言学家采取的方法。

从翻译和本地化行业从业者的角度来看,术语管理可以更实际地被定义为根据一些管理方法系统地收集、处理、分类和一致地应用词汇的活动,这些词汇在给定的主题领域或上下文(术语)中具有特定的含义。完成此任务的方法和系统性措施往往至关重要,并常常将术语管理与随机的词库编纂工作区分开来。所有术语管理工作的目标都是确保关键词汇表(用于项目、组织、产品、品牌等)在某个可访问的系统中得到维护,并定期更新,所有流程相关人员都能一致地使用这些词汇表。但是,真正的挑战始于规划翻译流程并确定质量保证体系中术语管理的所有关键阶段和功能。

这里需要强调的是,在翻译和本地化行业中,质量保证方法通常用于描述整个翻译质量保证系统,而非整个过程的最后阶段(传统质量保证方法通常将质量保证置于质量规划与控制之后)。因此,我提到的质量保证指代整个翻译质量管理体系。

近年来有许多关于术语管理的实用文章,其中一些是基于翻译质量保证的,例如在《多语》杂志(*MultiLingual*)(如 Childress 2006,86;Childress 2007,43 - 46;Dunne 2007,32 - 38;Fidura 2007,39 - 41;Massion 2007,47 - 50)或其他行业相关的刊物中(如 *TC World Magazine* Muegge 2007,17 - 19;*Revista Tradumatica* Van den Bogaert 2008),但是该主题的研究还不够充分,且有关最佳实践的可公开获得的数据也不丰富。

在本文中,我将尝试定义术语在质量保证流程中的典型位置和作用,并描述术语管理如何从系统和工具层面适应和影响翻译流程的质量保证。我还将基于业内的最佳实践,介绍一种在翻译质量保证流程中管理术语的标准方法。该方法能用于所有关键阶段,包括翻译服务供应商(TSPs)面临的一些常见挑战以及解决这些挑战的实用技巧。

2 翻译质量保证

质量保证(QA)是一种模型方法,在体系里构成完整流程的一系列步骤和任务中,适当地整合人力和技术资源,就可以确保良好的结果。

有几个支持可以称为翻译(或本地化)流程的 OA 体系式 QA 模型的准则或标准,如 EN 15038(2006),ISO 17100(2015),GB/T19682(2005),LISA(线性系统分析)QA 模型 3.1 (2006),SAE J 2450(2005)。

大多数翻译流程/系统标准、准则或质量保证模型都定义了获得成功的结果(输出)所需的一组相似要素(输入)。

例如,EN15038(2006,欧洲翻译服务质量标准)中:

1. 制定最低流程要求,包括让另一名具有同等资历的翻译作为审校人员进行翻译和修订;
2. 规定翻译人员、审校人员和可能的审核人员所需的能力;
3. 规定翻译公司的翻译流程必须形成文件并加以遵守;
4. 推动运用最佳的实践、技术、规范和项目方法,提高翻译质量。

翻译流程指南或标准通常会列出以下翻译质量保证系统的典型要素:

1. 定义服务提供者(翻译人员、审校人员、审核人员)招募流程;
2. 处理报价、客户文件、合同、项目规范的程序;
3. 规定服务提供者(翻译人员、审校人员、审核人员)所需的能力和经验以及分配工作的程序;
4. 为管理术语和其他技术与语言资源(翻译记忆库、机器翻译、翻译风格指南、词典、参考资料等)而制定的明确且有文档记录的程序;
5. 为管理翻译流程本身的所有阶段(理想情况下是通过某种自动化的工作流程)而制定的明确且有文档记录的程序;
6. 持续的质量控制体系,始终包括所有翻译材料的专业修订(逐段比较源内容和目标内容,并根据可靠指标进行评估),必要时进行额外审查,并定期反馈;
7. 用以确保控制体系足够维持规定质量水平的附加随机抽查程序,以及附加保证措施;
8. 处理投诉、报告和实施纠正措施的程序;
9. 确保数据安全和归档的程序。

典型的质量保证模型/指标会为用户提供质量控制的方法(例如,根据数量、领域和项目规范,定义如何计算、处理错误和修正),至少提供基本的翻译错误类别。例如,可以将翻译错误归为以下几类:

图1　EN 标准 15038 质量体系标准环境（Monika Popiolek，Peter Reynolds，TM－GLobal 2008，http://www.tm-global.com/en15038）

1. 误译，即错误表达源文本含义；

2. 通用术语错误/不一致；

3. 数值错译；

4. 语法错误；

5. 漏译；

6. 翻译方法错误；

7. 语言表达不清晰，文体不当，源语干扰；

8. 拼写错误；

9. 格式错误；

10. 标点错误；

11. 混淆（用于特定项目）；

12. 术语与领域特定要求、参考材料、项目词典、客户给定信息等不一致。

当然，上述分类并未列举穷尽，各分类之间也并不互相排斥。此外，可以根据翻译错误的严重程度，或用某些指标对其加权进而分类。例如，翻译错误可以分为轻微错误、严重错误和重大错误，并给出适当的分数。

无疑，质量控制人员（评估人员、审校人员）在评估翻译内容时必须按照明确的准则（模型）工作，以确保对错误分类采取一致和有效的方法。LISA QA 模型（2006）和 SAE J 2450 标准（2005）就是在某些类型的项目中使用这种方法的典型。

3 实际翻译流程

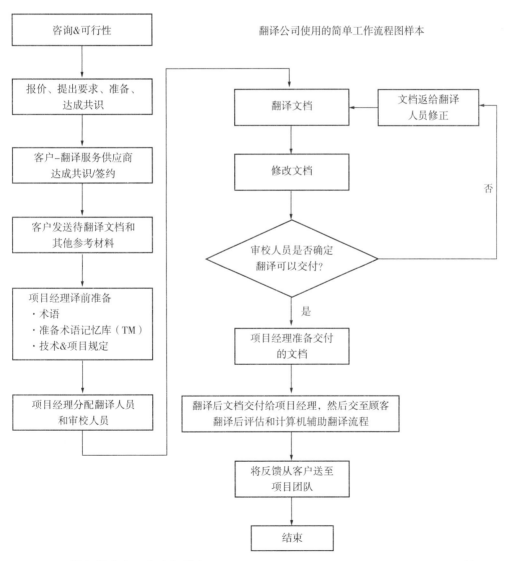

图 2 翻译服务供应商工作流程样本（**Monika Popiolek，MAart Agency Ltd. 2007**, http://www. maart.com/en/sample-reference-tsp-workflow.html）

4 术语管理和质量保证

4.1 术语管理架构——术语相关标准

没有哪个单一的标准能涵盖术语管理的所有最佳实践和模型,但有几种标准在这一语境中非常实用。深层的方法论标准是前面提到关于术语工作原则和方法的 ISO 704 质量标准(2009),和关于概念和术语协调的 ISO 860 术语工作质量标准(2007)。除此之外,ISO 12616 标准(2002)和 ISO 12620 标准(2009)为术语条目提供了可能的数据条目类别的规范。

鉴于术语管理工具和格式的多样性以及由此产生的互操作性问题,ISO 30042(2008)至关重要。

术语库交换格式(TBX)是一种术语标记语言(TML)。一个 TBX 文档由两部分组成:一个包含所有术语数据的 TBX 文件;一个可扩展约束规范(XCS)文件,包含术语库的结构信息。

这种数据和结构的组合使得术语库能从一个系统移至另一个系统并保存术语库的结构。它还允许在术语系统之外指定和设计术语库,然后导入。这涉及互操作性问题,例如,在不丢失重要属性和其他数据的情况下,在不同术语工具间交换 TBX 文件。这依旧是一个巨大的挑战,但这是另一个主题,本文不做讨论。

4.2 质量保证流程中的术语管理

为了清楚起见,我将梳理质量保证流程中术语管理的所有关键阶段,包括创建术语、运用和控制术语使用这三个任务作为流程中单独但相互关联的阶段,这三个任务如下:

1. 术语管理——建立术语管理基础设施,并在翻译质量保证流程中使用;
2. 实施术语管理——确保在所有翻译材料中正确、一致地使用恰当的术语;
3. 维护综合术语管理数据库——持续维护和更新术语。

4.2.1 术语管理

需要强调的是,术语管理可能是翻译质量保证系统中一个非常重要的元素,但是它对翻译(或本地化)过程更多的是起着支持而非驱动作用。术语管理需要一个程序、模型以及一些工具和方法以帮助组织管理术语的创建和使用的流程。所有支持此流程的工具都需要具备存储、评估、版本控制和归档术语的功能,并通过一个用户友好型的、可靠的、协作性的且不同授权级别都能进行术语管理的平台,为团队的所有成员提供术语数据库的访问权限。

从翻译服务供应商的角度来看,术语是另一重要资源,为确保翻译的正确性和一致性,需要谨慎有效地进行术语管理。但是,也应该牢记,从企业客户的角度来看,术语管理可能是公司全球信息管理战略的关键要素。因此,术语管理的方法可能会因个人视角不同而存在差异。这是客户和翻译服务供应商在翻译项目初期应解决的诸多问题之一,因为它可能成为一项关键绩效指标(KPI)和影响未来客户与供应商之间关系的主要因素。

术语管理基础设施的核心组成部分包括:

1. 可以存储、编辑术语和相关元数据的数据库；
2. 与术语数据库或独立术语工具集成的计算机辅助翻译工具(CAT)或翻译管理系统(TMS)；
3. 术语工具应使用户能够：(1) 从数据库中搜索和检索术语。理想情况下应当是自动化的。翻译人员在编辑文本时，应当能从翻译结果窗口获取从术语数据库中生成的特定字符串；(2) 查看特定术语的使用时间和方式；(3) 查看特定术语不再使用的时间，以及(4) 将术语作为候选术语提交给数据库；
4. 可用于测试所需术语是否正确使用的质量保证模块。

全球翻译管理公司 2013 年术语调查的受访者描述了该过程，如图 3 所示：

1. 语料库创建和术语挖掘——有多种工具可用于术语提取或挖掘。它们提供的功能具有不同程度的有效性。
2. 基于统计频率分析的初级术语协议——术语提取工具在识别候选术语时通常会提取出很多错误结果，这就需要删除几乎没有用处的候选术语。
3. 翻译流程中综合术语库里不断扩展和修改的术语；作为协作中数据共享的一部分，可能导出和导入的术语——翻译本身就是识别众多候选术语的过程。这些术语在最终使用前，应经过审核和批准。
4. 确定关键术语分组，用于质量保证目的和确保翻译文本中的术语与协议术语一致——对术语进行分类，使具有较高可信度的术语在质量保证过程中占更大的权重。
5. 完成术语和协议工作，并以适当格式(通常是转换成某种格式导出)提交给客户批准——此阶段作为客户审核阶段的一部分，使客户能确认术语和翻译。
6. 在后续项目中持续维护和更新术语数据库。

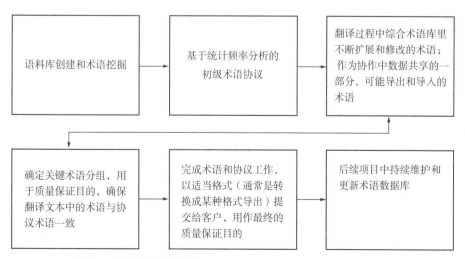

图 3　术语管理流程图（TM‑GLobal Terminology Survey Report
2013, http://www.tm-global.com/terminology-survey）

尤韦·米格（Uwe Muegge）在其刊登于《世界技术交流杂志》（*TC World Magazine*）（2007 年 5 月/6 月，17—19）的文章中写道："ISO 12620 规定了近 200 种可能的术语条目数据类目，但是 ISO 12616 标准仅将其中三种列为强制性，即术语、来源和日期。"为了保证术语的质量，明显需要更多的数据类目，且实际上，翻译服务供应方通常使用 5—20 个类目。

表 1 列出了翻译服务供应商使用的一些典型术语类别，并指出了其中哪些是必需的，哪些是可选的。

表 1　翻译服务供应商使用的典型术语类别（MAart Agency Ltd. 2010，
http://www.maart.com/en/terminology-management-reference-model-typical-term-categories-used-tsps.html）

级别	数据类型	描述	必需/可选
条目	来源	术语来自哪里（如客户）	必需
条目	词类	该术语条目属于什么词类	必需
条目	领域	该术语条目所属领域	可选
条目	创建者	谁在术语库中创建了该术语	必需
条目	数据创建时间	该术语何时被添加	必需
条目	修改者	谁在术语库中修改了该术语	必需
条目	数据修改时间	该术语何时被修改	必需
术语	语言	特定术语的语言	必需
术语	可信度	术语的可信度	必需
术语	大小写	该术语是否区分大小写	可选
术语	处理状态	该术语处于什么阶段（如提议、审查、通过、否决）	必需
术语	管理状态	该术语的管理状态（如合法的或遭反对的术语）	可选
术语	来源检测	该术语被提出的原因	可选

4.2.2　实施术语管理

从翻译服务供应商的角度看，术语管理的目的可以被定义为确保在所有翻译材料或翻译项目中正确地、一致地使用恰当的术语，并且确保在预算范围内完成这项工作。这需要确保从一开始就加以注意和投入精力，即从收集、创建或识别项目术语的前生产阶段到更新和维护的后生产阶段。

在术语收集或识别的初始阶段（在现有术语库内）需要解决的最重要的问题之一是有哪些可靠的术语来源。如果我们正在处理一个高度专业化的领域（例如核电厂的安全程序），我们的任务可能会因为存在关于此主题的一些国际和地区标准而得到简化。总的来说，标准、指令或官方报告是很好的专业术语来源。另一方面，如果我们是翻译服务供应商，为没有全球术语管理系统的大型跨国公司工作，那么应对各个分部、部门、产品和不同的术语来源以及利益相关者是一项非常艰巨的任务。

在使用术语管理系统时，需要从一开始就决定要收集和存储哪些术语，以及如何存储这些数据。无论使用哪种指南、标准或工具来提取、存储和交换可用术语数据，许多翻译服务供应商都仍然坚持以电子表格文件的形式将其术语数据库归档。结果，如果他们在项目中使用的术语管理工具由于某种原因而崩溃或由于某种技术原因而与翻译工具不兼容,那么他们将无法获得正确归类的、能够访问的和已分类的术语,从而必须从头开始。

需要强调的是,收集(提取)的术语在使用前需要人工审校。为了充分发挥术语的潜力,需要对术语进行分类,确定所有恰当的属性,并进行审校、验证等工作。翻译服务供应商普遍认为,术语收集和验证是一个非常费力耗时且不能得到相应回报的流程,但一些公司研究报告称,术语管理的投资回报率(ROI)高达 90%(Childress 2007,43‐46)。

4.2.3 维护综合术语管理数据库

收集(提取)术语数据是一项非常具有挑战性的任务,但术语数据库的日常维护难度更大。如果没有受过术语学培训的人员来定期维护,即使是最先进的术语数据库系统也无法提供任何投资回报。所有纠错或更新都必须定期进行,尤其是正在进行的项目。这通常意味着,除非你认为不会出现术语不一致并导致大规模的质量问题,否则无论何时只要出现一点问题,都需要立即做出反应。

因此,如果想避免各种不必要的风险,最好在流程中尽早确定用于提取、添加、审校、验证、更新和删除术语的协议。我们还必须尽早保证选择的术语管理工具易于与正在使用的以及在可预见的将来会使用的其他翻译工具进行集成。此外,它应具有强大的搜索和追踪功能,并为参与任何给定项目的所有供应方和团队提供在线访问术语的权限。这种访问必须可靠、安全且实时。只有这样,才能使所有供应方(翻译人员、审校人员等)一致地、迅速地、自然地和有效地提供和使用术语,作为整个翻译流程的一部分。

4.3 术语创建和分类

为项目创建新术语有以下几个原因:

1. 术语库中没有与此项目相关的术语;
2. 现有术语过时或不可靠;
3. 没有足够的术语来确保一致性;
4. 应客户要求。

图 4 中简单的三步方法展示了如何最有效地收集(创建)术语:

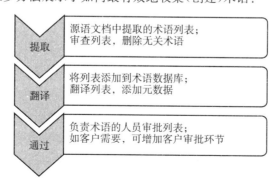

图 4 项目术语创建的通用模型(**MAart Agency Ltd. 2010**,http://www.maart.com/en/tsp-terminology-management-reference-model-terminology-creationharvesting.html)

可用于术语提取的材料有以下几种来源：

1. 先前项目遗留的翻译材料；
2. 先前翻译项目中使用的参考资料；
3. 客户提供的材料；
4. 相关的、可靠的行业资料或官方资料（标准、法律条例、专利等）；
5. 网上可用的材料（不建议用于专业目的，但在机器翻译收集工具中很常见）。

术语可分为通用术语、领域专门术语、客户专门术语和项目专门术语（如图5所示）：

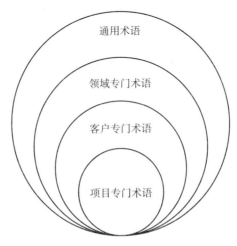

图5 依据范围划分的术语分类模型（MAart Agency Ltd. 2010, http://www. maart. com/en/tsp-terminology-management-reference-model-simple-ter-minology-typology.html）

术语提取软件的处理结果存在一些突出的质量问题。软件通常会生成一个可能有用的术语列表。但是，由于该过程是自动化的，软件无法识别是否遗漏了内容，或在更多情况下，是否添加了不应添加的内容到术语库中。

自动提取术语的过程通常如下：

1. 文本被切分为单词或短语；
2. 删除英文中的 the 和 and 等常用词；
3. 文档中只出现过一次的术语可删除；
4. 出现频率高但用法有限的术语在某些情况下也可删除。

5 术语管理工具

翻译记忆库软件的界面窗口中自动显示术语，或使用热键查看术语数据库中的条目，术语管理软件为译者提供了一种自动搜索给定术语数据库，查看出现在文献中的术语的方式。一些工具有其他热键组合，使翻译人员在翻译时能将新的术语对添加到术语数据库中。某些更高级的系统使翻译人员可以通过交互模式或批处理模式检查某特定项目中的翻译记忆库段内和段之间的源语/目标语术语组合是否使用正确。还有一些独立的术语管理系统,可以提供工作流程图、可视化分类、术语检查器功能(类似于拼写检查器、标记未正确使用的术语),并支持其他类型的多语言术语分类,例如图片、视频或声音。

5.1 双语术语提取

常见的由专用术语管理系统支持的双语术语提取过程如图 6 所示。

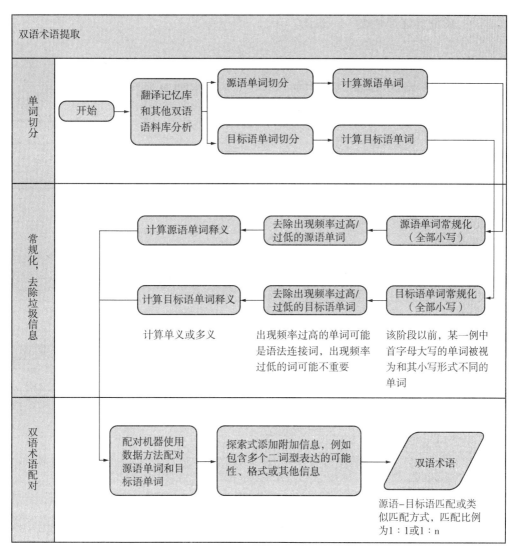

图 6 双语术语提取流程(TM‑GLobal 2013,http://www.tm-global.com/bi-lingual-term-extract)

5.2 质量控制和术语管理

典型的质量控制(QC)评估表,有时也称质量保证(QA)评估表,至少涵盖以下几个方面,

在此流程中,在该阶段要仔细审查术语使用是否恰当:

1. 准确度;
2. 拼写和语法;
3. 文体;
4. 格式;
5. 术语。

5.3 质量保证评估表——示例

表 2 质量保证评估表(Raivis Skadins,Maris Purins,Inguna Skadina,and Andrejs Vasiljevs. "Evaluation of SMT in localization to under-resourced inflected language." Tilde Presentation,EAMT 2011,Leuven)

错误种类	错误数量	
	权重	扣分数
1　准确度		
1.1　源文本理解	3	0
1.2　产品功能理解	3	0
1.3　易理解度	3	0
1.4　漏译/赘译	2	0
1.5　已翻译/未翻译	1	0
1.6　剩余	1	0
总数		0
2　语言质量		
2.1　语法	2	0
2.2　发音	1	0
2.3　拼写	1	0
总数		0
3　文体		
3.1　词序,逐字翻译	1	0
3.2　词汇和文体选择	1	0
3.3　与文体规则的契合度	2	0
3.4　国家标准	1	0
总数		0
4　术语		
4.1　与词汇表契合度	2	0
4.2　一致性	2	0

错误种类	错误数量	
	权重	扣分数
总数		0
文体额外加分数(如果可应用)		0
总计		0
每百词扣分数		0
质量		结果评估

5.4 翻译服务供应商面临的术语管理挑战示例

即使没有报酬,翻译服务供应商也需要管理其术语,特别是在大型或长期项目中更是如此。术语数据处理在翻译质量保证流程中起着重要作用,对于交付翻译质量的整体效果至关重要。显然,为解决客户的术语数据输出与翻译服务供应商术语管理系统间常见的不匹配现象,需要进行一些处理。

实际情况下,客户通常不向翻译服务供应商提供任何术语,或者在提供翻译文档的同时以关键词汇表(词汇表)或所需翻译文档参考资料列表的形式提供术语。这些列表的真正来源和质量通常不确定。有时,它们是整齐的数据库导出格式,其他情况下则只是电子表格。

如果项目经过了专业的准备,则翻译服务供应商可能会收到一些参考文档和使用特定术语数据库的说明,例如,在欧盟项目中通常以欧盟的指令和多语言术语库(欧洲交互式术语库)为准。其他情况下,客户可以提供标记或未标记术语的 pdf 参考文档和/或电子表格。

翻译服务供应商列出了如下的特定术语管理问题:

1. 根据客户变化的需求以及客户组织内各相关方的当前意愿甚至偏好,维护同一个通用术语的多个翻译变体;
2. 根据同一行业不同客户的特定偏好,维护同一专业(特定领域)术语的多个翻译变体;
3. 由于产品、部门、地区等原因,客户提供的术语不一致;
4. 同时管理同步进行的项目的大型术语库,这些项目的数据有许多来源,由众多团队成员提供,具有不同的可信度,处于不同的批准阶段(因此,始终维护术语来源和可信度的数据至关重要);
5. 需要对术语进行适当编辑,使自动质量保证系统不会生成错误的错误日志(使用通用的竖线符号和星号);
6. 需要(至少在开始阶段)规定翻译人员、审校人员和审核人员在处理特定项目时必须使用批准的术语并定期扩充术语库(标准化计算机辅助翻译工具或项目团队中的翻译管理系统都可以提供很大帮助,尽管它们不能解决所有问题);
7. 处理屈折语言时的术语管理问题以及术语库规模大的问题;
8. 不同系统之间交换临时下载文件的问题(互操作性)。

6　结论

由专业人员设计的专业翻译流程通常使用一些标准化质量保证体系进行管理,其中包括术语管理,通过简单或复杂的工作流程实现自动化,较为依赖技术支持。在 21 世纪,这项服务不单单要确保翻译后的内容与源文本具有相同的含义,而且要结构化且易于管理。目标内容需要进行很好的本地化,同时还要能够全局复用和优化。在术语管理和业务流程整合方面,客户与供应方间的合作水平正在不断提高,鉴于该行业的规模、成熟度和相对价值,翻译服务供应商面临的一些技术和相关投资挑战非常棘手。

但是,一些传统挑战仍然存在,支持翻译流程的翻译质量保证体系的一个最关键的要素就是正确使用术语。在各种改进和发展中,管理翻译质量,尤其是管理相关术语,是一个不断调整的过程,在此过程中,专业人员不断努力开发更复杂的模型、方法、翻译管理系统和工具,并通过不断提高各部分的质量来提高流程和翻译内容的总体质量。

图 7 简要演示了术语管理如何被嵌入翻译质量保证流程。

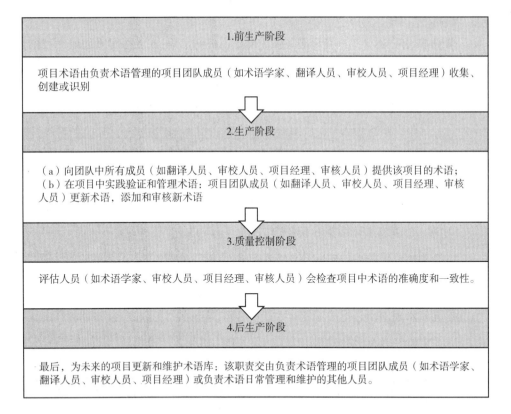

图 7　术语质量保证流程中的术语管理(MAart Agency Ltd,http://www.maart.com/en/tsp-terminology-management-reference-model-terminology-part-qa-process.html)

在本章中,我描述了如何在质量保证体系中通过使用标准方法以及其他有不同模型和工具的方法来整合和管理术语。希望我已传达出这一信息:哪怕只是一个小型组织,只要结合适当的工具和方法,就可以对术语进行专业管理和不断改进。通过分配足够的资源,使用专业的工具在质量保证体系架构中系统性地管理术语,这一观点现在似乎比过去更有根据。全球化,尤其是互联网,使得获取术语比以往任何时候都更容易,但这并不一定意味着专业地管理术语和出于专业目的管理术语的过程会更容易。相反,这将更加困难,因为依据常理,潜在的输入量越大,系统中的垃圾信息就越多,错误级别就越高,污染输出的风险就会越大。因此在考虑当今的术语管理时,我个人更偏重该活动的策略和管理部分,而不是强大的收集工具。

在针对多种语言和客户的质量保证体系内管理术语,从组织和技术层面上看挑战是巨大的,最佳实践仍然相对匮乏。在很多案例中,客户和翻译公司使用一种工具或术语管理系统,而翻译人员使用另一种术语和术语管理工具,或者根本不使用。全面系统的方法是提高流程和输出质量的关键,且一如既往,必须非常有效地管理稀缺资源。因此,我强烈主张不仅要采取良好的策略并做好前生产阶段的准备工作,这通常会产生良好效果,也要做好后生产阶段的术语更新。后者可能会发生,也可能不会发生,但定期评估和更新术语库,进行有效的术语分类以及在翻译项目中不断更新和审核术语都是取得长期成功的关键。如果有这样一个质量管理体系并且其受到严格监督,这些关键要素通常会共同促进翻译流程中术语的有效管理。

参考文献

Bogaert, Joachim Van den. 2008. "Terminology and Translation Quality Assurance." *Revista Tradumatica* N. 6: p. 0-0. http://ddd.uab.cat/record/34175.

Childress, Mark D. 2006. "Terminologiphobia" *MultiLingual*, June 2006, 86.

Childress, Mark D. 2007. "Terminology work saves more than it costs." *MultiLingual*, April/May 2007, 43-46.

Dunne, Keiran J. 2007. "Terminology: ignore it at your peril." *MultiLingual*, April/May 2007, 32-38.

European Association for Machine Translation. 2011. "Tilde Presentation." The 15th Annual Conference of the European Association for Machine Translation, Leuven, May 30-31, 2011.

Fidura, Christie. 2007. "The benefits of managing terminology with tools." *MultiLingual*, April/May 2007, 39-41.

InterActive Terminology for Europe (IATE)—The European Union's multilingual term base: http://iate.europa.eu.

Massion, Francois. 2007. "Terminology management a luxury or a necessity?" *MultiLingual*, April/ May 2007, 47-50.

Muegge, Uwe. 2007a. "Why Manage Terminology? Ten Quick Answers." *The Globalisation Insider* 7, 3.

Muegge, Uwe. 2007b. "Disciplining words: What you always wanted to know about terminology management." *TC World Magazine*, May/June 2007, 17-19.

Popiolek, Monika, Reynolds, Peter. 2008. "Language Technology and Business Process Management in Accordance with EN 15038". *TC World Conference Proceedings*, 2008.

Raivis Skadins，Maris Purins，Inguna Skadina，and Andrejs Vasiljevs. 2011. "Evaluation of SMT in localisation to under-resourced inflected language." Tilde Presentation，EAMT 2011，Leuven. http://www.mt-archive.info/EAMT－2011-Skadins-ppt.pdf.

国际标准和行业模型（**International Standards and Industry Models**）

EN 15038. 2006. *Translation Services—Service Requirements*. Brussels：European Committee for Standardization (CEN).

GB/T 19682. 2005.翻译服务译文质量要求（"*Target text quality requirements for translation services*"). (SAC，China).

ISO 704. 2009. Terminology work—Principles and methods. Geneva：International Standards Organization.

ISO 860. 2007. Terminology work—Harmonization of concepts and terms. Geneva：International Standards Organization.

ISO 12616. 2002. *Translation-oriented terminography*. Geneva：International Standards Organization.

ISO 12620. 2009. *Terminology and other language and content resources—Specification of data categories and management of a Data Category Registry for language resources*. Geneva：International Standards Organization.

ISO 30042. 2008. *Systems to manage terminology，knowledge and content—TermBase eXchange（TBX）*. Geneva：International Standards Organization.

LISA QA Model 3.1. http://dssresources.com/news/1558.php.

MAart Agency Ltd. 2010a. *Terminology by Domain Reference Model*，http://www.maart. com/en/tsp-terminology-management-reference-model-simple-terminology-typology. html.

MAart Agency Ltd. 2010b. *Typical Term Categories Reference Model*，http://www.maart. com/en/terminology-management-reference-model-typical-term-categories-used-tsps. html.

Popiolek，Monika，MAart Agency Ltd.，2007，Sample *Reference TSP Workflow* http:// www.maart.com/en/sample-reference-tsp-workflow.html).

Popiolek，Monika，MAart Agency Ltd. 2010. *General Model for Project Terminology Creation*，http://www. maart. com/en/tsp-terminology-management-reference-model-terminology-creation-harvesting.html.

Popiolek，Monika，MAart Agency Ltd. 2013，*Terminology Management within a Translation QA Process*，http://www. maart. com/en/tsp-terminology-management-reference-model-terminology-part-qa-process.html.

Popiolek，Monika and Reynolds，Peter，TM-Global. 2008. *EN-15038 Standard Environment*，http://www.tm-global.com/en15038.

SAE J 2450. 2005. *Quality Metric for Language Translation of Service Information*. Warrendale，PA：SAE International.

TM-Global. 2012. *Bilingual Term Extraction Process Using Dedicated Software*，http：//
www.tm-global.com/bilingual-term-extract.

TM-Global Terminology Survey. 2013. *Terminology Management Process Map*，http：//
www.tm-global.com/terminology-survey.

商业环境下的术语管理

卡拉·沃伯顿

香港城市大学

摘要：术语学作为一门学科及一个行业正进入商业领域。本章将从商业视角探讨术语管理问题，即如何在公司中实施术语管理？为何要在公司中实施术语管理？与受市场驱动影响不大的术语管理部门（如公立机构或学术机构）相比，公司中的术语管理工作面临独特的挑战。本章将回顾术语学科和术语行业中的一些常规概念、传统理论及研究方法，进而探讨这些方面与商业环境之间的关系。公司中所使用的语言是否构成"特殊用途语言"（简称LSP），是否由此将其归为术语学研究范畴？本章将探讨这一根本问题，继而提出市场环境下术语管理理论与方法架构的构成要素。该架构将侧重于已在市场得以验证的术语管理实践与方法。此外，本章还将涉及术语遴选标准、自动术语提取、数据类目、工作流程以及为实现不同目标和满足不同应用程序需求所具备的可他用能力等主题，同时也将提供各项论据，以此证实商业环境下的术语管理可以从语料库介入的更多实践中受益。在商业环境下，术语学的传统理论与方法不应被解读为艰涩难懂的速成规则，而是要靠术语学家提供术语资源，以实现提高质量、增加生产力、节省成本、获取市场份额等商业目标。为了给服务于商业的术语学家提出有效的指导原则，鼓励开展进一步的研究与交流。

关键词：术语管理；术语数据库；翻译；自然语言处理

1. 引言

过去的半个世纪，在传统术语学理论的影响下，备受认可的术语管理方法在很大程度上具备规范性、规定性和称名性。诚然，当术语管理被用于语言规划或学术研究之时，这些方法依然适用。信息技术的更迭，加之全球多语种市场的扩张，为商业机构进行术语管理创造了条件。公司信息在体量上呈指数级增长，其结构也更为复杂。降低翻译成本、在搜索引擎中提高内容可检索性、促进内容管理系统（CMS）的使用等市场压力逐渐增大，这些已经将术语管理推向了公司信息管理策略的最前沿。

但是，管理术语的传统方法与理论原则是否适用于公司中以产出为导向的高强度环境？地方产业标准协会（LISA 2001，2005，2007）、美国常识咨询公司（Kelly and DePalma 2009）以及特科姆公司（Schmitz and Straub 2010）所发布的产业调研结果对此给出了否定的答案。这些调查结果及其他产业论坛显示，在公司中，术语管理仅为实际的交流需求而服务。这一动机不同于身处学术研究或语言规划领域的术语学家的初衷。通常，学术性术语项目的使命是在实践中验证某个理论，然而在语言规划中，发展术语资源很大程度上却是为了促进公众从社会、文化及语言等诸多方面受益。

本章将从商业视角探讨术语管理问题。开篇批判性地讨论了术语学学科①和术语行业中的传统观念,之后回顾了这些关乎术语应用于商业领域的传统观念所带来的启示。在提出市场环境下的术语管理总体架构所涉及的构成要素时,要进行更多的实证研究,以明确完整的研究方法。通过对某些传统观念的质疑,我们希望引起对新术语管理方法需求的关注,以便在多语种社会中实现商业交流的最优化。

2. 术语学:学科与职业

语言研究的领域越来越广,涵盖词汇学和语言学等相关学科。其中,术语学日益受到关注,已然成为一门专业性学科。这门学科的定义,目前有基于不同理论的众多版本。国际标准化组织技术委员会(ISO/TC 37)为术语领域制定了国际标准,采用了以下定义:"[术语学是]研究各类学科术语的结构、组成、发展、用法和管理的科学。"(ISO 1087 - 1 2000)②为了更好地理解这一定义,我们同时参考了 ISO/TC 37 对术语和学科领域的定义:(1)"[术语是]属于一种特殊语言的指称的集合";(2)"[学科领域是指]一门特殊知识领域"。以此为基础,我们需要界定特殊语言:"[特殊语言是]在某一种学科领域中使用的语言,其特征是使用特定的语言表达方式。"

由此可见,术语学关注特定学科领域所使用的语言,而不是(通用)词汇,后者是词典学所追求的目标③。然而,对于构成学科领域的内容众说纷纭④,也很难在许多交际语境中区分"一般用途语言"(LGP)和"特殊用途语言"(LSP)。正如卡布雷·卡斯特利维(Cabré Castellví 1999,64)所言:"如果在定义特殊语言时只考虑学科领域,则很难确定哪些学科是特殊的,哪些不是。"

术语学理论最早是在 20 世纪中叶由欧根·维斯特提出。由于其特殊地位,该理论被称为"传统术语学理论"或"普通术语学理论"。维也纳、布拉格、俄罗斯、斯堪的纳维亚及加拿大(主要是魁北克地区)成为进一步开展学术研究的重要中心。自此之后,多项新理论问世,极大地推进了我们对术语学领域的理解(如 Cabré Castellví 2003;L'Homme 2004;Temmerman 2000)。虽然新理论逐渐获得认可,但是主流认识与实践活动仍在很大程度上继续沿袭普通术语学理论的轨迹。

普通术语学理论的目的是将术语标准化或规范化。只有经领域专家认定的术语才是有效的,不鼓励使用其他术语。术语规范化通常需要经历漫长的检验过程,而对规范化的关注也一直影响着术语管理实践。实际上,ISO/TC 37 制定的所有术语管理指南与标准都体现了这种规定性方法。ISO/TC 37 经 50 多年的不懈努力,已经颁布了 40 种标准,还有逾 15 种标准正在研讨,但在这些标准里,没有一个是专门解决商业用途中的术语问题。ISO/TC 37

---

① terminology 可指:(1) 术语学学科;(2) 术语集合;(3) 术语管理实践。为避免歧义,我们将采用首字母大写,即 Terminology 的形式,指术语学学科。

② 引自国际标准化组织技术委员会术语库,参见 http://iso.i-term.dk。

③ 有趣的是,国际标准化组织技术委员会并没有为"词典学"提供任何定义。

④ 令人好奇的是,虽然"特殊知识"是学科领域的一个关键术语,但是国际标准化组织技术委员会并没有为其提供定义。

和其他重要组织,如国际术语信息中心(InfoTerm),都强调术语的规范化(Temmerman 2000,14,17－18),其术语管理方法都是旨在为完善标准、语言规划和翻译部门服务。

相反,在商业背景中,只有在特殊情况下,才会对有问题的术语进行正式审查。术语标准化遵循单义性原则,即一个概念只能用一个术语来表示。可这被认为多此一举,甚至阻碍了市场的差异化。为了彰显自身品牌身份的独特之处,一些公司确实会刻意采用一些与更大规模的行业所不同的术语。普通术语学理论并不鼓励使用已知术语的变体,即术语变体,诸如首字母缩写、缩写以及大小写变体和拼写变体,但这在商业领域相当普遍。由此可见,普通术语学理论与实际商业需求在某些领域是冲突的,我们稍后继续探讨这个话题。

术语学文献所关注的学术热点与行业领域的具体应用存在着背离的情况。一直以来,术语管理被视为一种学术追求。近年来,对于计算机辅助翻译(CAT)工具的使用越来越多,这也使人们意识到,可以开发术语资源在商业领域的应用潜能。因此,一些公司正着手开发内部术语数据库①。为了满足有效管理商业内容的需要,例如受控编写和自动文档的索引和分类,自然语言处理(NLP)技术已被充分应用于商业环境之中,开发数据库的意识也将随技术应用而增强。

以前,是公众而非私营部门研发术语数据库(术语库)②。这些术语库由公众资助,旨在满足政府的需要,例如语言规划(特别是小语种)、翻译政府文件和提供公共服务。可以看到,在商业背景下,这些术语库的某些特征显得画蛇添足,例如详细的参考文献。反过来,它们通常缺乏某些生产商业内容所需的特征,例如用于跟踪产品特定术语的标识符。设计这些术语库主要是提供咨询,它们并没有为了在其他电子系统中的使用而进行优化,如计算机辅助翻译工具和受控编写软件(前述术语库的设计通常早于此类系统)。此外,投资回报率(ROI)是次要的。为非营利为目的的应用而开发的数据库,可能并不能满足私营部门的需要。在私营部门,几乎所有的东西都要满足投资回报率的审查。

追根溯源,术语学的产生是因为不同语言的使用者需要在专业知识领域进行交流。例如,维斯特颇具影响力的著作就是一本关于机器工具领域基本概念的语际词典(Wüster 1967)。虽然很难从理论、哲学或方法论的角度来解释术语工作为何必须是一项多语言工作,但一般都是如此。从一开始,术语学就与翻译领域有着密切的联系(Bowker 2002,290;Williams 1994,195)。

因此,在大学里,关于术语学的课程通常纳入翻译研究中(Bowker 2002,295),且术语学家中的实践派一般都具有翻译背景(Fulford 2001,260)。诚然,具备翻译经验有利于术语工作的开展,但这种紧密联系很难提高人们对术语在编写阶段重要性的认识,事实上,编写阶段也需要术语。此外,人们总是推定从事翻译工作会使一个人成为实质上的术语学家,再联系到讲两种语言的人都是译者这样的一般观念时,就会出现一种情况,即尽管缺乏顺利完成任务所需的技能和经验的情况,人们也会被推到术语学家的位置上。

概括来说,为内容生产和翻译提供术语支撑,在自然语言处理应用中利用术语,公司对

---

① 例如,国际商业机器公司(IBM)、微软(Microsoft)、统计分析系统软件研究所(SAS)、系统应用及数据处理产品软件公司(SAP)、华为、诺基亚、世界银行(The World Bank)、国际货币基金组织(IMF)、世界卫生组织(WHO)以及安捷伦科技有限公司(Agilent Technologies)。

② 例如,加拿大政府的 Termium 和欧盟的 IATE。

这种术语管理的需要与日俱增。然而,在满足上述需求时,主流理论和方法的适用性鲜少受到质疑。本质上讲,相关文献主要是学术性的。术语的一个突出特点在于对某个学科领域的构成内容缺乏共识。在商业领域中,规范研究法通常行不通。由于术语学与翻译关系密切,术语学进入其他领域比较困难。不同人对术语变体持不同观点,目前尚无面向商业用途的合适的术语库模型。作为一个学科和行业,术语学应该提供一个适用于所有包含术语单位的交流类型(包括商业传播)的理论基础和方法基础。为商业环境下的术语构建新的理论和方法架构,这是非常值得讨论的课题。

3. 对商业环境的影响

普通术语学理论及其既定方法是否适用于商业环境?早在 1985 年,人们就认识到,国际标准化组织技术委员会(ISO/TC 37)编写的文件过于狭隘,仅仅是追求标准化,所以那些文件资料不能作为整个术语学的理论基础(Picht and Draskau 1985,249)。例如,在商业环境中,人们既需要控制术语,也需要鼓励创新性和创造性,多义词和同义词的处理方法可能与规范环境下的不同。对于商业文本而言,一个产品的不同版本之间的一致性、相关产品的一致性以及各种通信介质之间的一致性都特别重要。与其他类型的内容一样,术语一致性是最佳做法,能够提高内容质量、产品可用性、降低成本(Fidura 2007, Kelly and DePalma 2009, Schmitz and Straub 2010)。可以通过增加计算机辅助翻译工具中翻译记忆库(TM)的利用率来降低翻译成本;在源语术语一致的情况下,精确匹配与模糊匹配的比率增加,模糊匹配与无匹配的比率亦增加。控制翻译成本是进行源语术语管理的重要原因,但并不是唯一原因[1]。同时,如前所述,有时术语多样化对市场差异化来说也是必要的(Corbolante and Irmler 2001,535)。一些搜索引擎优化(SEO)专家指出,术语多样化可以提高谷歌这样的搜索引擎的检索率(SEOmoz 2012;Strehlow 2001b,434;Thurow,2006)。为了找到既定主题下合适的关键词检索术语,目前已开发了一些工具[2]。在商业环境中,需要在规范化与自由创意表达、营销优先及其他商业因素之间进行平衡。

描述概念的称名学方法,即先研究概念,再研究术语,是普通术语学理论的一个原则。然而,早在 1981 年,隆多(Rondeau 1981,70)就注意到,这种代表了日耳曼-奥地利学派理想的方法,只适用于为数不多的几个领域。一些学者声称,在术语编纂(常用于指"术语管理")过程中,哪怕领域有限,也很少会采用这种方法(Cabré Castellví 1999,108;L'Homme 2004, 30,2005,1117;Temmerman 2000,133,230)。泰默尔曼(Temmerman 2000,153)认为,"术语编纂方法的多样化"是必要的。我们稍后将进一步探讨这个问题。

术语由什么构成?这个问题仍有待讨论。对于不同的理论、不同的术语应用来说,术语的概念也不尽相同(Ibekwe-San Juan, Condamines and Cabré Castellví 2007,1)。为了澄清这一基本概念,2005 年,洛姆(L'Homme)专门就这一问题撰写了一篇期刊文章。我们认为,在传统定义中,术语就是某个专题领域的概念指称,但在商业环境中,这样的定义过于受限。对于各种商业应用来说,其他因素同样重要,特别是频率和可利用性。这将在下文再次

---

① 关于源语术语管理合理性的论据,参见 Lombard(2006)。

② 例如,谷歌关键词工具箱(Google Keyword Tool Box)、Trellian 关键词发现工具(Keyword Discovery tool)和 WordStream 关键词搜索工具(WordStreamKeyword Search tool)。

讨论。

我们认为,普通术语学理论中用于术语管理的常规或传统的研究方法,无法满足开发多用途术语资源的商业需求。这并不是一个新观点,只是一直以来,很少有人从商业角度来考虑。例如,洛姆(L'homme 2005,1115)指出,自 20 世纪 90 年代初以来,就有人质疑传统研究法,因为这些方法并未考虑到该领域在现代应用中的所有复杂性。公司里的术语专家如果对这些新方向的认识有限,很可能会误入歧途,采用传统的方法,继而可能在实施过程中导致技术和方法上的失败,错误配置资源并付出代价。例如,因为未能在公司术语库中记录术语的所有变体,可能错失优化需要这些变体的某些自然语言处理应用程序的机会,如拼写检查器和受控编写工具。此外,普通术语学理论的一个基本原则——基于概念系统提供完备的定义——需要众多劳力和高昂的成本。公司聘请的术语专家花费了许多时间,努力遵守公认的标准,然而,这有可能使他们工作的商业价值受到质疑。最后,根据传统观念所认可的术语构成为公司术语库选取术语的基础,将导致许多术语被忽略,而这些术语才是支撑商业内容生产真正需要的。排除这些重要术语将导致所采用的术语管理过程难以满足公司的需求。

4. 商业环境下的术语应用实践

有许多著作探讨了除翻译以外能从结构细节丰富的术语资源中获益,以及在商业环境下具有潜在价值的其他应用(Cabré Castellví 1999;Ibekwe-San Juan, Condamines and Cabré Castellví 2007;Jacquemin 2001,Section 8.2;Knops and Thurmair 1993,89;Oakes and Paice 2001;Park,Byrd, and Boguraev 2002,1),探讨的内容包括:(1)受控编写;(2)计算机辅助翻译(CAT);(3)搜索和导航的内容优化;(4)信息检索;(5)文本摘要;(6)信息提取;(7)科学技术观察;(8)问答系统;(9)自动内容分类;(10)半自动词汇创建;(11)内容管理;(12)知识管理;(13)机器翻译;(14)索引编制;(15)搜索引擎优化;(16)文档过滤;(17)文本挖掘;(18)产品分类和编目;(19)异构文档集合的联合;(20)跨语言信息检索;(21)文档归纳或抽取和关键字分配;(22)领域分类和本体的自动构建。诚然,只要提供了结构化的术语资源,基本上任何自然语言处理技术都能表现得更为出色。

然而,考虑到全球商业体的数量,必须承认术语学还不是企业文化的标准组成部分。虽然研究结果表明,在专业领域,最常见的翻译内容上的错误都和术语有关(Woyde 2005;Wright 2001,492),但几乎很少有公司实施任何形式的术语管理(Warburton 2001a,5, 28)。商业领域也是如此,关于这一点稍后再展开讨论。

此外,只有最前沿的公司才会把术语用于翻译以外的其他目的(Warburton 2001a,24 - 25)。虽然如此,由于竞争压力的存在,与大型公共术语库的拥有者(如政府)相比,公司更有可能通过技术变革,以创新的方式利用术语。就私有企业和公共组织采用翻译记忆库的情况来看,后者相较于前者要用得少得多。术语作为一种语言资源,所呈现出的发展趋势也大体一致。

由此看来,在商务术语管理方面,还有很大潜力可以开发。有趣的是,许多公司正在更多地采用应用程序来提高作者和译者的生产力及其翻译质量。此外,也有些公司开始在前述提及的其他应用程序里使用术语。在这些过程中,所使用的工具对术语管理方法有一定影响,特别是在以下三个方面:工具所需的元数据、术语本身需要采用何种形式才能在工具中正常运作,以及需要使用何种标准来选择要包含在术语库中的术语。

受控编写是目前商业环境中增长最快的术语资源新型应用程序之一。这一应用对术语库中描述术语所需的元数据以及术语选择标准都有重大影响。受控编写应用程序需要使用一般词库中的词汇和表达,这些词汇必须在系统内置、格式特殊的电子词典中进行编码。根据普通术语学理论,这些被编码的词汇并非术语,但公司仍需要进行管理。需要严格应用"首选""允许"和"禁止"等使用状态值,并且需要在中心术语库中单独标识用于受控编写的条目。受控编写应用程序在术语资源和词汇资源方面具有非常独特的要求。遗憾的是,许多公司存有一种误解,认为只要他们有一个术语库,就能够从受控编写技术的术语检查功能中获益。

在商业环境中,机器过程将转变成术语数据的用户。二十年前,迈耶(Meyer 1993,146)就曾预言:

> 据预测,机器可能成为术语库的一个用户类别;机器翻译工具、专家系统、数据库的自然语言交互界面、拼写检查器只是其中几个最为明显的应用。(……)机器将需要大量明确表征的概念信息,因为它们不具备许多关于现实世界的基本信息,这些信息却为人类所熟知。

伊贝奎·圣胡安、孔达米纳以及卡布雷·卡斯特利维(San Juan, Condamines and Cabré Castellví 2007,2)将商业应用程序视为"术语工程"。术语工程可能存在的应用领域包括信息检索、问答、信息抽取、文本挖掘、机器翻译与科技观察。这些都是能通过纳入术语学知识受益的外部领域。他们注意到术语对于构建诸如知识本体及其对齐语料库之类的资源有所帮助,承认"普遍存在对术语的宽泛接受(即术语工程)。"许多著作描述了术语对索引编制的作用(Buchan 1993;Cabré Castellví 1999;51;Jacquemin 2001,305;Nazarenko and El Mekki 2007;Strehlow 2001a;Wright 2007,171)。施特雷洛(Strehlow 2001b,433)认为,在内容的关键领域方面(如标题、摘要和关键词),有效的术语使用策略可以显著改善信息检索结果。他甚至建议使用同义词来实现检索的最大化。这一建议同普通术语学理论背道而驰。韦滕格尔和范·德·韦耶(Wettengl and Van de Weyer 2001,458)阐述了术语数据如何帮助建立产品分类系统。术语数据显然具有多种应用,因此需要具有重新调整用途的能力。

通过使用术语提取软件,自动术语提取(ATE)可以很好地在商业环境中发挥作用。自动术语提取非常适合从商业语料库里识别和提取大量术语,以满足大规模生产环境所需。然而,商业术语学家们实施自动术语提取仍然非常困难,因为现有工具的输出质量在很大程度上仍难以令人满意。所有自动术语提取工具都能输出术语备选,但其中有一些实际上并非术语,或者对当下的任务没有用处。这些不需要的术语备选被称为"噪声",必须由术语学家予以删除(这个过程有时也称为"清洗"),然后才能将术语列表用于下游过程,例如预翻译和将术语导入术语库。有些重要术语,可能所有工具都无法识别。这些缺失的术语被称为"静默"。为了使自动术语提取变得可行,所选工具需要产生尽量少的噪声和静默。然而,什么是噪声和静默,这取决于公司的术语选择标准。在一家公司运行良好的自动术语提取工具,可能不适合另一家公司。一个能将提取规则与公司术语选择标准相匹配的定制工具才具有最佳潜能。

开发利用现有词汇和术语资源的半自动清洗程序,可以显著减少清洗的工作量(Warburton 2013)。很少有公司对这一后处理领域做进一步探索。可以制定各种停用词表来忽略某些术语。诸如冠词和介词之类的功能词应该忽略,但是一个好的自动术语提取工具本就该自动完成此类任务。一个已证明有效的做法是,剔除公司术语库中已存在的术语及其他不需要的术语。为达到这个目的,可以基于形态模式甚至是可扩展标示语言标记,半自动地开发公司不需要的专用术语列表。

在公司中使用自动术语提取,还有很大潜力有待开发。随着人们对该技术越来越感兴趣,整体上愈加认识到基于语料库的术语管理方法的价值。

显然,术语管理需求直接取决于术语的最终用途。需要考虑何地、何时、为何、如何以及由何人(同时考虑技术应用及人员)使用这些术语。

5. 公司中使用的语言是特殊用途语言

如上所述,公司可以通过多种方式来使用术语数据,从而成为术语资源的重要用户和开发者。然而,有些持传统观点的人可能会认为,商业内容中并不包括真正的术语,因此,采用的步骤并不在术语工作范畴之内,无须在术语学主流知识中加以解释。由于我们之前指出人们对于学科领域的构成内容缺乏共识,接下来我们将进一步探讨这一观点,并对其提出疑问。

为了证明商业环境下实施术语管理的必要性,首先必须确认公司中使用的语言是一种特殊用途语言(LSP)[①],或者对术语仅限于特殊用途语言这一观念进行质疑。既然根据传统认知,术语工作主要在特殊用途语言语境下进行,那么就让我们先来探讨第一种看法。

在学术文献中,术语仅存在于特殊用途语言范畴之内(Cabré Castellví 1999,32,36,79;Dubuc 1992,3,25,26;Picht and Draskau 1985,21,97;Rondeau 1981,21;Sager 1990,19;Wright 1997,13)。如同之前我们所了解的那样,国际标准化组织技术委员会(ISO / TC 37)将术语定义为"一套属于某种特殊语言的指称"[②]。术语通常被认为与特殊用途语言的词汇相对应。正如皮希特和德拉斯考(Picht and Draskau 1985,21)所言:"在特殊用途语言的讨论中,有一点越来越清楚,人们很多时候指的就是术语。同样明显的一点是,术语就是特殊用途语言的一部分。"如果公司使用的语言不是特殊用途语言,那么就可以认定该语言不是术语来源。

让我们先试着定义什么是特殊用途语言。特殊用途语言往往与所谓的一般用途语言(LGP)相对。通常来说,是否局限于某个特定的学科领域(有时称为学科域),是特殊用途语言区别于一般用途语言的主要特征(Dubuc 1992,4;Rondeau 1981,30;Sager 1990,18)。正如前面所提到的,学科领域身份也是国际标准化组织对特殊语言定义的一部分,即"在某个特定学科领域所使用的语言,其特征是使用的特定语言表达方式"(ISO 1087 - 1 2000)。

一般用途语言指在使用语境内未指称特殊活动的单词与表达的集合(Rondeau 1981,26注)。隆多(Rondeau 1981,16)采用了 communications scientifiques ou techniques(CST,即技

---

① LSP 全称有时指 language for specific purposes,有时指 language for special purposes。皮尔逊(Pearson 1998)用 sublanguage 来表示同样的意思。ISO/TC 37 则使用 special language。

② 来自国际标准化组织技术委员会术语库,参见 http://iso.i-term.dk。

术或科学交流)这一术语来指称 LGP 的来源语料库。但他补充说,该术语已扩展到纯科学和应用科学的所有领域,并延伸到人类参与的所有技术、科技和特殊活动(如工艺、专业、行业、职业、爱好、休闲活动等)。在隆多看来,特殊用途语言是在技术或科学交流中所使用的语言,换句话说,在任何交流中所使用的语言都可以视为广义上的特殊用途语言。卡布雷·卡斯特利维(Cabré Castellví 1999,64)支持这一观点:"所有人类活动都需要一定程度的专业化。"

尽管可能很难定义学科领域这一概念,但术语与学科领域之间的关系仍然得到普遍认可(如 Pearson 1998,36;Cabré Castellví 1999,9, 114;Kageura 2002,2, 12)。卡布雷·卡斯特利维(Cabré Castellví 1999,81)指出:"与一般用途语言词库相比,术语最显著的特点在于,它是用于命名那些与特殊学科和活动有关的概念。"洛姆(L'Homme 2004,64)同意该观点:"一个词语单位的术语状态是由其含义与特殊学科领域之间能否建立一定的关系来决定的。"迪比克(Dubuc 1997,38)参照学科领域定义术语概念,"术语是一个单词或一种表达,用以指称某个学科领域中特有的一个概念及其对应的客观实体"。赖特(Wright 1997,13)也持有类似的观点:"术语是指定用以表达概念的单词和表达,这些概念出现在学科或相关领域文本的特殊语言中。"此外,塞杰(Sager 1990,19)用"学科中的特殊指称"来区分术语和单词。因此,与学科领域有关联即为术语的一个定义特征,这是共识。

除了与学术领域相关联之外,LSP 还被认为具有多种受限制的语言属性。卡布雷·卡斯特利维(Cabré Castellví 1999,61)将特殊用途语言定义为"不同于一般语言的语言代码,由特定的规则和单位组成"。奥夫曼(Hoffman 1979,16)将这些代码称为"语言现象",而皮希特和德拉斯考(Picht and Draskau 1985,3)则称之为"一种形式化、规范化的语言变体"。隆多(Rondeau 1981,29 - 30)还使用语言特征来描述 LSP,具体包括:(1) 文本特性(简洁、精确、去个性化);(2) 词汇模式(名词结构占主导地位);(3) 与口语相比,书面语占据主导;(4) 插图的出现频率。塞杰(Sager 1990,19, 107, 109, 111, 123)也提到经济性、准确性、适宜性和指称性之类的属性,所有属性都是通过特定文体规范来实现的。卡布雷·卡斯特利维(Cabré Castellví 1999,64)得出结论:"定义特殊语言的最佳方法,就是将学科标准与其他使用标准和条件(如使用类型)相结合。"

交流语境对于 LSP 的重要性也得到了承认。LSP 发生在"特定的交际范围内"(Hoffman 1979,16)。卡布雷·卡斯特利维(Cabré Castellví 1999,63)提及"处于交际情境中的对话者"。随着时间的推移,交际方面得到了越来越多的重视。卡布雷·卡斯特利维(Cabré Castellví 2003,188 - 190)指出,术语必须在专业交际架构中进行研究,实际上,也只有"在特定的交际语境中使用",术语才得以存在。影浦峡(Kageura 2002,251)对此持有相同立场,他认为术语"本质上属于言语范畴",与语言范畴相反[①]。

特殊用途语言的交际功能与一般用途语言不同。学者们认为,特殊用途语言仅限于提供有用信息(Cabré Castellví 1999,68)。它们的主要功能是客观、准确、简洁和毫无歧义地进行信息交换(Sager 1990,见第 4.2 节)。相反,一般用途语言可以唤起共鸣,具有说服性、想象性甚至欺骗性(Cabré Castellví 1999,74)。

---

① 这里的两个术语 parole 和 langue 分别与 Noam Chomsky (1965)提出的 performance 和 competence 相对应。

卡布雷·卡斯特利维(Cabré Castellví 1999,63)认为,任何与一般用途语言文本不同类型的文本都可以被视为特殊用途语言文本,也就是说,"以通用语言文本作为我们的参考点,任何不同于此标准的文本类型,都可以视为特殊语言文本"。她指出所有 LSP 的三个共同特征,即有限的用户数量、正式或专业的交际情境、信息化功能(Cabré Castellví 1999,68)。

帕维尔(Pavel 1993,21)阐明了特殊用途语言正在逐渐跳脱出仅限于专家的交际语境:

> 任何领域的特殊用途语言交流都开始越来越少地受限于同一领域的专家。现在,它能跨越到与以往学科互不相干的学术界,扩展到公共管理和私营部门,渗透到行业当中,并通过大众媒体将信息传达给公众。

从文献中得到的另一个区别性因素是,语言能力获得途径有所不同。一些学者认为,若要拥有特殊用途语言能力,就需要付出比习得一般用途语言先天知识更多的努力。特殊用途语言的使用"以特殊教育为前提,并且仅限于在相同或紧密关联领域的专家之间进行交流"(Sager,Dungworth and McDonald 1980,69)。塞杰(Sager 1990,105)也使用教育作为衡量 LSP 用户的标准。皮希特和德拉斯考(Picht and Draskau 1985,11)虽然也支持这种观点,但是为了说明专家和初学者之间的教学交流行为含有丰富术语,他们简单地指出,用户是自愿习得特殊用途语言的。

因此,对于特殊用途语言的定义存在着不同的看法。尽管人们普遍认为 LSP 仅限于某一学科领域,但对于构成学科领域的内容尚无明确共识。学科领域的观念范围不定,一端是高度结构化的客观主义科技等级体系,一端是依赖环境和应用的经验主义界定。类似于文本目的、文本类型和交际语境之类的标准,经常和基于语义的标准相提并论。甚至在三十多年前,拥护传统理论的隆多(Rondeau 1981,16)也承认学科领域涵盖了人类活动的所有范围,而不仅仅局限于科学技术学科。很多学者进一步认识到 LSP 会引发某些文本特征的出现。皮尔逊(Pearson 1998,7)很好地总结了这一点:"术语学家、特殊用途语言和亚语言研究者认为,特殊用途语言与一般用途语言的区别在于词汇和语法上的限制。"

尽管很少有作者明确指出,但基于这些观点,商业公司中使用的语言很可能构成了特殊用途语言的一种类型[①]。商业文本对通常在一个垂直经济部门中的有形产品、服务和活动进行描述,这一点可以被视为语义限制。商业文本通常遵循特定的语言规则和风格,许多公司都有风格指南,有些公司会通过受控编写软件自动贯彻风格规则。除了某些类型的营销材料,商业文本在本质上具有信息性,且常有说教性。公司在交流中使用术语,并且需要管理术语来满足在全球范围内的交流需求。卡布雷·卡斯特利维(Cabré Castellví 1999,23)对此总结得很好:

> 私营企业的语言服务解决公司中与语言相关的所有问题(例如文本编写、翻译、术语),并且要处理公司运营活动中所需的专门术语。

总而言之,由于其特殊的交流目的、风格惯例、语义限制和受众群体,商业交流呈现出与

---

① Cabré Castellví(1999,22,63)和 Pavel(1993,21)将商业文本视为 LSP 的一种。

更为传统的学科领域相似的特性和挑战。因此,公司中使用的语言是一种特殊用途语言,并且管理商业交流涉及管理某种形式的术语,应该承认这一看法,即使这意味着需要重新评估术语构成。

6. 商业环境下的术语管理方法

我们并不认为普通术语学理论在商业环境中没有任何相关性。它的一些关键原则和方法是必不可少的,例如术语条目的概念导向。克诺普斯和图迈尔(Knops and Thurmair 1993,96)认识到概念导向的实践优势,它与改变用途的商业利益相契合,"这种表征的技术优势在于其可重复使用性;可以方便地生成任意配置的双语词典,适用于各种应用场合"。显然,IBM 对此表示赞同(Warburton 2001b,691)。

实际上,所有现有理论都可以对商业环境中的术语管理建模有所贡献。例如,最近的理论认识到语料库作为术语研究的核心资源的重要作用。词汇语义理论(L'Homme 2004)为详细描述词汇属性和术语关系提供了一个架构,而社会认知理论(Temmerman 2000)则确认了术语变体的交际作用。

然而,在商业环境中管理术语的实际要求需要根据经验证据来确定。本章中的许多观察结果和建议都是基于对五家公司的术语数据和管理流程的研究所得。

6.1 语义学方法占主导

我们来考虑一下术语界定的过程,即设定术语边界的过程。根据普通术语学理论,通过分析概念系统,首先被界定的对象是概念。只有这样,术语才能被识别并用于指称概念。因此,术语界定以概念界定为基础。这种界定方法即为称名学方法。使用这种方法,界定的概念貌似会有相应的术语,因而形态句法特性对术语界定所起的作用颇为有限。

称名学方法是普通术语学理论的基本原则之一。它与词典编纂中使用的语义学方法不同,后者以语言形式为研究对象。在文献资料中,这两种方法是区分术语学和词典学的基础。词典学家重在描述词汇及其各种含义。相反,术语学家将概念描述放在首位,然后才会用词汇(例如指称、术语)来装饰这些概念,至少普通术语学理论声称如此。

然而,一部分学者认为,术语编纂者在工作中最常采用的是语义学方法[①],它与词典编纂更为匹配(L'Homme 2005,1117;Temmerman 2000,230)。"传统术语编纂原则之一是要求编纂者们从概念着手工作的,尽管事实上,编纂者们必须依赖文本材料进行术语分析,因为理解词义才是他们工作的起点。"(Temmerman 2000,230)

塞杰(Sager 2001,761)更倾向于从词典学的角度定位术语编纂:"同以前相比,术语编纂的原则和方法与词典编纂的共性更多。"同时,他(Sager 2001,765)还认为,术语编纂采用了一种语义学方法:"因此,术语编纂变得越来越以文本为导向,较少受到构建独立概念系统的观点所控制。"洛姆(L'Homme 2004,30;2005,1117)也赞同语义学方法,她认为文本是识别术语的起点。

---

① 在聚焦研发术语数据库(terminography)的实际工作时,术语 terminographer 有时用于指 terminologist,即"术语学家"),这与编纂词典(lexicography)的词典学家相似。

显然,在文献资料中,某些术语工作所用的称名学方法的有效性和相关性受到了质疑。众所周知,术语编纂者经常采用语义学方法来研究和识别术语。由于文本处理能力的进步,术语工作中语料库的使用也变得越来越重要。目前,商业环境中的术语学家可以自信地采纳语义学方法,因为他们知道该领域的前沿专家们认可这一方法。

这是一个可喜的消息,因为在快节奏的生产环境中,称名学方法极少适用,人们既没有足够的时间来做这种基于理论的研究,其结果也没有太大的用途。称名学方法的核心是概念,其在术语条目中最完整的表达形式是定义。因此,定义的结构和内容必须遵循严格的规则。但是,撰写定义是很费时间的,因为它需要仔细分析核心概念和相关概念的特征。然而在现实中,许多术语的商业应用并不需要定义,或者通过不那么严格的语义描述(如注释或上下文句子),就可以很好地满足需求(LISA 2005,4;Warburton 2001a,7,19,20)。

6.2 临时研究法很普遍

根据普通术语学理论,概念只能进行系统研究,也就是说,将概念当作学科领域合乎逻辑且连贯一致的概念系统成员进行研究(Rondeau 1981,21)。这种术语管理方法被称为主题研究法(Dubuc 1992,37;L'Homme 2004,45;Rondeau 1981,71)[1],或系统法(Picht and Draskau 1987,164;Wright and Wright 1997,148)。在实际情况中,如果译者或作者需要快速决定在特定的上下文中究竟该使用哪个术语时,他们很少遵循主题法,而是采用任务驱动研究法和文本驱动研究法,在自然语境中观察和评估单个术语。这种方法被称为临时研究法(LISA 2007,4,31;Wright 2007,163;Wright and Wright 1997,147),或即时研究法(Cabré Castellví 2003,175;Dubuc 1992,31;Picht and Draskau 1985,162;Rondeau 1981,66)[2]。赖特认为,描述性的临时研究法在内容生产环境下可能更有效(Wright and Wright 1997,147 – 148)。

这两种截然不同的方法对术语这一概念有不同的解释。主题法认为,当术语标记了结构化概念系统中的某个概念节点时,它就被具体化了。人们通过对真实文本的研究确认其在自然交际中的存在。相比之下,临时研究法不会产生概念系统。术语仅通过其在文本中的出现而被具体化。这种方向上的差异也意味着术语收集和研究的步骤顺序在两种方法中大体上是相反的(Wright and Wright 1997,150)。

主题研究法和临时研究法也会影响收集到的术语数据的性质。主题研究法可识别出一个相互关联的术语层级系统,然后通过语义关系(如上位概念、并列概念和从属概念)将相互关联的术语编码到术语库中。商业术语库通常缺乏这些关系类型,或者说,至少它们没有一个系统方式录入,这并非巧合(L'Homme 2005,1120;Marshman and Van Bolderen 2009,43;Nkwenti-Azeh 2001,601)。商业环境下的术语工作是由文本驱动的。出于需要,只有在该公司制作的文本中被观察到的术语才会被纳入考量,在自然文本中很难观察到层级关系[3]。

---

① Dubuc(1997:55)称其为"学科领域研究"。

② Dubuc(1997:47)称其为"术语研究"(与"学科领域研究"相对)。在法语文献中,它被称为"démarche ponctuelle"(L'Homme 2004:46)。

③ 近年来,通过使用富知识语境,很多针对该挑战的研究得以开展,具体例证可参见 Barrière (2010)。

6.3　控制而非消除术语变体

含义相同的术语无论形式如何，都是彼此的同义词。然而，在术语学中，我们将与其他术语共享某些形态属性的术语称为术语变体，如首字母缩写词、缩略语和替代拼写。在文献资料中，我们还没有替另一类形态不相关的同义词找到明确的名称，如 adolescent 和 teenager。为了能够很方便地将它们与变体和同义词区分开，我们称之为词汇同义词。

普通术语学理论采用规定性方法，将变体（实际上是所有同义词）视为术语不一致的形式，认为这种不一致会妨碍交流，因此力求尽量减少其在特殊用途语言中的出现。最近，人们认识到，对于术语而言，变体和同义词是术语中的必要组成部分，既不可避免，又具有实际功能（Temmerman 2000,14）。表达相同概念的不同术语"允许变换角度表达概念，而它们也并非随意的"（Temmerman 2000,14）。施里夫（Shreve 2001,783）认为，变体是术语的普遍特征（这一说法似乎得到了其他研究的支持）①，而且，在面向翻译的术语库中记录术语变体是至关重要的。杜斯特贝克和赫瑟（Dusterbeck and Hesser 2001）描述了同义词和变体的相关信息如何令各种业务流程受益（例如，信息检索、识别冗余表达、简化采购流程、防止获取错误信息、改进产品目录等）。

我们之前已经注意到，公司有时会有意引入和使用自己的术语来表达概念，以彰显其独特的品牌身份，尽管其他相似术语早已存在。即使是在同一家公司内，产品开发人员和作者也会有意无意地寻找新的方式来表达概念，从而使公司和产品与众不同（Warburton 2001b,678）。变体，尤其是首字母缩写词，是商务文本中常用的一种语言经济性（即节省空间）手段。在生产环境中，实际空间和字数等因素会影响成本，因此，语言经济性是一个重要的考虑因素。

无论何种原因，术语变体和同义词都是商务语言的特征。然而，自发、无约束和无动机地使用变体和词汇同义词并不符合公司的利益，因为这类不一致毫无目的性，会产生种种负面影响，包括增加翻译成本、增加内容被网络搜索的难度（Schmitz and Straub 2010）。因此，公司需要管控术语变体，而不是采用规范性方法试图完全消除术语变体。管控术语不仅受到公司术语库的支持，还受到诸如受控编写和计算机辅助翻译工具等自然语言处理技术的支持。了解变体对各种自然语言处理应用程序都很重要（Jacquemin 2001,305；Nkwenti-Azeh 2001,609）。

6.4　术语度基于功能标准

术语度指一种语言表达形式成为术语所需的特性。术语学中评定术语度的经典标准是，该语言形式所表达的概念必须是特指某个学科领域的概念。近年来，这一标准受到了质疑。伊贝奎·圣胡安、孔达米纳和卡布雷·卡斯特利维（San Juan, Condamines and Cabré Castellví 2007,1-2）解释说，术语研究的多样性源于"特殊应用的需要"。他们还认为，在以应用为导向的架构中，术语就是"在特殊语境下对某种应用有用的、具有一定含义的文本单位"。从本质上来说，商业环境都是以应用为导向的架构。LISA 的一项调查结果表明，在公

---

① Daille(2007,164)估计，在专业语料库中，15%—35%的术语是术语变体，Jacquemin(2001,6)则估计该比例为三分之一。

司术语库中,"术语入选标准会根据项目、客户和术语管理目标的不同而变化"(Warburton 2001a,21)。此时,术语是任何需要进行管理的文字表达,用以满足各种交流需要和技术需求,如受控编写、计算机辅助翻译、搜索引擎优化和内容管理。至于经典标准是否认可这个术语,其实并没有那么重要。公司的术语学家们仍然会按照经典标准行事,这是他们理应做的。但是,是否将某个既定的语言表达纳入术语管理过程,最终要以各类应用和客户是否需要该表达为基础。7.2 节将提出一些功能标准。

因此,人们会发现,存在于商业术语库中的大量词语在遵循传统方法建立起来的术语库中是不常见的,甚至不鼓励使用。具体包括:

(1) 大量的非名词;
(2) 一般词库中的词汇和表达(通常为受控编写所需要);
(3) 广泛认可的术语变体;
(4) 专有名词(各类组织机构、编辑程序、服务项目、产品和文件的名称);
(5) 句子片段;
(6) 模板文件(例如版权声明和法律声明)。

从某种意义上来看,公司环境中使用的语言与特殊用途语言没有什么不同,因为接受术语管理或调查的大多数词汇单位都是名词(包括多词术语,其中心语是名词,通常称为名词短语)。然而,只需要查阅一些公司网站就会发现,关键概念也可以用非名词来表达,可能在经典的科学或技术特殊用途语言中更是如此。请看下面一段关于微软 SQL2008 服务器的资料[1],部分术语已用下画线标出[2]:

利用 SQL 服务器 2008 第二次发行版的特性,如<u>分区</u>、<u>快照隔离</u>和 <u>64 位</u>支持,能有助于<u>构建</u>和<u>部署</u>要求极高的<u>应用程序</u>。<u>充分利用</u>增强的<u>平行查询处理</u>来改进<u>大型数据库</u>中的<u>查询性能</u>。通过<u>星方案查询</u>优化,进一步提高<u>查询性能</u>。

在 17 个备选术语中,有 3 个是动词(构建、部署、充分利用),其余 14 个是名词或名词短语。但在后者中,有 5 个表达动作的概念(分区、隔离、处理、性能和优化),只有 7 个表示具体的名词概念(SQL 服务器、快照、应用程序、平行查询、查询、数据库、星方案)。

在软件本地化进程中,像"打开""存储""视图""导出"和"打印"这样的动词是术语管理的主要对象。这是因为考虑到它们的高频性与可见性,统一译文极其重要。从语义上看,这些词属于一般词库;根据普通术语学理论,这些词并没有术语价值,不符合术语筛选条件。但是,当这些相同的词出现在多种产品中,被翻译成几十种语言时,很明显,对这些词的译文必须精挑细选,严格把控。此外,通常在这种情况下,行业标准译文已经存在。如果公司不

---

[1] 源自 http://download.microsoft.com/download/B/F/6/BF66161B‑3804‑49DA‑AB95‑1D8E4F3BA14E/SQLServer2008R2_DW_DataSheet_12_10.pdf.

[2] 这里确定的术语分界是一种可能的解释。使用大型语料库来确定复合词的词频有助于更精准地确定术语分界。

能使用行业认可的翻译,产品就不能适应客户现有的概念架构。当译文与其他产品,甚至整个行业所使用的翻译一致时,客户对产品会有更好的整体体验。更佳的体验会带来客户的忠诚度,甚至增加销售额。有关这些"软"利益的详细讨论,可参见施米茨(Schmitz 2007)。

根据 LISA 所做的一项调查,25%的商业术语库包含一般词库中的词汇和表达(Warburton 2001a,20)。随着受控编写软件的大量使用,这个数字可能还会增加。

SAS 的术语学家罗南·马丁(Ronan Martin)描述了判断有用术语过程中的独特挑战。在《术语纳入标准》一文中,他提出了用以评价术语度的各种标准,包括:(1) 概念分析;(2) 前置与后置修饰语的性质;(3) 术语使用频率;(4) 上下文和语域;(5) 术语嵌入(指术语嵌入更大的术语之中)。他肯定了我们的观点,指出术语工作的价值是相对于数据的再使用潜力而言的:"构建一套术语并不仅仅是为了尽可能地收集更多的术语。"(Martin 2011,10)

事实上,在公司里也不存在术语为使用而使用的情况。如果术语学家不能证明某个特定任务能够直接给公司带来显著利益的话,这个任务就应该被放弃。如果不这样做,可能会导致整个术语管理计划被质疑,因为这与公司目标相脱节。

7. 术语的选择与记录

如前文所述,我们在判断一个术语备选是否可以纳入术语管理流程时,使用的标准取决于术语资源在公司中的使用方式。我们不仅要考虑数据的当前使用情况,还要考虑将来可能的使用情况。由于术语库结构很难改变,需要多年才能建立足够大的数据量来满足特定的大规模服务需求,公司中的术语学家需要对未来需求进行预测,并准备相应的数据。

7.1 确保用途能够再调整

许多公司决定投资术语库的初衷是为翻译服务。然而,也可能会有其他需求,如受控编写。如前所述,术语学家最重要的任务是确保术语工作的开展能为所有既定目标提供可用资源。

例如,受控编写软件需要同义词的相关知识。假如两个术语表达同样的意义,那么软件应该能识别出这一信息。但对译者来说,知道源语言中哪些术语是同义词并不十分重要。下面的例子有助于解释这一点。术语 government official、public official 以及 civil servant(公务员)可以被视为同义词,还有 bureaucrat(官僚),但是这个词暗含贬义。在西班牙语中,可能只有一个术语对应上述三个英语词语,即 servidor del public。译者仅需要知道这个西班牙语可与上述英语词语的每一个(也就是翻译对)对应即可,而不需要知道这三个英语术语在语义上的相关性,甚至不需要知道这三个英语词语的存在。他们仅需要知道如何翻译每个术语。知道这三个英语词语是同义词并没有坏处,但在翻译时,知道这一点其实没有必要。

假如术语学家受公司委托,创建多语言术语集时知晓要考虑译者需求,那么就需要在术语库中创建三个词条,即:

(1) government official—servidor del público;

(2) public official—servidor del público;

(3) civil servant—servidor del público。

现在假设，内容写作组后来才意识到，这三个英语术语在使用过程中并没有被区分。这三个同时存在于公司文件中的词条会带来许多负面作用：不一致、潜在的歧义、误解以及额外的翻译成本（除了翻译不同术语所需的额外工作量，还有翻译记忆库成效偏低的因素）。如上所示，当意义相同的术语被分条记录时，系统不会提供该概念在英语中有三种表达方式这一信息。正常情况下，除了术语检索以外，术语库仍然按照字母顺序提供词条导航清单。以字母 c、g 和 p 开头的术语在列表中相距甚远。使用术语库的人不太可能注意到这三个词条有同样的意义，因此不一致的问题可能永远不会被发现。

然而，对于采用普通术语学理论的概念导向原则来创建的术语库而言，指出同义词和变体的存在是巨大的益处之一，因为这些信息能帮助公司改善内容、降低翻译成本。术语学家在准备导入术语前，经常会检测同义词。例如，接收新术语时（如 civil servant ⓒ servidor del public），术语学家会核查这两个词是否已经在术语库中存在，然后便会通过检索西班牙词发现其他的两个英语词语。在确认它们确实含有同样的意义后，这三个条目将被合并为一个概念导向条目，如下所示：

government official / public official / civil servant→servidor del público①

现在通过关联，我们已知道这三个英语词语的存在，也知道它们是同义词，或者至少被当作同义词在使用。至此，写作组也能发现术语存在不一致问题，并解决该问题。最终，元数据被添加至条目，标明哪个英语词汇是首选，哪个应该避免（例如添加 bureaucrat 后，将其标为"弃用"，这样公司就可以避免使用这种具有负面意义的词条）。这个元数据可并入受控编写软件，以便提供计算协助，帮助写者选用正确的术语。假如术语库是专为翻译而研发，上述方法或许永远不会被采纳，整个系统也将难以满足内容编写的需求，其他能从同义词和术语变体信息中获益的应用也是如此。

7.2　词条选择标准

我们在前文中已经说明，术语度的经典选择标准应是术语学家在商业语境下的指导原则。以下的其他标准同样也行之有效：

　　（1）出现频率；
　　（2）嵌入性；
　　（3）可见性；
　　（4）翻译难度。

这些因素将在下文中逐一简要说明。

7.2.1　出现频率
一个在公司材料中频繁出现的术语，源语和译文都可能产生不一致。例如，checkbox 这

---

① 这里的"/"仅用于展示。在术语库中，真正的词条不会包含这样的分割符号。

一单词在软件产品中很常见，如果不加以控制，就会出现如下的不一致情况：

(1) checkbox；
(2) check box；
(3) check-box；
(4) Check box；
(5) Check Box。

这种区别被称为表面变体。然而，文本翻译结束后，在目标语言中使用的术语除了表面变体之外，还包含同义词，例如法语词 case à cocher 和 case d'option。同义词可能合理，也可能不合理，这就需要做进一步研究①。表面变体和其他未被证明为合理的同义词都属于不一致问题，应该加以解决。虽然表面不一致问题看似不重要，但可能与同义词一样，会影响到翻译记忆库的可利用率。这是因为在翻译记忆中，只要改动句子中的一个字母，就可能把翻译记忆库中的一个完全匹配变成不易检索到的模糊匹配。

源语词汇的不一致问题（词汇层面的同义词）可能会在目标语言中重复。例如，苹果公司的 iPad 和其他类似产品，通过术语"平板电脑"的众多变体而为人所知。加拿大魁北克政府维护的术语库 Grand dictionnaire terminologique② 列出了与六个英语术语相对应的七个法语对译词。但是，用于表达既定概念的目标语术语的数量常常显著大于源语中的术语数量。这种现象经常是因翻译过程中未对术语进行控制而造成的，而非语言本身的特点之故。

一个术语条目被公司雇员使用的频率越高，就成本和收益而言，它的价值就越高（Champagne 2004,9）。在公司文本中经常出现的术语被查询的次数更高。这样看来，在商业环境下，确定术语度时，频率会超越传统语义标准。

7.2.2　嵌入性

"嵌入性"（Martin 2011,8）是指一个术语能够形成较长多词术语的能力，也被称为"词汇分散"（ANK 2001,34）。例如，在从世界银行获得的少量词汇表中，术语"可持续发展"出现在了其他 26 个术语中。以下是部分例子：

(1) 生态可持续发展经济；
(2) 环境可持续发展；
(3) 可持续发展策略；
(4) 可持续发展政策规划；
(5) 可持续发展世界峰会。

可以推测，世界银行的术语编写者们还使用了其他包含"可持续发展"的多词术语。因此，在术语库中，包含这个术语及其译文将有助于确保大量术语翻译的一致性。但这并不意味着

---

①　事实证明，case à cocher 用于微软操作系统，而 case d'option 用于苹果操作系统。

②　参见 http://gdt.oqlf.gouv.qc.ca/

上述术语不应纳入术语库。相反，包含"可持续发展"的多词术语的数量可能是无限的。因此，当一组多词术语共享一些核心要素时，除了该组中最常用的术语外，还可以将这些核心要素包含在术语库中。

7.2.3 可见性

可见性是指一个术语在公司材料中的凸显程度，例如出现在网站和软件用户界面上，作为程序或产品的名称，出现在产品包装、营销材料中等。一个术语越凸显，在源语和所有目标语中的正确使用就越为重要。营销口号非常重要，安全和法律声明中的术语也同样重要。公司还必须确保这些术语不侵犯商标和版权。可以对术语库中的术语分派数据类目来标记所有重要属性。

7.2.4 翻译难度

对译者使用的术语库而言，难以翻译的术语毫无疑问是入库的备选对象。翻译困难有多种表现形式。如果意思不清楚，译者就得费劲去弄明白。公司希望避免多个译者的重复劳动。相似的术语也很有挑战性。译者可能会假设两个不同的术语是同义词，并错误地决定用同一个目标词来翻译它们，但事实上，它们并不是同义词。根据笔者经验，一个典型例子是软件产品中的关键特征的名称：Store Administrator 和 Store Manager。这两个术语在偶然情况下被译者误认为同义词，并决定在其语言中仅使用一个术语。所有出现这些术语的地方都必须在翻译中进行检查和修正，否则到产品发布时就为时已晚。如果这两个术语都包含在术语库中，前述问题就不会出现。

另一种形式的翻译困难出现在较长的多词术语上，它们没有附带明显的标记（如介词）来澄清词与词之间的关系。英语中有较长的名词和形容词串，但其他一些语言中则没有这种语言现象。例如，Global Food Crisis Response Programme 这一术语由五个名词组成，组合起来至少可以有两种解释：

    （1）应对全球粮食危机的计划；
    （2）应对粮食危机的全球计划。

法语译文分别如下：

    （1）Programme d'interventionenréponse à la crise alimentairemondiale；
    （2）Programme d'intervention global enréponse à la crise alimentaire.

需要注意的是，法语译员必须引入三个介词（de、à 和 en）确定其位置并设法翻译，并确定把修饰语放在哪里。在这个例子中，第一种解释最合乎逻辑。但有些情况下，存在两种以上的解释，也是可能的。将这些术语添加到公司术语库中，将有助于最大限度地减少不一致现象，确保术语翻译的正确性。

有人可能会说，这类术语根本不应该存在于术语库中，因为它的含义可从"全球粮食危机"和"应对计划"这两个构件术语的含义中推断出来。这一特性被称为"合成性"，它常常延伸到翻译，即术语可以很容易地由构件术语的译文来确定。因此，在理论上，如果构件术语已存在于术语库,就无须长术语。这通常是一个有效的指导方针。但事实上,如果这两个术语有足够的嵌入性(前文已讨论过),那么将它们放入术语库是值得的。然而,这并不一定能解决上述问题。此外,即使在解释没有歧义的情况下,在形态组合语言(如德语和芬兰语)中,仍然可能有多种方式形成译文。对于活跃在这些市场上的公司来说,术语库可能需要包含更多的多词术语,即使它们的含义是显而易见的,并且严格组合的。相反,如果它们的构件术语译文已经存在于术语库中,另外一些目标语言(如日语)似乎需要较少的多词术语翻译。公司术语学家必须平衡这些有时相互冲突的要求。因此,术语库中的语言覆盖范围因语言而异,这是很正常的[①]。

基于以上考虑,可得出如下结论:公司中的术语工作应该主要以文本为基础(以语料库为基础)。把语词检索软件和术语提取工具纳入工具套装,将使术语学家从中受益,帮助他们做出明智的决策,以便通过商业视角的审核。

8. 数据类目

简单来说,数据类目与术语库中的可用字段是对应的,例如词性、定义和学科。数据类目需要以使用者及其实际应用为基础精心选择。它们被纳入术语库设计之中。有时,一旦术语库中填入了术语,就很难再添加、删除或更改数据类目。重要的是,不能简单认为在一个术语库中使用的数据类目对于另一个术语库同样适用。

全世界的术语学家通过国际标准化组织技术委员会(ISO/TC 37)而合作,为建立术语数据库准备大型的数据类目清单。术语专家应以此为基础进行选择[②]。一个名为"大型组织术语协会"(TerminOrgs)的行业组织[③]为选择和使用数据类目制定了一些准则。

某些数据类目非常重要。例如,许多术语学家认为,词性是所有术语库中必须要有的数据类目。词性值在编程过程中用以确定潜在多义术语的含义。举一个例子来说明这一点。在计算处理领域,术语 port 作为名词,指"端口",即位于计算机上方可以连接外围设备(如打印机)的位置。但作为动词,它指对软件的转换行为,旨在使该软件在其他系统而非专门为其设计的操作系统中正常运行。准确地说,表面上形式相同的术语(即同形词),事实上却是不同的,应该在术语库中列为单独的条目。词性标注器(一种自然语言处理技术)可以对文本进行句法分析,确定 port 在所给句子中是名词还是动词,再对该单词和其在术语库中的正确条目进行匹配。例如,为悬停式帮助应用自动提取其定义,或者在计算机辅助翻译工具中推荐合适的译文。为了能使这一过程顺利进行,术语库的条目必须有词性值。如果没有这一小部分数据,在需要对同形词进行词义消歧处理的应用中,术语库将无法使用。

公司术语库的另一个重要数据类目是学科领域,有时称为"域"。本地化行业标准协会所做的多个调查结果显示,通过数据类目(如产品标识符和学科领域)将一个术语库细分为不同的逻辑分区是非常普遍的(LISA 2005,4;Warburton 2001a,20)。在这方面,由于这种

---

① 需要注意,语言覆盖范围也要以市场要求为基础。只能在为实现某些商业目的需要翻译时(即翻译公司材料),术语库的词条才应该被译出。

② 参见 http://www.isocat.org

③ 参见 http://www.terminorgs.net/

做法广为传播,甚至可以追溯至维斯特的年代,商业术语库与其他类型的术语库并无差异①。这些逻辑分区可以基于各种语义或语用标准②,支持下列功能:(1) 定题搜索;(2) 查阅和过滤;(3) 导入和导出。一个使用案例从向同声传译人员提供基于主题的术语库导出,以便在同声传译活动之前和进行过程中实现快速查找。在复杂应用程序中,学科领域标记也是确保术语库转变用途的重要手段(Nkwenti-Azeh 2001,610;Wright and Wright 1997,151)。与词性相似的是,学科领域能成为机器可读的词义消歧器。例如,学科领域值可通过机器翻译技术让词典查询变得更为精准。

学科领域没有统一的分类法③,也没有哪个分类法一定适用于商业环境。通常而言,公司必须定义自己学科领域的分类。为实现这一目标,术语学家需要与其他利益相关者(例如内容管理系统的实施者)协商,这一点很重要。

如前所述,定义是概念的语义描写,普通术语学理论对此非常重视。没有这些信息,术语数据在商业中的实际应用通常并不会受到影响。由于准备定义很耗时,这种做法从商业角度来看是不可取的。通常可接受的另一做法是选用包含上下文的句子。如果术语提取工具能够自动提供这些句子,这种方式将会更有吸引力。

9. 工作流程

商业环境中不存在单一的术语管理流程。工作流程需要根据公司实际情况、用户群体和技术水平来量身定做。这也是学术文献中关于术语工作流程的资料非常稀缺的原因④。

在公司环境下,承担不同角色的公司员工常常会参与到术语生产和术语管理中,术语被用于不同的软件应用,因此,公司里的流程信息比非生产环境中的流程信息(例如为公众服务的术语任务)更为重要(LISA 2005,4)。在公司术语库中,不同部门通常持有特定语言的特定术语集的所有权,并负责管理。本地化服务供应商可能需要按照客户指定的方式控制某些术语集。

考虑到最大限度提高生产力所带来的竞争压力,创建、审阅、批准、输入、导出和分配术语等流程任务就需要尽可能通过自动化来精简。术语库是整个流程的核心组成部分。理想情况下,其他应用连接到术语库时,触发特定流程相关的数据类目,就会自动检索它们需要的数据。

常见的流程是为了开展翻译项目而研发的。下面这个简化后的流程展示了在公司中使用内容管理系统、术语提取工具以及计算机辅助翻译工具进行项目研发的整个过程:

(1) 写作团队在内容管理系统中注册新项目,并标明目标语言;
(2) 编写团队在生产过程中,不时地在内容管理系统中上传新项目的编写内容;
(3) 内容管理系统采用自动内容分类方式,确定项目的学科领域;

---

① 这反映了术语受限于 LSP 这一历史性认识。
② 学科领域是以语义为基础的划分。
③ 虽然如此,仍然有学者尝试建立统一的分类法。具体例证参见 Picht and Draskau 1985,217。
④ 一个显著的例外是 Barbara Karsch 撰写的一篇文章。

（4）内容管理系统向术语库发送触发器，导出指定学科领域和指定目标语言的术语；

（5）术语库将导出的术语发送至术语提取功能区；

（6）在指定的时间点，内容管理系统发送触发器，对内容文件进行自动术语提取；

（7）术语提取功能区从内容文件中提取术语，但仅限于术语库中未曾出现的术语（见第 4 步和第 5 步）；

（8）术语提取功能区将新提取的术语发送给术语学家进行审查与清洗；

（9）术语学家清洁后的新术语列表发给目标语术语学家，目标语术语学家为新术语添加译文；

（10）这两组术语被合并成一个计算机辅助翻译词典，供译者使用；

（11）内容管理系统把最终的内容及可用的翻译记忆库同时发送给译者。

通过该流程，翻译项目中的重要术语得以识别，并被预翻译。后续翻译中的不一致和错译现象将减少，这将减轻修订工作的负担，因无法统一确定这一流程中的许多细节，此处略去不谈。例如，根据第 9 步，术语学家将术语列表发送给目标语术语学家做进一步加工。理想的情况是，根本无须发送，因为理论上通过使用自动通知和元数据对经过该过程各个阶段的条目进行标记，该过程中的大多数步骤可以在术语管理系统（TMS）内完成。

同样极为重要的是，需要建立流程来检索译者在翻译项目过程中已确定的术语译文。许多公司没有做到这一点，尤其是当他们将翻译工作外包给其他译者之时。译者是目标语术语最重要的来源，他们确定术语译文过程中所做的工作应该被记录下来，并用于未来的实践，就像目前在翻译记忆库中所做的那样。

另一种常见的流程也被采纳，用以创建、审阅和批准术语库中的条目。一个好的术语管理系统应该具有内置功能来完成该流程，尽管术语学家常常还要通过数据类目和角色定义对其进一步设置。可以将用户访问权限设定为只读特定的语言，或者甚至特定的数据类目。例如，人们或许不希望目标语术语专家对源语术语或定义进行修改，但应避免施加不必要的限制，以免给术语流程工作制造障碍。根据术语容量、用户数量以及其他因素，认为目标语术语学家对源语条目部分可能无所贡献，这或许是不明智的。

术语条目可以在开发的各个阶段进行完善，例如新建阶段、审阅阶段、审阅后阶段、通过阶段和否决阶段。这些与流程相关的描述符不应与用法指示符（即首选、认可和弃用）混淆。否决术语是指在公司材料中根本不允许使用的术语，因其不符合术语纳入标准；弃用术语则是指那些在公司材料中不允许或不推荐使用的术语，弃用术语通常会与首选术语在同一条目中出现。将术语设置为被否决的工作流程状态，而不仅仅是立即删除它，这将使人们可以再次审阅并批准该术语不适合入库的决定。可隐藏这些术语，让其他用户看不到它们。

有时术语条目的信息量需要确保达到最低要求，否则会被认为是不完整的。布尔型条件运算符甚至可用于完成标准，例如，每个条目必须包括：

（1）至少一个英语术语；

（2）词性；

（3）定义或者上下文句子；

（4）学科领域。

请注意,在这里我们囊括了前述的两个数据类目,这两个类目对于意义消歧很有必要。甚至可以根据特定的用户材料,来制定一套不同的完成标准。例如,对法语术语学家来说,可以添加一个条件,即只有在包含至少一个法语术语的情况下,该条目才是完整的。诸如此类的规则可以纳入术语库的流程功能,这样的话,就能清楚地标记出不完整的条目,术语学家也能更高效地开展工作,而不再是随机检查条目。

10. 结论

在商业环境下,术语学家需要创建术语资源来实现一定的商业目标,如改进质量、提高生产力、节约成本、获取市场份额等,传统的术语学理论和方法不应被解读为简单粗暴的规则。庆幸的是,近十几年,后传统理论学家已开始用更务实的方式来看待术语学：

> 术语学本身并不是目标所在,而是要满足社会需求,为促进专家学者和行业人士之间的有效沟通提供帮助。这种更务实、更实用的术语观更符合当代社会的要求。在当代社会,对知识论的反思已经让位于更务实的研究态度。用最高效的方式来解决实际的交流需求问题,已替代了对术语问题背后的原则及解决这些问题的途径的思考。(Cabré Castellví 1999，10)

术语作为一门学科以及一种职业,正在进入商业领域。这一进程虽然缓慢,却是大势所趋。本章描述了公司在术语管理上所面临的一些独特的挑战,并就理论和方法架构中的要素提出建议,以应对这些挑战。目前正在开展的公司术语管理实证研究或许会对该架构的完善做出更多贡献。

参考文献

Anick，Peter. 2001. "The Automatic Construction of Faceted Terminological Feedback for Interactive Document Retrieval." In *Recent Advances in Computational Terminology*，edited by Didier Bourigault，Christian Jacquemin and Marie-Claude L'Homme，29 - 52. Amsterdam：John Benjamins Publishing Company.

Barrière，Caroline. 2010. "TerminoWeb：recherche et analyse d'information thématique." *Actes de la conférence TALN 2010（Traitement Automatique des Langues Naturelles）*，Montréal，Canada.

Bowker，Lynne. 2002. "An empirical investigation of the terminology profession in Canada in the 21st century." *Terminology* 8(2)：283 - 308. DOI：10.1075/term.8.2.06bow

Buchan，Ronald. 1993. "Quality indexing with computer-aided lexicography." In *Terminology-Applications in interdisciplinary communication*，edited by Helmi B. Sonneveld and Kurt L. Loening，69 - 78. Amsterdam：John Benjamins Publishing Company.

Cabré Castellví，M. Teresa. 1999. *Terminology—Theory*，*methods and applications*. Amsterdam: John Benjamins Publishing Company. DOI: 10.1075/tlrp.1

Cabré Castellví, M. Teresa. 2003. "Theories of terminology." *Terminology* 9(2): 163 – 199. DOI: 10.1075/term.9.2.03cab

Champagne, Guy. 2004. *The Economic Value of Terminology. An Exploratory Study*. Report submitted to the Translation Bureau of Canada.

Chomsky, Noam. 1965. *Aspects of the Theory of Syntax*. Cambridge, Massachusetts: MIT Press.

Corbolante, Licia and Ulrike Irmler. 2001. "Software Terminology and Localization." In *Handbook of Terminology Management. Volume 2*, edited by Sue Ellen Wright and Gerhard Budin, 516 – 538. Amsterdam: John Benjamins Publishing Company.

Daille, Beatrice. 2007. "Variations and Application-Oriented Terminology Engineering." In *Application-Driven Terminology Engineering*, edited by Fidelia Ibekwe SanJuan, Anne Condamines and M. Teresa Cabré Castellví, 163 – 177. Amsterdam: John Benjamins Publishing Company.

Dubuc, Robert. 1992. *Manuel pratique de terminologie*. Quebec, Canada: Linguatech.

Dubuc, Robert. 1997 .*Terminology: A Practical Approach*. Quebec, Canada: Linguatech.

Dusterbeck, Bernd and Wilhelm Hesser. 2001. "Terminology-based Knowledge Engineering in Enterprises." In *Handbook of Terminology Management. Volume 2*, edited by Sue Ellen Wright and Gerhard Budin, 480 – 487. Amsterdam: John Benjamins Publishing Company.

Fidura, Christie. 2007. *Terminology Matters*. White paper published by SDL Inc.

Fulford, Heather. 2001. "Exploring terms and their linguistic environment in text: A domain-independent approach to automated term extraction." *Terminology* 7(2): 259 – 279. DOI: 10.1075/term.7.2.08ful

Hoffman, Lesa. 1979. "Towards a theory of LSP. Elements of a methodology of LSP analysis." *Fachsprache* 1(2): 12 – 17.

ISO 1087 – 1. 2000. *Terminology work—Vocabulary Part 1: Theory and application*. Geneva: International Standards Organization. The terms in this publication are now available at: http://iso.i-term.dk/login.php (userid and password: TC37).

Jacquemin, Christian. 2001.*Spotting and Discovering Terms through Natural Language Processing*. Cambridge: The MIT Press.

Kageura, Kyo. 2002. *The Dynamics of Terminology: A descriptive theory of term formation and terminological growth*. Amsterdam: John Benjamins Publishing Company. DOI: 10.1075/tlrp.5

Karsch, Barbara. 2006. "Terminology workflow in the localization process." In *Perspectives on Localization*, 173 – 191. Amsterdam:John Benjamins Publishing Company.

Kelly, Natalie and Donald DePalma. 2009. *The Case for Terminology Management*. Common Sense Advisory, Inc.

Knops, Eugenia and Gregor Thurmair. 1993. "Design of a multifunctional Lexicon." In *Ter-*

minology：*Applications in interdisciplinary communication*, edited by Helmi B. Sonneveld and Kurt L. Loening, 87 – 110. Amsterdam: John Benjamins Publishing Company.

L'Homme, Marie-Claude. 2004. *La terminologie*：*principes et techniques*. Montreal: Les Presses de l'Université de Montréal.

L'Homme, Marie-Claude. 2005. "Sur la notion de terme." *Meta* 50 (4): 1112 – 1132. Montreal: Les Presses de l'Université de Montréal.

Localization Industry Standards Association (LISA). 2005. LISA Terminology Management Survey: Terminology Management Practices and Trends. http://www.terminorgs.net/downloads/ terminology_report_2005.pdf.

Localization Industry Standards Association (LISA). 2007. *Creating Global Content*.

Lombard, Robin. 2006. "A practical case for managing source-language terminology." In *Perspectives on Localization*, edited by Keiran J. Dunne, 155 – 171. Amsterdam: John Benjamins Publishing Company. DOI: 10.1075/ata.xiii.13lom

Marshman, Elizabeth and Patricia Van Bolderen. 2009. "Towards an Integrated Analysis of Aligned Texts in Terminology: The CREATerminal Approach." *First International Workshop on Terminology and Lexical Semantics (TLS'09)*. Accessed January 16, 2013. http://olst.ling.umontreal.ca/ pdf/ProceedingsTLS09.pdf.

Martin, Ronan. 2011. *Term Inclusion Criteria*. Internal SAS document, SAS Inc., Carey, North Carolina.

Meyer, Ingrid. 1993. "Concept management for terminology: A knowledge engineering approach." In *Standardizing Terminology for Better Communication*, edited by Richard Alan Strehlow and Sue Ellen Wright. ANSI.

Nazarenko, Adeline and Touria Aït El Mekki. 2007. "Building Back-of-the-book Indexes." In *Application-Driven Terminology Engineering*, edited by Fidelia Ibekwe-San Juan, Anne Condamines and M. Teresa Cabré Castellví, 179 – 202. Amsterdam: John Benjamins Publishing Company.

Nkwenti-Azeh, Blaise. 2001. "User-specific Terminological Data Retrieval." In *Handbook of Terminology Management. Volume 2*, edited by Sue Ellen Wright and Gerhard Budin, 600 – 612. Amsterdam: John Benjamins Publishing Company.

Oakes, Michael and Chris Paice. 2001. "Term extraction for automatic abstracting." In *Recent Advances in Computational Terminology*, edited by Didier Bourigault, Christian Jacquemin and Marie-Claude L'Homme, 353 – 370. Amsterdam: John Benjamins Publishing Company.

Park, Youngja, Roy J. Byrd, and Branimir K. Boguraev. 2002. "Automatic Glossary Extraction: Beyond Terminology Identification." *Proceedings of the 19th International Conference on Computational Linguistics Volume 1*, Association for Computational Linguistics.

Pavel, Sylvia. 1993. "Neology and Phraseology as Terminology-in-the-Making." In *Terminology-Applications in Interdisciplinary Communication*, edited by Helmi B. Sonneveld and Kurt L. Loening, 35 – 42. Amsterdam: John Benjamins Publishing Company.

Pearson, Jennifer. 1998. *Terms in Context—Studies in Corpus Linguistics*. Amsterdam: John Benjamins Publishing Company.

Picht, Heribert and Jennifer Draskau. 1985. *Terminology: An Introduction*. Denmark: LSP Centre, Copenhagen Business School.

Rondeau, Guy. 1981. *Introduction à la terminologie*. Montreal: Centre éducatif et culturel Inc.

Sager, Juan C. 1990. *A Practical Course in Terminology Processing*. Amsterdam: John Benjamins Publishing Company. DOI: 10.1075/z.44

Sager, Juan C. 2001. "Terminology Compilation: Consequences and Aspects of Automation." In *Handbook of Terminology Management. Volume 2*, edited by Sue Ellen Wright and Gerhard Budin, 761 – 771. Amsterdam: John Benjamins Publishing Company.

Sager, Juan C., David Dungworth, and Peter F. McDonald. 1980. *English Special Languages. Principles and Practice in Science and Technology*. Wiesbaden: Brandstetter-Verlag.

Schmitz, Klaus-Dirk. 2007. "Indeterminacy of Terms and Icons in Software Localization." In *Indeterminacy in Terminology and LSP*, edited by Bassey E. Antia, 49 – 58. Amsterdam: John Benjamins Publishing Company. DOI: 10.1075/tlrp.8.07sch

Schmitz, Klaus-Dirk and Daniella Straub. 2010. *Successful Terminology Management in Companies*. TC and more GmbH (Tekom).

Seomoz. 2012. *The Beginner's Guide to SEO*. Accessed January 13, 2011. http://www.seomoz.org/ beginners-guide-to-seo.

Shreve, Gregory. 2001. "Terminological Aspects of Text Production." In *Handbook of Terminology Management. Volume 2*, edited by Sue Ellen Wright and Gerhard Budin, 772 – 787. Amsterdam: John Benjamins Publishing Company.

Strehlow, Richard. 2001a. "Terminology and Indexing." In *Handbook of Terminology Management, Volume 2*, edited by Sue Ellen Wright and Gerhard Budin, 419 – 425. Amsterdam: John Benjamins Publishing Company.

Strehlow, Richard. 2001b. "The Role of Terminology in Retrieving Information." In *Handbook of Terminology Management. Volume 2*, edited by Sue Ellen Wright and Gerhard Budin, 426 – 444. Amsterdam: John Benjamins Publishing Company.

Temmerman, Rita. 2000. *Towards New Ways of Terminology Description*. Amsterdam: John Benjamins Publishing Company. DOI: 10.1075/tlrp.3

Thurow, Shari. 2006. *The Most Important SEO Strategy*. Accessed January 13, 2011. http://www.clickz. com/clickz/column/1717475/the-most-important-seo-strategy.

Warburton, Kara. 2001a. *Terminology Management in the Localization Industry—Results of the LISA Terminology Survey*. Geneva: Localization Industry Standards Association. http://www. terminorgs.net/downloads/LISAtermsurveyanalysis.pdf.

Warburton, Kara. 2001b. "Globalization and Terminology Management." In *Handbook of Terminology Management. Volume 2*, edited by Sue Ellen Wright and Gerhard Budin,

677 – 698. Amsterdam: John Benjamins Publishing Company.

Warburton, Kara. 2013. "Processing Terminology for the Translation Pipeline." *Terminology* 19(1):93 – 111. DOI: 10.1075/term.19.1.04war

Wettengl, Tanguy and Aidan Van de Weyer. 2001. "Terminology in Technical Writing." In *Handbook of Terminology Management. Volume 2*, edited by Sue Ellen Wright and Gerhard Budin, 445 – 466. Amsterdam: John Benjamins Publishing Company.

Williams, Malcolm. 1994. "Terminology in Canada." *Terminology* 1(1):195 – 201. DOI: 10. 1075/ term.1.1.18wil

Woyde, Rick. 2005. "Introduction to SAE J1930: Bridging the Disconnect Between the Engineering, Authoring and Translation Communities." *Globalization Insider*. Geneva: Localization Industry Standards Association. Accessed January 13, 2011. http://www.translationdirectory.com/ article903.htm.

Wright, Sue Ellen. 1997. "Term Selection: The Initial Phase of Terminology Management." In *Handbook of Terminology Management. Volume 1*, edited by Sue Ellen Wright and Gerhard Budin, 13 – 24. Amsterdam: John Benjamins Publishing Company.

Wright, Sue Ellen. 2001. "Terminology and Total Quality Management." In *Handbook of Terminology Management. Volume 2*, edited by Sue Ellen Wright and Gerhard Budin, 488 – 502. Amsterdam: John Benjamins Publishing Company.

Wright, Sue Ellen. 2007. "Coping with Indeterminacy. Terminology and Knowledge Representation Resources in Digital Environments." In *Indeterminacy in Terminology and LSP*, edited by Bassey E. Antia, 157 – 179. Amsterdam: John Benjamins Publishing Company. DOI: 10.1075/ tlrp.8.16wri

Wright, Sue Ellen and Leland Wright. 1997. "Terminology Management for Technical Translation." In *Handbook of Terminology Management. Volume 1*, edited by Sue Ellen Wright and Gerhard Budin, 147 – 159. Amsterdam: John Benjamins Publishing Company.

Wüster, Eugen. 1967. *Grundbegriffe bei Werkzeugmaschinen*. Technical Press.

TBX：服务于翻译和本地化行业的术语库交换格式

艾伦·梅尔比

杨百翰大学

摘要：本章探讨一种基于可扩展标记语言（XML）的术语交换格式（TBX）。术语交换格式主要用于分离数据和软件，可以保护数据资产、维持术语一致性以及提高软件互操作性。本章对术语交换格式提出了十项设计要求，据此对 TBX 进行评估，并在最后探讨了 TBX 的发展前景。

关键词：术语交换；一致性；互操作性

1 引言

本章呈现了关于采用术语库交换格式（TermBase eXchange，TBX）的不同看法。TBX 是术语交换的国际标准化组织（ISO）标准，可以应用于所有术语库软件的术语数据导入和导出。本章着重阐释 TBX 的设计和发展现状，以说明该标准满足了人们对于交换格式的需求，并利于术语库软件的使用。

严格来讲，TBX 并不是一种格式，相反，它是由一系列紧密相关的术语交换格式组成的，这些术语库交换格式称为方言。无论是何种术语交换格式，其主要目的都是用于存取、展示、更新或处理术语数据的软件应用中，保持术语数据的独立性。将数据和软件分离，对涉及保护数据资产、维持术语一致性以及提高软件互操作性等的编写和翻译活动大有帮助，这一点会在后面的示例中体现出来。

1. 软件变更：一个组织维护大型术语库时通过将其内容导出为某种 TBX 方言，从而将其定期归档。在某些时候，需要切换到另一个术语管理软件系统。导入 TBX 时，如果这一软件支持原术语库的 TBX 方言，则数据转移将十分便捷。如果现有术语管理软件由于某些原因而失效，则 TBX 存档可以保护术语数据资产，这通常比其管理软件更有价值。

2. 编写：一个组织通过 TBX 导入/导出功能维护用于编写的单语术语库。该组织还使用语言受控编写软件，该软件支持与该组织术语库相同的 TBX 方言。术语可以通过 TBX 转移到编写软件，从而尽可能与术语库中的术语保持一致。

3. 内部翻译：一个大型组织有负责文档编写和文档翻译的部门。这些部门使用多个软件应用程序进行编写、翻译和质量保证工作，所有这些软件都支持相同的 TBX 方言。通过 TBX 交换术语数据,应用程序之间的互操作性得到增强。

4. 外包翻译:一个组织会将其部分翻译工作外包给语言服务供应商(Language Service Provider,LSP)。语言服务供应商会聘用翻译项目经理,但实则会将大部分翻译工作外包给自由译者。通过 TBX,该组织将其术语库中的术语发送给语言服务供应商,语言服务供应商再以同样的方式发送给自由译者。使用支持相同 TBX 方言的工具,可以把术语导入自由译员所使用的工具及自动术语查找工具中,从而帮助多位译者在工作中保持术语使用的一致性。

5. 数据挖掘:一个组织通常对其术语管理系统较为满意,但其仍需分析术语库中的信息并生成不属于术语管理软件功能的报告。术语库中的信息可以导出为 TBX,然后使用自定义应用程序在术语管理软件之外进行操作,分析数据、挖掘数据以获取特定信息,然后生成自定义报告。可以使用各种编程语言和标准化的可扩展标记语言(XML)处理库来编写自定义软件。

正如本章所述,术语资源的互操作性并非全有或全无。TBX 有多种方言,可以适应不同的术语数据库。然而,所有方言共享一个核心结构,这样比使用多个不相关的交换格式更能提高互操作性。

本章第 2 节(设计要求)阐述了 TBX 的设计方法,提出十项术语交换格式的设计要求。第 3 节(TBX 评估)展示了 TBX 是如何达到这些要求的。第 4 节(TBX 现状)评估了 TBX 的现状。此节内容提供了一个网页链接,该网页描述了各种 TBX 的实施情况(包括即将实施或已经实施 TBX 的情况),展示了 TBX 的实施现状。第 5 节(TBX 前景展望)提供了对 TBX 未来前景的展望。TBX 的使用有着悠久的历史,且还在继续发展。本节对 TBX 未来的发展提出了建议,这些建议不会破坏与当前实施版本的向后兼容性。

本章面向所有开发、维护或使用术语库相关软件的人员,默认读者对以下知识有基本的了解:

1. 熟悉当前术语理论和实践。TBX 并非基于这样的理想化术语理论,即某一领域内存在严格的单义性(要求术语和概念一对一,不可使用同义词,也不可出现歧义)。两卷本《术语管理手册》(Wright and Budin 1997,2001)由多位作者合作编写,其中的文章与 ISO 标准 704(2000)及 ISO 标准 1087 - 1(2000)是当前关于术语理论和实践观点的代表[①]。

2. 承认标准的重要性。ISO 网站上有关于国际标准重要性的讨论[②]。

3. 对可扩展标记语言有基本了解[③]。许多数据交换格式基于可扩展标记语言或者可以用可扩展标记语言表示,许多旧的交换格式已经或正在转向使用

---

① 有关这些标准的讨论请参阅本卷中科卡特(Kockaert)所写的章节,与当前实际需求相比较的经典术语理论请参阅沃伯顿(Warburton)的章节。

② http://www.iso.org。

③ http://www.w3.org/standards/xml/。

可扩展标记语言①。TBX 也不例外，其早期版本出现时，还没有可扩展标记语言，但现在的 TBX 是基于可扩展标记语言形成的。

有了这些预备知识，现在可以了解术语交换格式的设计要求了。

2　设计要求

本节对十项基本设计要求进行了详细的说明和解释，这些要求必须由有效的术语交换格式进行支持。设计要求结合了 TBX 多年来的发展经验，综合了作者自身和世界各地术语管理者在工作中遇到的理论和实践问题。

术语库交换格式应该是：(1) 可检查的，即可以使用现成的文本编辑器查看；(2) 具有平台独立性，即不依赖于任何特定类型的硬件或软件；(3) 符合术语标记框架（Terminological Markup Frame，TMF）(ISO 16642 2003)，术语标记框架提供术语交换格式的一般要求；(4) 与 ISOcat② 相关联（术语及其他语言相关标准的数据类目注册表）；(5) 符合数据基本原则（data elementarity）；(6) 术语自足性；(7) 充分的适应性，以满足术语库的现实需求；(8) 支持自动检查其是否符合标准；(9) 支持近盲交换；(10) 被有关标准机构认可。接下来将详细讨论这些要求。

2.1　可检查性

术语交换的早期工作开始于 20 世纪 70 年代，是在 ISO 2709(1981)——一种用于图书馆交换信息的标准——的原型基础上形成的。最早的术语库交换格式（ISO 6156 1987）是在 ISO 2709(1981)早期版本的基础上形成的。

术语/词典录入（MATER）的磁带交换格式需要二进制交换文件，即不完全由可查看字符序列组成的文件。二进制文件需要用专门的软件应用程序查看或编辑。20 世纪 80 年代早期，兴起了转向使用可检查的交换格式的运动（这种格式使文件可以被通用文本编辑器打开、查看和编辑）。SGML 标准的出现证明了向这种可检查格式转换的趋势。今天，大多数交换格式都基于 SGML 的后续版本——可扩展标记语言，它们对可检查性的要求非常明显，以至于可检查性已经很少被列为要求，甚至没有指代其的名称了。

2.2　平台独立性

ISO 2709(1981)早期版本专门用于一个特定的硬件平台：与已经过时的九轨磁带机相连接的计算机。今天，据预测，数据文件可以独立于硬件和操作系统，虽然在操作系统之间传输文件时，有时会遇到些许困难。过去，字符集的差异常会导致严重问题，但随着 Unicode（Unicode 2014）的广泛应用，这些问题越来越少见，并且当使用具有默认 Unicode 编码的可扩展标记语言（UTF - 8）时，平台独立性和可检查性的大多数问题都消除了。最近开发的术语库交换格式是基于可扩展标记语言和 Unicode 构建的，因此前两个要求虽然具有历史意义，

---

① 最近，JSON(www.json.org)也开始被用于数据交换。因此，在某些方面，可扩展标记语言和 JSON 已经在数据交换领域产生竞争。

② http://www.isocat.org。

但不再是区别不同格式的因素。

2.3 结构符合术语标记框架元模型

术语标记框架 TMF 是通常用于表示 ISO 16642（2003）的首字母缩略词，ISO 16642（2003）是直接适用于术语库交换格式的国际标准。术语标记框架源于 20 世纪 90 年代后期对术语库数据模型和术语数据标记语言的最低要求的讨论。因此，术语标记框架描述了术语标记语言（Terminology Markup Language，TML）的最佳实践要求。术语标记框架（TMF 2003，1）规范指出，使用术语标记语言可以"在不同的［软件］应用程序之间交换［术语］数据"。术语标记语言还可用于表示单个软件应用程序中的术语数据。

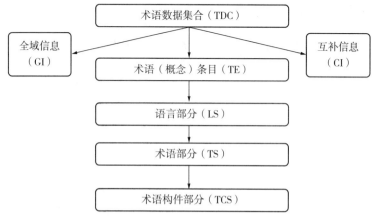

图 1 术语标记框架结构化元模型（TMF 2003，12）

术语标记框架（TMF 2003，9 - 12）第 5.3 条规定了一个抽象的元模型，说明满足术语标记框架规范是术语标记语言需达到的基本条件。如图 1 所示，该元模型要求术语标记语言的最高级别能且仅能包含三个元素：

1. 关于术语数据集合的全域信息；
2. 一组术语概念条目；
3. 互补信息，例如可以被多个概念条目引用的参考文献。

图 1 还指出概念条目中必须有两个子级别，即"语言"和"术语"。第三个子级别"术语构件"（例如构成多词术语的单词）是可选项。为了满足术语标记框架要求，一种术语标记语言必须构建一个概念条目，该条目由语言部分构成，而语言部分又由术语部分组成。每个术语部分包含一个术语和它的相关信息。底层的术语构件是可选的。尽管术语标记框架没有非常详细地指定概念条目的结构，却排除了词典式结构，词典式结构中一个词目的各种意义被组合在一起，例如传统词典中的条目结构①。

————————————

① 将术语视为词目，可以从用术语标记语言表示的术语库中自动导出词典式形态的术语信息。但是，词典资源通常无法提供足够的词目信息来帮助软件自动确定多种语言中哪些词目（即术语）应该组合成一个概念条目。

该元模型是专业术语学家公认的最佳实践形式。作为元模型（即一种展示模型具体建构方法的抽象模型），其元素的内部结构，例如"全域信息"（Global Information，GI）或"互补信息"（Complementary Information，CI），不是特定的。元模型也不会确切地指定术语部分应当包含哪些术语信息。但是，它规定一个条目中的各个术语应表示相同或几乎相同的概念。如果一个术语概念是模糊的，例如，该术语在多个领域中指代不同的概念，则应将每个概念分条目记录。因此，一个术语可以出现在多个概念条目中。

术语标记框架（TMF 2003，V）假定术语标记语言是一种可扩展标记语言，因此，术语标记框架合规性包含符合术语标记语言的前两个要求。但是，术语标记框架未指定在记录术语信息时使用哪种可扩展标记语言样式，例如，假设术语信息包括其词性以及其他类型的语法信息，一种可用的可扩展标记语言样式是：

〈grammar type ="speechpart"〉noun〈/grammar〉

在这种情况下，数据类目（在术语工作之外通常称为数据元素类型）speechpart，是属性（类型）的值。

另一种可用的可扩展标记语言样式是：

〈speechpart〉noun〈/speechpart〉

在这种情况下，数据类目是标签名称而不是属性值。

只要术语标记语言符合抽象元模型，两种样式（属性值型或标签名称型）均可使用。有关合规性检查的部分，请参阅本节其他有关样式的信息。

2.4　使用 ISOcat

术语标记框架（TMF 2003，4）规定，术语标记语言中用于记录概念、术语、同一语言的一组术语或术语构件（如单词或词素）信息的数据类目应从 ISO 12620（1999）中选取，ISO 12620（1999）列出了术语库中使用的数据类目，进行描述并给出其标准名称。ISO 12620（1999）现已被 ISO 12620（2009）取代，后者与各种应用领域（包括术语库，现在已经扩展到自然语言处理等领域）的数据类目在线数据库相关联。

数据类目在线注册表 ISOcat 可在线获取。术语标记框架新版本在 2009 版 ISO 12620 的基础上进行更新。

一些数据类目是开放的（即未进行预定义的允许值集），例如可以包含纯文本的"定义"类目。一些数据类目如"术语词型"是封闭的，即定义了用户可选择的允许值列表。还有一些数据类目则是基础的（即用作其他数据类目的值），例如"缩略语"和"完整形式"，它们是封闭数据类目"术语词型"的允许值或布尔值（真/假）。

在创建新的数据类目之前，术语标记语言必须使用 ISOcat 中的标准数据类目。即使如此，新数据类目的创建者也应将其作为建议的新数据类目提交给 ISOcat，以避免新数据类目的名称激增，阻碍交换。

2.5　数据基本原则

交换格式或其他任何数据表征的每个元素应该只包含一条信息,称为"数据基本原则"。这一要求出现于 21 世纪的头几年,以解决将多条信息结合在一起的格式问题,这一点在 ISO / FDIS 26162(2010,23)中也有具体提及。尽管这一原则有其基本性质,但在术语库中常被违反。例如,在某些标记语言中,一个元素里会同时出现某个术语(如"基本词形缩减形")及其首字母缩略词(如 BFR):

〈term〉base form reduction (BFR)〈/term〉

术语"基本词形缩减形"和缩略语"BFR"应单独放在不同的元素中。

下面是该术语数据的另一种可能表征,虽然符合数据基本原则,但违反了下一个要求,即术语自足性,见图 2:

```
<termSection>
    <term>base form reduction</term>
    <source>the Grimley glossary of NLP</source>
    <acronym>BFR</acronym>
</termSection>
```

图 2　违反术语自足性

2.6　术语自足性

上一小节(数据基本原则)中的示例显示出,一个术语部分包括术语、来源及其首字母缩略词。这样的表征可能无法允许单独记录其首字母缩略词信息,例如其来源(可能与该术语完整形式的来源不同)。术语标记框架规定,每个术语部分只能记录一个术语,包括本身就是术语的首字母缩略词。术语自足性原则进一步解释,一个术语不应被视为另一术语的文档编制。相反,每个术语应该具有相同的文档编制范围。因此,前一小节中的示例应该修改为图 3 所示格式,其中两个术语部分位于相同的概念条目中,因此它们是近义词:

```
<termSection>
    <term>base form reduction</term>
    <typeOfTerm>fullForm</typeOfTerm>
    <source>the Grimley glossary of NLP, Glossy
Press</source>

</termSection>
<termSection>
    <term>BFR</term>
    <typeOfTerm>acronym</typeOfTerm>
    <source>the Grimley glossary of NLP, Glossy
Press</source>
</termSection>
```

图 3　近义词

理想情况下,缩略语可以通过链接转到其完整形式(通过某种机器处理机制完成),这样一来,在相同语言的同一概念条目中有多个完整形式和缩略语时就能明确两者之间的对应关系。

2.7　灵活性

设计术语交换格式时，可以采用两种截然不同的研究法：规定研究法或描写研究法。规定研究法会对每个术语库施行非常详细、严格的约束，需要呈现术语标记框架元模型元素的内部结构，并且每个术语库都需要使用且仅使用规定列表中的全部数据类目。鉴于术语库数据模型种类繁多，规定研究法将严格限制这种交换格式的作用，除非有人有权决定如何设计术语库。显然，这对现有术语库并不适用，更不适用于未来的术语库。由于强制使用单一模型不符合实际要求，因此应当采用灵活的描写研究法，同时包括一些规定性选项，这样更为合理。

不应定义单一的可扩展标记语言，而应定义一系列密切相关的标记语言，并且每一个标记语言都应符合上述的六项要求。其中的每种语言我们都称为该交换格式的"方言"。

灵活性的程度也不应太过。交换格式的所有方言应该足够相似，以便某些通用软件例行程序可以与任何一种方言一起使用。一种可行的方法是：定义一个主方言，在可行的情况下，其他方言应该是主方言的子集。其他方言数据类目较少，加之各种约束，例如对其内容模型或对其元模型中所处的层级进行约束。

2.8　合规性检查

可扩展标记语言有两种不同级别的合规性检查：

1. 格式良好性——为保持良好格式，可扩展标记语言文件只需遵循通用语法规则，例如每个开始标签都有相应的结束标签，每个属性值都用引号引起来。没有强加的标签名称词汇。
2. 模式合规性——可扩展标记语言核心标准中的模式定义语言定义了文档类型定义(DTDs)。

文档类型定义虽然有些过时，但仍较为常用。万维网联盟（World Wide Web Consortium)[1]开发了一种更强大的模式定义语言，即可扩展标记语言 Schema，可用于定义"可扩展标记语言 Schema 文档"（XML Schema Documents，XSD)(Quin 2012)。另一种模式定义语言 RELAX NG 也已经开发出来（参见 ISO／IEC 19757‐2 2003)。一些可扩展标记语言用户更喜欢 XSD 模式，而有些人更喜欢 RNG 模式。

从可扩展标记语言文件导入信息时，即使该文件符合术语库交换格式的某种方言，也有很多地方可能会出错。文件可能不是格式良好的可扩展标记语言文件，即使格式良好，也可能不符合所属方言的要求。导入例程通常先使用一些通用的可扩展标记语言实用程序，以检查输入文件是否为格式良好的可扩展标记语言，然后再尝试从中提取信息。一些导入例程也执行有效性检查，而其他导入例程则默认导入的数据有效。

通常对标记语言的约束不能在模式中全部表示出来，因此必须通过导入例程执行一定程度的合规性检查。一个还未解决的问题是：使用模式和通用验证解析器而不使用专用软件时，需要进行多大程度的合规性检查？

---

[1]　http://www.w3.org

设计术语库交换格式时,应该允许其定义模式,该模式至少检查与术语标记框架的元模型的合规性以及与交换格式特定方言所允许的数据类目的合规性。这种设计使最低程度的合规性检查得以运行,而无须编写任何专用软件。注意:并未指定使用哪种模式定义语言,因此,可以使用 DTD、XSD 或 RNG 模式完成合规性检查。

可以使用模式进行最小合规性检查,这一要求使某些过于灵活的标记语言无法用作术语库交换格式,例如,一种可扩展标记语言,其允许级别元素嵌套在其他级别元素中,每一级均有数据类目。

图 4 是前文呈现过的可扩展标记语言片段(添加了语言部分):

```
<conceptEntry>
    <EnglishSection>
        <termSection>
            <term>base form reduction</term>
            <typeOfTerm>fullForm</typeOfTerm>
            <source>the Grimley glossary of NLP, Glossy
                    Press</source>
        </termSection>
    </EnglishSection>
</conceptEntry>
```

图 4　语言部分

在这种假设的标记语言中,它应被表示为图 5:

```
<level>
    <level>
        <level>
            <datcat name="term">base form
reduction</datcat>
            <datcat name=" typeOfTerm">fullForm</datcat>
            <datcat name="source"> the Grimley glossary of
NLP,
                    Glossy Press</datcat>
        </level>
    </level>
</level>
```

图 5　假设的标记语言

这种标记语言(其级别是递归定义的)对于术语库交换格式来说并不是好的选择,因为不能通过模式编写来对其进行约束,使其仅包括术语标记框架元模型中的级别。这些约束必须嵌入定制软件中。当然,标记语言的某些约束可能无法在模式中表达,这种标记语言甚至不能使用模式进行最小的合规性检查。

根据使用模式进行最小合规性检查的这一要求,另一个不符合术语库交换格式的标记语言的例子是作为术语标记框架标准一部分的"通用映射工具"(Generic Mapping Tool,GMT)(2003,14)。这种标记语言不能用作术语标记语言,相反,其用途是在术语标记语言之间形成正式映射。

另一种极端情况是:当一个术语库交换格式通过模式可以完全检查合规性时,可能会模糊方言之间的相似性并变得过于复杂。希望能够定义一种模式,这种模式可以检查一系列术语交换格式中任何方言的方方面面,同时为特定方言定义专用模式,对通用模式加以约束。应该维持方言共同程度和特定方言基于模式的合规性检查程度之间的平衡。

2.9　近盲导入

在两个已知术语库之间，或在一个术语库和一个使用术语库条目的应用程序（例如显示术语的工具）之间的交换情况中，对术语库交换格式的解释不存在任何疑问，因为发送端和接收端都预先协商了交换格式每个组成部分的含义。

然而，要求更高的是设计一个术语库导入例程，它能够从未知方接受特定方言的术语交换文件，并尝试将信息导入术语库。能够自动解释交换文件的内容而不用知道发送者是谁，即没有看到发送者，被称为"盲导入"。

交换格式中的盲性像盲人视力那样不具备二元特性。

法律意义上的盲人在美国被定义为"两只眼睛中更好的那只在使用矫正镜片时，中心视力为 20/200 或更低"（Legally Blind 1986），因此法律意义上的盲人可能并不完全失明。

术语格式可以满足前面的八个要求，但仍然不支持全盲导入。就像人类视力一样，术语交换中的盲性也是程度的问题。

如上所述，数据类目可以是开放的、封闭的或基础的。基础数据类目用作封闭数据类目的选择列表值。自动导入例程中特别困难的一种情况是，交换格式中"学科领域"是开放的，但是目标术语库中与"学科领域"对应的数据类目是封闭的。也就是说，目标术语库具有预先定义的域名集，必须从中选择学科领域的值，而导入文件的学科领域元素中的各种域名不能限制在预先定义的选择列表中。盲导入的另一个困难是交换格式中通常封闭的数据类目（例如"术语词型"）具有选择列表，但该选择列表已被扩展，涵盖了 ISOcat 中该数据类目选择列表所没有的值。

盲导入的另一个问题是：未开放且没有选择列表的数据类目的值具有可变性。例如，数据类目"日期"没有选择列表，但其值可以指定为特定的标准格式，例如 yyyy-mm-dd。指定格式可以消除各种语言环境中日期表示的差异。

总之，近盲交换格式的一种方言是可以定义的。然而，方言设计者应该记住，格式越是近盲，其导出就越困难，例如在源术语库中开放数据类目的值必须限定在交换格式的封闭选择列表内。

2.10　标准机构认可

有一系列术语库交换格式可以满足上述的九个要求，而且很难确定哪一种术语库交换格式有明显优势。在某些时候，如果要使一系列格式真正发挥作用，必须由受到认可的标准机构进行标准化。被标准机构采用意味着一种交换格式不仅与个人或商业组织相关联，它是多方输入的结果，可能还会沿用很多年。这种稳定性和概念驱动研究法为开发人员提供了实施交换格式的动力。当然，多个标准机构有时会针对同一工作发布相互冲突的标准。国际标准化组织（Organization for Standardization，ISO）是历史最悠久、架构最成熟的主要标准机构。国际标准化组织技术委员会中处理语言相关工作标准的是 ISO/TC 37。万维网联盟也具有很高的影响力，并发布了可扩展标记语言标准，但它不太可能对一系列术语库交换格式进行标准化。结构化资讯标准促进组织（Organization for the Advancement of Structured Information Standards，OASIS）[①]和现已解散的本地化行业标准协会（Localization

---

① 　http://www.oasis-open.org

Industry Standards Association，LISA)①这些行业标准组织更有可能掌控术语库交换格式开发。

　　LISA 于 2011 年 3 月 1 日宣布破产后不久，欧洲电信标准协会（European Telecommunications Standards Institute，ETSI)②被指定接管多项前 LISA 标准，其中包括 TBX 标准。

　　ISO 标准的突出优势在于最受政府认可，但其缺点是：大多数 ISO 标准，无论是纸质还是可下载的 PDF 格式，必须从 ISO 或授权经销商处购买。而 ETSI 的行业标准可免费提供给实施者。理想情况下，一系列术语交换格式将作为 ISO 标准和行业标准共同发布。这种安排对那些需要（支付)ISO 标准的国家政府极具吸引力，同时也允许企业和个人免费使用这些标准。

2.11　关于以前的术语库交换格式的简要说明

　　虽然其中一些要求，例如可检查性和平台独立性，2013 年时已经是不言而喻的要求了，但它们从 20 世纪 70 年代起历经了长时间的发展。不断发展的计算理念和存储容量的进步使得格式的改进成为可能。表1归纳了各种格式与本节所列要求的匹配情况，从 20 世纪 70 年代的 MATER 初期工作开始，直到最新的 TBX 方言。有关方言的更多信息，请参阅"灵活性"部分。

表 1　术语库交换格式的发展（20 世纪 70 年代至 2012 年）

	可检查性	平台独立性	结构符合术语标记框架元模型	使用ISOcat	数据基本原则	术语自足性	灵活性	合规性检查	近盲导入	标准机构认可
ISO 6156：1986-MATER (1970s—1986)	无	无	无	无	无	无	无	无	无	有
MTX 交换格式(1984)	有	有	无	无	无	无	无	无	无	无
MicroMATER (1980s—1991)	有	有	无	无	无	无	无	无	无	无
TEI P3 (1991—1994)	有	有	无	有*	有	无	无		无	无
ISO 12200：1999-MARTIF (1999)	有	有	有	有*	有	无	无	有	无	有
ISO 30042：2008-TBX	有	有	有	有*	有	有	有	有	有**	有
TBX-Basic (2007)	有	有	有	有*	有	有	有	有	有	有

　　* MARTIF 和 TBX 使用 ISO 12620(1999)，ISO 12620(1999)是 ISOcat(ISO 12620 2009)的前身。TEI P3 使用了早于 ISO 标准的版本。

　　** 一些 TBX 方言支持近盲导入。TBX-Default 格式不支持近盲导入。

3　对 TBX 的评估

　　上一节描述并论证了术语库交换格式的十项要求，本节将根据这十项要求来对 TBX 进

---

① http://www.lisa.org

② www.etsi.org

行评估。为便于评估,本节呈现的是一个简单的 TBX 文件。图 6 呈现了 TBX 中表示的两个非常简单的概念条目。由于 TBX 是一个可扩展标记语言应用程序,TBX 的实例可以称为文档,无论中间表征是硬盘驱动器上的文件、软件程序中的字符串,还是通过互联网传输的一系列数据包,这个术语都适用。在这些示例中,粗斜体的部分表示在实际文件中可能会使用的内容。行号仅供参考,不属于可扩展标记语言文件。

```
[1]   <?xml version='1.0'?>
[2]   <!-- reference to TBX core - structure -->
[3]   <martif type='TBX-Default' xml:lang='en'>
[4]      <martifHeader> [global information] </martifHeader>
[5]      <text>
[6]         <body>
[7]            [concept entries]
[8]         </body>
[9]      </text>
[10] </martif>
```

图 6　TBX 中概念条目的宏观结构

此示例中的第[1]行表示这是一个可扩展标记语言文档。第[2]行是可选项。如果 TBX 文档中提及 TBX 核心结构的 DTD,则在此处标记。

第[3]行是根元素〈martif〉。将之命名为〈martif〉,是由于 TBX 与 MARTIF 标准(ISO - 12200 1999)之间的历史联系,而且一定程度上 TBX 保留了与 MARTIF 的向后兼容性。本行(〈martif〉…)显示了两个属性:type 和 xml:lang。第一个属性表示 TBX 格式。TBX 不仅是一种格式,也是用于定义相关格式系列的框架,TBX-Default 便是其中之一。〈martif〉元素的类型属性值表明该可扩展标记语言文档声称符合 TBX-Default 的格式。

第二个属性表示这是一个 TBX 文档,其工作语言为英语(用"en"表示)。在 TBX 文档中,如果元素语言未另外指明,则默认文本语言是英语。

第[4]行是 martifHeader 元素,它包含有关 TBX 文档的全域信息。第[5]至第[9]行包含文本元素。本例仅包含一个主体元素。MARTIF 标准与"文本编码规范"(TEI)(Sperberg-McQueen and Burnard 1994)之间存在历史联系,因而这里会出现文本元素。TBX 文档的主体元素包含一个列表,其中有一个或多个概念型术语条目。

上面引用的宏结构示例中有两个占位符:[全域信息]和[概念条目]。图 7 详细介绍了有关此 TBX 文档示例的全域信息。

```
[1] <martifHeader>
[2]   <fileDesc>
[3]     <sourceDesc>
[4]        <p>AKM presentation in Santa Fe on 2003-01-22</p>
[5]     </sourceDesc>
[6]   </fileDesc>
[7]   <encodingDesc>
[8]        <p type="XCSURI">TBXXCSV02.xcs</p>
[9]   </encodingDesc>
[10]</martifHeader>
```

图 7　TBX 标头

除非〈martif〉元素、编码描述（〈encodingDesc〉）元素的类型属性值可以推导出 TBX 格式，否则 TBX 文档就需要文件描述（〈fileDesc〉）元素。如果是这种情况，那么文件描述会注明该 TBX 文档的来源，如 2003 年 1 月 22 日在新墨西哥州圣菲举行的元数据会议上的一场汇报。该示例的编码描述标记出一个文件（TBXXCSV02.xcs），此文件列出了在该特定 TBX 文档中的概念条目内可以使用的数据类目，从而定义了一种被称为 TBX-Default 的特定 TBX 方言。这是一个 XCS 文件，本节稍后将对此进一步讨论。在此示例中，〈martif〉元素表示这是 TBX 默认值文档。再者，TBX-Default 是已注册过的方言，因此，〈encodingDesc〉元素本可以省略。

图 8 是第二个占位符的内容：［概念条目］。虽然 TBX 文档可以包含许多概念条目，但我们当前的示例仅包含两个概念条目。

```
[1]    <body>
[2]      <termEntry id="C65">
[3]        [concept: paintbrush]
[4]      </termEntry>
[5]      <termEntry id="C182">
[6]        [concept: ferrule]
[7]      </termEntry>
[8]    </body>
```

图 8　TBX 条目示例

在上面的例子中，我们看到另外两个占位符，一个用于"画笔"，另一个用于"套圈"。每个〈termEntry〉元素都包含一个概念型术语条目。第一个指定了 C65 的概念标识，并指定一个画笔（例如用在陶瓷或帆布上绘画用的画笔，而不是用于商业绘画的宽画笔）。第二个指定了 C182 的概念标识，并指定了一个套圈，它是画笔的一个组成部分。每个概念标识用作对特定概念条目的明确引用。使用概念标识后，其不能再用于标识同一 TBX 文档中的另一元素。但是，概念标识与某些通用概念系统无关。概念标识仅允许明确引用 TBX 文档中特定的〈termEntry〉元素，使用其他机制提供与 TBX 文档外部的概念系统、库分类系统或同义词库的链接。将来，预计会有很多术语库将对整个术语库采用全局唯一标识符，该标识符可与术语库或 TBX 文档中独一无二的概念标识符组合，以形成概念条目中的全局唯一标识符。如果可能的话，术语库标识符应该是持久的，这意味着其不依赖于可能会随着术语库在计算机系统间转移而改变的某条信息。

如图 9 所示，"画笔"由"刷头""手柄"和将刷尖连接到手柄的"套圈"组成。

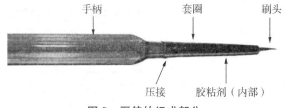

手柄　套圈　刷头

压接　胶粘剂（内部）

图 9　画笔的组成部分

概念 C65 和 C182 的扩展条目如图 10：

```
[1]  <termEntry id="C65">
[2]      <descrip type='subjectField'>fine painting</descrip>
[3]      <descrip type='definition'>An instrument composed of
...          bristles, or other like material, forming a brush
...          tip and set in a suitable handle and used for
...          various purposes, as in laying on
             colors.</descrip>
[4]      <langSet xml:lang='en'>
[5]        <tig>
[6]          <term>paintbrush</term>
[7]        </tig>
[8]      </langSet>
[9]      <langSet xml:lang='fr'>
[10]       <tig>
[11]         <term>pinceau</term>
[12]       </tig>
[13]     </langSet>
[14] </termEntry>
[15] <termEntry id="C182">
[16]     <descrip type='subjectField'>fine painting</descrip>
[17]     <descrip type='definition'>The metal tube connecting
...          the pa    intbrush tip to the handle.</descrip>
[18]     <langSet xml:lang='en'>
[19]       <tig>
[20]         <term>ferrule</term>
[21]       </tig>
[22]     </langSet>
[23]     <langSet xml:lang='fr'>
[24]       <tig>
[25]         <term>virole</term>
[26]       </tig>
[27]     </langSet>
[29] </termEntry>
```

图 10　TBX 中的概念条目

以上简单条目中的各条目均包含两个概念级元素：(1)"学科领域"和"定义"；(2)两个语言部分（英语为"en"，法语为"fr"）。每个语言部分（即每个〈langSet〉元素）由该部分目标语言中的一个或多个术语组成。需要注意，定义也可以放在语言部分级别中。TBX 用于表示级别选择，在此问题上不采取理论化的立场。

实际操作中，数据类目能明确指出该术语的词性，也是较好的。但是，为使示例简化，图中并未表明"画笔"或"套圈"的名词词性。

这两个条目都包含在绘画这一学科领域内。语言部分包含指定各自概念的英语和法语术语；整个笔刷及连接刷头的刷毛和手柄的笔管。语言部分中处理的语言分别被视为该部分的对象语言。条目级展现的定义元素应用英文写入，因为 TBX 文件的工作语言是英文，且没有其他本地语言指标可以取代全局设定。

TBX 可以表示术语库中的各种信息，包括如上所示的简单示例（仅包含少数数据类目）和更加复杂的条目。接下来，我们将检查 TBX 是否符合这十项要求。

3.1　可检查性

TBX 是一系列可扩展标记语言的标记语言，所有这些语言都应由 Unicode 格式文本组成，从而满足可检查性。2008 年版 TBX 标准（ISO 16642 2008）第 8.6.4 节规定：

在 TBX 中，所有文本都应采用 Unicode 编码（ISO／IEC 10646）。Unicode 有三

种可用的编码：UTF－8、UTF－16和带有非ASCII字符的七位ASCII可以作为其Unicode代码点的十六进制字符引用。十六进制字符引用应按可扩展标记语言标准中的规定表示。

在TBX示例中，第一行（可扩展标记语言陈述）里没有编码属性，表明文档默认采用Unicode的UTF－8编码。

3.2 平台独立性

上述TBX中满足可检查性的部分同样应当满足平台独立性。基于可扩展标记语言格式的主要优点之一就是其平台独立性。

3.3 结构上符合术语标记框架元模型

如TBX标准（ISO 16642 2008）中所述，〈martifHeader〉元素对应于图1中的术语标记框架元模型中的全域信息构件，而〈back〉元素［在TBX标准（ISO 16642 2008）中有相关规定，本章不再阐释］对应于互补信息构件。TBX文档实例主体中的每个〈termEntry〉元素对应于术语标记框架元模型中的一个术语概念条目。术语标记框架中的语言部分是TBX中的〈langSet〉元素；术语标记框架中的术语部分是TBX中的〈ntig〉元素；术语标记框架中的术语构件部分是TBX中的〈termCompList〉元素（与〈back〉元素一样），〈termCompList〉在TBX标准（ISO 16642 2008）中有相关规定，本章不再阐释。

需要注意，在示例TBX文档实例中，没有〈ntig〉元素（"内嵌术语信息组"），但有〈tig〉元素（"术语信息组"）。〈tig〉是〈ntig〉的简化版本，不能使用术语构件最终级的可选项：在形式上将术语分解为单词或词素等构件在术语库中是相当罕见的。

3.4 使用 ISOcat

2008年版的TBX标准（ISO 16642）是本书撰写时的最新版本，未明确提及ISOcat，但是，其确实涉及ISO 12620（1999），ISO 12620（2009）的新版本也涉及ISOcat。TBX标准（ISO 16642 2008，第6.1节）规定数据类目应取自ISO 12620（1999，2009）。

3.5 数据基本原则

从某种意义上说，在任何可扩展标记语言中都不可能强制实施数据基本原则。用户始终可以将两条信息黏贴到可扩展标记语言元素的内容或可扩展标记语言的属性值中。但是，TBX通过为每个数据类目提供单独的元素来支持数据基本原则，如第3节（TBX的评估）中所提供的TBX文档实例中所示。

3.6 术语自足性

TBX仅允许同义词作为拥有自己〈ntig〉或〈tig〉值的一类术语，从而确保术语自足性。

3.7 灵活性

满足灵活性要求的TBX研究法包括使用一些模式定义语言来定义所有TBX方言所共

有的核心结构以及名为可扩展约束规范（XCS）的形式表征，以指示 TBX 方言中使用的数据类目。

以下数据类目（源自 ISO 12620 1999）可用于所有 TBX 方言：

1. 术语；

2. 注；

3. 日期；

4. 语言（体现为 xml：lang 元素）；

5. 高亮显示（在文本中体现为〈hi〉元素）；

6. 外部（在文本中体现为〈foreign〉元素）；

7. 其他内嵌标记（使用〈ph〉进行非配对标记，例如 HTML〈tag〉标记），使用〈bpt〉和〈ept〉用于配对标记，例如打开和关闭斜体）；

8. 链接（使用〈ref〉表示转到 TBX 文件内其他元素的内部链接；使用〈xref〉及标识、目标属性指向 URL 或其他类型 URI 的外部链接）。

这些数据类目是 TBX 核心结构的一部分，但并不要求 TBX 方言使用全部数据类目。例如，特定方言可以包括如禁止使用内嵌标记的约束，使所有文本均为纯文本。

TBX 方言所需的任何其他数据类目必须归类为抽象数据类目的实例。最常见的抽象数据类目，即 TBX 标准（ISO 16642 2008）的第 8.7 节中的"元数据元素"是：

1. 术语注释；

2. 描述；

3. 管理；

4. 事务。

当其类型属性被赋值时，这些抽象数据类目都会成为具体数据类目。从本节的示例 TBX 文档实例中，我们可以看出"学科领域"和"定义"数据类目都是抽象数据类目"描述"（"描述性的"）的实例。抽象数据类目"术语注释"的实例包括语法数据类目和数据类目"术语词型"。"管理"（"与管理有关"）数据类目的典型实例有"源"，"源标识符"以及"产品子集""项目子集"等此类的各种子集数据类目。"事务"数据类目包括"组织""输入""修改""批准"和"撤回"。事务属于管理信息，但其具有单独的抽象数据类目，因为其内部结构通常由责任方、日期和关于事务的其他信息组成。

抽象数据类目允许 TBX 的所有方言共享相同的核心结构，并能够使用相同的核心结构模式进行检查。只有当某个方言去除了核心结构的某个部分时，方言间的核心结构才会出现差异。方言无法添加额外的核心结构特征，并且仍然是 TBX 系列交换格式的一部分。

核心结构使方言的共性形式化，而 XCS 数据结构使方言间的大部分差异形式化。正如 TBX 标准（ISO 16642 2008）简介中所述：

由于数据类目的不同以及出现这些数据类目的术语条目的级别不同，术语标记语言（TBX 方言）可能会有所不同。这些对核心结构的约束（定义特定的术语标记语言)在 XCS 文件中通过形式有所表征。

TBX 标准(ISO 16642 2008)中提供了 XCS 的结构,默认 XCS 在标准中定义了一种 TBX 方言。LISA 定义了 TBX-Default 的一个子集,称为"TBX-Basic"[①]。赖特(Wright 2010)等人的文章中描述了一种比 TBX-Basic 更受限制的 TBX 方言。

通过定义核心结构和 XCS 形式来表示特定方言的主要特征,TBX 满足灵活性要求的同时,也显示了所有 TBX 方言的共同点。

3.8 合规性检查

使用通用验证可扩展标记语言解析器和核心结构模式便可完成 TBX 核心结构的合规性检查,或用 DTD 表示,或者转换为 XSD 或 RNG 模式。TBX 资源网页上提供核心结构 DTD 与其他 TBX 资源[②]。

使用集成模式可完成 TBX 方言的合规性检查。集成模式将核心结构模式与 XCS 文件中的约束相结合。例如,集成模式中需要共现约束来指示可扩展标记语言元素内容的选择列表,如⟨termNote⟩(元数据类目)由类型等属性值决定。这种约束是必须的。因为虽然具体的数据类目如"grammaticalNumber"和"grammaticalGender"都基于⟨termNote⟩,但两者的选择列表明显不同。

或者,可以通过名为"TBX Checker"这一基于 Java 的开源工具执行针对核心结构和任意 XCS 文件的动态合规性检查。此工具也可在 TBX 资源网页上获取[③]。

使用集成的 XSD 模式检查 TBX 方言的合规性需要 XSD 1.1 及以上的版本,因为 1.0 版本不支持共现约束。

为了简化集成模式,可使用另一可扩展标记语言样式。由 LISA(2002)发布的 2002 版 TBX 中,已有另一种名为 SRa 的可扩展标记语言样式,其中数据类目从属性值转换为标签名称。此样式已恢复,现称为"标签数据类目"(Data Category as Tag name,DCT)。TBX 的主要可扩展标记语言样式称为"属性值数据类目"(Data Category as Attribute Value,DCA)。属性值数据类目和标签数据类目这两种样式是同构的,也就是说,它们可以来回转换而不会造成信息丢失。TBX 标准(ISO 16642 2008)增加的附件(计划于 2013 年开始修订 TBX 的 ISO 版本)或许将针对标签数据类目样式制定标准。

图 11 显示了一个定义的属性值数据类目的开始标签及其标签数据类目编码。

```
DCA: <descrip type="definition">
DCT: <definition metaType="descrip">
```

图 11　属性值数据类目和标签数据类目编码样式

在属性值数据类目中,数据类目(元类型)的类别是标签名称,实际上的数据类目名称则是类型属性值。在标签数据类目中,数据类目名称和元类型相互交换,这样数据类目的名称才是正确的标签名称。

---

①　可通过 http://www.tbxinfo.net/获取。

②　可通过 http://www.tbxinfo.net/获取。

③　可通过 http://www.tbxinfo.net/获取。

尽管属性值数据类目和标签数据类目的可扩展标记语言编码样式在形式上的差异微不足道，两者可以自动相互转换，但是某些情况下，其中一种样式可能比另一种更合适。属性值数据类目样式的优势在于，它将 TBX 的所有特定方言相结合，以便后者都能够对核心结构进行验证。标签数据类目样式的优势在于，在没有任何自定义软件的情况下，可以更加直接地针对一个模式验证 TBX 的特定方言。然而，一旦广泛使用 XSD 1.1，这种优势将不再那么显著。

这样看来，最好将标签数据类目作为 TBX 的主要样式，并且从核心结构或其子集中形成模式及形式约束规范。然而，如今以属性值数据类目作为主要样式的传统已然形成，并且许多计算机系统已经通过使用属性值数据类目样式执行 TBX。

虽然本章主要关注 TBX 及其早期版本，但这里应该提到另一种基于可扩展标记语言的术语标记语言 Geneter(2008)。一项未发表的关于 TBX 和 Geneter 的比较研究向 ISO/TC 37 提出，TBX 可用于术语交换，而 Geneter 可用于术语生产（例如人工数据输入和概念条目的编辑）。该研究进一步建议两种格式应实现完全互操作。TBX 的属性值数据类目和标签数据类目样式形式化是实现 TBX 和 Geneter 可互操作的重要一步，因为 Geneter 使用的句法类型更类似于标签数据类目样式而不是属性值数据类目样式。

标签数据类目样式的优点是，能够融入仅限于使用文档类型定义的较大的文档生产或管理系统中，即便在许多人看来文档类型定义已经过时。例如，ISO 就是一例，其近期以较大的可扩展标记语言文档格式实现了标签数据类目样式的 TBX 标记。

如果需要基数约束，标签数据类目样式同样有用。在 TBX 中，大多数数据类目可以多次出现。例如，一个术语可以有多个事务或多个语境示例。许多术语库控制基数，即特定数据类目出现的次数。例如，特定术语库可能仅允许概念级别具有一个定义。除了将术语部分（〈ntig〉或〈tig〉）限制在一个术语之内，其他的基数约束不是 TBX 的一部分。

ISO/TC 37 内部针对此问题进行了广泛讨论，但尚未达成完全共识。大多数人的观点是，术语库交换格式的作用不是强加基数约束。相反，强加基数约束是术语库需要完成的工作。而如果一个导入文件在特定点包含的特定数据类目比目标术语库所允许的多，那么导入例程的工作就是对如何处理定义或其他数据类目冗余等问题做出智能化的决策。一种方法是不删除多余的数据类目，而将其转换为注释。如果决定除了 XCS 文件施加的约束之外，在 TBX 方言中实现基数约束，若要求使用集成模式而不是自定义软件检查与基数约束的合规性，那么转换为 TBX 的标签数据类目样式且使用为标签数据类目样式 TBX（而不是属性值数据类目样式 TBX）定义的集成模式将有所帮助。

3.9　近盲导入

询问 TBX 总体上是否允许近盲导入是没有意义的，因为每个 TBX 方言具有不同程度的盲度。假如盲度高很重要，只要每个数据类目都具有一个选择列表且该列表有意义，则可以对 TBX 的方言进行定义。一般来说，TBX 方言的约束越多，其允许的数据类目越少，就越容易完成映射。因此，TBX-Basic 等 TBX 方言可用于相对盲交换，而 TBX-Default 等更开放的方言则不能。

本章探讨的内容并不包括关于近盲导入的详细讨论。特别是，当涉及"学科领域"这类数据类目时，甚至连是否可以定义一组满足每个用户和术语交换目的的域名都属于意义重大的哲学辩论范畴。如果可能的话，定义一个满足所有用户的通用本体也应成为可能。

3.10　标准机构认可

TBX(ISO 16642 2008)是 ISO 标准,它已被认可成为 ETSI 标准,因此满足了需经标准机构认可这一要求。

另一种格式是多年前开发的开放式词典交换格式(Open Lexicon Interchange Format, OLIF)(OLIF Consortium 2008)。开放式词典交换格式作为术语库交换格式曾被使用了一段时间,但未被任何标准机构采纳,并且尚不清楚其自 2008 年以来是否进一步完善。开放式词典交换格式的主要目的是完成交换机器翻译和自然语言处理任务之间的词库交换。

3.11　关于 TBX 的一些异议

从"可检查性"到"标准机构认可"可见,TBX 满足了第 2 节"设计要求"内容中的十项要求。但是,随着组织开始执行 TBX 导入和导出程序,也出现了一些针对 TBX 各个方面的反对意见。这些批评虽不尽相同,但都围绕着一个主题:TBX 使用起来太复杂。

例如,TBX 使用两个元素(⟨ntig⟩和⟨tig⟩)表征一个术语部分(根据术语标记框架的要求)。⟨ntig⟩的结构比⟨tig⟩的结构更复杂。⟨ntig⟩的复杂性将术语按术语构件的级别(术语标记框架中的最低级别)分解为其组成构件,如单词、词素或音节。大多数术语库不包括此级别,因此 TBX 中包含⟨tig⟩选项;使用⟨tig⟩选项允许导出例程为术语部分创建更简单的可扩展标记语言结构。使用此类术语库的实施者希望在 TBX 中仅保留⟨tig⟩选项。然而,其他人则建议在 TBX 中仅保留⟨ntig⟩选项。在 TBX 方言同时允许⟨tig⟩和⟨ntig⟩的情况下,实施者在开发导入例程时必须同时处理这两种选项。

关于各种"... Grp"元素也有类似的反对意见,例如 TBX 中的⟨descripGrp⟩和⟨adminGrp⟩。当描述性或管理性数据类目没有与之关联的附加信息时,例如注释或指向另一个元素的链接,其可以包含在 TBX 文件中而不嵌入⟨...Grp⟩元素。当出现注释或链接时,需要⟨...Grp⟩元素以明确哪个元素与注释或链接相关联。那些需要⟨...Grp⟩元素的人有时会建议描述性和管理性元素都应当嵌入⟨...Grp⟩元素以保证一致性,而不需要⟨...Grp⟩元素的人则建议为了简洁性删去⟨...Grp⟩元素。

正如实施者不愿意处理不需要的结构选项或多种结构选项一样,他们自然也不愿意在导入 TBX 文件时处理与其术语库无关的数据类目。XCS 机制通过在形式上对目前方言中可预期的数据类目进行定义来解决这一问题。与 TBX 各种方言相关联的核心结构需要类似的机制。TBX-Basic 已经通过囊括核心结构模式——TBX-Default 核心结构的子集,朝着目标更进一步。为了保持方言之间的兼容性,简化的核心结构模式必须保留默认核心结构的所有必需元素。这一要求可以保证任意符合 TBX-Default 子集方言的 TBX 文件也符合TBX-Default。

对 TBX 的另一反对意见是,要同时发送 TBX 文件、与之关联的 XCS 文件以及模式文件(同 TBX 方言核心结构和 XCS 文件相关)很不方便。一种解决方案是在 TBX 文件的标头中指定远程服务器上 XCS 文件的 URL,而不是将 XCS 文件与 TBX 文件一起发送。远程引用已被证实在自动检索 XCS 文件时会产生问题,因为许多组织现在都有阻止文件传输的防火墙。

消除这些额外文件的另一种方法是使用⟨martif⟩元素(TBX 文件的根元素)的类型属性值,用于指示与 TBX 文件一起使用的 XCS 文件和核心结构模式文件。例如,martif type =

"TBX-Basic-V1"。该解决方案要求使用权威网站（例如 ETSI）注册 TBX 方言。注册的方言名称将针对人机消费方言的各种信息进行检索。

TBX 标准（ISO 16642 2008）附录 D 第 4 节为此解决方案打开了大门：

> 如果使用类型属性值"TBX"，则 TBX 文档实例应遵循默认的 XCS 文件。如果 TBX 文档实例遵循另一 XCS 文件，则类型属性值可以包含"TBX-"加上与 XCS 文件关联的另一个词，如"TBX-Basic"。

这种处理 TBX 方言的方法将允许符合注册方言的 TBX 文件在不含附带文件以及可能会被某些防火墙阻止的外部链接的情况下进行传输。

值得注意的是，就合规性检查而言，⟨martif⟩元素上的类型属性值没有内部结构。

本章合规性检查的部分已经指出，有些人认为标签数据类目样式应当成为 TBX 的默认样式。也就是说，除了一些基础的数据类目（选择列表值）之外，其他数据类目都应该是标签名称而不是属性值（属性值数据类目样式）。属性值数据类目样式应当成为 TBX 默认样式的一个原因是 TBX 的早期版本使用了属性值数据类目样式。另一原因是在文本编码规范（Text Encoding Initiative，TEI）中，属性值数据类目样式与类型属性的使用非常吻合（TEI，2012）。MARTIF 是 TBX 的早期版本之一，是术语数据标记语言的直系后代，属于 TEI 指南第 3 版的一部分。TBX 的一些高级结构来自 TEI。特别的是，TBX 的全域信息元素（称为⟨martifHeader⟩）与 MARTIF 明显相关，可以看作类似于 TEI 标题。有些人可能会否认发展历史和向后兼容的重要性，但 TBX 仍然很大程度上受历史因素的影响。关于 TBX 的要求，常被提及的一个就是要解释设计原则以及某些可扩展标记语言元素被包含其中的原因。本章对术语库交换格式提出了十项要求，并表明 TBX 满足这些要求。因此，设计原则的问题已经阐释清楚。正如下一节所述，TBX 已经在许多方面得以实施。这使得下一版 TBX 的向后兼容性变得非常重要。

4　TBX 的现状

为确定包括编写、翻译、本地化和自然语言处理等领域在内的这些语言行业是否正在实施术语交换标准，可查阅以下内容：

1. 人工翻译使用的翻译工具；
2. 术语管理系统；
3. 在各种商业、学术、政府和非政府组织环境中使用的术语库（也称"术语数据库"）；
4. 为人类创建文件资料的编写工具；
5. 与术语相关的期刊文章。

有关 TBX 使用的信息会不时更新，并在 TBX 资源网页上提供相关信息。①

---

① www.tbxinfo.net

5 TBX 未来展望

TBX 实施初期要不断改进。现阶段则需要进行更为细致的实验,检验使用 TBX 交换简单和复杂术语信息的实际情况。即便在此之前 TBX 就已经显现出几个仍需发展的领域。

5.1 自成体系的 TBX 文件

如前所述,TBX 方言需要一个注册机构,其很可能是欧洲电信标准化协会(ETSI)。〈martif〉元素上的类型属性值,例如 TBX-Basic-V1,必须出现在注册表中。与该值相关联的是 TBX 方言名称、核心结构(默认核心结构或其子集)、该方言的 XCS 文件以及核心结构和 XCS 文件中未说明的其他任何约束。这使 TBX 文件自成体系。目前,为了检查 TBX 文件是否符合 TBX 标准(ISO 16642 2008),需要几个附加文件(TBX 方言的核心结构模式、方言的 XCS 文件和 XCS 文件的模式)

5.2 抽象模型

应该为 TBX 的默认核心结构和 TBX 的各种标准方言开发一个抽象模型。该抽象模型可以自动生成多种表征,包括标签数据类目和属性值数据类目以及 JSON(一种常用于数据交换的非可扩展标记语言的标记语言)。例如,该抽象模型可以用通用建模工具(GMT)或统一建模语言(UML)实现。ISO / FDIS 24156(2013)描述了统一建模语言在术语工作中的使用。表达抽象模型可能用到的另一种工具是来自文本编码规范(TEI)的"一份文档搞定一切"("One Document Does it all," ODD)①。

5.3 关于创建持久标识符方法的协议

需要就如何为概念条目创建持久标识符达成共识,这样一来,即使术语库从一个计算机系统移动到另一个计算机系统,也可以从 TBX 文件追溯到其来源术语库。术语管理中持久标识符可能会以国际标准(ISO 26324 2012)为基础。还应在 XCS 文件中使用持久标识符,将数据类目与 ISOcat 连接起来。对持久标识符的要求不仅是 TBX,也是许多交换格式的一个重要问题。

5.4 开发其他开源 TBX 实用程序、指南和方言

在撰写本文时,已经有用 Java 编写的 TBX 检查器,可以检测 TBX 的开源合规性。还有可以从表格生成 TBX 文件的实用程序,可以在文本编辑器或电子表格中创建这个程序。该实用程序可以在 TBX 资源网页上找到②。而用于创建 TBX 文档和查看 TBX 文档的其他实用程序正在开发中。大型机构术语联合会(Terminology for Large Organisations)正在研制用于检查 TBX-Basic 术语标记语言合规性的 TBX 指南③。

与许多标准一样,TBX 实施者需要一些衍生文件,需要制定一份实施 TBX 的指南,该指

---

① http://www.tei-c.org/Guidelines/Customisation/odds.xml

② 可通过 http://www.tbxinfo.net/获取。

③ terminorgs.net。

南应当符合 TBX 标准（ISO 16642 2008），但面向术语学家以外的软件开发人员。

可以根据用户需求开发其他 TBX 方言。

5.5　TBX 实施认证

随着对 TBX 实施现状的研究，肯定会有其他需要改进的地方。ISO 16642（2008）标准十分复杂，实施起来并不容易。

与其他标准一样，可能需要某些组织建立认证团体来测试 TBX 的实施情况，并为通过特定测试的产品提供认证

5.6　合并过程审查

与将信息从一个术语库合并到另一个术语库相比，将 TBX 文档导入空白术语库要简单得多。合并多个术语库中的术语还需要进一步探索。当概念条目中的一个或多个术语在目标术语库中已经存在时，想要检测其是否指代相同或不同的概念，目前在程序上还不能实现。这一判断过程能够确定是否应合并两个条目。由于现有技术无法实现自动化判断，因此导入过程总会出现许多重复条目，通常称为双重条目（doublet）。目前，解决双重条目问题主要依靠手动操作完成。这对于管理要经常引进术语的术语库的术语学家来说一直是一个重大的挑战。虽然解决这个问题可能不在交换格式讨论的范围，但它仍然是一个主要问题，我们希望最终可以通过对消除歧义的进一步研究来解决。

5.7　与编写和术语挖掘的关联

术语管理与编写、翻译以及内容管理的其他方面都密切相关。需要协调在文档编辑所有阶段所使用的术语。TBX 可用于执行此协调任务，尤其是在使用多个供应商工具的情况下。

如何提升大型双文本语料库（已分段且对齐好的文本集及其译文）的可获取性和使用度，是术语专业领域面临的一个主要挑战。许多非术语学家都对术语工作的必要性持怀疑态度。他们认为双文本语料库快速搜索最终可以取代术语库。双文本语料库快速搜索严重威胁到术语工作的核心，即记录和评估主要来自语料库的多种选择。当每个译者需要当场决定使用哪个目标语术语时，应如何在编写或翻译中保持一致性呢？术语在语料库中出现的频率不能代替人类的判断。

使用术语库交换格式有利于在查阅双文本语料库时非常轻松地创建概念条目，同时使用可以检查术语库动态增长情况的软件。

5.8　从便携设备访问术语库

联网便携设备的使用频率正在急剧增长，但通过便携设备访问术语库的应用程序尚未完全成熟。便携设备访问术语库的方式可能会受需要在出行时使用术语的用户的欢迎。可以通过 TBX 将术语传送到设备，并根据学科领域对其进行过滤，使之对语境敏感。

5.9　人工翻译和机器翻译的整合

可以预见的是，人工翻译和机器翻译在未来将共存。TBX 可用于保持机器翻译系统和人工翻译工具之间术语的同步。越来越多的文档采取由机器翻译然后再经由人工审校的方

式,这可能会使术语同步变得更加重要。

5.10 在计算机辅助语言学习(computer-assisted language learning, CALL)中的应用

为语言学习者准确地提供术语以便其更好地理解视频片段中的对话,使故事片之类的原版视频资源在语言学习中发挥更大的作用,TBX 就可提供所需术语。

也许机器翻译可以结合上下文(前后单词)在字幕中提供每个单词的翻译。

5.11 与词汇标记框架(lexical markup framework, LMF)社区的协调

LMF 标准①、术语标记框架标准(ISO 16642 2003)和 TBX 标准(ISO 16642 2008)由不同社区开发。应当考虑如何有效地同时使用这些标准。

5.12 与使用 OWL 语言的语义网应用程序的整合

到目前为止,TBX 有两种可扩展标记语言样式:属性值数据类目和标签数据类目。需要开发第三种样式供语义网社区来使用。第三种编码应该用"xxx"(RDF)(2004)表示,因为 RDF 是语义网的基础。语义网现在应用于学科领域的特定网站,但迄今为止,术语社区与语义网社区之间几乎没有交互。为 TBX 开发完全同构的 RDF 样式,就像属性值数据类目和标签数据类目样式一样,可以使这种交互需求成为可能。有关 TBX 和语义网的演示幻灯片可在 2012 年 6 月的关联数据会议记录中获得②。

OWL 是 W3C 的网络本体语言(Web Ontology Language)。一旦基于 RDF 的 TBX 编码可用,就应该通过实验来确定 TBX 编码的术语库是否可用于自动创建 OWL 框架资源(W3C OWL 2007),其中包含与源 TBX 文件概念条目对应的概念条目,可以对之添加关于概念的 OWL 声明。

6 结论

TBX(ISO 16642 2008)拥有较长的发展历史,是一套成熟的框架,定义几种联系紧密的术语库格式,使之满足本章列出的十项要求。由于 TBX 与 ISOcat 密切相关,且不完全依赖于任何一种模式定义语言,TBX 还有成长和发展的空间。TBX 反映了术语学界当前的实践情况,其即将或已经实施的情况反映出其发展势头十分强劲。

如本章所述,TBX 在支持术语库交换方面比专用格式和 TBX 的早期版本更具优势。因此,TBX 有望成为广泛应用的交换格式。支持使用 TBX 的论据可归纳如下:

1. TBX 可以充分满足交换的目的,满足术语库交换格式的最低要求。
2. TBX 比其早期版本更加完善。所有 TBX 的早期版本都无法完全达到最低要求。TBX 是近 40 年来的最新进展,纠正了其早期版本的许多缺陷,代表着当前最佳实践成果。

---

① http://www.lexicalmarkupframework.org/

② http://www.w3.org/International/multilingualweb/dublin/slides/09-melby.pdf

3. TBX 正处于应用中。即使还不够完善，但 TBX 的应用现已十分普遍，并且其应用范围正在迅速扩大。TBX 现在被视为满足术语交换目的的默认格式，使用程度还在不断提升。

本章并未声称 TBX 是最佳术语库交换格式（事实上，这样的说法很难得到证实）。但是，根据本章所讨论的上述三个要点，TBX 是现在术语库交换的合理选择。

从 2013 年开始，TBX 标准(ISO 16642 2008)开始按照所有 ISO 标准审查的正常周期进行审查。本次审核将着重考虑维护向后兼容性与重新设计(但会破坏兼容性)的问题。

参考文献

Geneter. 2008. "Geneter_V01，a markup language for terminology works." Last modified 2008. http://www.geneter.org.

ISO 704. 2000. *Terminology work—Principles and methods*. Geneva：International Standards Organization. DOI：10.3403/02211674

ISO 1087-1. 2000. *Terminology work—Vocabulary—Part 1: Theory and application*. Geneva：International Standards Organization.

ISO 2709. 1981. *Documentation—Format for bibliographic information interchange on magnetic tape*. Geneva：International Standards Organization.

ISO 6156. 1987. *Computer applications in terminology—Data categories*. Geneva：International Standards Organization. DOI：10.3403/02920033

ISO 12200. 1999. *Computer Applications in Terminology—Machine-readable Terminology Interchange Format （MARTIF）—Negotiated Interchange*. Geneva：International Standards Organization.

ISO 12620. 1999. *Computer applications in terminology—Data categories*. Geneva：International Standards Organization. DOI：10.3403/02920033

ISO 12620. 2009. *Terminology and other language and content resources—Specification of data categories and management of a Data Category Registry for language resources*. Geneva：International Standards Organization. DOI：10.3403/30138758

ISO 16642. 2003. *Computer applications in terminology—Terminological markup framework*. Geneva：International Standards Organization.

ISO 16642. 2008. *Systems to manage terminology，knowledge and content—TermBase eXchange （TBX）*. Geneva：International Standards Organization. LISA - OSCAR version available through http:// www.tbxinfo.net/.

ISO 26324. 2012. *Information and documentation—Digital object identifier system*. Geneva：International Standards Organization.

ISO/FDIS 24156. 2013. *Graphic notations for concept modelling in terminology work — Part 1：Guide-lines for using UML notation in terminology work*. Geneva：International Standards Organization.

ISO/FDIS 26162. 2010. *Systems to Manage Terminology，Knowledge and Content-Design，Implementation and Maintenance of Terminology Management Systems*. Geneva：International Standards Organization. DOI: 10.3403/30190528

ISO/IEC 19757 – 2. 2003. *Information Technology—Document Schema Definition Language (DSDL)—Part 2: Regular-grammar-based Validation—RELAX NG*. Geneva: International Standards Organization.

Legally Blind. 1986. Social Security Act. 42 U.S.C. § 416(i)(1)(B) (Supp. IV 1986).

LISA. 2002. TBX Standard. LISA (Localization Industry Standards Association) (no longer available since LISA closed its doors).

OLIF Consortium. 2008. "The Open XML Language Data Standard." http://www.olif.net/.

Quin, Liam R.E. 2012. "Schema." *World Wide Web Consortium (W3C)*. http://www.w3.org/standards/ xml/schema.

Sperberg-McQueen, C. Michael, and Lou Burnard. 2004. "A Gentle Introduction to XML." *Text Encoding Initiative*. http://www.tei-c.org/release/doc/tei-p4-doc/html/SG.html.

Sperberg-McQueen, C. Michael, and Lou Burnard (editor). (1994) 1999. "Guidelines for Electronic Text Encoding and Interchange." *Text Encoding Initiative*. Chicago: TEI P3 Text Encoding Initiative. http://www.tei-c.org/Vault/GL/P3/index.htm.

Text Encoding Initiative (TEI). 2012. "TEI: Text Encoding Initiative." *Text Encoding Initiative*. http:// www.tei-c.org.

Text Encoding Initiative (TEI). 2012. "TEI: History." *Text Encoding Initiative*. http:// www.tei-c.org/ About/history.xml.

Unicode. 2014. *The Unicode Consortium*. http://www.unicode.org.

Wright, Sue Ellen and Gerhard Budin (editor). 1997. *Handbook of Terminology Management*, vol. 1. Amsterdam/Philadelphia: John Benjamins. DOI: 10.1075/z.htm1

Wright, Sue Ellen and Gerhard Budin (editor). 2001. *Handbook of Terminology Management*, vol. 2. Amsterdam/Philadelphia: John Benjamins. DOI: 10.1075/z.htm2

Wright, Sue Ellen, Nathan Rasmussen, Alan Melby, and Kara Warburton. 2010. "TBX Glossary: A Crosswalk between Termbase and Lexbase Formats." http://gevterm.net/tbxgcvt/reference/ TBX-Glossary_2010 – 10 – 29.pdf.

第四部分　个案研究

使用框架语义学构建法律术语双语词汇资源

雅尼娜·皮芒泰尔

蒙特利尔大学

"法律词典"(JuriDiCo)是一款免费的在线双语(葡萄牙语-英语)词汇资源,旨在描写法律术语,其建构使用了"框架语义学"(Fillmore 1977,1982,1985;Fillmore and Atkins 1992)、框架网方法论(Ruppenhofer et al. 2010),以及用于构建名为"网络信息基础词典"(DiCoInfo)的专项词汇资源库的方法论(L'Homme 2008)。JuriDiCo 可以让对法律术语感兴趣的用户(如翻译人员和技术撰稿人)进行语义学和称名学检索。最重要的是,它可以为用户提供恰当的翻译对等词。

关键词:"法律词典";专业动词;框架语义学;判断

1 引言

一般而言,创建多语种术语资源,特别是涵盖法律专门领域的多语种词汇资源,会触及将潜在的不对等术语加以关联的问题。尽管基于概念系统描述的术语资源长期以来一直在努力解决这个问题,但它们往往忽略了术语在语境中的使用问题。然而,现已证明,必须在系统和文本两个层面上寻求对等表述,因为术语的组合行为在术语对译词的选择中起着作用(Pimentel 2012;Rogers 2008)。因为忽略了语境问题,描述法律术语的多语种资源在为译者翻译法律文本提供所需的对译词方面差强人意,在涉及跨语法律专门领域的专项词汇资源方面,如葡萄牙语-英语-葡萄牙语,尤其如此。

一些术语资源的另一缺点是常常忽略了谓词单位(如专业动词)的描写。不过,近年来,一些研究已经揭示了人们为何对名词以外的词类缺乏兴趣,以及为何它们在术语资源中不受重视(Costa and Silva 2004;L'Homme 1998;Lorente and Bevilacqua 2000)。术语学对名词最感兴趣的原因之一在于传统描写术语学对客体及其指称的重视。尽管如此,一些研究人员认为,专业知识不仅限于客体,而且还应扩展至行动(De Vecchi and Estachy 2008;L'Homme 2003)。事实上,一般来说,动词应该纳入多语种术语资源、特别是涉及法律专门领域的资源,因为它们构成了解码、编码和翻译方面的挑战。例如,尽管译者或许知道动词 absolver("宣判无罪")在"absolver o réu do crime"("判决被告无罪")中的普通含义,他们可能并不知道动词 absolver 用于"absolver o réu da instância"(字面义:"被告当庭获释")语境下的意义及其对译词。同样,译者能理解动词 acordar("达成协议")的含义,但他们可能意识不到,在葡萄牙最高法院的判决中,该动词后常跟介词 em("在······中"),而不跟常用介词 com("和······一起")和 entre("在······之间")。

双语法律词汇资源 JuriDiCo[①] 描述了两个不同的法律和语言社区(即加拿大和葡萄牙)最高法院判决中出现的专业动词,旨在填补前文所述的研究空白。JuriDiCo 为用户提供术语所关涉的言内和言外信息以及对译词。所谓言内信息,我们指的是术语出现的句法结构、介词的选择、动词的行动元结构(亦称"论元结构")、术语的组合等(见第 4 节)。所谓言外信息,我们指的是概念场景或术语所指的背景知识(见第 4 节)。为了构建这一资源,基于框架语义学理论(Fillmore 1977,1982,1985;Fillmore and Atkins 1992)、框架网项目(Ruppenhofer et al. 2010)以及构建 DiCoInfo 基于的方法论(L'Homme 2008),我们构想了一种混合方法论。

本章结构安排如下:第 2 节简要讨论了涵盖法律主题领域的术语资源的一些局限性。第 3 节论述构建 JuriDiCo 所依据的理论和方法论原则。第 4 节概述了构建 JuriDiCo 的方法论。第 5 节结合示例阐述了 JuriDiCo 的宏观与微观结构,呈现宏观结构反映出的与专业动词描写有关的言内和言外信息,以便用户通过他们已经掌握的关于某一概念的知识(按框架搜索)来检索所需要的信息,或通过某一术语(按术语搜索)来了解其特点。最后,第 6 节提出了结论,并指出了未来的研究方向。

2 描写法律术语的资源

由于很少有在线资源和纸质辞书同时涵盖英葡两种语言,以下内容主要聚焦于英葡双语专门词汇资源的构建。正如德赫罗特和范莱尔(de Groot and van Laer 2008,9)在评估欧盟成员国不同双语法律词典质量时所言,葡英法律词典更像"词表词典",即"提供未经验证的译词的双语或多语术语列表,假定的对译词,对不同语义不做解释"。

在这方面,"欧洲交互查询术语库"(IATE)和"加拿大法律术语库"(the Canadian Juriterm)等则提供了更多的信息,与其他资源不同,它们有时会包括专业动词。然而,相关描述仍可优化。例如,如果有人在 IATE(2012)中输入英语动词"impugn"(质疑)并查找其葡萄牙语对译词,就会得到图 1 所示的结果。如查询结果显示,同一个条目下含有两个英语和一个葡萄牙语多词表达。"to impugn evidence"(质疑证据)可视为"to take exception to a witness"(强烈反对证词)的同义表达,因为没有更多信息表明二者之间在何种程度上相异。这

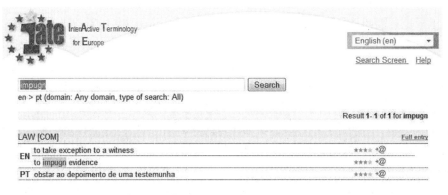

图 1　欧洲交互查询术语库(IATE)

---

① http://olst.ling.umontreal.ca/juridico

两种表述在葡萄牙语中的对等表述似乎是"obstar ao depoimento de uma testemunha",但不能确定它是否"to impugn evidence"(质疑证据)和"to take exception to a witness"(强烈反对证人)的准确对译词。

相比之下,"法律术语库"(Juriterm)(2012)不仅向用户提供了动词"impugn"(质疑)的语义信息,而且还提供了其搭配可能性,因为用户可以访问两个术语词条:"impugn"(质疑)和"impugn the credibility of a witness"(质疑证词可信度)(见图2左侧)。每个术语条目至少包含以下信息:一个法语对译词,术语标准化状态,术语语义与用法来源及注释。将这两个资源进行比较,可以清楚地看出,使用"法律术语库"(Juriterm)的译员在试图理解"impugn"(质疑)的语义时可以获得更多帮助。他们还可以从"impugn the credibility of a witness"(质疑证词可信性)这个条目中了解到,动词"impugn"(质疑)与术语"credibility"(可信性)组合时可以译为"reprocher"(责备)或"attaquer"(攻击)。然而,由于缺乏解释性语境,用户可能无法知晓术语"impugn"(质疑)在主体文本中的具体使用情况。此外,"impugn"(质疑)和"impugn the credibility of a witness"(质疑证词可信度)之间的差别本来可以得到更多的解释。

INFORMATIONS SUR LA VEDETTE

VEDETTE: impugn (v.)

INFORMATIONS SUR LES SOLUTIONS

ÉQUIVALENT 1 : attaquer
PONDÉRATION : Normalisé par PAJLO

CONSTATS
CONSTAT 1 : attaquer
SOURCE : PAJLO, Vocabulaire bilingue de la Common Law : Droit de la preuve, Coll. La Clef, Ottawa, Ass. Bar. can., 1984, p. 110.
CONSTAT 2 : attaquer
SOURCE : Ontario (Province), Lexique anglais-français du droit en Ontario, 3e éd., Toronto, Ministère du Procureur général, 1987, p. 129, no 3731.

INFORMATIONS COMPLÉMENTAIRES(CONSTATS)

(note) S'emploie souvent à l'égard d'un témoignage dont la véracité ou la recevabilité est mise en question ou à l'égard de la crédibilité d'un témoin.

C.L.E.F., Vocabulaire bilingue de la Common Law : Droit de la preuve, 1984, p. 110

RÉDACTION : CBL
DATE DE RÉDACTION : 5/31/1989
DATE DE MISE À JOUR : 6/5/1997
NUMÉRO DE LA FICHE : 6093

图2 加拿大法律术语库(2012)

我们认为,使用这些资源的译者可以从两方面获益:其一,与某一术语相关的概念场景的一致描述(言外信息);其二,对该术语组合行为和翻译结果的描述(言内信息)。

3 JuriDiCo:理论和方法论原则

本节描述 JuriDiCo 构建过程中所用到的识别术语言内和言外特征的理论和方法论原则。

3.1 框架语义学

框架语义学(Fillmore 1977,1982,1985;Fillmore and Atkins 1992)认为,对任何语言中

的实词最好的解释方式是诉诸概念背景（或框架），这些背景构成了其语义基础并促发它们的实际使用。以常被引用的"Tuesday"（星期二）一词为例。众所周知，我们生活在这样一个世界里：循环日历将时间分为不断重复的周期，年被划分为月，月又被划分为周，周又被划分为日，这些日子都有循环使用的名称。正如菲尔墨（Fillmore 1985）所解释的那样，定义"Tuesday"（星期二）必然要定义循环日历的概念，后者为"Tuesday"一词以及其他词如"week"（周）、"month"（月份）、"Wednesday"（星期三）等提供了背景框架。因此，在框架语义学中，"Tuesday"是一个词汇单位，使人联想到［历法_单位］（［Calendric_unit］）这个框架。一个词可能产生的每一个意义都对应于一个框架，亦即框架语义学的一个组织单位，并且该词也是根据框架来定义的，不一定与其他词发生关联。通过这种方式，框架组织起由经验或概念场景相关联的单词。每个框架包含一定数量的语义槽或框架元素。框架元素是框架描述的情景的常规参与者或特征，甚至属性，总是指派一个语义标签。第 3.2 节将更详细地描述词汇单位和框架。

在非常概要地阐述了框架语义学理论的根本原则之后，还有必要交代我们缘何采用这一理论框架。首先，框架语义学特别适用于研究动词，因为动词是典型的框架触发或框架承载词。贝克（Baker 2009）甚至提议使用这一理论框架研究专业动词。其次，框架语义学特别适用于研究术语，它在专业领域里的应用性已经得到验证（Dolbey, Ellsworth, and Scheffczyk 2006；Faber, Márquez Linares, and Vega Expósito 2005；Schmidt 2009）。尤其是，框架语义学还适用于研究法律术语，因为框架语义学在某种程度上是基于对技术语言的实证观察，亦即对法律语言的观察。例如，菲尔墨（Fillmore 1982, 124）观察到，对许多多义词而言，它们在日常生活中各有一个普通用法，但在技术语言中则被赋予专门的用法。他把这种现象称为"词汇的专门用途框架"。最后，框架语义学特别适用于构建单语和多语词汇资源，因为框架在很大程度上被视为独立于语言（Baker 2009；Boas 2005）。

3.2 框架网

框架网是"一项计算词典学项目，使用人工和自动化程序从大型电子文本语料库中提取英语的词汇语义和句法信息，并以不同的网络报告来表呈这类信息"（Fillmore, Johnson, and Petruck 2003a, 235）。框架建构者遵循自上而下的方法识别框架、描述框架并开发框架触发词表。在选定框架后，他们开始非正式描述框架所表征的情境类别。举例来说，设想如下情境：两个人对于某件事有分歧。框架建构者首先准备一个可能触发这一框架、或用这一框架可以解释的词表。比如，触发两人就某事有分歧这一情境的单词是动词"to argue"（争论）。接下来，框架建构者检索语料库，并观察词目"argue"的语境共现行。通过对语境共现行的分析，词典编者意识到"argue"是一个多义词。具体而言，它有三个义项：(1)争吵义；(2)推理义；以及(3)一个与法律领域关联的含义。为了验证这些语义划分，会采用如下步骤（Fillmore, Johnson, and Petruck 2003a, 255）：

1. 对于出现在该动词后的每一种补语语义类型，框架网建构者寻找带有同样补语的其他近义词；
2. 他们留意哪些补语类型与语义共享词构成的组类相聚合；
3. 假定两种补语类型都与目标词共现，如果一种补语固定地与一组关联词共现,而另一种补语与另外一组关联词共现,那么,这就是语义区分,也就是框架区分的有力证据。

在两个人对于某件事有分歧这一情境下,动词"to argue"被指派一个名为[Quarrelling](争吵)的框架,定义如下(FrameNet 2012):"一群争论者(也可表达为争论者 1 和争论者 2)就一个 Issue(议题)表达不一致的观点或信念。"

框架中的参与者被称为框架元素。在[Quarrelling]框架中,有两个必需的或核心框架元素:争论者(也可表达为争论者 1 和争论者 2)和议题。在描述了框架之后,框架网编者会编制一组能触发该框架的词汇单位。就[Quarrelling]这一框架而言,能触发这一框架的词汇单位包括:"altercation"("争执",名词),"argue"("争论",动词),"argument"("论据",名词),"bicker"("争吵",动词),"bickering"("口角",名词),"disagreement"("分歧",名词)等。为完成框架区分,每一词汇单位都遵照上述步骤加以验证。最后,通过对主要来自英国国家语料库(BNC)的相关语句的标注,词典编者开始描写每一个单位。

JuriDiCo 尽管基本遵循了由框架网编纂者提出的方法论(Ruppenhofer et al. 2010),但是也做出了一些改变。框架网编纂者首先描写框架,然后描写触发框架的词汇单位,JuriDiCo 则首先依照预先设立的标准从语料库提取动词,然后把动词归入框架。与框架网相同的是,JuriDiCo 中的框架把同义词、近义词、反义词以及特定语言中的关联术语归为一组。与框架网不同的是,JuriDiCo 只是间接给出它所描述的术语配价模式,因为其语境标注模型与 DiCoInfo(见第 3.3 节)而非框架网更相近。

3.3 "网络信息基础词典"

"网络信息基础词典"(DiCoInfo)[①]是计算机和网络领域的一部在线免费词典,服务对象为翻译人员和技术撰稿人(L'Homme 2008)。DiCoInfo 按不同词类描述术语,如名词"configuration"(配置),"data"(数据),"memory"(内存),动词"to configure"(配置),"to download"(下载),形容词"configurable"(可配置的),"virtual"(虚拟的)等等。它的理论和方法论原则主要基于"详解组配词汇学"(ECL)(Mel'čuk et al. 1984-1999)。详解组配词汇学使用行动元结构对谓词性词汇单位展开详尽描写,即使用标记词汇单位特征的命题形式和变量所表征的语义行动元(例如,批评:X～Y 表示 Z)。

已有研究指出,详解组配词汇学的理论原则与框架语义学的理论原则是一致的(Coyne and Rambow 2009;Fontenelle 2000)。下文展示了 DiCoInfo 如何遵循详解组配词汇学原则(Pimentel,L'Homme,and Laneville 2012):

1. 每个词条解释一个具体的词汇单位(不是词汇项),例如,"address"(处理)出现于四个不同的词条,图 3 展示了第 4 个词条;
2. 通过分析领域内某一词汇单位与其他词汇单位在纵聚合和横组合维度上的一系列互动来区分语义;
3. 对词汇单位语义进行描述时,陈述论元结构(即"行动元结构")并给予其中

---

① http://olst.ling.umontreal.ca/dicoinfo.

心角色。当然,需要指出的是,在语义角色这一意义上,此处有别于"详解组配词汇学"(见图3)。鉴于语义标签基于菲尔墨早期的格语法理论且更笼统,DiCoInfo用到的语义角色数量实际上少于框架网所用的数量。此外,典型术语都有相应的语义角色(即例示语料库中典型术语有给定的语义角色)。

4. 重视列举词汇关系。

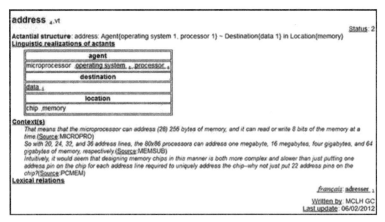

图3 DiCoInfo(2012)

与DiCoInfo相似但与框架网不同的是,JuriDiCo侧重描述术语的行动元结构,这样一来,用户可以快速获取术语语义中的必须参与者。设置行动元结构字段的另一原因在于,通过行动元结构可以有效捕获把术语归并到一个给定框架的各种视角。

最近,通过参考框架网的标注模块,DiCoInfo的术语学家已经把标注模块补充到术语描写中(L'Homme and Pimentel 2012)。DiCoInfo的标注方法论被改进得更加简洁,以便满足该项目的具体需求(Pimentel and L'Homme 2011 提供了标注规则的细节)。标注工作是以数据库的可扩展标示语言(XML)完成的。设计了一个具体图式来帮助编纂者选择行动元角色、句法功能和句法分组(L'Homme and Pimentel 2012 提及了框架网与DiCoInfo在标注上的异同)。JuriDiCo以JuriDiCo为模板为术语标注上下文(Pimentel 2012 对少量改动进行了描述)。

4 JuriDiCo:方法论

在本节中,我们以动词"to impugn"(质疑)为例来描述如何建构JuriDiCo。所有动词及相关描写数据都来自一个可比语料库。真实判决语料则分别来自加拿大最高法院和葡萄牙最高法院。在规模上,该语料库所收录的来自每一语种的语料词汇总量接近250万词,并由单一类型的文本构成,以便促进对库内术语的理解(Condamines 2008;Costa and Silva 2004;Rogers 2000)。

借助术语提取器TermoStat(Drouin 2003),通过比较专业语料库和通用语料库中词汇特征的统计,我们为每一种语料各抽取出一个备选术语列表。鉴于我们意在研究专业动词,只保留了有动词词性的备选术语。例如,动词"to impugn"(质疑)就因为有非常高的特征得分而被TermoStat抽取出来。借助索引软件,我们在语料库中考察了"impugn"(质疑)的用法,以确定其是否具有专业含义。通过应用一组词汇-语义标准,我们完成了此项工作,这些标准曾被用于验证备选术语的专业地位(L'Homme 2004)。例如,我们确定"impugn"是一个有效术语(语料请见附录 A),因为:

1. 它含有的一项语义与判决中所遵守的规程相关;
2. 它的行动元(亦称论元)是术语,"appellant"(上诉人),"respondent"(被告),"credibility"(可信性),"finding"(裁决),"integrity"(完整性),"interview"(审问),"lawfulness"(合法),"order"(程序);(见附录 A);
3. 它的形态派生词是术语,如"impugnment"(质疑),"impugner"(质疑者),"impugnable"(可质疑的),"impugnability"(可质疑性);
4. 它与主题领域内的其他术语构成聚合关系,如"to contest"(争辩),"to challenge"(反对)。

从对词语共现的分析可知,该动词似乎触发如下场景:某人就正在讨论的问题提出赞成的或反对的陈述、原因或事实,并由此质疑陈述或事实的合理性。"impugn"(质疑)是一个带有两个行动元的及物动词(请见如下标记),而且在语料库中仅有一个语义:

$impugn_1$:Arguer～Irregularity(质疑 1:争论者～不正当行为)

行动元"arguer"(争论者)指称表示人的术语,在判决中其具体角色是谴责"irregularity"(不正当行为)(见附录 A)。《布莱克法律词典》(*Black Law's Dictionary*)免费在线版(2012)将"不正当行为"定义为"在实际诉讼中违反或不遵守既定规则和惯例[…]的缺陷,或实施行为或辩护的模式……在法律诉讼中的做或不做,对应于法庭实践中的该做或不该做"。

在证实了动词"impugn"(质疑)的专业词汇地位之后,我们搜集了约 20 条语境来解释该术语。我们对其语义中的必须的和可选的参与者做了标注,并以数据库可扩展标示语言编码了所有数据。我们以这种方式获取了英葡两种语言中各 100 个专业动词义项。在这一过程中,我们还发现了别的似乎能触发类似场景的有效专业动词:"to allege"(指控)(见附录 B)和"to rebut"(驳斥)(见附录 C)。比较"impugn"(质疑)、"allege"(指控)和"rebut"(驳斥)出现的语境及它们行动元的语言实现,可以确定后两个动词会触发同样的场景,尽管这三者不是完全同义词。从表 1 可知,"impugn"(质疑)和"allege"(指控)具有相同数量的行动元,但是在所跟的具体行动元上存在差异:行动元"争论者"的语言实现在"allege"(指控)所出现的语境下更加多变;行动元"不正当行为"的语言实现则在"impugn"(质疑)所出现的语境下更加多变。术语"rebut"(驳斥)带有一个在"impugn"(质疑)和"allege"(指控)的行动元结构中都不存在的行动元:"evidence"(证据)。尽管存在上述差异,这三个动词均会触发同一场景,即某人就正在讨论的问题提出赞成或反对的陈述、原因或事实。我们把这一场景称为[Contesting](争辩),它可以把不是完全同义词的这三个术语归为一组,并提供这一框架的三种视角:就"impugn"(质疑)而言,所争辩的不正当行为类型变得多样化且非常相关;就"allege"(指控)而言,"争论者"是相关的;就"rebut"(驳斥)而言,它所强调的是争辩的方式。

表 1　触发同一场景或框架的专业动词

	impugn（质疑）	allege（指控）	rebut（驳斥）
行动元"争论者"的语言实现	appellant，respondent	accused，appellant，company，complainant，Crown，defence，employer，Mr Charkaoui，Mr Singh，Northrop Overseas，party，plaintiff，representative，Trarlzat，United States，VIA	party，person，prosecution，respondent，seller，Wal-Mart
行动元"不正当行为"的语言实现	accuracy，communication，conduct，credibility，finding，integrity，interview，lawfulness，order，principle，proceeding，reason，reliability，statement，validity	act，cause，error，violation，that-clause	allegation，argument，conclusion，evidence，fact，notion，presumption，proposition
行动元"证据"的语言实现	—	—	conformity，estimate，evidence，limitation，reason，statement

在完成对每一语言中动词的描写后，我们使用标记每一专业语义的框架标签来关联两种语言中的动词。被赋予同一框架标签的动词被视为备选对译词，这体现了框架具有跨语表征功能这一思想（Baker 2009；Boas 2005）。为了完成这一任务，我们请一位计算语言学家①编写了检索程序，以便归组含有同样框架标签的术语（见图 4）。

		impugn.1 en	rebut.1 en	arguir.1 pt	impugnar.2 pt	invocar.1 pt	allege.1 en
核心元素	争论者	5	8	15	18	16	19
	证据		13				
	不正当行为	20	20	19	23	19	22
非核心元素	基准	6	1	2	2	1	
	案件						
	条件			1			
	方式	2	1				1
	模式	2	1		1		
	地点				1		1
	目的					1	
	原因	1		7			
	文本	1		2	7		4

（表头右上角：争辩　索引）

图 4　通过框架标签归组备选对译词

---

① 伯努瓦·罗比肖（Benoît Robichaud），加拿大蒙特利尔大学意义-文本语言学瞭望站（Observatoire de linguistique Sens-Texte）研究助理。

我们观察到，葡语动词"arguir$_1$"（争论）、"impugnar$_2$"（挑战）和"invocar$_1$"（传召）被赋予同一框架标签［Contesting］（争辩）。因此，［Contesting］这一框架标签使得我们可以归组 6 个专业动词，即 3 个英语动词和 3 个葡语动词。由此，我们需要处理 9 对备选对译词：(1)"arguir$_1$"（争论）与"allege$_1$"（指控）；(2)"arguir$_1$"（争论）与"impugn$_1$"（质疑）；(3)"arguir$_1$"（争论）与"rebut$_1$"（驳斥）；(4)"impugnar$_2$"（挑战）与"allege$_1$"（指控）；(5)"impugnar$_2$"（挑战）与"impugn$_1$"（驳斥）；(6)"impugnar$_2$"（挑战）与"rebut$_1$"（驳斥）；(7)"invocar$_1$"（传召）与"allege$_1$"（指控）；(8)"invocar$_1$"（传召）与"impugn$_1$"（驳斥）；以及 (9)"invocar$_1$"（传召）与"rebut$_1$"（驳斥）。接下来仔细研究每一组对译词，以确定它们是否真正的对译词。如果是对译词，就有必要深究它们是否完全对译词。还有，如果不是完全对译词，则有必要探究导致某对动词差异的因素是什么。为完成这项工作，我们对有关这些动词的描写做了比较，具体而言：

1. 动词触发框架的方式。在此，我们考察动词是否以同样方式触发框架。在有些例子中，或许存在一种语言中的有些动词对应于它们在其他语言中的反义动词，这意味着它们以积极或消极方式来描述框架。在另外的例子中，归组到同一框架的动词并非每一语言中的完全同义词。例如，上文提及的"allege$_1$"（指控），"impugnar$_2$"（挑战）和"rebut$_1$"（驳斥）就不是完全同义词。这一结论同样适用于归组到［Contesting］（争辩）框架下的葡语动词。下面两个标准的应用可以验证两种语言中动词之间的异同。

2. 动词的行动元结构。我们着手考察成对的备选对译词的行动元结构，即行动元的数量。从图 4 可知，除"rebut$_1$"（驳斥）带有 3 个行动元外，其他动词均含有 2 个行动元。"rebut$_1$"（驳斥）可视为葡语动词"arguir$_1$"（争论）、"impugnar$_1$"（挑战）和"invocar$_1$"（传召）的部分对译词，因为在用它们替换"rebut$_1$"（驳斥）时，译者需要剔除葡语动词在实际语境中从不伴随的"evidence"（证据）这一行动元。就其他 6 组备选对译词而言，下面的这条标准进一步测试它们的对译词状况。

3. 框架元素的语言实现。分析对应于核心框架元素的行动元的语言实现，以考察动词的行动元性质是否完全相同。例如，一起被归组到［Contesting］（争辩）框架的英葡动词行动元的语言实现均指向相同类别的实体（见表 2）。然而，相较于"impugn$_1$"（质疑）所表示的行动元，动词"arguir$_1$"（争论）和"invocar$_1$"（传召）的行动元"irregularity"（不正当行为）的语言实现更多表示带有消极义的实体。与此相反的是，"impugnar$_2$"（挑战）的行动元"irregularity"（不正当行为）的语言实现则与动词"impugn$_1$"（质疑）的行动元语言实现相当高度的对应。有鉴于此，"impugnar$_2$"（挑战）和"impugn$_1$"（质疑）可视为完全对译词，而"arguir$_1$"（争论）和"impugn$_1$"（质疑）则可视为部分同义词。

每当一对动词有两个以上（部分的和/或完全的）对译词时，它们在数据库中被加以标记来注明它们的对译词状况。每一术语词条中提及的对译词都会建立超链接，这样一来，用户可以快速检索对它们的描写。下面一节将详细呈现 JuriDiCo 如何对信息编码。

表 2 "Arguer"（争论者）和 "Irregularity"（不正当行为）的语言实现

		争论者	不正当行为
英语	allege₁（指控）	accused，appellant，company，complainant，Crown，defonce，employer，Mr Char kaoui，Mr Singh，Northrop Overseas，party，plaintiff，representative，Tranzat，United States，VIA	act，cause，error，violation，that-clause
	impugn₁（质疑）	appellant，respondent	accuracy，communication，conduct，credibility，finding，integrity，interview，lawfulness，order，principle，proceeding，reason，reliability，statoment，validity
葡萄牙语	arguir₁（争论）	autor，interveniente，promitente-vendedor，recorrente，requerido，réu	culpa，excepção，ilegitimidade，incompetência，ineptidão，nulidade
	impugnar₂（挑战）	autor，recorrente，réu	acórdão，assinatura，condenação，dano，decisão，decisão de facto，despedimento，documento，entendimento，facto，factualidade，fundamento，letra，metéria de facto，parto，prova，valor，versão
	invocar₁（传召）	autor，recorrente，réu	abuso，alteração，caso，circunstância，excepção，facto，factualidade，fundamento，nulidade，resolução，violação

5 JuriDiCo：资源

本节阐述用户如何获取与术语相关的概念情境的描写（言外信息）以及术语的横组合行为与翻译可能性的描写（言内信息）。

5.1 宏观结构

JuriDiCo 为用户提供三种查询方式：(1) 按术语列表的首字母顺序浏览；(2) 使用搜索引擎；或者(3) 按框架列表的首字母顺序浏览（见图5）。如果用户选择第一种方式，可以点击术语来直接获取对它们的描写。如前所述，目前有两个术语表：英语术语表和葡语术语表。

Alphabetical list of terms | Alphabetical list of frames | Versão portuguesa | Documentation | Team | Help

Search the Juridico

Mode: Term ▾ ☑ Show equivalences
Language: English ▾
Precision: Exact ▾
Expression: _____

Search

图 5 JuriDiCo 检索界面

如果用户选择第二种查询方式,则需要选择检索模式:按术语,按框架,或者二者并用。名为"按框架和术语"的检索模式为用户同时提供术语和框架两种模式。这样,如果用户输入"remedy"(法定补偿),就可以获取"remedy₁"(法定补偿)这一术语以及[Remedy](补偿)这一框架。用户还可以选择精细参数来细化当前检索的术语所对应的内容。选择"Exact"(精确),则只会显示与用户输入的术语拼写完全一致的术语。这样,如果输入"assert"(坚称),检索结果仅限于这一拼写形式。用户如果输入"asse",则不会得到任何结果。选择"Starting with"(以……开头),则会显示以所输入字母序列开头的术语。例如,以"asse"检索的结果就会包含"assert"(坚称)和"assess"(应课罚金)。"containing"(包含……)则会显示含有所输字母序列部分的术语。因此,检索"as"会获得"assert"(坚称)、"assess"(应课罚金)以及"quash"(废止)这三个词条。

最后,如果用户选择第三种检索模式("按框架"检索术语),就可以按字母顺序浏览框架列表。如前所述,不管用户选择用哪种语言检索,框架列表仅有一种。

5.2 微观结构

每个术语词条和每个框架词条都包含具体的字段集。

5.2.1 术语词条

JuriDiCo 中的每个术语词条都包含如下信息项或字段(见图 6)。

impugn₁,vt

Status: 0

Frame
Actantial structure: Arguer{respondent} impugn Irregularity{validity}
Linguistic realizations of Frames Elements
Definition: An Arguer wants to prove that there is some kind of Irregularity.
Context(s)

português: impugnar ₂
português(partial): arguir ₁, invocar ₁

Written by: JP
Last update: 10/04/2012

图 6 JuriDiCo 中"impugn₁"(质疑)术语词条

词目词。该字段命名专业动词并加义项号,如"impugn₁"(质疑)。即便对于仅含有一个专业义项的术语,也会标记号码。凡该术语出现的其他区段也都会使用义项号。总体而言,义项不是按层级序列排列的,除非为了区分某个动词可能触发的不同框架,义项号码不具有特别含义。每个词条关键词都有一个标签来指示其词性归属。动词被标记为及物、不及物或(葡萄牙语中的)代动词。

框架。通过点击"框架"字段,用户可以获取四类信息:框架标签、框架定义、框架参与者以及触发该框架的其他术语。例如,[Contesting](争辩)标签被赋予动词"to impugn"(质疑)所触发的框架。框架名称以大写字母开头。框架的参与者被划分为必须参与者或核心框架元素与可选参与者或非核心框架元素。每一核心框架元素都有简明定义。"Other Terms"(其他术语)区段列出被归组到"Contesting"(争辩)框架的同一种语言的术语。被归组到该框架的术语可以是同义词、近义词和反义词。

行动元结构。行动元结构列出词目词的语义行动元,并描述与该谓词术语相关的角色。

该字段存在于“网络信息基础词典”，但未见于框架网。此处借用它以展示术语如何描述一个给定场景。核心框架元素在本质上是概念性的，行动元（传统上叫“论元”）则是语言实体。因此，术语的行动元可能或者也有可能不对应于术语所触发框架的核心元素，因为框架元素并不总是由触发框架的术语来表达。以术语“$impugn_1$”（质疑）为例，其行动元结构包含[Contesting]（争辩）这一框架三个核心元素中的两个（对比图 6 和图 8）。行动元由标签系统表征，这些标签描述其与谓语关键词相关的语义角色。例如，术语“$impugn_1$”（质疑）的行动元结构可表示为：Arguer～Irregularity（争论者～不正当行为）。

框架元素的语言实现。通过点击“frame”（框架）字段，用户可以获取例示核心框架的术语，这些框架元素由谓词词目词表达。框架元素的语言实现对应于动词行动元的实现，而且它们大多数情况下是名词短语的中心词。

释义。该字段提供动词的释义。释义可能或者也有可能不完全对应于框架的定义。例如，动词“$impugn_1$”（质疑）的释义表明该动词为[Contesting]（争辩）框架提供了一种视角的方式（对比图 6 和图 8 的释义）。

语境。该字段包含两类信息：该术语 3 个说明性的简要语境以及大约 20 个标注后的语境，并附有关于该术语语义和句法特征的总结表。通过点击“Annotated Contexts”（标注后的语境），用户可以获取标注后的语境和关于该术语语义和句法特征的总结表（见图 7）。

That was the issue on which Ms. Bowles had been subjected to an extensive cross-examination *which seriously* **IMPUGNED the *reliability*of her evidence**. [SCC-2009-27 0 JP 10/01/2011]

The *findings*of fact that compel this conclusion were open to the trial judge and **HAVE NOT BEEN IMPUGNED**. The Court of Appeal was bound to proceed on the basis of these findings, unless there was a palpable and overriding error: Housen v. Nikolaisen, [2002] 2 S.C.R. 235, 2002 SCC 33. [SCC-2007-24 0 JP 10/01/2011]

The *appellant* points to two portions of the charge in which the trial judge referred to the post-offence conduct, **and seeks to IMPUGN *them*both**. [SCC-2009-42 0 JP 10/01/2011]

图 7　术语“$impugn_1$”（质疑）的标注语境样例

使用如下方式醒目标示不同要素：(1) 标注所属的关键词术语全部大写；(2) 用不同颜色编码周围的行动元（每一种颜色对应于表征框架元素的不同标签）；(3) 粗体显示含有框架元素语言实现的句子；(4) 例示框架元素的短语的中心词以斜体显示。标注后的语境所附信息标明来源、标注状态（只有状态为 0 的语境会被显示）、编辑代码和最后更新日期。

对译词。该字段提供词目词的完全对译词（见图 6）。当某个术语有多个完全对译词时，对译词全部列出。如果没有完全对译词，则提供部分对译词。例如，“$impugn_1$”（质疑）有一个完全对译词“$impugnar_2$”（挑战）和两个部分对译词“$arguir_1$”（争论）、“$invocar_1$”（传召）（见图 6）。

管理信息。该字段提供关于词条状况、编者以及词条最近更新日期等信息。JuriDiCo 仍在建设中，因此，其中的词条可能处在编辑过程的不同节点。词条状况由数字表示，量化显示该条与其他词条相比的完成进度。Status 0（状态 0）意味着编辑工作已完成。Status 1（状态 1）意味着对区段的高级编辑状态（包含行动元结构、框架元素的语言实现和标注后的语境）。Status 2（状态 2）意味着只能获取术语出现的语境。

5.2.2　框架词条

JuriDiCo 中的每个框架词条都包含如下字段（见图 8）。

框架定义

This frame is related to the Argumentation frame. Whereas in the Argumentation frame the Arguer presents a statement, a reason or fact for or against the matter under discussion, in this frame the Arguer questions the validity of a statement or of a fact. This frame has three core FEs, i.e. Arguer, Irregularity and Evidence. Not all terms that evoke this frame profile the FE Evidence.

核心元素

争论者 It can refer to the accuser or to the defendant (criminal suit), to the petitioner or to the respondent (civil suit). The terms that instantiate the role of the Arguer are most often: Crown, appellant, accused, plaintiff, and respondent. However, the Arguer can also be instantiated by terms denoting a different specialized nature such as court and judge. Whereas the Protagonist is anyone who plays a given role, i.e. the role of the accused or of the accuser (criminal suit), the role of the petitioner or of the respondent (civil suit) and even the role of the judge, the Arguer is a Protagonist who plays the specific role of providing argumentation support. The Arguer has the right and duty to present arguments so as to keep the role of Protagonist in different moments of the lawsuit. Therefore, the Arguer is a type of Protagonist and the Protagonist becomes the Arguer at certain moments of the lawsuit.

证据 : The Black Law's Dictionary – Free online edition defines Evidence as "the means by which any alleged matter of fact, the truth of which is submitted to investigation, is established or disproved".

不正当行为 The Black Law's Dictionary – Free online edition defines Irregularity as a "violation or nonobservance of established rules and practices [...] defect in practical proceedings, or the mode of conducting an action or defense [...] The doing or not doing that, in the conduct of a suit at law, which, conformably with the practice of the court, ought or ought not to be done". Irregularity is a core FE in frames in which verbs usually combine with terms denoting negative events.

非核心元素

Basis, Case, Condition, Manner, Mode, Place, Purpose, Reason, Text

英语术语	葡语术语
allege 1 impugn 1 rebut 1	arguir 1 impugnar 2 invocar 1

图8 〔Contesting〕（争辩）框架词条

定义。该字段提供情境类型的图式表征以及所命名的参与者角色（即框架元素），情境类型构成术语（或术语集成员）的语义基础。框架定义可能会细化包含术语的句子语言化表达框架元素的方式，也会考虑某些术语对框架的视角化方式（比如，积极地或消极地）。

框架元素。该区段被划分为核心框架元素列表（框架的必须参与者）和非核心框架元素列表（框架的可选参与者）。每个框架元素都被赋予一个语义标签，表示其具体主题领域，如"法律"或"法官"或者更笼统的，如"争论者"和"重要人物"。

术语。该字段提供这两种语言中触发特定框架的术语列表。例如，在图8中，用户可以找到触发〔Contesting〕（争辩）框架的英语术语列表以及葡语术语列表。

6 结语和未来工作

在本研究中，我们首先讨论了法律领域现有术语资源的不足，然后阐述了构建JuriDiCo所依据的理论和方法论原则。语义框架为特定语言中的术语存在及其在话语中的使用提供了背景和理据，这就可以对术语的语义内容及其搭配语境进行分析，因为语义框架可以归组共享相似句法和语义型式的术语。我们证实了语义框架可以跨语归组术语，语义框架起到类似某种"中间参照体"的功能，借助语义框架，可以分配从可比语料库中选取的术语对译词。在总结了构建JuriDiCo所依据的方法论之后，我们用实例展示了该资源库的宏观和微观结构。其宏观结构反映了描写与专业动词相关的言内与言外信息，以使用户使用已知的关于概念的知识（按框架检索）来搜索所需的信息，或使用术语（按术语检索）来了解其特点。

目前，JuriDiCo描述了加拿大和葡萄牙最高法院判决中使用的最相关的专业动词，即通过 TermoStat 提取的、专业性得分最高且为有效术语的动词及其所触发的框架。在未来的工作中,我们设想将构建 JuriDiCo 的方法论加以扩展,以便描写其他词性(名词、形容词、副词)以及其他语言的术语。另外,目前我们还没有展示框架之间如何相互关联,也没有直接阐明术语之间的语义关系。不过,框架的识别和将术语归组到框架中的活动可以继续推进,以便解释这类信息。目前来说,动词出现的语境和描述动词及分配其对译词的语境信息都是人工标注的。因此,对我们研究方法的另一项改进可能是对语境的自动标注,即采用哈杜什、拉帕姆和洛姆(Hadouche, Lapalme and L'Homme 2011a)等提出、并由哈杜什等人(Hadouche et al 2011b)评估过的一种系统。鉴于语境的标注对词典编纂者和用户都有帮助(L'Homme and Pimentel 2012),自动标注可以加快词典编纂者的工作进度,并减轻其工作量。

致谢

感谢伯努瓦·罗比肖(Benoît Robichaud)编写了查询程序,使我们可以借助框架标签来归组所选取的动词,并比较动词行动元的语言实现。感谢玛丽·克洛德·洛姆(Marie-Claude L'Homme)对本文其中一稿的评论。本项研究工作受到葡萄牙科技及高等教育部科学基金会(FCT‐MCTES)和加拿大社会科学与人文研究委员会(SSHRC)的资助。

参考文献

Baker,Collin. 2009. "La sémantique des cadres et le projet FrameNet: une approche différente de la notion de 'valence'." *Langages* (4):32‐49. DOI:10.3917/lang.176.0032

Boas,Hans. 2005. "Semantic Frames as Interlingual Representations for Multilingual Lexical Databases." *International Journal of Lexicography* 18(4):39‐65. DOI:10.1093/ijl/eci043

Condamines,Anne. 2008. "Taking Genre into Account for Analysing Conceptual Relation Patterns." *Corpora* 8:115‐140. DOI:10.3366/E1749503208000129

Costa,Rute and Raquel Silva. 2004. "The verb in the terminological collocations. Contribution to the development of a morphological analyser Morphocomp." *Proceedings of the IV International Conference on Language Resources and Evaluation* (LREC 2004), 1531‐1534. Lisbon:ELRA.

Coyne,Bob and Owen Rambow. 2009. "Meaning-Text-Theory and Lexical Frames." In *Proceedings of the Fourth International Conference on Meaning-Text Theory* 2009,Montreal,Canada.

Dolbey,Andrew,Michael Ellsworth,and Jan Scheffczyk. 2006. "BioFrameNet:A Domain-specific FrameNet Extension with Links to Biomedical Ontologies." In *Proceedings of KR‐MED*,edited by Olivier Bodenreider,87‐94.

Drouin,Patrick. 2003. "Term Extraction Using Non-technical Corpora as a Point of Leverage." *Terminology* 9(1):99‐115. DOI:10.1075/term.9.1.06dro

Faber,Pamela,Carlos Márquez Linares,and Minguel Vega Expósito. 2005. "Framing Terminology:A Process-Oriented Approach." *Meta* 50(4):CD‐ROM.

Fillmore，Charles. 1977. "Scenes-and-frames semantics，Linguistic Structures Processing." In *Fundamental Studies in Computer Science*，*No. 59*，edited by Antonio Zampolli，55 – 88. North Holland Publishing.

Fillmore，Charles. 1982. "Frame Semantics." In *Linguistics in the Morning Calm*，111 – 137. Seoul：Hanshin Publishing Co.

Fillmore，Charles. 1985. "Frames and the Semantics of Understanding." *Quaderni di Semantica*，6(2)：222 – 254.

Fillmore，Charles and Sue Atkins. 1992. "Towards a Frame-based Lexicon：The semantics of RISK and its Neighbors." In *Frames*，*Fields*，*and Contrast：New Essays in Semantics and Lexical Organisation*，edited by Adrienne Lehrer and Eva F. Kittay，75 – 102. Hillsdale：Lawrence Erlbaum Associates.

Fillmore，Charles，Christopher Johnson，and Miriam R. L. Petruck. 2003a. "Background to FrameNet." *International Journal of Lexicography* 16(3)：235 – 250. DOI：10.1093/ijl/16.3.235

Fontenelle，Thierry. 2000. "A Bilingual Lexical Database for Frame Semantics." *International Journal of Lexicography* 13(4)：232 – 248. DOI：10.1093/ijl/13.4.232

Groot，Gerard-René De and Conrad J.P. van Laer. 2008. "The Quality of Legal Dictionaries：an Assessment." Working paper No. 2008/6，2008，Maastricht Faculty of Law. Last consulted November 27，2012. http：//papers. ssrn. com/sol3/papers. cfm? abstractid＝1287603；http：//arno. unimaas. nl/show. cgi? fid＝13383.

Hadouche，Fadila，Guy Lapalme，and Marie-Claude L'Homme. 2011a. "Attribution de rôles sémantiques aux actants des lexies verbales." *Traitement automatique des langues TALN 2011*，Avignon，June 27—July 1，2011.

Hadouche，Fadila，Suzanne Desgroseilliers，Janine Pimentel，Marie-Claude L'Homme，and Guy Lapalme. 2011b. "Identification des participants de lexies prédicatives：évaluation en performance eten temps d'un système automatique." *Actes de la 9e conférence international Terminology and Artificial Intelligence* (*TIA* '11)，94 – 100. November 8 – 10，2011. Paris，France.

InterActive Terminology for Europe (IATE). 2013. The European Union's multilingual term base. http：//iate.europa.eu.

JuriTerm. 2012. Centre de traduction et terminologie juridiques. Last consulted August 27，2012. http：//www8.umoncton.ca/cttj/juriterm/cttj/juriterm.dll/EXEC.

L'Homme，Marie-Claude. 1998. "Le statut du verbe en langue de spécialité et sa description lexicographique." *Cahiers de lexicologie* 73(2)：61 – 84.

L'Homme，Marie-Claude. 2003. "Capturing the Lexical Structure in Special Subject Fields with Verbs and Verbal Derivatives：A Model for Specialised Lexicography." *International Journal of Lexicography* 16(4)：403 – 422. DOI：10.1093/ijl/16.4.403

L'Homme，Marie-Claude. 2004. *La terminologie: principes et techniques*. Montréal：Presses de l'Université de Montréal.

L'Homme，Marie-Claude. 2008. "Le DiCoInfo. Méthodologie pour une nouvelle génération de dictionnaires spécialisés." *Traduire* 217:78 – 103.

L'Homme，Marie-Claude and Janine Pimentel. 2012. "Capturing syntactico-semantic regularities among terms: an application of the FrameNet methodology to terminology." *Proceedings of Language Resources and Evaluation* (*LREC* 2012)，262 – 268. May 21 – 27，2012. Istanbul，Turkey.

Lorente，Mercè and Cleci Bevilacqua. 2000. "Los verbos en las aplicaciones terminográficas." *Actas del Ⅶ Simposio Iberoamericano de Terminología RITerm* 2000. Lisboa: ILTEC.

Mel'čuk，Igor，Nadia Arbatchewsky-Jumarie，André Clas，Suzanne Mantha，and Alain Polguère. 1984 – 1999. *Dictionnaire explicatif et combinatoire du français contemporain. Recherche lexicosémantiques* Ⅰ，Ⅱ，Ⅲ，Ⅳ. Montréal: Les Presses de l'Université de Montréal.

Pimentel，Janine. 2012. "Criteria for the Validation of Specialised Verb Equivalents: Applications in Bilingual Terminography." PhD diss.，Université de Montréal.

Pimentel，Janine and Marie-ClaudeL'Homme. 2011. "Annotation syntaxico-sémantique de contexts spécialisés: application à la terminographie bilingue." In *Passeurs de mots，passeurs d'espoir. Lexicologie，terminologie et traduction face au défi de la diversité*，edited by Marc Van Campenhoudt，Teresa Lino and Rute Costa，651 – 670. Paris: Édition des archives contemporaines/Agence universitaire de la francophonie.

Pimentel，Janine，Marie-Claude L'Homme，and Marie-Ève Laneville. 2012. "General and Specialised Lexical Resources: A Study on the Potential of Combining Efforts to Enrich Formal Lexicons." *International Journal of Lexicography* 25(2):152 – 190. DOI: 10.1093/ijl/ecr025

Rogers，Margaret. 2000. "Genre and Terminology." In *Analysing Professional Genres*，edited by Anna Trosborg，3 – 21. Amsterdam: John Benjamins. DOI: 10.1075/pbns.74.03rog

Rogers，Margaret. 2008. "Terminological equivalence: probability and consistency in technical translation." In *LSP Translation Scenarios. Selected Contributions to the EU Marie Curie Conference Vienna，April* 30—*May* 4，2007，edited by Heidrun Gerzymisch-Arbogast，Gerhard Budin and Gertrud Hofer. MuTra Journal 2/2008:101 – 108.

Ruppenhofer，Josef，Michael Ellsworth，Miriam R. L. Petruck，Christopher Johnson，and Jan Scheffczyk. 2010. *FrameNet Ⅱ : Extended Theory and Practice*. ICSI Technical Report.

Schmidt，Thomas. 2009. "The Kicktionary—A Multilingual Lexical Resources of Football Language." In *Multilingual FrameNets in Computational Lexicography. Methods and Applications*，edited by Hans C. Boas，101 – 134. Berlin/New York: Mouton de Gruyter.

TERMIUM Plus. 2012. Banque determinologie gérée par le Gouvernement du Canada. Last consulted November 27，2012. http://www.termiumplus.translationbureau.gc.ca/.

The Black Law's Dictionary. 2012. Free Online Edition. Last consulted November 27，2012. http://blackslawdictionary.org/.

Vecchi，Dardo De and Laurent Eustachy. 2008. "Pragmaterminologie: les verbes et les actions dans les métiers." In *Actes des conférences Toth* 2008，edited by Christophe Roche，35 - 52. June 5 - 6，2008. Annecy: Institut Porphyre.

附录 A

1. For example，the respondent seeks to impugn Mr. Kong's credibility by pointing to his inability to accurately describe his injuries in a manner consistent with the medical records. [SCC - 2009 - 22 0 JP 10/01/2011]

2. While post-offence conduct cannot usually serve on its own as a basis for inferring the specific degree of culpability of an accused person who has admitted committing an offence (R. v.Arcangioli，[1994] 1 S.C.R. 129，at p. 145；R. v. Marinaro，[1996] 1 S.C.R. 462； R. v. Peavoy (1997)，34 O.R. (3d) 620 (C.A.)，at p. 631)，it can be used，more generally，to impugn the accused person's credibility (R. v. White，[1998] 2 S.C.R. 72，at para. 26). [SCC - 2009 - 42 0 JP 10/01/2011]

3. For instance,the respondent seeks to impugn Det. Sgt. Nealon's statements regarding the notes he received from the officers who had initiated the investigation，his communications with Mr. Kong's sisters，and his interviews with employees of Casino Niagara and an Ontario Provincial Police officer stationed at that casino. [SCC - 2009 - 22 0 JP 10/01/2011]

4. "He proceeds to impugn the accuracy of sniffer dogs generally，by drawing on data gathered by the New South Wales Ombudsman，Review of the Police Powers (Drug Detection Dogs) Act 2001 (2006)，concluding at para. 87: "In the sniffer-dog business，there are many variables. [SCC - 2008 - 19 0 JP 10/01/2011]

5. Moreover，the mention，at para. 81 of Justice Binnie's reasons，that the dog 'alerted' to the appellant as he alighted" is problematic for two reasons: first，it is not properly before this Court(Sergeant MacPhee testified that he did not recall being made aware of this fact，and the trial judge made no finding on the matter) and，second，it amounts to a veiled attempt both to impugn the conduct of the police officers in this case and to criticize Operation Jetway in its entirety. [SCC - 2008 - 18 0 JP 10/01/2011]

6. It is not enough to impugn an employer's conduct on the basis that what was done had a negative impact on an individual in a protected group. [SCC - 2007 - 4 0 JP 10/01/2011]

7. That was the issue on which Ms. Bowles had been subjected to an extensive cross-examination which seriously impugned the reliability of her evidence. [SCC - 2009 - 27 0 JP 10/01/2011]

8. The findings of fact that compel this conclusion were open to the trial judge and have not been impugned. [SCC - 2007 - 24 0 JP 10/01/2011]

9. The appellant points to two portions of the charge in which the trial judge referred to the postoffence conduct，and seeks to impugn them both. [SCC - 2009 - 42 0 JP 10/01/2011]

10. "Having disclaimed any privacy interest in the bag，the respondent effectively precluded

himself from relying on s. 8 of the Charter to impugn <u>the lawfulness of Officer Purches's search.</u>" [SCC – 2009 – 34 0 JP 10/01/2011]

11. In doing so, it ignored the trial judge's unique position to see and hear witnesses, and instead substituted its own assessment of credibility for the trial judge's view by impugning <u>the reasons for judgment</u> for not explaining why a reasonable doubt was not raised. [SCC – 2008 – 51 0 JP 10/01/2011]

12. That being so, the Court of Appeal was not entitled to substitute its own view of the complainant's credibility in the guise of impugning <u>the sufficiency of reasons for judgment.</u> [SCC – 2008 – 52 0 JP 10/01/2011]

13. Even in cases where <u>the constitutional validity of the legislation</u> was not impugned, the constituent elements of the offence were now interpreted in the light of minimal constitutional requirements. [SCC – 2008 – 5 0 JP 10/01/2011]

14. Finally, the doctrine of res judicata, which is intended in this context to protect an accused against repeated attacks in respect of matters already adjudicated in hisfavour, can have no retroactive application to impugn <u>the first proceeding.</u> [SCC – 2008 – 63 0 JP 10/01/2011]

15. In the present case, the sole ground upon which <u>the Minister's surrender order</u> is impugned is the failure to "align" the evidence adduced at the extradition hearing with the elements of the foreign offence. [SCC – 2009 – 46 0 JP 10/01/2011]

16. On the other hand, <u>reverse onus provisions</u> have not always failed the s. 1 analysis when they were impugned under s. 11(d) of the Charter guaranteeing the presumption of innocence. [SCC – 2008 – 25 0 JP 10/01/2011]

附录 B

1. <u>Mr. Singh</u> alleges no other error in principle and, in my view, understandably so. [SCC – 2007 – 480 JP 27/06/2010]

2. At trial, <u>the accused</u> alleged <u>violations of his rights under ss. 8, 9 and 10(b) of the Canadian Charter of Rights and Freedoms.</u> [SCC – 2009 – 32 0 JP 27/06/2010]

3. <u>The Crown</u> alleged <u>that at the time, he was a U.S. citizen residing in Detroit.</u> [SCC – 2008 – 23 0JP 27/06/2010]

4. <u>He</u> also alleged <u>that the police failed to adequately reinvestigate the robberies when new evidence emerged that cast doubt on his initial arrest.</u> [SCC – 2007 – 41 0 JP 27/06/2010]

5. <u>The appellant</u> alleges <u>that, in breach of the contract, the respondent loaded the cargo on a competitor's ship, the "M/V Swift Fortune", resulting in a loss to the appellant of US $ 388,403.63.</u> [SCC – 2007 – 13 0 JP 27/06/2010]

6. <u>The complainant in this case</u> alleged <u>ongoing acts of sexual abuse committed by the accused, H.S.B.</u> [SCC – 2008 – 52 0 JP 27/06/2010]

7. <u>Mr. Charkaoui</u> alleges <u>that the government breached its duty to disclose relevant information in its possession, and its ancillary duty to do so in a timely manner.</u> [SCC –

2008 – 38 0 JP 27/06/2010]

8. The Kraft companies allege that Euro-Excellence Inc. is liable for secondary infringement under s. 27(2)(e). [SCC – 2007 – 37 0 JP 27/06/2010]

9. The appellant's defence alleges, in part, that Jade suffered a number of serious mishaps, including a bicycle accident while riding as a passenger with her father, none of which involved the appellant, and none of which were disclosed to the appellant when the child was delivered into her care (Statement of Defence, at para. 3). [SCC – 2008 – 8 0 JP 27/06/2010]

10. The employer did not allege cause. [SCC – 2008 – 9 0 JP 27/06/2010]

11. Northrop Overseas alleges that it was not awarded points to which it was entitled and that Lockheed was awarded points to which it was not entitled under the Evaluation Plan. [SCC – 2009 – 50 0 JP 27/06/2010]

12. The plaintiffs alleged that the Chief owed them a duty of care to ensure that officers co-operated with the Special Investigations Unit, and that the Chief had breached that duty, resulting in harm to the family. [SCC – 2007 – 41 0 JP 27/06/2010]

13. The representatives alleged various faults in the operation of SLC's plant but also contended that the neighbourhood disturbances caused by the plant were abnormal or excessive. [SCC – 2008 – 64 0 JP 27/06/2010]

14. The United States alleges that near the end of the battle at which he was taken prisoner, Mr. Khadr threw a grenade which killed an American soldier. [SCC – 2008 – 28 0 JP 27/06/2010]

15. In substance, Transat alleged that Tescor, a Mexican commercial corporation, had breached an agreement under which Transat had been granted an exclusive right to lease rooms in a Puerto Vallarta hotel for three years. [SCC – 2007 – 20 0 JP 27/06/2010]

16. For example, in its jurisdictional argument, VIA alleged that the Agency elevated the Rail Code's voluntary terms to de facto mandatory statutory requirements. [SCC – 2007 – 15 0 JP 27/06/2010]

17. The appellants were therefore in error to allege that this case is markedly different from the situation in 114957 Canada Ltée (Spraytech, Société d'arrosage) v. Hudson (Town), [2001] 2 S.C.R. 241, 2001 SCC 40, where no conflict was found in light of the fact that the federal scheme in question was merely permissive and not exhaustive. [SCC – 2007 – 22 0 JP 27/06/2010]

18. I believe we should respond to these questions and leave the more narrowly circumscribed role of s. 74.5(11) to another day when one or other of the parties sees fit to allege a factual basis for its application. [SCC – 2009 – 1 0 JP 27/06/2010]

19. They allege that the respondent acted unlawfully, in a manner contrary to the legal framework for their taxation powers, and that the taxes paid by ratepayers had accordingly been collected unlawfully, without the appropriate statutory authority. [SCC – 2009 – 43 0 JP 27/06/2010]

附录 C

1. A.M. did not lead any evidence to rebut these facts. [SCC – 2008 – 19 0 JP 10/01/2011]

2. A non-specialized professional seller will be able to rebut the presumption more easily than a specialized professional seller. [SCC – 2007 – 50 0 JP 10/01/2011]

3. The respondent could not rebut Mr. Kong's evidence and instead relied on speculation about the alternative loan-shark theory. [SCC – 2009 – 22 0 JP 10/01/2011]

4. The applicable presumption will only determine the result where there is insufficient evidence to rebut it on a balance of probabilities. [SCC – 2007 – 17 0 JP 10/01/2011]

5. The manufacturer will be unable to rely on a limitation of liability clause unless it can rebut the presumption of knowledge of the defect. [SCC – 2007 – 50 0 JP 10/01/2011]

6. In particular, where a party has made an allegation of recent fabrication, the opposing party can rebut the allegation by introducing prior statements made before the alleged fabrication arose, that are consistent with the testimony at trial. [SCC – 2009 – 27 0 JP 10/01/2011]

7. Under this approach, courts have accepted that straddle evidence can rebut the statutory presumption if the accused's range of possible blood alcohol concentrations is more below the legal limit than above. [SCC – 2008 – 16 0 JP 10/01/2011]

8. This rebuts arguments made by the respondent that the Act does not interfere with collective bargaining because it does not explicitly prohibit health care employees from making collective representations. [SCC – 2007 – 27 0 JP 10/01/2011]

9. She acknowledged that a design's conformity to the industry standard may be "persuasive" to rebut allegations of "faulty or defective design", but it would not be determinative of the issue. [SCC – 2008 – 66 0 JP 10/01/2011]

10. When the trial judge asked whether the statements could be admitted to rebut an allegation of recent fabrication, Ms. Ellard's counsel responded: I didn't suggest it was a recent fabrication. [SCC – 2009 – 27 0 JP 10/01/2011]

11. She understood that P was referring to G, and that he was afraid. Acknowledging the need for an appropriate limiting instruction, the trial judge ruled that the statement was admissible to show the state of mind of P and to rebut the defence proposition that others would have had a motive to kill P at the beginning of 2003. [SCC – 2009 – 28 0 JP 10/01/2011]

12. Since C.E. has failed to rebut the presumption of knowledge applicable to it, it cannot rely on the limitation of liability clause in its defence. [SCC – 2007 – 50 0 JP 10/01/2011]

13. Clearly, VIA had received adequate notice of the specific remedial measure the Agency was considering to prepare a cost estimate that would rebut the Agency's preliminary conclusion that the cost was likely to be "minimal". [SCC – 2007 – 15 0 JP 10/01/2011]

14. City Buick specifically affirmed the application of the s. 17 presumption to a workplace closing, but held that a closing is a "good and sufficient reason" which rebuts the presumption. [SCC – 2009 – 54 0 JP 10/01/2011]

15. In my view, for the reasons that follow, the difference in wording is not meaningful for the purpose of determining <u>what type of evidence</u> will rebut <u>these presumptions</u>. [SCC - 2008 - 16 0 JP 10/01/2011]

16. This is the approach endorsed by the trial judge in Mr. Gibson's case, hence his acquittal at trial (in fact, the trial judge concluded that <u>the statutory presumption</u> was rebutted on either the "prevailing direction" or the "some evidence" approach). [SCC - 2008 - 16 0 JP 10/01/2011]

17. Section 25's failure to leave room (in what is conceded to be an individualized process) for <u>the young person</u> to rebut <u>this presumption</u> violates fundamental procedural fairness. [SCC - 2009 - 30 0 JP 10/01/2011]

18. The finding that Wal-Mart had failed to rebut <u>the s. 17 presumption</u> was a determination well within the range of reasonable outcomes open to the CRT on the evidence [SCC - 2009 - 55 0 JP 10/01/2011]

19. The second possible theory is the one the trial judge accepted: that <u>the statement</u> was "relevant to rebut <u>the notion that others would also have had a motive to kill [Poirier] at the beginning of 2003</u>" (2005 CanLII 5629, at para. 32). [SCC - 2009 - 28 0 JP 10/01/2011]

术语与本地化

克劳斯-德克·施米茨

科隆应用技术大学

与信息技术行业一样,新行业的兴起要依赖新术语的创制助推新概念的传递和新产品的研发。在软件产品研发方面,术语的作用尤其重要,因为它们是新产品研发流程的操作组件之一。因此,高效而周全的术语管理工作对软件产品的研发和使用至关重要。

在当今的全球化世界中,产品研发及其相关服务都不再局限于某一个国家或地区。特别是系统程序、手机应用或电脑游戏等软件在全球所有地区几乎都有销售的情况下,无论是按照国际还是国家准则,有关产品规格、使用手册和文档方面的内容信息均应以客户的母语形式进行说明。这就是为什么软件翻译市场,即软件本地化,正在成为翻译业务领域中增长最快的市场,而多语言术语集在该领域中发挥着至关重要的作用。

本地化的概念适用于各种产品和服务,本章将集中探讨软件本地化和软件产品的术语这两个问题。

关键词:术语管理;软件本地化;术语数据建模

1 国际化和本地化

在研发供应多个区域市场的产品和服务时,需要付出大量努力,国际化和本地化是其中的关键要素。

国际化的重点是研发的产品或服务易于适应其他市场,即其他语言和文化。以软件研发为例,国际化的主要目标是在针对特定区域市场进行本地化的同时,免除重新编程或重新编译原始程序的需要。违背国际化基本原则的典型软件研发错误源于:

1. 嵌入程序代码中的文本;
2. 文本(字段)中的长度限制;
3. 日期、货币、计量单位等固定格式;
4. 地址的固定格式;
5. 图形中的文本元素;
6. 具有国别化和文化特色的图标和符号。

本地化可以被定义为使得产品或服务适应于本土或区域市场的整个过程,其主要目标是要考虑到所有合适的语言和文化方面。该过程由翻译人员、本地化人员和语言工程师共同参与;其中,软件本地化包括翻译用户界面、在线帮助、文档和所有包装材料(包装材料包括所有地址的调整、示例、度量单位和屏幕截图)。

　　国际化和本地化构成了研发供应多个区域市场的产品或服务过程中的所有努力。国际化是在产品研发过程中只需要投入一次的努力,而本地化是必须为每个区域市场投入的一次又一次的努力。因此,投入国际化中的努力越多,相应的产品研发流程就会越简单,产品研发成本也会越低廉。而对本地化投入努力的结果则与之相反。

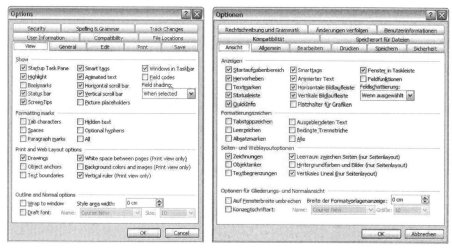

图1　软件用户界面元素:英语原版和德语本地化版本

2　软件产品术语

　　为终端用户研发软件时,公司需要确保客户能够通过使用软件程序达到预期目的。因此,每个软件产品都需要配备用户界面、使用手册及其他类型的说明文档。公司要投入大量精力了解其软件产品典型用户的详细信息、所有用户的真实需要,并确保用户辅助材料明确、具体和直观。软件产品的类型不同,辅助材料内容的长度、复杂性和直观性也各不相同。

　　软件的复杂性也影响到语言使用的专业性,即在何种程度上需要使用专业语言确保终端用户以正确和有效的方式操作程序。针对专业语言,尤其是具体领域专用术语,它不仅是书面用户辅助材料(例如说明手册)的重要组成部分,也是用户与程序之间的沟通界面。术语是软件研发人员和终端用户通过用户辅助材料进行沟通交流和知识转移的主要手段。所以,增进相关术语和图标使用的确定性、正确性和一致性,这是软件研发、软件质量保证和软件可用性测试的主要目标之一。

　　与任何新兴行业一样,信息技术行业也见证了新技术、新工艺和新产品的发展。术语学理论将存在于现实世界中的这些新的实体和工艺视为客体。当新的(具体的或抽象的)客体被发明或创造时,有关这些客体的新的概念或认知表征也被建立起来,人们就需要用像图标那样的新术语或图形表征来传达它们。

　　创制新术语的方式有多种:完全新创、使用已有形式,或借用其他语言或领域中的术语完成新创。ISO 704(2009)列举了英语中术语创制的八种方法,对于其他语言,也可以应用其他不同的词汇生成机制:

1. 派生；

2. 复合；

3. 缩写；

4. 转换；

5. 术语化；

6. 专业语言内的语义转移；

7. 跨学科借用；

8. 跨语借用。

在创建一个新术语之前，有必要确定是否已经存在一个指称目前所讨论概念的术语。此外，负责术语新创的人员还要尊重原有术语的固定用法。即使原有术语的构成理据较弱，除非存在令人信服的理由，例如文化敏感或与同一领域内的其他术语为同言异议，否则不宜对之随意改动。

根据上述机制为新概念的表达创制新术语时，还必须考虑到术语应符合的标准。ISO 704(2009)特别提到以下七个方面的内容：

1. 透明性；

2. 一致性；

3. 适宜性；

4. 语言经济性；

5. 可派生性；

6. 语言准确性；

7. 母语优先。

上述标准也适用于从表征相同概念（同义词）的术语列表中首选术语的规范性术语工作。下文将对最重要的前三个标准进行讨论，重点介绍软件术语和软件本地化。

各种不同类型的用户都需要能与软件直观地交互，读懂用户辅助材料。术语的透明性能够使得用户清楚地理解概念的本质。如果需要创建或选择一个新术语对软件的某个特征或特定操作步骤进行说明的话，形态方面的理据就是该新术语创建的最佳标准。例如，在大多数情况下，"页面设置"或"错误消息"之类的术语较易掌握，因为这些术语的形态构件是为广大用户所熟知的。因此，该类术语的含义可从其各个构成部分的含义中直接得出。但有时候，一个具有理据性的术语的构成部分之间的关系也可能是不确定的，于是问题就产生了。特别是在英语或德语等语言中，"数据网络识别码"是网络自身所具有的识别码，抑或是人工为网络设置的识别码，还是网络内部识别码？从英语到德语的翻译不会受到此区分的影响，因为这两种语言同样抽象，但是要将之译成罗曼语言（如法语或西班牙语），译者就必须对该多词术语中包含的关键元素之间的关系有确切的了解。

根据语义理据创制出的新术语要稍难理解一些。多数情况下，语义理据与术语化或跨学科借用的术语创制流程相关，这导致不同学科领域中同名术语的出现。例如，在软件行业中，"蠕虫""病毒""受感染文件"或"漏洞"等术语，要求用户通过将它们在日常语言或其他专题领域中的含义转换为计算机领域中使用的新概念,以此来解决术语含义的不确定性问题。然而,如果这个术语的理据能被终端用户所理解,同时其用法也由相应的共同体所确定,那么,在用户界面和其他辅助材料方面(例如,术语"鼠标"用于计算机定点设备),该术语就具有透明性和语言经济性的特征。

在用户界面和所有用户辅助材料中创制出具有透明性和理据性的术语是实现用户授权的主要前提之一。如果用户在计算体验中仅遇到一个,或者甚至是两个不确定的术语,他们可能不会放弃进一步使用该程序;用户使用软件的兴趣大都不会被单个的术语问题所挫伤。然而,蜂拥而至的多种术语问题(例如缺乏透明性或理据性)则可能会使用户产生相当大(指数级)的挫败感和电脑焦虑。

软件产品中的语言和术语使用要适宜于特定的用户群体。适宜性不仅指终端用户对术语的熟悉程度,它还要求术语使用、产品说明或信息不会给终端用户(通常包括那些不熟悉计算机和软件产品的用户)带来困惑或不安。下面的例子将围绕这个标准进行说明。在某一特定安装过程中,用户需要在"快速安装"(仅安装当前系统配置中所需的组件)或"网络安装"(安装所有组件,甚至包括安装当前系统配置中不必要的组件)之间做出选择。在这个例子中,用户面临着对两个术语使用的不确定性。在选择"快速安装"的情况下,他或她可能担心会漏掉一些东西,尽管这个决定实际上是更合适的选择。因此,为避免上述情况下产生的混淆和误导,软件研发人员应使用"标准安装"和"完整安装"两个确定性的术语,更恰当地表征术语背后的概念,并能够引导终端用户在安装过程中做出正确的选择。

术语适宜性的另一方面涉及术语的内涵。新创制的术语应尽可能保持中立,创制术语的人尤其应该避免选择使用具有负面含义的术语。一个突出而有争议的例子是多年前在 IT 行业中创制的"主人/奴隶"这一对术语。当时,"奴隶"的消极内涵并没有被考虑在内。这种情况是术语跨学科借用机制中一个很好的例子,其中"主人"和"奴隶"的概念来自仪器控制技术(液压和气动)。在英语中,这种类比作用是非常强烈的,"奴隶"本义中所蕴含的负面含义早已成为一个死喻,但在控制系统领域使用其他术语的语言中它仍保留了贬义。目前几个软件生产商正在尽可能地用"主/从"或"客户/服务器"来取代该对术语。因为术语的内涵具有很强的文化和语言依赖性,所以在过去很多情况下,只有在对术语进行本地化时,它们的负面含义才被发现。

研究术语不确定性的另一个主要目标是探究其对终端用户术语使用一致性产生的影响。就一致性而言,其主要目标应该是每个概念仅对应于一个术语,每个领域内不应存在同义或同名术语。然而,这个目标在复杂多样的研发环境中并不容易实现,因为不同的研发人员、产品团队和公司都在不同的地点和时间创制出大量的术语。

如果在用户界面、帮助系统、打印文档、包装材料和某一特定软件产品的网页展示中,使用了几个不同的术语来表达相同的概念,会使终端用户感到非常沮丧。在软件研发过程的早期,软件研发人员、用户界面设计人员、技术撰稿人和网站作者必须就软件某个特征的命名达成一致。例如,如果在用户界面和手册的前 10 页中将回车键称为"回车键",而在第 11 页又将之称为"返回键",那么用户将认为二者是不同的术语。因此,不一致术语的使用不仅会阻碍终端用户和软件产品之间的交互,也会降低计算机和软件的易用性。

如上所述,尽管对单一产品而言,术语一致性是构成产品易用性的关键因素,但一般来说,软件往往不会被单独使用。因此,在某产品中使用的术语还必须与在其他软件产品中共同使用的术语相一致。通过这种方式,术语管理对交互操作性的实现至关重要。例如,在某一特定操作系统下,嵌入办公软件包中的文字处理应用程序中的打印机设置程序中使用的术语必须全部是兼容的,并且与周围程序中使用的术语保持一致。

通过降低单个概念与多个术语相关联时引发的不确定性,术语使用的一致性会增强用户信心,并促使关联性学习(当相关术语反映单一原则时)。此外,一致性还有助于促进用户对诸多集成软件产品之间交互操作性的了解。因此,建立术语一致性既是软件产品用户友好性体现的最重要方面之一,同时也是给用户赋权的重要内容之一。

3　软件本地化的术语管理

在深入探讨术语管理所需的数据建模和数据类目这两个专题之前,我们必须对软件环境中的术语和概念进行分析。

3.1　软件本地化术语中的术语和概念

ISO 1087－1(2000)将术语定义为"在特定专题领域中对一般概念的语言指称"。术语是概念的表征。我们可以把它写下来,对之思考,大声说出来并用它来交流。有些术语由多个单词组成,这些术语被称为多词术语或复合词。在如英语和德语的日耳曼特殊语言中,多词术语通常由若干名词或形容词-名词组合构成。词与词之间相互结合形成术语的方式因语言而异。

图 2　菜单

(1)单词术语:"打印机"

多词术语:"激光打印机""串行端口""单页进纸打印机"

毫无疑问,菜单和对话框(如"文件"或"选项")中使用的软件用户界面术语代表了传统术语学观点中的概念。尽管从传统的观点来看,"打开文件""另存为…"或"插入表格"等语言成分被归类为短语,但它们也表征用户界面的概念。菜单或功能区中的项目也有类似的问题,例如"拼写和语法""数字幻灯片来源""注释、讲义和大纲"或"转换为 Adobe PDF 并通过电子邮件发送",这些都是作为概念组合而非单个概念而存在。

图 2、3 和 4 显示了英文用户界面的菜单和对话框中的术语示例。

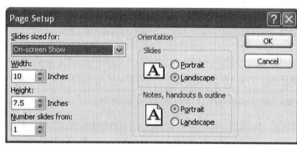

图 3　对话框

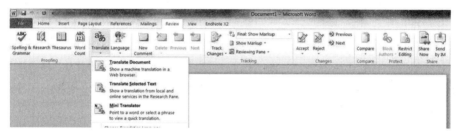

图 4　功能区

在错误或系统信息中使用的语言成分问题更多。以下是此类信息中的例证：

    1."卡纸"；

    2."应用程序中出现意外错误"；

    3."没有足够的内存来显示图形文件"；

    4."请检查网络配置"；

    5."文件％f无法打开"。

通过特定的本地化工具(如 Alchemy Catalyst 或 SDL Passolo)，所有这些语言单位均被识别为本地化过程中的单个项目。它们应作为术语管理系统中的单个条目进行管理和记录，因此也被理解为本地化概念。

如果认为所有这些软件用户界面的语言单位都属于广义上的术语，那么在识别和区分这些术语背后的概念和客体时就会出现问题。假如我们已经在几台计算机上安装了相同版本的软件产品，那么我们显然是用不同客体来对应一个由单个术语表示的概念。例如，在安装有 MS Word 2010 的不同电脑设备中，术语"打印…"代表同一个概念。但是，在同一软件的不同版本(例如 MS Word 2003 和 MS Word 2010)或不同软件产品(例如 MS Word 2010 和 MS Excel 2010)中，"打印"是否代表了不同的概念？有部分学者支持这种区分，即这些菜单项有不同的功能，该术语背后也有不同的概念特征。这样做的后果之一将是在面向概念的术语数据库中，"打印…"必须对应于多个术语条目(参见 Schmitz 2010a；Schmitz 2010b)。

4　用于软件本地化的术语数据建模

这种更多倾向于软件本地化的术语理论和术语管理观，不仅影响我们对该领域中术语、概念和客体的具体理解，还会影响到数据类目的选择和术语数据建模。

ISO 16642(2003)、ISO 26162(2012)和 ISO 30042(2008)等 ISO 标准均提供了术语数据建模的信息。例如术语元模型，其中提到了概念定向和术语自足性的原则，这同样适用于软件本地化的术语管理。术语数据类目在已经弃用的 ISO 12620(1999)标准中有着较为详细的描述。新版 ISO 12620(2009)标准规定了定义数据类目的流程，而术语数据类目则在数据类目注册表①中得以保留。但是，我们需要特定的(额外的)用于软件本地化的数据类目吗？

---

    ①　www. isocat. org.

文件打印、网页和在线帮助的本地化与其他文档的翻译非常类似。因此,传统的术语数据类目和数据建模原则同样适用于上述这些类型的文档。但是用户界面术语的管理需要额外的数据类目,因为术语和底层概念可能具有不同的含义、定义和翻译。这些不同的含义、定义和翻译取决于它们所属的用户界面。例如,可以在软件用户界面的菜单、对话框或错误消息中使用相同的术语,但同样的术语却表示不同的概念,并且有可能在其他语言中具有不同的对等词。

2005 年 6 月至 2007 年 5 月,国家资助的蒲公英研究项目(软件本地化的数据建模和数据交换)在科隆应用科技大学落地实施。该项目的主要目标是在本地化特色工具和格式的研发方面,为实现更加充分的文档和软件用户界面文本管理提供新的方法路径。其中的一项研究成果是为特定软件的术语管理设计数据模型,并为该模型的具体化指定适当的数据类目。

下表列出了蒲公英项目中的一些研究计划,这些计划与用于用户界面术语管理和软件本地化所需的特定数据类目有关:

1. 本地化单元类型("菜单""菜单项""对话框""错误信息""工具提示"等);
2. 研发环境子集(例如 Windows 7);
3. 项目子集(例如 MS Word 2010);
4. 本地化单元字符串标识(本地化工具的标识号码)。

在术语管理软件 MultiTerm 中(图 5 和图 6),蒲公英项目的产业合作伙伴之一 SDL-Trados 将数据模型视为预定义的术语库模板。

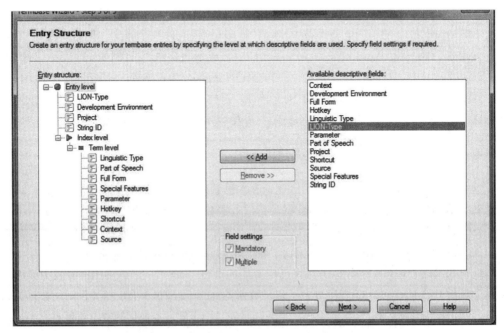

图 5　MultiTerm 2011 中用于软件本地化的数据模型和数据类目

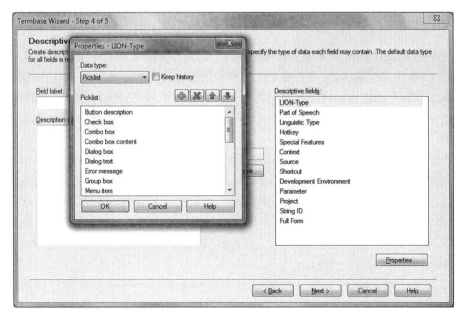

图6　MultiTerm 2011 中第一个允许实例的 LION-Type 数据类目

软件本地化的具体数据类目也以研究计划的形式包含在 ISO 数据类目注册表中,同时最需要的数据类目 LION-Type(现称为"术语位置")被添加到了定义数据类目的集合中,该集合存在于 TBXBasic2① 以及 ISO 30042(2008)标准的相关附录中。

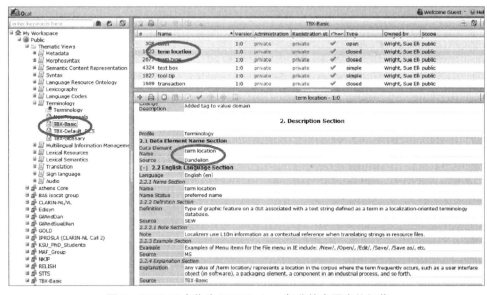

图7　ISOCAT 中作为 TBX-Basic 一部分的术语定位规范

---

① 　www.isocat.org.

5 结论

创新的领域以及新概念、术语和图标是软件产品及其文档编制的鲜明特征。用户界面、在线帮助系统、用户手册、网站等的研发离不开术语工作方法和原则的应用，这在我们专注于推进软件国际化和本地化的进程中尤为如此。要为软件用户提供清晰和明确的术语，就必须充分考虑到在术语创制和术语选择时的一些基本原则，如术语透明性、术语适宜性和术语一致性。

在软件产品研发的所有流程中，术语使用的明确性和一致性是基本的前提条件，软件本地化迫切需要适宜的术语管理工作。用于设计和建模的传统术语管理方法必须适应用户界面术语的特定需求。目前的术语数据建模标准和数据交换标准已经反映出了这一现实需求。

参考文献

ISO 704. 2009. *Terminology work—Principles and methods*. Geneva：International Standards Organization. DOI：10.3403/02211674

ISO 1087—1. 2000. *Terminology work—Vocabulary—Part 1: Theory and application*. Geneva：International Standards Organization.

ISO 12620. 1999. *Computer applications in terminology—Data categories（Withdrawn）*. Geneva：International Standards Organization.

ISO 12620. 2009. *Terminology and other language and content resources—Specification of data categories and management of a Data Category Registry for language resources*. Geneva：International Standards Organization. DOI：10.3403/30138758

ISO 16642. 2003. *Computer applications in terminology—Terminological markup framework（TMF）*. Geneva：International Standards Organization.

ISO 26162. 2012. *Systems to manage terminology，knowledge and content—Design，implementation and maintenance of terminology management systems*. Geneva：International Standards Organization. DOI：10.3403/30190528

ISO 30042. 2008. *Systems to manage terminology，knowledge and content—TermBase eXchange（TBX）*. Geneva：International Standards Organization. DOI：10.3403/30191100

Schmitz，Klaus-Dirk. 2010a. "Gegenstand und Begriff in der virtuellen Realität." In *Best Practices in der Terminologiearbeit*，edited by Felix Mayer，Detlef Reineke and Klaus-Dirk Schmitz，123 - 130. Köln/München：Deutscher Terminologie-Tag.

Schmitz，Klaus-Dirk. 2010b. "Überlegungen zu Begriffen und deren Repräsentationen in Softwareoberflächen." In *Fachsprachen in der weltweiten Kommunikation—Akten des XVI. Europäischen Fachsprachensymposiums（Hamburg 2007）*，edited by Walter von Hahn and Cristina Vertan，145 - 152. Frankfurt am Main：Peter Lang.

Further Reading

Arntz，Reiner，Heribert Picht，and Felix Mayer. 2009. *Einführung in die Terminologiearbe-*

it. Hildesheim: Olms.

Esselink, Bert. 2000. *A Practical Guide to Localization*. Amsterdam: John Benjamins. DOI: 10.1075/liwd.4

Galinski, Christian and Heribert Picht. 1997. "Graphic and Other Semiotic Forms of Knowledge Representation in Terminology Management." In *Handbook of Terminology Management*, vol.1, edited by Sue Ellen Wright and Gerhard Budin. Amsterdam: John Benjamins.

Reineke, Detlef and Klaus-Dirk Schmitz (editor). 2005. *Einführung in die Softwarelokalisierung*. Tübingen: Narr.

Russi, Debora and Klaus-Dirk Schmitz. 2007. "DANDELION-Projekt." *eDITion Terminologiemagazin* 1/07:18 – 19.

Schmitz, Klaus-Dirk. 2004. "Terminologiearbeit, Terminologieverwaltung und Terminographie." In *Angewandte Linguistik. Ein Lehrbuch*, edited by Karlfried Knapp, et al., 435 – 456. Tübingen: Francke.

Schmitz, Klaus-Dirk. 2005. "Terminological Data Modelling for Software Localization." In *Terminology and Content Development—TKE 2005, 7th International Conference on Terminology and Knowledge Engineering*, edited by Bodil Nistrup Madsen and Hanne Erdman Thomsen, 27 – 35. Kopenhagen: GTW.

Schmitz, Klaus-Dirk. 2006. "Data Modeling: From Terminology to other Multilingual Structured Content." In *Terminology, Standardization and Technology Transfer, Proceedings of the TSTT'2006 Conference. Beijing*, edited by Yuli Wang, Yu Wang and Ye Tian, 4 – 14. Encyclopedia of China Publishing House.

Schmitz, Klaus-Dirk. 2007a. "Indeterminacy of terms and icons in software localization." In *Indeterminacy in LSP and Terminology*, edited by Bassey E. Antia, 49 – 58. Amsterdam: John Benjamins. DOI: 10.1075/tlrp.8.07sch

Schmitz, Klaus-Dirk. 2007b. "Die Bedeutung der Terminologiearbeit für die Softwarelokalisierung." In *Translation and Meaning*, *Part 7*, edited by Marcel Thelen and Barbara Lewandowska-Tomaszczyk, 29 – 36. Maastricht: Universitaire Pers Maastricht.

Schmitz, Klaus-Dirk. 2009. "Terminological recommendations for software localization." In *Language at Work* 5:6. http://www.languageatwork.eu.

Schmitz, Klaus-Dirk and KirstenWahle. 2000. Softwarelokalisierung. Tübingen: Stauffenburg.

Wright, Sue Ellen and Gerhard Budin (editor). 1997. *Handbook of Terminology Management*, vol. 1. Amsterdam: John Benjamins. DOI: 10.1075/z.html1

Wright, Sue Ellen and Gerhard Budin (editor). 2001. *Handbook of Terminology Management*, vol. 2. Amsterdam: John Benjamins. DOI: 10.1075/z.htm2

第五部分 语言与术语学：规划与政策

南非的语言政策和术语工作

巴锡·E.安蒂亚

西开普省大学

本章描述了后种族隔离时期的南非语言政策项目的进展,重点介绍这一政策项目中术语的地位和该政策项目的一些成就。由于术语的命运不可避免地与多语制政策的命运联系在一起,本章关注在执行该政策过程中出现的困难,并提出了三种社会语言学范式,为应对这些挑战提供解释性架构。本章最后描述了西开普省大学正在实行的术语举措,这些举措是对社会语言学范式的一些启示做出的回应。

关键词:南非;语言问题;语言政策规划;术语;批评社会语言学;西开普省大学

1 南非:多样性和争夺的背景

在 1994 年转型为民选政府之后,南非以"彩虹之国"的形象出现在世人面前,表示将致力于承认和包容其多方面的多样性。当我们审视这个国家的人口的不同来源时,很容易就能理解追求这种理想的基础。最初的民族(科伊人和桑人)已居住在该地区数千年,别处到来的非洲人也早在 12 世纪就在此定居,除此之外,现在的南非地区 300 多年来一直是许多民族的家园,他们祖先有欧洲人(来自葡萄牙、荷兰、英国、法国、德国、葡萄牙等)和亚洲人(来自印尼、马来西亚、印度等)(Beukes 2004:3)。

在南非的政治中,语言是一个有争议的问题,这一点不足为奇。在这个国家历史上的不同时期,例如殖民主义时期、种族隔离时期和民主时期,对语言问题的应对一直是衡量如何调解文化多样性的晴雨表。卡姆旺加马鲁 (Kamwangamalu 2002 a,120;2002b,1‑2)指出,荷兰人在 1652 年占领了这个国家,并将其变成殖民地,实行了荷兰化的政策。荷兰语是在政务部门就业和其他形式的向上层社会流动的必要条件。英国两次将南非变成其殖民地:1795 年是为了防止法国人接管,但在 1803 年将权力交还给荷兰;从 1806 年到 1948 年,英国人再次将南非变成其殖民地。英国通过各种策略实施了一项英语化政策,包括在学校中使用英语作为教学语言,从教育、司法和其他系统排除荷兰语,并鼓励英国人移民(Kamwangamalu 2002b,1‑2;Prah 2007,6)。这种英语化政策在 1899—1902 年的(第二次)英布战争(Anglo‑Boer War)中被描述为一个重要的文化维度,它使英国人与荷兰后裔——阿非利卡人(荷裔南非人)之间产生了冲突(Prah 2007,6)。

1948 年,阿非利卡人掌权,实行了种族分离政策("种族隔离"),有力地推动了阿非利卡语(南非荷兰语)发展。尽管自 1910 年南非联盟形成后,阿非利卡语和英语是共同官方语言,英国人从未真正接受阿非利卡语与英语具有平等的地位(Kamwangamalu 2002 b,2)。在种族隔离时期,只有阿非利卡语和英语是官方语言。矛盾的是,种族彼此独自发展的政策意味着,鼓励群体在他们被指定的领土或"家园"中使用和发展他们的语言或语言变体。然而,将非欧洲血统的群体排除在某些社会政治和经济领域之外,必然导致这些群体的语言被边缘化。因此,种族隔离政权虽然鼓励使用非洲土著语言及其变体,但遭到了抵制。因为这被视为与种族因素决定个人获得机遇的原则不一致,还被视为试图在多数族裔中建立少数群体,以及被视为意图阻止反对种族隔离的广泛动员。

1976 年的索维托起义是黑人学校学生的抗议,他们要求结束在黑人学校强制将阿非利卡语作为教学语言。经过 46 年的阿非利卡人(荷裔南非人)分离主义者统治后,南非在 1994 年成为一个民主国家,由黑人多数族裔群体统治,并寻求建立一个多语种的分配制度,下面将讨论这个问题。

2 后种族隔离时期的语言政策制定

从上述历史概述可以有把握地得出这样的结论:这个国家的每一个后续的语言分布都是对其之前语言分布的回应。有了临时的《1993 年宪法》(1994 年生效)和最终的《1996 年宪法》,南非从阿非利卡语和英语的官方双语制转变为 11 种语言的官方多语制,除了之前的阿非利卡语和英语,增加了 9 种新官方语言,即塞皮迪语(又称北索托语)、塞索托语(南索托语)、茨瓦纳语、斯威士语、文达语、聪加语、恩德贝莱语、科萨语和祖鲁语。在纠正过去的边缘化、排斥和其他不公正现象这一国家进程中,颁布这部宪法是不可或缺的部分,同时也创造一个兼容并蓄的社会。

《1996 年宪法》规定,11 种官方语言"享有同等的尊重和……公平对待",这是对临时《1993 年宪法》"平等使用和享有"这一措辞的修改。《1996 年宪法》规定,各级政府都要根据当地情况,扼要描述多种语言的使用情况。该宪法还代表土著语言敦促采取积极行动,这些土著语言的使用和地位因过去的歧视性做法而受到损害。宪法规定国家必须采取"能提高这些语言的地位并促进其使用的措施"。

除了这 11 种语言之外,宪法对如下语言也有规定:第一民族(科伊人和桑人)的语言、南非手语(SASL),以及"(1) 南非社会普遍使用的所有语言,包括:德语、希腊语、古吉拉特语、印地语、葡萄牙语、泰米尔语、泰卢固语和乌尔都语;(2) 阿拉伯语、希伯来语、梵语和其他用于宗教目的的语言(《南非共和国宪法》1996 年第 108 号,第 6 节)。

《人权法案》(《南非共和国宪法》1996 年第 108 号,第 2 章)维护个人的以下权利,即以自选的官方语言接受教育,以自选的语言(不一定是官方语言)参与文化和其他活动,以他们可理解的语言获取(在司法和相关程序中的)信息,等等。

由于宪法通常只提供国家层面的指导原则,所以制定了一系列框架文件来阐述这些根本的原则,并将其转化为各种可操作的(政策)工具。

四个主要框架文件如下:

1. 为南非制定一项《国家语言规划》(DACST 1996),这是一个语言规划工作组

(LANTAG)的报告,为政府提供关于语言政策的建议。

2. 《2000 年南非语言政策和规划》以及《南非语言法案》,该法案最终将由内阁修订和批准。

3. 《2002 年国家语言政策框架》(NLPF)(但《语言法案》没有批准提交给议会)

4. 《2003 年实施计划》《国家语言政策框架》,这是政府自己制定的实施《2002 年国家语言政策框架》的路线图。

《2002 年国家语言政策框架》被设想为一揽子文件,在完成后将包括:(1)《语言政策声明》;(2)《实施计划》;(3)《南非语言法》和(4)《南非语言从业人员理事会法》(DAC 2003b,5),但 10 年来一直未完成。立法组件(这两个法)并没有成为现实,但在撰写的时候(2012 年最后一个季度)受到了关注,例如,《语言法案》正在讨论中,不过是以《官方语言使用法案》这一新名称进行讨论①。然而,实际上《2002 年国家语言政策框架》(NLPF)文件对各级政府和"行使公共权力或执行一个公共职能"的机构都有约束力(DAC 2003,12)。《2002 年国家语言政策框架》(NLPF)要求政府或机构的每一个单位制定自己的政策,并根据具体情况选择工作语言。然而,国家政府部门要求使用所有的 11 种语言,如若不可能,将按照特定的标准,根据轮换原则,以 6 种语言发布文件②。

针对上述框架文件(包括《宪法》)的建议,政府的多个部门和分支机构制定了各自的语言政策,例如教育部门的《1997 年国家教育政策》。各省级政府都有与教育相关的语言政策规定,如省级语言政策或教育立法(如《2010 年西开普省学校教育修订法》)。作为英语和阿非利卡语之外的教学语言,非洲语言的中长期发展也在《2002 年高等教育语言政策》中有规定。大学和高等教育机构有自己的语言政策,解决教学、辅导、评估、内外交流等问题。《2003 年西开普省大学语言政策》就是一例。

为了实施国家层面的政策,提出创建或实际创建了一些新的机构,现有机构进行了转型,值得在此提及的有:

1. 国家语言服务局,是国家官方语言规划机构,负责协调工作;

2. 泛南非语言委员会与三个机构(第 3 节)合作,监督语言政策的实施;

3. 国家语言论坛,旨在作为一个广泛的平台监督实施和按优先顺序处理项目;

4. 南非语言从业者协会,作为语言行业的监管机构;

5. 国家议会和省立法机构的议事录办公室,支持在立法中多语言文件的制作;

6. 语言科,在其所属的政府部门或公共服务部门实施语言政策;

7. 语言研究和发展中心设在各省的某些高等学校,被授权研究长期处于弱势地位的语言,提供对其地位和本体进行干预的学术基础。

在当代世界历史上,可能很少有国家在语言上有如此大胆的宣言,并为支持这一宣言提出了

---

① 在本章的稿件处理期间,《2012 年官方语言使用法案第 12 条》发布了。

② 这一要求在拟议的《官方语言使用法案》中进行了修订。

同样令人难以置信的一系列倡议。

3 南非语言政策中术语的地位

terminology("术语学")被定义为"术语(即属于一种或多种语言的专门使用领域的词汇项)的收集、描写、加工和表呈的研究,和与之相关的活动领域"(Sager 1990,2)。英文 terminology 一词有三个含义:(1)一套理论前提;(2)一种活动或一个过程(也称为"术语编纂"),应用理论前提来制定或记录词汇,以及(3)产品或词汇表,这也可以是一个历史过程的结果。

从《2002 年国家语言政策框架》的《实施计划》中可以洞察政府在其多语制政策中赋予术语的重要性,这可以从远景规划、结构和执行机制三个角度分析。

关于远景规划方面的问题,《实施计划》确定了六个优先领域。第一个优先领域被描述为"发展土著语言,包括建立基础设施和开发词典和语法之类的产品"(DAC 2003b,7)。这与计划中的如下观点是一致的,即"早先被边缘化的语言在标准化、正字法、科技术语和词典方面不够完善,其遗留问题是对该政策有效实施的主要挑战"(DAC 2003b,10)。政策实施的若干基本原则之一是"将优先考虑在笔译、编辑、口译、词典编纂和术语编纂方面提供更多的技能培训"(DAC 2003b,8)。

在《实施计划》预想的将语言政策转化为现实的举措中,术语也占据了显著位置。作为语言规划办公室,国家语言服务局负责协调《实施计划》。它有一个专门负责术语的部门,即术语协调部。该部门实施、启动并监督一系列与术语相关的项目。

设立泛南非语言委员会(DAC,1995 年第 59 号法案,1999 年修订)来发展官方语言,为官方语言的使用创造条件,并调查侵犯语言权利的行为(Alberts 2008,18 - 19)。这一任务是通过三个机构执行的:

1. 省级语言社区(每个省有一个),确定语言发展的需求和优先事项(政策、术语、词典编纂、教育、正字法)和语言权利倡导问题。

2. 国家语言委员会(每一种官方语言都有一个),是国家层面上每种语言的总体规划机构,并就正字法和术语的标准化等问题向泛南非语言委员会提出建议。他们制定术语构词的指导原则,并被授权在最终记录和发布术语之前对术语进行验证(如正字法、构词原则的遵守情况等)。

3. 国家词典编纂处(每一种官方语言有一处),其任务是"继续用所有官方语言编纂词典",并"与国家语言服务局的术语协调部密切合作"。(DAC 2003b,13)。

这样的合作是一个合理的提议,因为术语通常是基于概念的特征制定的,并且这些特征可以被编码进普通语词,这些词收录在普通词典里,或需要收录在普通词典里。除了别的事务,政府部门和省级的语言科还负责"辅助新员工在翻译、编辑和术语制定等方面的培训"并与"艺术和文化部(DAC)和泛南非语言委员会机构(如省级语言委员会,国家语言机构和国家词典编纂处)合作开发术语"(DAC 2003 b,15)。

国家语言论坛是政府和非政府利益相关方的季度会议,为更广泛的社会群体设置了一个平台,可以就整个多语言政策方案表达观点(机构、举措/项目、优先事项)。《实施计划》称其工作重点为"术语开发和语言项目,以防止任何重复工作,从而使投资回报率最大化"(DAC 2003b,16)。建立语言从业者协会的草案大约10年之后才能为议会通过,委员会的目的是提高语言职业的地位,并通过建立培训和实践的基准来维护语言服务的质量。提议由11名成员组成的委员会中的5人由政府各部门和机构提名,6人代表以下学科团体:术语、笔译、词典编纂、口译、语言编辑和法律。

《实施计划》概述了10个机制。根据该计划,实施"语言政策将产生对翻译和编辑的高需求,因此制定所有领域的术语将是至关重要的"(DAC 2003b,18)。有趣的是,术语是第一个介绍的机制。术语也出现在培训、技术和媒体等其他机制中。

角色(的理解)虽然可能有冲突,也真的存在,比如所见到的泛南非语言委员会和国家语言服务局之间的冲突(Swepu 2012),但毫无疑问的是,在与南非语言政策相关的框架文件、机构和机制中术语占据重要地位。原则上,南非的多语言政策框架可能是世界上在术语方面最具活力的政策之一。

4 术语项目

术语的制定主体包括多种国家行为主体和非国家行为主体,其制定方式可以是系统的或根据特别需要临时的,其制定的环境可以是正式或非正式的,术语可以作为独立的项目或被纳入更广泛的情境(学习、文本生产)中的项目,可以作为学术项目,或为了履行政府机构的(法定)职能。由于具有多种赞助机构,就很难准确解释在这一领域已经开展的工作的范围。

在其网站上,国家语言服务局[①]列出了与以下领域相关的各种已完成和正在进行的术语项目:(1) 议会和政治;(2) 信息和通信技术;(3) 小学和中学的自然科学和数学;(4) 学校的人文、社会、经济和管理科学;(5) 足球;(6) 艾滋病;以及(7) 艺术和文化。每个项目的条目数有大约400到3000个术语。这些术语以所有11种官方语言制定,在很多情况下都是在上述行为主体之间的协同作用的结果。

文本框1给出了来自议会/政治术语列表中的一例。

constitution	
Afrikaans	**grondwet**
IsiZulu	**umthethosisekelo**
IsiXhosa	**umgaqo-siseko**
Siswati	**umtsetfosisekelo**
IsiNdebele	**umthethosisekelo**
Setswana	**molaotheo**
Sepedi	**molaotheo**
Sesotho	**molao wa motheo**
Tshivenḓa	**ndayotewa**
Xitsonga	**vumbiwa**

文本框 1　议会/政治术语列表的片段(DAC 2005,43)

---

① http://www.dac.gov.za/chief_directorates/language_services.htm

南非的一些大学已经开始着手进行术语项目,直接响应国家语言政策的规定,或作为对其内部要求的回应(如机构语言政策、研究、课程开发或学术素养支持倡议)。林波波大学的工作人员和学生一直在开发术语,其背景是为以北索托语讲授的多语言研究项目的课程模块制作教学材料(Ramani and Joseph 2006,10)。以一种非洲土著语言讲授大学课程,而且不是关于特定语言的课程,除了少数例外,在这个国家仍然是罕见的。

为了支持母语不是教学语言学生的学术素养需求,许多机构,如斯坦陵布什大学、开普敦大学、罗德大学、夸祖卢-纳塔尔大学,都在各种学科中创制了术语资源。在斯坦陵布什大学,英语、阿非利卡语、科萨语三种语言的术语资源,是为一般的教务管理,以及社会学、社会工作、心理学和法律等特定学科而创立的(Sibula 2007,400 - 404)。在开普敦大学,面向一年级学生的在线电子术语资源已经以国家的官方语言创制完成,用于经济、法律和统计等多种学科(Nkomo and Madiba,2011,154 - 155)。在罗德大学,英语、科萨语和阿非利卡语三种语言的术语已经在政治哲学和信息技术等领域创建完成,而在夸祖鲁-纳塔尔大学,已经完成心理学、商业法等领域的英语、祖鲁语术语创制(Kamwendo,Hlongwa and Mkhize 2014,82 -85)。西开普省大学正在进行的工作将在后面的部分描述。这些大学项目的范围往往局限于每个主题领域的约 100 个术语。

总部设在南非的《词》(Lexikos)杂志报告专业机构和个人在法律、音乐、地质学和化学等各种学科在研的术语项目。广播和出版媒体通常都必须创制术语,向其非洲语言听众传达信息。

这些项目中共同的方法特征包括创建典型的英语文本语料库;从文本中(人工或半自动)提取术语,有时是提取相关的语境,并确定对哪些提取的术语(例如,被认为对学生构成困难的术语)进一步处理。创制目标语言术语经常被看作一种翻译行为。最终产品可以术语表的形式呈现,可以没有释义也可以有释义,可以有纸质或电子形式,贮存在通用的(维基类型)平台或专用的术语管理系统中。

5 批评视角

南非后种族隔离时代的多语言政策方案在制定后的几年内,其构想和/或实施就开始招致批评。有观点认为该政策不尽如人意,提供的证据和理由与术语相关,因为它们表明了以下内容:(1) 制定和使用术语,特别是用新官方语言制定和使用术语的机会比预期的要少;(2) 术语的制定在某些情况下与用户所重视的活动脱节,或术的制定是基于与社会语言学现实相违背的假设。

多语言政策方案只取得了局部成功,证据包括:

1. 在获取对语言政策规定的立法支持方面进展缓慢,其结果是方案执行不力和对违规行为处理力度不够(du Plessis 2010);
2. 在学校系统中非洲土著语言使用最少(至少从政策规定的角度来看),使用非洲土著语言的人对推广这些语言的理解不足(Alexander 2003,10),即使在管理委员会极为赞成将这些语言有限地引入到课程中的学校,家长自己的态度也是消极的,虽然他们是这些非洲土著语言的使用者(de Klerk 2002,6 - 7,相反的观点见 Heugh 2000,15 - 16);

3. 教授非洲土著语言的大学院系本应该需要相关的人力和举措,但是这些院系在减少,关闭,无法招生或者师资不足(Beukes 2008,3;Ramani and Joseph 2006,16);在语言课程之外,使用非洲土著语言作为教学媒介在很大程度上仍然是该国大学一个尚未满足的迫切需要(Neethling 2010,69;Pillay and Hoffman 2009);

4. 英语和阿非利卡语(尤其是前者)在包括教育在内的公共生活的大多方面继续占据主导地位(Alexander 2003,16;Edwards and Ngwaru 2011,436;Webb 2004,147);

5. 以非洲土著语言出版学校教科书的计划数量有限(Beukes 2008,3;Edwards and Ngwaru 2011,437);在广播和出版媒体的非娱乐相关内容中,非洲语言的影响力较为有限;

6. 相关机构的资金不足,无法执行其任务,并改善其人员配备状况(Beukes 2004,15;2008,19);对南非电话口译服务(TISSA)等创新项目进行长期资助的事宜,似乎已经弃而不谈了。南非电话口译服务旨在使公共服务提供者(如警察)借助在电话里提供的非在场口译,以客户首选的语言与客户进行交流(Beukes 2004,16)。

上述与教育部门相关的问题确实对国家语言服务局所创制的与学校有关的术语的使用提出了疑问。至少有三个相关的重要的社会语言学范式可能用来解释这些和其他实施方面遇到的挑战。

第一种社会语言学范式是布尔迪厄(Bourdieu 1977, 651 - 654)、卡姆旺加马鲁(Kam-wangamalu 2002a, 130 - 131)和麦基(Mackey 1984,83)提出的市场范式,主要关注语言之间的价值关系(讲语言的人、使用的条件等)。这种范式声称以下观点是错误的,即语言可以通过法令得到平等或公平对待,并且语言可以(独自)享有同等的尊重。布尔迪厄(Bourdieu 1977,652)有如下相关言论:"语言学家说所有语言在语言学上都是平等的,这是正确的;他们认为语言在社会上是平等的,这是错误的。"麦基(Mackey 1984,43)指出,尽管所有的语言都具有同等的潜力,但它们并没有同等的价值,这让人想起了奥威尔《动物庄园》里的不平等。只有在上帝和语言学家面前,所有的语言才是平等的。显然,在所有其他情况下,所有语言都是平等的,但有些语言比其他语言的社会价值更高。布尔迪厄的市场隐喻是恰当的:每一种语言都被认为在特定的领域或市场中具有一定的价值。因此,它代表了人们无意识中接受的一种资本形式。这种价值本身是由这种语言的使用者所拥有的其他类型的资本(如经济)所塑造的。被认为在市场处于支配地位的语言,成为衡量采用其他语言所需成本的价值基准(Bourdieu 1977,651 - 654)。"学习非洲土著语言或以其为学习的媒介,有什么就业前景?"大学生和他们的父母很可能会问。"既然入学(中学毕业)考试只用阿非利卡语和英语,为什么要学习非洲土著语言呢?"学习者可能会问。显然,在一个对象征商品和其他类型商品解除管制的市场中,选择是由预期的利润或机会成本计算决定的。

按照这种解读,还需要用广泛的社会政策来充分应对或影响非洲土著语言使用者的态度。南非 2011 年人口普查结果显示,教育、就业、收入等方面的种族不平等现象继续存在。黑人户主家庭的收入比白人家庭少 6 项。如果没有制定措施为不同语言使用者带来平等的机会,或者如果在教育、经济、科学和技术等领域中,某些语言使用者获取机会的成本存在巨大差异,那么语言平等就几乎不存在。正如布尔迪厄(Bourdieu 1977,652)所言,"一种语言的价值就是那些语言使用者的价值……语言价值的很大部分要归功于语言使用者的价值"。对于布尔迪厄来说,必须通过一场"彻底的斗争"(关注市场上价值的关系)来捍卫濒危语言。如果不改变市场上的权力关系,就无法增加对濒危语言的关注或提高使用该语言的能力。

第二种社会语言学范式是"发明和去发明范式"(Makoni 2003;Makoni and Pennycook,2007,1;Mansour 1993,13 - 14)。具体来说,就南非《宪法》而言,马科尼(Makoni 2003,132)将《宪法》所认为的不同的标准官方语言的若干语言形式视为各种权力精英的发明。他的部分理由如下:从历史上看,两个互不合作的传教士团体在某地的两个区域安顿下来,迄今为止该地区的当地居民说同一种语言,口音、语调或词汇上可能有一些的差异,但这些差异并不视为交际的障碍或作为判定不同语言的依据。为了改变宗教信仰的传教目的,传教团体(有时是业余的语言学家)独立地为他们认为是其所在地社区的语言设计了正字法,在这一过程中他们依赖当地的受访人,这些受访人有时会因受到纠缠而提供可能是人为制造的数据。根据受访人提供和经由错误转录获取的完全错误的数据,设计出两种不同的正字法,随后在两处传教地点建立的学校中用于编制教学材料。本来的方言连续体被分成若干不同的语言(Makoni 2003,135;Mansour 1993,12 - 13)。种族隔离政府热衷于维持和加剧分歧,以一种加剧差异的方式来塑造这些语言形式的发展,并使一种语言形式看起来不同于另一种语言形式,而事实上两者是密切相关的(Alexander 1998,271)。当然,标准语言的概念——也就是那些有意创建从而为意识形态等目的服务的语言——在南非并不罕见。尽管在其他一些情况下(例如 1947 年印度分裂出巴基斯坦之后的印地语和乌尔都语)的差异是由人民或他们的领导人所乐意为之的,但在南非,人们的观点是,标准语言是由一个压迫性的上层强加的,是分而治之的策略。

无论如何,照此解读,11 种官方语言中有 4 种是方言连续体(恩古尼语群),并且可以很容易拥有同一个书面语标准(Alexander 1998,270)。另外 3 种(索托语语群)也同样容易拥有同一个书面标准。前面看到的议会/政治术语文本框清楚地表明了这两组的根本相似之处。在国民议会中,一些议员可能会无意识地使用科萨语和祖鲁语,结果使得每一种语言的口译者一时不能确定是否轮到他们翻译,换句话说,口译者不知道源语是科萨语还是祖鲁语(Lesch 2010,53)。

现在当地的图书出版行业哀叹官方认可的多语制对学校系统造成了一定的损坏。此外,小而支离破碎的非洲语言市场也阻碍了其发展。对其而言,协调恩古尼语和索托语群体的语言将受到欢迎,这是亚历山大等学者为教育目的所呼吁的。这将意味着恩古尼语的潜在市场规模为 2200 万人,而索托语则为 1200 万人(根据 2011 年人口普查结果的估计数字

（南非统计局 2012）。使用非洲土著语言的其他产品和服务的市场将会更大，在经济上更有吸引力。对于政府来说，比起两种语言的平行体制，为 7 种不同语言配置完备的平行体制所花费的资源将会取得更大的收益。从某种意义上说，目前正在讨论的《官方语言使用法案》旨在解决上述问题。根据该草案某一个版本的第 4(2) 条，国家政府机构必须使用的最少语言数量减至 3 个。在相关的议会委员会内部（见 2012 年 3 月 7 日议会艺术与文化委员会的辩论）以及外部观察员看来，这一条款是驱逐阿非利卡语的一种策略（Swepu 2012）。这一主张已经被否定了（《议会 2012 年声明》）。争论的焦点是第 4(2) 条的要求，即这三种语言中的两种必须是历史上地位下降的语言。由于阿非利卡语不被认为是一种历史上地位下降的语言，因此，有观点认为极有可能最常用的三种语言是两种非洲土著语言加上英语①。

第三种范式是语言公民权模式（Stroud 2001，350－352；Stroud 2010，208－210），但这将表明，以被剥夺公民权和边缘化的群体为基础来促进和维护这些群体的语言，国家无意中破坏了自己的意图。一方面是与地区相连、结构上有界的、支离破碎的语言观，另一方面是虚构的、静态的、支离破碎的、与地域有关的种族身份观，政府无意中扼要表达了两者之间的关系，并巩固了这种关系。在某种意义上，促进所谓的横向多语制，按照曼苏尔（Mansour 1993，19）的解释，"自治社会并存，彼此之间几乎没有任何联系"，这正是种族隔离制度想要达到的目标。

语言公民权范式积极争取包容或权利，但不是基于尚有疑问的论断，如，语言是一个有界的实体、种族身份由不变的成分组成，而是根据在日常交流实践中人们的自我表征或语言运用。尽管语言公民权范式关注实证的效度（这也将其与"去发明范式"关联起来），但该范式强调机构和人们的声音，就人们的交际资源提出并实施干预措施。南非的语言政策预计将在后现代和多元文化环境中发挥作用，在如此环境中，语言实践是混合的、流动的、动态的，就像正在被重新构建的人们的身份一样。

---

① 《官方语言使用法案》法案已通过，现被称为《2012 年官方语言使用法案第 12 条》。这项新立法似乎试图解决法案草案中关于阿非利卡语（南非荷兰语）边缘化的担忧，做法是将语言的数量用副词短语"至少"限定，同时不具体说明哪些语种是历史上的弱势语言。事实上，弱势语言的问题被放在了另外的条款中。

下面我们将看到在新立法的背景下草案第 4 条中有争议的部分：

4.(1) 国家部门、国家公共实体（事业单位）和国家公营企业必须在本法施行之日起 18 个月内，或如部长所规定的进一步期限内（只要规定的期限不超过 6 个月），就其为政府目的使用官方语言纳一项语言政策。(2) 根据第(I)小节所采取的语言政策必须［……］(b) 确定国家部门、国家公共实体或国家公营企业用于政府目的的至少三种官方语言。

新条款 4(3) 行文如下：

按照第(2)(b) 小节的设想，在确定至少三种官方语言时，每一国家部门、国家公共实体和国家公营企业必须按照宪法第 6(2) 节考虑其义务，采取实际和积极的措施来提升土著语言的地位，并促进这些历史上使用减少、地位下降语言的更广泛应用。（《2012 年官方语言使用法案第 12 条》）。

"多元语言"这一术语恰当地描述了南非人的混合语言实践(这些实践并不总是基于对语言的描述,语码转换正表明了这一点)。"多元语言"是由语言的特征观发展而来的,它描述了个人使用语言特征(音位、句法、形态、词汇层面)来达到交际目的,这些语言特征来自他们接触到的社会建构的语言(Jørgensen et al 2011,34)。

就像"发明和去发明范式"一样,语言公民权的视角可以被看作批评多语政策使语言形式原子化,以及围绕这些原子化的形式构建复杂结构。公民权视角对这些本体发展项目(包括术语和教材)的利用及其重要性提出了问题。这些本体发展项目的设计基于:(1)语言的理想化,这与实际的多元语言情况不一致;(2)对个人可能希望使用这些本体发展资源的方式和语境的忽视。安蒂亚(Antia 2008,13)给出了后者的一个例子。她讨论了挪威政府将石油行业挪威语化产生的意想不到的结果:尽管挪威语化计划试图限制使用美式英语,业界参与者更愿意继续使用美式英语,因为美式英语赋予了一个独特又宝贵的行业身份!

总结本节,南非多语言项目的不足之处招致了一些批评和更偏向于理论上的指责,这二者对术语学产生了影响,具体而言,它们可以用来解释为什么用英语和阿非利卡语之外的其他语言来创制和使用术语,机会比预期的要少。

在下一节中,我们将介绍西开普省大学应对这些挑战的举措。

6 西开普省大学术语方法

自 2012 年以来,在教学和研究的背景下,西开普省大学制定了工作愿景并为之努力,试图应对上一节中提出的挑战。焦点是术语和知识获取。其基本原则是,如果做到以下 4 个方面,术语的开发或记录会更有可能被积极接受,其重要性也会得到认识:

1. 术语项目提升的是人,而不是语言,那么人的平等尊重就被视为和语言的平等尊重一样理所当然;
2. 术语的开发或记录被纳入目标用户所重视的活动(或其他资源的生产)中;
3. 术语的开发或记录或其所纳入的活动和资源反映了目标用户的一些"多元语言"实践;
4. 这个过程本身有一定的激励作用,或者能对受益人和变革推动者赋能。

为了实施某种意义上的术语整体研究法来支持学习,学生们正在尝试用多种语言在两个主题领域创制和记录术语,即牙齿和骨骼结构/组织;术语表征的知识正在被建模以显示其一致性并增强认知;样本目标语言文本是在术语的基础上产生的,这些文本可以是源语言文本的译文,也可以是对建模后术语的解释;在文本和以前记录或创建的术语的基础上提出问题。

与文本/术语相关的问题是很重要的,特别是考虑到中学毕业(入学)考试仍然只用英语和阿非利卡语进行,如果这两种语言都不是学习者能力水平最高的语言,就会对他们不利。

翻译这些问题的过程是向学生介绍网站本地化常识,从语言技术的视角来看,他们可以依赖这方面的知识就业谋职。

图 1 显示了专门术语数据库 i-Term™ 的骨结构数据子库中的一些科萨语、阿非利卡语和英语的术语。

Subject	isiXhosa	Synonyms	Afrikaans	Chinese	English	Definition
Bone Structure and Tissue	ithambo elide		Langbeen;		Long bone;	ithambo elidekumathambo omzimba/omlenze/engalo
Bone Structure and Tissue	umphini		Skag;		Shaft;	Le ndawo iphakathi yethambo elide.
Bone Structure and Tissue	Intloko		Kop;		Head;	Le ndawo isekugqibeleni apha kwithambo, le ifika idibane kwelinye ithambo.
Bone Structure and Tissue	inwebu		Weefsel;		Tissue;	ingqokelelayeeseli ezenza umsebenzi omnye
Bone Structure and Tissue	Intlala		Kraakbeen;		Cartilage;	Inwebu entlalu-ntlalu efumaneka ekudibaneni kwamathambo
Bone Structure and Tissue	Uthambo-thambile		Sponsbeen;		Spongy bone;	Yinwebu yethamboethambileyo elapha kwintloko yethambo

图 1　骨结构多语言术语集概述

图 2 是 i-Term™ 术语库中阿非利卡语、汉语、英语和科萨语的前臼齿术语记录的样本。

Afrikaans:	**voorkiestand**
Chinese:	前臼齿
General definition:	颊部前边用于切割和研磨食物的牙齿,其乳牙成年后被恒齿替换,为二出齿,咀嚼面具齿尖,有胎盘类上下颌两侧通常每各有4枚前臼齿,而有袋类仅3枚,原始哺乳动物前臼齿数目各异。
English:	**Premolars**
General definition:	Teeth found after the canines and before the molars in heterodont mammals, used for crushing and grinding food.
isiXhosa:	**Imihlathana**
General definition:	Amazinyo asemva kwawenja abe phambi kwe mihlathi asetyenziselwa ukuqala uhlafuna athumele umthamo emhlathini apho kucolwakhona ukutya.

图 2　一条多语术语记录

由于创制和记录术语最终不是为了发展语言,而是为了促进人类交际活动,术语以图形模型的形式在符号学意义上进行纠正或重新利用,该图形模型可以很容易地支持建立相应知识的心智模型。图 3 显示了在 i-Model™ 环境中牙齿术语双语(英语和科萨语)建模的一部分。

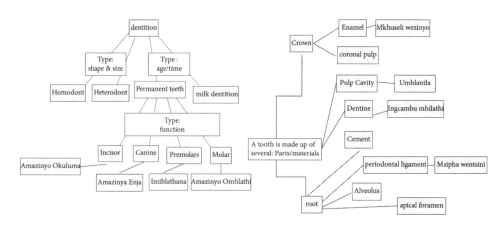

图3 一个已建模的人齿双语术语

为了提供用于理解术语的语境，文本根据术语（文本框2）进行了编写、改编或翻译。

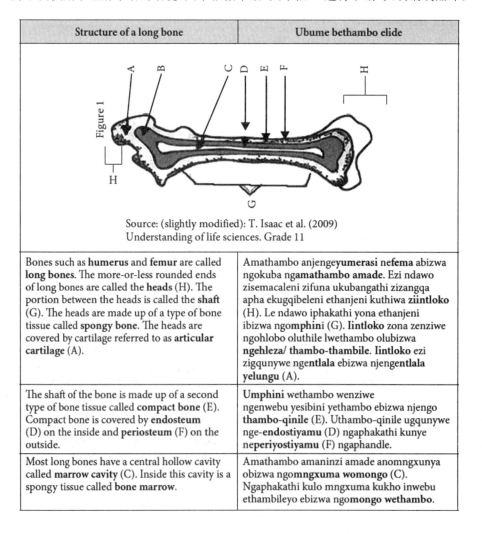

Structure of a long bone	Ubume bethambo elide
Source: (slightly modified): T. Isaac et al. (2009) Understanding of life sciences. Grade 11	
Bones such as **humerus** and **femur** are called **long bones**. The more-or-less rounded ends of long bones are called the **heads** (H). The portion between the heads is called the **shaft** (G). The heads are made up of a type of bone tissue called **spongy bone**. The heads are covered by cartilage referred to as **articular cartilage** (A).	Amathambo anjenge**yumerasi** ne**fema** abizwa ngokuba nga**mathambo amade**. Ezi ndawo zisemacaleni zifuna ukubangathi zizangqa apha ekugqibeleni ethanjeni kuthiwa **ziintloko** (H). Le ndawo iphakathi yona ethanjeni ibizwa ngo**mphini** (G). **Iintloko** zona zenziwe ngohlobo oluthile lwethambo olubizwa **ngehleza/ thambo-thambile**. **Iintloko** ezi zigqunywe ng**entlala** ebizwa njeng**entlala yelungu** (A).
The shaft of the bone is made up of a second type of bone tissue called **compact bone** (E). Compact bone is covered by **endosteum** (D) on the inside and **periosteum** (F) on the outside.	**Umphini** wethambo wenziwe ngenwebu yesibini yethambo ebizwa njengo **thambo-qinile** (E). Uthambo-qinile ugqunywe nge-**endostiyamu** (D) ngaphakathi kunye ne**periyostiyamu** (F) ngaphandle.
Most long bones have a central hollow cavity called **marrow cavity** (C). Inside this cavity is a spongy tissue called **bone marrow**.	Amathambo amaninzi amade anomngxunya obizwa ngo**mngxuma womongo** (C). Ngaphakathi kulo mngxuma kukho inwebu ethambileyo ebizwa ngo**mongo wethambo**.

Structure of bone tissue, cartilage, tendons and ligaments	Ubume bethambo, intlala, iithendoni nemisipha
Many people think of bones as non-living, like stones and rocks. Bone is actually a living tissue, just like our blood, muscles and nerves.If we make a transverse or cross section of compact bone and study it under a microscope (Figure 2) we will notice that it is made up of many **Haversian Systems**. Each Haversian system is structured as follows:	Abantu abaninzi baye bacinge ngamathambo njengezinto ezingaphiliyo, ezifana namatye. Ithambo yinwebu ephilayo njengegazi, imisipha neemithambo-mivo.Ukuba ithambo singakhe silisike phakathi sikhe silijonge ngomabonencinci okanye imayikhroskopu (kumzobo 2) singaphawula okokuba kukho **izixokelelwano** zikaHevesi. Sixokelelwano ngasinye sime oluhlobo:

Figure 2

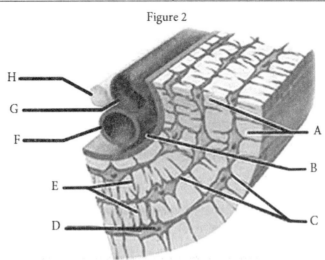

Source (with modification): http://antranik.org/cartilage-and-bones/

There is a central **Haversian Canal** (B) through which run blood vessels. Smaller canals called **lacunae** (C) are arranged in concentric circles around each Haversian canal. Bone cells called **osteocytes** (D) lie within lacunae. Layers of hard ground substance between concentric rings of lacunae are called **lamellae** (A). The lamella is made up of **collagen** and **mineral salts** such as **calcium**, **magnesium** and **phosphate**.	Kukho **uMbhobho kaHevesi** (B) apho imithambo yegazi inqumla khona. Imibhojana ebizwa njenge**elakhuna** (C) ibekwe yayimisesane okanye izangqa ezinesazulu esinye nejikeleze mbobho ngamnye kaHevesi. Iiseli zamathambo ezibizwa njenge**eseli ezindala zamathambo** (D) zifumaneka phakathi kwezi lakhuna.Iileya zale nto iphantsi iqinileyo phakathi kwezangqa okanye imisesane enesazulu esinye zelakhuna kuthiwa **ziilamela** (A). Ilamela yenziwe yane**kholageni** nenezimbiwa-tyuwa (iimiminerali solthi) ezinjenge **khalsiyamu**, **imagniziyamu** kunye **nefosifeyithi**.

文本框 **2.** 基于创制的术语译自英文文本的科萨语的文本①

　　然后,提出问题以进一步巩固术语的知识。将含有用英语书写的问题的超文本标记语言文件布置给学生,然后教授他们如何在超文本标记语言中进行翻译(图 4)。

_____

　　① 英文文本来自 Isaac et al. (2011). *Understanding Life Sciences*. Grade 11. Dormeton: Pulse, pp.57 - 58.

```
<html><head><title> Multiple choice questions on Human Dentition</title><meta http-equiv="Content-Type" content="text/html; charset=ISO-8819-1"><style type="text/css">
<!--
body {
    background-color: #666666;
}
.style1 {    font-family: verdana, Arial, Helvetica, sans-serif;
    color: #666666;
}
.style3 {color: #FF0033}
#Layer1 {
    position:absolute;
    left:105px;
    top:840px;
    width:183px;
    height:30px;
    z-index:1;
}
-->
</style>
</head>
<body>
<table align="center" bgcolor="#B1C3D9" width="75%">
<tbody><tr>
    <th scope="col"><h2 align="center"><strong><span class="style1">PLEASE ANSWER THE FOLLOWING QUESTIONS ON THE HUMAN DENTITION. YOU HAVE <span class="style3">30 MINUT
    </tr>
    <tr>
    <td><dl>
        <dt>1. The teeth that humans have when they are adults are called _____?</dt>
        <dd>
        <div id="r0" class="hide"><span class="yh">Correct.</span>congratulations! </div>
        <div id="w0" class="hide"><span class="wh">Incorrect.</span> Sorry! The correct answer is: permanent dentition.</div>
        <ul id="q0" class="quiz">
            <li>
            <input name="Q0" value="A" id="Q0A" type="radio">
            <label for="Q0A" id="L0A">deciduous dentition</label>
            </li>
            <li>
            <input name="Q0" value="B" id="Q0B" type="radio">
```

图 4　具有本地化问题的超文本标记语言页面

然后帮助学生将静态超文本标记语言文件译文转换为动态页面(图 5)。 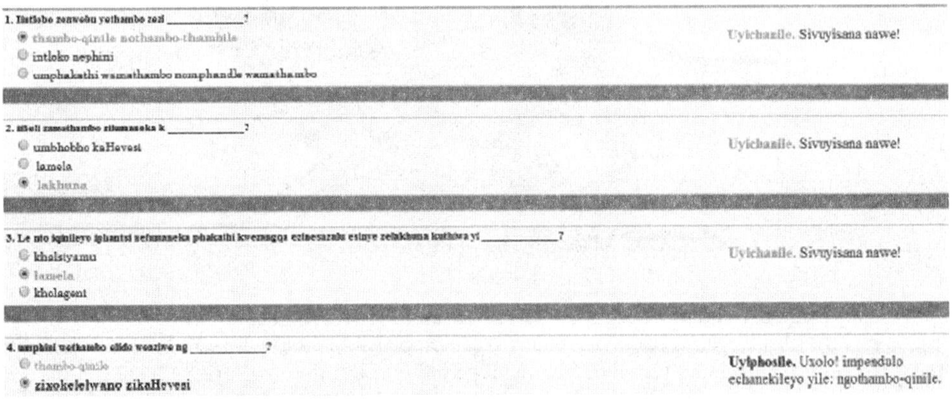

图 5　问题的互动超文本页面

7　结语

这一章描述了在早先语言分布的背景下,南非后种族隔离时期的多语言政策的制定。本章还特别探讨了该多语制方案中术语的地位,并对其成就做了一些说明。结果表明,实施这一广泛政策的挑战已对术语产生了影响,因为它限制了术语创制和使用的机会。本章还概述了在西开普省大学正在进行的关于术语管理模型的工作。针对由三种密切相关的社会语言学范式提出的对整个多语言政策方案的批评,这一模型尝试做出了回应。

当务之急是使(潜在的)变革推动者能够以新颖的、别样的方式思考术语问题,特别是其思考术语问题的方式可以使术语发展中的决策受到以下方面的影响,即学科领域知识本体(相关领域中知识的结构)、术语理论、特殊用途语言(LSP)研究和社会语言学。这种方法对于术语项目的设计和评估至关重要(Antia 2000,第 3—6 章;Antia and Clas 2003,48-49)。

致谢

感谢博迪尔·尼斯楚普·马森(Bodil Nistrup Madsen)教授和她的团队提供访问 i-Term 组件的机会。

参考文献

Alberts，Marietta. 2008. "National Language and Terminology Policies—a South African Perspective."*eDITion Terminologiemagazin* 1：18 – 21.

Alexander，Neville. 1998. "The Political Economy of the Harmonisation of the Nguni and the Sotho Languages." *Lexikos* (*AFRILEX series*) 8：269 – 275.

Alexander，Neville. 2003. *Language Education Policy，National and Sub-national Identities in South Africa*. Strasbourg：Council of Europe (Language Policy Division DG IV-Directorate of School，Out-of-School and Higher Education).

Antia，Bassey E. 2000. *Terminology and Language Planning：an Alternative Framework of Discourse and Practice*. Amsterdam/Philadelphia：John Benjamins. DOI：10.1075/tlrp.2

Antia，Bassey E. 2008. "Vision and Terminology Policy." *eDITion Terminologiemagazin* 1：10 – 13.

Antia，Bassey E. and Andre Clas. 2003. "Terminology Evaluation." In *Proceedings of the 6th International Conference on Terminology in Advanced Management Applications*，edited by Gilles-Maurice de Schryver，45 – 52. South Africa/Vienna：TermNet.

Beukes，Anne-Marie. 2004. "The First Ten Years of Democracy：Language policy in South Africa." *Paper read at Xth Linguapax Congress on Linguistic Diversity，Sustainability and Peace*，Barcelona，May 20 – 23，2004.

Beukes，Anne-Marie. 2008. "Language Policy Implementation in South Africa：How Kempton Park's Great Expectations are Dashed in Tshwane." *Stellenbosch Papers in Linguistics* 38：1 – 26.

Bourdieu，Pierre. 1977. "The Economics of Linguistic Exchanges." *Social sciences information* 16(6)：645 – 668. DOI：10.1177/053901847701600601

DACST. 1996.*Towards a National Language Plan for South Africa. Final Report of the Language Plan Task Group* (*LANGTAG*). Pretoria：Department of Arts，Culture，Science and Technology.

Department of Arts and Culture (DAC). 2003a. *National Language Policy Framework*. February 12，2003. Pretoria：Department of Arts and Culture.

Department of Arts and Culture (DAC). 2003b. *Implementation Plan：National Language Policy Framework*. Final Draft. April 10，2003. Pretoria：Department of Arts and Culture.

Department of Arts and Culture (DAC). 2005. "Multilingual Parliamentary/Political Terminology List." Accessed January 3, 2012. http://www.dac.gov.za/chief_directorates/language_services.htm.

Edwards, Viv and Jacob M.Ngwaru. 2011. "Multilingual Education in South Africa: the Role of Publishers." *Journal of Multilingual and Multicultural Development* 32(5):435 – 450. DOI: 10.1080/01434632.2011.592192

Heugh, Kathleen. 2000. *The Case against Bilingual and Multilingual Education in South Africa*. PRAESA Occasional Papers No. 6. Cape Town: University of Cape Town.

Jørgensen, J. Normann, Martha S. Karrebak, Lian M. Madsen, and Janus. S. Moller. 2011. "Polylanguaging in Superdiversity." *Diversities* 13(2):23 – 37.

Kamwangamalu, Nkonko M. 2002a. "Language Policy and Mother-tongue Education in South Africa: The Case for a Market-oriented Approach." In *Georgetown University Round Table on Languages and Linguistics* 2000, edited by James E. Alatis, Heidi E. Hamilton and Ai-Hui Tan, 119 – 134. Washington DC: Georgetown University Press.

Kamwangamalu, Nkonko M. 2002b. "The Social History of English in South Africa." *World Englishes* 21(1):1 – 8. DOI: 10.1111/1467-971X.00227

Kamwendo, Gregory, Nobuhle Hlongwa and Nhlanhla Mkhize. 2014. "On medium of instruction and African scholarship: the case of Isizulu at the University of Kwazulu-Natal in South Africa." *Current Issues in Language Planning* 15(1): 75 – 89. DOI: 10.1080/14664208.2013.858014

Klerk, Vivian De. 2002. "Language Issues in our Schools: Whose Voice Counts? Part 1: The Parents Speak." *Perspectives in Education* 20(1):1 – 14.

Lesch, Harold. 2010. "A Descriptive Overview of the Interpreting Service in Parliament." *Acta Academica* 42(3):38 – 60.

Mackey, William. 1984. "Mother-tongue Education: Problems and Prospects." *Prospects-Quarterly Review of Education* 13(1):37 – 49.

Makoni, Sinfree. 2003. "From Misinvention to Disinvention of Language: Multilingualism and the South African Constitution." In *Black Linguistics. Language, society, and politics in Africa and the Americas*, edited by Sinfree Makoni, Geneva Smitherman, Arnetha F. Ball and Arthur K. Spears, 132 – 151. London: Routledge.

Makoni, Sinfree and Alastair Pennycook (editor). 2007. "Disinventing and Reconstituting Languages" In *Disinventing and Reconstituting Languages*, edited by Sinfree Makoni and Alastair Pennycook, 1 – 41. Clevedon: Multilingual Matters.

Mansour, Gerda. 1993. *Multilingualism and Nation Building*. Clevedon, UK: Multilingual Matters.

Neethling, Bertie. 2010. "Xhosa a Medium of Instruction in Higher Education: Pie in the Sky?" *Per Linguam* 26(1):61 – 73.

Nkomo, Dion and Mbulungeni Madiba. 2011. "The Compilation of Multilingual Concept Literacy Glossaries at the University of Cape Town: A Lexicographical Function Theoretical Approach." *Lexikos* (*AFRILEX series*) 21:144 - 168.

Parliamentary Statement. 2012. "Languages Bill not intended to kill Afrikaans." Statement issued on March 1, 2012.

Pillay, Verashni and Ryan Hoffman. 2009. "How rife is racism at our universities? We provide a transformation snapshot of some of the biggest institutions. You tell us your experiences." *Mail & Guardian*, November, 5. Accessed January 25, 2013. http://mg.co.za/article/2009 - 11 - 05-how-black-are-our-universities.

Plessis, Theodorus du. 2010. "A Language Act for South Africa? The Role of Sociolinguistic Principles in the Analysis of Language Legislation." Accessed December 30, 2012. http://www.argief.litnet.co.za/cgi-bin/giga.cgi? cmd=cause_dir_news_item&cause_id =1270&news_id=95439.

Prah, Kwesi Kwaa. 2007. *Challenges to the Promotion of Indigenous Languages in South Africa. Review Commissioned by the Foundation for Human Rights in South Africa*. Cape Town: CASAS.

Ramani, Esther and Michael Joseph. 2006. "The Dual Medium BA degree in English and Sesotho sa Leboa at the University of Limpopo: Successes and Challenges." In *Focus on Fresh Data on the Language of Instruction Debate in Tanzania and South Africa*, edited by Birgit Brock-Utne, Zubeida Desai and Martha A. S. Qorro, 4 - 18. Cape Town: African Minds.

Republic of South Africa. 1993. *Constitution of the Republic of South Africa*, Act 200 of 1993. Accessed December 31, 2012. http://www.info.gov.za/documents/constitution/93cons.htm.

Republic of South Africa. 1996. *Constitution of the Republic of South Africa*, Act 108 of 1996. Accessed December 31, 2012. http://www.info.gov.za/documents/constitution/1996/.

Sager, Juan C. 1990. *A Practical Course in Terminology Processing*. Amsterdam/Philadelphia: John Benjamins. DOI: 10.1075/z.44

Sibula, Pumlani M. 2007. "Furthering the Aim of Multilingualism through Integrated Terminology Development." *Lexikos* (*AFRILEX series*) 17: 397 - 406.

Statistics South Africa. 2012. *Census 2011. Census in Brief*. Pretoria: Statistics South Africa.

Stroud, Christopher. 2001. "African Mother Tongue Programmes and the Politics of Language: Linguistic Citizenship versus Linguistic Human Rights." *Journal of Multilingual and Multicultural Development* 22(4):339 - 355. DOI: 10.1080/01434630108666440

Stroud, Christopher. 2010. "Towards a Postliberal Theory of Citizenship." In *International Perspectives on Bilingual Education: Policy, Practice and Controversy*, edited by John E. Petrovic, 191 - 218. New York: Information Age Publishing.

Swepu, Chris. 2012. "Languages Bill not Worth the Paper it's Written on." *The Star*, February 21. Accessed March 6, 2012. http://www. iol. co. za/the-star/languages-bill-not-worth-the-paper-it-s-written-on-1.1238626♯.URox2PLkJec.

Webb, Vic. 2004. "African Languages as Media of Instruction in South Africa. Stating the Case." *Language Problems & Language Planning*, 28(2):147 - 173. DOI: 10.1075/lplp.28.2.04web

加拿大的语言政策和术语政策

内利达·陈

安大略政府　约克大学

语言政策和术语政策相互补充、相互影响,在加拿大尤其如此,因为加拿大的双语语言政策、多语语言政策和原住民语言政策塑造了它的语言景观。为了应对英语的经济和文化霸权,加拿大决策者主要选择立法和通过法律措施来保护少数民族语言并提升其地位,特别是法语。

本章讨论了联邦、省和地区政府制定的主要政策,考察加拿大语言政策如何影响了术语政策,以及如何将术语管理用作实施工具。本章结合历史和当下背景对加拿大语言政策进行概述并介绍其成果。

关键词:

加拿大语言政策;术语政策;加拿大语言立法;双语制;移民语言;土著语言

1　引言

在加拿大,语言和语言政策是国家语言和文化结构的重要组成部分。它们对于塑造加拿大社会扮演着不可或缺的角色。要充分理解语言和语言政策在加拿大的作用,首先必须了解人口的语言统计特征和相应的术语。加拿大是一个双语国家,有两种官方语言,即英语和法语。因此,双语制是加拿大文化身份的核心。这并不意味着所有的加拿大人都必须说两种官方语言;相反,加拿大的语言政策旨在保护加拿大人使用他们自选的官方语言的权利。讲法语者主要居住在魁北克省,这里法语是主要的官方语言。而在魁北克以外,即在其他省份和地区,讲法语者构成了官方语言少数族裔。讲英语者主要居住在加拿大的其他九个省和三个地区,是语言上的多数族裔,但在魁北克,讲英语者则是官方语言少数族裔。以英语为母语的加拿大人占总人口的 58%,而以法语为母语的人占人口的 22%(Statistics Canada 2012)。

加拿大也是一个多元文化的国家,移民人口众多。根据 2012 年 10 月发布的 2011 年最新人口普查数据,加拿大人的母语有 200 种。其他语者是指不操英语、法语或原住民语的加拿大人。其他语者所使用的语言被称为非官方语言、祖裔语言或移民语言。就加拿大而言,双语和双语制这两个术语传统上被理解为英语和法语,人们也默认如此理解。然而,这种情况正在慢慢改变,因为最新的人口普查数据显示,加拿大人越来越多地使用双语,但不是英语和法语,而是两种官方语言之一和一种移民语言。最新的统计数据还显示,尽管以法语作为第一语言或母语的讲法语者在绝对数量上有所增加,但讲法语者的比例却在减少。在魁北克之外的其他语者和讲法语者都倾向于使用英语作为他们的第二语言。

加拿大移民的多样性使他们产生了一个三语使用者的社区，这些加拿大人说两种官方语言和另外一种语言。那些称移民语言是其母语的人占总人口的 20.6%。美国人口中西班牙语裔人占 16.3%，他们形成了一个同质的群体，并构成了在全美人口中越来越重要的人口部分（US Census Bureau 2010）。与此相对，在加拿大，没有一种移民语言自身形成了一个庞大的语言社区；使用人数最多的移民语言是汉语（粤语、普通话等），占总人口的 3.4%。他加禄语目前是增长最快的移民语言（Statistics Canada 2012）。

加拿大有超过 60 种原住民语，分属 12 个不同的语系，这进一步增加了语言的多样性，"克里语、伊努伊特语和奥吉布瓦语是提及频率最高的三种原住民母语"（ Statistics Canada 2012）。在加拿大三大地区和拉布拉多省，一种或多种原住民语也被视为官方语言。原住民语由小型语言社区使用，但不被称为少数民族语言。

加拿大也有两个手语社区，使用"美国手语"和"魁北克手语"作为官方语言。

加拿大聋人协会也承认英语和法语是其两种次要语言。"美国手语"和"魁北克手语"具有同等的地位，而英语和法语有相同的（相对彼此）次要地位（相对"美国手语"和"魁北克手语"）（Canadian Association of the Deaf 2012）。

虽然加拿大在语言方面日益多样化，但它的两种官方语言——法语以及更为重要的英语——作为融入加拿大社会的语言，尤其是作为工作、教育和向公众提供政府服务的语言，产生了强大的吸引力。

加拿大的双语制反映在 98% 的加拿大人称能够用英语或法语进行会话（Statistics Canada 2012）。

2　国家层面的语言和术语政策

在加拿大，立法形式的语言政策和语言权利有着悠久的传统。早在 1867 年，《加拿大宪法法案》（原名《不列颠北美法案》）授予加拿大人在议会辩论和在联邦法院诉讼中使用英语或法语的权利，并要求用英语和法语颁布联邦法律和议会记录。1982 年，《加拿大宪法法案》重新颁布，《加拿大权利和自由宪章》被纳入其中。这次立法使英语和法语作为加拿大的官方语言得到了宪法承认，这两种语言在议会、法院和联邦司法管辖领域享有同等地位也有了宪法保障。《加拿大权利和自由宪章》要求省和三大地区为官方语言少数族裔以少数族裔官方语言（即魁北克的英语和其他省份及地区的法语）为其提供小学和中学教育，从而将语言义务扩展到省和地区。在教育领域，这种语言权利已经被最高法院的决议要求重新执行，官方语言少数族裔被赋予了以少数族裔的官方语言为其后代办学和管理教育的权利。

1969 年，为了响应双语和双文化皇家委员会报告的建议，第一个《官方语言法》被采纳，并在 1988 年颁布的新《官方语言法》中再次确认。该法的目的是：

1. 确保维护英语和法语作为加拿大官方语言的地位；就其在联邦机构中的运用，确保两种语言享有平等的地位、权利和特权，尤其是在议会议事、法律和其他文书、司法、与公众交流或向公众提供服务，以及执行联邦机构的工作中。

2. 支持英语和法语语言少数族裔社区的发展,并普遍促进加拿大社会中英语和法语的地位及其平等使用。

3. 制定联邦机构在加拿大官方语言方面的权力、职责和职能(OLA,RSC,1985 年,c 31,s.2,1988 年批准)。

1988 年批准的加拿大《官方语言法》和 1982 年《宪法法案》(其中包括《加拿大权利和自由宪章》)构成了加拿大语言政策的基石。该立法承认英语和法语为所有加拿大联邦机构和联邦政府的官方语言。该立法赋予两种语言平等的地位,并赋予加拿大人用自选的官方语言进行沟通和接受联邦服务的权利,包括以下情况:与总公司、在国家首都地区以及用该语言进行服务有很大需求的其他地区。

《官方语言法》还建立了作为监管机构的官方语言专员办公室,其职责是:

> 主动或根据专员收到的任何投诉开展调查,并汇报和提出建议……以确保每一种官方语言的地位得以承认,以及在联邦机构的管理事务中遵守本法的精神和意旨,任何在加拿大社会中促进英语和法语发展的相关的活动都包括在内(OLA,RSC 1985,c 31,s 56,1988 年批准)。

与语言政策不同,在国家立法中没有制定术语政策。事实上,尽管加拿大提供了世界上最大规模的术语服务之一,加拿大联邦政府并没有正式的术语政策。联邦政府的术语举措以加拿大的语言政策为依归。第一个联邦术语服务部门于 1953 年在翻译局内成立,并于 1968 年改称为术语中心。1974 年,联邦内阁重申了翻译局的职责,即在加拿大联邦政府内部对术语进行标准化并协调其使用。术语行动组成立,并建议创建一个机构来管理术语并将术语标准化。负责管理联邦术语的部门在过去几年中多次更改名称,目前被称为术语标准化委员会。

术语行动组建议创建一个自动术语库,将联邦术语用英语和法语两种语言存储起来,这导致了对蒙特利尔大学的 TERMIUM® 术语项目的收购。因此,术语被置于翻译的背景中,术语服务在很大程度上被看作翻译的支持服务,这是加强用两种语言提供公共服务的一种重要手段。大量的术语记录从多个项目的术语库汇集而来,有些来自多年来翻译局译员汇编的记录。翻译局的决策者们选择使用 TERMIUM® 术语库,不是将其作为规定术语的一种工具,而是用来为翻译人员、联邦部门和公务员提供尽可能多的术语参考。这一方法旨在实现联邦术语标准化不是采用规定性标准,而是通过发布术语建议,并通过委员会来支持这些术语建议的方式进行。

随着 2001 年联邦术语委员会的成立,全国各联邦政府部门的语言服务被整合到一起,以便确证和支持联邦标准。2004 年,术语协作方法被推广到联邦翻译局之外,其契机是成立了国家术语委员会,该委员会定期将省和地区政府语言服务的代表与术语标准化理事会的代表召集到一起。加拿大政府通过官方语言秘书处与各省和地区缔结了多个《官方语言合作协议》,联邦政府按照协议提供资金支持开展那些加强少数族裔官方语言的活动、方案和服务,特别是在翻译和术语方面。

自 2000 年初以来,术语标准化理事会已将注意力重新集中在联邦部门及其术语需求上,特别是在立法的实施方面。尽管该理事会继续坚持协作方法,通过协商一致制定术语标准,但它也担当权威联邦术语的集中访问点,将 TERMIUM Plus® 作为其传播工具,该工具现在可以在移动电话上使用。

考虑到翻译局内西班牙语翻译增多,加拿大与北美自由贸易协定中其他国家的经济伙伴关系,以及移民社区参与加拿大双语制的需求日益增长,西班牙语已经被添加到 TERMIUM Plus® 中,葡萄牙语最近也被添加进来。术语标准化理事会还与国内外的各种组织合作,支持开发各种其他世界语言的术语,并推广加拿大的两种官方语言。

2008 年 6 月,加拿大政府公布了《加拿大双语制规划蓝图(2008—2013 年):为未来行动》。这是一份重要的政策文件,描绘了政府打算采取的路线,以重申联邦政府对加拿大两种官方语言的承诺。在这一举措的架构内,术语标准化理事会被授权设计和创建一个在线语言门户网站,使加拿大人可以免费访问 TERMIUM Plus® 数据库,这是世界上最大也是最著名的术语数据库之一。该门户还包括大量的语言和术语资源,即语言工具、术语教程,可了解加拿大语言遗产的文件、目录,以及在翻译和术语领域活跃的大量组织的网站链接。

通过参与制定《国际标准化组织术语政策标准》和《联合国教科文组织术语政策指南》,术语标准化委员会了解了采用术语政策的好处。该理事会没有正式的术语政策,但通过有意识且系统地为加拿大的两个语言社区创制、维护和使用术语,实际上实施了一种术语政策。该理事会在联邦政府内外的许多术语产品、举措和活动,都为强化加拿大的双语制做出了贡献。

3 省级层面的语言政策和术语

每个省都有语言法和语言政策,这些可以从加拿大的双语制,或者更准确地说,从官方语言少数族裔的角度来审视。除魁北克外,所有 9 个省都有语言政策,有些是以法律的形式存在,这在一定程度上可以确保对法语的保护,以及用法语提供公共服务。

新不伦瑞克省是唯一使用英语和法语双官方语言的省份。1969 年,新不伦瑞克议会颁布了《官方语言法》,并在 1981 年颁布了《承认两个官方语言社团平等法》。就英语和法语在省级机构、议会、法院和教育系统中的使用而言,这些法律赋予了它们平等的地位和权利。2002 年,《官方语言法》进行了修订,更详细地概述了该省所授予的语言权利。新《官方语言法》将语言服务从省扩展到市和各类机构,甚至还规定必须在法庭和议会中提供口译人员。修订后的《官方语言法》还设立了新不伦瑞克官方语言专员办公室,以确保遵守该法,并推广两种官方语言。两个政策文件:(1)《官方语言:服务语言政策和指导方针》和(2)《官方语言:工作语言政策和指导方针》,鼓励以自选语言起草文件。如果有必要,还鼓励将文件发送到新不伦瑞克翻译局来译成另一种官方语言。

翻译局的术语部提供术语和研究服务,以及配套资料。术语工作与翻译相关联,用术语管理系统来管理术语。

曼尼托巴省的法语区可以追溯到前联邦时期。《1870 年曼尼托巴法》,即该省的根本法,确保要保护和保留英语和法语两种语言,曼尼托巴人有权要求以英语和法语两种语言制定法律,并在议会和法院使用这两种语言的任意一种。然而,《1890 年语言法》取消了法语在议会和法院的官方地位,之后所有的法律都是用英语起草和颁布。1985 年,加拿大最高法院裁定,曼尼托巴省仅用英语制定的所有法律都无效,需要翻译后重新颁布,从而重新确认了法语的地位,并使法语在该省恢复使用。法语从未在曼尼托巴省立法中确立为官方语言,但曼尼托巴省讲法语的少数族裔享有宪法保护,这在加拿大的《1982 年宪法法案》和曼尼托巴省《法语服务政策》(该政策保证了使用双语的语言权利和服务)中予以保障。法语服务在指定地区的完全双语服务中心提供,在部分配备了双语员工的服务中心也会提供。《法语服务政策》由负责法语事务的部长负责监督,该政策的实施由法语国家事务秘书处指导和监督。为支持这一政策,曼尼托巴省政府在文化遗产和旅游部、司法部和教育部提供翻译服务。文化遗产和旅游部的翻译服务处有一个术语部门,有两个全职的术语专家为翻译任务提供术语支持,并使用术语数据库系统 MultiTerm 来管理术语。

安大略省讲法语的人数也相当多,这些人都在当地定居已久。1986 年,安大略省通过了《法语服务法》,从而正式承认法裔安大略人的语言权利,并在大多数法裔安大略人居住的该省的指定地区保证法语的省级服务。该法由负责法语事务的部长负责,由法语国家事务办公室和法语服务部协调员管理,后者负责监督《使用法语交流法令》的执行情况。法语服务部专员办公室成立于 2007 年,目的是调查投诉并推广使用法语。兼用英语和法语的平行学校体制在教育领域保障的语言权利比《加拿大权利和自由宪章》所涵盖的范围更广。用两种官方语言进行的翻译服务由政府服务部中的政府翻译服务处和主要部委的政府翻译人员提供。政府翻译服务处中的术语部为笔译者和翻译服务方以及安大略省公共服务部提供术语服务。该术语部的任务是创建法文名称,并以两种语言管理安大略省政府的官方名称和头衔。安大略政府的术语是通过向公众开放的 ONTERM 术语数据库和网站传播的。合同授权翻译服务方在翻译中使用这套术语,而安大略省公共服务部的雇员则需按照政府的普通公共服务协议来使用政府翻译服务处的术语服务。

在以下 6 个省中法语使用不太普遍:不列颠哥伦比亚、阿尔伯塔、萨斯喀彻温、新斯科舍、爱德华王子岛、纽芬兰和拉布拉多。以上各省的语言政策主要由国家宪法架构(《宪法法案》、《加拿大权利和自由宪章》和《官方语言法》)管理,并由联邦语言项目以及与联邦政府达成的资助协议提供支持。用法语提供教育由《加拿大权利和自由宪章》第 23 节予以保障,在人口规模符合标准之地会赋予官方语言少数族裔教育权利。

在教育之外的其他领域,新斯科舍省的语言政策由新斯科舍省《法语服务法》管理,该法于 2004 年颁布并在 2011 年修订。该法为保护和发展阿卡迪亚语和法语社区提供法语服务,从而为子孙后代保留法语;该法还创建了阿卡迪亚事务办公室。该办公室负责向政府部门提供法语翻译服务。工作人员中没有术语学家,但一些术语工作是由译者进行的,术语存储在术语数据库中。

在纽芬兰和拉布拉多,没有《语言法》,但在 1995 年,创立了法语服务办公室来为负责法语事务的部长提供支持。该办公室负责辅助纽芬兰和拉布拉多拉政府,使其有能力提供法语服务,并为该省法语区的发展做出贡献。法语服务办公室还负责翻译和术语服务。术语工作是在翻译活动中进行的,目的是在翻译时达到一致;术语存储在 MultiTrans 术语库中。教育部有自己的翻译服务,并以小型内部术语表的形式创建了自己的术语。

1988 年,萨斯喀彻温省颁布了一项关于在本省使用英语和法语的法律。该法规定,法语和英语都可以在议会的辩论中使用,而且这些辩论必须用两种语言进行记录。法语和英语可以在省级法院使用,法律也可以用两种语言或只使用英语颁布。2003 年,为服务萨斯喀彻温省法语社区,萨斯喀彻温省采用了《法语服务政策》,该政策由法语事务处实施。该事务处根据优先领域的需要和可用资源开发法语服务,向政府部门和机构提供翻译服务,在法语事务网站上有萨斯喀彻温省政府术语的双语对照表。

不列颠哥伦比亚省、阿尔伯塔省和爱德华王子岛政府提供了一些法语服务,但不提供术语服务。在教育之外的其他领域,不列颠哥伦比亚政府提供一些法语服务,主要是通过《2001年法语事务方案》提供。阿尔伯塔省的《语言法》明确重申,该省的官方语言是英语。然而,在司法、卫生、艺术和文化以及经济发展领域,也有一些提供法语服务的方案。1999年,爱德华王子岛颁布了《法语服务法》,规定了政府机构提供法语服务的范围。

魁北克省是一个特例,因为语言和术语政策皆被写入其立法之中。1977年,魁北克人党颁布了《101法案》,后来成为《法语宪章》。该法于2002年进行了修订,目前正在审议。联邦政府的立法政策旨在实现双语制和两种官方语言的同等地位,与之相反,《魁北克宪章》不仅促使法语成为该省的唯一官方语言,而且还旨在使该省法语化,即使法语成为省级政府和法律的唯一使用语言,以及所有魁北克人在工作、教学、交流、商务上使用的日常用语。然而,《宪法法案》要求魁北克以英语和法语公布该省的法律。《加拿大权利与自由宪章》保障英语学校董事会存在,并保障在魁北克为英语少数族裔提供英语教学,但不对那些没有接受过英语学习的移民提供。

术语规划、政策和标准化为魁北克法语化政策的全面成功发挥了重要作用。《法语宪章》建立了必要的行政基础设施,以实施其语言和术语的法语化政策。《法语宪章》要求在政府部门和机构中建立语言委员会。雇员人数超过100的企业必须建立法语化委员会;雇员少于50人的企业需要接受审查,以确定是否需要法语化方案。这些委员会鉴定法语中的术语缺陷以及在其指定领域的问题术语和表达式。《法语宪章》成立了一个语言权威机构(现在被称为魁北克法语办公室)和两个委员会,即语言官方化委员会和语言状况监督委员会。这些机构的角色随着时间的推移而演变,魁北克法语办公室是监督和实施魁北克语言和术语政策,以及政府和企业法语化方案的主要机构。该办公室还负责确保《法语宪章》得以遵守,并已在许多场合就张贴法语标识发布了规定。违反《法语宪章》的要求会被处以罚款,并可能剥夺任职资格。如果认为企业遵守《法语宪章》的条款规定,采纳了法语术语,并在所有业务层面上推广了法语的使用,魁北克法语办公室会给企业颁发法语化证书。《法语宪章》规定,企业应每三年报告一次实施法语的进展情况。魁北克法语办公室也有权推荐术语和表达式或使其标准化,并通过在《魁北克官方公报》上发布来传播。一旦在《公报》上发布,这些标准化的术语和表达式就必须在以下情况下使用:所有政府文本、文件、标语和海报,政府作为一方所签署的合同,以及在魁北克以法语出版的教育部批准的教学手册、教育和研究文件。《法语宪章》还设立了地名研究委员会,其任务是"与魁北克法语办公室合作确立地理学术语并将其标准化"(CFL. RSQ 2002, c C-11, s 125)。法语最高理事会——由魁北克省的广大社会阶层组成,包括消费者、教育工作者、文化团体、工会和管理层代表——为负责在魁北克法语相关事务方面实施《法语宪章》的部长建言献策。

从20世纪90年代末开始,魁北克政府就不再坚持双语制原则,而是接受了文化和语言多样性原则。魁北克是在2005年第一批签署《保护和促进文化表达多样性公约》的政府之一。提供法语对应词的方法从一种规定性更强的、严格的语言学方法转变为一种更灵活、多样化的社会语言学方法,这种转变考虑到了当今的交际语境和日益增多的交际渠道(大众媒体、社交媒体和即时通讯)。转变后的这种方法承认所接受的术语有更大的多样性,考虑到了地理空间,接受了更多的语域(特别是在社交媒体和互联网通信方面),并采用了一种更开放的借词方式(例如,接受诸如 Wi-Fi 之类的固定下来的术语)。同时还指导了《术语大词典》的全面修订,该词典是魁北克法语办公室的主要术语管理工具。此外,魁北克法语办公室还与一些外部组织合作来提供术语,使用的语言不仅有英语和法语,还有一些移民语言,即西班牙语、葡萄牙语、意大利语和其他在魁北克很重要的罗曼语。在《术语大词典》中增加罗曼语是为了应对魁北克社会不断变化的需求,因为魁北克社会的双语化越来越体现在英语以外语言的使用上。经过改进的《术语大词典》在已推出了一个新的界面,拥有大约 80 万条记录。魁北克法语办公室继续提供大量的术语工具、服务和产品,其中大部分可通过其网站访问,包括:(1) 一个多语言术语数据库《术语大词典》;(2) 一个语言和语法提示数据库("语言解惑数据库")(3) 一个术语热线服务;(四)大量的专业难词表、词库、词汇表和(5)术语工作的政策文件和指导方针。《法语宪章》中规定和推荐术语的作用仍然存在,但采用了更灵活的方法。重新定位旨在强化法语的地位,并使《术语大词典》成为推广和传播法语术语的工具,面向那些用法语交流,特别是用法语写作的人,而不是从事将其他语言翻译成法语的人,这多是魁北克以外的情形。

4 地区层面的语言政策和术语

加拿大的三大地区(育空地区、西北地区和努纳武特地区)由联邦政府管理,必须遵守国家语言立法和政策。1988 年,育空地区颁布了将英语和法语确认为官方语言的《官方语言法》,但唯一的法律义务是用两种语言发布育空地区的法律。育空地区的语言政策规定工作时使用英语,但也提供一些法语服务,法语服务理事会根据《使用法语交际政策》和《翻译服务指南》提供翻译和术语支持服务。《官方语言法》也承认原住民语的重要性,但没有关于原住民语的立法或政策,该法仅承认以一种原住民语向议会发言的权利。

西北地区颁布了《1988 年官方语言法》,授予以下语言官方语言地位:奇佩维安语、克里语、英语、法语、库臣语、伊努纳克图恩语、伊努伊特语、伊努维尔鲁克图恩语、北斯拉维语、南斯拉维语和特里丘语。这些语言可用于政府机构、政府辩论和诉讼程序,但法律仅以英语和法语发布。通过任命一名官方语言部长和一名负责调查有关任何一种官方语言的投诉的语言专员,该法为保存官方语言的文化提供了法律保护。两个委员会——由每一种官方语言的代表组成的官方语言委员会和由每一种官方原住民语的代表组成的原住民语复兴委员会——负责建言献策。还有一个法语秘书处负责将其他语言翻译成法语,但没有翻译政策,工作人员中也没有术语学家。MultiTerm 术语库用于存储仅供内部使用的术语。秘书处最近与联邦政府合作发布了一份关于钻石切割的术语表。

与魁北克一样,努纳武特在三大地区中是个特例,原因在于努纳武特地区政府正在保护和加强因纽特语,并在立法中加入了其语言和术语政策。由于认识到因纽特语在很大程度上是由于寄宿学校制度而消亡的,努纳武特地区政府现在寻求复兴该语言,使其成为该地区的日常语言。起初,《官方语言法》承认克里语、奇佩维安语、多格里布语、库臣语、伊努伊特语、北斯拉维语、南斯拉维语、法语和英语为努纳武特地区的官方语言,但随着《2008 年因纽特语保护法》的颁布,因纽特语(伊努伊特语和伊努纳克图恩语)、英语和法语成为努纳武特地区的三种官方语言。《因纽特语保护法》享有准宪法的地位,它将因纽特语确立为根本语言和官方语言、教育语言、地区机构的工作语言(包括市政服务),以及"在努纳武特地区社会各部门使用的服务语言和与公众沟通的语言"(《因纽特语保护法案》，SNu 2008，c 17，序言)。与此同时，努纳武特地区恪守承诺，依照《努纳武特地区官方语言法》履行对讲英语者和讲法语者的义务。孩子在努纳武特地区入学的父母都有权让其孩子用因纽特语接受教育。该法还为成人和雇员提供教育计划，使他们能够学习一种因纽特语或提高因纽特语水平。所有的标志和公共交流语言都必须包括一种因纽特语，任何公共交流都必须用一种因纽特语书写或翻译成一种因纽特语。文化、语言、老人及青年部致力于提供官方语言的文件翻译，从英语翻译成伊努伊特语、伊努纳克图恩语和法语，或者相反。正在建立翻译记忆库，以促进译文一致和支持翻译服务。每个努纳武特部门和公共机构均被要求开发并发布因纽特语术语和表达式，用于内部和外部的交流，并辅助员工使用术语。

努纳武特政府已经建立了必要的行政基础设施来实施其《因纽特语计划》。努纳武特地区(因纽特传统知识部)的语言专员担任监察专员，监督语言权利保护，并为其建言献策大力呼吁。使用和复兴因纽特语的政策和方案由语言部长负责。鉴于传统因纽特语地名是尚未完整记录的口头地名，于是设立了努纳武特地理名称委员会，负责建立一套程序来批准、接受和辨识因纽特语地名、正字法和通名。因纽特语管理委员会被授权"对因纽特语使用、发展和标准化做出决策"(《因纽特语保护法案》，SNu 2008，c 17，第 2 部分，第 15 节)。更具体地说：(1) 开发因纽特语标准化术语或表达式以符合口头传统和现代需求；(2) 发布、推广和维护所有因纽特语标准化术语或表达式的数据库；(3) 制定和公布因纽特语使用的能力水平或标准；(4) 对因纽特语中被提议的术语、表达式、文件、标准、能力水平或交际加以考虑，并提出相应的建议；(5) 开展研究来记录和保存因纽特语的传统或历史术语、区域语言变体或方言、表达式以及报告，并对以上研究进行监督；(6) 指定因纽特语中的标准术语、表达式、正字法、语言或用法。在因纽特语管理委员会，语言学家正在研究历史术语和标准化。该委员会目前正在寻找语言研究人员，对国内(魁北克、新不伦瑞克)以及国外的语言和术语规划方案进行研究。术语学家正努力在政府工作优先领域创立因纽特语术语，并举办语言研讨会，将教师和口译人员与在医疗和司法领域的工作者召集到一起。因纽特语管理委员会的一个重要任务是将正字法标准化。因纽特语文化学院开发了一个双标准书写系统，用于以音节和罗马字母拼写书写伊努伊特语。这两种书写系统都用在了《伊努伊特语活词典》中，该词典是英语、法语和伊努伊特语的三语术语数据库。努纳武特政府已经制定了《2011—2014 年 Uqausivut 综合计划》，其中包括旨在保持伊努伊特语的重点语言地位的《因纽特语战略》，以及旨在加强用法语进行政府服务的《法语战略》，以确保在努纳武特的所有官方语言的实质平等。

位于拉布拉多的努纳特西阿特政府也在努力保护和复兴其祖先语言伊努伊特语，并使之成为主要语言。努纳特西阿特政府是纽芬兰和拉布拉多省的一个地区性因纽特人政府。从 2005 年 12 月起，努纳特西阿特成为加拿大第一个实现自治的因纽特地区，并因此将英语和伊努伊特语确立为官方语言。所有的法律都必须以伊努伊特语颁布。努纳特西阿特政府承认在所有的交流活动中，每一个因纽特人都有权使用伊努伊特语，并且每一个因纽特人都有责任教授孩子伊努伊特语。"语言和文化是努纳特西阿特政府的优先工作领域，政府认识到，为了保护和加强拉布拉多因纽特人独特的文化遗产，需要进行集中的长期规划"(努纳特西阿特政府 2012)。这一长期计划的两项重要举措包括制定一项为期 50 年的《努纳特西阿特语言战略》和一项《拉布拉多伊努伊特语培训计划》。托恩盖索文化中心为因纽特青年和成年人提供语言夏令营和其他机会来学习伊努伊特语,并练习伊努伊特语会话。《Ilisautikka 伊努伊特语倡议》开发和分配学习工具,已编纂了一部伊努伊特语-英语词典。

5 多元文化政策

自 20 世纪 60 年代末以来,国家语言政策更积极关注非官方语言,并获得了一些立法支持。《加拿大人权利与自由宪章》认可加拿大人的多元文化遗产的国家价值,《1988 年加拿大多元文化法》承认加拿大的文化多样性以及语言和文化少数族裔享有其文化的权利。尽管英语和法语仍是官方语言,加拿大的政策和举措支持祖裔语言的教学、维护和使用。所有省份都有某种形式的多元文化政策,通常以立法的形式存在或通过咨询机构实行。这些多元文化政策的重点是保护文化,并没有产生重要的术语政策。

6 结语

正如语言政策必须考虑到社会语言状况一样,术语政策也必须考虑其所处的社会背景。在国家层面上,术语是在英语和法语双语制的语言背景下诞生的,因此,术语工作在很大程度上是比较性的,它服务于翻译,主要是将其他语言翻译成法语。除了魁北克和努纳武特,在大多数省份和地区,开发术语产品、术语表或术语数据库通常为支持翻译和供内部使用。这种背景中的术语是一种语言资产,有助于提高生产力,并提高翻译(通常是将其他语言译成法语的翻译)中的语言能力;该语言资产还旨在促进法语的连贯性和一致性。在魁北克,术语政策是语言规划(语言管理)的一个重要组成部分,它是该省法语化的一种重要而有效的工具,也是一种加强法语作为交流语言的手段。同样,在努纳武特,语言政策是复兴和巩固祖裔原住民语的一种手段,旨在使其成为主要语言,术语政策是该语言政策不可或缺的一部分,在拉布拉多的努纳特拉特政府中,情况也是大体如此,只是没到这种程度。在努纳武特,诸如《伊努伊特语活词典》和记录口头地名等的术语举措,是为加强因纽特语所进行的术语和语言规划工作中的重要工具。然而,鉴于努纳武特作为"地区"的行政地位,努纳武特政府必须制定语言和术语政策,这些语言和术语政策不仅要为复兴因纽特语做准备,而且还必须考虑到努纳武特政府为包括英语和法语在内的所有官方语言提供平等地位的义务。

参考文献

An Act Recognizing the Equality of the Two Official Linguistic Communities in New Brunswick, SNB 2011, c 198, retrieved October 30, 2012. http://laws. gnb.ca/en/ShowPdf/cs/2011-c.198.pdf.

An Act Respecting the Delivery of French-language Services by the Public Service. Title amended 2011, c. 9, s. 17. *from French-language Services Act.* SNS 2004, c 26, retrieved October 30, 2012. http://nslegislature.ca/legc/statutes/frenchla.htm.

Canadian Association of the Deaf. *Language.* Approved July 23, 2012, retrieved October 30, 2012. www.cad.ca.

Canadian Charter of Rights and Freedoms, s 2, *Part I of the Constitution Act*, 1982, being Schedule B to the *Canada Act 1982* (UK), 1982, c 11.

Canadian Multiculturalism Act, RSC 1985, c 24 (4th supplement), [1988, c. 31,assented to 21st July, 1988], retrieved October 29, 2012. http://laws-lois.justice.gc.ca/eng/acts/C‐18.7/page‐1.html.

Constitution Act, 1982, being Schedule B to the *Canada Act* 1982 (UK), 1982,c 11.

Convention on the Protection and Promotion of the Diversity of Cultural Expressions. October 20, 2005. Paris: Unesco. http://www.unesco.org/new/en/culture/themes/cultural-diversity/diversity-of-cultural-expressions/the-convention/convention-text/.

French Language Services Act. RSO 1990, c F. 32.

French Language Services Act. RSPEI 1999, c 13 F‐15.1, retrieved October 30, 2912. http://www.gov.pe.ca/law/statutes/pdf/f‐15_1.pdf.

Government of Canada. 2002. *Charte de la langue francaise / Charter of the French language*. RSQ 2002, c C‐11. (commonly referred to as Bill 101).

Government of Manitoba. *French Language Services Policy—March* 1999 / *Politique sur les services en langue francaise—mars* 1999 (The policy was adopted in 1989 and revised in 1999), retrieved November 15, 2012. http://www.gov.mb.ca/fls-slf/pdf/fls_policy.pdf.

Government of New Brunswick. *Official Languages—Language of Service Policy*, retrieved October 30, 2012. http://www2.gnb.ca/content/gnb/en/departments/human_resources/about_us/policies_and_guidelines/language_service.html.

Government of New Brunswick. *Official Languages—Language of Work Policy and Guidelines*, retrieved October 30, 2012. http://www2.gnb.ca/content/gnb/en/departments/human_resources/about_us/policies_and_guidelines/language_work.html.

Government of Nunatsiavut. *CRT Overview*. Retrieved November 20, 2012. http://www.nunatsiavut.com/index.php/en/culture-tourism-and-recreation/department-overview.

Government of Nunavut. Department of Culture, Language, Elders and Youth. *Inuktitut Living Dictionary*. http://www.livingdictionary.com/.

Government of Yukon. French Language Services Directorate. *Communications in French Policy*. 1994. amended December 2010 and September 2011. (GAM 1.7).

Guidelines for Terminology Policies: Formulating and implementing terminology policy in language communities. 2005. Paris: Unesco ((CI‐2005/WS/4).

Inuit Language Protection Act. SNu 2008, c 17, retrieved November 15, 2012. http://canlii.ca/t/kkxn.

Language Act. RSA 2000, c L‐6, retrieved October 20, 2014. http://www.qp.alberta.ca/documents/Acts/L06.pdf.

Languages Act. SY 1988, c 13 s 4, based on http://www.flsd.gov.yk.ca/pdf/Languages_Act.pdf.

Official Languages Act (OLA). RSC 1985, c 31, 4th supp. Assented 1988, retrieved October 30, 2012. http://canlii.ca/t/lgjl. *Official Languages Act*, RSNWT 1988, c O‐1, retrieved October 30, 2012 https://www.canlii.org/en/nt/laws/stat/rsnwt‐1988-c-o‐1/latest/rsnwt‐1988-c-o‐1.html.

Official Languages Act, RSNWT 1988, c O - 1, retrieved October 30, 2012 https://www. canlii.org/en/nt/laws/stat/rsnwt-1988-c-o-1/latest/rsnwt-1988-c-o-1.html.

Official Languages Act, SNB 2002, c O - 0.5, retrieved October 30, 2012. http://laws. gnb.ca/en/ShowPdf/cs/O - 0.5.pdf.

Officequebecois de la langue francaise. Banque de depannage linguistique (BDL). Quebec. http://gdt.oqlf.gouv.qc.ca/.

Officequebecois de la langue francaise. Le Grand dictionnaire terminologique (GDT). Quebec. http://gdt.oqlf.gouv.qc.ca/.

Roadmap for Canada's Linguistic Duality 2008 - 2013: *Acting for the Future*. 2009. Heritage Canada website, retrieved November 20, 2013. http://www.pch.gc.ca/eng/ 1358263602229/1358263791285.

Statistics Canada. 2012. *Aboriginal languages in Canada: Language*, 2011 *Census of Population*, Statistics Canada Catalogue no. 98 - 314-X2011003. Ottawa.

Statistics Canada. 2012. *Immigrant languages in Canada: Language*, 2011 *Census of Population*, Statistics Canada Catalogue no. 98 - 314-X2011003. Ottawa.

Statistics Canada. 2012. *Linguistic Characteristics of Canadians: Language*, 2011 *Census of Population*, Statistics Canada Catalogue no. 98 - 314-X2011001. Ottawa.

TERMIUM. http://www.btb.termiumplus.gc.ca/.

The Language Act being c L6 - 6.1 An Act respecting the Use of the English and French Languages in Saskatchewan. RSS 1988, amended 2001 c 9, retrieved October 30, 2012. http://www.qp.gov.sk.ca/documents/English/Statutes/Statutes/L6 - 1.pdf.

U.S. Census Bureau. 2011. *The Hispanic Population: 2010 Census Briefs by Ennis, Sharon R., Merarys Rios-Vargas and Nora G. Albert*. Washington, D.C.

第六部分　术语与文化间性

术语工作的社会和组织语境：
目的、环境与利益相关者

安雅·德拉姆

国际术语网（TermNet）

术语工作在整个社会或其中的某些部分中扮演着重要角色。术语工作的目的通常是帮助人们更好地交际。因此，术语工作不仅在公司或专业交流中发挥重要作用，在社会问题、文化和民族认同方面也发挥着重要作用。本章第一部分将从社会学角度而非语言角度讨论上述一些领域。

国家语言规划是制定术语规划和术语政策的起因，企业术语学者也接受此观点。因此，本章第二部分重点讨论术语政策的制定过程以及该过程中利益相关者的参与。

关键词：术语与语言政策；身份认同；民族；文化；多样性；利益相关者

1 引言：为什么我们（应该）关注术语

术语工作不是在真空中进行的，也不意味着任何艺术形式。它通常都有明确的服务目标，否则，少有组织会投资于这一高成本工作。公司、公共机构或民间社会团体之所以投资于术语工作，是因为他们意识到术语工作在改善内部与外部沟通、促进机构学习和提升绩效等方面的作用。同时，他们也意识到以专业和充分的方式管理与使用术语可节省成本或赢得竞争优势。对术语工作的投资也具有重大的象征意义，因为它表明该组织赋予语言和沟通本身的价值，从而进一步提升其地位。这在语言政治、社会（如社会中特定群体的地位）或事务工作（诸如工作安全、顾客的文化多样性的尊重等重要事务）中尤其如此。

尽管术语管理具有明显的优势，但仍只有很小比例的组织将部分资金投资其中。原因通常很简单。其他组织要么缺乏术语管理意识，要么是基于成本效益考虑，从而拒绝投资术语工作。术语管理是昂贵的。它的成本很高，因为开发和维护数据库和统一定义并厘定术语意义的细枝末节都需要花费大量时间，有时还需在相互冲突的利益和观点间维持平衡。此外，对除了术语学家之外的所有人来说，术语管理的成果往往不那么令人印象深刻。投资回报很难衡量。因此，组织往往不赞成投资术语工作。然而这还并不是困难最小的，因为术语工作常在复杂环境下开展（下文将详述）。

术语学家的部分工作正是促进和推进术语管理。因此，术语学家从工作之始力图为组织设置有用的术语资源之前，他们所需要的正是指导他们工作的术语政策。

术语政策应服务于不同目标：

1. 术语政策应从组织高层给予术语学家信任和支持。这一点非常重要，因为术语工作需要不同部门、分支机构,甚至机构间通力协作并向外部人员开放资源。术语政策既需要信任,又需要支持术语工作的文化,或者至少需要从组织高层给予支持;

2. 术语政策应有助于为参与其间的人员建立一个工作流程。很难想象一个人能独自处理各种语言的所有术语和定义。术语学家的工作是建立并指导术语工作流程,搭建基础设施,培养术语工作利益相关者的信心与文化以及有质量的资源。可见,即使在写某一术语条目之前,术语学家的工作就已经开始了。

3. 术语政策应该描述并设定术语管理工作的目标和研究对象。日常工作的细节中,我们很容易忽略宏观视野,忽略术语工作的动因及其应该达到的目标。术语工作开展过程中的细枝末节、错综复杂的情况以及劳而无功始终纠缠着术语学家。术语学家在组织中扮演着核心角色,因为他们的工作贯穿术语工作的各个层面和时期,最终服务于组织的目标。术语工作旨在改善流程,提高产出以及提升质量和收入。术语工作是为了帮助人们达成目标。然而,实际上术语部门的工作常被视为一种耗时费力的新兴业务,该业务与核心业务相互分离且无关,有时甚至是令人讨厌的事情。情况正好与此相反,需要进一步明确的是,术语工作促进组织的准确沟通,提高安全保障,提高组织利润,设置理想目标并提升团体认同,术语定能鼎力支持!

组织中通常都不具备支持上述假设的术语政策。有时,制定和实施这样的术语政策是术语学家工作的一部分。

在进一步了解术语政策及如何将其付诸行动之前,让我们先看看制定术语政策的一些背景。

2 身份、文化和国家建设

目前关于术语政策的讨论起源于去殖民化和国家独立运动所引发的欠发达地区(通常是本族)语言政策和规划。在 20 世纪 60 年代,越来越多的以非洲和亚洲为主的前殖民地获得独立后,语言成为建立和确认文化认同以及国家建设战略的重要手段。很快出现了针对这一新兴、复杂跨学科现象的科学研究。语言作为国家认同与文化认同的象征并不是一个新概念,例如,德语的大部分标准化发生在 19 世纪的国家建设之后。然而,不同于之前的是,世界不同地区、各种文化语言语境在大致相同的时间内调动了大量的工作和资源用于语言规划。有些地区成功,而其他地区则以失败告终。一些新兴国家采取"非本族语"政策,即沿用外国语言(通常是前殖民者的既定通用语言)。其他国家则采取了"改变"策略,即偏离主导的外国势力,转而将目光投向疆域内部的本族群体所使用的语言。语言规划始终是高度政治性和社会性的问题。它曾是并将继续是敏感问题,因其影响个人和群体的身份认同。

同时,作为交际中介的语言工程需要开展大量的语言工作。语言此前仅用于家庭和社会群落等非正式场合,而当语言社会地位被提升到新高度时,更能突显其政治性和社会性。除了完善标准化语法、拼写和变体之外,语言的复兴需以语言在家庭和社会群落之外教育、法律语境以及其他各种技术、经济和专业领域的使用为前提。因此,术语规划在一开始就成为语言规划的一个子领域,但随后作为一个独立研究领域变得越来越重要。

随着 20 世纪 70 年代和 80 年代民族独立浪潮的消退以及新兴国家的第一次文化反思，语言和术语规划研究逐渐式微。它成为社会少数群体争取政治影响或认可的议题。在欧盟内部尤为如此，当然也不排除其他地区。虽然二者相互独立又平行发展，术语管理对工业和商业的重要性提高却随着国际化和全球化的重要性而不断提升。许多研究均涉及术语管理研究和实践的所有领域。全球化公司开始投资技术、人力资源以及整个翻译和术语部门。然而，在强调经济效益和效率的政府和管理层/股东的议程中，术语规划仍然是一项非常昂贵的工作。认识到公共部门、私营公司或民间社会组织的大多数规划和行动都缺乏战略和可持续性，甚至是全然混乱和无效的，术语政策的讨论才得以在 21 世纪初复兴。

3 商业情形

商业情形在大部分情况下指经济问题：现金和利润。它指的是公司在某一特定事项上的投资回报率，大多以数字表示，可能这样能使语言管理者和股东更好理解。我不准备这么做。已有其他研究从经济角度解释术语工作何以节省数百万美元，这种以数字形式呈现的计算目的是吸引对术语工作的投资。

然而，数据和图表是否能充分激励经理和股东实际投资于术语工作，这很难得到验证。

鼓励人们投资术语工作的真正原因似乎更加复杂且模糊。术语所实现的利润和取得的进步似乎并没有给除了术语学家之外的任何人留下深刻印象。但这也并非意味着数据与图表毫无用处。事实上，任何术语学家都要关注这些数据和图表。它们是术语学家可进行的所有宣传工作的基础，如果组织决定投资术语管理，它们将成为组织财务规划政策文件的有机组成部分。

然而，如前所述，在某些情况下，投资术语管理的理由即使不比投资理性思考和纯数学方面的理由更充分，也基本难分伯仲。在此我所讨论的商业情形是一个广义的概念，包含了价值和无法衡量的无形的一些结果，比如公司的社会责任，而非纯粹的盈利。在过去几十年，尤其是上次经济危机中，多样性的劳动力和客户所带来的价值、品质和安全愈显重要，并且其重要性有望进一步提升。术语工作所促成的高效的沟通和知识管理将大有所为。

4 术语政策

术语工作的目的是什么？术语工作所服务的对象和目标是什么？

语境是什么？是语言规划吗？如果是，要实现的是促进和丰富某种语言，提高其在社会中的地位。典型的语言规划通常是一种具有象征意义的声明，政策所涉及的语言被正式指定为社会部分地区的首选交流媒介。涉及多少种语言？一种？两种？还是二十种？语言的完善程度和标准化程度如何？是否有语料库？以何种介质？哪些主题领域优先考虑？问题还将继续，因此术语工作也需选择几个作为起点。需要做出决定：哪些主题领域对于语言社区或整个社会来说是最重要和最紧迫的，同时又能促进语言作为交流媒介的广泛使用？教育和医疗保健极可能排在前列，因为它们涉及面广并关乎未来社会成员的能力建设。法律语言非常重要，因为它确保民主、人权，进而支持国家建设。此外，最重要的是它具有巨大的象征价值。

或者在全球拥有分支机构、供应商和销售渠道的公司背景？上述所涉及的主题领域可能比语言规划所涉及的范围要小,却可能涵盖更多种语言和文化。语言规划的目的包括创造集体认同和文化,以使组织能在全球范围内与客户、合作伙伴、股东、员工及供应商有效沟通。

另外一个我想涉及的语境便是为非营利性组织设立和维护数据库。许多此类组织的目标之一是倡导某社会领域就公众、公司和政府的关切进行该组织所擅长的动员和教育。根据组织的范围,语言的数量可以很多或者非常少,通常,涉及语域广泛,即涉及科学语域,也涉及俚语。有时教育并说服各色公众的是高度专业化的主题,既要建立于科学研究的基础之上,同时又要在捐赠者的监督下保持可信度,这些是组织想要实现的目标。

无论何种情况,术语政策都应支持术语规划。这意味着术语政策和术语工作必须根据具体需求量身定制。它常需解决以下所有问题,但要基于特定案例有所侧重:

1. 术语生成;
2. 术语使用、归类、记录和处理;
3. 知识转移;
4. 术语转移(例如当教学语言是另一种语言时,需要通过培训);
5. 术语实施与植入(例如通过技术和知识转移或通过媒体);
6. 翻译、口译和本地化(Infoterm 2005)。

各级社会或组织都可使用术语政策,它们取决于多种经济和社会文化因素:

1. 政治意识形态和治理(民主与专制);
2. 行政或组织文化(扁平组织结构与等级组织结构,个人主义与集体主义);
3. 社会经济发展(财政和政治优先事项);
4. 传统。

作为一个跨学科领域,术语学跨越学科领域和知识域,因此它也影响这些科学、技术和其他领域。

在大多数情况下,术语政策通常由每个领域根据其自身的需求和规则单独制定[……]独立的术语非常罕见。更为常见的是,它们隐含在上级组织更广泛的政策声明中,或在其他情况下,正式声明包含在相关的广泛立法中(Drame 2009,75)。

5 政策制定

通常,术语工作开始就像谚语"摸着石头过河"。原因之一便是,组织中的术语管理常为临时抱佛脚的被动之举,而非系统规划的战略举措。尽管人们付出了很多努力倡导术语工作,但问题的出现可能仍然是术语工作开启的首要原因。很少有组织会建立一个全新的部门并聘请专家来开展术语工作。因此,术语工作的效果往往不尽人意,在这种情况下,工作与语言有某种联系,但少有术语管理方面知识和经验的员工被选中并委托从事术语工作。许多在组织中处理术语的人缺乏全面的培训。除了自然兴趣爱好之外,训练通常会使术语工作发生极大改善。

成功的术语专家通常是跨学科专家，如信息管理或语言学专家并且颇具管理天赋。他们采用跨学科的方法，帮助提高管理技能，提升领导力，改善组织文化和学科领域的技能。术语学家所具备的开放思维、与他人建立联系和相互学习的意愿以及对一些常规做法的知识都会使其自身和项目受益。

从每年国际术语暑期学校培训的反馈来看（该学校培养了数百名来自不同语言、文化和专业背景的术语学家），我们发现了上述情况，而且培训中评估最广泛的部分是参与者之间通过介绍和讨论他们自己的术语项目交流经验（未发表的内部统计数据，TermNet）。我们通过每年国际术语暑期学校的培训反馈发现了上述情况，该学校培训了数百名来自不同语言文化与专业背景的术语学家。我们还发现，术语培训中最受好评的是参与者们通过介绍讨论自己的术语项目（如未发表的内部统计数据，TermNet）交流经验。术语学家应当不仅仅是语言学家或喜欢数据库的人。积极调查语言学以外的领域也可能有助于预测和避免很多弯路，或者至少可以帮助识别和分析出错的地方。

遗憾的是，术语工作相关的成功典型案例，不管是现有还是之前已公开的，仍然相对较少。且由于术语工作情况与背景的巨大差异，对于不同术语学家面临的特定情况而言，它们通常意义不大。保持信息畅通，从尽可能多的经验中学习是必不可少的，即使一开始，它们似乎与术语学家自己的特定情况不甚相关。事实证明，与之前设想有出入的是，大型国际非政府组织术语工作的工作环境与政府部门的背景有很多共同之处。没有通用的解决方案，政策制定过程是持续的学习过程。多年的积累会使术语工作有迹可循，但学习和适应不断变化的情况是术语学家的金科律例。

如上所述，大多数情况下，在术语不足引发一些严重问题后，术语政策往往会沦为危机管理措施。对于术语学家来说，这种危机管理的积极方面是它提高了人们对术语的关注度。通常情况下，问题出现后，对于过程改进投资的意愿相对较高。创新是以对术语产品即术语数据库、词汇表或词典的强烈需求为前提的。此外，一些长期的思考甚至会导向立法、制定政策或指导方针。

政策是一个复杂的结构，但为了简便起见，通常可视化为线性模型或政策周期，见图1。

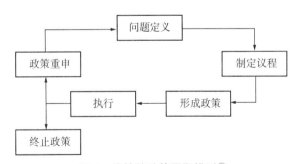

图1 线性的政策周期模型①

图1中，政策的制定过程贯穿于所有的后续阶段，每个阶段都基于理性的行动和决策。在实际操作中，这种线性模型过于理想与简单。流程和决策以更混乱和可预测的方式触发

---

① http://www.dadalos.org/politik_int/politik/policyzyklus.htm. 检索日期：2012 年 9 月 18 日

其他流程和决策。另外一个假设决策是基于证据和理性的,但此假设并非适用于所有情况。然而,对于术语学家来说,尝试了解政策和政策制定过程的阶段和角色是一项有益的工作,因为这将有助于他们控制整个过程并更好地理解可能的原因。关于该专题的若干出版物就术语工作政策制定的各阶段提供了进一步指导。

由国际术语信息中心(InfoTerm)编写的《联合国教科文组织术语政策指南》主要侧重于国家语言规划背景下的术语政策。作者在后来的研究中对这一过程进行了较为详细的描述,同时也将这一问题纳入民营企业的背景中。一份关于术语政策的国际标准于 2010 年发布,旨在指导从业人员制定和实施此类政策(ISO 29383)。

最后,联合国教科文组织于 1990 年对维克多·蒙特维洛夫(Victor Montviloff)的政策制定进行了详细的描述 ,尽管该政策是国家信息政策。

6 利益相关者

我们已经了解到,术语工作与它所服务的环境之间的关系是复杂的。术语是与语言紧密联系的,进而与诸如认同之类的敏感领域相联系。但术语也深深植根于特定的环境或语境中,与下一个环境或语境相异,且更易处于不断变化之中。因此,术语专家必须时刻谨记语境,并意识到语境也在不断转移与变化。另外,术语学家需要努力邀请受政策影响的人参与到术语工作中。因此,最近关于术语政策的出版物和培训强调了利益相关者参与的必要性。谁是利益相关者? 如何能更好地让他们参与进来? 这些问题值得进一步探讨。

"利益相关者"(stakeholder)一词源自经济学,最初用于描述超出股东概念的公司利益集团。股东(拥有股票并在公司投资的人)被认为期望通过投资回报率获得尽可能大的利润,但利益相关者是一个更为广泛的概念。根据某些定义,它指的是能够影响并受公司决策影响的个人。其他定义甚至更广泛,并将利益相关者定义为受影响或影响组织的人(Epstein 2008)。

利益相关者可以进一步分为内部和外部利益相关者。内部利益相关者可以是客户、员工、管理层或股东。外部利益相关者包括政府和其他立法者、利益集团和媒体。利益相关者既可以处于核心也可处于边缘,这意味着它们在某个时刻是弱势的,没有兴趣或是无甚关联的(Epstein 2008)。哪些利益相关者重要以及为什么重要,这些是每个组织必须确定的因素。

但为什么利益相关者对术语规划者如此重要? 答案很简单:因为没有合作就无法完成术语工作。术语工作需要管理层和企业赞助商的支持和资金。因此,公司的所有者,或捐助者、纳税人等能使术语工作合法化。术语工作还需要内部合作,不同的部门需要提交术语,帮助处理术语数据库,促进术语使用并持续使用相关术语。

少数民族语言的使用者可能会向当局施加压力,通过制作专门的词汇和法律并在教育中使用其语言以提高他们语言的地位。或者他们需尽力利用现有的词汇表、词典、网络资源和其他术语产品;他们甚至可以帮助生产上述产品。媒体可以通过传播有关倡议和资源的信息来提供帮助。政府可以在法庭、教育和法律中规定官方语言,这些可能会对现有的资金提供、工作重点和行动计划产生影响。

利益相关者贯穿术语工作的始终。他们不仅仅是目标群体。术语项目的利益相关者势在必行。

此外，计划如何让他们参与术语工作更为重要。并非所有利益相关者都需要同等对待。一些利益相关者拥有强势的权力，他们即使在术语工作之初未参与进来，也能影响决策或阻碍工作进程。想象一下不具有影响力或专业的母语人士参与的少数民族语言规划。

其他人可能希望获得知情权（或术语学家可能希望让他们知情），但他们在这时却对相互协作没有特别的兴趣。在少数民族语言的例子中，媒体或许即为此种情况。图2以简单但有用的模型显示了如何识别利益相关者并对其进行分组以使他们更便捷地参加术语工作。

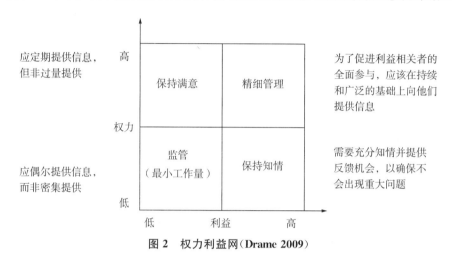

图 2　权力利益网（Drame 2009）

可能需要在整个术语项目中与利益相关者密切合作以创建所有权，从而确保资源一旦离开术语学家仍可持续得以使用和维护。

（1）公司内利益相关者的不同利益：

公司 X 的董事会发现所提出的术语解决方案过于昂贵且不值得投资。同时，董事会希望确保在法律索赔或声誉受损时不会损失金钱。另一方面，公司的客户希望产品文档中的术语使用一致。法律部门需要通过准确的沟通来限制责任，而营销部门则坚持使用有吸引力的语言而不是枯燥乏味的技术术语。

让利益相关者参与公司工作并不像看起来那么简单，在术语工作中尤其如此。人们倾向于极力关注某个问题，却无法在项目上投入时间或金钱。或许他们只是缺乏对术语工作重要性的认识。因此，如何制定让这些利益相关者参与进来的战略非常重要。措施包括：（1）专题讨论会；（2）宣传活动；（3）向管理层陈述；（4）内部讨论小组；（5）与组织员工的非正式会议；（6）公共论坛，讨论与术语有关的语言政治问题；（7）社交媒体讨论组；（8）工作组；（9）公共咨询会。选择何种措施仍取决于术语项目的背景以及组织的一般政策和现有的手段。

在与利益相关者合作时，很可能会出现利益冲突，因为利益相关者的参与并不一定意味着全面协作。相反，这个过程可能非常痛苦和令人沮丧。让每个利益相关者都满意是不可能的。您可能需要平衡和妥协才不至于失去任一群体的支持。利益相关者参与需要一个过程，需要大量的耐心和信任，这些冲突对于确保长期的所有权和承诺是必要的。

（2）语言规划背景下不同的利益相关者的利益：

　　一个代表少数民族语言文化团体的非政府组织进行了大量的游说工作，以促进其语言（特定地区的大多数人所说的）的发展和地位。经过多年权利争取后，它终于成功了，当地政府决定投资开发几种专门用于中学教育的专业词典和教材。非政府组织和语言专家希望使用源自该语言的术语，认为这不仅会提高语言纯度，还会加强民族认同。而且，它们会是更透明的选择并会改善沟通，提升可理解性。其他民间社会团体在地方和国际层面提供了大量支持。然而，尽管有这些有效论据，但相关领域和专家更喜欢从主要语言借用术语，认为这些术语一直被使用且不应该被改变。公司不愿意将资源投入新兴的本地术语，因为对他们而言，当地语言市场太小。家长们继续使用主要语言的教材，因为他们认为这将为学生提供更好的就业机会。邻近社区和利益集团以及国家一级政府中的部分群体可能会将少数民族语言的发展视为对国家统一的潜在威胁，并试图阻止为少数民族语言融资和支持。媒体在发布新闻时继续忽视新近标准化的术语，从而阻碍其传播，声称是时间压力并使用可理解的语言需要优先解决的问题。

　　以上呈现了不同的和相互冲突的利益如何影响术语工作。对这些冲突的了解越多，越贴近上述群体诉求，术语工作成功的机会就越大，变革也就越容易。

7　总结

　　本章目的是证明术语规划和术语工作不是在真空中进行的，它们高度依赖外部影响以及项目或组织的特定背景。公共机构、大学、公司的术语工作千差万别。这一点不仅反映在经费方面，而且在内容、范围和持续时间方面也有反映。因此，术语专家必须是专业人士，语言学家或翻译人员。然而，一个常被忽视的非常重要的因素是，他们需要成为管理者并且作为管理者来纵观全局并兼顾各方利益。此外，他们绝不能忽视术语项目的总体目标和宗旨。

　　术语管理者需要主动与当权者和受术语工作影响的人保持密切关系。他们还需要能够以开放的方式做出反应并得出结论。

　　虽然这听起来像是常识，但大多数术语学家认为这是他们工作中最难的一个方面。术语学家为术语工作投入了大量时间和精力，然而终被忽视、终止或批评，没有什么比这更令人沮丧了。对于许多毫无准备的术语学家来说，这种情况可能非常令人惊讶和震惊。可能别无他法，但要谨记于心，术语产品只在有助于改善现状时才能突显其价值。

参考文献

Budin, Gerhard. 1990. *The role of terminology planning in International science & technology planning policies*. Vienna：InfoTerm.

Cobarrubias, Juan and Joshua A. Fishman (editor). 1983. *Progress in Language Planning. International Perspectives*. Berlin/New York/Amsterdam：Mouton.

Cooper, Robert L. 1989. *Language Planning and Social Change*. New York：Cambridge University Press.

Corbeil，Jean-Claude. 1980. *L'aménagement linguistique du Québec*. Montreal：Guérin.

Drame，Anja. 2008. "Terminologieplanung ist weit mehr als Sprachplanung-und betrif（fast）jeden." *eDITion Terminologiemagazin* 1：5 - 9.

Drame，Anja. 2009. "Terminology Policies and Communication for Social Change：Promoting Linguistic Diversity and Terminology in South Africa." PhD diss.，University of Vienna.

Epstein，Marc J. 2008. *Making Sustainability Work. Best Practices in Managing and Measuring Corporate Social，Environmental and Economic Impacts*. San Francisco：Berrett-Koehler. DOI：10.9774/978 - 1 - 78353 - 087 - 8_5

Felber，Helmut. 1986. *Guidelines on national terminology planning policy in developing countries and countries with not developed terminology work*. Vienna：Infoterm.

Felber，Helmut. 1990. *Terminology planning—a strategic tool for terminology development，regulation and dissemination*. Vienna：Infoterm.

Galinski，Christian，Gerhard Budin，and August D. de V. Cluver. 1999. "Terminologieplanung und Sprachplanung." In *Fachsprachen/Languages for Special Purposes. Ein internationales Handbuch zur Fachsprachenforschung und Terminologiewissenschaf*，edited by Lothar Hoffmann，Hartwig Kalverkämper and Herbert Ernst Wiegand，2207 - 2215. Berlin/New York：de Gruyter.

Infoterm. 2005. *Guidelines for Terminology Policies. Formulating and implementing terminology policy in language communities*. Paris：Unesco.

ISO 29383. 2010. *Terminology Policies—Development and Implementation*. Geneva：International Standards Organization. DOI：10.3403/30200343

Montviloff，Victor. 1990. *National Information Policies. A Handbook on the Formulation，approval，implementation and operation of a national policy on information*，vol. 11，PGI 90，WS. Paris：Unesco.

Picht，Heribert. 1999. "Terminography in regional organisations I：NORDTERM." In *Fachsprachen/Languages for Special Purposes. Ein internationales Handbuch zur Fachsprachenforschung und Terminologiewissenschaf*，edited by Lothar Hoffmann，Hartwig Kalverkämper and Herbert Ernst Wiegand，2144 - 2150. Berlin/New York：de Gruyter.

Rogers，Everett M. 2003. *Diffusion of Innovations*，5th ed. New York：Free Press.

Rubin，Joan and Björn H Jernudd（editor）. 1971. *Can Language be Planned? Sociolinguistic Theory and Practice for Developing Nations*. Honolulu：The University Press of Hawaii.

索　引

B

逻辑数据模型　202,211,213,214,217,218

M

memoQ　181,183,187—191,197—199

美国手语　390

美洲机器翻译协会　223

描述　5,8,9,14,16—18,20,22,23,28—34,38,
42—45,49—51,54,55,57,59—61,65,68—
74,79—82,86,87,90,91,93—95,98—101,
110,111,117—125,130,133,136,141—144,
149,151—155,157,165,181,182,186,189,
195,202,203,206,207,211,217—219,221,
223,226—228,234,235,239,240,243,244,
247—249,257,261,263,265,270,275,276,
282,289,291,293—297,299,305,306,312,
314,315,320,322,325,326,328,330,337—
342,345,347—350,363,371,372,374,376,
380,384,404,408

描写术语学　85,87,102,111,114,337

描写性表征　185

描写研究法　317

描写语言　31,32

民族认同　403,410

名词　5,7,15,32,39,89,92—97,99,142,168,
169,172,174,293,298,302,303,323,337,
341,350,362

名词短语　167,168,170,298,348

明示型定义　72

模板文件　298

模式定义语言　317,318,324,332

目标词　302,340

目标群体　57,58,69,78,151,153,185,207,257,
259,260,262,264,265,408

目标术语　191,239—241

目标用户　150,151,200,245,380

目标用户群体　148,184

目标语术语　248,279,301,305,331

目标语言　150,151,181,186,234,235,239,244,
262,266,301,303—305,323,376,380

N

NC 值　172

N 元组　169

南非语言政策　371,373—375

内部表征　13

内部翻译　245,311

内部关系　42,64,89,118,119

内部特征　38

内部与外部沟通　403

内部资源　258

内涵式定义　8,49—61,63—65,68—72,74,
77—82

内嵌标记　325

内嵌术语　324

内容分类　290,304

内容管理　290,298,331

内容管理系统　267,286,304,305

内容可检索性　262,286

内在特征　124

内在性　32

逆文档频率　171

O

欧洲电信标准协会　320

欧洲交互查询术语库　338

欧洲交互式术语库　151,154,246,281

P

培训　131,183,252,264,267,277,374,375,396,
406—408

培训师　250—252

批处理模式　279

批评社会语言学　371

平台独立性　313,320,324

平行语料库　166

评估　3,6,16,49,55,57,65,136,142,143,159,

属性值　121,204,206,213,214,315,317,321, 322,324,326,328—330

属性值数据类目　326,327,329,330,332

属种关系　14,16,21,63

专家交流　182

专门用途语言　114

专题领域　289,361,362

专业词表提取　165

专业词汇　3,5,6,9,249,343

专业词汇资源　88

专业词库　88

专业动词　337,338,340,342—345,347,349

专业概念　14,16,21,22,122,135,206,248,249

专业化　22,31,80,121,240,258,266,276, 293,406

专业交流　20,23,133,148,152,160,183,403

专业领域语料库　165

专业文本　12,13,16,18,22,23,133,134, 181,182

专业信息　133

专业性　5,7,31,167,173,251,260,287,350,359

专业语境　117,182

专业语言　16,17,20,31,86,87,89,98,102,103, 182,248,359,360

专业语言单元　12,13

专业域　23,182

专业知识　16,22,149,151,159,160,182,236, 240,261,337

专业知识表征　12,13

专业知识单元　12,13,16,23

专业知识概念　181,182

专业知识资源　13,20,21

自动化术语质量保证　200

自动术语提取　165—168,171—175,247,286, 291,292,305

自然概念　3,7,9

自然语言　16,18,43,49,54,61,63,64,110,111, 113,116,119,125,130,135,139,144,145, 221,223,291

自然语言处理　39,130,136,144,165,175,286, 288,290,297,303,315,328,329

自然语言概念　4

自由译者　246,312

纵向关系　85,86

综合定义　76,77

综合概念　50,52,53,73,77

综合术语　77,78

综合术语库　249,275

组合关系　85

组块　165

组织语境　403

祖裔语言　389,397

术语英汉对照表

A

abbreviation 缩略语

aboriginal language 土著语言

acronym 特征缺失

actant 行动元

    semantic actant 语义行动元

actantial structure 行动元结构

addition 添加

African language 非洲语言

Afrikaans 南非语

agent 施事

alternation 交替

American Sign Language（ASL） 美国手语

AMTA（Association for Machine Translation in the Americas） 美洲机器翻译协会

analysis 分析

    computerized analysis 电脑化分析

    concept analysis 概念分析

    concept-based analysis 基于概念的分析，概念依托型分析

    conceptual analysis 概念分析

    corpus analysis 语料库分析

    corpus-based analysis 基于语料库的分析，语料库依托型分析

    discourse analysis 话语分析

    distributional analysis 分布分析

    domain analysis 域分析

    environmental analysis 环境分析

    interlinguistic analysis 语际分析

    lexical analysis 词汇分析

    linguistic analysis 语言分析

    morphemic analysis 语素分析

    morphological analysis 形态分析

    multidimensional discourse analysis 多维话语分析

    pattern-based grammatical analysis 基于型式的语法分析，型式依托型语法分析

    semantic analysis 语义分析

    situation analysis 情景分析

    statistical analysis 统计分析

    SWOT analysis 态势分析

    syntactic analysis 句法分析

    terminological analysis 术语分析

    terminological concept analysis 术语概念分析

    text analysis 文本分析

    quantitative analysis 量化分析

annotation 标注

annotation methodology 标注方法

annotation model 标注模型

annotation pattern 标注模式

annotation rule 标注规则

annotation status 标注状态

application 应用

    commercial application 商业应用

    computer application 计算机应用

    data base application 数据库应用

    desktop application 桌面应用

    industrial application 工业应用

    semantic web application 语义网应用

    software application 软件应用

    terminological application 术语应用

terminology application　术语应用

word processing application　文字处理应用

approach　研究法

  ad-hoc approach　临时研究法

  bottom-up approach 自下而上研究法

  classical approach　经典研究法

  cognitive approach　认知研究法

  collaborative approach　协作研究法

  computational approach　计算研究法

  concept-based approach　基于概念的研究
    法,概念依托型研究法

  conceptual approach　概念研究法

  contextual approach　语境研究法

  contrastive approach　对比研究法

  corpus-based approach　基于语料库的研究
    法,语料库依托型研究法

  de-compounding approach 分解研究法

  descriptive approach　描写研究法

  distributional approach　分布研究法

  extra-linguistic approach　语言外研究法

  holistic approach　整体研究法

  hybrid approach　混合研究法

  instrumental approach　工具研究法

  interdisciplinary approach　跨学科研究法

  lexicographic approach　词典学研究法

  linguistic approach　语言学研究法

  marketing approach　营销研究法

  morphological approach　形态学研究法

  normative approach　规范研究法

  onomasiological approach　称名学研究法

  ontological approach　知识本体研究法

  prescriptive approach　规定研究法

  semasiological approach　语义学研究法

  sociocognitive approach　社会认知研究法

  sociolinguistic approach　社会语言学研究法

  statistical approach　数据研究法

  systematic approach　系统研究法

  systemic approach　体系研究法

  task-driven approach　任务驱动型研究法

  terminological approach　术语学研究法

  terminology approach　术语学研究法

  text-driven approach　文本驱动型研究法

  thematic approach　主题研究法

  top-down approach　自上而下研究法

  typological approach　类型学研究法

  web-based approach　网络依托型研究法

appropriateness　适宜性

ASL（American Sign Language）　美国手语

Association for Machine Translation in the Amer-
  icas（AMTA）　美洲机器翻译协会

ATE（Automatic Term Extraction）　术语自动
  提取

ATE analysis　术语自动提取分析

ATE application　术语自动提取应用

ATE process　术语自动提取过程

ATE system　术语自动提取系统

ATE tool　术语自动提取工具

ATR（Automatic Term Recognition）　术语自动
  识别

attribute　属性

attribute value　属性值

authoring　署名;编写

  content authoring　内容编写

  controlled authoring　受控编写

  controlled language authoring　语言受控编写

  document authoring　文档编写

authoring output　编写输出

authoring software　编写软件

authoring tool　编写工具

automatic content categorization　内容自动分类

automatic term extraction（ATE）　自动术语提取

automatic term recognition（ATR）　自动术语识别

B

Basic terms project（BTP）　基础术语项目

Bilingual Evaluation Understudy（BLEU）　双语
  评估替换

bitext　双语文本

BLEU（Bilingual Evaluation Understudy）　双语

评估替换

BootCat System　BootCat 系统

BTP（Basic terms project）　基础术语项目

C

CALL（computer-assisted language learning）机辅语言教学（计算机辅助语言教学）

Canadian language policy　加拿大语言政策

candidate　备选

list of candidate　备选列表

terminological candidate　术语备选

candidate equivalent　备选对译词

candidate string　备选字符串

CAT（computer-assisted/aided translation）机辅翻译（计算机辅助翻译）

CAT（computer-assisted/aided translation）dictionary　机辅翻译词典

CAT（computer-assisted/aided translation）process机辅翻译过程

CAT（computer-assisted/aided translation）tools机辅翻译工具

causality　因果关系

cause-effect　因果关系

CFL（Charter of the French language）　法语宪章

characteristic　特征

absence of characteristic　特征缺失

combination of characteristic　特征组合

conceptual characteristic　概念特征

contrastive characteristic　对比特征

delimiting characteristic　定界特征

descriptive characteristic　描写特征

distinguishing characteristic　区别特征

essential characteristic　本质特征

explicit characteristic　显性特征

factorization of characteristic　特征因子分解

functional characteristic　功能特征

implicit characteristic　隐形特征

inherited characteristic　继承型特征

internal characteristic　内部特征

intrinsic characteristic　内在特征

irrelevant characteristic　无关特征

linguistic characteristic　语言特征

necessary characteristic　必要特征

primary characteristic　首要特征

relevant characteristic　相关特征

set of characteristic　特征集

socio-discursive characteristic　社会话语特征

structural characteristic　结构特征

textual characteristic　语篇特征

type of characteristic　特征类型

underlying characteristic　基础特征

characteristic of concept　概念特征

Charter of the French language（CFL）　法语宪章

CI（Complementary Information）　互补信息

circularity　循环性

class　类别

classification　分类

concept classification　概念分类

content classification　内容分类

product classification　产品分类

project classification　项目分类

classification system　分类系统

classification work　分类工作

client　客户

CMS（content management system）　内容管理系统

cognitive semantics　认知语义学

collaboration　协作

collocation　搭配

commercial environment　商业环境

commercial setting　商业背景

communication　交流，交际

specialized communication　专业交流

specialist communication　专家交流

community　社区

community engagement　社区参与

company language　公司语言

complementary information（CI）　互补信息

component　构件

compositionality　合成性

computer-assisted language learning（CALL）
　计算机辅助语言教学(机辅语言教学)

computer-assisted/aided translation（CAT）　计
　算机辅助翻译(机辅翻译)

computer-assisted/aided translation（CAT）tools
　计算机辅助翻译(机辅翻译)工具

concept　概念

　borrowed concept　被借用概念

　comprehensive concept　综合概念

　coordinate concept　并列概念

　defined concept　被定义概念

　delimited concept　被定界概念

　domain-specific concept　域特有概念

　frame concept　框架概念

　general concept　一般概念

　general language concept　一般语言概念

　generic concept　属概念

　instrumental concept　工具概念

　natural concept　自然概念

　natural language concept　自然语言概念

　new concept　新概念

　partitive concept　部分概念

　relevant concept　相关概念

　scientific concept　科学概念

　single concept　单一概念

　specialized concept　专业概念

　specialized knowledge concept　专业知识
　　概念

　specific concept　具体概念

　subordinate concept　下位概念

　superordinate concept　上位概念

　underlying concept　基础概念

concept clarification　概念分类

concept cluster　概念簇

concept delimitation　概念定界

concept diagram　概念树形图

concept information　概念信息

concept map　概念地图

concept model　概念模型

concept modeling　概念建模

　terminological concept modeling　术语概念
　　建模

concept orientation　概念定位

concept relation　概念关系

concept system　概念系统

concept theory　概念理论

conception　构思

conceptual organization　概念组织

conceptual relation　概念关系

conceptual structure　概念结构

conceptual system　概念系统

conceptualization　概念化过程

conceptualizing　概念化

conjunction　合取

consistency　一致性

　terminological consistency　术语一致性

　terminology consistency　术语学一致性

　translation consistency　翻译一致性

construction　构式

construction grammar　构式语法

content management　内容管理

content management system（CMS）　内容管理
　系统

context　语境

　bilingual context　双语语境

　collocational context　搭配语境

　communication context　交际语境

　communicative context　交际型语境

　cultural context　文化语境

　defining context　定义型语境

　didactic context　教导型语境

　extra-linguistic context　语言外语境

　graphical context　图形语境

　illustrative context　阐释型语境

　informative context　信息型语境

　knowledge-rich context　富知识语境

　language planning context　语言规划语境

　legal context　法律语境

　linguistic context　语言语境

organizational context　组织语境

scientific context　科学语境

social context　社会语境

sociological context　社会学语境

specialized context　专业语境

textual context　语篇语境

translation context　翻译语境

Contrastive Term Extraction（CTE）　对比型术语提取

core structure　核心结构

corpus　语料库

corpus collection　语料库集合

corpus compilation　语料库编纂

corpus creation　语料库创建

corpus development project　语料库研制计划

criterion　标准

completion criterion　完成标准

concept-based criterion　概念依托型标准

evaluation criterion　评价标准

lexico-semantic criterion　词汇语义标准

linguistic criterion　语言标准

pragmatic criterion　语用标准

selection criterion　选择标准

semantic criterion　语义标准

semantic-based criterion　语义依托型标准

subdivision criterion　次分标准

term selection criterion　术语选择标准

crowdsourcing　众源

CTE（Contrastive Term Extraction）　对比型术语提取

culture　文化

CxG（Construction Grammatical）　构式语法

D

Data Category as Attribute（DCA）　属性数据类型

Data Category as Tag name（DCT）　标签数据类型

data model　数据模型

conceptual data model　概念数据模型

logical data model　逻辑数据模型

terminological data model　术语数据模型

data modeling　数据建模

terminological data modeling　术语数据建模

data modeling process　数据建模过程

DCA（Data Category as Attribute）　属性数据类型

DCT（Data Category as Tag name）　标签数据类型

definition　定义

citational definition　引例式定义

comprehensive definition　综合定义

concept definition　概念定义

denotative definition　指示型定义

extensional definition　外延式定义

extensive definition　范围式定义

headline definition　标题式定义

hybrid definition　混合式定义

intensional definition　内涵式定义

lexicographic definition　词典式定义

name definition　称名式定义

natural language definition　自然语言式定义

ontological definition　知识本体式定义

ostensive definition　明示型定义

partition definition　部分-整体式定义

partitive definition　部分式定义

referential definition　指称式定义

terminological definition　术语定义

thing definition　知识式定义

word definition　语言式型定义

definition by denotation　指示型定义

definition by example　举例式定义

definition by species　属差式定义

description　描写

concept description　概念描写

language of description　描写语言

linguistic description　语言描写

semantic description　语义描写

description of terminology　术语学描写

description of terms 术语描写

design requirement 设计要求

designation 指称

dialect 方言

DiCoInfo 网络信息基础词典

dimension 维度

discipline 学科

discourse 话语

disjunction 析取

dispersion 分散

    lexical dispersion 词汇分散

distribution 分布

diversity 多样性

document 文档

document collection 文档集合

document type definition,（DTD） 文档类型定义

documentation 文档编制

documentation management 文档编制管理

documentation process 文档编制过程

domain 域

    closed definition domain 封闭式定义域

    contextual domain 语境域

    special domain 特殊域

    specialized domain 专业域

    subject domain 学科域

    domain expert 域专家

    domain knowledge 域知识

    domain name 域名

domain prevalence 域普遍性

Domain Reference Model 域参考模型

domain specialist 域专家

domain specificity 域特殊性

domain tendency 域倾向

DTD（document type definition） 文档类型定义

editor 编辑

end-user 终端用户

enterprise resource planning（ERP） 企业资源规划

entity 实体

entry 条目

    concept entry 概念条目

    concept-oriented terminology entry 概念型术语条目

    frame entry 框架条目

    multiple concept entry 多概念条目

    term base entry 术语库条目

    term entry 术语条目

    terminological entry 术语条目

    terminological concept entry 术语概念条目

enumerated elements 被列举要素

enumeration 列举

equivalent 对应词,对译词

ERP（enterprise resource planning） 企业资源规划

error 错误

ETSI（European Telecommunications Standards Institute） 欧洲电信标准协会

evaluation 评估

event 事件

evidence 证据

exchange format 交换格式

exemplification 举例

expertise 专长

Explanatory Combinatorial Lexicology（ECL） 详解组配词汇学

expression 表达

extension 外延

extraction 提取

extraction process 提取过程

E

ECL（Explanatory Combinatorial Lexicology） 详解组配词汇学

F

FBT（Frame-Based Terminology） 框架术语学

FE（Frame Element） 框架元素

indeterminacy　不确定性

indexing　索引编制

indigenous language　本土语言

information　信息

　　administrative information　管理信息

　　causal information　因果信息

　　concept information　概念信息

　　conceptual information　概念信息

　　connotative information　隐含信息

　　contextual information　语境信息

　　corporate information　企业信息

　　cultural information　文化信息

　　customer specific information　顾客特有
　　　信息

　　document information　文档信息

　　domain-external information　域外信息

　　encyclopaedic information　百科信息

　　essential information　本质信息

　　etymological information　词源信息

　　extralinguistic information　语言外信息

　　grammatical information　语法信息

　　graphical information　图形信息

　　idiosyncratic information　个性化信息

　　linguistic information　语言信息

　　metalinguistic information　元语言信息

　　pragmatic information　语用信息

　　requested information　所需信息

　　semantic information　语义信息

　　situational information　情景信息

　　specialized information　专业信息

　　supplementary information　增补信息

　　syntactic information　句法信息

　　term information　术语信息

　　termhood information　术语度信息

　　terminological information　术语信息

　　textual information　语篇信息

　　visual information　视觉信息

information extraction　信息提取

information management　信息管理

information retrieval (IR)　信息检索

information retrieval system　信息检索系统

information technology　信息科技

Institute of Translation and Interpreting (ITI)
　翻译学会

instrument　工具

instrumental subtype　工具次类

instrumentality　工具性

integration　整合

intension　内涵

　　concept's intension　概念内涵

Inter-Active Terminology for Europe (IATE)
　欧洲交互查询术语库

International Astronomical Union (IAU)　国际
　天文学联合会

International Organization for Standardization
　(ISO)　国际标准化组织

internationalization　国际化

interoperability　互操作性

Inuit language　因努伊特语

Inuit Language Authority　因努伊特语管理委
　员会

Inuit Language Protection Act　因努伊特语保
　护法

Inverse Document Frequency (IDF)　逆文档频率

IR (information retrieval)　信息检索

ISO (International Organization for Standardiza-
　tion)　国际标准化组织

ISO/TC　国际标准化组织技术委员会

ITI (Institute of Translation and Interpreting)
　翻译学会

J

JuriDiCo　法律框架词典

K

Key Performance Indicator (KPI)　关键性能
　指标

Keywords in Context (KWIC)　上下文关键词

knowledge 知识

  background knowledge 背景知识

  computational knowledge 计算知识

  conceptual knowledge 概念知识

  domain knowledge 域知识

  domain of knowledge 知识域

  extra-linguistic knowledge 语言外知识

  singular knowledge 单个物体知识

  specialized knowledge 专业知识

  specific knowledge 具体知识

  subject knowledge 专题知识

  terminological knowledge 术语知识

  unit of knowledge 知识单元

knowledge acquisition 知识获取

knowledge base 知识库

knowledge concept 知识概念

knowledge engineer 知识工程师

knowledge engineering 知识工程学

knowledge field 知识领域

knowledge frame 知识框架

knowledge management 知识管理

knowledge modeling 知识建模

knowledge pattern 知识型式

knowledge representation 知识表征

knowledge resource 知识资源

knowledge sharing 知识分享

knowledge structure 知识结构

knowledge structuring 知识结构化

knowledge theory 知识理论

knowledge transfer 知识转移

knowledge unit 知识单元

KPI（Key Performance Indicator） 关键性能指标

KWIC（Keywords in Context） 上下文关键词

L

label 标签

  frame label 框架标签

  semantic label 语义标签

language 语言

  artificial language 人工语言

  commercial language 商业语言

  computational language 计算语言

  controlled language 受控语言

  figurative language 形象语言

  formal language 形式语言

  frame language 框架语言

  functional language 功能语言

  general language 普通语言

  host language 主导语言

  inflectional language 屈折语言

  legal language 法律语言

  logic-based language 逻辑依托型语言

  mark-up language 标记语言

  minority language 小语种

  modeling language 建模语言

  native language 本族语

  natural language 自然语言

  object language 对象语言

  official language 官方语言

  prescriptive language 规定性语言

  programming language 编程语言

  representation language 表征语言

  schema definition language 模式定义语言

  special language 特殊语言

  specialized language 专业语言

  technical language 技术语言

  theory of language 语言理论

  under-resourced inflected language 资源稀缺屈折语言

  unit of language 语言单位

  working language 工作语言

Language Act 语言法案

language community 语言社区

Language for General Purposes（LGP） 一般用途语言

Language for Ontological Knowledge（LOK） 本体知识语言

Language for Special/Specific Purposes（LSP）

特殊用途语言

language legislation　语言立法

language of description　描写语言

language of expression　表达语言

language pair　语言对

language pattern　语言型式

Language Plan Task Group　语言规划工作组

language planning　语言规划

language policy　语言政策

language policy planning　语言政策规划

language policy provision　语言政策规定

language professional　语言专业人士

language quality　语言质量

language resource　语言资源

language rights　语言权利

Language Sciences　语言科学

Language Section (LS)　语言部门

language service　语言服务

Language Service Provider (LSP)　语言服务供应商

language source　语言来源

language technology　语言技术

language unit　语言单位

Langue des Signes Québécoise (LSQ)　魁北克手语

legislation　立法

lexical bundle　词束

lexical markup framework (LMF)　词汇标示框架

lexical network　词汇网络

lexical synonym　近义词

lexical unit (LU)　词汇单位

lexicographer　词典编者,词典学家

lexicography　词典编纂;词典学

lexicon　词库

　　bilingual lexicon　双语词库

　　exchange lexicon　交换词库

　　frame-based lexicon　框架型词库

　　general lexicon　普通词库

　　mental lexicon　心理词库

　　project lexicon　项目词库

　　specialized lexicon　专业词库

　　terminological lexicon　术语词库

Lexico-Semantic Theory　词汇语义理论

LGP (Language for General Purposes)　普通用途语言

linguist　语言学家

linguistic duality　双语制

linguistic economy　语言经济性

linguistic expert　语言专家

linguistic explanation　语言阐释

linguistic marker (LM)　语言标记

linguistic nature, extra　语言外特性

linguistic realization　语言体现

linguistic symbol　语言符号

linguistic theory　语言学理论

linguistic unit　语言单位

linguistics　语言

　　applied linguistics　应用语言学

　　cognitive linguistics　认知语言学

　　corpus linguistics　语料库语言学

LISA (Localization Industry Standards Association)　本地化行业标准协会

list　列表

　　term list　术语表

　　terminology list　术语集列表

　　stopword list　停用词表

list of candidate terms　备选术语列表

list of candidates　备选列表

list of frames　框架列表

list of term candidates　备选术语列表

list of terms　术语表

LM (linguistic marker)　语言标记

LMF (lexical markup framework)　词汇标示框架

localization　本地化

　　software localization　软件本地化

　　website localization　网站本地化

localization industry　本地化行业

localization process　本地化过程

localization service provider 本地化服务供应商

Localization Industry Standards Association (LISA) 本地化行业标准协会

LOK (Language for Ontological Knowledge) 本体知识语言

LS (Language Section) 语言部门

LSP (Language for Special/Specific Purposes) 专门用途语言

LSP (Language Service Provider) 语言服务供应商

LSQ (Langue des Signes Québécoise) 魁北克手语

LU (lexical unit) 词汇单位

M

machine translation (MT) 机器翻译
    rule-based machine translation 规则依托型机器翻译
    statistical machine translation 统计型机器翻译

management system 管理系统
    dedicated terminology management system 术语专用管理系统

managing terminology 管理术语

Manual Term Extraction (MTE) 术语人工提取

map, domain concept 专业概念图

memoQ Translator Pro memoQ 翻译工具专业版

metaclass 元类

metadata 元数据

meta-model 元模型
    structural meta-model 结构化元模型
    terminological meta-model 术语元模型

methodology 方法

MI (Mutual Information) 互信息

Microsoft Terminology Community Forum (MTCF) 微软术语社区论坛

micro-theory 微观理论
    pragmatic micro-theory 语用微观理论

    semantic micro-theory 语义微观理论
    syntactic micro-theory 句法微观理论

minimal requirement 最低要求

mistranslation 误译

morpheme 词素

MS Word 微软文字处理软件

MT (machine translation) 机器翻译

MT engine 机译引擎

MT user 机译用户

MTCF (Microsoft Terminology Community Forum) 微软术语社区论坛

MTE (Manual Term Extraction) 术语人工提取

multilingual terminological resource 多语术语资源

MultiTrans Prism Terminology Management System MultiTrans Prism 术语管理系统

Multiword Unit (MWU) 多词单位

Mutual Information (MI) 互信息

MWU (Multiword Unit) 多词单位

N

National Language Forum 国家语言论坛

National Language Policy Framework (NLPF) 国家语言政策架构

National Language Service 国家语言服务

Natural Language Processing (NLP) 自然语言处理

network 网络
    communicative network 通讯网络
    conceptual network 概念网络
    CxG network 构式语法网络
    hierarchical network 层级网络
    lexical network 词汇网络
    linguistic network 语言网络
    relational network 关系网络
    schematic network 图示网络
    semantic network 语义网络
    terminological network 术语网络

n-gram　N 元组

NLP（Natural Language Processing）　自然语言处理

NLPF（National Language Policy Framework）国家语言政策架构

noise　噪声

noun phrase　名词短语

O

OASIS（Organization for the Advancement of Structured Information Standards）　结构化资讯标准促进组织

object　客体，物体；宾语

Object Management Group（OMG）　对象管理组织

Office of French Services（OFS）　法语服务办公室

Office québécois de langue française（OQLF）魁北克法语办公室

official-language minority　官方语言少数族裔

Official Languages Act（OLA）　官方语言法

Official Languages Act（OLANB）　官方语言法

Official Languages Bill　官方语言法案

OFS（Office of French Services）　法语服务办公室

OK（Ontological Knowledge）　本体知识

OLA（Official Languages Act）　官方语言法

OLANB（Official Languages Act）　官方语言法

OLIF（Open Lexicon Interchange Format）　开放式词典交换格式

OMG（Object Management Group）　对象管理组织

omission　省略

onomasiology　称名学

　　syntagmatic onomasiology　组合称名学

Ontological Knowledge（OK）　本体知识

ontology　知识本体

terminological ontology　术语知识本体

ontology construction　知识本体建构

Ontology Web Language（OWL）　网络本体语言

ontoterminology　本体术语学

Open Lexicon Interchange Format（OLIF）　开放式词典交换格式

OQLF（Office québécois de langue française）法语服务办公室

organization　组织

　　conceptual organization　概念组织

　　knowledge organization　知识组织

　　semantic organization　语义组织

Organization for the Advancement of Structured Information Standards（OASIS）　结构化资讯标准促进组织

output　输出

OWL（Ontology Web Language）　网络本体语言

P

Pan South African Language Board（PanSALB）泛南非语言委员会

part of speech（POS）　词类

participant　参与者

pattern　型式

　　definition pattern　定义型式

　　discourse pattern　话语型式

　　grammatical pattern　语法型式

　　knowledge pattern　知识型式

　　language pattern　语言型式

　　lexical pattern　词汇型式

　　linguistic pattern　语言型式

　　morpho-syntactic pattern　形态句法型式

　　morphological pattern　形态型式

　　POS pattern　词类型式

　　semantic pattern　语义型式

　　syntactic pattern　句法型式

　　valence pattern　配价型式

PM（Project Manager）　项目经理

policy　政策

polyhierarchy　多层级体系

polylanguaging practice　多语言使用实践

polysemy　多义现象，多义词

POS（part of speech）　词类

precision　准确度

predicate　谓语

preposition　介词

pre-translation　译前

principle　原则

    analogy principle　类比原则

    concept orientation principle　概念定位原则

    data modeling principle　数据建模原则

    design principle　设计原则

    directive principle　指令原则

    ECL principle　详解组配词汇学原则

    epistemological principle　知识论原则

    fundamental principle　基本原则

    general principle　一般原则

    methodological principle　方法原则

    rotation principle　轮换原则

    semantic principle　语义原则

    terminological principle　术语学原则

    terminology principle　术语学原则

    theoretical principle　理论原则

    univocity principle　单义性原则

    word-formation principle　构词原则

principle of concept orientation　概念定位原则

principle of inheritance　继承原则

principle of terminological ontologies　术语知识本体原则

principle of uniqueness　唯一性原则

project　项目

    FrameNet project　框架网项目

    language project　语言项目

    lexicography project　词典编纂项目

    terminographical project　术语编纂项目

    terminological project　术语项目

    terminology project　术语项目

    translation project　翻译项目

project concept　项目概念

project definition　项目定义

project deliverable　项目可交付成果

project execution　项目执行

project goal　项目目标

project initiator　项目发起人

project lexicon　项目词库

project life cycle　项目生命周期

project management　项目管理

project manager（PM）　项目经理

terminology project manager（PM）　术语项目经理

    translation project manager（PM）　翻译项目经理

project methodology　项目方法

project organization　项目组织

project plan　项目计划

project planning　项目规划

project result　项目效果

project sponsor　项目赞助人

project team　项目团队

project terminology creation　项目术语创建

property　特性

    analytical property　分析型特性

    binary property　二元特性

    characteristic property　典型特性

    combinatorial property　组合特性

    common property　常见特性

    crucial property　关键特性

    deductive property　演绎特性

    distributional property　分布特性

    extralinguistic property　语言外特性

    inherent property　固有特性

    lexical property　词汇特性

    linguistic property　语言特性

    logical property　逻辑特性

    morpho-syntactic property　形态句法特性

    morphological property　形态特性

    object property　客体特性

    object's property　客体特性

    physical property　物理特性

    scalar property　分级特性

    semantic property　语义特性

statistical property　统计特性

syntactic property　句法特性

termhood property　术语度特性

prototype　原型

punctuation　标点符号

Q

QA（quality assurance）　质量保证

automated term QA　自动术语质量保证

translation QA　翻译质量保证

QC（quality control）　质量控制

quality　质量

language quality　语言质量

linguistic quality　语言质量

translation quality　翻译质量

quality assurance（QA）　质量保证

quality assurance evaluation form　质量保证评估表

quality assurance model　质量保证模型

quality assurance process　质量保证过程

quality assurance system　质量保证系统

quality control（QC）　质量控制

quality management　质量管理

quality planning　质量规划

query　查询

query processing　查询处理

query record　查询记录

query service　查询服务

terminological query service　术语查询服务

R

RDF（Resource Description Framework）　资源描述框架

record　录入

lexicographical record　词典录入

terminological record　术语录入

terminology record　术语录入

record structure　录入结构

relation　关系

associative relation　联想关系

associative conceptual relation　联想概念关系

binary relation　二元关系

causal relation　因果关系

causal associative relation　因果联想关系

cause relation　因果关系

cause/effect relation　因果关系

conceptual relation　概念关系

contiguity relation　邻近关系

dynamic relation　动态关系

external relation　外部关系

functional relation　功能关系

generalization/specialization relation　一般化/专门化关系

generic relation　类属关系

generic-specific relation　属-种关系

hierarchical relation　层级关系

horizontal relation　横向关系

instrumental relation　工具关系

interconceptual relation　概念间关系

internal relation　内部关系

intraconceptual relation　概念内关系

lexical relation　词汇关系

lexical-semantic relation　词汇-语义关系

lexico-grammatical relation　词汇-语法关系

linguistic relation　语言关系

many-to-many relation　多对多关系

material/property relation　材料/特性关系

non-hierarchical relation　非层级关系

paradigmatic relation　聚合关系

part-whole relation　部分-整体关系

partitive relation　部分关系

semantic relation　语义关系

spatial relation　空间关系

static relation　静态关系

syntagmatic relation　组合关系

temporal relation　短暂关系

terminological relation　术语关系

type-token relation　类符形符关系

vertical relation　纵向关系

vertical conceptual relation　纵向概念关系

vital relation　紧要关系

whole-part relation　整体-部分关系

relationship　关系

conceptual relationship　概念关系

external relationship　外部关系

internal relationship　内部关系

linguistic relationship　语言关系

one on one relationship　一对一关系

triangular relationship　三角关系

representation　表征

causal event representation　因果事件表征

cognitive representation　认知表征

computational representation　计算表征

computational knowledge representation　计算知识表征

concept representation　概念表征

conceptual representation　概念表征

descriptive representation　描写性表征

external representation　外部表征

external semantic representation　外部语义表征

graphic representation　图形表征

graphical representation　图形表征

interlingual representation　语际表征

internal representation　内部表征

knowledge representation　知识表征

linguistic representation　语言表征

mental representation　心理表征

mini-knowledge representation　微知识表征

non-verbal representation　非语言表征

pictorial representation　图画表征

specialized knowledge representation　专业知识表征

specific knowledge representation　具体知识表征

terminological knowledge representation　术语知识表征

visual representation　视觉表征

representation language　表征语言

representation of a concept　概念表征

representation of a concept system　概念系统表征

representation of concepts　概念表征

representation of conceptualization　概念化表征

representation of data　数据表征

representation of a domain　域表征

representation of knowledge　知识表征

representation of properties　特性表征

representation of specialized knowledge unit　专业知识单位表征

representation of the world　世界表征

resource　资源

bilingual resource　双语资源

bilingual lexical resource　双语词汇资源

controlled resource　受控资源

corpus-based resource　语料库依托型资源

domain-specific resource　域特有资源

electronic resource　电子资源

existing resource　现有资源

human resource　人力资源

internal resource　内部资源

joint resource　合建资源

knowledge resource　知识资源

language resource　语言资源

lexical resource　词汇资源

lexicographical resource　词典资源

linguistic resource　语言资源

mono-domain resource　单域资源

monolingual resource　单语资源

multilingual resource　多语资源

multilingual domain resource　多语域资源

non-linguistic resource　非语言资源

normative resource　规范性资源

original resource　原创资源

prescriptive resource　规定性资源

shared resource　共享资源

specialized knowledge resource　专业知识

资源

    specialized lexical resource　专业词汇资源

    terminological resource　术语资源

    terminology resource　术语资源

    translation resource　翻译资源

    textual resource　文本资源

    video resource　视频资源

    web resource　网络资源

    web-based resource　网络依托资源

Resource Description Framework（RDF）　资源描述框架

respondent　受访者；被告

return on investment（ROI）　投资回报率

reviser　校对者

Rikstermbanken　瑞典国家术语库

ROI（return on investment）　投资回报率

role　角色

    actantial role　行动元角色

    instrumental role　工具角色

    semantic role　语义角色

    situational role　情景角色

Romance language　罗曼语

S

SASL（South African Sign Language）　南非手语

SDL MultiTerm　SDL 多语术语管理系统

SDL Trados Studio　SDL Trados 工作室

search engine optimization（SEO）　搜索引擎优化

search function　搜索功能

segment　句段

semantic micro-theory　语义微观理论

semantics　语义学

semasiology　语义学

SEO（search engine optimization）　搜索引擎优化

sequentiality　序列性

sign system, artificial　人造符号系统

simultaneity　同时性

SL（source language）　源语

SME（subject matter expert）　主题专家

society　社会

Socio-Cognitive Theory　社会认知理论

sociolinguistics　社会语言学

critical sociolinguistics　批评社会语言学

software localization　软件本地化

software product　软件产品

software tool　软件工具

source language（SL）　源语

source language interference　源语干扰

source language terminology　源语术语

source text　源语文本

South Africa's language policy　南非语言政策

South African Sign Language（SASL）　南非手语

special language text　专门语言文本

special subject field　专题领域

specialized knowledge unit　专业知识单元

specialized language unit　专业语言单元

specialized text　专业文本

spelling　拼写

standard　标准

    industrial standard　行业标准

    industry standard　行业标准

    international standard　国际标准

    ISO standard　国际标准化组织标准

    national standard　国家标准

    regional standard　地区标准

    terminology standard　术语标准

    terminographical standard　术语编纂标准

standardization　标准化

    terminology standardization　术语标准化

stakeholder　利益相关者

statement　陈述；声明

subject field　学科领域

subject-field　学科领域

subject matter expert（SME）　主题专家

substitution, principle of　替换原则

subtype　次类

Swedish Centre for Terminology（TNC）　瑞典术语中心

synonym　近义词

synonymy 近义现象

system, operating 操作系统

systematicity 系统性

T

tag name 标识名

target group 目标群体

target language (TL) 目标语言

target-language term 目标语术语

target term 目标术语

target user 目标用户

target user group 目标用户群体

target word 目标词

taxonomy 分类法

TBX (TermBase eXchange) 术语库交换格式

TBX-Basic 术语库基础交换格式

TBX data category TBX 数据格式

TBX-Default TBX 默认值

TBX dialect TBX 特有用语

TBX document TBX 文档

TBX entry TBX 条目

TBX file TBX 文件

TBX format TBX 格式

TBX resource webpage TBX 资源网页

TC (term candidate) 术语备选

TC list 术语备选表

TDC (Terminological Data Collection) 术语数
据集合

TE (term extraction) 术语提取

TEI (Text Encoding Initiative) 文本编码规范

TEnT (Translation Environment Tool) 翻译环
境工具

term 术语

    basic term 基本术语

    candidate term 备选术语

    comprehensive term 综合术语

    definiendum term 被定义术语

    deprecated term 被弃用术语

    distribution of term 术语分布

forbidden term 被禁用术语

individual term 个别术语

multiword term 多词术语

nature of term 术语性质

nested term 内嵌术语

notion of term 术语概念

preferred term 首选术语

presentation of term 术语呈现

right term 正确术语

seed term 种子术语

single-word term 单词术语

translation of term 术语翻译

volume of term 术语数量

term alignment 术语对齐

term autonomy 术语自足性

term bank 术语库

term base 术语库

TermBase eXchange (TBX) 术语库交换格式

term candidate (TC) 术语备选

term category 术语类型

term delimitation 术语定界

term embeddedness 术语能产性

term extraction (TE) 术语提取

term extraction software 术语提取软件

term extraction tool 术语提取工具

term extractor 术语提取器

term formation 术语构成

term fragment 术语片段

term frequency 术语频率

term identification 术语识别

term location 术语定位

term recognition 术语识别

term record 术语录入

term section 术语部分

term variation 术语变体

termhood 术语度

terminographer 术语编纂者

terminography 术语编纂

terminological data 术语数据

terminological data category 术语数据类型

Terminological Data Collection（TDC）　术语数
　　据集合

terminological data exchange　术语数据交换

terminological dictionary　术语词典

terminological data quality　术语数据质量

terminological expertise　术语专长

terminological information　术语信息

terminological data modeling　术语数据建模

Terminological Markup Framework（TMF）　术
　　语标示框架

terminological need　术语需求

terminological ontology modeling　术语知识本
　　体建模

terminological problem　术语问题

terminological product　术语产品

terminological project（TP）　术语项目

terminological research　术语研究

terminological studies　术语研究

terminological system　术语系统

terminological theory　术语理论

terminological variation　术语变体

terminological work　术语工作

terminologist　术语学家

terminologist-generalist　术语通才

terminologization　术语化

terminology　术语

　　application of terminology　术语应用

　　conceptual dimension of terminology　术语
　　　　概念维度

　　consistent terminology　一致术语

　　corporate terminology　企业术语

　　descriptive terminology　描写术语学

　　domain terminology　域术语

　　generic terminology　类属术语

　　legal terminology　法律术语

　　prescriptive terminology　规定术语学

　　refinement of terminology　术语细化

　　role of terminology　术语角色

　　standardized terminology　标准化术语

　　systematicity of terminology　术语系统性

target language terminology　目标源语术语

translation-oriented terminology　翻译导向术语学

terminology application　术语学应用

terminology class，translation-oriented　翻译导
　　向术语课程

terminology collection　术语集合

terminology compilation　术语编纂

Terminology Coordination Section　术语协调部门

terminology credibility　术语可信性

terminology data　术语数据

terminology data base　术语数据库

terminology department　术语部门

terminology development　术语发展

terminology engineering　术语工程学

terminology exchange　术语交换

terminology exchange file　术语交换文件

terminology exchange format　术语交换格式

terminology extraction　术语提取

terminology harvesting　术语提取

terminology management（TM）　术语管理

terminology management process　术语管理过程

Terminology Management Process Map　术语管
　　理过程图

terminology management project　术语管理项目

terminology management settings　术语管理环境

terminology management software　术语管理软件

terminology management system（TMS）　术语
　　管理系统

terminology management tool　术语管理工具

Terminology Markup Language（TML）　术语标
　　示语言

terminology mining　术语挖掘

terminology planning　术语规划

terminology policy　术语政策

terminology practice　术语实践

terminology product　术语产品

terminology production　术语生产

terminology project　术语项目

terminology project definition　术语项目定义

terminology project execution　术语项目执行

terminology project manager　术语项目经理

terminology project plan　术语项目计划

terminology project planning　术语项目规划

terminology research　术语学研究

terminology scenario　术语场景

terminology science　术语科学

Terminology Section　术语部门

terminology service　术语服务

terminology standardization　术语标准化

Terminology Standardization Directorate　术语标准化理事会

terminology system　术语系统

terminology task　术语任务

terminology theory　术语理论

terminology tool　术语工具

terminology work　术语工作

terminology workflow　术语流程

text　文本

    specialized text　专业文本

    translated text　翻译文本

    text corpus　语料库

Text Encoding Initiative（TEI）　文本编码规范

text mining　文本挖掘

text quality control　文本质量控制

text sequence　文本序列

text type　文本类型

theoretical framework　理论框架

TL（target language）　目标语言

TM（terminology management）　术语管理

TM technology　术语管理技术

TM tool　术语管理工具

TMF（Terminological Markup Framework）　术语标示框架

TML（Terminology Markup Language）　术语标示框架

TMS（terminology management system）　术语管理系统

TNC（Swedish Centre for Terminology）　瑞典术语中心

TP（terminological project）　术语项目

training　培训

terminology training　术语培训

transdisciplinary borrowing　跨学科借用

translation agency　翻译机构

Translation Bureau　翻译署

translation company　翻译公司

translation context　翻译语境

translation difficulty　翻译困难

translation editor　翻译编辑

translation environment　翻译环境

Translation Environment Tool（TEnT）　翻译环境工具

translation industry　翻译产业

translation memory　翻译记忆

translation process　翻译过程

translation project　翻译项目

translation purpose　翻译目的

Translation QA Process　翻译质量保证过程

translation QA system　翻译质量保证系统

translation quality assurance　翻译质量保证

translation recycling technology　翻译回收技术

translation results window　翻译结果视窗

Translation Service Provider（TSP）　翻译服务供应商

translation support　翻译支持

translation tool　翻译工具

translation unit　翻译单位

translation work　翻译工作

translation workflow　翻译流程

translator　译者

    freelance translator　自由译者

    individual translator　个体译者

    professional translator　职业译者

translator trainee　翻译学生

translator trainer　翻译培训师

TSP（Translation Service Provider）　翻译服务供应商

U

UML（Unified Modeling Language）　统一建模

语言

UMLS（Unified Medical Language System） 统一建模语言系统

UNESCO Guidelines for Terminology Policies 联合国教科文组织术语政策指南

Unified Medical Language System（UMLS） 统一建模语言系统

Unified Modeling Language（UML） 统一建模语言

unithood 单位度

univocity 单义性

univocity principle 单义性原则

user 用户

user group 用户群体

user interface 用户界面

V

value 值

    C-value C 值

    C/NC value C/NC 值

    NC-value NC 值

variant 变体；变项

verb 动词

    specialized verb 专业动词

vocabulary 词汇

    core vocabulary 核心词汇

    general vocabulary 通用词汇

    general language vocabulary 通用语言词汇

    specialized vocabulary 专业词汇

    standardized vocabulary 标准化词汇

    terminological vocabulary 术语词汇

W

word 单词

word processor 文字处理软件

Wordbee Wordbee 云翻译平台

X

XCS file XCS 文件

XML 可扩展标示语言

XML document 可扩展标示语言文档

XML file 可扩展标示语言文件

XML format 可扩展标示语言格式

XML mark-up language 可扩展标示语言

XML structure 可扩展标示语言结构

XML style 可扩展标示语言风格